JN139467

全訂新版

渉外戸籍のための各国法律と要件

I 総論 各論（掲載国50音順【ア行・ア】）

木村三男 監修

篠崎哲夫
竹澤雅二郎
野崎昌利 編著

日本加除出版株式会社

全訂新版の刊行にあたって

本書の初版が平成８年に発刊され，その後平成14年の改訂による新版，さらに平成19年の改訂による全訂版が刊行されて以来，既に８年が経過した。この間，海外へ渡航する邦人の出国数は，近年の円安傾向の継続が原因してか，８年前（全訂版刊行時）に比べ約63万人減少している。これに対し，外国人の我が国への入国者数は，８年前の810万人余から1,415万人余に増加し，一昨年の平成25年には初めて1,000万人を超え，過去最高となった。こうした国際的な人事交流は，日本人の海外での身分行為はもとより，外国人の日本での身分行為となって現れてくること等から，渉外戸籍届出事件は増加の一途を辿り，その対象国も年々増加している。また，対象国の中には，私法事件に関する諸法令等規定の改正が，渉外戸籍事務においては，外国人当事者の国籍認定，当事者に適用される準拠法の決定から当該準拠外国法の解釈等の問題を解決すること等が必要となっている。

そこで，今回の本書全訂新版刊行に当たっては，そうした諸状況に沿うよう全般的な見直しと内容の充実を図ることとした。さらに，掲載国を従来の185か国から192か国に増やすとともに，できるだけ多くの外国法令を諸外国の改正法令と共に収集して掲載することに努めた。その結果，総巻数が６巻とならざるを得ないことから，一括しての発刊ではなく，今後分割して順次刊行の予定である。

本書が，渉外戸籍届出事件の審査ないし受否を判断する上での総合索引的な資料としてその役割を果たすことができれば幸いである。

なお，本書が成るに当たり，多くの方々の文献を参考にさせていただいたほか，日本加除出版株式会常任顧問木村三男氏（元大津地方法務局長）に終始適切な御指導をいただいたことに対し，ここに特に記して深く感謝を申し上げる次第である。

平成27年11月

編　著　者

全訂版の刊行にあたって

本書の初版が発刊されてから11年，平成14年の改訂による新版が刊行されてから既に５年余が経過した。この間，海外へ渡航する邦人は５年前の1,652万人余から約1,753万人余に増加する一方，外国人の我が国への入国者数も５年前の577万人余から810万人余に増加している。

このような国際人事交流は，我が国における社会生活にさまざまな変化をもたらし，殊に渉外的な身分行為の増加は，全国市区町村の戸籍事務はもとより，各地の家庭裁判所における渉外家事事件の実務に影響することも少なくない。しかも，このような渉外身分関係事件の対象となる外国人も，かつては在日韓国人や在日中国人を中心とするアジア地域の人々を当事者の一方又は双方とするものが中心であったことに比較すると，近年は，アジア，北米諸国のほかヨーロッパ，アフリカ，南米，オセアニア等，あらゆる地域の外国人に関する身分関係に拡大している。

また，我が国の国際私法の基本法である法例については，平成15年５月以来，法制審議会国際私法部会において，準拠法決定ルールにつき，諸外国の最新の国際私法との調和を考慮しながら，より詳細かつ柔軟な連結政策を採用するための見直しが進められてきた。そして，平成18年６月には，改正後の「法の適用に関する通則法（平成18年法律第78号）」が公布され，平成19年１月１日から施行された。親族関係については，法例の規定が現代語化されたものの，その実質的な規律は維持されている。

そこで，このたびの本書の全訂版刊行にあたっては，できるだけ多くの外国法令を収集して掲載することに努め，掲載国を従来の40か国から185か国に増やすとともに，新たに，国ごとの「姓名制度」についての概説をその冒頭に掲げるようにした。

なお，本書は初版以来，渉外戸籍届出事件を審査する上での総合索引的なものを試みてきているものであるが，各国の法令を入手することが思うにまかせず，必ずしも十分にその目的を達することができなかった。この点については，今後，さらに各国の法文及び先例等を収集し，総合索引的なものとして整備する努力を続けたいと考えている。

おって，本書の利用にあたっては，別掲の「凡例」に列挙した各事項を参照の上，具体的届出事件の処理に留意いただければ幸いである。

平成19年８月

編 著 者

新版刊行にあたって

本書の初版が発刊されてから，既に５年余りが経過した。この間，我が国を取り巻く国際環境の変化に伴い，海外に渡航する邦人が更に増加するとともに，日本に在留する外国人の登録人口も５年前の140万人余から約160万人に増加している。こうした国際的人事交流は，我が国の政治，経済，文化をはじめ，国民の社会生活にも様々な影響を及ぼしている。このことは，いわゆる渉外戸籍事務の分野においても，その例外ではなく，日本人が外国において，あるいは，外国人が日本において身分行為を行う事例が多くなるにつれて，渉外戸籍事務に関係する外国の範囲も逐年拡大している。渉外戸籍の届出事件を処理する場合には，周知のとおり，法例の指定する国の法律に基づいて，それぞれの要件を具備しているか否かを判断しなければならない。それには，個々の事案ごとに当事者だけでなく父母等の関係者についても，その国籍及び身分関係を認定しなければならない場合もあり，これらの事務処理を適正に行うためには，諸外国の関係法文は欠くことのできない資料である。

ところで，本書の初版が発刊された後，隣国の韓国においては，国籍法及び戸籍法の一部が改正されるとともに，2001年には「渉外私法」が改正され，その名称も「国際私法」に変更された。また，中華人民共和国においては，婚姻法，養子縁組法の一部が改正されるなど，初版に所載の外国法令のうち，８か国の身分関係法令が相次いで改正されている。

そこで，このたびの本書の新版刊行にあたっては，これらの諸外国における法改正の機会に，内容を全体的に見直すとともに，新たに資料を入手したイラン民法，トルコ親族法，フィンランド婚姻法及びロシア家族法を新たに追加した上，その後の関係先例等をも踏まえて，大幅な加筆・修正等を行った。

本書が，初版以上に渉外戸籍届出事件の審査ないし受否を判断する上での総合索引的な資料としてその役割を果たすことができれば幸いである。

なお，本書が成るに当たっては，多くの方々の文献を参考にさせていただいたほか，日本加除出版株式会社常任顧問木村三男氏（元大津地方法務局長）に終始適切な御指導と御監修をいただいたことに対し，ここに特に記して深く感謝を申し上げる次第である。

平成14年４月

著　者

は　し　が　き

「地球が狭くなった」と言われて久しいが，近年ますます，その感が深くなっている。政治，経済，文化等のあらゆる分野での国際化は，我が国への外国人の流入のみならず，邦人の海外における長期滞在の増大をもたらし，これらの国際的人事交流は，その必然的結果として，身分行為に及ぶこととなり，渉外戸籍事件になって現れている。

これまで渉外戸籍といえば，在日中国人や在日韓国人が当事者の一方又は双方となった身分行為に関する届出事件が中心であり，その他の国の人に関するものは，数量的にも少なく，また，大都市を中心とする特定の地域に集中していたが，昨今では，全国津々浦々に外国人の姿を見るようになり，しかも，その国籍はバラエティーに富んでいる。

一方，日本における国際私法の最も重要な成文法である「法例」については，平成元年に大幅改正があり，平成２年１月１日から施行された。この改正の主要な点は，身分法に関する準拠法の指定方法についての抜本的改正であり，この改正によって渉外戸籍事務処理が大きく変わった。

このような情勢下にあって，市町村及び監督法務局の戸籍事務担当者が渉外戸籍届出事件を審査するにあたっては，当該外国の実体法及び手続法を調査し，あるいは先例を参考にしながらその受否を判断しているところであるが，当該外国の法律に関する資料等が手元になかったりして，その解釈をめぐって判断に苦しむなど，事務処理上様々な困難を余儀なくされているところである。

そこで，各国ごとに，婚姻，離婚，出生，認知（準正），養子縁組及び養子離縁の成立要件等についてその概要を解説するとともに審査のポイント及び根拠法条，先判例の要旨等を列挙してみることとした。

本書は，渉外戸籍届出事件を審査する上での総合索引的なものを試みてみたのであるが，各国の法文を入手することが思うにまかせず，また，国によって法制が異なることから，必ずしも十分にその目的を達し得なかった。この点については，今後，さらに各国の法文及び先例を探求し，真に総合索引的なものとして整備するよう努力をしたいと考えている。

本書が渉外戸籍届出事件の審査ないし受否を判断する上で，何らかの役割を果たし得ることとなれば幸いである。なお，本書が成るに当たり，御協力をいただいた法務省民事局第二課の方々に対し，深甚なる謝意を表するとともに，日本加除出版株式会社常任顧問木村三男氏（元大津地方法務局長）に終始適切な御指導と御監修をいただいたことに対し，ここに特に記して深く感謝を申し上げる次第である。

なお，本書の利用にあたっては，特に別掲「凡例」に列挙の各事項を参照の上，具体的届出事件の処理に遺憾のないよう留意いただければ幸甚である。

平成８年６月

竹澤雅二郎
篠 崎 哲 夫

凡　　例

1　本書について

⑴　各国の国名については，50音順にて掲載した。なお，目次立てについては，各国名（一般名称）と，各国における州や特別区，所属領に分けて掲載した。

⑵　本文のタイトルとしての国名表記については，原則として「一般名称（正式名称)」として表示した。

⑶　各国の関係法令として掲載した「根拠法条」や「本文の内容」については，でき得る限り収集した資料を用いた。そのほか，「渉外身分関係先例判例総覧」をはじめ，「民事月報」，「戸籍」，「戸籍時報」及び「家庭裁判所月報」，「判例時報」等の各誌に所載の解説・資料の多くを参照した。

⑷　「根拠法条」につき，旧法については，特に参考になると思われる箇所に，〔参考〕として，新しい法律の後に掲載した。

⑸　今回，新たに「要件具備証明書」「出生証明書」「婚姻証明書」などの様式例を該当国の末尾に掲載した。

⑹　諸外国における関係法令の改正の動向に応じ，その新法令の入手に極力努力したが，諸般の事情からそのすべてを入手することは極めて困難であった。したがって，本書に収録した各国の関係法令は必ずしも最新の情報とは言えないものもあることから，この点を特に留意の上，利用していただきたい。

2　法令，先例，判例，の略記について

⑴　各国（州）の法令の表示

○○国憲法第○○条	（憲○○条）
○○国民法第○○条	（民法○○条）
○○国国籍法第○○条	（国籍○○条）
○○国家族法第○○条	（家族○○条）
○○国市民権法第○○条	（市民○○条）

⑵　各国中の日本の法令表示

日本国憲法第○○条　(日憲○○条)
日本国通則法第○○条　(通則法○○条)
日本国民法第○○条　(日民○○条)
日本国国籍法第○○条　(日国○○条)
日本国戸籍法第○○条　(日戸○○条)

⑶　先例，判例の表示

(例)

・平成19年５月７日民一第1007号法務省民事局長通達
(平成19．５．７民一1007号通達)
・平成18年２月９日民一第335号法務省民事局民事第一課長回答
(平成18．２．９民一335号回答)
・平成８年１月26日東京家庭裁判所審判
(平成８．１．26東京家裁審判)

３　主な参考文献と略記について

・渉外身分関係先例判例総覧法令編第１綴512頁（総覧１-512)
・最高裁判所民事判例集第51巻第９号3925頁（民集51-９-3925)
・民事月報第45巻第７号36頁（民月45-７-36)
・戸籍第661号66頁（戸籍661-66)
・戸籍時報第394号48頁（時報394-48)
・戸籍時報特別増刊号第530号戸籍事務照会・回答事例集Ⅲ21頁
(時報特別増刊号№530照会・回答Ⅲ21頁)
・家庭裁判所月報第53巻第11号18頁（家月53-11-18)
・判例時報第620号62頁（判時620-62)
・判例タイムズ第528号294頁（判タ528-294)

4　要件具備証明書例等の資料表示について

（例）

・「5　アメリカ合衆国」

……婚姻要件具備証明書は，資料5－1（本文○頁）参照。

・「5－2　アメリカ合衆国／アイオワ州」

……婚姻証明書は，資料5－2－1（本文○頁）参照。

5　前掲の文献表示について

（例）

・著者名「タイトル」（時報○－△）が前掲の6頁に掲載されていた場合，

著者姓名・前掲(6)　と表示。

・同じく前掲の6頁の資料を示すが，該当の頁が違う場合（時報○－□），

著者姓名・前掲(6)－□　と表示。（前掲資料と違う該当頁を示す）

・同じ頁で前掲資料を示す場合，

著者姓名・前掲　と表示。（頁表示を省略）

第Ⅰ巻 掲載国一覧

（一般名称，掲載頁）

目　　次

第1編　総　　論

第２章　涉外戸籍事務 ―― 19

第３章　涉外戸籍届出事件の処理 ―― 27

第2編　各　　論

2　アイルランド — 87

4　アフガニスタン ―― 120

5　アメリカ合衆国・米国 ―― 133

5−1　アメリカ合衆国／アーカンソー州 —— 159

5−12　アメリカ合衆国／オハイオ州 ―― 307

5−14　アメリカ合衆国／カリフォルニア州 ―――――― 330

5－15　アメリカ合衆国／カンザス州 —— 372

5−16　アメリカ合衆国／北マリアナ諸島連邦 ―――― 382

5−17　アメリカ合衆国／グアム島 ―――― 392

5−26 アメリカ合衆国／テネシー州 ―― 491

5−32 アメリカ合衆国／ネバダ州 —— 573

5−33 アメリカ合衆国／ネブラスカ州 —— 588

5−36 アメリカ合衆国／バージニア州 —— 621

5－38　アメリカ合衆国／ハワイ州 ―― 641

5−39　アメリカ合衆国／プエルトリコ ―― 669

5−40　アメリカ合衆国／フロリダ州 ―― 674

5−45　アメリカ合衆国／ミズーリ州　732

5−47　アメリカ合衆国／メイン州 ―― 760

5−48 アメリカ合衆国／メリーランド州 ―― 771

5−50 アメリカ合衆国／ユタ州 —— 787

5−51　アメリカ合衆国／ルイジアナ州 ―― 798

5−52　アメリカ合衆国／ロードアイランド州 —— 815

5−54　アメリカ合衆国／ワシントン州　836

6 アラブ首長国連邦 —— 854

7　アルジェリア ―― 864

第 1 編　総　論

第１編　総　　論

第１章　渉外戸籍

第１　渉外戸籍の意義

戸籍は，人の出生，認知，縁組，離縁，婚姻，離婚，親権及び死亡等の重要な身分事項を記載し，これを公に証明することを目的とする公文書である。

戸籍の記載は，各種の届出，報告（戸89条・90条・92条・105条等），申請（戸113条・114条・116条等），請求（戸75条・116条２項等），嘱託（家事116条，家事規76条等），証書の謄本（戸41条），航海日誌の謄本（船員18条，戸55条・93条等）及び裁判（戸121条）等によってされるが，その大半は各種の届出に基づいて記載される。そして，それは一般的には日本国民を対象にしているということがいえる。具体的には，例えば，日本人夫婦の間に子が出生したことによる出生届（戸49条），日本人同士の婚姻届（戸74条），あるいは養子縁組届（戸66条）等による届出と，これらの届出に基づいてされる戸籍の記載をその内容としている。

それでは，渉外戸籍とはどのような意味をもつものであろうか。広辞苑（岩波書店）によれば，「渉外」とは，「①外部（主に外国）と連絡・交渉すること。②ある法律事項が内外国に関係連絡を有すること。」とあり，この趣意等からしても，渉外戸籍とは，結局，日本国内で生じた日本人と外国人（無国籍者を含む。）間の身分行為又は日本国外における日本人と外国人，あるいは日本人相互間の身分行為に関する戸籍の届出及びこれに基づく戸籍の記載を総称したものということがいえよう。言い換えれば，行為の主体（すなわち届出の事件本人）の一部若しくは全部が外国人であるもの，又は身分行為の行われた場所若しくは身分変動の事実の発生した場所が外国であるというような，いわゆる渉外的要素をもった身分関係に関する戸籍の届出・審査・受理・公証という一連の事務手続を指称したものを渉外戸籍ということになる。

第2　渉外戸籍処理の特異性

戸籍法は，日本国内で生じた人の身分に関する事項について，その者が日本人であると外国人であるとを問わず，属地的に全ての人に適用され（属地的効力），また，日本人については，外国で生じた事項についても属人的に適用される（属人的効力）。

戸籍は，日本国民の身分関係を登録し，これを公証するという役割のほか，日本国籍の有無，あるいはその得喪を公証するという重要な役割を担っている。しかし，渉外戸籍においては，通常の日本人間の戸籍届出事件と異なり，事件本人のうち日本人についてのみ戸籍に記載されるので，例えば，日本人と外国人の間に子が出生し，その子の出生の届出があった場合には，その子が嫡出であるか否かを審査するとともに，日本国籍を取得するか否かをも審査し，戸籍への登載の要否を決しなければならないので，国籍の審査が重要とされる。

また，外国人同士が日本国内において婚姻の届出をする場合，その受否の判断に当たっては，まず当事者の国籍を認定することによって準拠法を決定し，婚姻の実質的成立要件を審査しなければならない。

このように渉外戸籍においては，当事者の国籍の審査が重要な意義をもっており，その処理に当たっては，外国法を適用しなければならないことが多いが，市区町村及び管轄法務局に世界各国全ての法令等の資料が整備されているわけではなく，また，外国人の当事者には，その属する国に独自の法律があり，特に親子・夫婦関係などの親族関係を規律する法律（慣習法を含む。）は，各国がそれぞれの伝統・風俗・宗教・習慣に従って規定していることから，その解釈・運用に困難を生じている。さらに，我が国には，渉外戸籍を規律する統一的な法令はなく，各種の法令（法の適用に関する通則法（以下「通則法」という。）・国籍法・民法・戸籍法など）に散在しているため，具体的届出事件の処理に当たってはしばしば疑義を生じることがあり，渉外戸籍処理の特質の一面を表すものといえよう。

第３　渉外戸籍の対象

渉外戸籍の対象は，日本国内で生じた日本人と外国人（無国籍者を含む。）間の身分行為又は日本国外における日本人と外国人，あるいは日本人相互間の身分行為に関する戸籍の届出及びこれに基づく戸籍の記載を中心とした渉外的要素をもった一連の事務手続の全体を指称するものである。

渉外的要素をもった戸籍の届出には，次のようなものがある。

１　日本国内で生じたところの

⑴　日本人と外国人間の婚姻・離婚・養子縁組・養子離縁・認知等の届出

⑵　外国人相互間の婚姻・離婚・養子縁組・養子離縁・認知等の届出

⑶　父又は母が外国人である子の出生届

⑷　外国人の出生又は死亡等の届出

２　日本国外で生じたところの

⑴　日本人相互間の婚姻・離婚・養子縁組・養子離縁・認知等の届出

⑵　日本人と外国人間の婚姻・離婚・養子縁組・養子離縁・認知等の届出

⑶　父又は母が日本人である子の出生届

⑷　日本人の出生又は死亡等の届出

以上のほかに，日本国籍の得喪（国11条・12条・13条・17条）及び戸籍法第107条第２項から第４項までによる氏の変更届等が含まれる。

第４　渉外的身分行為の準拠法

日本人相互間において身分行為をする場合，その実質的成立要件の準拠法は民法であり，また，形式的成立要件の準拠法は戸籍法及び戸籍法施行規則等の関係法令である。これに対し，渉外的要素を含んだ身分行為については，日本では，通則法によって，いずれの国の法律が適用されるかが決定される。また，諸外国においても，関係法令及び日本の通則法と同様の規定を有している国があり，いずれの国の法律を適用するかが決定される。世界各国の多くは，いずれの国の法律を適用するかという，いわゆる連結点については，国籍あるいは住所によってこれを決定しているものが多いようである。我が国においても，国籍と住所（常居所・民法上の住所と通則法における常居所とは，ほぼ同一のものであるといって差し支えないと思われる。）及び当事者に最も密接な関係のある地の法律（密接関連法）によって準拠法を決定することとされている。

常居所及び密接関連地の概念は，通則法が定められる前に法の適用関係に関する事項を規定していた法例の一部を改正する法律（平成元. 6.28法律第27号, 平成2.1.1施行）によって新たに準拠法を決定する連結点として設けられた（南敏文「法例の一部改正について」民事月報号外（法例改正特集）15頁）。これにより，準拠法の定め方について国際的統一が図られ（国際私法の世界的統一を目的とするハーグ国際私法会議では，常居所を連結点の基本に置いており，西欧諸国も近時の国際私法の改正では，これを連結点の中心に置こうとする傾向がある。），また，身分関係の成立が容易になった。ただし，密接関連法を準拠法として指定するには，原則として管轄法務局の長に指示を求める必要があるので注意しなければならない（平成元. 10. 2民二3900号通達第1の1⑴イ(イ)②Ⅲ等，戸籍法施行規則解説④綴「戸籍届書の受理照会の実務」参照）。なお，この場合，管轄法務局では，下記の例の場合にあっては，法務省に照会する必要はなく，独自に指示することができる（平成元. 12. 14民二5476号通知，平成5. 4. 5民二2986号通知）。

1　婚姻が日本での届出により成立し，夫婦が日本において同居し，婚姻の成立から協議離婚の届出に至るまでの間，夫婦の双方が日本に居住していた場合

2　婚姻が外国で成立した場合であっても，夫婦が日本において同居し，以後協議離婚の届出に至るまでの間，夫婦の双方が日本に居住して婚姻生活の大部分を日本で送ったと認められる場合

3　夫婦の一方又は双方が，協議離婚の届出の際に日本に居住していない場合又は協議離婚の届出のために日本に入国したにすぎない場合は，夫婦に密接な関係がある地を日本とは認めない。ただし，これらの場合であっても，婚姻が日本での届出により成立しており，夫婦に最も密接な関係がある地が外国であると認められる事情（夫婦が外国で同居していたこと等）が全くないときは，夫婦に最も密接な関係がある地は日本であると認めて差し支えない。

第５　渉外的身分行為と通則法の適用条項

通則法中，身分行為の連結点に関する条項は，次のとおりである。

１　婚　　姻（通則法24条）

実質的成立要件は，各当事者の本国法による。

形式的成立要件（方式）は，挙行地法によるほか，当事者の一方の本国法によることができる。

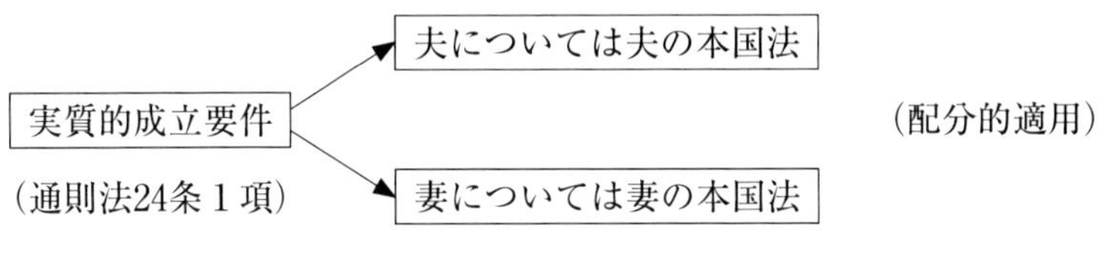

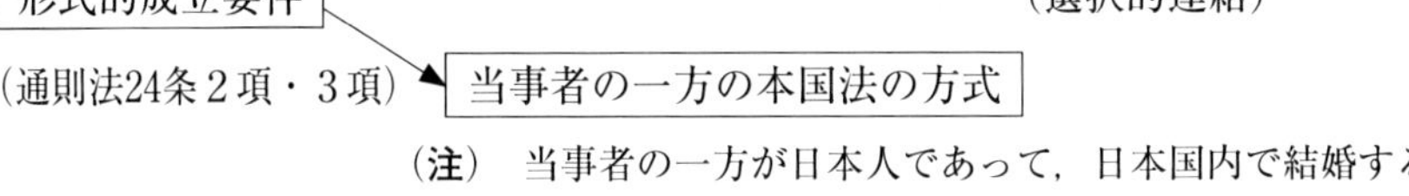

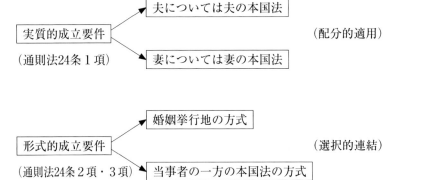

（注）　当事者の一方が日本人であって，日本国内で結婚する場合には，必ず日本法による必要がある。

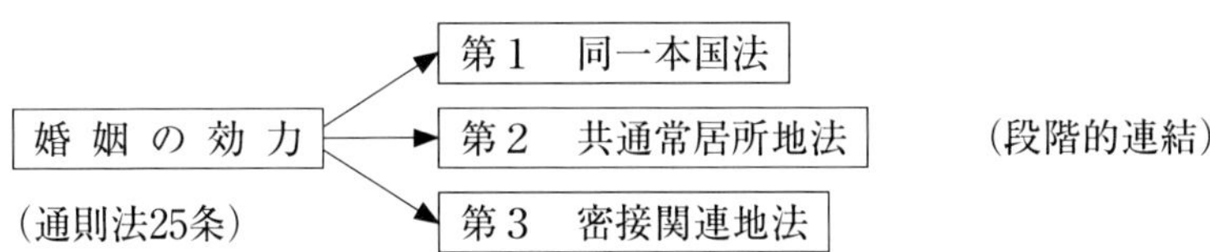

２　離　　婚（通則法27条・25条）

夫婦の本国法が同一のときはその法律により，その法律がないときは夫婦の共通常居所地法により，その法律もないときは夫婦と密接な関係のある地の法律による。

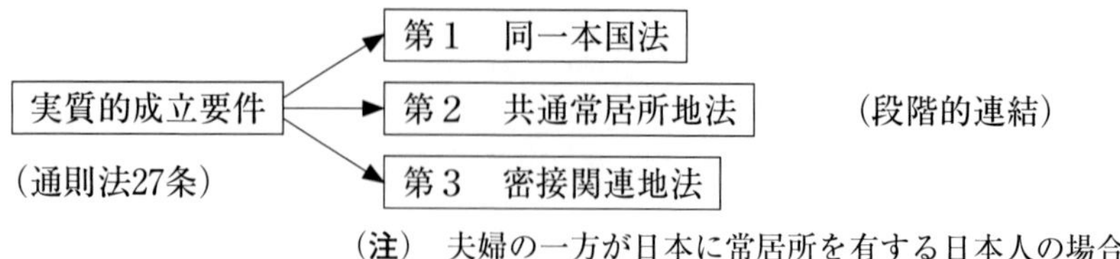

（注）　夫婦の一方が日本に常居所を有する日本人の場合は，日本法による。

3　嫡出親子関係（通則法28条）

子の出生当時の夫婦の一方の本国法により，子が嫡出子であるときは，その子は嫡出子となる。

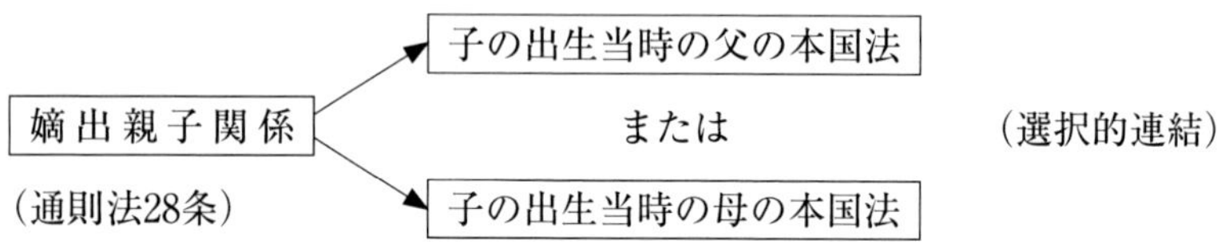

4　嫡出でない子の親子関係（通則法29条・34条）

父との関係　→　子の出生当時の父の本国法

母との関係　→　子の出生当時の母の本国法

子の認知　　→　子の出生当時又は認知当時の認知する者の本国法あるいは認知当時の子の本国法を適用する。

ただし，認知する者の本国法による場合は，子の本国法上の保護要件を具備する必要がある。

認知の方式は，行為の成立を定める法律又は行為地法による。

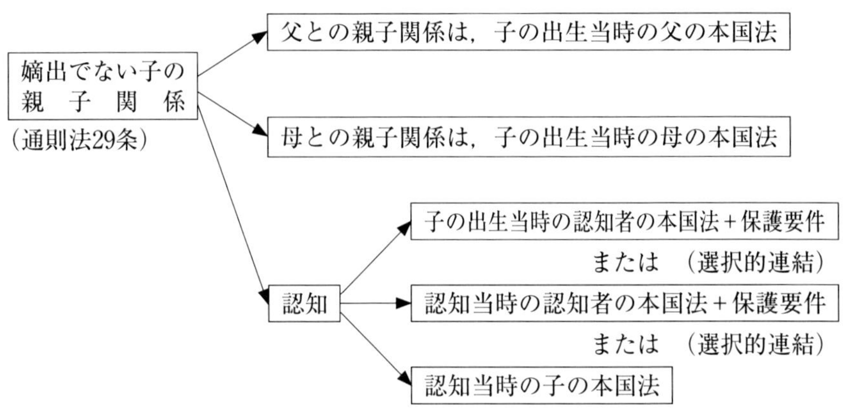

5　準　　正（通則法30条）

子は準正の要件たる事実の完成当時の父又は母若しくは子の本国法により準正が成立するときは，嫡出子の身分を取得する。

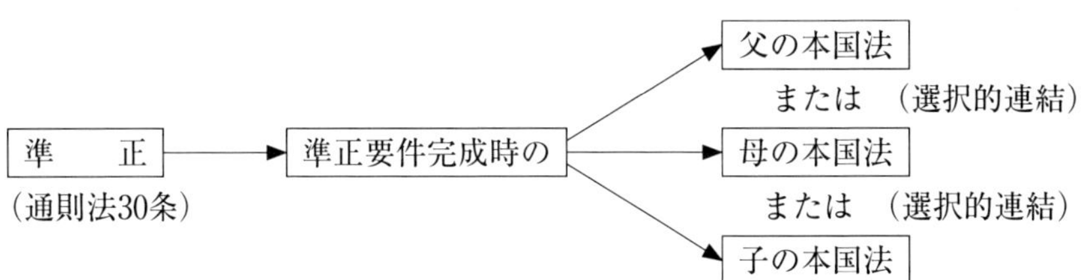

6　養子縁組（通則法31条・34条）

実質的成立要件は，縁組当時の養親の本国法によるが，養子の本国法上の保護要件を具備していることが必要である。

形式的成立要件（方式）は，行為の成立を定める法律又は行為地法による。

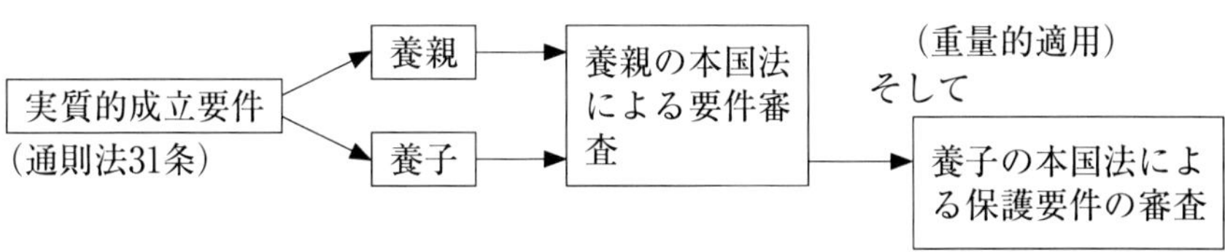

7　養子離縁（通則法31条・34条）

実質的成立要件は，縁組当時の養親の本国法による。

形式的成立要件（方式）は，行為の成立を定める法律又は行為地法による。

8　親子間の法律関係（親権）（通則法32条）

原則として，子の本国法によるが，例外として子の常居所地法を適用することがある。

9　後　　見（通則法35条）

被後見人の本国法による。

10　保佐・補助（通則法35条）

被保佐人，被補助人の本国法による。

第6　地域によって法律が異なる場合の準拠法

アメリカ合衆国・カナダ・オーストラリアのように，各州においてそれぞれ独自の法律が規定されている場合には，いずれの州の法律をもって本国法とすべきかは，通則法第38条第３項が定める。

すなわち，当事者が地方によって法律を異にする国の国籍を有するときは，その国の規則に従って指定される法律によるが，その規則がない場合は，当事者に最も密接な関係のある地方の法律が，当事者の本国法になる。

例えば，夫がニューヨーク州出身のアメリカ人で，妻がカリフォルニア州出身のアメリカ人である場合，そのいずれの法律によるべきかが問題となるところ，アメリカにはこれを指定する内部規則がないといわれているので，本条第３項により，夫の本国法はニューヨーク州法，妻の本国法はカリフォルニア州法となるものと解され，結局，当事者の本国法が共通でないことになるので，この場合には，当事者に最も密接な関係のある地方の法律（共通の常居所地法など）が適用される。

かつては，日本でも朝鮮・台湾・関東州・南洋群島・樺太等，その地域によって法律が異なった地域もあったが，この場合には法例（現行通則法）の規定によらず，特に朝鮮・台湾の民事に関する準拠法を指定する法律として，共通法（**注**）があった。

（**注**）共通法とは，旧憲法時代に日本領土内の各法域（内地・樺太・朝鮮・台湾・関東州・南洋群島）相互間の民事及び刑事に関する法規の適用及び連絡を定めた法律（大正７．４．17法律第39号）で，外地（朝鮮・台湾・関東州・南洋群島等）の消滅とともに必然的に効力を失ったと解されている。

なお，当事者の国籍が同じであるが，人的に法律を異にする場合，例えば，夫が仏教徒マレーシア人で，妻がキリスト教出身のマレーシア人の場合は，マレーシア国においては，仏教徒用婚姻法等，宗教により各種の法律を適用することとしているが，そのほかに，このような異教徒間の婚姻等のための特別法がある。この場合には，この特別法も各人の本国法に含まれると解されるので，夫婦双方に，その特別法という共通本国法があるということができ，その法律が適用されることとなる。人的に法律を異にする国においてこのような特別法がない場合には，共通本国法はないということとなって，結局，当事者に最も密接な関係のある法律（共通常居所地法など）が適用される（通則法40条１項）。

第７　本国法の決定

１　重国籍者

重国籍者については，従来，その最後に取得した国籍によって本国法を定め，また，内外国籍の抵触の場合には，内国籍を優先すべきものとしていた。これに対しては，かねてから内外国籍の同時取得の場合の取扱いが欠けているという批判がされていたが，近時の各国の国籍法の改正により，生来的に父母両系の国籍を同時に取得する場合が多くなった結果，この弊害が顕著になってきた。

そこで，通則法第38条第１項は，まず，重国籍者の本国法決定に関する原則として，「当事者が二以上の国籍を有する場合には，その国籍を有する国のうちに当事者が常居所を有する国……の法」を本国法とし，国籍を有する国に常居所を有しない場合は，その国籍を有する国のうちで，「当事者に最も密接な関係がある国の法」を本国法とするという段階的決定方法を採用している。第一段階では，属人法の決定において，常居所の有無が国籍取得の先後などよりも重要視されたものである。次に，国籍を有する国のいずれにも常居所を有しない場合には，居所，それらの国に存した最後の常居所，あるいは，それらの国での生活歴などを総合的に考慮して，密接関連国法を決定する必要がある。

なお，通則法第38条第１項ただし書は，「ただし，その国籍のうちのいずれかが日本の国籍であるときは，日本法」を本国法とすると定め，内国籍を優先させる規定は，そのまま存続された。外国に常居所を有する（あるいは日本に常居所を有しない）日本人の身分法上の問題について，その本国法を適用すべき場合に，その者が重国籍であるか否かを確認しなければならないとすることは，戸籍事務処理上，困難を伴い，極めて大きな負担になることから，日本国籍を有する者の本国法については，常に日本法によって処理することとした。

２　無国籍者

無国籍者について，本国法の代用法をどのように定めるかについては，種々の見解がみられるが，通則法第38条第２項は，「当事者の本国法によるべき場合において，当事者が国籍を有しないときは，その常居所地法による……」と定め，「住所地」から「常居所地」に連結点を変更した。これは，本国法が適用される法律関係のうちでも，その主たるものである婚姻及び親子に関する関係において，本国法の次に常居所地法を適用することとしたことに平仄を合わせたものである。

ただし，通則法第25条（通則法26条１項及び27条で準用する場合を含む。）又は第32条により，夫婦又は親子の本国法が同一であるか否かを判断する場合には，無国籍者については，本国法に代えて常居所地法が適用されることはない。同一本国法がない場合には，同一常居所地法又は子の常居所地法というように次順位の段階的連結がなされているので，このような代用法による意味がないからである。また，常居所が不明の場合には，居所地法によることになるが，通則法第25条（通則法26条１項及び27条で準用する場合を含む。）により，本国法が同一であるか否かを判断する場合には，前記と同様の理由で例外規定を設けているので注意しなければならない（通則法39条）。

３　不統一法国に属する者

国際社会には，アメリカ合衆国のように，一国内に州などが並存し，それぞれ地域ごとに内容の異なる法が適用されている国や，インドのように，一国内に人種，宗教，社会的階級の相違などによって人的に適用関係の異なる複数の法が適用されている国が存在している。前者が場所的不統一法国であり，後者が人的不統一法国といわれるものである。このような国の国民については，本国法が準拠法として適用される場合には，さらに，この並存する複数の法の中から，適用すべき法を選択しなければならない。この点については，通則法第38条第３項が場所的不統一法国について，また，第40条第１項が人的不統一法国について，それぞれ，「その国の規則に従い指定される法（そのような規則がない場合にあっては，当事者に最も密接な関係がある地域の法）を当事者の本国法とする。」というようにほぼ同一の文言で規定し，いわゆる直接指定方式から，当該国にこのための特別規則がある場合には，それによるとする間接指定方式に変更された。

なお，アメリカ合衆国などには，このような内部規則が存在していないといわれるので，最も密接な関係がある地方の法律を決定しなければならない。この基準としては，当事者の出生地，常居所地，過去の常居所地，親族の居住地などの要素を考慮し，属人法の趣旨に合致するよう決定すべきであろう。また，人的不統一法国にこのような規則がない場合には，人種，宗教などのうち，いかなる性質の不統一法国であるかを基本とし，当該国で人種間や宗教間の身分関係がどのように扱われているのかを考慮して決定すべきであろう。

４　同一本国法

通則法第25条は，「夫婦の本国法が同一であるときは」という文言を用い，類似のものとして，同法第32条は，「子の本国法が父又は母の本国法……と同一である場合」という文言を用いている。一方，「扶養義務の準拠法に関する法律」の第２条第１項及び第３条第１項では，「共通本国法」という文言を用いている。そこで，この「同一本国法」という概念と「共通本国法」という概念との異同が問題となる。

共通本国法については，当事者が複数の国籍を有する場合には，そのいずれかの国籍が共通であれば，それを共通本国法ということができる。例えば，Ａ国籍Ｂ国籍の二重国籍者とＡ国籍Ｃ国籍の二重国籍者との間では，Ａ国籍を基準として共通本国法が決定される。

ところが，同一本国法の場合には，夫婦又は親子のそれぞれについて，各自の本国法を単一のものとして決定し，その上でその両者が同一であれば，それによって同一本国法が決定されることになる。そして，この同一本国法の決定に当たっては，次の３つの場合が問題となる。

⑴　当事者に二重国籍者が含まれている場合

例えば，日本とイギリスの二重国籍者とイギリス人とは，イギリス法が共通本国法とされるが，二重国籍者については通則法第38条第１項ただし書により日本法がその者の本国法とされるので，同一本国法は存在しないことになる。

⑵　不統一法国に属する者相互の場合

場所的不統一法国であれ人的不統一法国であれ，不統一法国の国籍を有する者については，その本国法は，通則法第38条第３項又は第40条第１項によって，その国内に並存している複数の法秩序の一つに決定されることになり，それが同一であるとき，同一本国法が存在することになる。したがって，カリフォルニア州に属するアメリカ人とニューヨーク州に属するアメリカ人の間には，同一本国法は存在しないことになる。同様に，夫婦がいずれもインド国籍を有していても，一方がキリスト教徒であり，他方がヒンズー教徒である場合にも，同一本国法は存在しないことになる。

ただし，場所的不統一法国であっても，国全体，あるいは国内の一部において，一定の法分野について統一法が成立している場合や，人的不統一法国であっても，異教徒間の関係を規律する実質法が成立しているような場合には，同一本国法が存在すると考えて差し支えないであろう。

(3)　分裂国家に属する者相互の場合

分裂国家に属する者の本国法の決定は，各人について分裂国家の法秩序のいずれかをその者の本国法と定めるということであり，そのようにして決定した本国法が同一であれば，同一本国法が存在することになる。例えば，在日朝鮮人夫婦の離婚事件において，夫が朝鮮民主主義人民共和国に，妻が大韓民国に帰属すると判断された場合には，同一本国法は存在しないことになり，第二段階の同一常居所地法が適用される（通則法27条・25条を準用）。

第８　常居所地法の決定

平成元年６月28日法律第27号「法例の一部を改正する法律」は，段階的連結による準拠法の指定方法を採っている。これは，当事者に共通の連結点を段階的に採用するものであって，まず，第１に，当事者の本国法が同一であるときはその法律，第２に，その法律がないときはその共通の常居所地法，第３に，これらの法律もないときは，当事者に最も密接な関係のある地の法律によるとし，共通本国法，共通常居所地法及び密接関連法の３段階により連結するものである。これまでは，身分関係に関する国際私法の基本的な連結点としては，「国籍」と「住所」が中心であったが，人間が日常生活をする上で最も重要なのは，その現実に居住している地の法律であるとの考えから，これを国際私法上の連結点の中心に置こうとするものである。もっとも，常居所を全ての身分関係についての連結点とした場合，婚姻等の身分関係は，市区町村長に届け出ることによって創設されることが多いが，市区町村長は，書面による審査により届出事件の受否を決定する建前となっているため，戸籍の窓口に来た届出人又は事件本人の常居所がいずれにあるかを認定するのに困難を伴い，当該事件に適用すべき準拠法を正確に決定することができないのではないかという戸籍事務処理上の問題がある。そこで，改正法例（現行通則法）では，段階的連結の２番目の連結点として常居所地法を採用することとし，また，婚姻の効力（通則法25条），夫婦財産制（通則法26条），離婚（通則法27条），親子間の法律関係（通則法32条）及び重国籍者の本国法の決定（通則法38条１項）に関してこれを採用し，その漸進的適用と妥協が図られている（南敏文『改正法例の解説』46～48頁（法曹会，1992））。

ところで，この「常居所」と日本民法上の「住所」の関係であるが，「常居所」とは，平常の居所の意味であり，人が常時居住する場所で，単なる居所とは異なり，相当期間にわたって居住する場所と解されている。一方，「住所」は，民法第22条で「各人の生活の本拠をその者の住所とする。」と規定しており，この「住所」の意義については，昭和35年３月22日の最高裁判決によると，「その人の生活にもっとも関係の深い一般的生活，全生活の中心をもって，その者の住所と解する。」としていることから，国際私法上の「常居所」と日本民法における「住所」とは，ほぼ同一のものと解することができる。

通則法第39条は，「当事者の常居所地法によるべき場合において，その常居所が知れないときは，その居所地法による。」と定め，通則法の規定によって，ある者の常居所地法が準拠法として指定されている場合において，その者の常居所が知れないときがあり得るので，このような場合に備え，当事者の常居所地法によるべき場合において，その常居所が不明のときは，その「居所地法」によると定めている。

「居所」とは，人が多少の間継続して居住するが，住所までには至らない，又は国際私法上の連結点としての常居所までには至らない場所をいう。

なお，準拠法の指定に当たり，当事者間の共通の常居所を前提としている婚姻の効力や離婚等については，その当事者の一方の常居所が知れない場合は，共通常居所地がないものとする方が適しているので（この場合は，密接関連法によることとなる。），通則法第39条は，そのただし書をもって同条が適用されないことを明記している。

国際私法上，常居所が一定の身分関係の準拠法を定めるための連結点として用いられるものである限り，常居所があると認められるためには，単なる短期の滞在では不十分であり，相当期間滞在している事実又は滞在するであろうと認められるに足る事実が必要である。具体的な認定に当たっては，居住年数，居住目的，居住状況等の諸要素を総合的に勘案する必要がある。平成元年10月２日民二第3900号民事局長通達は，住民登録票や在留資格を基準として，日本人と外国人について，「我が国における常居所の認定」と「外国における常居所の認定」とに大きく場合分けをして，それぞれ居住年数の要否・期間あるいは居住目的等によって，常居所の具体的な認定基準及び認定方法を定めている。

その基本的な考え方は，次のとおりである。

1　国籍国においては，居住を登録していれば反対の事実が明らかとならない限り，常居所があるものと認定する。これは，国籍国においては，永続的に居住するのが通常であるからである。ただし，国籍国の中に日本があるときは，日本の居住が優先する。

2　外国においては，滞在目的によって（日本の場合は，この点が客観的に明らかとなる在留資格による。），居住の期間を定めることとし，永住目的や観光目的ではない通常の目的による滞在については，原則として５年間の滞在を要件としている。

3　永住目的又はこれらに類する目的の場合は，１年の滞在と登録で足りる。

4　観光や興行目的の滞在の場合は，居住の期間にかかわらず，その国での常居所を認めない。

5　在日韓国人又は中国人及びその子孫については，居住の期間にかかわらず，日本における常居所を認める。その他の生来者も同様とするが，出国したときは，再び入国したときの滞在目的により判断する。

6　以上の基準に従い，他の地域で常居所を有するに至るまでは，従前の常居所がその者の国籍国である限り，その地の法律をその者の常居所地法とする。

常居所の認定

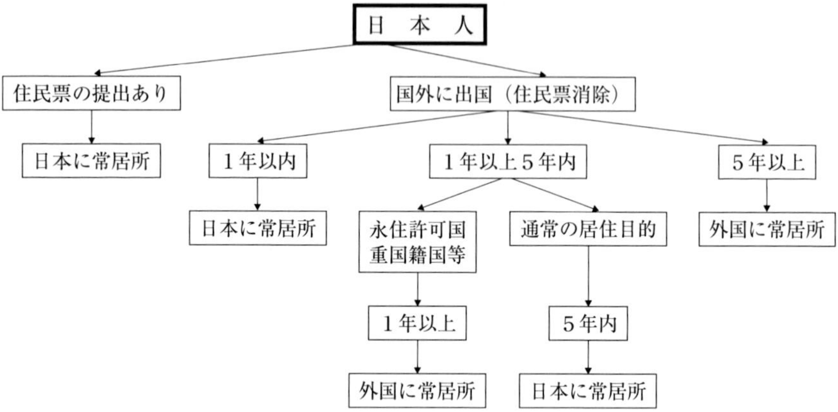

日　本　人
住民票の提出あり
日本に常居所
国外に出国（住民票消除）
1年以内
日本に常居所
1年以上5年内
永住許可国
重国籍国等
1年以上
外国に常居所
通常の居住目的
5年内
日本に常居所
5年以上
外国に常居所

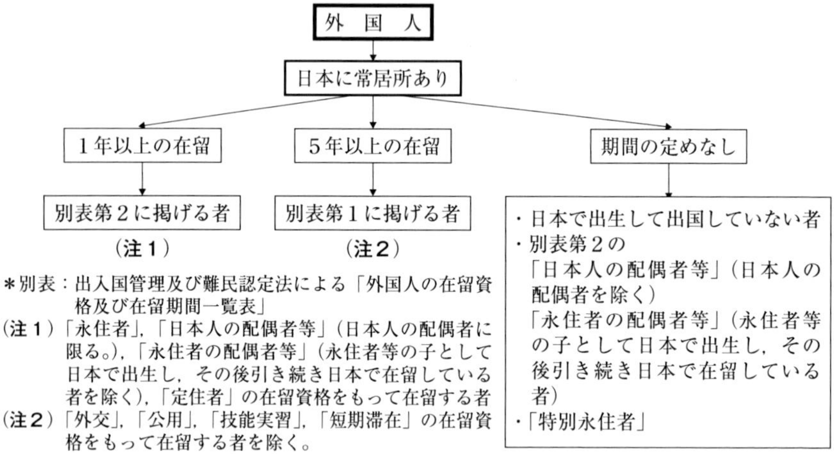

外　国　人
日本に常居所あり
1年以上の在留
別表第2に掲げる者
（注1）
5年以上の在留
別表第1に掲げる者
（注2）
期間の定めなし
・日本で出生して出国していない者
・別表第2の
「日本人の配偶者等」（日本人の配偶者を除く）
「永住者の配偶者等」（永住者等の子として日本で出生し，その後引き続き日本で在留している者）
・「特別永住者」

*別表：出入国管理及び難民認定法による「外国人の在留資格及び在留期間一覧表」

（注1）「永住者」，「日本人の配偶者等」（日本人の配偶者に限る。），「永住者の配偶者等」（永住者等の子として日本で出生し，その後引き続き日本で在留している者を除く），「定住者」の在留資格をもって在留する者

（注2）「外交」，「公用」，「技能実習」，「短期滞在」の在留資格をもって在留する者を除く。

外　国　人
日本に常居所なし
別表第1の
「外交」
「公用」
「技能実習」
「短期滞在」
の在留資格をもって在留する者
アメリカ国との地域協定
第9条第1項に該当する者
不法入国者
不法残留者

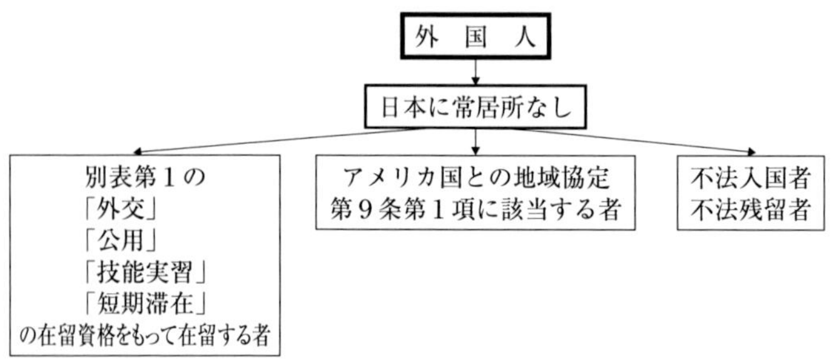

第９　密接関連法の決定

婚姻の効力について，通則法第25条は，第１順位に共通本国法を，第２順位に共通常居所地法を，第３順位に密接関連法とする段階的連結による準拠法の定め方をしている。この段階的連結による準拠法の定め方をしたのは，抵触法規の分野で夫と妻を対等に扱うためには，両者に共通な要素を順次探し出すのが適当であるとされたからである。

この密接関連法がどのようなものであるか，また，いかなる場合に適用するかであるが，例えば，国際婚姻をした夫が外国に単身赴任したり，国際婚姻が事実上破綻して，国際的な別居が始まっている場合，国籍を異にする夫婦が国を隔てて居住している場合等が考えられる。

このような場合における夫婦にとって最も密接な関係がある地の法律とは，これまでの共通の本国法又はこれまでの共通の常居所地法，あるいは，夫婦の一方がその夫婦の子と居住している場合は，その居住している地の法律が密接関連法と認められることになろう。

密接関連法を認定する場合は，具体的事例ごとに判断することになるため，関係当事者から事情を聴取することが必要となり，書面審査を前提とする市区町村長がこれを認定することは困難である。そこで，管轄法務局に受理照会をし，法務局において当該外国人又は関係人について実質的審査を行った上，密接関連法を認定する（平成元. 10. ２民二3900号通達第２の１(1)イ(ｲ))。ただし，それぞれの事案ごとに種々の態様があり，密接関連国を一律に判断することはできないため，受理照会事件については，当分の間，法務局独自で判断することなく，全て本省照会事案とし，本省からの回答を待って処理する取扱いであった（平成元. 12. 14民二5476号通知)。その後，離婚に際して夫婦に最も密接な関係にある地が日本であると認定できる場合が示され，これに該当する場合にあっては，法務省に照会する必要はなく，管轄法務局が独自に指示することができることとされた（平成５. ４. ５民二2986号通知）ことは，前述（４頁）のとおりである。

なお，離婚については，当事者の一方が日本人で，日本に常居所を有する場合（通則法27条ただし書）及び日本人配偶者が日本に常居所を有していないが，外国人配偶者について日本に常居所があると認定できる場合は，受理照会することなく協議離婚届を受理して差し支えない（平成元.10.2民二3900号通達第2の1(1)イ(ア)）。

第10　外国法が不明な場合

ある法律関係に適用されるべき外国法は決定されたが，その内容が不明な場合がある。例えば，北朝鮮の法律を適用すべき場合においてその法律の内容が不明な場合である。このような場合には，条理によるべきであるところ，その条理の内容としては，準拠すべきであった法秩序と最もよく近似しているとみられる法秩序，すなわち近似法によるべきであるとした先例がある（昭和51.7.17民二4123号回答）。しかし，現実の戸籍実務の取扱いとしては，管轄法務局に受理照会をし，その指示を得て事件を処理するのが適当とされる。

第11　反　致

通則法第41条は，当事者の本国法によるべき場合に，その国の法律に従えば日本の法律によることとなるときは，日本の法律によると規定している。例えば，婚姻の実質的成立要件は，各当事者の本国法による（通則法24条1項）が，当事者の本国の国際私法によれば，当事者の住所地法によるべきこととされていて，しかも，事件本人が日本に住所を有しているときは，日本の法律によることとなる。これを反致という。しかし，婚姻の効力，離婚，親子間の法律関係（親権）など，いわゆる段階的連結をする場合には適用されないとされている（通則法24条3項ただし書）。これは，段階的連結の場合には，当事者双方に共通する法律を厳選・精選しているので，反致を認めない方が適当であるからである。

また，通則法第41条は，第29条第1項後段，第31条第1項後段の規定等による子の本国法上の認知又は養子縁組について子の同意の要件に対しても適用されない。これは，子の同意は，子の保護のための要件であり，反致があると解釈した場合，反致によりそれぞれの前段に掲げられた法律と同一の準拠法が適用されることになり，子の保護のために設けた規定がないに等しい結果となり，これを設けた趣旨が没却されることになるからである。

第12　公　　序

通則法第42条は，「外国法によるべき場合において，その規定の適用が公の秩序又は善良の風俗に反するときは，これを適用しない。」と規定している。これが国際私法上にいわゆる「公序条項」と呼ばれているものである。例えば，いわゆる一夫多妻婚を認める外国法など，内国法とはその内容が異質な外国法が準拠法となった場合に，その外国法をそのまま適用すると，我が国の公の秩序，善良の風俗に反する場合があり得る。

そこで，そのような場合に，内国の基本的な法秩序，つまり公序良俗を守る上から，本来適用されるべき外国法の適用を排除するというのが本条の趣旨である。

ところで，公序条項の適用については，従来，準拠法である外国法の規定の内容自体が判断の対象とされるのか，それとも外国法の適用結果が問題とされるのかという点について解釈上問題とされていたが，後者が従来からの通説であるところから，改正前法例第30条（現行通則法42条）の公序に関する規定に「適用」という文言を付加して，これを明確化している。

第２章　渉外戸籍事務

第１　戸籍法の適用範囲

一般に法の及ぶ範囲に関しては，属人主義と属地主義の２つの考え方がある。これは，法は人に随伴するものであるか，それとも一国の領域範囲内に限って及ぶものであるか，という２つの考え方から生ずる相違である。

古代社会においては，種族間の交流がほとんどなかったことから，属人主義が中心であったが，交通の発達や文明の発展に伴い，近代国家へ移行する中で，その主権の存する領土内では種族に関係なく，全ての人に適用するという，いわゆる属地主義が原則となってきた。

しかしながら，属地主義にのみ徹すると，国内において外国法の関与を一切排除する結果となり，反面，外国に存在する自国民の利益にも反することになることから，各国とも属地主義のほか属人主義も併用している。特に身分関係においては，その性質上，属人主義の色彩が濃くなっている。この点は，我が国の通則法中，身分関係の規定である第24条以下において，身分行為の成立要件ないし身分関係の発生原因等は，原則として，それぞれの当事者の本国法（属人主義）を適用し，身分行為の方式等は，挙行地の法律（属地主義）を適用するように規定され，属人主義と属地主義を併用していることからも明らかである。

ところで，戸籍法の適用に関しては，同法に特に明文はないが，通則法の規定（通則法24条～37条）及び戸籍法又は同法施行規則の規定（戸25条２項・49条２項３号，戸規58条２号）等において，間接的にこのことを明らかにしている。

すなわち，戸籍法は，日本国内で生じた人の身分に関する事項について，その者が日本人であると外国人であるとを問わず，属地的に全て適用され，日本人について外国で発生した事項についても属人的に適用される。ただし，日本国内であっても，日本の主権の及ばない地域及び日本国内に在る外国人であっても，特別の身分を有する者，例えば，一国の元首・外交使節及びその随員等については，戸籍法上の適用がないとされている。現在，日本に駐留する日米行政協定に基づくアメリカ合衆国の軍隊の構成員・軍属及びその家族についても同様である。

第２　渉外戸籍事務の管掌者

１　市区町村長の権限

戸籍に関する事務は，市区町村長がこれを管掌するとされている（戸１条)。したがって，戸籍の届出は，原則として市区町村長にしなければならない。法律に別段の定めがある場合のほか，市区町村長（市区町村長の職務を代理する者を含む。）以外の者に戸籍の届出をしても，何らの効力を生じない。

戸籍法は，日本国内での外国人についての身分関係の発生・変更・消滅についても適用されるので，渉外事件についても当然に市区町村長が管掌することになる。

ところで，在外日本人の戸籍事務の処理（届出の受理行為）機関としては，在外日本国大使・公使又は領事（以下「在外公館長」という。）があり，戸籍事務を管掌している。

２　在外公館長の権限

在外公館長は，在外日本人の戸籍に関する事務を処理する権限を有している(戸40条)。ただ，在外公館には戸籍簿はないから，戸籍の記載事務はつかさどらない。それゆえ，在外公館において扱う戸籍事務は，届出の受理に関する事務のみである。

在外公館長は，在外日本人の出生・死亡等の報告的届出に関する届出のほか，日本人相互間の婚姻・認知・縁組・離婚等の創設的届出に関する届出を受理する権限を有し，かつ，その届出は受理の時に効力を生ずる（民741条・801条)。

また，在外公館長は，在外日本人と外国人間の身分行為に基づく行為地の方式による証明書を受理する権限を有するが，日本法による方式の届出を受理する権限はない。なぜなら，通則法第24条第３項の「当事者の一方の本国法に適合する方式」とは，在外においては民法第741条に該当する場合，すなわち「外国に在る日本人間」のものでなければならず，日本人と外国人の場合は，これに該当しないからである。

第3　渉外関係届書の機能

戸籍は，日本人を登載し，その身分関係を公証する機能を有するものであり，外国人は日本の戸籍に登載されることはない（外国人と日本人間の婚姻・縁組等については，日本人の戸籍に婚姻・縁組等の事項は記載される。）。したがって，日本において外国人相互間の婚姻・縁組等の渉外戸籍事件の届出があった場合は，これを公証するものとしては，届書によって行うほかはなく，外国人に関する届書類の保管及び公証の事務は，日本人の戸籍の保管及び公証と同様に重要である。

日本人相互間の戸籍に関する届書は，戸籍の記載後，本籍人に関する届書は管轄法務局若しくは地方法務局又はその支局（以下「管轄法務局」という。）に送付されて27年間，非本籍人の届書については，当該市区町村役場において1年間それぞれ保管される（戸規48条3項・49条2項）。これは主として戸籍簿滅失の際における再製の資料とするためであるほか，届出が正確になされているか否かを審査するためのものでもある。このことは，当事者の一方が外国人である場合も同様である。一方，外国人相互間における届書類については，管轄法務局では保管せずに，受理市区町村において保管される。その保存期間は，認知・婚姻等のように届出によって効力が生ずる創設的届出に関するものは50年，出生・死亡等の報告的届出に関するものは10年と定められている（戸規50条2項）。ただし，在日韓国人の戸籍届書については，保存期間経過後もなお当分の間保管することとされている（昭和41．8．22 民事甲2431号通達）。

このように内外人に関する届書の保存方法及び期間が異なるのは，外国人に関しては戸籍がないため，身分関係の成立を証するには届書に頼らざるを得ないことによるものである。すなわち，当該外国人が日本において有効な身分行為をしたことの立証の必要性は，日本人の場合といささかも変わるところがないのであり，したがって，その身分関係の公証の重要性に鑑み，特に婚姻・離婚・養子縁組・認知等の届出事件については，当該届書に基づき特別様式による受理証明書（戸規附録21号書式）の交付を受けることができることになっている（戸規66条2項）。このほか，届書に基づく記載事項証明の請求があった場合は，これを交付することもできることとされている（戸規67条）。

第４　渉外戸籍届出通則

１　届出地

⑴　在日外国人の届出

戸籍法第25条は，戸籍の届出に関して規定しているが，第２項で日本の国籍を有しない者に関する届出は，届出人の所在地（一時の滞在地を含む。）でこれをしなければならないとしている。日本人の場合は本籍地でも届出を認めているが，本籍をもたない外国人には所在地で届け出ることが最も便宜であるからである。

⑵　在外日本人の届出

在外日本人の戸籍に関する届出は，その国に駐在する日本の在外公館長に届出をすることができる（戸40条）。また，直接日本の市区町村長に届け出ることもできる。

２　届出の方法

戸籍の届出は，書面又は口頭によることとされており（戸27条），これは渉外戸籍事件の届出についても同様である。

３　届書の様式

様式が法定されている出生届，婚姻届，離婚届及び死亡届の４届書については当該様式により（戸28条２項，戸規59条），その他の届出については標準様式（昭和59. 11. １民二5502号通達ほか）によるのが相当である。

４　届書の記載事項

届書に記載する一般的記載事項については，渉外戸籍届出事件についても当然に適用される（戸29条）が，同条中「戸籍の表示」（本籍及び筆頭者の氏名）に関する部分は，外国人の届書には適用する余地はなく，また，戸籍法第30条の規定は，戸籍の編製・記載に関する事項であるから，外国人の場合には適用されない。ただし，届出人又は届出事件の本人の一方が日本人であって，同条のいずれかに該当するときは，その適用があることはいうまでもない。

なお，戸籍届書には届出人が署名・押印しなくてはならないが，署名・押印及び氏名の記載については，次のように定められている。

⑴　署名・押印

届出人が署名することができないときは，代書・押印の手続をしなければならない（戸規62条）。しかし，在日外国人のうち中国人及び韓国人には，日本人と同様に署名・押印に関する慣習があるが，その他の外国人は印を押す慣行がなく，また，サインが日本の署名に代わる効用があり，法令（外国人ノ署名捺印及無資力証明ニ関スル法律・明治32年法律第50号）もこれを認めていることから，外国人の戸籍届出には署名・押印に該当するところは，署名のみで足りると解されている。

⑵　氏名の記載

外国人の氏名については，その外国人が本国において氏名を漢字で表記するものである場合は，正しい日本文字としての漢字を用いるときに限り，氏・名を漢字で記載しても差し支えない（昭和59. 11. 1民二5500号通達）が，それ以外の外国人については，氏・名の順序によってカタカナで記載し，氏と名の間に読点を付して区別しなければならない（前掲通達）。

第5　届出人

届出人に関する戸籍法第31条及び第32条の規定は，渉外事件の届出についても適用される。外国人に関して誰が親権者若しくは後見人であるか，又は届出人が行為能力者であるかは，通則法の規定によって指定される準拠法によって定まる（通則法32条・35条）。

第6　証人を必要とする届出

戸籍の届出の中で証人を必要とする届出は，婚姻届（民739条），協議離婚届（民764条），養子縁組届（民799条）及び養子離縁届（民812条）であるが，これらの届出の当事者双方が外国人の場合又は当事者の一方が外国人の場合のいずれの場合にもこの規定が適用される。証人の資格要件については，成年者2人以上であることを必要とするが，それは当事者以外の者であればよく，日本国籍を有する者に限らない。証人が成年者であるか否かは，通則法第4条によってその者の本国法が準拠法となる。届出に際して証人として届書に記載すべき事項は，出生の年月日・住所及び本籍であって，かつ，署名・押印が必要である（戸33条，戸規62条。ただし，証人が外国人の場合は例外がある。）。

第7　届書の通数

渉外戸籍届出事件において，当事者の一方が日本人であるときは，戸籍法第36条の規定が適用され，届書の通数は原則として「戸籍の記載を要する市町村の数と同数」の届書を提出することになるが，当事者双方が外国人であるときは戸籍の記載に関係がないので，届書は1通で足りる。

第8　届書の添付書類

届書の添付書類に関する戸籍法第38条の規定は，渉外戸籍届出事件についても当然に適用される。婚姻届等の創設的届出に必要とされる，本国法においてその要件を備えていることの立証は，当事者である本人みずからがすべきものとされており，実務上は，本国官憲が発給する，いわゆる「要件具備証明書」を添付させ，これにより，要件を審査することとされている（大正8．6．26民事841号回答，昭和22．6．25民事甲595号回答ほか）。なお，養子縁組や認知の届出については，子の保護要件を備えていることを証明する書面を添付しなければならない（平成元.10．2民二3900号通達第4の1(2)，第5の1(1)(2)）。

第９　訳文の添付

要件具備証明書等，市区町村長に提出する書類が外国語で作成されているときは，従来から翻訳者を明らかにした訳文を添付する取扱いであったが（昭和29. ９.25民事甲1935号回答等），「国籍法及び戸籍法の一部を改正する法律」（昭和59年法律第45号）の施行に伴い，戸籍法施行規則の一部も改正され（昭和59年11月１日法務省令第40号），同規則第63条の２の規定の新設により，その添付が義務付けられた。

訳文の添付については，戸籍法第41条における証書の謄本についてはもとより，戸籍法施行規則第63条により提出を求めることができる書類も含まれる（昭和59. 11. １民二5500号通達）。

第10　証書の提出

外国に在る日本人が，その国の方式に従って届出事件に関する証書を作らせたときは，３か月以内にその国に駐在する大使・公使又は領事にその証書の謄本を提出しなければならないとされ，大使・公使又は領事がその国に駐在しないときは，３か月以内に本籍地の市区町村長に証書の謄本を発送しなければならない（戸41条１項・２項）。

このように，戸籍法第41条による証書の謄本については，その国に駐在する大使・公使又は領事あるいは本籍地の市区町村長に対し，３か月以内に提出又は発送すべきことが義務付けられているが，これを日本に帰国後提出する場合は，本籍地又は所在地のいずれにも提出することができると解されている。

第11　外国人の本国への通知

届出事件の内容をその外国人が属する本国に通知する必要はないが，在日アメリカ合衆国の国民に関する死亡の届出を受理した市区町村長は，死亡者の住所地を管轄する在日アメリカ合衆国領事館事務所の総領事又は領事宛てに通知する（昭和39. ７.27民事甲2683号通達）。

また，旧ソヴィエト連邦の国民に関する死亡届を受理した市区町村長は，死亡届書に記載の死亡者の国籍が「ロシア連邦」とある者については，外務大臣宛てにその旨の通知を要する（昭和42. ８.21民事甲2414号通達）。そして，無国籍者を除く一般の在日外国人及び死亡届書に記載の死亡者の国籍が旧ソヴィエト連邦を構成していたその他の共和国とある者の死亡届を受理した市区町村長は，死亡届書の写しを添付して管轄法務局長にその旨を通知し，管轄法務局長はこれを取りまとめて外務大臣官房領事移住部長（現在は，外務省領事局長）宛てに通知することとされている（昭和58. 10. 24民二6115号通達）。

第３章　渉外戸籍届出事件の処理

第１　届出事件の審査

１　創設的届出

渉外戸籍届出事件のうち，認知，婚姻等の創設的届出事件の場合は，通則法の定める準拠法に従って，その身分行為の実質的及び形式的成立要件を審査しなければならない。この審査に当たっては，当該事件の準拠法及びその規定内容を決定するため，外国人当事者の国籍又は常居所を確認するとともに，当該事件本人の具体的な身分関係事実を調査の上，要件具備の有無を判断する必要がある。その概要を説明すれば，以下のとおりである。

(1)　婚姻届

ア　準拠法と要件審査

例えば，日本人男性とフランス人女性が日本で婚姻する場合は，婚姻年齢，重婚の禁止等の実質的成立要件は夫の本国の日本民法によるのか，妻の本国のフランス民法によるのか，あるいは行為地である日本民法によるのか，また，婚姻の方式，すなわち形式的成立要件は，日本民法によるのか，妻の本国法によるのかが問題となる。ちなみに，このような渉外的な私人間の法律関係に適用すべき私法を指定する法則を国際私法といい，国際私法によって指定された私法を準拠法という。

我が国では，通則法第４条から第43条までが，この国際私法に当たる。婚姻届の場合は，婚姻の実質的成立要件については，各当事者の本国法による（通則法24条１項)。また，形式的成立要件である方式については，挙行地の法律又は当事者の一方の本国法のいずれによることもできる（通則法24条２項・３項本文)。ただし，日本で婚姻を挙行する場合において当事者の一方が日本人であるときは，挙行地法である日本法に定める方式によらなければならない（通則法24条３項ただし書)。したがって，日本人男性とフランス人女性の婚姻届が提出されたときは，市区町村長は，日本人男性については日本民法を，フランス人女性についてはフランス民法を適用して，婚姻年齢等の実質的要件を満たしているかどうかを審査する必要がある。また，日本法の定める方式を満たしているかどうか（すなわち，婚姻届書に所定の事項が記載され，当事者及び証人の署名・押印がされているかどうか）を審査しなければならない。

婚姻年齢については，当事者の一方が婚姻適齢に達しているか否かはその本国法だけで定まり，相手方の本国法がいかなる婚姻年齢を定めているかは無関係である。つまり，婚姻適齢については，父母・後見人等の同意・婚姻意思の欠缺のように，その当事者についてのみ適用される一方的要件であるから，両当事者の本国法が累積的に適用されるものではない。

一方，重婚については，それぞれの準拠法（夫となるべき者の本国法又は妻となるべき者の本国法）による要件欠缺の結果として無効又は取り消し得べき婚姻であることが多い。そして，国際私法の原則は，より婚姻の効力を否定する法によって重婚の効力を決することにあるから，当事者の一方の本国法上，その婚姻が一定の要件を欠くものとして無効である場合には，他方の当事者の本国法上は有効又は取り消し得べきものであっても無効となると解されている（昭和58. 8. 4民二4384号回答)。また，当事者の一方の本国法上，取り消し得べき婚姻である場合には，他方の当事者の本国法上は有効なものであっても，取り消し得べき婚姻となる。

外国人同士を当事者とする婚姻届が提出されたときも，やはり通則法の定める準拠法に従って，婚姻の実質的成立要件及び形式的成立要件を審査することになる。

準拠法及びその規定内容を決定するに当たっては，外国人当事者の国籍又は常居所を確認するとともに，事件本人の具体的な身分関係事実を調査しなければならない。この場合，市区町村長は，準拠法の規定内容について調査しなければならない職責を有すると解されている（大正11．５．16民事3471号回答，昭和２．５．６民事1145号回答）。そして，その規定内容が判明しないときは，市区町村長は，婚姻届を受領した上，管轄法務局の長にその受理，不受理について照会をし，その指示を得て届書を処理することとされている。

管轄法務局の長が当該外国人の本国法を知り得ないときは，法務省に照会し，同省においても知り得ないときは，外務省を経由して，いわゆる外交ルートによって当該外国法を調査することになる（なお，この場合には，相当の期間を要することになる。）。また，事件本人の身分事実については，韓国等の一部の国を除けば，外国には我が国の戸籍のように，その身分事実を明らかにするものが少なく，あっても整備されていないこと等から，その身分事実を確認できないこともあり得る。そこで，現実の戸籍事務の処理については，戸籍法施行規則第63条に基づき，その本国の権限を有する官憲が本国法上その身分関係の成立に必要な要件を具備している旨を証明した書面，いわゆる「要件具備証明書」を婚姻届書に添付させ，これにより，要件を審査することとしている（なお，第２章第８「届書の添付書類」（25頁）参照）。「要件具備証明書」については，なお第２の項（56頁）において説明する。

イ　婚姻の方式

婚姻の方式について，通則法第24条第２項は，「婚姻の方式は，婚姻挙行地の法による。」とする原則を定めている。

婚姻の方式がいずれの国の法律によるべきかについては，挙行地法によるべきことが広く認められている。これは「場所は行為を支配する」との原則の適用される一つの場合である。婚姻の方式について，原則として挙行地法によるべきものとするのは，婚姻の方式が特に婚姻挙行地の公益と密接な関連があること，及び外国人である居住者に婚姻を可能にするよう考慮したものであるとされている。

しかし，挙行地主義の原則を貫くときは，実際上極めて不便である。例えば，宗教的な儀式を婚姻の方式とする国において，その宗教に属しない外国人は婚姻を挙行することができないことになる。そこで，外国に駐在する外交官又は領事をして自国の方式に従って自国民の婚姻を挙行させることを認める国が少なくない。これが外交婚又は領事婚といわれる婚姻である。

ところで，平成２年１月１日から施行された改正法例（現行通則法）は，婚姻の方式として当事者の一方の本国法によった方式もこれを有効とした（ただし，日本において婚姻を挙行した場合には，当事者の一方が日本人であるときは，日本法によることが必要である（通則法24条３項）。）。また，外交婚については，日本法上もこれを有効と認めるべきかについて積極，消極の両説に分かれていたが，改正法例は外交婚についても，有効なものとして認めることとした。

婚姻の方式が，準拠法上必要な要件を具備しない場合，その婚姻が無効となるか，あるいは取り消し得べきものとなるかについては，婚姻の方式の準拠法の定めるところによって決定される。例えば，日本国内において日本人と外国人が婚姻するに当たり，その外国人の本国法の定める方式によった場合には，その外国人の本国法によれば婚姻は有効に成立するにしても，挙行地である日本法では戸籍法上の届出をしない限り，婚姻が有効に成立したとは認められない。このように，ある国では有効とされ，他の国では無効（不存在）とされるような婚姻を「跛行婚」と称している。

ウ　届　出

外国にいる日本人相互間又は日本人と外国人との間の婚姻届を本籍地市区町村宛て直送した場合，法例改正前は，こうした婚姻の挙行地を本籍地と擬制していたが，改正法例は，異法地域者間の意思表示と解し，法例第９条（現行通則法10条３項）によって法律行為がされたものとし，発信主義によることを明らかにした。よって，在外日本人と外国人の婚姻届が本籍地市区町村長に送付されてきたときは，当事者の一方の本国法の方式によるものとして受理されることとなった。

エ　夫婦の氏

夫婦の一方が外国人である場合の夫婦の氏については，学説上，婚姻という身分変動の効果として生ずる問題である点に着目して，通則法第25条を適用すべきであるとするのが通説的見解であるが，戸籍の取扱いは，従前から，氏名権という夫婦それぞれの人格権に関する問題であるとして，当事者の本国法によらしめており，少なくとも日本人については日本法によるものとする立場が採られている（昭和55．８．27民二5218号通達）。すなわち，日本民法第750条によれば，「夫婦は婚姻の際に定めるところに従い，夫又は妻の氏を称する。」とされているところ，この規定は，日本人が外国人と婚姻した場合には適用されず，したがって，婚姻によっては氏の変動は生じないものとされている（戸16条３項）。日本人配偶者がその氏を外国人配偶者の称している氏に変更しようとする場合は，昭和59年の戸籍法の一部改正（法律第45号，昭和60．１．１施行）により新設の戸籍法第107条第２項の規定によって，その婚姻後６か月以内に限り，家庭裁判所の許可を得ないで，戸籍の届出をすることにより氏を変更できることとされた。

オ　成年擬制

成人擬制については，例えば，日本人と韓国人が婚姻した場合，その一方又は双方が未成年者であったときに，これらの未成年者が成人に達したものとみなされるか否かについては，これを婚姻の身分的効力と解するか，あるいは行為能力の問題と解すべきかによって，準拠法が異なることになる。前者と解すれば，通則法第25条の規定に基づき，共通常居所地法又は密接関連法によって決定されるが，後者の問題と解すれば，通則法第４条の規定によって，各当事者の本国法によることとなる。戸籍実務においては，通則法第25条の規定によるものと解している（昭和32．３．27民事甲577号回答）。

カ　婚姻準正

婚姻準正については，通則法第30条第１項が，「子は準正の要件である事実が完成した当時における父若しくは母又は子の本国法により準正が成立するときは，嫡出子の身分を取得する。」と規定し，準正の原因となる事実の完成当時，すなわち，父母の婚姻成立時の父又は母のいずれかの一方の本国法又は子の本国法によって準正が認められるときは，当該子は嫡出子たる身分を取得する。

〔先判例要旨〕

◎　在外日本人と外国人との婚姻届が送付された場合，重婚であれば受理できないが，誤って受理し戸籍の記載をしたときは，取消届があるまでそのままにしておく。　(大正15. 11. 26民事8355号回答)

◎　日本人と外国人との間に出生した日本人嫡出子（準正嫡出子を含む。）について，出生の届出人から，子の父母欄に記載する外国人母（又は父）の氏名を，日本人配偶者の氏（漢字）を用いて表記されたい旨の申出があった場合，又は外国人と婚姻した日本人から，その戸籍の身分事項欄に外国人配偶者の氏名変更の旨の記載方及び変更後の氏名は日本人配偶者の氏（漢字）を用いて表記されたい旨の申出があった場合において，当該外国人がその本国法に基づく効果として日本人たる配偶者の氏をその姓として称していることを認めるに足る権限ある本国官憲の作成した証明書等が提出されたときは，これを認めて差し支えない。

(昭和55. 8 . 27民二5218号通達)

(2)　認知届

ア　準拠法と要件審査

渉外的認知の実質的成立要件に関する準拠法の指定について，通則法第29条は，子の出生の当時若しくは認知の当時の認知する者の本国法又は認知の当時の子の本国法のいずれの法律によってもすることができると規定し，いわゆる選択的連結方法が採用されている。また，これは，認知のみならず，事実主義の場合の嫡出でない親子関係もその適用範囲に属することとしており，事実主義・認知主義の双方に適用されるものである。ただし，認知する者の本国法による場合においては，子の利益の保護の観点から，子の本国法上，子又は第三者の同意又は承諾があることを認知の要件としているときは，その要件をも備えなければならない。日本民法上，子又は第三者の同意等を必要とする認知は，①成年認知の場合の成年者の承諾（民782条），②胎児認知の場合の母の承諾（民783条１項），③死亡した子の認知の場合において，死亡した子の直系卑属が成年者であるときはその者の承諾（民783条２項）である。

認知の実質的成立要件の準拠法が適用される範囲は，次のとおりである。

①　認知（任意認知，強制認知）が許されるか否か。
②　姦通子を認知することができるか否か。
③　認知するには一定の者の承諾・同意が必要か否か。
④　遺言による認知は可能か否か。
⑤　死亡した子又は胎児を認知できるか否か。
⑥　死後認知は可能か否か，可能とすればその出訴期間は。
⑦　認知の取消しはできるか否か。
⑧　形式的に成立している認知の効力を否認するには，裁判を要するか否か。要するとすれば，取消権者は誰か。

認知については，上述のとおり選択的連結が採用されたことにより，いずれかの準拠法においてその要件を満たせば成立することとなったので，日本法を適用する可能性が増加し，認知による父子関係の成立が容易になったものといえる。

なお，子が外国人である場合，子の本国法により認知することができる旨の証明書の提出があった場合は，認知の届出を受理することができる。認知する者の本国法により認知することができる旨の証明書及び子の本国法上の保護要件を満たしている旨の証明書の提出があった場合も同様である（平成元.10.２民二3900号通達第４の１(2)）。

よって，これら証明書の提出を求めるのは，戸籍法施行規則第63条に基づくものであるが，法制が不明な場合は，市区町村長が職権で調査すべき事項とされるものの，父母の同意のような要件は，当事者が必ず証明しなければならない。

(ア)　保護要件を備えていることの証明書

子の本国法上の保護要件を備えていることの証明書とは，裁判所の許可証，母又は本人の承諾書，親族会の同意書，児童委員会の同意書等がある。

子の本国法が父子関係について事実主義を採っている場合において，子の本国法上の保護要件がない場合であっても，事実主義に関する法律の内容についての証明書の提出は必要である。すなわち，子の本国法上の保護要件を満たしている旨の証明書は，保護要件が存在することを前提としているのではなく，保護要件のない場合でもその旨を証明するというものである。したがって，子の本国法が事実主義を採用している法制の国であるときは，その旨を規定している本国の出典を明示した法文の抜粋が保護要件に関する証明書に当たることになる。

(イ)　母の独身証明書

渉外の創設的認知届には，従前から子の母の独身証明書を添付していたが，平成20年の国籍法改正に伴い発出された平成20年12月18日民一3302号通達において，「父又は母が認知することができるのは嫡出でない子であるとされていることから（民779条），認知届を受理するに当たり，嫡出でない子であることについては，原則として，母の本国官憲が発行した独身証明書をもって審査を行うものとする。」とされている（通達第３の１前段）。ここでいう「独身証明書」とは，母が認知の届出時に独身であることを証明するものでは足りず，母が被認知者の出生時に独身であることを証明するものが必要である（戸籍826-28）（**注**）。

（**注**）　通達第３の１ただし書にもあるように，独身証明書以外の証明書類において当該子が嫡出でない子であることが確認できる場合は，認知届を受理することができるが，虚偽の認知届を防止するという通達の趣旨を考えると，要件審査のための書類については，厳格に取り扱うべきである（時報656-

117）

(ウ)　婚姻中の外国人女の胎児を他の日本人男が認知する届出

最高裁判所は，平成９年10月17日，日本人男と婚姻中の韓国人女から出生した子について，母の夫との親子関係不存在確認の審判確定後に，他の日本人男が認知の届出をしたことにより生来的な日本国籍の取得が認められるか否かが争われた事案について，次のように判示した。すなわち，「客観的にみて，戸籍の記載上嫡出の推定がされなければ日本人である父により胎児認知がされたであろうと認めるべき特段の事情がある場合には，右胎児認知がされた場合に準じて，国籍法２条１号の適用を認め，子は生来的に日本国籍を取得すると解するのが相当である。」との立場を明らかにした上，「右の特段の事情があるというためには，母の夫と子との間の親子関係の不存在を確認するための法的手続が子の出生後遅滞なく執られた上，右不存在が確定されて認知の届出を適法にすることができるようになった後速やかに認知の届出がされることを要すると解すべきである。」とした（民集51－９－3925）。

この判決の趣旨を踏まえて，この種の事案における国籍事務の取扱いの基準を示す次のような法務省民事局長通達（平成10．１．30民五180号）が発出されている。

①　外国人母の夫（外国人男の場合を含む。）の嫡出推定を受ける子について，その出生後遅滞なく（３か月以内）その推定を排除する裁判（母の夫との間の「親子関係不存在確認」又は「嫡出否認」の裁判をいう。）が提起されたこと。

②　その裁判確定後速やかに（14日以内）母の夫以外の男から認知の届出があったこと。

③　この場合には，戸籍の記載上母の夫の嫡出推定がされなければ胎児認知がされたであろうと認めるべき特段の事情があるものと認定し，その認定の妨げとなる事情がうかがわれない限り，子は出生により日本国籍を取得したものとして処理すること。

また，平成11年11月11日には，前記平成10年第180号通達の趣旨及び渉外的胎児認知届の取扱い等について，再確認するため次のような通知（民二・民五2420号）が発出されている。

①　相談があった場合

日本人男から，外国人女の胎児を自分の子として認知したい旨の相談があった場合には，外国人女が婚姻中であるか否かにかかわらず，胎児認知の届出の手続があることを説明する。

②　胎児認知の届出があった場合の手続

a　届書等の受付

胎児認知の届出があった場合には，その届出が適法かどうかを問わず（届書の不備については補正させ，母の承諾（民783条１項）を証する書面等が不足している場合には，それを補完させる。），いったん届書及び添付書類を受領（受付）し，その受付年月日を届書に記載する。この受付をした後に民法及び戸籍法等の関連する法令に照らして，届出の審査をする。

b　届出の不受理処分及びその撤回

届出を適法なものと認めたときは，これを受理し，その旨を受附帳に記載する。

また，届出を不受理としたときは，戸籍発収簿に，発収月日，事件の内容及び不受理の理由（被認知胎児が婚姻中の外国人母の夫の嫡出推定を受けるため）を記載した上で，届出人に届書等を返戻する。その際に，届出人に対し，子の出生後に外国人母の夫の嫡出推定を排除する裁判等が確定した旨の書面を添付して，返戻された書面によって届出をすれば，不受理処分を撤回し，当初の届書等の受付の日に届出の効力が生ずる旨の説明をすることとされている。

イ　認知の方式

認知の方式については，通則法第34条の規定により，認知の成立について適用すべき法（すなわち，認知の実質的成立要件の準拠法）によるほか，行為地法によることもできるとされている。

ところで，この方式については，従来は，方式についての一般原則である法例第８条（現行通則法10条）の適用を受けるものとして解釈されていたところ，平成２年１月１日から施行された改正法例によって，親族関係についての法律行為の方式は法例第22条によることとなり，「其行為ノ成立ヲ定ムル法律」又は「行為地法」のいずれによってもよいこととされた。この平成元年に新設された身分的法律行為の方式に関する法例第22条に関しては，連結点についてその行為の成立を定める法律と行為地法との選択的連結を採用しており，第８条の規定と差異が生じていることについて学説上批判があった（溜池良夫『国際私法講義（第３版）』321頁以下（有斐閣，2005)）。その後，平成18年に通則法の公布により法例の全部が改正され，法律行為の方式に関しては，行為地法による法律行為の方式を有効とする法例第８条第２項の規定を維持した上で，法律行為の「効力」を定める法律によるとしている同条第１項の規定を改め，法律行為の方式により密接に関係する法律行為の「成立」を定める法によることとされ（通則法10条１項・２項)，法例第22条の規定は削除された。しかし，削除された法例第22条の規定の趣旨は通則法第10条第１項の規定に承継されているから，我が国では，戸籍法の定めるところにより届出によってすることもできることに変わりはない（民781条)。

ウ　認知の効力

認知の効力としては，子はどのような身分を取得するか，身分の取得は遡及して効力を生ずるかなどについては，通則法第29条により決定されることになる。なお，認知された子が親を相続するか，という点については，相続の準拠法（通則法36条）によると解されている。また，外国人に認知された日本人の子，あるいは日本人に認知された外国人の子の氏名については，当然には父の氏を称することにならない。

〔先判例要旨〕

◎　平成10年１月30日民五180号民事局長通達の趣旨及び渉外的胎児認知届の具体的取扱い等について　　（平成11. 11. 11民二・民五2420号通知）

◎　外国人母の嫡出でない子が，その出生後に日本人男から認知された場合の日本国籍の取扱いについて，平成15年６月12日最高裁判所第一小法廷判決の趣旨に鑑み，平成10年１月30日民五180号民事局長通達の記二に⑶として「母の離婚後に子が出生し，胎児認知の届出が受理され得るにもかかわらず，同届出がされなかった事情についての関係資料を添付して，その処理につき当職の指示を求める。」が追加された。

（平成15．７．18民一2030号通達）

⑶　養子縁組届

諸外国の法制では，養親子関係の成立要件の準拠法を当事者の属人法に求めていることは前述の認知届の場合と同様である。しかし，当事者が互いにその属人法を異にしている場合に，そのいずれを基準とすべきかという問題については，これを大別すると３種類になる。すなわち，養親の属人法，養子の属人法及び養親養子共通の属人法である。

我が国の通則法は，養子縁組の要件は，縁組当時の養親の本国法によるものとしている。また，養子の本国法上，養子縁組の成立について，養子若しくは第三者の承諾若しくは同意又は公の機関の許可その他の処分のあることを必要とするときには，その要件をも備えることが必要であるとし，養子の保護に欠けることのないようにとの配慮がされている（通則法31条１項）。

したがって，養子縁組の実質的要件は，養親の本国法によって判断することになる。そのため，養親の本国法によって，養親，養子の全てについて，養親の本国法上の要件を満たしているか否かを審査し，次に，養子の本国法上の保護要件を満たしているか否かの審査を要することになる。

養子縁組の成立要件としては，次の事項が養子縁組の準拠法により規律される。

①　養親及び養子の年齢（年齢差を含む。）

②　養親と養子の身分関係。これは，自己の嫡出でない子又は被後見人を養子とすることができるか否かということである。

③　法定代理人の代諾・同意

④　公的機関の許可の要否

養子縁組の準拠法は養親の本国法によるが，その結果，養子の保護に欠けることがないように，養子の本国法上の保護要件を備えていることが必要であることは前述のとおりであるが，この保護要件として，本国官憲の許可等を必要とする法制を採っている国が多い。しかし，外国人当事者の居住状況等からその許可等を取得することが困難な場合がある。そこで，養子の本国の官憲の許可等を，日本の家庭裁判所が養子縁組についての管轄権を有すると認められる場合（養子あるいは養親のいずれかの住所が日本にあれば，日本の裁判所に管轄権があると解されている。）は，日本の裁判所が本国の裁判所の許可等を代行できるものと解されている。しかし，日本人が養子制度のない国の子を養子とする場合は，養子についての保護要件そのものがないのであるから，通則法第31条第１項後段の保護要件に関する規定は実質的には適用されないことになる。

養親が日本人の場合は，実質的成立要件の準拠法は養親の本国法である日本民法であるから，日本の民法の規定により，養親の年齢（成年者であること—民792条），養子の年齢（普通養子のときは制限なし），養子は養親の尊属又は年長者でないこと（民793条），配偶者のある者が縁組をするときは配偶者の同意を得ること（民796条），後見人が被後見人を養子とするときは家庭裁判所の許可を得ること（民794条），15歳未満の者が養子となるときは法定代理人の代諾があること（民797条），未成年者を養子とするときは家庭裁判所の許可があること（民798条）等の要件を満たしているかについて審査をすることになる。審査の方法としては，養親については戸籍謄（抄）本によってなし得るが，外国人である養子の年齢その他については，出生証明書，身分証明書等によって審査することになる。ただし，中国（台湾）人については，原則として本国の戸籍謄本によるが，その者が台湾人の二世・三世であって本国官憲が把握していないときは，出生証明書，出生届書の記載事項証明書又は出生届の受理証明書，外国人の在留カード，特別永住者証明書又は住民票の写し（平成23年法務省令第43号による入管法改正前は，「外国人登録原票記載事項証明書」とされていた。後記（**注**）59頁参照。）等によらざるを得ないであろう（**注**）。これらの資料によって各当事者について要件が備わっていると認められるときは，次に養子の本国法上の保護要件について審査することになるが，その審査内容としては，養親と重複する部分を省いて，それ以外の事項について具備しているか否かを審査することになる（例えば，親族会の同意，成年養子の場合の父母の同意等）。保護要件の審査をするには，本国官憲の要件具備証明書の提出があれば，養子の本国法上の保護要件を備えているものとすることができるが，提出されないときは個々の資料に基づいて保護要件を調査することになる。

（注）　韓国人については従前は戸籍謄本によって審査していたが，平成20年１月１日から戸籍制度が廃止されている。なお，韓国人の二世，三世で本国官憲に把握されていない場合は台湾人と同様である。

養親が外国人の場合は，養親の本国法（外国法）が準拠法となる。これについて，平成元年の改正法例施行時の基本通達は，「養親の本国法上の養子縁組の要件が当事者双方に備わっているか否かを審査し，これが備わっている場合は，養子の本国法上の保護要件を審査する。」ものとしている（平成元.10.２民二3900号通達第５の１(2)）。

養親についての要件審査については，養親の本国官憲が発行した要件具備証明書を必要とするとともに，市区町村長は，これを要求することができる（戸規63条）。また，準拠法が養親の本国法であるため，養子についても養親の本国法による要件が備わっているか否かについても審査することになるので，養子については，戸籍謄（抄）本，身分証明書，出生証明書等により養子の年齢，養親との年齢差などを個別に審査する。要件具備証明書については，第２の項(56頁)において説明する。

養子縁組の方式については，法律行為の方式，すなわち，「法律行為の成立について適用すべき法」又は「行為地法」のいずれによってもよいこととされた（通則法34条）。養子縁組についての行為の成立を定める法律とは，養親の本国法であるから，養子縁組は，養親の本国法上の方式，あるいは，行為地法の方式のいずれによってもよいということになる。

〔先判例要旨〕

◎　養親の一方が外国人であり，他方が日本人であって双方ともに外国に居住し，日本人養子及びその代諾者が本邦に居住する場合の養子縁組届が在外領事館から送付された場合は，右の縁組は，戸籍法第25条第１項により本籍地市町村が届書を受理したときに法例第８条第２項（現行通則法10条２項）によって日本法上有効に成立する（平成19年１月１日施行の「法の適用に関する通則法」においても，法律行為の方式についての一般的規定に関して，行為地法によることを有効とする法例第８条第２項の規定は維持されている。）。（昭和33．２．21民事甲406号回答）

(4) 協議離婚届

ア　準拠法

離婚に関する各国の法制は極めて区々である。大多数の国は離婚を認めているが，宗教上の理由等からこれを禁止している国もある。また，離婚を認める国においても離婚の方法や離婚の原因・効果などについての法制は，国によってそれぞれ異なっている。

離婚は，夫婦たる身分関係を消滅させるものであることから，離婚の準拠法については，一般に属人法によることが広く認められている。しかし，我が国の通則法では，離婚について婚姻の効力の規定を準用して準拠法の指定方法に段階的連結方法を採用している（通則法27条・25条）。したがって，①夫婦の本国法が同一であるときはその法律，②その法律がない場合において夫婦の常居所地法が同一であるときはその法律，③そのいずれの法律もないときは夫婦に最も密接な関係がある地の法律によることとなる。加えて，通則法第27条ただし書で，夫婦の一方が日本人で日本に常居所を有しているときは，離婚は日本法によることとされているから，夫婦のいずれかが外国人であっても，他方配偶者が日本人で日本に常居所を有している場合は，日本民法によって協議離婚を成立させることが可能となった。これによって，日本人にとっては従前より協議離婚を容易に成立させることができることになった。

すなわち，夫婦の一方が日本人で，かつ，その日本人が日本に常居所を有している場合の協議離婚については，離婚に関する夫婦の合意が存在すること（民763条），離婚する夫婦に未成年の子がある場合には，そのいずれか一方を親権者と定めなければならない（民819条）等の民法の定める実質的要件を備えていれば，協議離婚届は受理される。なお，日本人については，住民登録がされている場合は，日本に常居所を有するものと認定して差し支えないので，住民票の添付があれば，日本に常居所を有する者ということができる。

また，平成元年10月２日法務省民二第3900号通達第２の１(1)イ(ア)は，日本人配偶者が日本に常居所を有していない場合であっても，外国人配偶者が我が国に常居所を有しているものと認められる場合は，協議離婚の届出を受理することができるとしている。

協議離婚についての方式は，親族関係についての法律行為の方式（通則法34条），すなわち，「法律行為の成立について適用すべき法」又は「行為地法」のいずれによってもよいとされている。我が国においては，その方式は，市区町村長に届け出ることであり（民764条・739条，戸76条等），届出に当たっては，離婚の届書に所定の事項を記載し，当事者及び証人２人以上の署名・押印を要することなどが求められている。

イ　準拠法と効力

国際私法には離婚の効力について特に規定はないが，離婚の効力として，婚姻関係を当事者の生存中に法律上解消することは，どの国の法律によっても特に異なることはない。なお，通則法第27条にいう「離婚」の中には，次のような法律関係が含まれる。

①　離婚そのものが認められるか。

②　裁判離婚によるべきか，又は協議離婚が認められるか。

③　離婚原因

④　離婚の効力

　a　有責配偶者の損害賠償

　b　財産分与のような夫婦の一方の潜在的持分の実質的清算

　c　婚姻による成年擬制を受けた者が，未成年者に復するか否か

⑤　離婚後，復氏するか否か。

⑥　子の親権・監護権は父母のいずれが有するか。

ウ　成年擬制について

婚姻によって成年擬制された者が，離婚によって再び未成年者となるか否かの問題については，これを離婚の効力として通則法第27条の規定によるべきか，又は行為能力に関する問題として通則法第４条の規定によるべきかという問題があるが，成年擬制の問題は，婚姻の効力に関するものと解されていることからも，離婚の準拠法によるとするのが通説とされている（澤木敬郎『国際私法入門〔第３版〕』123頁（有斐閣，1990））。

エ　復氏について

離婚による氏の変更については，離婚の効力の問題として通則法第27条を適用すべきとする通説の立場と，氏の問題は一種の人格権として夫婦の各本国法によるべきとする立場があるが，戸籍の取扱いでは，氏名権という夫婦それぞれの人格権に関する問題であるとして，当事者の本国法によることとし，日本人と外国人が婚姻した場合は，日本人の氏は婚姻によって変更しないという立場が採られており，離婚した場合にも氏に変更はないとする取扱いである。

オ　子の親権・監護権について

平成元年の法例改正（現行通則法）により，戸籍実務においては，親子間の法律関係の準拠法を定める通則法第32条により，原則として子の本国法によることとされた（平成元.10.２民二3900号通達第２の１⑵）。

ところで，日本では，協議離婚をする夫婦に未成年の子がある場合は「父母が協議上の離婚をするときは，その協議で，その一方を親権者と定めなければならない。」（民819条１項）とされているので，この指定がされない限り協議離婚届は受理できない。

父母の離婚に伴う未成年の子の親権者の指定については，前述のとおり，通則法第32条により原則として子の本国法によることとなるので，例えば，日本の法律が離婚の準拠法として指定されており，離婚する夫婦に子がいる場合は，まずその親権の指定に関する準拠法，すなわち子の本国法等を特定しなければならない。そして，それが日本法であるときは，離婚届書の「未成年の子の氏名」欄にその氏名を，「その他」欄にその国籍，生年月日を記載させて受理することとなる。なお，この未成年の子の親権者の指定は，いわゆる「方式」の問題として捉えられるべきものであるから，未成年の子の本国法が日本法であって，かつ，日本法の定める方式に従って協議離婚届をするときは，父母についての離婚の準拠法の規定いかんとは関係なく，届書に上記の記載を要することになるので注意しなければならない（澤木敬郎・南敏文編著『新しい国際私法』94頁（日本加除出版，1990））。

(5)　協議離縁届

ア　準拠法

離縁は，養親子関係を解消することを意味する。日本の民法は，当事者の合意によって離縁をすることを認めているが（民811条１項），渉外的離縁の実質的成立要件については，養子縁組当時の養親の本国法によるべきものとされる（通則法31条２項）。養親子関係については，その成立から終了まで同一の法律により一貫させることが適切であり，養子縁組の成立の要件と終了の要件とを整合させることが相当であるとの考え方によるものである。

したがって，渉外的な協議離縁の届出についての取扱いは，養親の本国法が縁組時と離縁時とで異なる場合を除き，従前のとおりである。

なお，当事者の本国の国際私法によれば，離縁の行為地の法律や養親（養子）の住所地の国の法によるべきこととされている場合には，反致（通則法41条）の規定の適用があり，行為地や養親（養子）の住所地が日本にあれば，日本の民法が準拠法となる。

イ　要件審査

日本の市区町村長に協議離縁の届出があった場合，これを受理するためには，準拠法上，協議離縁をすることができること，すなわち，協議離縁制度があること，その要件を備えていること，及び方式として我が国の戸籍事務管掌者において協議離縁届を受理できること等が必要である。

そして，離縁の準拠法は，縁組当時の養親の本国法であるから，縁組の当時の養親の国籍を認定しなければならない。この認定については，縁組当時の縁組事項を記載した戸籍に養親の国籍が記載されているので，その国籍によることになる。縁組の届出があったときに，養親の本国法を決定するため養親の国籍を認定しているはずであり，改めてその当時の国籍証明書の添付を求めるまでもなく，当時の養親の国籍をこれによって認定しても差し支えないからである。なお，養親の国籍が縁組後に帰化等によって他の国籍に変更されている場合は，通常は，養子又は配偶者の戸籍の身分事項欄の記載が改められているはずであるが（戸規36条２項等参照），その場合でも，戸籍に記載されている従前の国籍によるべきであることはいうまでもない。

次に，協議離縁制度があることの証明書が必要であるが，これについては，法制の問題であるから，本国官憲のその旨の証明書又は出典を明示した法文の写しがあれば足りる。なお，韓国人，台湾系中国人の場合のように，その法制を把握しているときは，当事者からこの法文等の提出を求める必要はない。その他の国についても，協議離縁の制度があることが判明している場合には，同様に提出を求めるまでもない。

また，協議離縁の届出の要件審査においては，その前提として，当事者が現在縁組をしているという事実が明らかにされなければならない。外国人同士の離縁で，当事者が縁組をしていることを証明するものがない場合は，他の資料（例えば，養子縁組届出の受理証明書等）でこれを認定し，その上で協議離縁届を受理する必要がある。

形式的成立要件である方式については，親族関係についての法律行為の方式（通則法34条）により，身分関係成立の準拠法（縁組当時の養親の本国法）又は行為地法が適用される。我が国においては，その方式は，市区町村長に届け出ることであり（民813条，戸70条等），届出に当たっては，離縁の届書に所定の事項を記載することが求められている。

ウ　立法例

離縁を認める立法例には，裁判離縁のみを認めるもの（フランス），協議離縁と裁判離縁を認めるもの（スイス・韓国・中国），及び協議離縁，裁判離縁のほか，調停離縁・審判離縁を認めるもの（日本）等がある。

日本民法は，前述のとおり，協議離縁を認めているが，外国人養親の本国法が協議離縁を認めているか否かについては，本国官憲のその旨の証明書及び出典を明示した法文（の写し）等によって認定する。

なお，私人は法文の証明権者にはなり得ないので，当事者の申述書（例・「私の本国法では協議離縁を認めているので，このまま受理されたい」旨の申述書等）では賄えないことはいうまでもない。

2　報告的届出

戸籍法は，属地的かつ属人的に適用されるので，外国に在る日本人についても，報告的届出については届出義務が課されている。これは，戸籍法が属人的に適用される結果，たとえ外国に在る日本人といえども，日本の本籍地において戸籍の記載がされる必要があるからであり，そのためにも戸籍法所定の届出がされなければならない。また，戸籍法が属地的に適用される結果，外国人についても，日本国内に居住するときは，戸籍法の一部の適用があり，戸籍法の施行地域内で報告的届出事項が発生したときは，戸籍法の定めるところに従い届出をしなければならず，その届出を正当な理由なくして期間内にしなかったときは，その懈怠の責めを負わなくてはならない。

⑴　出生届

ア　父母両系血統主義

出生届は，出生の事実を報告するもので，日本国内に居住する外国人は，その届出をすることが義務付けられている。出生は事実の報告であり，出生届によって親子関係が発生するというものではないが，国籍の原始的取得原因になり，その子が嫡出子か否かを含め，慎重に審査をしなければならない。

我が国では，昭和60年１月１日に施行された「国籍法及び戸籍法の一部を改正する法律」により，従来の父系血統主義が改められ，父母両系血統主義が採用された。そして例外的に，日本で生まれた場合において，父母がともに知れないとき，又は国籍を有しないときに限り，日本国籍を取得することとされた（国２条３号）。

イ　子の嫡出性

子が嫡出子であるか否かは親と子の身分上のことであるが，それは，親子いずれの本国法によって決定されるべきかが問題となる。平成２年１月１日から施行された改正法例（現行通則法）は，両性の平等及び子の保護の観点から夫婦の一方の本国法，すなわち，子の側からすれば，父又は母の本国法により嫡出子であるときは嫡出子とする法制に改められた（通則法28条）。

この嫡出性の決定は，出生当時の父又は母の本国法による（通則法28条１項）。ただし，夫が子の出生前に死亡した場合には，その死亡当時の夫の本国法によることとしている（同条２項）。

日本においては，嫡出子は，①父母の婚姻成立の日から200日後又は婚姻解消若しくは取消しの日から300日以内に生まれた子は，父母が婚姻中に懐胎したものとして夫の子として推定する（民772条）。②婚姻成立後200日以内に生まれた子が母の夫によって懐胎された子であれば，父の認知を得るまでもなく生来の嫡出子とする（昭和15．１．23大審院判決（民集19－１－54））。③出生子は，父母の婚姻及び父からの認知が成立することによって嫡出子の身分を取得する（民789条・準正）。日本法上では，以上の各場合に該当する出生子が嫡出子ということになる。

ウ　届書の審査

日本国内において，外国籍を有すると認められる出生子の出生届を審査する上で留意を要するのは，次の点である。

①　出生届書に記載される出生子の氏名の表記については，カタカナで表記し，その下にローマ字を付記しなければならない。ただし，ローマ字を付記しないときでも，便宜その届出を受理して差し支えない（昭和56．９．14民二5537号通達，平成24．６．25民一1550号通達ほか参照）。子が中国人，朝鮮人等本国法上，氏名を漢字で表記する外国人である場合には，出生届書に記載する子の氏名は，正しい日本文字としての漢字を用いるときに限り，カタカナによる表記をさせる必要はない（昭和56．９．14民二5537号通達の二）。

また，外国人の氏名の表記方法については，戸籍の身分事項欄及び父母欄にその氏名を記載するには，氏，名の順序によりカタカナで記載することとし，その外国人が本国において氏名を漢字で表記するものである場合には，正しい日本文字としての漢字を用いるときに限り，氏，名の順序により漢字で記載して差し支えない。また，カタカナで記載する場合には，氏と名とはその間に読点を付して区別することとされている（昭和59. 11. 1民二5500号通達第4の3(1)）。これに付随して出生届書等の様式が改められ，届書中の事件本人の氏名欄について氏，名の順序に記載することを明らかにするため，事件本人欄の氏名欄について氏，名の表題を付記するとともに，これに点線をもって区切ることとされている（昭和59. 11. 1民二5502号通達）。

② 嫡出性の決定に関する基準については，婚姻後及び婚姻解消後どの程度の期間内に生まれた子が嫡出子と推定されるかは，夫婦の本国法によって定まる（通則法28条）。

③ 外国人の出生届についても出生証明書の添付が必要である。

④ 届出地については，外国人は本籍地を有しないので，届出人の所在地又は出生地で届け出なければならない（戸25条2項・51条1項）。

⑤ 本籍の表示に代えて，その国籍を記載する必要があり，国籍はいわゆる国名のみを記載すべきものとされている。

⑥ 届書には，届出人が署名・押印しなければならない。しかし，外国人については，本国において，日本の場合と同様，署名・押印の習慣がある国もあるが，そのほかの外国人は印鑑を所持することはまれであり，また，サインが日本の署名・押印に代わる効力があるとされるので，外国人の届出については，署名・押印に関する部分については署名のみで足りると解されている（「外国人ノ署名捺印及無資力証明ニ関スル法律」明治32年法律第50号）。

(2) 死亡届

全ての自然人は，出生によって権利能力を取得し，そして死亡によってのみ喪失する。すなわち，死亡は，自然人の権利能力の唯一の終了原因を意味するものであるから，その人の権利義務を失わせると同時に，相続の開始（民882条），婚姻の解消その他身分法，財産法上重大な影響を及ぼす原因となるものである。しかも，死亡の日時分のいかんは，生存者の利害に重大な差異をもたらすことがあるので，死亡の事実が発生すれば，速やかにその届出をしなければならない。このことは外国人についても同様である。外国人の死亡届を審査する上で留意しなければならない点は，出生届とおおむね同じである（前記⑴ウの審査の留意事項中，①・④・⑤・⑥参照）。

なお，外国人に関する死亡届を受理した場合は，関係機関に通知を要することになるが，この点については，第２章第11「外国人の本国への通知」（26頁）で述べたとおりである。

⑶　裁判による離婚届及び外国の方式による協議離婚届

離婚する当事者の一方の本国法が裁判離婚のみを認めている場合に，夫婦の住所が日本にあるときは日本の裁判所に管轄権があるとされている。

ところで，渉外的な裁判離婚に関する管轄権について，通説は，原則として，夫婦の本国に管轄権があり，夫婦の国籍が異なるときは，その双方の本国に管轄権が認められるとしている。しかし，本国だけに限定すると，外国において離婚訴訟を提起することができないのは不便であるとの理由から，補充的に夫婦の住所地国にも管轄を認めるべきであるとしている。そして，この場合，夫婦の住所が異なるときには，夫婦双方の住所地国の管轄を認める説と，被告の住所地国を原則とし，例外的に特段の事情がある場合には，原告の住所地国にも管轄権を認めるべきとする説がある（昭和39．３．25最高裁大法廷判決（民集18－３－486），昭和47．11．28民事甲4946号回答）。

例えば，日本において裁判上の離婚をするには，まず家庭裁判所に調停の申立てをし（家事257条），この調停が成立しないときは，審判（家事284条１項）によることとなり，さらに審判も確定しない場合には家庭裁判所へ離婚の訴えを提起することになる（民770条，人訴１条・２条）（**注**）。

この調停離婚及び審判離婚は，夫婦の意思が中心となるものであることから，これを裁判上の離婚と同視できるかが問題となる。これに関して，調停離婚又は審判離婚は，夫婦の意思に重点が置かれているから，協議離婚の一種と認められるが，しかし，当事者の任意の離婚ではなく，少なくとも裁判所の関与する離婚であるから，裁判離婚の一種であるとし，当事者の一方の本国法が裁判離婚を認める以上，日本で調停又は審判離婚をすることができるとの見解もある（久保岩太郎『国際私法例説』74頁（有斐閣，1954））。しかし，日本では調停及び審判による離婚は当事者の意思によって成立ないし効力が左右されるものであるとの理由により，これを国家機関の関与による一種の合意離婚とみるのが多数説である。この考え方によれば，外国人同士の夫婦の場合は，直接，離婚の訴えを提起すべきこととなる（溜池良夫「渉外人事訴訟および家事審判の諸問題」鈴木・三ケ月『実務民事訴訟講座　第6』135頁以下（日本評論社，1971））。また，戸籍事務の取扱いに関する法務省の先例も多数説の立場を採っている（昭和28．4．18民事甲577号通達）。

もっとも，日本人と外国人の夫婦が調停離婚をした場合は，通則法第27条ただし書により準拠法が日本法となることが多く，たとえそうでなくても，密接関連法が日本であることを前提に調停がされることもあるので，戸籍実務の取扱いとしては，そのまま受理して差し支えないものと解されている（澤木・南・前掲(44)-97，渉外戸籍実務研究会『設題解説渉外戸籍実務の処理Ⅲ離婚編』271頁（日本加除出版，2006），民事法務研究所戸籍法務研究会編『新版実務戸籍法』387頁（民事法務協会，2001））。

なお，平成元年の法例改正（現行通則法）により，離婚の実質的成立要件の準拠法の決定については，いわゆる段階的連結が採られることとなり，反致は認められないことになったことから（通則法41条ただし書），従来数多く示された行政先例や審判例等で，日本に反致するとして結論を導き出した事例については，準拠法の指定方法の変更に伴い解釈上も適用できないこととなった。

外国において離婚判決があった場合，日本がこれを認めるか否かは，民事訴訟法第118条が全面的に適用される。そして，民事訴訟法第118条第1号から第4号の条件を具備するときは，届出に際して通則法第27条に規定する準拠法上の要件を審査する必要はない。原則として，判決の謄本，判決確定証明書，日本人の被告が呼出しを受け，又は応訴したことを証する書面（判決の謄本によって明らかでない場合のみ）及びそれらの訳文を添付すれば届出を受理して差し支えないとされている（昭和51．１．14民二280号通達）。

また，外国の方式により協議離婚が成立したものとして，証書の提出があった場合は，提出された証書等がその国の方式により真正に作成されたものであるか否か，あるいは，準拠法に基づくところの実質的要件を充足しているか否かを審査しなければならない。しかし，報告的届出は，外国の方式により一応成立しているものであるから，外国の方式により成立したものとして証書の提出があれば，戸籍法第41条に基づき処理することになる。その身分行為について，たとえ，取消事由があったとしても，そのことを理由に報告的届出を受理しないことは許されない（大正15．11．26民事8355号回答，昭和44．２．13民事甲208号回答。なお，実質的成立要件の欠缺・無効事由がある場合について昭和５．９．29民事890号回答参照）。

（注）　平成16年４月１日人事訴訟法（平成15年法律第109号）の施行に伴い，離婚の訴えに係る訴訟における和解（これにより離婚がされるものに限る。）又は請求の放棄若しくは認諾を調書に記載することにより，確定判決と同一の効力が認められることとなった（人訴37条・44条）ため，訴訟上の和解又は請求の認諾によって直ちに離婚が成立することとなった（ただし，請求の認諾による離婚については，親権者の指定が不要で，かつ，財産分与，養育費等の附帯処分の申立てがない場合に限られる（人訴37条１項ただし書）。）。したがって，我が国では，裁判上の離婚には，調停離婚，審判離婚，判決離婚，和解離婚及び認諾離婚の５種類があることになる。

⑷　裁判による離縁及び外国の方式による協議離縁届

外国の裁判所における裁判離縁及び外国の方式による協議離縁の実質的成立要件については，創設的離縁届と異なる部分がある。

裁判離縁には，日本の裁判所によりされたものと外国の裁判所によりされたものとがあるが，いずれも，準拠法の要件による判断は必要ない。すなわち，離婚の判決の場合と同様，外国判決の承認の問題として，民事訴訟法第118条の各号の要件（ただし，４号の「相互の保証」の要件は不要）を充足しているか否かを判断すればよく，その要件を欠いていると明らかに認められる場合を除き，戸籍法第73条の報告的届出として受理する（昭和51．１．14民二280号通達参照）**（注）**。

(注)　我が国における外国離婚判決に関する従来の取扱いは，その国に裁判管轄権があり，かつ，通則法第27条（離婚）の規定に準拠したものであれば，当該判決の効力は我が国においても承認されるとする，見解がとられていた。しかし，外国裁判所の離婚判決の中には，離婚原因が夫の本国法によったものか否か（改正前の法例16条），必ずしも明らかでないものであっても，当該判決に基づく離婚届を受理して差し支えないとする先例が，散見された。

その後，前掲の昭和51年1月14日民二第280号通達により，外国裁判所の離婚判決に基づく離婚届の受理に当たっては，民事訴訟法第118条（外国裁判所の確定判決の効力）の条件を備えている限り，我が国においてもその効力を有するものと解すべきであるとされた。したがって，当該判決が民事訴訟法第118条に定める条件を欠いていると明らかに認められる場合を除き，届出を受理して差し支えない，とされたものである。

3　報告的届出と創設的届出を併有している届出

各種届出の中には，報告的届出と創設的届出を併有しているものがある。本項では，国籍留保の旨を記載した出生届（出生届は報告的届出，国籍留保届は創設的届出）及び戸籍法第62条の認知の届出の効力を有する嫡出子出生届（出生届は報告的届出，認知届は創設的届出）について説明する。

⑴　国籍留保の旨を記載した出生届

在外の日本人夫婦間又はその一方が日本人である夫婦間に出生した子の出生届については，一般的には戸籍法の規定に従って届出をすればよいのであるが，子の出生した国が国籍の取得に関していわゆる生地主義を採っている場合，あるいは生地主義を採ってはいないが，外国人母（又は父）が血統主義を採る国の国民である場合は，当該出生子は，日本と外国の国籍を二重に取得する。そこで，このような国籍の積極的抵触を避けるため，出生届の法定届出期間内に出生届とともに日本国籍を留保する旨の意思表示をしなければ，出生の時に遡って自動的に日本の国籍を喪失することとしている（国12条，戸104条）(注)。

(注)　国籍法第12条の国籍喪失規定について，最高裁は合憲との判断を示した（平成27年3月10日第三小法廷判決（民集69-2-265））。

国籍留保の届出人については，①出生子が嫡出子の場合は，父又は母，②出生子が嫡出でない子の場合は母，③以上の者が届出できない場合は，その者以外の法定代理人である（戸52条）が，この法定代理人の届出順位は，父又は母と同順位ということではなく，父又は母が何らかの理由によってその届出をすることができないときに限って，父又は母以外の法定代理人が届出をすることができるという趣旨である。この国籍留保の届出人について，同居者及び出産に立ち会った医師，助産師又はその他の者を除外している（戸104条１項）のは，このような国籍の得喪に関する重要な事項については，出生子と最も関係がある父母及びその他の法定代理人に限るのが適切であるとの考え方によるものである。また，この留保の届出を出生届とともにしなければならないとされている（戸104条２項）のは，既に出生地の国の国籍を取得し，公法，私法関係においてその国の法益に服しているものであるから，できる限り早急に単一国籍か二重国籍かを決定することが，近代国籍立法の理想であるからである。

国籍留保の届出は，出生の日から３か月以内に出生届とともにしなければならない（戸104条１項）。従来は出生の日から14日以内に届出することとされていたが，国籍法及び戸籍法の一部を改正する法律（昭和59. ５. 25法律第45号）により，届出人が在外公館の所在地から遠隔地に居住している場合とか，添付すべき証書の入手が困難な場合，あるいは戸籍事務を取り扱う在外公館は，外国の全地域に設置されているものではなく，在外日本人の居住分布の地域的範囲に比すると限定されているなどの，海外の実情が考慮され，国籍留保届を容易にするために届出期間が伸長された（国12条，戸104条１項・２項）。

なお，天災その他の事由により届出人の責めに帰することができない事由によって期間内に届出をすることができなかったときは，その期間は，届出をすることができるに至った時から14日とされている（戸104条３項）。届出人の責めに帰することのできない事由に該当するか否かについては，従来から多くの先例が示されているが，前述のように，届出期間が出生の月から14日以内から３か月以内に伸長されたことにより，当然に判断は厳しくなることから，それらの先例の適用に当たっては，その当否について十分な検討を要する。

また，上記国籍法等の改正に関連し，在外公館における届出処理の適正化を図ることを目的として，在外公館で使用する出生届書の様式が新しく認められ（昭和59. 11. 15民二5815号通達），出生届書の「その他」欄に国籍留保に関する事項があらかじめ印刷された様式になった。

出生地主義を採る国で出生した者であっても，その国に駐在する日本の大使，公使及びその職員（参事官，書記官等）の子が当該駐在国で出生した場合には，原則として，その国の国籍が付与されないので当該出生子は，国籍法第12条及び戸籍法第104条に規定する国籍留保の届出をするまでもなく，引き続き日本の国籍を保有し，日本の本籍地の父母の戸籍に記載される。また，これら大使館，領事館に勤務する自動車の運転手や用務員等雇員については，必ずしも上記の職員の範囲に入らず，出生地国の国籍を取得する場合もある。このように，前記取扱いによる国籍留保の記載を要するか否かは，本籍地市区町村長では明らかでないので，「在外公館職員の子にして，かつ出生国の国籍を取得し得ない者である」旨を付せんにして添付するか，又は届書の余白に奥書きする等適宜な方法によって明示する取扱いである（昭和32.12.14 民事甲2372号通達）。

〔**先判例要旨**〕

◎　日本国籍留保の届出期間を６か月以上経過した出生届を，在外公館で受理して本籍地に送付してきた事案について，戸籍法第104条第２項（現行３項）に該当するとは認めることができないとして，その受理を拒否した事例　（昭和34．１．14民事甲23号回答）

◎　生地主義国で出生した子の出生届が，法定期間経過後，遅延理由書を添付して在外公館長にされた場合には，在外公館長は，戸籍事務管掌者としての権限により具体的，個別的事情を考慮してその受否を決するが，受否に疑義があるときは，外務省を経由して法務省に照会し，その指示に従い，受理又は不受理とする。　（昭和46．６．24民事二発158号通知）

⑵　戸籍法第62条の認知の届出の効力を有する嫡出子出生届

戸籍法第62条の規定は，民法第789条第２項の規定に基礎を置く規定である。すなわち，民法第789条第２項は，婚姻中父母が認知した子は，その認知の時から嫡出子の身分を取得すると規定されている。したがって，父母の婚姻前の出生子は，父母が婚姻後，父がその子を認知したときに準正（認知準正）により嫡出子となる。父母婚姻前の出生子は，本来母の嫡出でない子として出生届がされ，父母婚姻後に父から認知がされるのが順当な手続であるが，父母の婚姻及び父の認知の段階を経て嫡出子の身分を取得するとする民法の規定を緩和し，民法第789条第２項の規定によって嫡出の身分を取得する者について，嫡出でない子の出生届及び父の認知届の二段階を経ることなく，父が子の母と婚姻後，嫡出子の出生届をしたときには，この出生届に父の認知の届出の効力が認められる。

ところで，母子関係は分娩の事実によって明らかであるとされている（昭和37. ４.27 最高裁第二小判決（民集16－７－1247））ことから，母が知れている場合には父のみで本条の出生届をすることができるとされている。このことは渉外事件についても同様であり，子の父が日本国籍を有しないときでも，子の母が知れている場合は，父のみから出生届をすることができると解されている。しかし，渉外事件について本条による出生届が可能とされるためには，通則法第29条及び第30条の規定によって定まる準拠法において認知が禁止されず，かつ，認知によって当該出生子が嫡出子たる身分を取得する場合でなければならない（昭和26. 11. 12 民事甲2162号回答）。渉外的認知の実質的要件については，選択的連結によって準拠法が定まるが（前述の法条参照），仮に外国人父の本国法によるとした場合，同本国法により認知が禁止されておらず，かつ，出生子が嫡出子の身分を取得するか否かの審査は，当該外国人父について認知の要件具備証明書を添付させ，届書を審査しなければならない。

認知の要件具備証明書については，次の第２の項で説明することとする。

なお，出生した子がいずれの国の国籍を取得するか（国籍の原始取得）は，出生の時を基準として決定され，その後，子が準正されても国籍には変動はない。戸籍法第62条の規定による出生届は，いわゆる準正子の嫡出子出生届であって，もし父が外国人で母が日本人である場合には，子は，いうまでもなく日本人母の婚姻前の子であるから，血統主義を採る我が国の国籍法第２条第１号の規定によって出生と同時に日本国籍を取得し，引き続き日本国籍を有しているのである。この場合，外国人父の嫡出子であるが，国籍は日本であるということになる。同様に，外国人女が婚姻前に出生した子について，日本人男と婚姻後，日本人男から嫡出子出生届をした場合は，出生子の国籍の決定の基準時は，出生の時であるので，当該出生子は日本国籍を取得しない。

戸籍法第62条の出生届と国籍留保届の届出人に関してであるが，在外日本人夫婦間の出生子について，戸籍法第62条の出生届と同時に国籍留保届をする場合，国籍留保届は，出生の届出をすることができる者が届け出ることが必要であり，同居者，出産に立ち会った医師，助産師又はその他の者は届け出ることができない（戸104条１項・52条３項）。したがって，この場合，戸籍法第62条の届出は，出生子の父（事実上の父）が届出し，国籍留保届は母が届出をすることになる。なお，本例の届出があった場合，父（事実上の父）から戸籍法第62条の届出をするとともに，国籍留保届に関しては，前述のとおり在外公館で使用する出生届書には「その他」欄に国籍留保に関する事項があらかじめ印刷されているので，同届書の余白に届出人「母」と記載し，署名・押印すればよいであろう。

第２　要件具備証明書

婚姻，縁組等の創設的渉外届出事件については，当該届出によって成立する身分関係が，通則法の定める準拠法に従って有効に成立するために要求される実質的要件を具備していなければならない。

このように渉外身分行為に関する創設的届出については，実質的要件の審査が問題となるが，市区町村長は，身分行為に関する戸籍届出事件を受理するに当たって，当該身分行為の成立に必要な要件を具備していることを認めた後でなければ受理することができないとされており，市区町村長は，渉外戸籍事件の処理に当たっては，実質的要件の存否を審査するため外国法をも調査しなければならない職責を有すると解されている（大正11．５．16民事3471号回答，昭和２．５．６民事1145号回答）。この審査に当たっては，当該事件の準拠法及びその規定内容を決定するため，外国人当事者の国籍又は常居所を確認し，かつ，事件本人の具体的身分関係事実を調査しなければならない。しかしながら，市区町村長は，裁判所とは異なり，行政機関として戸籍事務を管掌するものであるから，外国法までをも調査しなければならないとすることは，ほとんど不可能を強いる結果となり，円滑な事務の処理を期待することができなくなる。そこで，その届出によって身分関係を形成しようとする外国人である当事者から，その本国における権限ある官憲の発給した要件具備に関する証明書を添付させ，市区町村長は，これによって要件を具備しているものと認めた場合は，これを受理する取扱いとしている（大正８．６.26民事841号回答，昭和24．５.30民事甲1264号回答）。この要件具備証明書を要求し得る根拠は，戸籍法施行規則第63条の規定に基づくものと解されるが，渉外戸籍事件の届出に際して，当事者である外国人に関する要件具備証明書の添付がないときでも，市区町村長は，届出人に対して証明書を補完するよう催告すべき法律上の義務はなく，不受理処分をしても違法でないとした裁判例がある（昭和56．５.26東京高裁決定（判時1008-157））。しかし，一般的には，要件具備証明書の添付がない場合，市区町村長は届書を受領した上，管轄法務局長にその受理，不受理について照会をし，その指示を得て事件を処理することとされている。管轄法務局長が当該外国人の本国法を知り得ないときは，法務省に照会し，同省においても知り得ないときは，外務省を経由して，当該外国法の調査をすることになる。

当該外国人の本国における権限ある官憲の発給する証明書とは，官公庁又はこれに準ずる者の発行する公文書又は証明書等で信ぴょう性が保証されているものをいう。例えば，裁判官，人口統計登録官，公証人，在日大使・公使又は領事等の発給する証明書は，権限ある者の証明書といえるであろう。この証明書の内容は，当該外国人の本国法によって要件を具備していること等の概括的な内容で差し支えない（昭和30．２.24民事甲394号回答）。

なお，婚姻，縁組等の渉外的戸籍事件において，その適用すべき外国法の内容が，既に法務省の先例や各国身分関係法規集等によって明らかにされている場合には，当事者である当該外国人について，その国籍及び身分関係が旅券の写し，出生証明書，戸籍謄本（中国（台湾）の場合），在留カード（入管法19条の３）・特別永住者証明書又は住民票の写し（住基法30条の45・外国人の在留カードや住民票に記載されている家族関係事項をも記載したもの）等の証明資料によって明らかにされるならば，婚姻等の成立要件の審査ひいては当該届出の受否の判断に格別支障はないといえるので，要件具備証明書の添付を省略することができると解されている。

これまでの先例で，要件具備証明書として認められなかったものとして，次のような例がある。

① 在日朝鮮人総連合会発給の証明書（昭和30.12.15民事二発603号通知）
② 華僑総会発給の証明書（昭和26.7.28民事甲1568号回答）
③ 米国極東軍所属部隊長の婚姻許可書（昭和32.1.22民事甲100号回答）
④ 出生証明書及び父母の婚姻証明書（昭和30.2.24民事甲394号回答）

なお，外国に在る日本人が外国の方式によって婚姻する場合において必要とされる要件具備証明書を発給する権限は，市区町村長が有するが，婚姻の当事者が自己の戸籍謄本を呈示して要件具備証明書の発給を申し出たときは，法務局又は地方法務局及びその支局の長若しくは，大使・公使又は領事は，当該戸籍謄本に基づき同証明書を一般行政証明として発給することができると解されている（昭和31.11.20民事甲2659号回答，昭和35.9.26民事二発392号回答）。

第3　申述書等

渉外的戸籍事件においては，実質的要件を具備しているか否かを審査する上で，当事者である当該外国人をして，権限ある官憲の発給した要件具備証明書を添付させる取扱いであるが，要件具備証明書を発給しない国もあり，要件具備証明書が必ずしも得られるとは限らないので，もしこれが得られない場合は，次のような書面をもってこれに代えることができるものとされている。

① 婚姻等について障害がない旨の領事の面前における宣誓書

婚姻の届出をするに当たり，当該外国の領事など，その宣誓を受理する権限を有する者の面前において，本国法上婚姻年齢に達していること，重婚とならないこと，その他法律上の障害がないこと等を宣誓し，その旨を領事が証明（署名）したもの（昭和29.10.25民事甲2226号回答）。

② 当該外国の法規の抜粋と国籍及び身分に関する証明書

法規の抜粋（親族法における婚姻等の要件の内容を明らかにしてある書

面）は出典を明示したものであるか，又はその法規が現行法であることを当該外国官憲が証明したものであることが必要である。

国籍及び身分に関する証明書は，当該外国の官憲の発給した当事者の国籍その他の身分を明らかにするものでなければならない。例えば，身分証明書，出生証明書，旅券の写し，戸籍謄本（中国（台湾））等である。

③　要件具備証明書が得られない旨及び本国法上の婚姻等の要件を明らかにし，その実質的要件を具備している旨を申述した書面

要件具備証明書が得られない場合は，その旨及び本国法の規定内容につき出典を明示した法文（写し）によって明らかにし，かつ，婚姻等の実質的要件を具備している旨を申述した書面に本国官憲の発給した身分関係を証する書面を添付して，それらの資料に基づいて当該本国法に照らし，婚姻等の要件を具備しているか否かを審査した上で受否を決定して差し支えない（昭和28.10.31民事甲1988号通達，昭和29．９．28民事甲1969号回答，昭和30．２．９民事甲245号通達，昭和31．４．25民事甲839号通達，昭和32．１．22民事甲100号回答等）（**注**）。

なお，申述書及び宣誓書には，要件具備証明書が得られない旨のほか，本国法上婚姻等の要件が具体的に記載されるべきであり，単に「この婚姻に当たって本国法上全ての要件を具備していることを誓います。」というような形式的・抽象的なものであってはならない。また，上記の記載がされている限り，申述書か，又は宣誓書のいずれか一方を提出させれば足りると解される（木村三男・神崎輝明『改訂戸籍届書の審査と受理』129頁（日本加除出版，1996））。

（**注**）　要件具備証明書等が得られない場合，その旨の申述書及び外国人登録済証明書（外国人登録原票の備考欄に記載されている家族関係事項をも記載したもの）を提出させた上で婚姻届等を受理して差し支えないとする先例があるが（昭和30．２．９民事甲245号通達等），これは，在日朝鮮人又は台湾系中国人に関するものであって，本国官憲の発給する要件具備証明書を提出することが困難な事情にある者について認められている例外的な取扱いである。したがって，朝鮮人又は台湾系中国人でも本国官憲から旅券の発給を受けて我が国に入国した者（近時渡来者等）については，この取扱いは認められない

ので，注意しなければならない（平成元.12.27民二5541号通達）。

出入国管理及び難民認定法及び日本国との平和条約に基づき日本の国籍を離脱した者等の出入国管理に関する特例法の一部を改正する等の法律の施行に伴う戸籍に関する従来の通達の取扱いについて（平成24.６.25民一1550号通達）

出入国管理及び難民認定法及び日本国との平和条約に基づき日本の国籍を離脱した者等の出入国管理に関する特例法の一部を改正する等の法律（平成21年法律第79号。以下「入管法改正法」という。），住民基本台帳法の一部を改正する法律（平成21年法律第77号。以下「住基法改正法」という。）及び出入国管理及び難民認定法及び日本国との平和条約に基づき日本の国籍を離脱した者等の出入国管理に関する特例法の一部を改正する等の法律の施行に伴う法務省関係省令の整備及び経過措置に関する省令（平成23年法務省令第43号。以下「改正省令」という。）の一部が平成24年７月９日から施行されることに伴い，従来の外国人登録証明書及び外国人登録原票に代わるものとして，中長期在留者（入管法改正法による改正後の出入国管理及び難民認定法（昭和26年政令第319号。以下「入管法」という。）第19条の３に規定する中長期在留者をいう。以下同じ。）に対しては在留カードが，特別永住者（入管法改正法による改正後の日本国との平和条約に基づき日本の国籍を離脱した者等の出入国管理に関する特例法（平成３年法律第71号。以下「入管特例法」という。）に定める特別永住者をいう。以下同じ。）に対しては特別永住者証明書が，それぞれ交付されることとなった。

①　変更点

住基法改正法による改正後の住民基本台帳法（昭和42年法律第81号。以下「住基法」という。）の規定により，中長期在留者及び特別永住者を含む一定の在留資格等を有する外国人については，住民票が作成され，その写しが交付されることとなった。

これらの法令改正に伴い，昭和30年２月９日付け法務省民事甲第245号通達の本文中，「その身分関係を証する戸籍謄抄本（本国当該官憲発給の身分関係の証明書を含む。）又は本人の登録原票記載事項証明書（発行から１月以内のもの）」を「本人の住民票の写し（発行から３月以内のもの）並びにその身分関係を証する戸籍謄抄本（本国当該官憲発給の身分関係の証明書を含む。）等」に改め，「追つて」以下を削除することとされた。

また，平成元年10月２日付け法務省民二第3900号通達の第８の１⑵中，

「外国人登録証明書」を「在留カード，特別永住者証明書又は住民票の写し」に改められた。

②　経過措置等

ア　中長期在留者又は特別永住者が入管法改正法の施行前から所持する旧外国人登録法による外国人登録証明書については，次の期間，規則第11条の２第１号並びに通達による改正後の民事局長通達にいう在留カード又は特別永住者証明書とみなすこととされた。

(ア)　外国人登録証明書を在留カードとみなす期間

ⅰ　永住者

平成27年７月８日（平成24年７月９日に16歳に満たない者にあっては，平成27年７月８日又は16歳の誕生日（当該外国人の誕生日が２月29日であるときは，当該外国人のうるう年以外の年における誕生日は２月28日であるものとみなす。以下同じ。）のいずれか早い日まで）

ⅱ　入管法別表第１の５の表の上欄の在留資格を決定され，同表の下欄（ニに係る部分を除く。）に掲げる活動を指定された者

在留期間の満了の日又はⅰに定める日のいずれか早い日まで

ⅲ　ⅰ及びⅱ以外の者

在留期間の満了の日まで（平成24年７月９日に16歳に満たない者にあっては，在留期間の満了の日又は16歳の誕生日のいずれか早い日まで）

(イ)　外国人登録証明書を特別永住者証明書とみなす期間

ⅰ　平成24年７月９日に16歳に満たない者

16歳の誕生日まで

ⅱ　平成24年７月９日に16歳以上の者であって，入管法改正法の規定による廃止前の外国人登録法（以下「旧外国人登録法」という。）第４条第１項の規定による登録を受けた日（旧外国人登録法第６条第３項，第６条の２第４項若しくは第７条第３項の規定による確認又は旧外国人登録法第11条第１項若しくは第２項の規定による申請に基づく確認を受けた場合には，最後に確認を受けた日。以下「登録等を受けた日」という。）後の７回目の誕生日が平成27年７月８日までに到来するもの

平成27年７月８日まで

ⅲ　平成24年７月９日に満16歳以上の者であって，登録等を受けた日後の７回目の誕生日が平成27年７月９日以後に到来するもの

当該誕生日まで

イ　中長期在留者及び特別永住者以外の外国人に対しては，在留カード又は特別永住者証明書は交付されず（入管法第19条の３，入管特例法第７条），当該外国人が入管法改正法の施行前から所持する外国人登録証明書は在留カード又は特別永住者証明書とみなされないため，当該外国人については，規則第11条の２第１号に掲げる旅券等の他の書類の掲示を求めることになる。

第４　在外公館における届書の処理

１　在外公館で受理した戸籍の届書に不備がある場合の取扱い

⑴　**通　達**（平成22．７．21民一1770号通達）

在外公館で受理した戸籍の届書に不備があるため，戸籍の記載をすることができない場合の取扱いについては，当該届書の送付を受けた市区町村長が，当該届書を管轄法務局若しくは地方法務局又はそれらの支局（以下「管轄法務局等」という。）を経由して法務省に回送し，法務省が外務省を経由してこれを在外公館に返戻することとしていた（昭和25．５．23民事甲1357号通達）が，事務の効率化により戸籍への身分事項の登載をより迅速化するため，外務省との協議の結果，今後以下のとおりとし，上記の通達は，廃止された。

①　届書の不備が軽微であり，外務省及び在外公館を通じて届出人に事実関係を確認することによって戸籍の記載をすることができる場合

市区町村長は，外務省を通じて在外公館に対し，届出人への事実関係の確認を依頼し，在外公館において届出人に確認した事項について外務省から連絡を受けたときは，届書の不備の箇所に補正事項を記載した符せんを貼る等の方法を執った上で，戸籍の記載をするものとする。

②　届書の追完によって届書の不備を補正することができる場合

市区町村長は，外務省を通じて在外公館に対し，届出人に届書の追完を促すよう依頼し，届出人から在外公館及び外務省を経由して遅滞なく追完がされたときは，これに基づき戸籍の記載をするものとする。

市区町村長は，届出人から遅滞なく追完がされないときは，関係戸籍の謄本若しくは抄本又は戸籍法（昭和22年法律第224号）第120条第１項の書面

（以下「謄抄本等」という。）を添付して，管轄法務局等を経由して当該届書を法務省に回送するものとする（当該届書は，法務省において，外務省を経由して在外公館に返戻することとする。）。

③　届出人への事実関係の確認又は届書の追完によって届書の不備を補正することができない場合

市区町村長は，直ちに，謄抄本等を添付して，管轄法務局等を経由して当該届書を法務省に回送するものとする（当該届書は，法務省において，外務省を経由して在外公館に返戻することとする。）。

⑵　**解　説**（民月65－９－80）

ア　補正事項記載の要領

（記載例）

「婚姻後の夫婦の新本籍の記載は，「10番地１」が正しい旨を在○○大使館（総領事館）において届出人に確認したとの連絡が外務省領事局領事サービス室○○氏からあったため，これにより処理した。」

○○市区町村長　㊞

イ　取扱いの具体例

届書の不備が軽微である場合において，外務省及び在外公館を通じて届出人に確認を依頼すべき具体例

㈠　当該届出に基づき事件本人について新戸籍が編製される場合において，届書に新本籍をして記載された地番が存在しない場合等

①　届書に記載された新本籍の地番は存在しないが，その地番の枝番又は近接する地番が存在する場合

届書に新本籍として記載された地番が存在しない旨及び枝番の地番又は近接する地番を示した上で，それらのうちのいずれを新本籍として希望するかの確認を依頼するものとする。

（例１）枝番の地番が存在する場合

届書上の地番　10番地

実在する地番　10番地は存在しないが，10番地１及び10番地２は

存在する。

（例2）近接する地番が存在する場合

届書上の地番　10番地

実在する地番　10番地は存在しないが，9番地及び11番地は存在する。

② 届書に新本籍が地番により記載されているところ，従前の届出人の住所に係る街区符号を記載する趣旨であったと考えられる場合

届書に新本籍として記載された地番が存在しない旨及び従前の届出人の住所を示した上で，当該住所に係る街区符号を新本籍として希望するかの確認を依頼するものとする。

（例）届書上の記載　10番地

戸籍の附票に記載されている従前の住所（街区符号）10番

③ 届書に届出人の現在の本籍及び新本籍として転籍前の本籍が記載されている場合

転籍がされている旨を示した上で，転籍後の本籍を新本籍として希望するかの確認を依頼するものとする。

（例1）同一市区町村内で転籍している場合

届書上の記載　東京都港区芝1番地

現在の本籍　東京都港区高輪1番地（転籍後の本籍）

（例2）他市区町村に転籍している場合

届書上の記載　東京都港区芝1番地

現在の本籍　埼玉県川口市川口1番地（転籍後の本籍）

(イ) 出生届書に記載された出生子の父母との続柄が，父母の戸籍に在籍している他の子に関する記載等と整合しない場合

届書に記載した続柄の真否及び日本国籍を有しない子の有無の確認を依頼するものとする。

（例1）届書の記載が誤っている場合

届書上の記載　二男

実際の続柄　三男（二男が既に戸籍に記載されている。）

（例２）日本国籍を有しない子が他に存在する場合

届書上の記載　二男

実際の続柄　二男（戸籍には記載されていないが，他に日本国籍を有しない長男が存在する。）

(ウ)　出生届書に記載された生年月日又は婚姻届書に記載された婚姻年月日がそれぞれ出生証明書に記載された生年月日又は婚姻証明書に記載された婚姻年月日と齟齬する場合

いずれの年月日が正しいものであるかの確認を依頼するものとする。

（例）届書上の記載　10月21日生

出生証明書の記載　10月22日生（届書の記載は，誤記である。）

ウ　外務省への依頼の際の留意事項

(ア)　外務省においては，当該届書の写しを保管していないため，以下の点について明らかにした上で依頼する必要がある。

①　各届書上部に記載の受理日付及び受理番号

②　届書を受理した在外公館の名称（届書の上部余白のスタンプ印を参照すること。）

③　届出人に確認すべき事項又は追完を促す必要がある事項の具体的な内容

(イ)　届書の錯誤又は遺漏が軽微であると判断される事案については，外務省への確認依頼をすることなく処理して差し支えないと考えられるが，依頼の要否について疑義がある場合には，管轄法務局等に照会することとするのが相当であろう。

なお，外務省における円滑な事務遂行に配慮する観点からも，例えば，外国人（事件本人，事件本人の父母等）の氏名のカタカナ表記の適否の確認，日本国内に住民票が存在するにもかかわらず，外国の住所が記載されていることを指摘するための連絡等については，その多くは外務省を経由して届出人に確認を要するものとは考えられず，届書の処理に支障となるものではないため，逐一外務省に問合せをせず，疑義がある場合には，管轄法務局等に照会することとするのが相当である。

2　在外公館における届書の補正・追完等の取扱い

外務省において，市区町村の取扱いを参考として在外公館における届書の補正・追完等の統一的な取扱いを定めることについて，外務省の意見のとおり取り扱って差し支えないとされた事例がある（平成25．3．6民一203号回答（民月68-5-138，戸籍910-82））。

在外公館における補正・追完手続を以下のとおり行うこととする。

①　届出された届書に不備のある場合の補正・追完手続

在外公館長は，戸籍法第40条の規定による届出の受理について市区町村長と同一の権限を有し，届書の補正等についても戸籍法及び同施行規則に規定する手続に則して行うことが適当と考えられることから，届書の補正等の手続は，市区町村長の取扱い（注）に準じて行うこととする。

ただし，海外に在住する邦人の届出期間については，戸籍法第41条及び第104条において在外公館までの交通事情や添付する外国の証明書発行に要する時間等を考慮し，身分関係の変動から３か月以内とされていることに鑑み，補正等に要する期間の単位を３か月として運用する。

すなわち，在外公館長に届出後，補正等を連絡した日から３か月程度の間に補正等がされない場合には，同法45条（戸規64条）に基づき書面にて１回目の催告（補正・追完期間は３か月程度）を行い，その後補正等がされない場合には，書面にて２回目の催告を行い，さらに３か月程度の間に補正等がされない場合には，法務省経伺後に不受理処分とする。

②　不受理処分とした後の届書の保存

届書を不受理処分とした場合には，原則として，当該届書を届出人に返却する。

ただし，届出人と連絡が取れない場合には，当該年の受付帳に編綴し，保存期間の満了（10年）を待って廃棄する。

（注）　市区町村の補正・追完手続

戸籍法上，「市町村長は，届出を受理した場合に，届書に不備があるため戸籍の記載をすることができないときは，届出人に，その追完をさせなければならない。」（戸45条）とされ，戸籍法施行規則附録第19号様式により催告を行うこととなる（戸規64条）。

一般に，市区町村の戸籍窓口においては，届出後，補正等の連絡をした日から２週間程度の間に補正等がされない場合には，戸籍法第45条（戸規64条）に基づく１回目の催告（補正等の期間は２週間程度）を行い，その後補正等がされない場合には，２回目の催告を行い，さらに２週間程度の間に補正等がされない場合には，不受理処分を行っている。

第2編　各　論

1　アイスランド（アイスランド共和国）

第1　婚　　姻

1　婚姻証明書

アイスランド共和国戸籍登録所作成の婚姻証明書（婚姻登録証明書）は，資料1－1（本文83頁）参照。

2　実質的成立要件

(1)　婚姻適齢

男女とも18歳に達しなければ，婚姻をすることができない。

ただし，法務省は，親権を有する親の見解が示されたときは，18歳未満の者の婚姻を許可することができる（婚姻7条）。

(2)　近親婚等の禁止

直系血族，兄弟姉妹間及び養親と養子間で婚姻をすることはできない（婚姻9条・10条）。

(3)　重婚の禁止

既に婚姻している者は，婚姻をすることができない（婚姻11条）。

3　形式的成立要件

(1)　婚姻の方式

教会の牧師による教会婚と公務員による民事婚の2つの方式がある（婚姻16条）。

(2)　挙　式

挙式は，2人の証人の面前で行われる（婚姻24条）。

4　アイスランド国籍の取得

アイスランド市民と婚姻した外国人は，婚姻により当然にはアイスランド市民権を取得せず，５年以上アイスランド市民権を有するアイスランド市民又は登録パートナーと婚姻し，婚姻又は登録パートナーシップが成立してから３年を経過後に，申請したときにアイスランド市民権が認められる（国籍８条）。

５　婚姻の無効

近親婚等の禁止及び重婚の禁止に反する婚姻は，判決により無効とされる。ただし，重婚の場合は判決がされる前に前婚が終了したときは無効としないことができる（婚姻27条）。

６　同性婚（登録パートナーシップ）制度

アイスランドでは，同性間の登録パートナーシップが1996年（平成８年）に制定されている。

登録パートナーシップについては，婚姻の規定の多くが準用されている。

また，解消についても，婚姻とほぼ同じである（諸外国の同性パートナーシップ制度（国立国会図書館調査及び立法考査局））。

〔根拠法条〕

婚姻関連法（Law in Respect of Marriage）（1993年４月14日第31号）

第１章　適用範囲及び一般規定

Ａ　適用

第１条

本法は，婚姻における１人の男性と１人の女性の婚姻に適用される。婚姻しない者の同棲については，適用されない。

第２章　婚姻障害

第７条（Ａ　婚姻適齢）

男女は，18歳に達したときに，婚姻をすることができる。（結婚に関し，親権を有する親の見解が示されたときは，）法務省（the Ministry of Justice）は，その年齢未満の者の婚姻を許可することができる。

第８条（Ｂ　行為能力）

法的能力を剝奪された者は，後見人の同意がなければ婚姻をすることができない。（以下，略）

第９条（Ｃ　血族）

直系の血族に関係する者同士は，婚姻をすることができない。兄弟についても同様である。

第10条（Ｄ　養子縁組）

養子縁組が，最初から無効でないときは，養親と養子は婚姻をすることができない。

第11条（E　重婚）

既に婚姻している者の婚姻は，挙行されない。

第4章　挙式

A　結婚式を挙行する権限を有する者

第16条（1　総則）

婚姻は，教会の牧師，第17条で挙式を行う権限を有する登録された宗教組織の代表者又は権限を有する公務員の面前で行われる。

D　挙式

第24条

婚姻の挙式は，2人の証人の面前で行われる。（以下，略）

第5章　婚姻の無効

A　無効の可能性

第27条

第9条又は第11条の規定に反した婚姻は，第116条の規定に従って，判決によって無効とされる。決定がされる前に前婚が終了したときは，第11条に反する婚姻は，無効としないことができる。

第28条

それぞれの配偶者は，婚姻の無効を主張することができる。

B　無効の法的効果

第29条

他の効果について規定している制定法の規定に従うことを条件として，婚姻の無効は離婚と同様の効果を生ずる。

第2　離　　婚

1　概　　説

現行制度では，夫婦関係は，法定別居及び離婚によって終結する（婚姻33条～36条）。

アイスランドでは，直接夫婦間の協議による離婚（協議離婚）は認められておらず，離婚は常に裁判所の判決によらなければならない（戸籍522-91）。

なお，当事者は，直ちに離婚を裁判所に申し立てることはできず，法定別居の許可があった日又は判決の宣告の日から6か月又は1年が経過しなければ離婚を請求することができない（婚姻36条）。

2　法定別居

① 双方の配偶者が法定別居を求めることに同意したときは，別居の許可が認められる（婚姻33条）。

② 婚姻を継続することができないと考える配偶者は，法定別居の資格が与えられる（婚姻34条）。

3　離　　婚

法定別居の許可又は判決が宣告された日から，①両当事者が離婚を請求することに同意するときは6か月を経過したとき，②一方の当事者が離婚を請求するときは1年を経過したときは，離婚の権利が認められる（婚姻36条）。

また，離婚を請求することができるのは，①夫婦がその不和のため同棲を中止した場合で，少なくとも2年間別居していたときは，それぞれの配偶者（婚姻37条），②重婚が争いとなっている婚姻の場合で，一方の当事者が第11条の重婚禁止の規定に違反して婚姻したときは，他方の配偶者（婚姻38条），③一方の配偶者が姦通を犯すか，又は類似の行為を証明した場合で，その行為に同意しないか，関与しないか，又はそれを理由に離婚を請求する権利を撤回していないときは（ただし，法定別居が認められた後に証明された行為を理由することはできない。），他方の配偶者（婚姻39条），④一方の配偶者が，家庭にある他方の配偶者又は子に対して身体的暴力又は性的暴力を犯したことが証明された場合で，その行為が故意であり，身体的暴力の場合は，傷害を与えるか，又は被害者の健康に損害を与えたときは，他方の配偶者（婚姻40条）である。

4　調　　停

⑴　調停の資格

法定別居又は離婚を求めようと決心した夫婦は，いつでも調停手続の資格が与えられる（婚姻42条）。

⑵　調停の義務

一方又は双方の配偶者に監護している未成年の子があるときは，調停手続は義務とされる（婚姻42条）。

⑶　適用除外

双方の配偶者が法定別居後に離婚を求めるときには，適用されない（婚姻42条）。

〔**根拠法条**〕

婚姻関連法（1993年4月14日第31号）

第6章　別居及び離婚

A　法定別居

第33条（1　法定別居を求める配偶者相互の合意）

双方の配偶者が法定な別居を求めることに同意したときは，別居の許可が認められる。

第34条（2　一方の配偶者の請求による法定別居）

婚姻を継続することができないと考える配偶者は，法定別居の資格が与えられる。

第35条（3　法定別居の法的効力の終了）

法定別居の効力は，夫婦が合理的に必要と考えられる短期間以上の期間，同居を継続しているときは，法定別居の効力は終了する。

B　離婚

第36条（1　法定別居に続く離婚）

両当事者が離婚を求めることに同意する場合は，第35条の規定が適用されないときは，法定別居の許可があった日又は判決が宣告された日から6か月を経過したときに，離婚の権利が与えられる。

また，各々の配偶者は，第35条の規定が適用されないときは，法定別居の許可があった日又は判決が宣告された日から1年を経過したときに，離婚の権利が与えられる。

第37条（2　同棲の終了）

夫婦がその不和のため同棲を中止した場合は，少なくとも2年間別居していたときは，それぞれ離婚を請求することができる。

第38条（3　重婚）

重婚が争いとなっている婚姻の場合は，一方の当事者が第11条に違反して婚姻したときは，他方の配偶者は，離婚を請求することができる。

第39条（4　姦通）

一方の配偶者が姦通を犯すか，又は類似の行為を証明した場合は，他方の配偶者はその行為に同意しないか，関与しないか，又はそれを理由に離婚を請求する権利を撤回していないときは，離婚を請求することができる。

法定別居が認められた後に証明された行為を理由としては，第1文に基づき離婚を請求することができない。

第40条（5　身体的暴力）

一方の配偶者が，家庭にある他方の配偶者又は子に対して身体的暴力又は性的暴力を犯したことが証明された場合は，その行為が故意であり，身体的暴力の場合は，傷害を与えるか，又は被害者の健康に損害を与えたときは，他方の配偶者は，離婚を請求することができる。

（以下，略）

D　調停

第42条

法定別居又は離婚を求めようと決心した夫婦は，いつでも本条に基づく調停手続の資格が与えられる。

一方又は双方の配偶者に監護している未成年の子があるときは，調停手続は義務とされる。ただし，双方の配偶者が第36条第1文で熟慮された法定別居後に離婚を求めるときには適用されない。

調停の試みには，婚姻継続の可能性についての調査も含まれる。（以下，略）

第3　出　　生

1　国籍留保届

アイスランドは，父母両系血統主義国であり，アイスランド国内で出生した事実だけでは，同国の国籍を取得しない（国籍1条）。

したがって，日本人夫婦の子がアイスランド国内で出生した場合は，国籍留保の届出を要しないが，夫婦の一方が日本人で，他方がアイスランド国民の子がアイスランド国内（又はその他の外国）で出生した場合は，出生の日から3か月以内に日本国籍を留保する意思を表示しなければ，子は日本国籍を喪失する（日国12条）。

また，日本人母の嫡出でない子がアイスランド国内で出生した場合は，父がアイスランド国民であるときは，その子は，アイスランド国籍を取得する（国籍2条）。

2　出生場所の記載

「アイスランド国レイキャビック市で出生」（【出生地】アイスランド国レイキャビック市）と記載する。

（注）　地方自治の基礎的な単位は，都会や田園地域にある地方自治体，23のタウン（town）と田園地帯にある119のディストリクト（district）である（自治体国際化協会編『ヨーロッパ各国の地方自治制度』1頁（自治体国際化協会，1990））。

3　出生証明書

アイスランド戸籍登録所作成の出生証明書（出生登録証明書）は，資料1－2（本文85頁）参照。

〔**根拠法条**〕

アイスランド国籍法（Icelandic Nationality Act）（1952年法律第100号（1953年1月1日施行），1982年法律第49号改正（1982年7月1日施行），1998年法律第62号改

正（1998年10月1日施行），1998年法律第82号改正（1998年10月1日施行），2002年法律第96号改正（2003年1月1日施行），2003年法律第9号改正（2003年7月1日施行），2007年法律第81号改正（2007年4月17日施行）2009年法律第26号改正（2009年4月1日施行），2010年法律第65号改正（2010年6月27日施行），2010年法律第162号（2011年1月1日施行），2011年法律第126号（2011年9月30日施行），2012年法律第40号（2012年6月9日施行））

第1節　出生等により取得される市民権（2007年法律第81号）

第1条

子は，次の場合には，出生によりアイスランド市民権を取得する。

1　子の母がアイスランド市民である場合。
2　子の父がアイスランド市民で，母と婚姻している場合。ただし，子を妊娠したときに夫婦が法定別居していたときは適用されない。

第1段落第2号は，生殖補助により妊娠した子の両親についても，適用される。（2010年法律第65号）

アイスランドで発見された棄児は，反証のない限り，アイスランド市民とみなされる。（1998年法律第62号）

第2条

外国の国民である未婚の女性が，アイスランドで子を出生したときは，アイスランド市民である男性が，児童法（the Children's Act）により子の父であるときは，子はアイスランド市民権を取得する。

外国で出生した子の母が未婚の外国の国民であるときは，子が18歳に達する前に，父は省（ministry）（注）（2011年法律第126号）に対して，その子のアイスランド市民権の取得を申請することができる。子が12歳以上である場合は，子の意見を聴かなければならない。

省の意見によって，子と父子関係に関する十分な資料を提出した場合は，子は省の承認により，アイスランド市民権を取得する。（1998年法律第62号，2007年法律第81号）

本条は，生殖補助により妊娠した子の両親についても適用される。（2010年法律第65号，2010年法律第162号）

子が未婚で，18歳に達していない場合に，子の両親が婚姻したときは，子は婚姻の時にアイスランド国籍を取得する。

（注）　改正前は，「法務省」とされていた。

第16条（2007年法律第81号）

1964年7月1日から1982年7月1日までに出生した子は，本法（1982年法律第49号）第1条第1段落第1号の規定が出生時に施行されていたときは，母が出生の時から1982年7月1日までアイスランド市民であれば，省（注）（2010年法律第162号）にアイスランド市民権を取得することを希望することを書面で通知した場合は，アイスランド市民権を取得する。

本条の第1段落に基づきアイスランド市民権の取得を希望する者は，22歳に達するまでアイスランドの居住に関する第12条（2007年法律第81号）の要件を満たさなければならない。（2003年法律第9号）

（注）　改正前は，「法務省」とされていた。

〔参考〕

国籍法（1952年12月23日法律第100号，1982年5月11日法律第49号改正，1998年6月12日法律第62号改正，1998年6月16日法律第82号改正，2003年2月24日法律第9号改正，2003年7月1日施行）

第1条　子は，次の場合には，出生によりアイスランド国籍を取得する。

1　母がアイスランド国民であるとき。

2　父がアイスランド国民であり，父母が婚姻しているとき。

ただし，子が懐妊された際，父母が裁判上の別居を宣告されていた場合は，この限りでない。

アイスランドにおいて発見された棄児は，反証のない限り，アイスランド国民であると推定する。

第2条　アイスランドで生まれた子の母が未婚で外国国籍の場合，父がアイスランド国民であるときは，その子は，児童法に基づき，アイスランド国籍を取得する。

外国で生まれた子の母が未婚で外国国籍の場合，父がアイスランド国民であるときは，その子が18歳に達する前に，父は，法務省に対し，その子のアイスランド国籍取得の申立てをすることができるが，その子が12歳に達している場合は，その子の同意を得る。

法務省の意見によって，父が，子と父子関係についての十分な資料を提出した場合，子は法務省の確認の上で，アイスランド国籍を取得する。

（民月54－5－101）

第4　養子縁組

1　根拠法

根拠法は，養子縁組法である。

2　国際養子縁組

1999年養子縁組法（法律第130号）において，アイスランドに居住し，アイスランドに特別な関係を有する外国人がアイスランド人を養子とすることができる旨が規定されている。

3　実質的成立要件

⑴　養親の要件

ア　単身者の可否等

婚姻している夫婦，少なくとも5年以上の期間同棲している男女は，養子縁組をすることができる。

養親が単身者である場合は，養子縁組が明らかに子の利益になるという特別な事情が必要である（養子２条）。

イ　養親の年齢

養親は，25歳以上でなければならない。

ただし，特別な事情がある場合は，20歳以上の者も養親となることができる（養子５条）。

ウ　登録パートナーシップ

登録パートナーシップ法（Law on Registered Partnership）（平成12年（2000年）法律第52号）により，同性婚者は他方の同性婚者の子を養子とすることができるようになったが，子を共同縁組する法的権利を有しなかった。その後，平成18年（2006年）から同性婚者も通常の養子縁組の権利を有することになった。

エ　配偶者の同意

夫婦の配偶者又は同棲している当事者の一方は，他方の同意を得て，子又は他方の養子の養子縁組を許可することができる（養子２条）。

(2)　養子の要件

ア　養子の年齢

養子は，原則として18歳未満でなければならないが，18歳以上の者も養子となることができる（養子３条）。

イ　配偶者の意見の聴取

養子が婚姻又は同棲をしているときは，配偶者又は同棲しているパートナーの意見を聴かなければならない（養子13条）。

ウ　実子の養子縁組

子が以前に養子となっており，実親による養子縁組が子の状況を改善すると判断されるのでなければ，実親は，実子を養子とすることはできない（養子３条）。

4　保護要件

(1)　養子の同意

養子が12歳に達しているときは，有効な同意をすることができない精神状態である等の場合でなければ，養子の書面による同意を要する（養子６条・８条）。

（注）　養子が12歳未満の場合は，養子縁組に対する意見は，子の年齢及び成熟度を考慮するように努めなければならない（養子６条）。

⑵　親等の同意

ア　親の同意

㈠　同意の要否

原則として，子を監護する親の書面による同意を要する（養子７条・８条）。

㈡　同意時期の制限

特別な事情がないときは，子の出生後３か月を経過していなければ，同意は有効ではない（養子８条）。

㈢　同意の撤回

同意をした者は，養子縁組の許可前に同意を撤回することができる。同意を撤回した場合は，養子縁組の許可は認められない（養子10条）。

イ　児童福祉委員会の同意

児童福祉委員会が，子を監護しているときは，委員会の書面による同意を要する（養子７条・８条）。

⑶　法務大臣の決定

養子縁組は，法務大臣が許可をする（養子１条）。

5　養子縁組の効力

⑴　養親との関係

養親，養親の親族等に関して養親の生来の子と同一の法的な地位を取得する（養子25条）。

⑵　実親との関係

実親，実親の親族等との関係は断絶し，以前存在した法的関係は終了する（養子25条）。

⑶　アイスランド国籍の取得

アイスランド当局の許可を得て，アイスランド国民の養子となった12歳未満の外国人の子は，養子縁組によりアイスランド国籍を取得する（国籍２ａ条)。

６　ハーグ国際養子縁組条約

2000年（平成12年）批准

（子の養子縁組：傾向と政策（国連2009年報告））

〔**根拠法条**〕

養子縁組法（Adoption Act）（1999年法律第130号（2000年７月11日施行））

第１章　養子縁組及び法的な必要要件

第１条（養子縁組の許可）

法務大臣（The Minister of Justice）は，養子縁組の許可を認めることができる。

第２条（養子縁組のできる者）

婚姻した夫婦，少なくとも５年以上の期間同棲している男子と女子は，養子縁組をすることができ，これらの者のみが本条に規定されている例外として，共同で養子縁組することができる。

しかしながら，夫婦の配偶者又は同棲している当事者の一方は，他方の同意を得て，子又は他方の養子の養子縁組の許可を認めることができる。

さらに，他方が失踪し，又は養子縁組の意味を理解できない精神状態にあるときは，夫婦の配偶者又は同棲している当事者の一方は，養子縁組の許可を認めることができる。

単身者は，特別な事情で，養子縁組が明らかに子の利益になるときに，養子縁組の許可が認められる。

本法における同棲は，国家登録簿（the National Register）に登録されているか，他の明らかな証拠により確認された男子と女子の同棲を意味する。

第３条（養子となることができる者）

本法は，18歳未満の子の養子縁組について適用される。他に規定がなく，適用できるときは，より年長の者の養子縁組にも適用される。本法における子の用語は，子又は18歳に達している若年成人を意味する。

子が以前に養子となっており，実親による養子縁組が子の状況を改善すると判断されないときは，実子を養子とすることはできない。

第４条（養子縁組の一般条件）

養子縁組の許可は，関連する児童福祉委員会（Child Welfare Committee）の将来の養子及び養子縁組を希望する者の状況の調査により，養子縁組が子の最善の利益になることが明らかなときに，認められる。（以下，略）

第５条（申請者の年齢）

養子縁組の許可は，25歳に達した者についてのみ認められる。しかしながら，特別の事情が適用されるときは，20歳に達した者は養子縁組の許可が認められる。

第６条（養子になる者の同意）

その者の精神状態が，有効な同意を表

示することを妨げる状態でないか，その者の利益のために，同意を求めることが疑わしいとみなされるのでなければ，12歳に達した者は，その者の同意がなければ養子となることができない。(略)

子が12歳より年少のときは，養子縁組に対する意見は，第2段落に規定されているように，可能とみなされるときは，子の年齢及び成熟度を考慮するように努めなければならない。

第7条（子の後見人又は法定後見人の同意）

子の養子縁組には，子を監護する親の同意が必要である。

監護している親の一方が，有効な同意を与えることができない精神状態であるか，失踪したときは，他方の親の同意で足りる。両親がそのような状態である場合は，特別に指定された子の法定後見人の同意が必要である。

児童福祉委員会が子を監護しているときは，委員会の同意が養子縁組に必要である。

第1段落又は第2段落の同意がない場合でも，子が里親として申請者の下に置かれていて，子の状況が子が養子とされることが強く推薦されるときは，養子縁組の許可が認められる。

第8条（同意の形式と内容）

養子縁組に対する同意は書面でなされ，関係者は同意と養子縁組の法的効力を教示する法務省の職員の一人又は地区の治安判事の面前で確認しなければならない。

特別な事情が適用されないときは，早くとも子の出生後3か月後に確認されたのでなければ，同意は有効ではない。

(以下，略)

第10条（同意の撤回）

第6条又は第7条に従って同意をした者が，養子縁組の許可が認められる前に同意を撤回したときは，許可は認められない。(以下，略)

第11条（親の意見）

養子縁組の申請に関する決定がされる前に，可能であれば，子の法定親権を有しない親の意見を聴かなければならない。

第13条（配偶者又は同棲しているパートナーの意見）

養子となる者が婚姻又は同棲しているときは，配偶者又は同棲しているパートナーの意見を聴かなければならない。

第4章　養子縁組の法的効力

第25条（法的効力）

養子縁組に基づき，養子は他に法律に規定されている場合を除き，養親，養親の親族及び養子縁組関係を有する者に関し，養親の生来の子と同一の法的な地位を取得する。同時に，他に法律に規定されている場合を除き，子と子の生来の親，他の親族及び養子縁組関係を有する者間の以前存在した法的関係は消滅する。

配偶者の子を養子とした者は，夫婦の生来の子と同一の法的な地位を取得する。

同棲している者がそのパートナーの子を養子とした場合も，同様に適用される。

第6章　外国の子の養子縁組

第29条（外国の養子縁組）

本国に居住する者は，法務大臣が養子縁組の事前承認を発行しなければ，外国の子を養子とすることは認められない。

第30条（事前承認の申請）

外国の子の養子縁組の事前承認の申請

は，法務省に対して送付される。申請は，法務省が規定した書式に記載されなければならない。

第８章　行政規則，法及び準拠法の施行，廃止

第42条（法の施行及び廃止）

本法は，公布から６か月を経過した時に効力を生ずる。

その時に，養子縁組法（1978年法律第15号）は，廃止される。

アイスランド国籍法（1952年法律第100号（1953年１月１日施行），2012年法律第40号最終改正（2012年６月９日施行））

第２ａ条

アイスランド当局の許可を受けアイスランド国民である者の養子となった外国人の子は，12歳未満である場合は，養子縁組によりアイスランド市民権を取得する。

アイスランド当局が認めている外国の決定に従ってアイスランド国民の養子となった12歳未満の外国人の子は，養親の申立てにより内務省（2010年法律第162号）の承認によりアイスランド市民権を取得する。（1998年法律第62号）

第５　国　　籍

１　二重国籍

アイスランドでは，二重国籍は認められている。

（注） 2003年７月１日前は，特別な事情がある場合を除き，二重国籍は認められておらず，外国に帰化した等の場合は，アイスランド市民権を当然に喪失したが，2003年７月１日以降は，当然には喪失しないこととなった。

２　アイスランド国籍の喪失

⑴　外国で出生し，アイスランドに居住せず，住所を有したこともないアイスランド市民

国籍喪失の結果として，無国籍になる場合を除き，22歳に達したときにアイスランド市民権を喪失する。

ただし，大臣は，その時点までに申請をしたときは，アイスランド市民権を保持することを許可することができる（国籍12条）。

⑵　外国国籍の取得

大臣は，確定した期限内に外国人になることを示しているときは，外国に居

住し，アイスランド市民から外国人になるか，又はなることを希望する者をアイスランド市民権から離脱させることができる。

ただし，その者がアイスランドに居住しているときは，特別な理由がなければ，アイスランド市民権から離脱することができない（国籍13条）。

〔**根拠法条**〕

アイスランド国籍法（1952年法律第100号（1953年1月1日施行），2012年法律第40号最終改正（2012年6月9日施行））

第4節　他の規定（2007年法律第81号）

第12条（2007年法律第81号）

外国で出生し，アイスランドに居住せず，住所を有したこともないアイスランド市民は，アイスランド市民権を希望することを示すものと解釈され，22歳に達したときにアイスランド市民権を喪失する。ただし，大臣（**注**）（2010年法律第162号）は，その時点までに申請をしたときは，アイスランド市民権を保持することを許可することができる。ただし，その結果として，無国籍になる場合は，アイスランド市民権を喪失しない。(2003年法律第9号，1998年法律第62号)

本条において，その者がアイスランド市民権を喪失するときは，これにより無国籍になるのでなければ，その子もまた市民権の基礎として取得したアイスランド市民権を喪失する。(1982年法律第49号)

大臣（**注**）（2010年法律第162号）は，この点について疑義がある場合は，アイスランドの居住に関する第1段落の市民権を保持する条件が満たされているか裁決する。(2007年法律第81号)

（**注**）　従前は，「法務大臣」とされていた。

第13条（2007年法律第81号）

大臣（**注**）（2010年法律第162号）は，その者が既に外国人になっていないときは，確定した期限内に外国人になることを示しているときは，外国に居住し，アイスランド市民から外国人になるか，又はなることを希望する者を離脱させることができる。その者がアイスランドに居住しているときは，このことについて大臣（**注**）（2010年法律第162号）の意見に特別な理由がなければ，アイスランド市民権を離脱できない。

外国人で，外国に住所を有する者は，アイスランド市民権を離脱することを否定することができない。(2003年法律第9号，2007年法律第81号)

（**注**）　従前は，「法務大臣」とされていた。

資料１－１〔婚姻登録証明書〕

Ísland
Iceland / Islande / IJsland

Hjúskaparvottorð

Vielsesattest / Extract of the register of marriages / Auszug aus dem Eheregister / Extrait des registres de l'état civil concernant un mariage / Extracto del registro de matrimonios / Estratto del registro dei matrimoni / Uittreksel uit huwelijksarchieven

Nafn brúðguma Brudgommens navn / Name of the bridegroom / Name des Bräutigam / Nom du marié / Nombre del novio / Nome dello sposo / Naam van de echtgenoot	□□□□
Fæðingardagur Fødselsdato / Date of birth / Geburtsdatum / Date de naissance / Fecha de nacimiento / Data di nascita / Geboortedatum	※ June 1973
Fæðingarstaður Fødested / Place of birth / Geburtsort / Lieu de naissance / Lugar de nacimiento / Luogo di nascita / Geboorteplaats	Reykjavík, Iceland
Nafn brúðar Brudens navn / Name of the bride / Name des Braut / Nom de la mariée / Nombre de la novia / Nome della sposa / Naam van de echtgenote	△△△△
Fæðingardagur Fødselsdato / Date of birth / Geburtsdatum / Date de naissance / Fecha de nacimiento / Data di nascita / Geboortedatum	※ November 1973
Fæðingarstaður Fødested / Place of birth / Geburtsort / Lieu de naissance / Lugar de nacimiento / Luogo di nascita / Geboorteplaats	Japan
Hjónavígsludagur og -staður Sted og dato for vielsen / Date and place of the marriage / Datum und Ort der Eheschließung / Date et lieu du mariage / Fecha y lugar del matrimonio / Data e luogo della celebration del matrimonio / Datum en plaats van het huwelijk	※ April 2003, Reykjavik, Iceland
Dagsetning, undirskrift og stimpill embættis Udgivelsesdato, underskrift og myndigheds stempel Date of issue, signature and seal of keeper Ausstellungsdatum, Unterschrift und Dienstsiegel des Registerführers Date de délivrance, signature et sceau du dépositaire Fecha de expedición, firma y sello del depositario Data in cui è stato rilasciato l'atto, con firma e bollo dell'ufficio Afgiftedatum, ondertekening en ambtelijk stempel	Reykjavik, 24 November 2010 （署名） ※※※※※

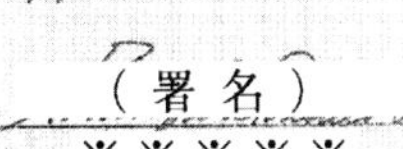

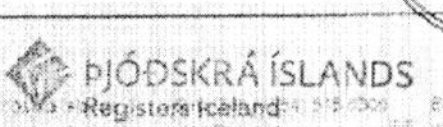

資料1－1

アイスランド	戸籍登録所
婚姻登録証明書	
新郎氏名	
生年月日	
出生地	
新婦氏名	
生年月日	
出生地	
婚姻日及び婚姻地	
発行日，署名，印	

資料１－２〔出生登録証明書〕

Ísland
Iceland / Islande / IJsland

Fæðingarvottorð

Fødselsattest / Extract of the register of births / Auszug aus dem Geburtsregister / Extrait des registres de l'état civil concernant une naissance / Estracto del registro de nacimientos / Estratto del registro delle nascite / Uittreksel uit de geboortearchieven

Nafn Navn / Name / Name / Nom / Nombre / Nome / Naam	○○○○
Fæðingardagur Fødselsdato / Date of birth / Geburtsdatum / Date de naissance / Fecha de nacimiento / Data di nascita / Geboortedatum	※ February 2011
Kyn Køn / Sex / Geschlecht / Sexe / Sexo / Sesso / Geslacht	F
Fæðingarstaður Fødested / Place of birth / Geburtsort / Lieu de naissance / Lugar de nacimiento / Luogo di nascita / Geboorteplaats	Reykjavík, Iceland
Nafn föður Faders navn /Name of the father / Name des Vaters / Nom du père / Nombre del padre / Nome del padre / Naam van de vader	□□□□
Nafn móður Moders navn / Name of the mother / Name der Mutter / Nom de la mère / Nombre de la madre / Nome della madre / Naam van de moeder	△△△△

Það vottast hér með að ofangreint er í samræmi við skýrslu prests eftir kirkjubók eða samkvæmt annarri gildri heimild í vörslu Þjóðskrár

Dagsetning, undirskrift og stimpill embættis
Udgivelsesdato, underskrift og myndigheds stempel
Date of issue, signature and seal of keeper
Ausstellungsdatum, Unterschrift und Dienstsiegel des Registerführers
Date de délivrance; signature et sceau du dépositaire
Fecha de expedición, firma y sello del depositario
Data in cui è stato rilasciato l'atto, con firma e bollo dell'ufficio
Afgiftedatum, ondertekening en ambtelijk stempel

Reykjavík, 3 May 2011

（署名）

※※※※※

Þjóðskrá Íslands　Sími/Tel. (+354) 515 5300　Borgartúni 21
Registers Iceland　skra@skra.is　IS-105 Reykjavík
Registre Island　www.skra.is　Fax (+354) 515 5310

資料1－2

アイスランド	戸籍登録所
出生登録証明書	
氏名	
生年月日	
性別	
出生地	
父氏名	
母氏名	
発行日，署名，印	

2　アイルランド（アイルランド）

第1　姓名制度

アイルランドにおいては，通常，旅券には全ての名を記入しなくてもよいことになっているので，証明書に記載されている氏名と旅券の氏名の記載が異なることがある。

第2　婚　　姻

1　婚姻要件具備証明書

在日アイルランド大使館発給の婚姻要件具備証明書（平成19年7月4日付け事務連絡）は，資料2－1（本文101頁）（戸籍812-42）参照。

新様式では，婚姻相手の氏名が記載されないが，審査方法は従前と変わらず，同証明書をもって，婚姻要件具備証明書として取り扱って差し支えない。

（注） 従前の様式については，資料2－2（本文103頁）（戸籍593-26）参照。

2　婚姻証明書

アイルランド登録官作成の婚姻証明書（2004年民事登録法に基づき発行された婚姻証明書）は，資料2－3（本文105頁）参照。

3　実質的成立要件

(1)　婚姻適齢

男女とも満18歳（**注**）に達しなければ，婚姻をすることができない（家族31条）。

18歳未満の者は，巡回家庭裁判所又は高等法院の許可を得なければならない。

（注） 1972年家族法において，婚姻適齢は16歳と規定されていることから，従来は後記昭和60年の先例の解説においても，婚姻適齢は満16歳とされていたが，

1995年家族法（1996年８月１日施行）により，満18歳に改正されている。

⑵　近親婚等の禁止

一定の範囲の親族等の間（**注**）での婚姻は，禁止されている。

（**注**）男性は，祖母，祖父の妻，妻の祖母，父の姉妹，母の姉妹，父の兄弟の妻，母の兄弟の妻，妻の父の姉妹，妻の母の姉妹，母，継母，妻の母，娘，妻の娘，息子の妻，姉妹，息子の娘，娘の娘，息子の息子の妻，娘の息子の妻，妻の息子の娘，妻の娘の娘，兄弟の娘，姉妹の娘，兄弟の息子の妻，姉妹の息子の妻，妻の兄弟の娘，妻の姉妹の娘と婚姻することができない。

女性は，祖父，祖母の夫，夫の祖夫，父の兄弟，母の兄弟，父の姉妹の夫，母の姉妹の夫，夫の母の兄弟，夫の父の兄弟，父，継父，夫の父，息子，夫の息子，娘の夫，兄弟，息子の息子，娘の息子，息子の娘の夫，娘の娘の夫，夫の息子の息子，夫の娘の息子，兄弟の息子，姉妹の息子，兄弟の娘の夫，姉妹の娘の夫，夫の兄弟の息子，夫の姉妹の息子と婚姻することができない。

⑶　同性の者との婚姻の禁止

婚姻の一方当事者は男性であり，他方当事者は女性でなければならない。

⑷　重婚の禁止

既に婚姻をしている者は，婚姻をすることができない。

４　形式的成立要件

⑴　公示手続

平成19年（2007年）11月５日から，婚姻を申し込む者は，地方登録事務所の登録官（Registrar）に面会する予約をし，婚姻公示を得る必要がある。一般的には，IDとしてのパスポート及び出生証明書等が要求される。

その後，婚姻障害がないときは，登録官は婚姻登録書式（Marriage Registration Form（MRF））を発行し，それに基づいて婚姻を行う。

⑵　婚姻の方式

婚姻の方式として，教会で挙式する方式（宗教婚）と役所でする方式（民事婚）の２つの方式がある。

⑶ 婚姻の登録

ア 民事婚の場合

婚姻当事者，証人２人及び挙行した者が署名した上，婚姻を挙行した登録官が挙行後にMRFを登録する。

イ 宗教婚の場合

婚姻を登録するために，登録官に１か月以内にMRFを提出しなければならない。

婚姻が登録されるまで，民事婚の証明書を受領することはできない。

5 婚姻証書

アイルランドでは，教会発行の証書は公的な証書と同様な効力を有するものとして取り扱われるが，通常は，婚姻成立の時点で教会から最寄の登録事務所に通知されることから，最近は，登録事務所から婚姻証書を入手するケースが通常である（平成７年４月調査)。

6 婚姻の無効

婚姻時において，いずれかの当事者が他の第三者と法律上の婚姻をしている場合は，その婚姻は無効である。

また，婚姻適齢，近親婚等の禁止，重婚の禁止及び同性の者との婚姻の禁止に反した場合も無効である。

（３・６につき，昭和60.10.30民二6876号回答（戸籍505-113))

7 婚姻の効力

従前は，婚姻の効力として，アイルランド人と婚姻した者はアイルランド国籍を取得したが，「国籍及び市民権法」の改正により，婚姻による国籍取得の規定は削除され，現行法では婚姻により当然にはアイルランド国籍を取得せず，国籍取得は帰化の手続による（**注**)。

(注) アイルランド人の配偶者の居住要件は，通常の「５年」から「３年」に縮減されている。

〔根拠法条〕

家族法（Family Law Act 1995）（1995年第26号）

第5部　婚姻

第31条（婚姻年齢）

①(a)(i)　本項の施行後，当事者の一方が18歳未満の者との間で挙行される婚姻は，法律上有効ではない。

(ii)　（略）

②～④　（略）

第3　離　婚

1　制度の概要

アイルランドにおいては，当事者間の協議のみによる協議離婚あるいは調停離婚を認めず，裁判離婚によらなければならない。

2　離婚原因

手続開始時に，配偶者が過去5年間に少なくとも4年間又は合計して4年別居していること，配偶者間に和解する合理的な見通しがないこと等が要求されている（家族5条）。

〔根拠法条〕

家族（離婚）法（Family Law（Divorce）Act 1996）（1996年第33号）

第1部　前置き及び通則

第1条（略称及び施行）

①　本法は，1996年家族（離婚）法と称する。

②　（略）

第2部　離婚命令の取得

第5条（離婚命令の許可及び子の監護等）

①　当該配偶者の利益のため申請に関する本法の規定に従って，裁判所は以下の要件が満たされたときは，憲法第41－3－2条の規定により付与された裁判権を行使して当該婚姻に関する離婚命令を許可することができる。

a　手続開始時に，配偶者が過去5年間に少なくとも4年間又は合計して4年別居し，

b　配偶者間において和解する合理的な見通しがなく，かつ，

c　裁判所が状況に関して適当と考える規定が存在するか，又は配偶者や家族に世話されていない者に寄与するとき。

②　（略）

第4　出　　生

1　国籍留保届

(1)　法律の改正

両親の一方がアイルランド市民であるときは，子はアイルランド市民となる（市民７条）点については，2004年法により変更はない。

ただし，2004年（平成16年）12月31日までは，アイルランド国内で出生した者はアイルランド市民権を取得したが，2004年法により，アイルランド島で出生した者のアイルランド市民権の取得の範囲が変更されている（市民３条・４条）。

(2)　アイルランド又は国外で出生した場合

ア　アイルランドで出生した場合

アイルランドは条件付き生地主義であり，アイルランドで出生した者はアイルランド市民となるが，両親がアイルランド市民でない場合等のときは，除かれる（市民６条）。

したがって，日本人夫婦の子がアイルランド国内で出生した場合は，国籍留保の届出を要しないが，夫婦の一方が日本人で，他方がアイルランド市民の子がアイルランド国内で出生した場合は，出生の日から３か月以内に日本国籍を留保する意思を表示しなければ，子は日本国籍を喪失する（日国12条）。

イ　アイルランド国外で出生した場合

両親の一方がアイルランド市民である場合は，子はアイルランド市民となる（市民７条）。

したがって，夫婦の一方が日本人で，他方がアイルランド市民の子がアイルランド以外の外国で出生した場合は，出生の日から３か月以内に日本国籍を留保する意思を表示しなければ，子は日本国籍を喪失する（日国12条）。

2　出生場所の記載

⑴　行政区画

アイルランドは，26の州（注）から構成されている。

（注）32の州（county）から構成されているが，そのうち6州はイギリスの支配下にある北アイルランドである。

アイルランドの州は，カーロウ（Carlow）州，キャバン（Cavan）州，クレア（Clare）州，コーク（Cork）州，ドネゴール（Donegal）州，ダブリン（Dublin）州，ゴールウェイ（Galway）州，ケリー（Kerry）州，キルデア（Kildare）州，キルケニー（Kilkenny）州，リーシュ（Laois）州，レイトリム（Leitrim）州，リムリック（Limerick）州，ロングフォード（Longford）州，ラオース（Louth）州，メヨー（Mayo）州，ミース（Meath）州，モナガン（Monagthan）州，オファリー（Offaly）州，ロスコモン（Roscommon）州，スライゴ（Sligo）州，ティペラリー（Tipperary）州，ウォータフォード（Waterford）州，ウェストミース（Westmeath）州，ウェックスフォード（Wexford）州，ウィックロー（Wicklow）州である。

⑵　戸籍の記載

「アイルランド国ダブリン州ダブリン市で出生」（【出生地】アイルランド国ダブリン州ダブリン市）と記載する。

3　出生証明書

アイルランド登録官作成の出生証明書（2004年民事登録法に基づき発行された出生証明書）は，資料2－4（本文107頁）参照。

〔根拠法条〕

アイルランド国籍及び市民権法（Irish Nationality and Citizenship Act 1956）（1956年法律第26号，1994年法律第9号，2001年法律第15号，2004年法律第38号，2005年1月1日施行）

第1部　序

第1条（省略）

本法は，「1956年アイルランド国籍及び市民権法」として引用することができる。

第2条（解釈）

①　本法において，

（略）

「アイルランド市民」とは，アイルランドの市民をいう。

「アイルランドの航空機」とは，アイ

ルランドを登録国とする航空機をいう。

「アイルランドの船舶」とは，アイルランドを登録国とする船舶又はアイルランドに登録がない場合若しくは外国の法律の規制を受けない場合には，アイルランドを登録国とする船舶の所有資格を有する者1名以上が所有する船舶をいう。

①A・②　（略）

第2部　市民権

第6条（基本法第6条の改正）

①　（2004年アイルランド国籍及び市民権法第4条により挿入された）第6条Aの規定に従うことを条件として，アイルランド島で出生した全ての者は，アイルランド市民権が与えられる。

②(a)　第5項の規定に従うことを条件として，第1項に基づきアイルランド市民権が与えられた者は，次の場合は，出生の時からアイルランド市民である。

(i)　アイルランド市民のみに資格が与えられている全ての行為を行う場合

(ii)　成人に達せず，意思能力がない場合で，アイルランド市民のみに資格が与えられている行為を行う場合

(b)　（略）

③　アイルランド島で出生した者は，他の国の市民権が与えられないときは，出生によるアイルランド市民である。

④　（削除）（2004年法律第38号削除）

⑤　（略）

⑥　本条において，以下の場合は，2004年アイルランド国籍及び市民権法の施行日以降にアイルランド島で出生した者は含まれない。

(a)　その者の出生時に，両親のいずれもが，(i)アイルランド市民か，又は市民権が与えられた者でない場合，(ii)英国市民でない場合，(iii)（2004年法律第4条の規定に基づき許可を含み）居住期間の制限なく国家に居住する資格を与えられた者でない場合，(iv)居住期間の制限なく，北アイルランドに居住する資格を与えられた者でない場合で，

(b)　両親の少なくとも一方が外交特権を与えられている場合

第6A条（他の国の市民でない者に対するアイルランド市民権の付与）

①　アイルランド島で出生した者は，その者の親が子の出生の直前の4年間に3年間又は通算して3年以上，アイルランド島に居住していない場合は，アイルランド市民権を与えられない。

②　本条は，次の者には適用されない。

(a)　2004年アイルランド国籍及び市民権法の施行前に生まれた者

(b)　アイルランド島で生まれた者で，(i)子の出生の時に，親の一方が，アイルランド市民であるか，アイルランド市民権を付与された者である場合，(ii)子の出生の時に親の一方が死亡している場合は，(I)その時に，他方の親か，又は(II)死亡した親が死亡時にアイルランド市民であるか，市民権を与えられた者であるとき，(iii)出生の時に両親が共に死亡している場合は，死亡時に両親の少なくとも一方がアイルランド市民であるか，アイルランド市民権を与えられた者であるとき。

(c)　アイルランド島で生まれた者で，(i)子の出生の時に，親の一方が，英国市民か，居住期間の制限なく，北アイルランドに居住する資格を与えられた者である場合，(ii)子の出生の時に親の一方が死亡している場合は，(I)その時に，他方の親か，又は(II)死亡した親が，死亡時に英国市民か，居住期間の制限なく，北アイルランドに居住する資格を与えられた者であるとき，(iii)出

生の時に両親が共に死亡している場合は，死亡時に両親の少なくとも一方が英国市民か，居住期間の制限なく，北アイルランドに居住する資格を与えられた者であるとき。

(d)　アイルランド島で生まれた者で，(i)親の一方が，（2004年法第４条に基づき認められた許可に基づき）居住期間の制限なく，国に居住する資格を与えられた者である場合，(ii)子の出生の時に親の一方が死亡している場合は，(I)その時に，他方の親か，又は(II)死亡した親が，（2004年法第４条に基づき認められた許可に基づき）死亡時に居住期間の制限なく，国に居住する資格を与えられた者であるとき，(iii)出生の時に両親が共に死亡している場合は，死亡時に両親の少なくとも一方が（2004年法第４条に基づき認められた許可に基づき）居住期間の制限なく，国に居住する資格を与えられた者であるとき，又は，

(e)　アイルランド島で生まれた者で，(i)出生の時に，両親のいずれもが(I)アイルランド市民であるか，アイルランド市民権を与えられた者でない場合，(II)英国市民でない場合，(III)（2004年法第４条に基づき認められた許可に基づき）居住期間の制限なく，国に居住する資格を与えられた者でない場合，(IV)居住期間の制限なく，北アイルランドに居住する資格を与えられた者でない場合で，(ii)子の出生の時に，両親の少なくとも一方が外交特権を与えられているとき。

③　本条において，英国市民とは，連合王国及び北アイルランドの市民を意味する。

第６Ｂ条（略）

第７条（血統による市民権）

①　出生の時に，両親の一方がアイルランド市民であるか，又は生きていればアイルランド市民であったであろうときは，子はアイルランド市民である。

②　親が，その者が出生の時に第６条第２項(a)に記載された行為をしたという事実は，それ自体で前項の施行の時からその者について適用することを排除しない。

③　第１項は，親がアイルランド島以外で出生し，以下の各号に該当しないときは，アイルランド島以外で出生した者にはアイルランド市民権は与えられない。

(a)　第27条の規定による出生の登録をしたか，又は，

(b)　本人の出生の時に，親が公務で外国に居住していたとき。

ただし，1986年７月１日移行，第27条の登録をされた者のアイルランド市民権は，このような登録をした以降においてのみ効力を生ずる。

④　本条は，本条が施行される前のアイルランド市民でない者にアイルランド市民権を与えないし，本条が施行される前にアイルランド市民であった者のアイルランド市民権を剥奪するものではない。

第９条（削除）（2004年法律第38号削除）

第10条（棄児の市民権）

国家で最初に発見された全ての棄児は，反証がない限り，両親の少なくとも一方がアイルランド市民で，アイルランド島で出生したとみなされる。

第13条

①　航海中又は航行中の場所のいかんを問わず，アイルランドの船舶又は航空機内で生まれた者は，アイルランドで出生したものとみなす。

②　（廃止）（2001年法律第15号により廃止）

〔参考〕

国籍及び市民権法（1956年法律第26号制定，1986年６月24日改正，2001年６月５日法律第15号改正）

第２条 （前略）

「アイルランド市民」とは，アイルランドの市民をいう。

「アイルランドの航空機」とは，アイルランドを登録国とする航空機をいう。

「アイルランドの船舶」とは，アイルランドを登録国とする船舶又はアイルランドに登録がない場合若しくは外国の法律の規制を受けない場合には，アイルランドを登録国とする船舶の所有資格を有する者１名以上が所有する船舶をいう。

（以下，略）

第６条（アイルランド島での出生による市民権）

① アイルランド島で出生した全ての者は，アイルランド市民権が与えられる。

②(a) 第４項及び第５項の規定に従うことを条件として，アイルランド島で出生した者は，その者か，又はその者が未成年者のときは代理としてアイルランド市民だけが権利を認められている行為をしたときは，出生の時からアイルランド市民である。

(b) その者がその行為を行わなかったか，又は代理としてその者のために行われなかったという事実だけでその者がアイルランド市民でないか，又は他の国の市民であるという推定をするものではない。

③ アイルランド島で出生した者は，他国の市民権を付与されないときは，出生の時からアイルランド市民である。

④ 以下の各号の者は，出生の時又は本条が施行されたときのいずれか遅い時にアイルランド市民とみなす。

(a) 出生の時に，アイルランド国内で外交特権を与えられていた国民でない者

(b) 外国船舶又は外国の航空機で出生し，国民でない者

以上の者からアイルランド島において出生した者は，もし，規定された方法により，自分がアイルランド市民であるということを自ら宣言するか，若しくは成年に達していないときは，代理として宣言されなければ，アイルランド市民とならない。

⑤ 第21条の規定により外国人たる地位を宣言したアイルランドで出生した者は，アイルランド市民としての資格を依然として保持するが，規定された方法により，自分がアイルランド市民であることを宣言しなければアイルランド市民とならない。このような者は，宣言の日からアイルランド市民となる。

第７条（血統による市民権）

① 出生の時に，両親の一方がアイルランド市民であるか，又は生きていればアイルランド市民であったであろうときは，子はアイルランド市民である。

② 親が，その者の出生の時に第６条第２項(a)に記載された行為をしたという事実は，それ自体で前項の施行の時からその者について適用することを排除しない。

③ 第１項は，親がアイルランド島以外で出生し，以下の各号に該当しないときは，アイルランド島以外で出生した者にはアイルランド市民権は与えられない。

(a) 第27条の規定による出生の登録をしたか，又は

(b) 本人の出生の時に，親が公務で外国に居住していたとき。

ただし，1986年７月１日以降，第27条の登録をされた者のアイルランド市民権は，このような登録をした以降においてのみ効力を生ずる。

④ 本条は，本条が施行される前のアイルランド市民でない者にアイルランド市民権を与えないし，本条が施行される前にアイルランド市民であった者のアイルランド市民権を剝奪するものではない。

第９条 父の死亡後に生まれた子は，当該死亡の日に父がアイルランド市民であったときは，出生の時に父が生存中の場合と同一の条件において，本法の規定に基づきアイルランド市民権を取得する。

第13条

① 航海中又は航行中の場所のいかんを問わず，アイルランドの船舶又は航空機内で生まれた者は，アイルランドで生まれたものとみなす。

② （廃止）（2001年国籍及び市民権法により廃止）

第5　認　知

1　父の氏名の登録

子の出生時又はそれ以前の10か月に，子の親（父母）が婚姻関係にない場合の父の登録については，1880年の法律の修正法である1987年「子の地位に関する修正法」第48条及び第49条に規定されている。

以下の場合に，親の名が登録される。

① 従来どおり，実の親からの共同の要求があった場合

② 実の一方の親からの申請があり，かつ他方の実親がこの子の父性を有することにつき法律的な宣誓を行った場合又はどちらかの実親が裁判所の命令書とともに書面で請求をした場合

③ 既婚の女性が産んだ子で，その実父がその女性の夫でない場合，その女性からの要求によって，その女性の夫と子の実の父親の双方が同意する場合（1983年の判例により実施），又はその女性に夫がいないか，あるいはその女性の夫が同意しない場合には裁判所の命令による。

④ 子の父親の名が登録されていない場合で，後にその戸籍に父親の名前の登録を請求する場合は，上記の方法で再登録の手続を行う。

（第5につき，平成7年9月調査）

第6　養子縁組

1　根拠法

根拠法は，養子縁組法である。

2　実質的成立要件

⑴　養親の要件

ア　養親となり得る者

養親は，原則として，婚姻中の夫婦，子の父若しくは母又は親族，利害関係人でなければならない（養子33条①⒜）。

イ　養親の年齢

申請者又は申請者が婚姻している場合は，それぞれが21歳以上（**注**）でなければならない。

ただし，申請者が婚姻している夫婦で，一方が子の母，父又は親族である場合は，一方が21歳以上であれば足りる（養子33条④）。

（**注**）従前は，それぞれが30歳以上とされていた（旧養子11条③）。

⑵　養子の要件

養子は，原則として７歳未満でなければならない（養子23条①(b)）。

ただし，特別な事情がある場合は，７歳以上の者も養子となることができる（養子24条①）。

⑶　複数の者による養子縁組の禁止

養親が夫婦である場合等を除き，複数の者が養子縁組をすることができない（養子33条）。

３　保護要件

⑴　実母等の同意

ア　同意権者

養子の実母，後見人等の同意を要する（養子26条①）。

イ　同意の撤回

養子縁組命令がされるまでは，同意はいつでも取り消すことができる（養子26条④）。

ウ　同意時期の制限

同意は，子の出生後６週間を経過した後で，かつ，申請前３か月以内でなければ，有効ではない（養子28条①(a)・(b)）。

⑵　当局等の関与

養子縁組には，当局（Údaras Uchtála na hÉireann）及び場合により，高等裁判所（the High Court）が関与する（養子31条・94条）。

4　養子縁組の効力

⑴　養親との関係

養子は，親子の権利及び義務について，養親の嫡出子と同等とみなされる（養子58条）。

⑵　アイルランド国籍の取得

養親がアイルランド市民である場合又は夫婦が養親の場合は夫婦が共にアイルランド市民であるときは，外国人の子は，養子縁組命令が発せられた時からアイルランド市民となる（市民11条①）。

5　ハーグ国際養子縁組条約

未批准（2009年（平成21年現在））

〔根拠法条〕

2010年アイルランド養子縁組法（Adoption Act 2010）（2010年法律第21号）

第1部　予備及び一般事項

第1条（略称）

本法は，「2010年養子縁組法」と称する。

第4部　自国の養子縁組及び国際養子縁組

第1章　養子縁組命令及び養子縁組命令に対する同意

第23条（養子となることができる子）

①　当局は，子が以下の場合でなければ，養子縁組命令をしてはならない。

(a)　国に居住している場合。

(b)　申請時に，7歳以上ではない場合。

(c)　孤児であるか，婚姻していない両親から出生した場合。

(d)　（もしあれば）規定する期間，申請者の監護の下にある場合。

②　当局は，事例の特別な事情に関して，第1項第(d)号の規定された期間，申請人の監護の下にない場合でも，養子縁組命令をすることができる。

第24条（7歳以上の子の例外）

①　第23条第1項第(b)号の規定にかかわらず，特別な事情がある場合は，養子縁組命令をすることが望ましいと判断されるときは，当局は，命令の申請日に7歳以上の子に関して養子縁組命令をすることができる。

②　（略）

第2章　養子縁組命令に対する同意

第26条（養子縁組命令に対する同意）

①　当局は，以下により，同意を免除するのでなければ，子の母，後見人又は子を監督する他の者の同意がなければ，養子縁組命令をしてはならない。

（以下，略）

②・③　（略）

④　同意は，養子縁組命令がなされるまでは，いつでも取り消すことができる。

第28条（同意の効力）

①　養子縁組命令をすることに対する同意は，以下の場合でなければ有効ではない。

(a)　当該子が，生後6週間を経過している場合

(b)　養子縁組の申請前の3か月以上前ではない場合

②　当局は，養子縁組命令がなされることに対する同意が必要であり，免除されていない全ての者が，以下の条件を満たしているか確認しなければならない。

(a)　同意を与えていること。

(b)　同意と養子縁組命令の性質及び効力を理解していること。

第3章　養子縁組の適格及び適合性

第33条（養子縁組命令の適格者及び国外で行われた国内養子縁組の承認）

①(a)　当局は，次の場合でなければ，養子縁組命令をし，又は国外で行われた国内養子縁組を承認することはできない。

(i)　申請者が，一緒に生活している婚姻した夫婦である場合

(ii)　申請者が，子の父若しくは母又は親族である場合

(iii)　申請者が(ii)に該当しないが，特別な事情で養子縁組が望ましく，子の最善の利益になると当局が判断した場合

(b)　第(a)号にかかわらず，当局は，第90条第3項第(a)号又は第(c)号に規定する者の申請に基づく国外で行われた国内養子縁組を認めることができる。

②　第1項第(a)号に規定される場合を除き，当局は，1人より多い者による子の養子縁組に養子縁組命令をし，又は国外で行われた国内養子縁組を承認することはできない。

③　養子縁組命令の申請者が婚姻をしているか，又は国外で行われた国内養子縁組の承認を求める第90条第3項第(a)号又は第(c)号に規定する申請者以外の申請者が婚姻をしているときは，次に掲げる場合でなければ，当局によって決定された方法により与えられた申請者の配偶者の同意がないときは養子縁組命令をし，又は国外で行われた国内養子縁組を承認することはできない。

(a)　夫婦が，次に掲げる事由により，別居している場合

(i)〜(iii)　（略）

(b)　配偶者が申請者を遺棄しているか，又は

(c)　（略）

④　当局は，申請者が第90条第3項第(a)号又は第(c)号に規定する者である場合を除き，養子縁組命令をし，又は以下に掲げる場合でなければ，国外で行われた国内養子縁組を承認することはできない。

(a)　申請者，申請者が婚姻している夫婦の場合は，それぞれが21歳に達しているか，又は，

(b)　申請者が婚姻している夫婦で，一方が子の母，父又は親族であるときは，一方が21歳に達している場合

⑤　第6項及び第81条に従うことを条件として，当局は，申請者，申請者が同居する婚姻している夫婦の場合は，それぞれが国内に常に居住しているのでなけれ

ば，養子縁組命令をしてはならない。

⑥・⑦　（略）

第８部　養子縁組の効力及び国際養子縁組の国家承認

第58条（親の権利及び義務）

養子縁組命令又は本法において国外で効力を生じた国際養子縁組の承認に基づき，

(a)　当該子は，親及び子のそれぞれの権利及び義務に関し，養親の嫡出子とみなされる。

(b)　子に関し，子の母又は後見人及び子の父は，第57条に従って，全ての親としての権利を喪失し，全ての親としての義務を免れる。

アイルランド国籍及び市民権法（1956年法律第26号，2004年法律第38号改正，2005年１月１日施行）

第11条

①　養親がアイルランド市民である場合又は夫婦が養親であるときは，夫婦がともにアイルランド市民である場合において，アイルランド市民となっていない養子は，養子法（1952年法律第25号）の定めるところにより，養子縁組命令が発せられた時からアイルランド市民となる。

②　養子法（1952年法律第25号）第25条は，廃止する。

第７　国　　籍

１　二重国籍

国籍及び市民権法には，二重国籍を認めない規定は存在しない。

２　アイルランド市民権の喪失

(1)　喪失事由

アイルランド市民は，18歳になったとき，外国に常居しているとき，外国の市民になるか，又はなっているときに，市民権を放棄することができる。

(2)　申　請

市民権の放棄は，司法大臣に申請する。

(3)　外国法の適用

アイルランド市民権は，外国法の適用によっては喪失しない。

(4)　喪失の許否の判断

法律上明文になっていないが，外国に帰化した場合，その国が二重国籍を認めない場合は，放棄が認められる可能性がある。

資料2－1〔婚姻要件具備証明書〕

ÉIRE IRELAND IRLANDE IRLAND IRLANDA

Deimhníonn Ambasáid na hÉireann, ar bhun doicméad a taispeánadh di agus ar bhun dearbhaithe shollúnta a rinne an duine seo, saoránach d'Éirinn, de réir mar a leagtar síos faoi dhlí na hÉireann,

The Embassy of Ireland, Tokyo certifies, according to documents produced to it and according to a solemn declaration made by this person, an Irish citizen, in accordance with the procedure prescribed by Irish law,

L'Ambassade d'Irlande certifie, d'après les documents qui lui ont été produits et d'après une attestation solennelle faite par cette personne, de nationalité irlandaise, selon la procédure prévue par la loi irlandaise,

Die Botschaft von Irland bestätigt auf Grund der Ihr vorgelegten Urkunden und gemäss einer nach irischem Recht als Beweismittel zulässigen Erklärung dieser person,

L'Embajada d'Irlanda certifica que, según los documentos presentados y de acuerdo con una declaración solemne hecha por esta persona, de nacionalidad irlandesa, según lo prescrito por la ley irlandesa,

Sloinne/Surname/Nom/Name/Appellido	*Ainm/Forenames/Prénoms/Vornamen/ Nombres*

Rugadh/Born/Date de Naissance/ Geburtsdatum/Fecha de Nacimiento	*Pas/Passport/Passeport/Reisepas/ Pasaporte*

Seoladh/Address/Résident (e)/Wohnhaft/Dirección

go bhfuil an duine sin gan cheangal ag pósadh bailí faoi dhlíthe na hÉireann, agus dá bharr sin saor chun pósadh.

that this person is not bound by the ties of a valid marriage under the laws of Ireland, and is therefore free to contract a marriage.

que cette personne n'étant liée par aucun mariage valable selon la loi en vigueur en Irlande est libre de contracter mariage.

dass diese Person nicht durch eine nach den Gesetzen Irlands gültige Ehe gebunden und daher frei ist, eine Ehe einzugehen.

dicha persona no está unida por los lazos de un matrimonio válido bajo las leyes de Irlanda, y por lo tanto es libre para contraer matrimonio.

Dáta/Date/*Le/Am/Fecha* :..............................

....

Duine údaraithe/Authorised person/
Fonctionnaire authorisé/ Zur Unterschrift ermächtigt/ Funcionario autorizado

THIS DOCUMENT IS VALID FOR 120 DAYS FROM DATE OF ISSUE.

資料２－１

（翻訳）

婚姻要件具備証明書

在東京アイルランド大使館は、下記に表記されたアイルランド国民による公式な宣言と、その者より提出された書類により、アイルランド法によって規定された方式に基づき、その者は、合法的な婚姻関係に無く、婚姻契約を結ぶ自由を保持していることをここに証明する。

氏：	名：
生年月日：	旅券番号：
住所：	

発効日：

公認者：

この書類は発行から120日間有効とする。

資料2－2〔婚姻要件具備証明書〕

AMBASÁID NA hÉIREANN

AMBASSADE D'IRLANDE　　EMBASSY OF IRELAND
Tokyo

The Embassy of Ireland at Tokyo certifies that according to the documents which have been produced at the Embassy, Mr. (事件本人の氏名) holder of Irish passport No. (番号) issued at Dublin, Ireland on ※ August 1986 who was born in Galway, Ireland on (生年月日) is at this date an Irish citizen and, according to a solemn declaration made by the said, Mr (事件本人の氏名) in accordance with the procedure prescribed by Irish law and produced by him in evidence, he is not at this date bound by the ties of a subsisting valid marriage under the laws of Ireland and is free to contract a valid marriage with Ms. (相手方事件本人の氏名).

Given at Tokyo this ※ July 1991.

Signed: (署　名)
(氏　名)
Second Secretary
Embassy of Ireland
Tokyo

資料２－２

アイルランド大使館
東　京

在東京アイルランド大使館は、同大使館に対して提出された文書に基づき、アイルランド国ダブリンに於て1986年８月※日に交付されたアイルランド旅券（番号）の所持者である、(生年月日)、アイルランド国ゴルウェー生れの（事件本人氏名）は、本日付の日に於て、アイルランド国民であり、且つ、同人がアイルランドの法律の規定するところに従い、証拠を付して行った申告に基づき、この日付の日、アイルランドの法律による有効な婚姻の存在によって拘束されるものではなく、(相手方事件本人の氏名)と適法の婚姻を結び得る者であることを証明する。

1991年７月※日、東京にて交付する。

（署　名）

（氏　名）
二等書記官
アイルランド大使館
東　京

資料２－３〔婚姻証明書〕

Deimhniú Pósadh / Marriage Certificate

Arna eisiúint de bhun an Achta um Chlárú Sibhialta 2004 / Issued in pursuance of the Civil Registration Act, 2004

Éire / **Ireland**

Ainm/Name	□□	△△
Sloinne/Surname	□□	△△
Sloinne Eile/Other Surnames		
Dáta Breithe/Date of Birth	**※ March 1981**	**※ August 1974**
Seoladh/Address	※※※※ **Summerhill North** **Cork** **Ireland**	※※※※ **Suzaka-shi** **Nagano-ken** ※※ **Japan**
Seoladh Todhchaí / Future Address	※※※※ **Summerhill North** **Cork** **Ireland**	※※※※ **Summerhill North** **Cork** **Ireland**
Slí Bheatha/Occupation	※※	※※
Stádas Sibhialta/Civil Status	**Single**	**Single**
Ainm & Sloinne Breithe na Máthar/ Mother's Forename & Birth Surname	※※※※	※※※※
Ainm & Sloinne Breithe an Athar/ Father's Forename & Birth Surname	※※※※	※※※※

Dáta Pósadh/ Date of Marriage	**Thursday, ※ September 2013**	Rinneadh an Pósadh a Shollúnú ag/ Marriage Solemnised at	※※※※※ ※※※※※ ※※※※※ **Blackrock** **Cork** **Ireland**
Dá réir seo a leanas/ According to	**the Provisions of the Civil Registration Act 2004**		

	Sínithe ag/Signed by
Pháirtí 1/Party 1	□□□□
Pháirtí 2/Party 2	△△△△
Finné 1/Witness 1	※※※※
Finné 2/Witness 2	※※※※
Sollúnaí /Solemniser	**Mr ※※※**

Cláraitheoir/Registrar	○○○○
Cláraíodh in Oifig an Chláraitheora/Registered in the Registrar's Office	**Cork**
Limistéar Clárúcháin an Phríomh-Chláraitheora / Superintendent Registrar's Registration Area	**Cork**
Contae/County	**Co. Cork**
An Dáta Chlárúcháin/Date of Registration	**13 September 2013**
Cláruimhir/Registration Number	※※※

Deimhnítear gur thiomsíodh na sonraí seo ó chlárleabhar coinnithe faoi alt 13 den Acht um Chlárú Sibhialta 2004/Certified to be compiled from a register maintained under section 13 of the Civil Registration Act 2004

Eisithe ag/Issued by ※※※ **Registrar** Dáta /Date **16 September 2013**

Is cion tromchúiseach é an deimhniú seo a athrú nó é a úsáid agus é athraithe / To alter this certificate or to use it as altered is a serious offence

資料２－３

<table>
<tr><td colspan="3">法令2004年の民事登録に従事発行された
アイルランド婚姻証明書</td></tr>
<tr><td>名前
氏
別の氏
出生日
現住所

婚姻後
の住所
職業
婚姻の有無
母親の旧姓
父親の氏名</td><td></td><td></td></tr>
<tr><td>婚姻日</td><td colspan="2">婚姻場所</td></tr>
<tr><td>署名１
署名２
証人１
証人２
儀式進行人</td><td colspan="2"></td></tr>
<tr><td colspan="3">登録官名
登録所
登録管区
県
登録日
登録番号</td></tr>
<tr><td colspan="3">年　　月　　日登録補佐官　　　　　　　の発行による。</td></tr>
<tr><td colspan="3">変造／同行使は罪になります。</td></tr>
</table>

翻訳者：
住所　：
電話　：

資料2－4〔出生証明書〕

Deimhniú Breithe — Arna eisiúint de bhun an Achta um Chlárú Sibhialta 2004 — **Éire**

Birth Certificate — Issued in pursuance of the Civil Registration Act 2004 — **Ireland**

Ainm/Name	○○○○
Sloinne/Surname	○○
Dáta Breithe/Date of Birth	**Wednesday, ※July 2013**
Am Breithe/Time of Birth	**15:37**
Gnéas/Sex	**Female**
Ionad Breithe/Place of Birth	**※ ※ Hospital, Dublin**

	Máthair / Mother	**Athair / Father**
Ainm/Name	△△	□□
Sloinne/Surname	△△	□□
Sloinne Breithe/Birth Surname	△△	□□
Sloinnte Roimhe Seo/Former Surnames		
Sloinne Breithe Mháthair Tuismitheora / Parents' Mother's Birth Surname	△△	□□
Slí Bheatha/Occupation	※※	※※
Seoladh/Address	※※※※※ **Malahide** **Co. Dublin** **Ireland**	※※※※※ **Malahide** **Co. Dublin** **Ireland**

	Faisnéiseoir A/Informant A
Ainm/Name	△△
Sloinne/Surname	△△
Cáilíocht/Qualification	**Mother**
Seoladh/Address	※※※※※ **Malahide** **Co. Dublin** **Ireland**

(署名)

Sínithe ag/Signed by

Cláraitheoir/Registrar	※※※※
Cláraíodh in Oifig an Chláraitheora/Registered in the Registrar's Office	**Dublin**
Limistéar Clárúcháin an Phríomh-Chláraitheora / Superintendent Registrar's Registration Area	**Dublin**
Contae/County	**Co. Dublin**
Dáta an Chlárúcháin nó Athchláraithe (más maidir) / Date of Registration or Re-registration (if applicable)	**30 September 2013**
Cláruimhir/Registration Number	※※※※

Deimhnítear gur thiomsíodh na sonraí seo ó chláirleabhar coinnithe faoi alt 13 den Acht um Chlárú Sibhialta 2004/Certified to be compiled from a register maintained under section 13 of the Civil Registration Act 2004

Eisithe ag/Issued by ※※※※ **Registrar**　Dáta /Date **14 October 2013**

Is cion tromchúiseach é an deimhniú seo a athrú nó é a úsáid agus é athraithe / To alter this certificate or to use it as altered is a serious offence

資料2－4

<table>
<tr><td colspan="3">法令2004年の民事登録に従事発行された
アイルランド出生証明</td></tr>
<tr><td>名前
氏
出生日
性別
出生場所</td><td colspan="2">出生時間</td></tr>
<tr><td>名前
氏
出生時の氏
両親の
母の氏
職業
居住地</td><td>母</td><td>父</td></tr>
<tr><td>名前
氏
資格
居住地</td><td>通知者A

署名</td><td>通知者B

署名</td></tr>
<tr><td colspan="3">登録官名
出生登録区
登録管区
県
登録日
登録番号</td></tr>
<tr><td colspan="3">年　　月　　日登録補佐官　　　　　　　の発行による。</td></tr>
<tr><td colspan="3">変造／同行使は罪になります。</td></tr>
</table>

翻訳者：
住所　：
電話　：

3 アゼルバイジャン（アゼルバイジャン共和国）

第1 市民権の証明

アゼルバイジャン共和国の市民権は，パスポートのほかに，出生証明書，市民の身分証明書でも証明される（市民6条）。

〔根拠法条〕

市民権に関するアゼルバイジャン法（Law of Azerbaijan On Citizenship of the Azerbaijan Republic）（法律第527号，1999年9月30日施行）

第1章 一般規定

第6条（アゼルバイジャン共和国の市民権を証明する書面）

アゼルバイジャン共和国の市民権を証明するのは，次の書面である。

1 出生証明書

2 アゼルバイジャン共和国市民の身分証明書書類

3 アゼルバイジャン共和国市民のパスポート

第2 婚 姻

1 法 令

従前は，旧ソ連時代の法律を使用していたが，1999年に家族法が制定されている。

2 婚姻要件具備証明書

内務省が，婚姻要件具備証明書を発給する。

3 実質的成立要件

(1) 婚姻適齢

男子は18歳以上，女子は17歳以上である。

ただし，相当な理由がある場合は，男子は17歳以上，女子は16歳以上であるときは，婚姻をすることができる（家族10条）。

⑵　婚姻障害事由

ア　近親婚の禁止

親，子，祖父母，孫，共通の親をもつ者及び養子と養親間等の婚姻は認められない（家族12条）。

イ　重婚の禁止

既に婚姻の登録をされている者の婚姻は認められない（家族12条）。

ウ　再婚禁止期間

本書全訂版では，再婚禁止期間が障害事由として掲げられていたが，現行家族法には，再婚禁止期間の定めは存在しない。

エ　精神的な病気等

当事者の一方又は双方が，裁判所により，精神疾患又は精神的に遅れていることにより能力がないとされたときは，婚姻は認められない（家族12条）。

4　形式的成立要件

⑴　婚姻挙行場所

自宅，レストラン等で挙式をすることができ，場所についての特段の制限はない。

⑵　証　人

２名以上の証人が必要である。成人であれば，証人になる資格がある。

⑶　登録手続等

ア　書面での同意

生死，結婚等の事務を取り扱う役所に婚姻に関する申請書（婚姻届）を提出する。

イ　書面での婚姻適齢に達していることの証明（成人年齢18歳）

成人になれば，成人証明書が発給され，同時に婚姻できるという証明になる。

5 婚姻成立日

婚姻に関する申請書を提出した日から１か月後に婚姻証明書が発給され，「婚姻証明書に記載された日付」が，婚姻成立日となる。

〔根拠法条〕

アゼルバイジャン共和国家族法（Family Code of Azerbaijan Republic）（1999年12月28日No-781-IQ，2002年10月22日No-374-IIQD改正）

第10条（婚姻適齢）

① アゼルバイジャン共和国の婚姻適齢は，男子は18歳，女子は17歳とする。

② 相当な理由があるときは，婚姻を希望する未成年者の居住地の特定の組織（行政権の地方組織）は，申請により婚姻年齢を引き下げることができる。ただし，１年を超えることができない。

第11条（婚姻登録の条件）

① 婚姻登録をするには，婚姻する者の同意と婚姻適齢に達していることを書面の形式で提出しなければならない。

② 婚姻は，本法第12条の規定に示されている場合には，登録することができない。

第12条（婚姻登録の禁止事項）

婚姻は，以下の者との間では認められない。

1 近親（親と子，祖母，祖父，孫，共通の父又は母をもつ兄弟姉妹）
2 養子と養親
3 当事者の一方又は双方が，婚姻の登録がされているとき。
4 当事者の一方又は双方が，裁判所により，精神疾患又は精神的に遅れていることにより能力がないとされたとき。

第３ 婚姻の解消

1 婚姻の解消原因

婚姻は，死亡又は裁判所による配偶者の死亡宣告の場合に解消する。

また，夫婦双方又は一方の申請等に基づいて解消することができる（家族14条）。

2 離　婚

⑴ 手　続

当事者の合意のみによる離婚は認められず，配偶者双方の合意がある場合で，未成年の子がいないときは，行政機関で手続が行われ，原則として，それ以外の場合は，裁判上の手続で行われる（家族17条・19条）。

⑵　離婚事由

配偶者の一方の所在が不明の場合，裁判上行為能力がないとされた場合，３年以上の刑を宣告された場合に婚姻は解消される（家族17条）。

⑶　離婚の制限

夫は，妻の妊娠中又は子の出生後１年以内の期間は，妻の同意がない限り，離婚を請求する権利を有しない（家族15条）。

〔根拠法条〕

アゼルバイジャン共和国家族法（1999年12月28日No-781-IQ，2002年10月22日No-374-IIQD改正）

第14条（婚姻解消の原則）

①　婚姻は，死亡又は裁判所による配偶者の死亡宣告の場合に解消する。

②　婚姻は，配偶者の一方又は双方の申請及び，裁判上，行為能力がないと宣言された配偶者の後見人の申請により，解消することができる。

第15条（夫の離婚請求権の制限）

夫は，妻の妊娠中又は子の出生後１年以内の期間は，妻の同意がない限り，離婚を請求する権利を有しない。

第17条（行政権の特定の組織における婚姻の解消）

①　婚姻の解消に相互の同意がある場合は，未成年の子がいないときは，離婚は，行政権の特定の組織（アゼルバイジャン共和国法務省の民事上の身分法の国家登録機関）で行われる。

②　未成年の子がいる場合，配偶者の一方の申請により婚姻の解消は，他方の配偶者が次のときは，行政権の特定の組織（アゼルバイジャン共和国法務省の民事上の身分法の国家登録機関）で行われる。

　1　裁判上，所在が突き止められないとされたとき。

　2　裁判上，行為能力がないとされたとき。

　3　３年以上の刑を宣告されたとき。

③　婚姻の解消及び離婚証明書の発行は，申請後１か月以内に行政権の特定の組織（アゼルバイジャン共和国法務省の民事上の身分法の国家登録機関）で行われる。

④　離婚の国家登録は，法律で設立された行政権の特定の組織（アゼルバイジャン共和国法務省の民事上の身分法の国家登録機関）で行われる。

第19条（婚姻の裁判上の解消）

①　婚姻の解消は，未成年の子がいるときは，本法第17条第２項で示された場合を除き，裁判上で行われる。

②　（略）

第4 出 生

1 国籍留保届

アゼルバイジャンは，生地主義国でもあり，父母両系血統主義国でもある(市民11条)。

したがって，日本人夫婦又は夫婦の一方が日本人である子がアゼルバイジャン国内で出生したとき，あるいは，夫婦の一方が日本人で他方がアゼルバイジャン市民の子がアゼルバイジャン以外の外国で出生したときは，出生の日から３か月以内に日本国籍を留保する意思を表示しなければ，子は日本国籍を喪失する（日国12条)。

2 出生場所の記載

(1) 行政区画

アゼルバイジャンは，59の県（rayon)，県と同レベルの11の市（sahar）及びナヒチェヴァン自治共和国から構成されている。

(2) 戸籍の記載

「アゼルバイジャン国バクー市で出生」(【出生地】アゼルバイジャン国バクー市)，「アゼルバイジャン国○○県（○○市）で出生」(【出生地】アゼルバイジャン国○○県（○○市)）と記載する。

3 出生証明書

アゼルバイジャン共和国発行の出生証明書（医学的出生証明書）は，資料３－１（本文118頁）参照。

〔根拠法条〕

市民権に関するアゼルバイジャン法（法律第527号，1999年９月30日施行）

第２節 アゼルバイジャン共和国市民権の取得及び回復

第11条（アゼルバイジャン共和国の市民権の取得の根拠）

次に掲げる場合に，アゼルバイジャン市民権を取得する。

1　アゼルバイジャン共和国の領土で出生したか，又は，アゼルバイジャン共和国市民の子としての出生に基づき。
2　アゼルバイジャン共和国の市民としての承認に基づき。
3　アゼルバイジャン共和国の国際条約に規定されている事由があるとき。
4　本法に規定されている他の事由があるとき。

第12条（国籍のない者の子のアゼルバイジャン市民権の取得）
　国籍のない者で，かつ，アゼルバイジャン共和国の領土で出生した子は，アゼルバイジャン共和国の市民である。

第13条（両親の知れない子の市民権）
　両親が共に知れず，アゼルバイジャン共和国の領土に居住する子は，アゼルバイジャン共和国の市民である。

第5　養子縁組

1　根拠法

根拠法は，1999年12月28日家族法（Family Code of 28 December 1999）である。

2　実質的成立要件

⑴　養親の要件

成人に達している者は，養親になることができる。ただし，裁判所によって能力を有しない者又は制限能力者とされている者，親権を喪失されている者等は養親になることができない。

⑵　養親と養子の年齢差

養親は，養子より少なくとも16歳以上年長でなければならない。

ただし，配偶者の子を養子とする場合は，この限りでない。

⑶　養子の要件

養子は，未成年者でなければならない（家族117条①）。

⑷　複数の者による養子縁組の禁止

子は，（配偶者を除き）２人の養子となることはできない（家族117条②）。

3　保護要件

(1)　養子の同意

養子が10歳以上である場合は，その者の同意を要する。

4　アゼルバイジャン市民権の取得

アゼルバイジャン共和国市民の夫婦又は夫婦の一方がアゼルバイジャン共和国の市民で，他方が国籍のない者の養子となった者は，アゼルバイジャン共和国の市民権を取得する。

また，夫婦の一方がアゼルバイジャン共和国の市民で，他方が日本人の養子となった日本人は，養親の同意により，アゼルバイジャン共和国の市民となる（市民23条③）。

なお，子が14歳から18歳であるときは，子の市民権を変更するには，その者の同意を要する（市民25条）。

5　ハーグ国際養子縁組条約

2004年（平成16年）批准

（子の養子縁組：傾向と政策（国連2009年報告））

〔根拠法条〕

市民権に関するアゼルバイジャン法（法律第527号，1999年９月30日施行）

第４節　親の市民権及び養子縁組における変更の場合の子の市民権

第23条（養子縁組による子のアゼルバイジャン共和国市民権の取得）

①　アゼルバイジャン共和国市民の養子となった外国人又は国籍のない子は，アゼルバイジャン共和国の市民となる。

②　夫婦の一方がアゼルバイジャン共和国の市民で，他方が国籍のない者の養子となった外国人の子は，アゼルバイジャン共和国の市民となる。

③　夫婦の一方がアゼルバイジャン共和国の市民で，他方が外国人である者の養子となった外国人の子は，養子を受け入れた両親の同意により，アゼルバイジャン共和国の市民となる。

④　夫婦の一方がアゼルバイジャン共和国の市民で，他方が国籍のない者の養子となった国籍のない子は，アゼルバイジャン共和国の市民となる。

⑤　夫婦の一方がアゼルバイジャン共和国の市民で，他方が外国人である者の養子となった国籍のない子は，養子を受け入れた両親の同意により，アゼルバイジャン共和国の市民となる。

第24条（外国人及び国籍のない者による養子縁組の場合における子の市民権の決定）

①　アゼルバイジャン共和国市民の子が外国人の養子となった場合は，子のアゼルバイジャン市民権は，子を養子とした者の申請により終了する。

②　アゼルバイジャン共和国市民である子を養子とした配偶者の一方がアゼルバイジャン共和国市民で，他方が外国人である場合は，養子となった子はアゼルバイジャン市民権を保持する。養親の申請に基づき，子のアゼルバイジャン市民権を喪失することができる。

③　アゼルバイジャン共和国市民である子を養子とした配偶者双方が国籍のない者であるか，一方がアゼルバイジャン市民で，他方が国籍のない者である場合は，子はアゼルバイジャン共和国市民権を保持する。

第25条（市民権の変更に関する子の同意の必要性）

本法第19条から第24条に規定された場合は，14歳から18歳の子の市民権は，その同意によってのみ変更をすることができる。

アゼルバイジャン共和国家族法（1999年12月28日No-781-IQ，2002年10月22日No-374-IIQD改正）

第117条（養子縁組が許可される子）

①　養子縁組は，未成年者に関し，その者の利益のみのために許可される。

②　子は，（配偶者を除き）２人の養子となることはできない。

③　配偶者は，自己の嫡出でない子又は他の配偶者の子を養子とすることができる。

第6　死　　亡

アゼルバイジャン市民が死亡者として記載されている死亡届を受理した場合は，ロシア連邦の国籍を有する者が死亡した場合の取扱いを定めた昭和42年８月21日民事甲第2414号通達に該当しないから，昭和58年10月24日民二第6115号通達に基づき，管轄法務局若しくは地方法務局又はその支局の長に死亡届書の写しを送付する（戸籍629-106）。

第7　国　　籍

1　二重国籍

市民権法には，二重国籍を認めない規定は存在しない。

2　アゼルバイジャン市民権の終了

(1)　終了事由

市民権の放棄，市民権の剝奪，国際条約に規定された根拠がある場合又は法律に他に規定された理由がある場合に，アゼルバイジャン市民権は終了する（市民16条）。

〔根拠法条〕

市民権に関するアゼルバイジャン法（法律第527号，1999年９月30日施行）

第３節　アゼルバイジャン共和国の市民権の終了

第16条（アゼルバイジャン共和国市民権の終了事由）

アゼルバイジャン共和国の市民権は，次に掲げる場合に終了する。

1　アゼルバイジャン共和国市民権の放棄の結果

2　アゼルバイジャン共和国市民権の剝奪の結果

3　アゼルバイジャン共和国の国際条約に規定された根拠がある場合

4　法律に他に規定された理由がある場合

アゼルバイジャン共和国の市民権の終了の決定は，アゼルバイジャン共和国憲法第109条第20号の規定に従って承認される。

資料3－1〔出生証明書〕

DOĞUM HAQQINDA TİBBİ ŞƏHADƏTNAMƏ № ※/※※

Arayışın kodu ※※※

※※　※※※ KLİNİKASI

TİBBİ SƏNƏD

Forma № ※/※※

VVAQ orqanlarına qeydiyyat üçün verilir

Verilmə tarixi «12» yanvar 2002 il

原本照合済　平成14年1月14日　在アゼルバイジャン大使館 二等書記官 ※※※ 印

Mən, həkim (feldşer, mamaça) ※※※※

S.A.A

bu sənədlə təsdiqləyirəm ki, vətəndaş x-m △△　△△

S.A.A.

△△

respublika Azərbaycan.

vilayət

bölgə　şəhər (kənd) Baki

küçə Baki　ev № ※　mənzil

ünvanında yaşayan:

tibbi müəssisənin adı ※※※※※ klinikasi

ilin 2002 ayın yanvar günün ※ saat $18^{10'}$

uşaq: oğlan, qız　doğulub

Həkim (feldşer, mamaça)（署名）

(imza)

Möhür

Valideynlərin nəzərinə: Azərbaycan Respublikasının nigah haqqında Məcəlləsinə uyğun olaraq uşaq doğulduğu gündən bir ay müddətində müvafiq VVAQ şöbələrində mütləq qeydiyyatdan keçilməlidir.

資料３－１

(表面)

医学的出生証明書　第※／※※号

照会コード※※※

※※・※※※病院

診断書

第※／※※様式

戸籍登録所への届出用

発行日：2002年１月12日

(裏面)

私、助産婦、※　※　※　※は、
アゼルバイジャン共和国バクー市に居住する
△△、△△　△△が、
※　※　※　※　※病院において、
2002年１月※日18時10分、
男児を出産したことを証明する。

助産婦署名
印

両親へ：アゼルバイジャン共和国家族法に従い、子供の出生から１ヶ月以内に戸籍登録所への届出を行わなければならない。

訳者　※※※※　印

4　アフガニスタン（アフガニスタン・イスラム共和国）

第1　国際私法

アフガニスタン・イスラム共和国には，国際私法の規定は存在しない（平成24. 1. 27民一262号回答（民月67-4-93，戸籍869-65））。

第2　婚　姻

1　婚姻要件具備証明書

現在は，発行をしていない（**注**）。

参考として，独身証明書については，資料4－1（本文124頁）のとおりである。

（**注**）過去には，発行していた時期がある（資料4－2（本文131頁），戸籍606-53参照）。

2　婚姻要件

婚姻要件は，婚姻適齢については，男は18歳，女は16歳（G.M. Dariz（田代有嗣訳）「アフガニスタンの家族法（下）」時報276-22）で，そのほかはイスラム法に基づかなければならない。

また，イスラム法の婚姻の要件は，①婚姻の申込みと承諾が必要，②申込みと承諾は同時に行われなければならない，③申込みと承諾は証人の立会いの下に行われなければならない（双方の結婚の意思を確認）等の要件が存在する（湯浅道男「パキスタン・イスラーム婚姻法概説」『イスラーム婚姻法の近代化』30頁（成文堂，1986））。

また，非ムスリムの男性がムスリムの女性と結婚することは不可能であるが，ムスリムの男性が非ムスリムの外国人女性と結婚することは可能であり，アフガニスタンの国外で行われた結婚は，民事的なものであれ，宗教的なものであれ，アフガニスタンの法律の下では有効とみなされる。

3　婚姻要件審査のための証明書等に関するもの

婚姻届に添付された書面は，アフガニスタンの公式な書面であり，最高裁判所及び外務省においても公式な書面として認証されているものであることから，アフガニスタンの法制上，婚姻の成立に必要な要件を備えていることを証明する書面として取り扱うことが可能であり，当該添付書面により，アフガニスタン人男は，本国法上，婚姻の成立に必要な要件を具備していると判断することができるとしている。

（２・３につき，平成24．１．27民一262号回答（民月67－４－93，戸籍869－65））

第３　出　　生

１　国籍留保届

アフガニスタンは，父母両系血統主義国であり，アフガニスタン国内で出生した事実だけでは，同国の国籍を取得しない（市民９条・10条）。

したがって，日本人夫婦間の子がアフガニスタン国内で出生した場合は，国籍留保の届出を要しないが，夫婦の一方が日本人で，他方がアフガニスタン人の子がアフガニスタン国内で出生した場合は，出生の日から３か月以内に日本国籍を留保する意思を表示しなければ，子は日本国籍を喪失する（日国12条）。

なお，夫婦の一方が日本人で，他方がアフガニスタン人の子がアフガニスタン国外で出生した場合は，親の一方がアフガニスタンに永住している等の条件がある（市民10条）。

（注）　1936年アフガニスタン市民権法は，2000年６月24日に廃止されている。

２　出生場所の記載

⑴　行政区画

アフガニスタンは，34の州（注）から構成されている。

（注）　州は，バダフシャーン州，バドギース州，バグラーン州，バルフ州，バー

ミヤーン州，ダイクンディ州，ファラ州，ファリヤーブ州，ガスニ州，ゴール州，ヘルマンド州，ヘラート州，ジュウズジャーン州，カブール州，カンダハール州，カピサ州，ホースト州，クナール州，クンドゥーズ州，ローガル州，ナンガルハール州，ニームローズ州，ヌーリスタン州，ウルズガン州，パクティア州，パクティカ州，パンジシール州，パルワーン州，サマンガーン州，サリプル州，タハール州，ワルダック州，ザーボル州，ラグマーン州である（外務省ホームページ参照）。

⑵　戸籍の記載

「アフガニスタン国カブール州カブール市で出生」（【出生地】アフガニスタン国カブール州カブール市）と記載する。

〔根拠法条〕

アフガニスタン・イスラム共和国市民権法（Law on Citizenship of the Islamic Emirate of Afganistan）（2000年 6 月24日）

総則

第4条

アフガニスタン・イスラム共和国市民は，次の者をいう。

1　本法の成立前に，アフガニスタン・イスラム共和国市民であった者

2　本法の規定に従って，アフガニスタン・イスラム共和国市民を取得した者

第2章　アフガニスタン・イスラム共和国の市民権の取得

第9条

①　（略）

②　外国又はアフガニスタン・イスラム共和国の領域で出生したアフガニスタン・イスラム共和国市民権を有している両親の子は，アフガニスタン・イスラム共和国市民とみなされる。

第10条

①　子の出生時に，親の一方がアフガニスタン・イスラム共和国の市民権を有し，他方が外国の市民権を有している場合は，子は次号に該当するときは，アフガニスタン・イスラム共和国市民とみなされる：

1　アフガニスタン・イスラム共和国で出生したとき。

2　子がアフガニスタン・イスラム共和国の領域外で出生したが，夫婦の一方がアフガニスタン・イスラム共和国に永住しているとき。

3　子がアフガニスタン・イスラム共和国の領域外で出生し，両親も領域外で生活し，両親が子のためにアフガニスタン・イスラム共和国市民権を選択する合意があるとき。

②　（略）

第11条

子がアフガニスタン・イスラム共和国の領域内又は領域外で生まれたかにかかわらず，両親の一方がアフガニスタン・

イスラム共和国市民で，他方がアフガニスタン・イスラム共和国市民でなく，子の市民権がないときは，子はアフガニスタン・イスラム共和国市民とみなされる。

第12条

子がアフガニスタン・イスラム共和国の領域で発見されたときは，両親の書面で市民権が有効でないことが証明されたときは，子はアフガニスタン・イスラム共和国市民とみなされる。

第4　養子縁組

1　制　　度

アフガニスタンでは，養子縁組は認められていない（子の養子縁組：傾向と政策（国連2009年報告））。

2　先　　例

日本人妻がアフガニスタン国人夫の成年のアフガニスタン国籍の子を養子とする創設的養子縁組届について，アフガニスタン国における養子縁組に関する法令に，養子の保護要件に関する規定が存在しないため，受理して差し支えないとした事例（平成23．8．8民一1879号回答（戸籍861-79））がある。

第5　国　　籍

1　二重国籍

アフガニスタンでは，二重国籍は認められていない（市民7条）。

〔根拠法条〕

アフガニスタン・イスラム共和国市民権法

（2000年6月24日）

第1章　一般命令

第7条

本法の命令に従って，アフガニスタン・イスラム共和国の市民は，二重の市民権の地位を有することはできない。

資料4－1〔独身証明書〕

وثیقه شرعیه

شهرت اشخاص				
اسم	ولد	ولد	قوم	سکونت

موضوع وتحدید آن

تشریحات

بتاریخ مذکور بحضور محکمه شرعیه
بحالت صحت عقل ونفاذ
جمیع تصرفات شرعیه خود بدون الجبر
والاکراه چنین اقرار واعترافات صحیح
وشرعی نمود که درموضوع مذکور

مکفول عنه

اسم	ولد	ولد	قوم	سکونت

شهود معرفت

اسم	ولد	ولد	قوم	سکونت

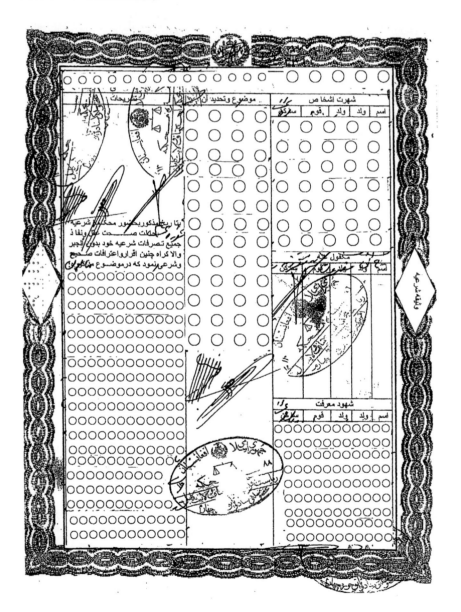

資料4－1

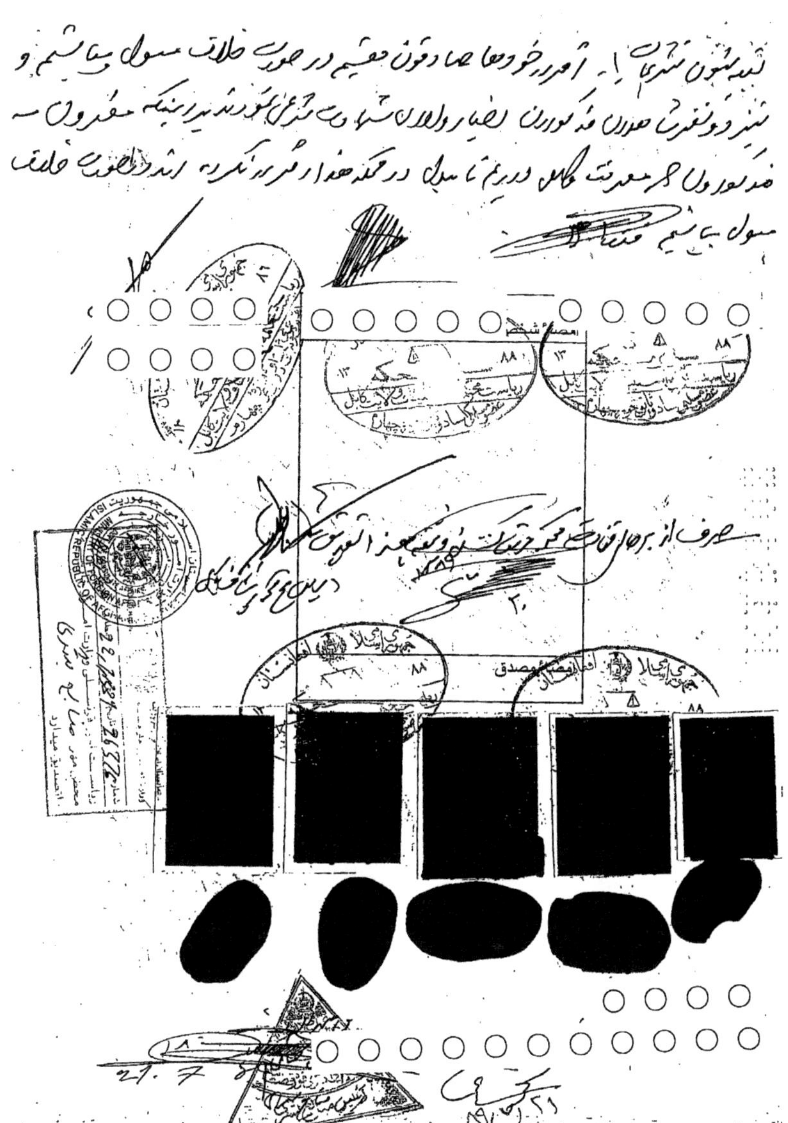

資料４－１

独身証明書の訳文

<table>
<tr><td colspan="3">日付：2010年10月10日</td><td colspan="4">○○○○○○○○○○○○○○○○</td></tr>
<tr><td>解説</td><td>件名及び制限</td><td colspan="5">証人名</td></tr>
<tr><td rowspan="16">記載された日に、証人たちは現在の第４区裁判所にて、最良の判断力で、強制的な圧力のない状態において、下記について認めた：

我々証人は、○○○○○○○○の子の○○○○○○○○の子の○○○○○○○○（身分証明書：カブール州第７区発行○○○○○○○○現住所：カブール市第11区）が独身であり、いずれの者とも婚姻関係にないことを合法的に認めた。従って、記載の通り独身であることを認める。</td><td rowspan="16">記載された証人たちは、完全なる合法と信仰の権利のもとに、○○○○○○○○の子の○○○○○○○○○○の子の○○○○○○○○○の申請書No.○○が裁判所に存在し、独身であることを認める。詳細は左列に示す。</td><td>住所</td><td>国籍</td><td>祖父の名</td><td>父の名</td><td>名前</td></tr>
<tr><td>第11区</td><td>アフガニスタン</td><td>○○○○
○○○○</td><td>○○○○
○○○○</td><td>○○○○
○○○○</td></tr>
<tr><td colspan="5">身分証明書：ナンガハール州　○○○○○○○○
年齢：41歳（2008年）</td></tr>
<tr><td>第11区</td><td>アフガニスタン</td><td>○○○○
○○○○</td><td>○○○○
○○○○</td><td>○○○○
○○○○</td></tr>
<tr><td colspan="5">身分証明書：カブール州　○○○○○○○○○○
年齢：</td></tr>
<tr><td>第11区</td><td>アフガニスタン</td><td>○○○○
○○○○</td><td>○○○○</td><td>○○○○
○</td></tr>
<tr><td colspan="5">身分証明書：カブール州○○○○○○○○○○
年齢：</td></tr>
<tr><td colspan="5"></td></tr>
<tr><td></td><td></td><td></td><td></td><td></td></tr>
<tr><td></td><td></td><td></td><td></td><td></td></tr>
<tr><td colspan="5">立会人名</td></tr>
<tr><td>住所</td><td>国籍</td><td>祖父の名</td><td>父の名</td><td>名前</td></tr>
<tr><td>第11区</td><td>アフガニスタン</td><td>○○○○
○○○○</td><td>○○○○
○○○○</td><td>○○○○
○○○○</td></tr>
<tr><td colspan="5">身分証明書：カブール州○○○○○○○○○○
年齢：４歳（1989年）</td></tr>
<tr><td>第11区</td><td>アフガニスタン</td><td>○○○○
○○○○</td><td>○○○○
○○○○</td><td>○○○○
○○○○</td></tr>
<tr><td colspan="5">身分証明書：カズニ州○○○○○○○</td></tr>
</table>

資料４－１

１ページ目の解説の再審理：
我々証人は告白に正直であり、異論や問題に対して釈明責任を負う。また、記載された２名の立会人たちが、最大限合法で宗教的に認められる力のもと、我々証人が裁判所にて釈明責任を持ち、偽名にて告白していないことを証明するため立ち会った。

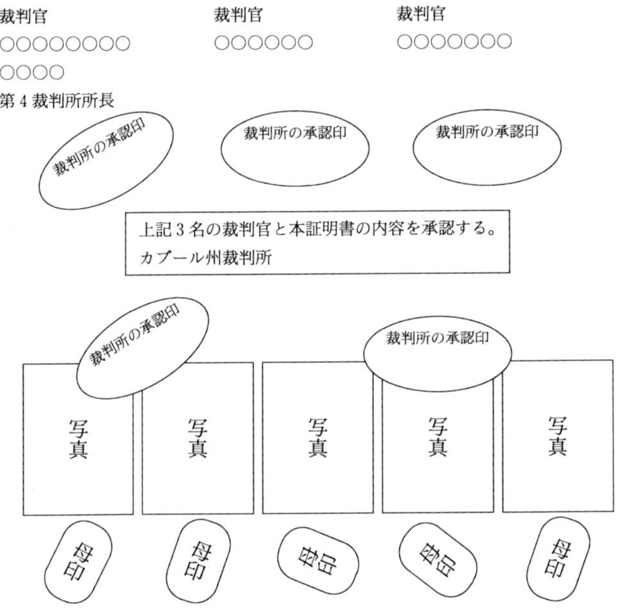
裁判官
○○○○○○○○
○○○○
第４裁判所所長

裁判官
○○○○○○

裁判官
○○○○○○○

裁判所の承認印
裁判所の承認印
裁判所の承認印

上記３名の裁判官と本証明書の内容を承認する。
カブール州裁判所

裁判所の承認印
裁判所の承認印

写真
写真
写真
写真
写真

母印
母印
母印
母印
母印

※訳者注：原本の写真及び指紋は、証人と立会人のもの

高等裁判所人事部は、カブール州裁判所の裁判所長○○○○○○○○○○○○○○が正式に雇用されていることを証明する。

高等裁判所　人事部長
○○○○○○○○○○○

和訳：○○○○○

資料4－1

د افغانستان اسلامي جمهوریت
د کورنیو چارو وزارت
د نفوسو د احوال د ثبتولو لوی ریاست
د (　　) لوی مدیریت

ولایت (　　)
ولسوالي، ناحیه (　　)
کلی، گذر (　　)
د کور نمره (　　)

دصکوکو نمبر ○○○○○○○
بیه (۱۰) افغانۍ

پېژند نه		پېلونکي نښې	
نوم او تخلص	○○○○	ونه	
		دسترگو رنگ	
د پلار نوم	○○○○	ورېځې	
		دپوستکي رنگ	
د نیکه نوم	○○○○	دویښتانو رنگ	
		نورې نښې	
دزېږېدو ځای		د تحویلیت پول	
دزېږېدلو نېټه او عمر	○○○○○○○○○○○○○○		

		د عسکري خدمت		د کوچي موسمي استوګنه	
دین					
ملت		د داخلېدو نېټه		اوړی	
شغل		دترخیص نمبر او نېټه		ژمی	
جنس		قطعه		قوم	
مدني حالت				د سرخیل نوم	
دعا یلي شمېره	○○○○○○			○○○○	
ګوتې: مورنی / باندلی		د صکوکو ګڼه		○○○○	

د مسؤل مامور لاسلیک		د آمر لاسلیک		د تذکرې د خاوند لاسلیک
نوم		نوم	رتبه	

د صکوکو مطبعه

資料４－１

身分証明書の訳文

(カブール) 州　　アフガニスタン・イスラム国

(第７)　区　　内務省

(デダナ)　町　　住民登録総務部

○○○○○ 身分証明書番号

[証明写真]	特徴		概要	
	中背	身長	○○○○○○○ ○○○○○○ ○○○○○○	氏名
	黒色	瞳の色		
	幅広	眉	○○○○○ ○○○○○	父の名
	小麦色	肌の色		
	黒色	髪色	○○○○○ ○○○○○	祖父の名
	額にホクロ	その他特徴		
	そばかす		カブール	出生地
○○○○○○○○○○○○○○○○○○○○○○○○○○○○○○				年齢
	兵役		イスラム	宗教
	-	入隊日	アフガニスタン	国籍
			公務員	職業
			男	性別
			未婚	婚姻
○○○○○○○○○○			登録簿(4)	住民登録番号
○○○○○○○○○○○○○○○ 発行日			ダリ語 / 母国語 - / 外国語	言語

和訳：○○○○○

資料4－1

原本からの複写に相違ありません

資料4－2〔婚姻要件具備証明書〕

بسم الله الرحمن الرحيم

سفارت دولت اسلامی افغانستان - توکیو

EMBASSY OF THE ISLAMIC STATE OF AFGHANISTAN – TOKYO

Ref. ※/※/※ شماره :

Date: June 7, 1993 تاریخ :

TO WHOM IT MAY CONCERN

Under Islamic Law and the rules of the Islamic State of Afghanistan there is no objection for Mr. □□□□□□□□□ to marry Ms. △△△△△△. Ms.△△△ has already embraced Islam as certified by the Islamic Center of Japan.

（サイン）

（氏　　名）
Charge d' Affaires a.i.

資料4－2

【訳　文】

アフガニスタンイスラム国大使館―東京

番号．※/※/※

日付：1993年6月7日

関係当事者殿

アフガニスタンイスラム国のイスラム法と規則のもとで、□□□□が△△△△と結婚することに何の支障もありません。△△△△はイスラミックセンター，ジャパンによって証明されたようにすでにイスラム教を受け入れました。

（氏　名）　　　　（署　名）

代理大使　　　　アフガニスタンイスラム国大使館の印

5　アメリカ合衆国・米国（アメリカ合衆国）

第1　姓名制度

1　アメリカ人の姓名及び戸籍の記載

アメリカ人の姓は，「ファミリーネーム」(Family name)，「サーネーム」(Surname) のほか，「ラストネーム」(Last name) と呼ぶことがあり，この方がより一般的のようである。

名については，アメリカでは，名を複数有する場合が多く，最初の名を「ファーストネーム」(First name) と呼び，次の名を「ミドルネーム」(middle name) と言っている。そして，このファーストネームには，洗礼名が用いられているようであるが，ミドルネームには，キリスト教徒の場合でも洗礼名が用いられているとは限らない。

ミドルネームは，あくまでも名の一部である。ファーストネームには男，女の別がはっきり区別できるような名が用いられるが，ミドルネームは必ずしもそうではないようである。

また，氏名にジュニアー (Junior) や，セカンド（Ⅱ（2nd)），サード（Ⅲ（3rd)）が付されている場合は，ジュニアー，セカンド等も名の一部であり，戸籍に記載する場合は，「セカンド」，「サード」と片仮名で記載すべきである（戸籍495-75)。

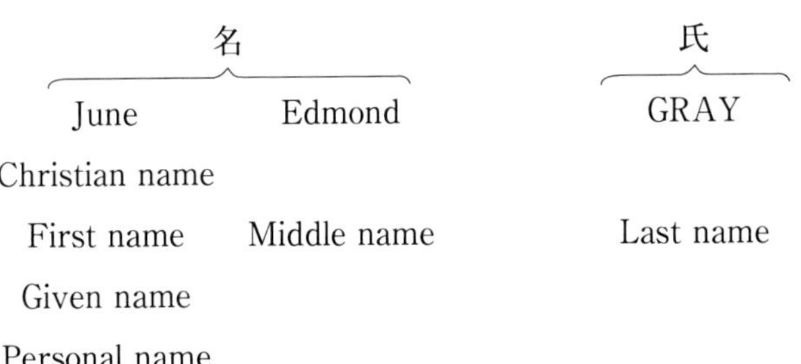

（福田義輝「外国人の氏・名について」民月40-10-126）

氏（Last name）名（First name Middle name）

戸籍には，「グレイ、ジュンエドモンド」と記載する。

2　パスポート（旅券）の氏名の記載

アメリカ合衆国国務省の回答によると，ミドルネームをパスポートに記載するか省略するかは，申請人の任意であり，パスポートと他の証明書の表記が異なることがあるので注意を要する。

また，パスポート申請書の記載案内においても，申請上記載が必要なのは，「given name（first name）」と「last name（surname）」となっている（平成15年調査）。

第2　婚　　姻

1　アメリカ合衆国の婚姻制度

婚姻に関する法は，基本的に州が規定する事柄であるが，アメリカ合衆国の多くの州では，正式の婚姻とは別に，挙式の必要もなく，また司祭者の関与も必要としない，当事者の合意のみによる婚姻の締結が認められている。

また，再婚禁止期間については，ほとんどの州で定められていない（**注**）。

また，同性の婚姻を認める州も増加しているが，同性婚は日本法では認められない。

（**注**）　本書全訂版では，「多くの州が再婚の権利を抑制する制定法を有している。」としていた。

2　婚姻要件具備証明書

(1)　様　式

駐日アメリカ大使館が発給した婚姻要件具備証明書は，資料５－１（本文157頁）参照（戸籍521-43）。

(2) 具体例

ア 日本に在住するアメリカ人が日本の方式により婚姻する場合

在日アメリカ合衆国領事の面前で，合衆国のその者の所属する州法により婚姻適齢に達していること，日本人と婚姻することについて法律上の障害がないことを宣誓した旨の領事の署名のある宣誓書をもって婚姻要件具備証明書に代える取扱いとなっている（昭和29.10.25民事甲2226号回答）。

イ 州の公証人が発給した婚姻要件具備証明書

合衆国のその者の所属する州の公証人が婚姻要件具備証明書を発給したときは，それを我が国が要求する婚姻要件具備証明書とみる取扱いである(昭和29.９.25民事甲1986号回答)。

ウ 米軍関係者に係る婚姻要件具備証明書の取扱い

米軍の法務部長は，「米軍に勤務する弁護士，米軍と関連した法律上の援助を行うオフィサーとして仕える文官の弁護士の資格を持ち，合衆国連邦法の下，米軍の構成員，国防省の文官と彼らの扶養家族によってなされるすべての行動に対し公証人としての力を行使する充分な権限を有する。」とされており，また，「公証活動の遂行においては，公証人，米軍の領事として一般的な権限を持つ。」とされていることから，米軍関係者の婚姻要件具備証明書については，アメリカ合衆国大使館等の領事の証明に代えて米軍の法務部長が所定の様式により発行する証明で差し支えない（平成４.９.28民二5673号回答，平成４.９.28民二5674号通知（民月47-12-107，戸籍598-61））。

3 反　　致

日本人とアメリカ人が日本で婚姻する場合，通則法では，婚姻の実質的成立要件は各当事者の本国法による（通則法24条１項）ことから，準拠法は，日本人については日本民法，アメリカ人についてはアメリカ法（具体的には，当事者本人のアメリカ所属州法）ということになる。

しかし，アメリカ合衆国の国際私法では，婚姻の実質的成立要件は，婚姻挙行地の法律によるとされているようであり，そうすると，婚姻挙行地が日本であれば，アメリカ人についても，反致により日本民法が準拠法ということになる。

戸籍先例も，アメリカ人が日本を挙行地として婚姻する場合には，反致により日本民法が準拠法となることを認めている（昭和62. 10. 2民二4974号回答（戸籍530-75，木村三男「渉外戸籍事務について―その考え方と対応のあり方を中心に―（下）」時報546-8））。

4　婚姻の成立要件

(1)　実質的成立要件

ア　未成年者の婚姻

婚姻適齢（親の同意を要せず婚姻できる）は，アメリカ合衆国50州のうち，ネブラスカ州及びミシシッピ州を除く48州で，18歳とされている（**注1**）（2014年現在）。

この年齢未満の者が婚姻するためには，当事者の合意のほかに，父と母，同時に（又は）裁判所の同意が必要であるとしている州が大部分である。

また，その年齢に満たない女性が既に妊娠している場合や子を出産している場合などは，例外として裁判所の同意だけで婚姻が認められる場合もある。

しかし，この婚姻適齢の規定は，大多数の州では，婚姻の有効性には関係しないという解釈が採られている（**注2**）（坂本正光「アメリカ家族法入門(4)」時報506-2参照）。

（**注1**）　婚姻適齢については，従前の規定が変更されている。本書全訂版では，「アメリカ合衆国50州のうち48州では，18歳で可能になる。ただし，ネブラスカ州では19歳，ミシシッピ州では21歳とされている」としていた。

（**注2**）　なお，婚姻適齢に達しない者が親の同意等を得ないでした婚姻について，無効とされる。

イ　重婚の禁止（monogamy）

アメリカ合衆国の全ての州で重婚は禁止されている。アメリカ合衆国では，後婚が無効（void）であるだけでなく，事情を知っていた当事者は刑事罰を受けることになる（坂本・前掲(136)）。

重婚の認められている国で有効に成立した婚姻でも，アメリカ合衆国では，公序良俗に反し，婚姻としては認められていない。

また，離婚の終局判決を待たずに再婚した場合も，その婚姻を無効とする州が多い（フランク・アキラ・笠間「アメリカの家族と法(3)―わたしの実務ノートから―」時報413-51）。

ウ　近親婚の禁止（Incent Prohibitions）

アメリカ合衆国でも近親婚の禁止違反の婚姻は，無効とされている。

しかし，アメリカ合衆国では，近時，近親婚禁止の範囲を縮減する傾向が強い（坂本・前掲(136)）。

近親婚の禁止については，州により近親婚の範囲に相違がみられる（笠間・前掲）。

エ　再婚禁止期間

戸籍誌では再婚禁止期間の制度は存在しないとされているが（戸籍622-61），アラバマ州では実質的に離婚から60日間，再婚が禁止されている。

オ　同性婚

アメリカ合衆国では，同性婚を認める州と認めない州が存在していたが，連邦最高裁判所は，平成27年（2015年）６月26日に，同性婚は合衆国憲法の下での権利であり，州は同性婚を認めなければならないとの判断を下した。これにより，全米で同性婚が合法となることから，同性婚を禁止している各州の法律は今後改正される。

(2)　形式的成立要件

おおむね共通するところとして，形式的成立要件は，大きく２つに分けることができる。婚姻許可状（婚姻許可証）の発行（licensure）と儀式の挙行（solemnization）である。

ア　婚姻許可状（婚姻許可証・marriage license）の申請

多くの州で郡書記（the county clerk）のような郡の公務員が発行するが，裁判所書記官（a clerk of court），治安判事，市の書記（city clerk）に許可状発行の権限をもたせているところもある。

婚姻許可状の申請に際して，当事者は，申請書にそれぞれ現に使用している氏名，年齢，住所，居所，生年月日，職業，出生地，父母の氏名，婚姻後の住所，婚姻歴，死別か離婚かの区分及び離婚年月日等を記載し，婚姻障害事由がなく，以上の記載が真実であるとの宣誓をし，署名をしなければならない。

当事者の年齢や同一性を証明する書類として，出生証明書の謄本（写し），パスポート，生命保険証券，社会保障番号とカード等の添付も必要とされる。

また，18歳未満の未成年者の婚姻については，父母又は後見人の同意，裁判所の許可決定を必要とする州が多い。

この婚姻許可状の審査手続は，主として婚姻障害事由があるかどうかのチェックを目的としている。

婚姻許可状の発行に際しては，各州法が定める情報（年齢，過去の婚姻関係，近親関係）を窓口担当者に示す必要があるが，これらの情報を見て，担当者は，形式的にせよ，実質的な婚姻の要件を満たさない申請（例えば，近親婚）を拒否することになる。しかし，この許可状の作成に必要な情報が真実かどうかを確認することは，窓口ではされないことに注意が必要である（棚村政行「アメリカにおける身分登録制度」時報500-18）。

ところで，多くの州（**注**）においては，血液検査，特に性病に罹患しているかどうかを調べた血液検査を義務付けていて，検査をした医者のこれらの病気がないという証明がないと，婚姻許可状を各郡（county）の担当者は発行できないとされている。また，少数ではあるが，結核に罹患しているかどうか，精神的障害があるかどうか，あるいは特殊な遺伝病をもっているかどうかなどを記載させるところもある。

また，婚姻許可状の発行には，申請してから３日から５日くらい待たなければならないとしている州法が多い。これは，当事者が真剣に婚姻を考えているかどうかを考えさせるためであるから，女性が妊娠していたりするときは，その場で発行されることもある（坂本正光「アメリカ家族法入門(2)」時報490-41）。

（注）　血液検査を義務付けている州は減少している。

イ　婚姻の挙式

許可状の発給を受けた後，当事者は州によって認められた挙式主催者による挙式を経なければならない。

全ての州で，一定の宗教者又は官吏を挙式主催者としている。

60万人以上の人口を有する郡では，郡の監理委員会は郡書記を民事婚のコミッショナーに選任することができる旨が定められている。

多くの州でも，裁判官，治安判事，裁判所書記官などを民事婚の挙式者とし，牧師，司祭などの宗教者による宗教的儀式による挙式も認めている。

挙式に際しては，２人くらいの証人が立ち会うことが求められ，署名欄もあることが多い。

アメリカ合衆国では，婚姻登録事務所での担当官吏による民事婚の挙式か，宗教団体の教会での牧師など宗教者による婚姻の儀式の挙行のいずれも認められている（棚村・前掲(138)）。

ウ　婚姻許可状（婚姻許可証）及び婚姻証明書の登録

婚姻許可状（婚姻許可証）を発行した郡書記等の担当官は，各許可状に番号を記載し，その一覧表を郡の登録官に送付しなければならない。

婚姻の儀式を挙行する前に，挙行者は当事者に婚姻許可状の交付を求め，挙式後，許可状の裏面に印刷されている挙式の日時，場所，挙式者の氏名，職名住所等の空欄部分を埋めて，婚姻登録事務所に返送することになる。

つまり，婚姻の手続は，婚姻許可状の申請・交付→挙式→挙式者からの挙式報告書の返送→婚姻登録簿へのファイルという順序で完了する（棚村・前掲(138)）。

エ　婚姻証明書の謄本又は抄本

アメリカ合衆国において，婚姻，出生及び死亡に関する記録は，当該州の人口動態統計局（vital statistics office）か，郡の婚姻，出生，死亡登録所（recorder office）に保存されている。

したがって，婚姻証明書の謄本（certified copy）を得ようとする者は，花嫁，花婿の氏名（通称名も含む。），婚姻当時の住所，婚姻当時の年齢又は生年月日，婚姻の日時，婚姻の場所，許可状が発給された場所，証明書の使用目的，当事者との関係等を明らかにして謄本又は抄本の申請書と手数料を支払えばよい（棚村・前掲(138)）。

5　報告的届出

アメリカ合衆国は州により法律が異なることから，報告的婚姻届の「婚姻の方式」については，「アメリカ合衆国ワシントン州の方式により婚姻」(【婚姻の方式】アメリカ合衆国ワシントン州の方式）というように，州まで戸籍に記載する。

なお，婚姻の要件等については，各州の項目を参照。

6　夫婦の氏

夫婦共に自由に氏を選択することができるのが原則であり，夫婦別氏も同氏もあり得る。また，氏の選択もできる（大村敦志『家族法』有斐閣法律学叢書47頁（有斐閣，1999))。

〔先判例要旨〕

◎　米国裁判所が日本民法第747条第２項の出訴期間を経過したと考えられる在米日本人夫婦に対し，強迫を理由とする婚姻取消しの判決をした事案について，訴え提起者から当該判決謄本を添付して婚姻取消しの届出があった場合には，これを受理する。　(昭和35. 11. 28民事甲2837号回答)

第３　離　　婚

1　離婚原因

無責主義が浸透したため，相手方配偶者が有責である場合に限って離婚を認めるという州は存在しない。

離婚原因は，州により異なっているが，大きく分類すると夫婦の関係が破綻したことをもって離婚原因としている州（破綻認定型）と一定期間別居してい

ることを離婚原因としている州（別居型）があり，さらにこれを分類すると，

ア　調整不能な不和や回復の見込みのない婚姻破綻だけを離婚原因とする州
　アリゾナ州，カリフォルニア州，フロリダ州，アイオワ州，ケンタッキー州，ミシガン州，ミネソタ州，モンタナ州，ネブラスカ州，オレゴン州，ワシントン州，ワイオミング州など

イ　別居を唯一の離婚原因とするが，伝統的有責原因と併存させたり，破綻と組み合わせている州
　アラバマ州，アーカンソー州，コネティカット州，ハワイ州，アイダホ州，ルイジアナ州，メリーランド州，ネバダ州，ニューヨーク州，ニュージャージー州，ノースカロライナ州，オハイオ州，ペンシルバニア州，テネシー州，テキサス州，ユタ州，バーモント州，ウエストバージニア州，ワシントンDCなど

ウ　伝統的有責離婚原因に回復の見込みのない婚姻破綻を加えた州
　アラスカ州，ジョージア州，インディアナ州，ミシシッピ州，マサチューセッツ州，ニューハンプシャー州など

に分けることができる。なお，アラバマ，アラスカ，デラウェア，ネブラスカ，ニューメキシコの各州では性格の不一致を法定の離婚原因として認めているようである（金子修「米国における家族関係訴訟の実情について（上）」家月53-11-19）。

なお，各州の離婚原因は変更されている場合があるので，各州の離婚原因を参照。

2　離婚手続

(1)　裁判離婚

アメリカ合衆国では，離婚は重大な事項であり，全て裁判所の判決によらなければならない。

(2)　離婚手続の簡易化等

離婚手続の簡易化と事件の能率的処理が行われており，例えば，当事者間で既に財産の分割や子の監護，訪問扶養などについて詳細な合意がなされていた

り，被告が訴状等の関係書類の送達を受けていながら答弁書を提出しなかったり，召喚に応じない場合には，争いのない離婚として速やかに懈怠の手続が進められ，原告だけが出廷して欠席判決を受けることになる（棚村・前掲(138)-21)。

（注）簡易離婚手続は，カリフォルニア州，アリゾナ州，コロラド州，デラウェア州，ネバダ州，オハイオ州，オレゴン州，ワシントン州，ワイオミング州などに導入されているが，ニューヨーク州，ニュージャージー州，ミシガン州，ジョージア州では簡易手続は用意されていない。もっとも，事件の難易度，複雑さに応じて事件処理に工夫しており，例えば，コース別審理を採っているところでは，一定の要件の下で迅速な事件進行が要請されるコースに分類されたりする。ニュージャージー州では，婚姻後５年未満で子がない場合などには審理促進トラックに分類される（金子・前掲(141)-15)。

3　離婚判決の閲覧及び離婚証明書の謄本

アメリカ合衆国では，離婚は全て判決によらなければならず，離婚判決は郡の裁判所に記録保管されている。

離婚判決の記録は，事件番号順にファイルされているが，当事者の代理人弁護士の氏名住所，裁判所名及び住所，事件名，事件番号（case number)，離婚，別居，婚姻無効取消の区別，裁判官名，懈怠か争いのない離婚だったか，当事者及び関係者の出廷の有無，訴状等の送達，事件受理年月日，判決言渡日，婚姻解消の年月日，担当書記の署名，認証印が押され手続の進行や事件摘要表という形式が採られている。

なお，離婚判決が言い渡された郡の書記から州の登録官に離婚の終局判決の証明書（certificates of final decree dissolution of marriage）を送付することになっている（棚村・前掲(138)-21)。

4　判決確定日

アメリカ合衆国は，州により制度が異なり，「ファイル（FILE）された日」が判決確定日になる州が多いが，判決が確定してから証明書を発行するので，「判決日」が確定日になる州もある（詳細については，各州の判決確定日を参照)。

〔先判例要旨〕

◎　米国在住の米国人男と日本在住の日本人女との間に米国の裁判所において離婚の判決があり，当該判決に基づく離婚届を同国駐在の日本領事が受理し，妻の本籍地に送付された事案については，離婚原因を証する書面を提出させる必要はない。　(昭和33. 3.11民事甲543号回答)

◎　日本の方式に従ってアメリカ人男と婚姻した日本人女が日本において外国に居住する夫を相手方として離婚の訴えを提起することができる。

(昭和33.12.10民事甲2541号回答)

◎　米国在住の米国人男と日本人女の夫婦について米国裁判所でした離婚判決を日本法上承認し，離婚の戸籍処理を認めた事例

(昭和44. 4.21民事甲876号回答)

◎1　米国居住の米国人妻からの沖縄居住の米国人夫に対する離婚調停事件において，上記夫は軍務に従事する外国軍人で我が国に永続的居住の事実があるとはいえないため，日本に住所を有するものとは認め難いとされた事例

2　家事渉外離婚事件の裁判管轄権については，国際的私法生活における紛争を正義，公平かつ効果的に解決するという国際非訟事件手続法上の理念に基づき，合意又は応訴による国際的裁判管轄権の発生が認められるものとして我が国の裁判権を認めた事例

(昭和50. 1. 7那覇家裁コザ支部審判・認容)

◎　外国裁判所でされた離婚判決は，民事訴訟法第200条（現行118条）の条件を具備する場合に限り，日本においてもその効力を有するものと解すべきである。　(昭和51. 1.14民二280号通達)

第4　出　　生

1　出生子の身分

反致について，アメリカ合衆国の国際私法上，嫡出親子関係の問題については，地裁判決では，子の出生当時における親子関係が問題とされている親の住

所地法によるとされている（昭和50.12.24名古屋地裁判決（時報365-36））。

2　国籍留保届

(1)　生地主義国

アメリカ合衆国は，生地主義国であり，アメリカ合衆国内で出生した事実によって，同国の国籍（注）を取得する（移民及び国籍301(a)）ので，日本人夫婦又は夫婦の一方が日本人である子がアメリカ合衆国で出生したときは，出生の日から３か月以内に日本国籍を留保する意思を表示しなければ日本国籍を喪失する（日国12条）。

また，補足的に血統主義を採用し，日本人とアメリカ人夫婦の子がアメリカ合衆国以外の外国で出生した場合でも，居住要件を満たす等の場合には，アメリカ国籍を取得する（移民及び国籍301(d)・(g)）。

なお，2003年（平成15年）４月２日に市民権改正法案が提出され，この法案では，移民及び国籍法第301条(a)号について，①母がアメリカ合衆国市民又は国民であるか，法的に永住権が認められていて，アメリカ合衆国に居住を継続している嫡出子であること，②母がアメリカ合衆国市民又は国民であるか，法的に永住権が認められていて，アメリカ合衆国に居住を継続している嫡出でない子であることの要件を付すとしている。

（注）　アメリカ合衆国では，合衆国国民と市民という表現を使い分けて，特に参政権をもつ国民を市民と呼ぶようにしている（1940年国籍101(b)）。

したがって，「アメリカ合衆国の市民権をもっている」人は，完全なアメリカ合衆国国民であるということになる。アメリカ合衆国国民というときには，合衆国市民権をもっている者及び市民権は有しないが，合衆国に対し永久忠誠の義務を負う者が含まれているようである（山内敦夫「アメリカ合衆国の「市民権」について」時報239-56）。

(2)　具体的事例

ア　日本国の米軍基地内で，アメリカ人男と日本人女の嫡出子が出生した場合

日本国の米軍基地内で出生したアメリカ人男と日本人女の嫡出子については，出生によりアメリカと日本の重国籍者となったとしても，出生場所

である米軍基地は，日米地位協定第２条第１(a)によりその使用を許されているだけで，日本国の主権が及ぶ領土内，すなわち日本国内であることに変わりはないことから，国籍法第12条の適用はなく，出生の届出とともにする日本国籍を留保する旨の届出は必要ない（戸籍638-64，時報特別増刊号No.530照会・回答Ⅲ37頁）。

イ　アメリカ合衆国領海内で，船舶の中で出生した場合

①　軍艦のような外国の公船は，その所属の国家の国防機関の一部を構成し，国家の独立安全を保持するために設けられたものであるので，アメリカ合衆国の領海にある場合においても，同国の法律に服従する必要はない。

つまり，アメリカ合衆国の主権の支配を受けないので，同国の国籍を取得しない。

②　外国の商船については，①とは異なり，アメリカ合衆国の領海内に入れば同国の主権の支配を受けることになり，同国の法律が適用され，アメリカ合衆国内で出生した子として，同国の国籍を取得する（時報247-56）。

ウ　公海上において，アメリカ合衆国国籍の船舶内で出生した場合

アメリカ法の適用がないことから，同国の国籍を取得しない（昭和30.９.７民五952号回答）。

エ　外交官の子のアメリカ国籍の取得の可否

生地主義国においては，外交官の子は大使館に勤務しているか，又は領事館に勤務しているかにかかわらず，その国の国籍を取得しないのが一般的であるが，アメリカ合衆国国務省からの回答により，外交団リスト（ブルーリスト）に氏名が載っている在アメリカ日本大使館員の子は，アメリカ国籍を取得することができないが，領事館員（ホワイトリスト）の子については，アメリカ国籍を取得することができる（外務省資料）。

3　国籍証明

渉外的戸籍届出において，アメリカ合衆国軍人のIDカードは，その者が将

校である場合は，原則として，国籍証明書として取り扱って差し支えない。

日本に駐在する合衆国軍隊の構成員は，「日本国とアメリカ合衆国との間の相互協力及び安全保障条約第６条に基づく施設及び区域並びに日本国における合衆国軍隊の地位に関する協定」（日米地位協定）により，必ずしも旅券を持っていないことになるが，代わりに，「氏名，生年月日，階級及び番号，軍の区分並びに写真を掲げる身分証明書」，いわゆるIDカードを持っていることになる。

ところで，アメリカ合衆国軍隊においては，原則として，市民権がないと将校になれないので，IDカードに将校である旨の記載があれば，アメリカ国籍を有するものと考えてよい。

しかし，下士官・兵クラスの場合については，市民権を有しない者もいるので，IDカードを確認して，階級が将校でない場合には，IDカードを国籍証明書として取り扱うことはできない。

IDカードの表示は必ずしも統一されていないが，ペイ・グレードという一種の俸給コードは必ず表示されているので，「O－１」というようにアルファベットの表示が「O」であれば階級が将校であるということになる。

例えば，「P・O・３（E－３）」と記載されている場合は，「Petty Officer」の略で海軍の下士官を意味し，（E－３）はその者が下士官・兵クラスの下から３番目のペイ・グレードに該当していることになる。

したがって，この者は将校ではないので，別途国籍証明書として出生証明書の提出を求めることになる（戸籍631-62）。

4　出生場所の記載

⑴　50州

「アメリカ合衆国○○州○○市で出生」（【出生地】アメリカ合衆国○○州○○市）と記載するのが一般的であるが，「アメリカ合衆国○○州○○郡○○市で出生」と州の後に「郡」を記載する場合もあり，必ずしも統一されていない。

（注）　郵便等でも「郡」は省略されることが多く，アメリカ合衆国で居住している者も，一般的には「郡」をあまり意識していないことから，在外公館で受

理する届書も「郡」が記載されていないものが多いと思われる。

(2) 首都ワシントン

英語では「Washington,D.C.」と表記されるが，ワシントン州との混同を避けるため，単に「DC」又は「D.C.」と表記されることが多い。この「D.C.」は，「The District of Columbia」の略であり，特別区とされ，他のいかなる州にも属していないことから，「アメリカ合衆国コロンビア特別区で出生」（【出生地】アメリカ合衆国コロンビア特別区）と記載するのが適当と考える。

〔根拠法条〕

移民及び国籍法（Immigration and Nationality Act）（1952年６月27日法律（1952年12月24日施行），1957年９月11日，1972年10月27日，1978年10月10日，1978年11月２日，1980年９月１日，1981年12月29日，1985年12月20日，1986年10月18日，2013年２月改正）

第３編　国籍及び帰化

第１章　出生による国籍及び集団帰化による国籍

301（出生による合衆国国民及び市民）

以下の者は，出生による合衆国国民であって，かつ，市民とする。

(a) 合衆国において出生し，その管轄権に服する者

(b) 合衆国においてインディアン，エスキモー，アリューシャン人又は他の原住民種族の一員として出生した者。ただし，本項にいう市民権の付与は，いかなる方法においても市民権を付与される者が種族及び他の財産に対する権利を侵害し，又はこれに影響を及ぼすものではない。

(c) 合衆国及びその海外属領の領域外において出生し，その双方が合衆国市民たる両親で，かつ，その一方が子の出生前に合衆国又はその海外属領に住居を有したことのある者から出生した者

(d) 合衆国及びその海外属領の領域外において出生し，両親の一方が合衆国市民であって，子の出生前１年間継続して合衆国又はその海外属領に実際に居住し，他方が合衆国市民ではないが国民である者から出生した者

(e) 合衆国海外属領において出生し，両親の一方が合衆国市民であって，出生前いつでも引き続き１年以上合衆国又はその海外属領に実際に居住した者から出生した者

(f) ５歳未満で，合衆国において発見された親の知れない者で，21歳になる前に合衆国内で出生した者でないことが証明されない者

(g) 合衆国及びその海外属領の領域外で出生した者で，両親の一方が外国人であり，他方が合衆国市民であって当該者の出生前に通算５年以上（このうち少なくとも２年間は，14歳に達した後）合衆国又はその海外属領で実際に居住した者。ただし，市民たる親の一方が

合衆国軍属，合衆国政府の被雇用者若しくは国際機関特権法（1959年法第699号合衆国法典22編228条）第１章に定義される国際機関の被雇用者として勤務した全ての期間又は市民たる親の一方が合衆国軍属，合衆国政府の被雇用者若しくは国際機関特権法第１章に定義される国際機関の被雇用者として勤務する者の未婚の娘若しくは息子たる被扶養者として現実に海外に居住した全ての期間は，本項の事実居住要件を満たすものとして算入することができる。本項は，1952年12月24日以後に出生した者に対して，その者の出生当時本項が効力を有していたものとして適用される。

(h)　1934年５月24日（東部標準時）正午以前に，アメリカ合衆国区域及び管轄権以外で出生した者で，父が外国人で，母がアメリカ合衆国市民で，その子の出生前にアメリカ合衆国に居住していた者

302（プエルトリコにおいて出生した者）

1899年４月11日以後で，1941年１月13日前にプエルトリコにおいて出生し，合衆国の管轄権に服し，1941年１月13日に，プエルトリコ又は合衆国が主権を行使する他の領土に居住し，他の法令によって合衆国市民とならなかった者は，1941年１月13日現在をもって合衆国市民であることを宣言する。1941年１月13日以後にプエルトリコで出生し，合衆国の管轄権に服する者は，出生による合衆国市民とする。

303（1904年２月26日以後に運河地帯又はパナマ共和国において出生した者）

(a)　1904年２月26日以後に，運河地帯において父又は母若しくは双方がその者の出生の時において合衆国市民である者から出生した者は，この法律の発効の前後を問わず合衆国市民であることを宣言する。

(b)　1904年２月26日以後に，出生の当時パナマ共和国において合衆国政府又はパナマ鉄道会社若しくはその名義上の後継者に雇用された合衆国市民である父又は母若しくは両親から出生した者は，この法律の発効の日の前後を問わず合衆国市民であることを宣言する。

304（1867年３月30日以後にアラスカにおいて出生した者）

1867年３月30日以後に，アラスカにおいて出生した者は，出生による合衆国市民とする。ただし，市民ではないインディアンを除く。1867年３月30日以後で，1924年６月２日前にアラスカにおいて出生したインディアンは，1924年６月２日現在をもって合衆国市民であることを宣言する。1924年６月２日以後，アラスカにおいて出生したインディアンは，出生による合衆国市民とする。

305（ハワイにおいて出生した者）

1898年８月12日以後で，1900年４月30日前に，ハワイにおいて出生した者は，1900年４月30日現在をもって合衆国市民であることを宣言する。1900年４月30日以後に，ハワイにおいて出生した者は，出生による合衆国市民とする。1898年８月12日に，ハワイ共和国市民であった者は，1900年４月30日現在をもって合衆国市民であることを宣言する。

306（ヴァージン諸島において出生し，居

住している者）

(a) 以下の者及び1917年1月17日以後で，1927年2月25日前に以下の者から出生した者は，1927年2月25日現在をもって合衆国市民であることを宣言する。

(1) 1917年1月17日に合衆国のヴァージン諸島に居住し，1927年2月25日にこれらの諸島，合衆国又はプエルトリコに居住し，1916年8月4日に合衆国とデンマーク間に締結された条約の第6条によるデンマーク市民権留保の宣言をしなかった，かつてデンマーク人であった全ての者若しくはかかる宣言を登録裁判所において放棄し，又は放棄しようとする者

(2) ヴァージン諸島に1917年1月17日に居住し，1927年2月25日に，ヴァージン諸島又は合衆国若しくはプエルトリコに居住し，かつ，1927年2月25日に，外国の市民又は属民でない全ての合衆国ヴァージン諸島の原住民

(3) 1917年1月17日に合衆国に居住し，1927年2月25日に，ヴァージン諸島に居住し，1927年2月25日に，外国の市民又は属民でない全ての合衆国ヴァージン諸島の原住民

(4) 合衆国，ヴァージン諸島の原住民で，1932年6月28日に，合衆国本土又は合衆国ヴァージン諸島，プエルトリコ，運河地帯又は合衆国の島嶼属領若しくは合衆国領土に居住し，1832年6月28日に外国市民又は属民でなかった者は，1917年1月17日における居所のいかんを問わず合衆国市民とする。

(b) 1917年1月17日以後で，1927年2月25日前に合衆国ヴァージン諸島において出生し，その管轄権に服する者は，1927年2月25日現在をもって合衆国市民であることを宣言する。1927年2月25日以後に合衆国ヴァージン諸島において出生し，その管轄権に服する者は，出生による合衆国市民であることを宣言する。

307（グアム島において出生し，居住している者）

(a) 以下の者及び以下の者から1899年4月11日以後に出生した者で，1950年8月1日に，グアム島又は他の合衆国が主権を行使する領土に居住していた者は，1950年8月1日現在をもって合衆国市民であることを宣言する。

(1) 1899年4月11日に，グアム島の住民でスペインの属領であった者（当時一時的に不在であった者を含む。）で，その日以後グアム島又は合衆国が主権を行使する他の領土に引き続き居住し，外国籍の留保又は取得するための確認的措置を採らなかった者

(2) グアム島において出生し，1899年4月11日にグアム島に居住した者（当時同島に一時的に不在であった者を含む。）で，その日以後グアム島又は合衆国が主権を行使する他の領土に引き続き居住し，外国籍の留保又は取得の確認的措置を採らなかった者

(b) 1899年4月11日以後に，グアム島において出生（1950年8月1日の前後を

問わない。）し，合衆国の主権に服する者は，合衆国市民であることを宣言する。ただし，1950年８月１日前に出生した者については，外国籍の留保又は取得のための確認的措置を採らなかった者

(c)　以上の者で，合衆国以外の国の市民又は国民でその現在の政治的身分を留保することを希望する者は，1952年８月１日前にかかる希望を規則によって定められた方式によって宣誓して宣言しなければならない。かかる宣言をした者は，その宣言後この法律による合衆国国民とはみなされない。

308（出生による合衆国国民で市民でない者）

本編301において別に規定しない限り，以下の者は出生による合衆国国民となるが，市民とはならない。

(a)　海外属領を正式に獲得した日以後に，合衆国海外属領において出生した者

(b)　合衆国及びその海外属領の領域外において，合衆国国民であって市民でない両親で出生前に合衆国又はその海外属領に住居を有していた者から出生した者

(c)　５歳未満で合衆国海外属領において発見された親の知れない者で，21歳までにかかる海外属領において出生した者でないことが証明されない者

(d)　合衆国及びその海外属領の領域外において，両親の一方が外国人で，他方が合衆国国民であって市民でない場合で，子の出生前に，次に規定する継続した10年間のうち通算７年以上合衆国又はその海外属領に住居を有していた者から出生した者

(1)　国民である親が合衆国又はその属領以外に継続して１年以上居住していない期間で，かつ，

(2)　少なくとも，14歳に達した後，５年以上の期間

301(g)の規定は，その項の市民である親に適用されるのと同様にこの節の国民である親にも適用される。

（1986年10月18日改正法について，総覧１－452参照）

〔**先判例要旨**〕

◎　大正14年１月に米国で出生し，数か月経過後に出生届がされ戸籍に登載された者については，それが届出義務者の責めに帰することのできない事由によって生じた場合であるとも考えられるので，国籍不存在確認の確定裁判のない限り，同人の戸籍を消除すべきでない。

（昭和30．４．13民事二発128号回答）

◎　在米日本人の出生子の出生届を届出期間の経過後，駐米日本国総領事が受理し，本籍地に送付された場合において，戸籍法第104条第２項（現行３項）の規定に該当する事案として処理を認めた事例

（昭和32．3．7民事甲463号回答）

◎　日本国籍留保の届出期間を6か月以上経過した出生届を，在外公館で受理して本籍地に送付してきた事案について，戸籍法第104条第2項（現行3項）に該当するとは認めることができないとして，その受理を拒否した事例

（昭和34．1．14民事甲23号回答）

◎1　日本人甲女が米国人乙男と昭和38年3月11日裁判離婚後，同年11月14日米国で丙男を出産したが，その丙男について同44年4月24日嫡出子否認の裁判が確定した場合，その確定の日から14日以内は甲女から丙男の出生及び国籍留保届があれば受理する。

2　米国で出生した日本人丙丁夫婦間の嫡出子戊を，同国在住の日本人甲乙夫婦間の嫡出子として虚偽の出生及び国籍留保の届出をした後，右甲乙と戊間に親子関係不存在確認の裁判が確定した場合，改めて戊についてした出生及び国籍留保届は受理できない。

（昭和44．12．6民事甲2568号回答）

第5　認　知

1　胎児認知

フロリダ，ノースダコタ，カリフォルニア，テキサス，アーカンソー，ミシガン，ニューヨーク及びオレゴンの各州に所属する者からの胎児認知の届出は，受理して差し支えない。

一方，ノースカロライナ州においては，胎児認知は認められていない（599頁参照）（民月40－8－115，戸籍495－86）。

また，ウェストバージニア州においては，胎児認知の制度は存在しない（293頁参照）。

2　認知証書

(1)　出生報告書が認知証書として認められた事例

父が，「アメリカ合衆国領事官の面前で宣言し，署名した出生報告書」が戸

籍法第41条の認知証書として認められている。

また，認知の日は，「出生報告の日」である（昭和32.11.7民事甲2097号回答，昭和36.7.12民事甲1655号回答（戸籍474-66））。

⑵　公証人作成の証明書が認知証書として認められた事例

父が子を我が子として認め署名したことを，アメリカ合衆国の公証人が証明した証明書が戸籍法第41条の認知証書として認められている（昭和24.11.22民事甲2726号㈡573号回答（戸籍474-66））。

第6　養子縁組

1　ハーグ条約

アメリカでは，1994年3月31日のハーグ養子条約署名から同条約の批准，2008年4月1日の完全実施まで14年という長い年月を要した。

条約の批准，実施に向けての取組として，2000年10月6日に，国際養子縁組（Intercountry Adoption Act（IAA））を可決，同法では，養子縁組あっせん事業者の認定や承認に関する監視，養子縁組事件（アメリカ国内外で行われる全ての養子縁組）の登録，あっせん業者への民事罰・刑事罰，養子縁組に関わる移民ビザ等について規定し，国際養子縁組に関する一定の方向性を示した。

その後，2003年9月15日に，国務省が養子縁組あっせん事業者の認定及び承認に関する規則案を公告，市民らのコメントを受け，2006年2月に養子縁組あっせん事業者の認定及び承認に関する最終規則を公告した。同年7月から国務省によるあっせん事業者の認定組織の任命，認定組織によるあっせん事業者の評価が始まり，2009年12月までに，230の事業者が認定ないし仮認定を受けている。

ハーグ養子条約批准後は，同条約とその施行法であるIAAにより，国務省の児童問題担当課（Office of Children's Issues（OCI））が中央当局として，積極的な役割を果たしている。OCIは，ハーグ養子条約の実施とこれに関する日々の監視を責務とするが，具体的には，国際養子縁組に関する情報の発信及び情報管理，養親候補者に対する国外における養子縁組に関する進捗情報の提供，養親候補者・養子縁組あっせん業者等に対する養子縁組プロセスについての情報提供，養子縁組に関する法や手続に関する外交的折衝（大使館や領事館とともに行う。），養子縁組あっせん業者への苦情のモニター等が主な業務となっている（床谷文雄ほか「国際養子縁組をめぐる世界の動向と日本の課題」時報674-11）。

2　手続及び効果

アメリカ合衆国では，州ごとに養子縁組に関する法令が異なっているが，おおよそ次のとおりと考えられる。

まず，養親となる者は，公的あっせん機関に登録し，そこで，養親となるべき資格について事前に調査される。養子となる者は，実父母からいったんあっせん機関に保護・監督の権限が移され（通常，この段階で実親の親子関係の放棄の手続が行われる。），その後，裁判所の決定により，養親となる者と養子との同居が認められ，その監護・養育の状況について調査がなされ，その結果が裁判所に提出された後に，養子縁組の決定が行われる。

養子縁組の効果としては，縁組後，州の登録官によって発行される養子の出生証明書は，

① 養子の縁組後の名で発行される。
② 養親を実親として記載される。
③ 子の出生地は，実際の出生地が記載される。
④ 出生の日付は，原出生記録に記載された日付による。
⑤ 嫡出子として記載される。
⑥ 出生証明書に記載される養母の子の数には，その実子の他に先に縁組された養子を含む。

等の特徴をもつ。

なお，州登録官は，原出生証明書及び縁組証明書その他の関係書類を封印して編綴する。これらの書類は，原則として公開を許さず，成年に達した養子の請求又は縁組裁判所の命令のあるときに限り，州登録官によって開披され，閲覧されることになる。

また，縁組以後に発行する出生証明書は，新出生証明書によって発行されることとなり，縁組の事実を記載することは許されない。

このように，アメリカ合衆国の養子制度は，日本の民法に規定する特別養子と同様の制度になっている（民月47－5－73，戸籍591－74）。

3　反　　致

アメリカ合衆国の国際私法自体がかなり理解しにくいため，反致を認める判例と認めない判例が対立している。実務上，アメリカ人が養親となる養子縁組では，反致を認めて日本法を適用する裁判例（**注1**）と，反致を否定ないし無視してアメリカ法を適用する裁判例（**注2**）の両方が存在する（奥田安弘「国籍法および国籍私法における子の福祉」時報417－29）。

（**注1**）　昭和61.12.17熊本家裁審判（家月39－5－59），昭和60.8.5徳島家裁審判（家月38－1－146）等

（**注2**）　昭和43.8.6東京家裁審判（家月21－1－128），昭和62.3.26東京家裁審判（家月40－10－34）等

4　中間判決

中間判決について規定している州があるが，中間判決がなされた場合は，終局判決となった旨の証明書を提出させて処理するのが相当であるとされている（昭和40.11.26民事甲3288号回答）。

〔先判例要旨〕

◎　米国人が日本人を養子とする縁組届に養親の属する本国の州の機関が発給した要件具備に関する証明書を添付できないため，これに代わる書面として，所属州の当該法規の内容及び在日米副領事の面前で宣誓した宣誓書を添付して届け出た場合は，受理して差し支えない。

（昭和26.8.18民事甲1698号回答）

◎　米国人と日本人間の養子縁組につき，国際社会事業団の作成した縁組成立証明書を添付して同事業団から報告した場合は，同証明書を権限ある官憲の

証明に準ずるものと解して差し支えない。

（昭和39．4．30民事甲1636号回答）

第7　養子離縁

アメリカ合衆国の各州においては，養子縁組の無効又は取消しが認められているだけであり，協議離縁の制度は設けられていない（昭和30．9．7民事甲1879号回答）。

第8　死　　亡

アメリカ人に関する死亡届を受理した市区町村長は，当該死亡者の住所地を管轄する在日アメリカ合衆国領事館の総領事又は領事に通知をしなければならない（昭和39．7．27民事甲2683号通達，昭和58．10．24民二6115号通達）。

第9　親　　権

アメリカ合衆国の各州においては，リーガル・カスタディ（Legal Custody）＝法的監護（子の養育方針を決定すること）とフィジカル・カスタディ（Physical Custody）＝身上監護（実際に養育をすること）の２種がある。法的監護は日本の親権に，身上監護は日本の監護権に近いとされている（梶村太市「戸籍事務担当者のための家族法読本(29)」戸籍673-４）。

具体的に各州についてみてみると，アメリカ合衆国の23の州で法的な監護権（Legal Custody）と身上の監護権（Physical Custody）を区別している。さらに，共同監護（Joint Custody）という考え方もあり，子の監護の具体的内容を多項目に分類して，それぞれについて父母で役割を分担するという方法をとっている場合がある。

具体的な制度やその運用は，各州で異なり，必ず共同監護とする州，調停で合意できれば共同監護とする州など様々である（**注**）（石川亨「アメリカ合衆国カリフォルニア州及びオレゴン州における子の監護に関する事件の処理の実情について」家月55-6-155)。

（注）　共同監護のみの州はルイジアナ州のみ，共同親権が許可による州はアラバマ州など28州，合意によって共同親権とすることができる州は，カリフォルニア州など18州である。

資料5－1〔婚姻要件具備証明書〕

JAPAN)
CITY OF TOKYO) SS:
EMBASSY OF THE UNITED STATES OF AMERICA)

AFFIDAVIT OF:

(事件本人の氏名)

Declarant:

(事件本人の氏名) the (続き柄) son/daughter of

(父の氏名) and (母の氏名)

citizens of the United States of America.

Legal domicile: (法定住所)
Date of birth: (生年月日)
Place of birth: (出生地)
Occupation: (職　業)
Evidence of citizenship: (国籍を証明した書面)
(同上発給年月日)
(同上発給地)
Local address: American Embassy, 10-5 Akasaka 1-chome, Minato Ku, Tokyo

I, the above-mentioned (事件本人の氏名) being duly sworn, do declare that according to the laws of my State I am of legal marriageable age, that I have ~~not~~/been married before, and that there is no hindrance, legal or otherwise, to my uniting in marriage this day in (婚姻挙行予定地) with (相手方事件本人の氏名), a Japanese national.

I was divorced from (前婚の配偶者の氏名) on August※, 1981 as evidenced by final decree of divorce issued by the Superior Court of California, Los Angeles County.

(事件本人の署名)
(事件本人の氏名)

Subscribed and sworn to before me this (宣誓をした日) day of (宣誓をした月), A.D. 1987.

(領事又は副領事の署名)
(領事又は副領事の氏名)
Vice Consul of the United States of America
duly commissioned and qualified

GCS- ※
TKY ※/※

資料5－1

【訳　文】

日　本　国)
東　京　都)
米国大使館)　　　　　　　　　　　　　　　の宣誓書
宣誓者：　　　　　　　　　　　　　　　　　は
　アメリカ合衆国市民の
　父
　母　　　　　　　　　　　　　　　　　　の　男／女
法定住所：アメリカ合衆国
生年月日：　　　　　年　　月　　日
出　生　地：アメリカ合衆国
職　　　業：
市民権証：アメリカ合衆国出生証明書・旅券
所　在　地：東京都港区赤坂1丁目10番5号　米国大使館

上記名せる私事　　　　　は正規の宣誓を行い私の州の法律に依れば私は法定結婚可能年齢にあること前婚なきこと日本国東京にて日本国籍の　　　　　との婚姻に対し法律上或はその他いかなる支障もないことを宣誓致します。

私ハ1981年8月※日
離婚シマシタ。カリフォルニア州ロスアンゼルス郡
高等裁判所、離婚証明書ヲ持ッテ居リマス。　　　　署名

昭和62年　月　日　本職の面前で署名宣誓した。

在日本国東京米国副領事

翻訳　東京都港区赤坂一丁目10番5号　　　署名
　　　　米　国　大　使　館
　　　　　　　氏　名

5－1　アメリカ合衆国／アーカンソー州

第1　婚　　姻

1　実質的成立要件

(1)　婚姻適齢

男女とも18歳である。

ただし，17歳以上で18歳未満の男子及び16歳以上で18歳未満の女子は，婚姻締結の能力を有するには，婚姻許可証が発行される前に，婚姻に対する両親，親又は後見人の同意の十分な同意を要する（州法９－11－102）。

また，当事者の一方又は双方が17歳以上で18歳未満の男子及び16歳以上で18歳未満の女子から婚姻許可証の申請がされたときは，地区の巡回裁判所の裁判官は，女性が妊娠している場合は，当事者の最善の利益になると判断したとき，また，女性が子を出生した場合は，全ての利害関係人の最善の利益になると判断し，妊娠に関する医師の証明書を除いて，他の要件を満たしているときは，婚姻許可証の発行を郡の書記に命ずることができる（州法９－11－103）。

(2)　近親婚の禁止

あらゆる親等の祖父及び孫を含んだ親子間，全血又は半血の兄弟姉妹間，おじと姪，おばと甥及びいとこ間の全ての婚姻は禁止される（州法９－11－106）。

(3)　重婚の禁止

その者の前の夫又は妻の生存中に，前の夫又は妻との婚姻が管轄裁判所により離婚に関する法律で明らかにされた原因の一つにより解消されなければ，再婚をすることができない（州法９－12－101）。

(4)　同性婚の禁止

婚姻は，男子と女子の間でなければならない（州法９－11－109）。

なお，アメリカ合衆国では，同性婚を認める州と認めない州が存在していたが，連邦最高裁判所は，平成27年（2015年）６月26日に，同性婚は合衆国憲法の下での権利であり，州は同性婚を認めなければならないとの判断を下した。

これにより，全米で同性婚が合法となることから，同性婚を禁止している各州の法律は今後改正される。

2　婚姻許可証

アーカンソー州で婚姻を締結する者は，最初にアーカンソー州の郡の郡裁判所書記から許可証を取得する必要がある（州法9－11－201）。

3　婚姻の無効

(1)　最低年齢，親の同意の欠如又は年齢の詐称

親又は後見人の同意が欠如しているか，又は締結当事者が年齢を詐称していた場合は，事件の管轄権を有する巡回裁判所に対する親又は後見人の申立てに基づき，婚姻締結を破棄し，無効とすることができる（州法9－11－104）。

(2)　未成年の当事者

満17歳未満の男性，満16歳未満の女性の婚姻は，無効とすることができる（州法9－11－105）。

(3)　近親婚

あらゆる親等の祖父及び孫を含んだ親子間，全血又は半血の兄弟姉妹間，おじと姪，おばと甥及びいとこ間の全ての婚姻は近親婚であり，絶対的な無効である（州法9－11－106）。

(4)　重　婚

その者の前の夫又は妻の生存中に，前の夫又は妻との婚姻が管轄裁判所により離婚に関する法律で明らかにされた原因の一つで解消されなければ，その後の又は再婚は締結されず，無効である（州法9－12－101）。

(5)　同性婚

婚姻は，男子と女子の間でなければならず，同性者間の婚姻は無効である（州法9－11－109）。

(6)　その他

婚姻当事者の一方が年齢又は婚姻に対する同意の理解力が不足しているか，又は身体的理由により婚姻状態に入ることができないか，若しくは一方の当事

者の同意が強迫又は詐欺により得られたものであるときは，婚姻は管轄裁判所で無効を言い渡した時から無効となる（州法９－12－201）。

〔根拠法条〕

州法（2014 Arkansas Code）

第９編　家族法

サブタイトル２　家族関係

第11章　婚姻

サブチャプター１　総則

９－11－102（最低年齢－親の同意）

a　17歳の成人に達した全ての男子及び16歳の成人に達した全ての女子は，婚姻締結の能力を有する。

b⑴　ただし，18歳未満の男女は，婚姻許可証が発行される前に，婚姻に対する両親，親又は後見人の同意の十分な同意を提示しなければならない。

⑵　（略）

c・d　（略）

９－11－103（最低年齢－例外）

a⑴　当事者の一方又は双方が９－11－102に規定する最低年齢未満の者で女性が妊娠しているときに，婚姻許可証の申請がされたときは，両当事者は婚姻許可証の申請をした地区の巡回裁判所の裁判官の前に出頭することができる。

⑵　以下に関する証拠を提出しなければならない。

A　アーカンソー州の免許を受けた正式な開業医（a licensed and regulary practicing physician）の証明書の形式による女性の妊娠

B　両当事者の出生証明書

C　最低年齢未満のそれぞれの当事者の親の同意

⑶　その後直ちに，証拠及び他の事実及び状況を考慮した後，当事者の最善の利益になると判断したときは，裁判官は郡の書記に当事者に対して婚姻許可証を発行する権限を与え，指示する命令をすることができる。

⑷　（略）

b　女性が子を出生した場合は，全ての利害関係人の最善の利益になると判断し，妊娠に関する医師の証明書を除いて，本節第ａ項の全ての要件を満たしているときは，当事者が出頭した裁判所は，郡の書記に本節第ａ項に規定する婚姻許可証を発行する権限を与え，指示する命令をすることができる。

９－11－104（最低年齢－親の同意の欠如又は年齢の詐称－無効）

親又は後見人の同意が欠如しているか，又は締結当事者が年齢を詐称していた場合は，事件の管轄権を有する巡回裁判所に対する親又は後見人の申立てに基づき，婚姻締結を破棄し，無効とすることができる。

９－11－105（未成年の当事者の婚姻無効）

a　満17歳未満の男性，満16歳未満の女性の婚姻は，無効とすることができる。

b　（略）

c　2007年７月30日と2008年４月２日の間に締結された全ての婚姻で，締結当事者の一方又は双方の当事者が婚姻締結に定められた最低年齢未満であるときは，無効とすることができるのみで，管轄裁判所が無効としなければ，実際上は有効である。

9－11－106（近親婚－締結又は挙行による罰則）

a　あらゆる親等の祖父及び孫を含んだ親子間，全血又は半血の兄弟姉妹間，おじと姪，おばと甥及びいとこ間の全ての婚姻は近親婚であり，絶対的な無効である。本項は，嫡出でない子及びその親族関係にも及ぶ。

b　（略）

9－11－109（同性婚の有効性）

婚姻は，男子と女子の間でなければならない。同性者間の婚姻は，無効である。

サブチャプター２　許可証及び挙式

9－11－201（必要な許可証）

a　アーカンソー州で婚姻を締結する者は，最初にアーカンソー州の郡の郡裁判所の書記から許可証を取得する必要がある。

b・c　（略）

第12章　離婚及び無効

サブチャプター１　総則

9－12－101（前婚解消前の再婚の禁止）

その者の前の夫又は妻の生存中に，前の夫又は妻との婚姻が管轄裁判所により離婚に関する法律で明らかにされた原因の一つで解消されなければ，その後の又は再婚は締結されない。

サブチャプター２　無効

9－12－201（事由）

婚姻当事者の一方が年齢又は婚姻に対する同意の理解力が不足しているか，又は身体的理由により婚姻状態に入ることができないか，若しくは一方の当事者の同意が強迫又は詐欺により得られたものであるときは，婚姻は管轄裁判所で無効を言い渡した時から無効となる。

第2　養子縁組

1　実質的成立要件

⑴　養親の要件

夫婦だけでなく，単身者も養親となることができる（州法9－9－204）。

⑵　夫婦共同縁組

夫婦は共同して養子縁組をしなければならないが，①他方の配偶者が養子となる者の親で，養子縁組に同意をしているとき，②申立人と他方の配偶者が法的に別居しているとき，③申立人に他方の配偶者がならないか，又は長期の説明できない不在，要求に応じられないこと，行為能力がないこと，又は同意を不合理に保留する事情，を理由として養子縁組に対する同意が免除されたときは，夫婦の一方のみと養子縁組をすることができる（州法9－9－204）。

(3)　養子の要件

未成年者だけでなく，成人も養子となることができる（州法９－９－203）。

(4)　配偶者の同意

養子が婚姻している場合は，配偶者の同意を要する（州法９－９－206）。

２　保護要件

(1)　養子の同意

養子が12歳以上（注）である場合は，その者の同意を要する。ただし，未成年者の最善の利益のため，裁判所が同意を免除したときを除く（州法９－９－206）。

（注）従前は，10歳以上とされていたが，2012年に12歳以上に改正された。

(2)　両親等の同意

①未成年者の母，②未成年者が認知された時か，又はその後に，父が母と婚姻し，未成年者が養子縁組による子であり，申立てが提出された時に，身体的監護権を有している未成年者の父，③未成年者の法的監護権を有するか，又は同意する権限が与えられている者，④未成年者の法的監護人又は法定後見人が養子縁組に対する同意する権限が与えられていないときは，未成年者の監護を決定する管轄裁判所の同意を要する（州法９－９－206）。

（注）(1)及び(2)いずれの養子縁組に対する同意は，養子縁組の命令が登録された後は，撤回することができない。

また，養子縁組に対する同意は，10暦日以内，10日の期間の放棄が選定されたときは，同意が署名されたか，又は子が出生したいずれか遅い方の日から５日以内に撤回することができる（州法９－９－209）。

(3)　裁判所の関与

養子縁組には，裁判所の審理手続を経なければならない。

〔**根拠法条**〕

州法（2014 Arkansas Code）
第9編　家族法
サブタイトル2　家族関係
第9章　養子縁組
サブチャプター2　改訂統一養子縁組法
9－9－201（略称）
本サブチャプターは，「改訂統一養子縁組法」と引用される。
9－9－202（定義）
本サブチャプターにおいて，文脈上，別段の解釈を要する場合を除き，
1・2　（略）
3　「未成年」とは，18歳未満の者を意味する。
4～10　（略）
9－9－203（養子となることができる者）
いかなる者も養子となることができる。
9－9－204（養子縁組をすることができる者）
以下の者は，養子縁組をすることができる。
1　一方又は双方が未成年であっても，夫と妻が一緒に
2　未婚の成人
3　婚姻していない養子となる者の父又は母
4　養子となる者がその配偶者でなく，以下の場合は，他の配偶者が共同の申立人として参加せずに婚姻している者が
i　他方の配偶者が養子となる者の親で，養子縁組に同意をしている場合。
ii　申立人と他方の配偶者が法定別居している場合，又は，
iii　申立人に他方の配偶者がならないか，又は長期の説明できない不在，要求に応じられないこと，行為能力がないこと，又は同意を不合理に保留する事情，を理由として養子縁組に対する同意が免除された場合。
9－9－206（養子縁組に対する同意を要する者－養子縁組のための未成年者の放棄のための考慮）
a　9－9－207に基づき同意を要しないときを除き，未成年者の養子縁組の申立ては，以下の者による特定の養子縁組に対する書面による同意があるときにのみ認めることができる。
1　未成年者の母
2　以下の場合は，未成年者の父
A　未成年者が認知された時か，又はその後に，父が母と婚姻した場合
B　未成年者が養子縁組による子である場合
C　申立てが提出された時に，身体的監護権を有していた場合
D～G　（略）
3　未成年者の法定監護権を有するか，又は同意する権限が与えられている者
4　未成年者の法定監護人又は法定後見人が養子縁組に対する同意する権限が与えられていないときは，未成年者の監護を決定する管轄裁判所
5　12歳以上である未成年者。ただし，未成年者の最善の利益のため，裁判所が未成年者の同意を免除したときを除く。
6　養子となる未成年者の配偶者
b　成人を養子とする申立ては，成人及びその成人の配偶者が養子縁組に対する書

面による同意をしたときにのみ認めることができる。

c　（略）

9－9－209（同意の撤回）

a　養子縁組に対する同意は，養子縁組の命令が登録された後は，撤回することができない。

b①　養子縁組に対する同意は，10暦日（calendar days）以内，10日の期間の放棄が本節第b３項に基づき選定されたときは，同意が署名されたか，又は子が出生したいずれか遅い方の日から５日以内に撤回することができる。（以下，略）

②　（略）

③　同意において，10日間の養子縁組に対する同意の撤回期間を放棄し，５日までの養子縁組に対する同意の撤回の最大の期間を制限することを選ぶことを述べることができる。

5－2　アメリカ合衆国／アイオワ州

第1　婚　　姻

1　婚姻証明書

アイオワ州公衆衛生部門（department of public health）発行の婚姻証明書は，資料5－2－1（本文186頁）参照。

2　実質的成立要件

⑴　婚姻適齢

男女とも18歳である（州法595. 2②・595. 3）。

ただし，当事者の一方又は双方が16歳又は17歳である男性及び女性である場合には，①婚姻適齢に達していない当事者の両親が，その婚姻に同意する旨を書面で証明するとき（婚姻を申請する未成年の当事者の両親の一方が死亡したか，又は行為能力がないときは，未成年の当事者の後見人がその証明を行い，両親が離婚したときは，法定監護権を有する親がその証明を行うことができる。），②父母の双方又は一方若しくは後見人の同意の証明書が，地方裁判所の裁判官によって承認されるか，婚姻を申請する未成年の当事者の両親が死亡，行為能力がなく，又は所在不明であり，かつ，後見人がいないときは，地方裁判所の裁判官は婚姻を承認したときは，婚姻許可証を発行することができる（州法595. 2④）。

なお，親又は後見人が同意をしないときは，婚姻を申請した当事者の申立てに基づき，同意しないことに合理的な理由がないときは，裁判官は決定しなければならない（州法595. 2⑤）。

⑵　近親婚の禁止

①男性と，その者の父の姉妹，母の姉妹，娘，姉妹，息子の娘，娘の娘，兄弟の娘又は姉妹の娘，②女性と，その者の父の兄弟，母の兄弟，息子，兄弟，息子の息子，娘の息子，兄弟の息子又は姉妹の息子，③いとこ間の婚姻は，そ

れぞれ禁止され，無効である（州法595．3・595．19）。

⑶　重婚の禁止

当事者の一方に生存する夫又は妻がいる者との婚姻は禁止され，無効である。

ただし，以前の夫又は妻が死亡又は離婚した後に，共に居住し，かつ同棲しているときは，婚姻は有効である（州法595．19）。

⑷　婚姻を締結する能力を有すること

当事者の一方が，民事上の契約を行う適格を有しないとき，一方の当事者が後見下にある被後見人で，裁判所が被後見人が有効な婚姻を締結する能力を欠くと判断したときは，婚姻することができない（州法595．３）。

⑸　同性婚の禁止

男性と女性の婚姻のみが有効である（州法595．２）。

なお，アメリカ合衆国では，同性婚を認める州と認めない州が存在していたが，連邦最高裁判所は，平成27年（2015年）６月26日に，同性婚は合衆国憲法の下での権利であり，州は同性婚を認めなければならないとの判断を下した。これにより，全米で同性婚が合法となることから，同性婚を禁止している各州の法律は今後改正される。

３　形式的成立要件

⑴　真実宣言の申請

婚姻許可証の交付に先立って，婚姻許可証を請求する当事者は，真実宣言申請書に署名し，その申請書を郡の登録官に提出しなければならない。

申請書は，当事者の請求によりその者に郵送されるか，又は，婚姻許可書を交付する登録官の事務所において当事者が署名する。申請書には，それぞれの申請者の社会保障番号を記載し，両当事者の年齢及び適格に関する事実を記載した適格者で，利害関係を有しない者の宣誓供述書を１通添付しなければならない（州法595．４）。

⑵　婚姻許可証の取得

婚姻を挙行する前に，郡の登録官（**注１**）から許可証を取得しなければならない（州法595．３）。

真実宣言申請書を受領したときは，郡の登録官は許可証を発行することができるが，許可証の発行日から３日間を経過するまでは有効とはならない。

許可証が申請日から６か月以内（**注２**）に発行されないときは，申請は無効となる。

なお，緊急又は特別な状況が存在するときには，婚姻許可証は，申請書の提出日から３日間を経過する前に有効となる。緊急又は特別な状況の下で郡の登録官に申請書を提出したときは，地方裁判所の裁判官は，許可証の交付権限を付与する命令を下すことができる（州法595. 4）。

（**注１**）　1981年法では，許可書の交付者は，地方裁判所書記官とされていた。

（**注２**）　1981年法では，１年以内とされていた。

⑶　婚姻挙行者

最高裁判所，控訴裁判所，地方陪席裁判官，陪席少年裁判官を含めた地方裁判所の裁判官，首席判事を含めた治安判事若しくはその者の宗教上の信仰上の指導者として任命又は指名された者が，婚姻を挙行することができる（州法595. 10）。

⑷　婚姻証明書の返還

婚姻の挙行後に，それを司祭した牧師又は治安判事は，その目的のために規定された書式で婚姻を証明し，15日以内に，婚姻許可証を発行する郡の登録官に返還するものとする（州法595. 13）。

4　夫婦の姓

当事者は婚姻許可書を求める申請に際し，相互に合意した他の氏への変更を求めることができ，婚姻許可証において使用される氏が，婚姻当事者の法律上の氏となる。

婚姻許可証には，氏の変更は請求され，それを婚姻許可証に記載されているときは，新しい氏が申請当事者の法律上の氏であることを記載しなければならない（州法595. ５）。

5 外国等で行われた婚姻の有効性

アイオワ州以外の州，領土，国又は他の外国の裁判権で有効である他の州，領土，国又は他の外国の裁判権で挙行された婚姻は，当事者が州法592. 2第1項に従った有効要件を満たし，婚姻が他に無効と宣告されないときは，アイオワ州においても有効である（州法595. 20）。

6 婚姻の無効及び取消し

(1) 無効婚

近親婚の禁止及び重婚の禁止に反する婚姻は，無効である（州法595. 19）。

(2) 取り消すことができる婚姻

①当事者の婚姻が，法律により禁止されている場合，②当事者の一方が，婚姻時に性的不能であった場合，③当事者の一方に婚姻時に生存する夫又は妻がいる場合（ただし，両当事者がその事実を知って，その当事者の前の配偶者の死亡又は婚姻の解消後に，同居している場合を除く。），④当事者の一方が，後見の下にある被後見人であり，裁判所が有効な婚姻を締結する能力を欠くと判断された場合は，婚姻を取り消すことができる（州法598. 29）。

(3) 姓の変更

一方の婚姻当事者が，解消又は無効の判決の一部として，その者の姓を出生証明書に表示される姓か，又は婚姻直前に称していた姓に変更することを申し立てることができる。

なお，当事者が，その者の出生証明書に表示される姓又は婚姻直前に称していた姓以外の姓への変更を申し立てるときは，第674章に基づき申し立てなければならない（州法598. 37）。

〔**根拠法条**〕

州法（2014 Iowa Code）
第15編　司法及び裁判手続
サブタイトル１　家族関係
第595章　婚姻
595. 2（性，年齢）
① 男性と女性の間の婚姻のみが，有効である。
② 加えて，それぞれが18歳以上であるときにのみ，男性と女性の間の婚姻は有効である。ただし，当事者の一方又は双方がその年齢に達していないときは，以下に規定された事情の下にあるときは，婚姻は有効とすることができる。
③ 婚姻の挙行時又はそれ以前に，当事者の一方が18歳以上であると偽ったときは，その者が18歳に達する前に開始された取消訴訟において，出生証明書又は年齢に関する他の証拠によってその者の真実の年齢を知らしめ，かつ，立証されることにより，その婚姻を当初から無効とすることを選択するのでなければ，婚姻は有効である。本項において無効とされた婚姻から出生した子は，嫡出子である。
④ 以下の双方が適用される場合には，当事者の一方又は双方が16歳又は17歳である男性及び女性に婚姻許可証を発行することができる。
　a　婚姻適齢に達していない当事者の両親が，その婚姻に同意する旨を書面で証明するとき。婚姻を申請する未成年の当事者の両親の一方が死亡したか，又は行為能力がないときは，未成年の当事者の後見人がその証明を行い，両親が離婚したときは，法定監護権を有する親がその証明を行うことができる。
　b　父母の双方又は一方若しくは後見人の同意の証明書が，地方裁判所の裁判官によって承認されるか，婚姻を申請する未成年の当事者の両親が死亡，行為能力がなく，又は所在不明であり，かつ，後見人がいないときは，地方裁判所の裁判官は婚姻を承認する。未成年の当事者が婚姻の責任を負う能力を有し，婚姻が未成年の当事者の最善の利益にかなうと裁判官が判断したときにのみ，本項において承認すべきである。（以下，略）
⑤ 親又は後見人が同意をしないときは，婚姻を申請した当事者の申立てに基づき，同意が合理的理由なく同意されないときは，裁判官は決定しなければならない。裁判官がそのように判断したときは，第４項第ｂ号に基づく申立てを再審理しなければならない。
（1985年，1999年改正）
595. 3（婚姻許可証）
　婚姻を挙行する前に，郡の登録官から許可証を取得しなければならない。許可証は，以下に掲げる場合は，認められない。
1　当事者の一方が，婚姻を有効とするのに必要な年齢に達していない場合。
2　当事者の一方が，18歳未満である場合。ただし，婚姻が595. 2で規定する地方裁判所の裁判官が承認した場合を除く。
3　当事者の一方が，民事上の契約を行う適格を有しない場合。
4　当事者が法によって婚姻が禁止される血族及び姻族の親等内である場合。

5　当事者の一方が後見下にある被後見人で，裁判所が被後見人が有効な婚姻を締結する能力を欠くと判断した場合。

(1991年，1995年，1998年改正)

595. 4（年齢と資格−真実宣言のある申請書−待機期間−例外）

婚姻許可証の交付に先立って，その許可証を請求する当事者は，真実宣言申請書（a verified application）に署名し，その申請書を郡の登録官に提出しなければならない。申請書は，当事者の請求によりその者に郵送されるか，又は，婚姻許可書を交付する登録官の事務所において当事者が署名する。申請書には，それぞれの申請者の社会保障番号を記載し，両当事者の年齢及び適格に関する事実を記載した適格者で，利害関係を有しない者の宣誓供述書を１通添付しなければならない。(略)

婚姻許可証を求める申請が提出されたときは，郡の登録官は，その申請書をその目的のために保管されている訴訟記録に編綴しなければならない。

真実宣言申請書を受領したときは，郡の登録官は許可証を発行することができるが，許可証の発行日から３日間が経過するまでは有効とはならない。許可証が申請日から６か月以内に発行されないときは，申請は無効となる。

緊急又は特別な状況が存在するときには，婚姻許可証は，申請書の提出日から３日間を経過する前に有効となる。緊急又は特別な状況の下で郡の登録官に申請書を提出したときは，地方裁判所の裁判官は，許可証の交付権限を付与する命令を下すことができる。両当事者が裁判管轄区内の郡に婚姻許可証の申請をしなかったときは，命令は認められない。（略）裁判官は，緊急又は特別な状況が存在すると判断したときは，婚姻許可証の発行日から３日を経過する前に婚姻許可証を有効と認めることができる。（以下，略）

（1985年，1991年，1995年，1997年，1998年改正）

595. 5（姓の変更の採用）

① 当事者は，婚姻許可証の申請において，姓の変更の採用を示すことができる。婚姻許可証において使用される氏が，婚姻当事者の法律上の氏となる。婚姻許可証には，氏の変更は請求され，それを婚姻許可証に記載されているときは，新しい氏が申請当事者の法律上の氏であることを記載しなければならない。

② 個人は，どの時点でも１つの法律上の姓のみを称しなければならない。

（1988年，1995年，1999年，2001年改正）

595. 10（挙行者）

婚姻は，以下の者が挙行することができる。

1　最高裁判所，控訴裁判所，地方陪席裁判官（a district associate judge），陪席少年裁判官（associate juvenile judge）を含めた地方裁判所の裁判官，又は602. 9202第３項に規定された首席判事を含めた治安判事

2　その者の宗教上の信仰上の指導者として任命又は指名された者

（1983年，1987年，1995年改正）

595. 13（証明書−返還）

婚姻の挙行後に，それを司祭した牧師又は治安判事は，その目的のために規定

された書式で婚姻を証明し，15日以内に，婚姻許可証を発行する郡の登録官に返還するものとする。
（1995年，2000年，2002年改正）

595.19（無効婚）

① 血縁関係にある以下の者間の婚姻は，無効である。
　a 男性と，その者の父の姉妹，母の姉妹，娘，姉妹，息子の娘，娘の娘，兄弟の娘又は姉妹の娘
　b 女性と，その者の父の兄弟，母の兄弟，息子，兄弟，息子の息子，娘の息子，兄弟の息子又は姉妹の息子
　c いとこ間

② 当事者の一方に生存する夫又は妻がいる者の間の婚姻は無効である。ただし，前夫又は前妻が死亡又は離婚した後に，共に居住し，かつ同棲しているときは，婚姻は有効である。
（1985年，1994年改正）

595.20（外国婚－有効性）

他の州，領土，国又は他の外国の裁判権で有効である他の州，領土，国又は他の外国の裁判権で挙行された婚姻は，当事者が592.2第1項に従った有効要件を満たし，婚姻が他に無効と宣告されないときは，アイオワ州において有効である。
（1998年改正）

595.21～595.28（削除）

第598章　婚姻及び家族関係の解消

598.29（違法な婚姻の取消し－事由）

婚姻は，次に掲げる事由がある場合には，取り消すことができる。

1 当事者の婚姻が，法律により禁止されている場合。
2 当事者の一方が，婚姻時に性的不能であった場合。
3 当事者の一方に，婚姻時に生存する夫又は妻がいる場合。ただし，両当事者がその事実を知って，その当事者の前配偶者の死亡又は婚姻の解消後に，同居している場合を除く。
4 当事者の一方が，後見の下にある被後見人であり，裁判所が有効な婚姻を締結する能力を欠くと判断された場合。

（1991年法）

598.37（姓の変更）

婚姻当事者の一方が，解消又は無効の判決の一部として，その者の姓を出生証明書に表示される姓か，又は婚姻直前に称していた姓に変更することを申し立てることができる。当事者が，その者の出生証明書に表示される姓又は婚姻直前に称していた姓以外の姓への変更を申し立てるときは，第674章に基づき申し立てなければならない。

〔参考〕

家族法（アイオワ法規集1981年）

第595章　婚姻（第595章については，アイオワ法規集1999年）

595－2（婚姻適齢）

18歳以上の男女間の婚姻は有効である。

当事者の一方又は双方が，18歳に満たない男女間で行われた婚姻は，本条に求める場合においては有効となり得る。

1 婚姻の挙行時又はそれ以前に，当事者の一方が18歳以上であると偽ったときは，次

の場合を除き，その婚姻は有効である。

すなわち，その者が18歳に達する前に開始された取消訴訟において，出生証明書又は年齢に関する他の証拠によってその者の真実の年齢を知らしめ，かつ，立証させることにより，その婚姻を当初から無効とすることを選択する場合。

この規定によって当初から無効とされた婚姻から出生した子は，嫡出子である。

2　次の場合は，当事者の一方又は双方が16歳又は17歳であっても婚姻許可書が交付される。

(a)　婚姻適齢に達していない当事者の父母が，その婚姻に同意する旨を書面で証明するとき（父母の一方が死亡したとき，又は無能力であるときは他の一方の証明で足りる。父母の双方が死亡したとき，又は無能力であるときは，後見人がその証明を行うことができる。）。

父母が離婚したときは，法定監護権を有する親がその証明を行うことができる。

(b)　父母の双方又は一方若しくは後見人の同意の証明書が，地方裁判所の裁判官によって承認されるとき（父母の双方が死亡しており，無能力であり，所在不明であり，かつ，後見人を有しない場合において，婚姻が地方裁判所の裁判官によって承認される。）。

(c)　父又は母若しくは後見人が同意しないときは，裁判官は，当事者の申請に基づいて，その同意がされなかったことが不当か否かを決定しなければならない。

不当であると認定するときは，申請を再審理しなければならない。

595－3（婚姻許可書の交付）

婚姻の儀式の挙行に先立ち，郡の登録官（county registrar）が交付する婚姻許可書を得なければならない。

(注)　1981年法では，許可書の交付者は地方裁判所書記官とされていた。

当事者に次の事由がある場合は，婚姻許可書は交付しない。

1　当事者の一方が，婚姻を有効とするに必要な年齢に達していないとき。

2　当事者の一方が，18歳に満たないとき。ただし，595－2第2項に規定する地方裁判所の裁判官によって承認されている場合は，この限りでない。

3　当事者のいずれか一方が，民事上の契約を行う適格を有しないとき。

4　当事者が，法によって婚姻が禁止される血族又は姻族の親等内にあるとき。

5　当事者のいずれか一方が，精神病若しくは精神薄弱であり，知恵遅れの者であり，又は無能力者として後見に付されているとき。

595－4（年齢と適格―真実宣言のある申請書―待婚期間―例外）

婚姻許可書の交付に先立って，その許可書を請求する当事者は，真実宣言申請書（verified application）に署名し，その申請書を婚姻許可書を交付する郡の登録官（**注1**）に提出しなければならない。申請書は，当事者の請求によりその者に郵送されるか，又は，その登録官の事務所において当事者により署名される。申請書には，郡の登録官が両当事者の婚姻を締結する能力を決定するために必要であると思料する両当事者の年齢及び適格に関する事実を記載し，能力を有し，かつ，利害関係を有しない者の宣誓供述書を少なくとも１通添付しなければならない。婚姻許可書を求める申請がなされたときには，郡の登録官は，その申請書をその目的のために保管されている訴訟記録に編綴しなければならない。

真実宣言申請書を受領したときは，許可書を発行するが，発行した日から３日を経過しなければ有効とならない。許可書が申請の日から６月以内（**注2**）に交付されないときは，その申請は無効となる。

緊急又は特別の状況が存在するときには，婚姻許可書は，申請書の提出日から３日を経過する前に，有効となる。緊急又は特別の状況が存在する場合に，両当事者が，許可書を得るために郡の登録官に申請書を提出したときは，地方裁判所の裁判官は，許可書の交付の権限を付与する命令を下すことができる。

（注１）　郡の登録官は，1981年法では，地方裁判所書記官とされていた。

（注２）　1981年法では，１年以内とされていた。

595－５（氏の採択）

婚姻に際し，各当事者は，当該許可書を求める申請書に，他方当事者の氏又は当事者が相互に合意した他の氏への変更を求めることができる。婚姻許可書において使用される氏がその婚姻当事者の法律上の氏となるものとする。婚姻許可書には，氏の変更が求められ，かつ，その氏が婚姻許可書に記載されているときは，新しい氏が申請当事者の法律上の氏であることを記載しなければならない。

当事者の一方が，他の配偶者の氏又は配偶者双方の氏のハイフォンによる結合の氏への変更とは異なる氏の変更を求めるときは，その当事者は，第674章の規定に従って，裁判所の承認を求め，かつ，674－２の規定によって必要とされる情報を裁判所に提出しなければならない。（以下，略）

595－10（婚姻の儀式の挙行者）

婚姻は，次に掲げる者によって挙行されなければならない。

1　最高裁判所，控訴裁判所の裁判官，地方陪臣、陪席少年裁判官を含む地方裁判所の裁判官又は602－9202第１項に規定された首席判事を含めた治安判事

2　宗派の慣行に従い任命又は認可された聖職者

595－11（制定法によらない婚姻）

本章に規定された方法と異なる方法において，当事者の合意により挙行された婚姻も有効である。

595－13（証明書―報告書）

婚姻の儀式の挙行後，それを司式した聖職者又は司法官は，次に掲げることを行わなければならない。

1　各当事者に，婚姻の儀式の挙行の証明書を与えること。

2　15日以内に，所定の申込用紙を用いて婚姻許可書を交付した地方裁判所の書記官に対して，当該婚姻の報告書を提出すること。

595－19（無効な婚姻）

①　次に掲げる者の間の婚姻は，無効である。

1　男と，伯・叔母，父の寡婦，妻の母，娘，妻の娘，息子の寡婦，姉妹，孫，孫の寡婦，姪

2　女と，伯・叔父，母の夫，夫の父，息子，夫の息子，娘の夫，兄弟，孫，孫の夫，甥

3　従兄弟姉妹間

②　当事者の一方に生存する夫又は妻がいる間の婚姻は無効である。ただし，両当事者が前夫又は前妻の死亡又は離婚後，共に居住し，かつ同棲しているときは，婚姻は有効である。

第596章　婚姻許可書の身体上の要件

596－１（医師による検査）

第595章の規定において定められた婚姻許可書の要件に加えて，婚姻許可書を求める申請を行う全ての者は，その申請に先立つ20日以内に本州において正式に認可された医師により，梅毒の罹患の存否について検査を受けなければならない。また，梅毒を発見するために必要な顕微鏡及び血清学上の標準的検査に基づいて最も厳密に決定される限りにおいては，婚姻の前記当事者が梅毒に罹患していたこと，又はその梅毒が伝染し得るような病状にないことのいずれかであることを陳述する，かかる医師により署名された証明書を，本州に所在する郡の地方裁判所の書記官に提出しない者に対して，書記官が婚姻許可書を発給することは違法であるものとする。ただし，本章の規定において別段の定めがある場合は，この限りでない。

596－２（医師による証明書）

研究所が行った検査に対する消極的な認定に基づけば，前記医師が梅毒のいかなる徴候も見出せないとき，又は梅毒に罹患した申請者が伝染し得る病状でないときは，当該医師は，公衆衛生官により定められ，かつ，地方裁判所書記官の事務所に備え付けられた用紙を用いて，その趣旨を記載した証明書を被診断者に交付しなければならない。婚姻の各当事者についての消極的認定に関するそのよう

な証明書は，婚姻許可書を求める申請が行われるときに，地方裁判所の書記官に提出されなければならない。婚姻の儀式が595－17の規定に従って挙行されるときは，本章の規定によって必要とされる証明書は，その婚姻の儀式が挙行される郡の裁判所書記官の事務所に提出されなければならない。

596－４（妊娠した女性に関する例外）

女性が婚姻許可書の申請時に妊娠しているときは，地方裁判所の書記官は，研究所の検査結果にかかわりなく，婚姻の両当事者に対し，婚姻許可書を交付しなければならない。また，地方裁判所の書記官は，本章の規定によって必要とされる健康証明書の代わりに，州衛生局が定めた書式上に，その女性が妊娠している旨を陳述する，アイオワ州の認可された医師によって署名された宣誓供述書を受理する権限を有する。その宣誓供述書は，封印され，かつ，契約当事者又は裁判所の命令に服する利害関係人だけに利用され得るものとする。

596－７（許可書の有効期間）

本章の規定に基づいて交付された婚姻許可書は，婚姻の儀式がその許可書の交付後20日以内に挙行されないときは，当初から無効となり，何らの効力も有しないものとする。

第598章 婚姻の解消

598－29（違法な婚姻の取消し―事由）

婚姻は，次に掲げる事由がある場合には，取り消され得る。

1 当事者間の婚姻が，法律により禁止されているとき。
2 当事者のいずれか一方が，婚姻時に性的不能であったとき。
3 当事者のいずれか一方が，婚姻時に生存する夫又は妻を有していたとき。ただし，両当事者がその事実を知りつつ，その当事者の前配偶者の死亡又は婚姻の解消後，同居かつ同棲していたときを除く。
4 当事者のいずれか一方が，婚姻時に，精神病にかかっているとき，又は知能が遅れているとき。

（「外国身分関係法規集（Ⅳ）」25頁参照）

第２ 離　婚

１ 裁判管轄及び裁判地

地方裁判所は，第一審裁判管轄を有する。

裁判地は，当事者の一方が居住する郡にある（州法598．２）。

２ 離婚の申立て

離婚の申立てには，婚姻の合理にかなった目的が破綻する程度に，婚姻関係が破綻し，婚姻が維持される合理的な可能性もないことの主張が記載されていなければならない（州法598．５）。

３ 姓の変更

婚姻当事者の一方が，離婚判決の一部として，その者の姓を出生証明書に表示される姓か，又は婚姻直前に称していた姓に変更することを申し立てることができる。

また，当事者が，その者の出生証明書に表示される姓又は婚姻直前に称していた姓以外の姓への変更を申し立てるときは，第674章に基づき申し立てなければならない（州法598.37）。

〔根拠法条〕

州法（2014 Iowa Code）

第15編　司法及び裁判手続

サブタイトル1　家族関係

第598章　婚姻及び家族関係の解消

598.1（定義）

本章において，以下のように使用される。

1　（略）

2　「婚姻の解消」は，婚姻関係の終了を意味し，「離婚」の用語と同意である。

3～9　（略）

（1984年，1986年，1990年，1997年改正）

598.2（裁判管轄）

地方裁判所は，本章の内容に第一審裁判管轄（original jurisdiction）を有する。裁判地は，当事者の一方が居住する郡にあるものとする。

598.3（訴訟の種類－併合）

婚姻の解消を求める訴訟は，衡平法上の訴訟手続によらなければならず，離婚扶養料を除き，いかなる訴訟原因もこの訴訟に併合されてはならない。これらの訴訟には，被告による反訴又は反対申立てをしてはならない。被告の出頭後には，訴訟当事者が双方が取下書に署名した場合を除き，訴訟原因を取り下げることは認められない。

598.5（申立ての内容－立証－証拠）

①　婚姻解消の申立てには，以下のことが記載されていなければならない。

a～f　（略）

g　婚姻の合理にかなった目的が破綻する程度に，婚姻関係が破綻し，婚姻が維持される合理的な可能性もないことの主張

h～k　（略）

②　申立ては，原告が立証しなければならない。

③　（略）

（1985年，1997年，2005年改正）

598.37（姓の変更）

婚姻当事者の一方が，解消又は無効の判決の一部として，その者の姓を出生証明書に表示される姓か，又は婚姻直前に称していた姓に変更することを申し立てることができる。当事者が，その者の出生証明書に表示される姓又は婚姻直前に称していた姓以外の姓への変更を申し立てるときは，第674章に基づき申し立てなければならない。

〔**参考**〕

家族法（アイオワ法規集1981年）

第598章　婚姻の解消

598－1（用語の定義）

1 「婚姻の解消」とは，婚姻関係の終了をいい，「離婚」の用語と同義であるものとする。

2・3 （略）

598－2（裁判管轄）

地方裁判所は，本章の規定する係争物の第一審裁判管轄権を有する。

裁判管轄地は，当事者の一方が居住する郡にあるものとする。

598－3（訴えの種類）

婚姻の解消を求める訴訟は，衡平法上の訴訟手続によって行わなければならない。

離婚扶養料を除いて，いかなる訴訟原因もこの訴訟に併合されてはならない。

これらの訴訟には，被告による反訴又は反対申立てをすることはできない。

被告の出頭後には，訴訟原因のいかなる取下げも許されない。ただし，訴訟当事者双方が取下書に署名したときはこの限りでない。

598－5（申立書の内容）

婚姻解消の申立書には，次に掲げることが記載されなければならない。

1～6 （略）

7 婚姻の本質的な目的が破壊される程度に，婚姻関係の破綻が存在すること，及び婚姻が維持されるいかなる合理的可能性も残存していないことの主張

8～10 （略）

第3　出　　生

1　出生子の身分

有効な婚姻及び取り消し得る婚姻関係にある夫婦から出生した子は，嫡出子である（州法598.31)。

2　出生証明書

アイオワ州公衆衛生局（department of public health）発行の出生証明書は，資料5－2－2（本文188頁）参照。

〔**根拠法条**〕

州法（2014 Iowa Code）

第15編　司法及び裁判手続

サブタイトル1　家族関係

第598章　婚姻及び家族関係の解消

598.31（嫡出性）

本章の規定に基づいて終了又は無効とすることができる婚姻関係において，両当事者又は妻から出生した子は，両当事者の嫡出子であるものとする。ただし，裁判所が証拠に基づいて別に判決する場合は，この限りでない。

第4　準　　正

1　婚姻準正

嫡出でない子は，父母が婚姻することによって嫡出子の身分を取得する（州法595. 18）。

〔根拠法条〕

州法（2014 Iowa Code）
第15編　司法及び裁判手続
サブタイトル1　家族関係
第595章　婚姻
595. 18（嫡出子）

婚姻外で出生した子は，両親がその後に婚姻することにより嫡出子となる。

595. 3又は595. 19の規定に違反して締結された婚姻から出生した子は嫡出子である。

第5　養子縁組

1　実質的成立要件

⑴　養親の要件

①未婚の成人（18歳以上の者），又は②夫婦が共同して，若しくは③養子となる者が他方の配偶者でなく，養親となる配偶者が，㋐養子となる者の継親であるとき，㋑配偶者による遺棄を理由として，その者と別居しているとき，㋒裁判所が，少年裁判所又は裁判所が決定した，他の配偶者の長期間で理由のない不在，意思表示ができないか，又は行為能力がないことを理由として，若しくは配偶者が合理的な理由なく共同申立人となることを拒否したことを理由として，その者と共に申立てをすることができないときには，夫又は妻が個別に養子縁組をすることができる（州法600. 4）。

⑵　養子の要件

養子は，未成年者（18歳未満）だけでなく，成人（18歳以上）も養子となることができる（州法600. 3）。

⑶　配偶者等の同意

申立人が継親であるとき，又は申立人が単独で成人の養親になるときは，その配偶者の同意を要する（州法600. 7①）。

(4)　試験養育期間

未成年の者の養子縁組は，最短で180日間の期間，養子縁組の申立人と居住するまでは，判決してはならない。

ただし，養子縁組の申立人が継親であるか，又は未成年者と４親等内の関係にあるときは，少年裁判所又は裁判所は，その期間を放棄することができ，又は，正当な事由があると少年裁判所又は裁判所が判断し，養子縁組の申立人と養子となる者が双方にとって相当であると判断したときは，その期間を短縮することができる（州法600. 10）。

２　保護要件

(1)　養子の同意

ア　同意の要否

養子が14歳以上である場合は，その者の書面による同意を要する（州法600. 7①）。

イ　同意の方法

養子縁組の申立てが提起された少年裁判所又は裁判所の面前で，行う（州法600. 7②）。

ウ　同意の撤回

養子縁組判決が下されるまでは，少年裁判所又は裁判所に同意の撤回の宣誓供述書を提出することにより，養子縁組に対する同意を撤回することができる（州法600. 7③）。

エ　同意を拒否する場合

同意を拒否するときは，申立人は，申立書にそのような拒否について真実宣言付き陳述書を添付することができる。

少年裁判所又は裁判所は，養子となる者及び申立人の最善の利益となるかについて，養子となるべき者及び申立人の同意が養子縁組の申立てを認めることにつき不要であるか否かについて決定しなければならない（州法600. 7④）。

⑵ 後見人の同意

ア　同意の要否

養子となる者の後見人の書面による同意を要する（州法600. 7①）。

イ　同意の方法

養子縁組の申立てが提起された少年裁判所又は裁判所の面前か，又は公証人の面前で同意を行う（州法600. 7②）。

ウ　同意の撤回

養子縁組判決が下されるまでは，少年裁判所又は裁判所に同意の撤回の宣誓供述書を提出することにより，養子縁組に対する同意を撤回することができる（州法600. 7③）。

エ　同意を拒否する場合

同意を拒否するか，又は，その所在が不明で同意できないときは，申立人は，申立書にそのような拒否又は所在不明について真実宣言付き陳述書を添付することができる。

少年裁判所又は裁判所は，養子となる者及び申立人の最善の利益となるかについて，養子となるべき者及び申立人の同意が養子縁組の申立てを認めることにつき不要であるか否かについて決定しなければならない（州法600. 7④）。

⑶ 裁判所の関与

養子縁組は，裁判所の審理手続を経なければならない。

3　形式的成立要件

⑴ 養子縁組手続の開始

養子縁組訴訟は，養子となる成年者が住所又は居所を有する郡の少年裁判所又は裁判所若しくは養子となる未成年者の後見人又は申立人が住所又は居所を有する郡の少年裁判所又は裁判所に，養子縁組の申立書を提出することによって開始する（州法600. 3①）。

⑵ 申立ての要件

養子縁組の申立ては，親権が終了するまでは提出してはならない。

ただし，①養子となる者が成人で，親権の終了を要しない場合，②養子となる子の継親が養子縁組の申立人であり，その子と当該申立人の配偶者でない者との親子関係が，その親の養子縁組への同意を提出することによって，養子縁組手続の一部として消滅する場合，③600. 14Aで規定されているスタンバイ養子縁組で，養子縁組の申立ての前に親権命令を終了することを要しない場合は，この限りでない（州法600. 3②）。

⑶　養子縁組判決

養子縁組の聴聞を終結したときは，少年裁判所又は裁判所は，①終局的縁組判決を下すこと，②中間的縁組判決を下すこと，③600. 14Aに従ってスタンバイ養子縁組判決を下すこと，④本章の要件が満たされていないか，又は養子縁組の申立てを棄却することが養子縁組を申し立てた者の最善の利益になるときは，養子縁組の申立てを棄却することの一つをしなければならない（州法600. 13）。

4　養子縁組の効力

⑴　養親との関係

判決時に存在する，養親の配偶者の親権を除く全ての親権が終了し，養親と養子との間に親子関係を創設する（州法600. 13④）。

⑵　養子の氏名

養子縁組に係る判決に指示があるときは，養子の氏名は変更される（州法600. 13⑤）。

⑶　外国及び国際養子縁組の効力

アメリカ合衆国の内外を問わず，他の裁判管轄区域の裁判所によって正当な法の手続に従って下された養子縁組は，アイオワ州においても有効な養子縁組である（州法600. 15）。

〔根拠法条〕

州法（2014 Iowa Code）
第15編　司法及び裁判手続
サブタイトル1　家族関係
第600章　養子縁組
600. 3（養子縁組訴訟の開始，管轄権，不便宜法廷（**注**）(forum non conveniens)）
① 自然人の養子縁組訴訟は，養子となる成年者が住所又は居所を有する郡の少年裁判所又は裁判所若しくは養子となる未成年者の後見人又は申立人が住所又は居所を有する郡の少年裁判所又は裁判所に，600. 5に規定する養子縁組の申立書を提出することによって開始する。
②a　養子縁組の申立ては，親権が終了するまでは提出してはならない。ただし，次に掲げる場合は，この限りでない。
　1　養子となる者が成人で，親権の終了を要しない場合。
　2　養子となる子の継親が養子縁組の申立人であり，その子と当該申立人の配偶者でない者との親子関係が，その親の養子縁組への同意の提出することによって，養子縁組手続の一部として消滅する場合。
　3　養子縁組が，600. 14Aで規定されているスタンバイ養子縁組で，養子縁組の申立ての前に親権命令を終了することを要しない場合。
b　本項において，アメリカ合衆国の他の管轄権の少年裁判所又は裁判所によって承認され，また，その裁判管轄の居住者から得られた養子縁組の同意は，本州において，親権終了の訴訟手続に代わるものとして受理されなければならない。
c　1978年7月1日以前に係属又は完結した養子縁組手続は，本項の規定に反しない限り，適法かつ有効とされる。
③（略）
④ 養子縁組の申立ては，1人の自然人の養子縁組に限られる。
(2000年，2001年，2007年改正)
（**注**）「不便宜法廷」とは，裁判所が訴訟管轄に対して裁判管轄権を有するにもかかわらず，審理を行う上で，著しく不適切であり，また，原告が訴訟を提起し得る法廷地が他にもあると考えられる場合，裁判管轄権の行使を裁判所の裁量で差し控える法理とされている。

600. 4（養子縁組訴訟の開始，管轄権，不便宜法廷）
養親となり得る者は，600. 3の規定に基づいて，養子縁組を申し立てることができる。次に掲げる者は，養親となることができる。
1　未婚の成人
2　夫及び妻が一緒に
3　養子となる者が他方の配偶者でなく，養親となる配偶者が，以下の場合には，夫又は妻が個別に
　a　養子となる者の継親であるとき。
　b　597. 10に規定されている配偶者による遺棄を理由として，その者と別居しているとき。
　c　裁判所が，600. 5第7項（裁判所が申立人の養親となるべき適格を承認することの申立て）の規定に基づいて少年裁判所又は裁判所が決定し

た，他の配偶者の長期間で理由のない不在，意思表示ができないか，又は行為能力がないことを理由として，若しくは配偶者が合理的な理由なく共同申立人となることを拒否したことを理由として，その者と共に申立てをすることができないとき。

(2000年改正)

600. 7（養子縁組に対する同意）

① 次に掲げる者が養子縁組に同意しないか，又は少年裁判所又は裁判所が第4項（同意の要否についての裁判所の決定）に基づく決定をしないときは，養子縁組の申立てを許可してはならない。

a 養子となる者の後見人

b 継親である申立人の配偶者

c 別々に成年者を養子縁組することを申し立てる申立人の配偶者

d その者が14歳以上であるときは，その養子

② 養子縁組に対する同意は，文書においてなされ，かつ，養子となる者及び申立人の氏名を記載し，同意をする者により署名され，かつ，次の方法によって行われなければならない。

a 14歳以上の養子となる未成年者によるときは，養子縁組の申立てが提起された少年裁判所又は裁判所の面前で。

b 他の者によるときは，養子縁組の申立てが提起された少年裁判所又は裁判所の面前か，又は第9B章に規定された公証人の面前で。

③ 600.13の規定に基づいて，養子縁組判決が下されるまでは，少年裁判所又は裁判所に同意の撤回の宣誓供述書を提出することにより，養子縁組に対する同意を撤回することができる。その宣誓供述書は，添付された真実宣言付きの陳述書が第4項に基づき取り扱われるのと同一の方法で取り扱われなければならない。

④ 本節に基づいて同意を要求される者が同意を拒否するか，又は，その所在が不明で同意できないときは，申立人は，申立書にそのような拒否又は所在不明について真実宣言付き陳述書を添付することができる。少年裁判所又は裁判所は，600.12の規定に定められた養子縁組の審問において，養子となる者及び申立人の最善の利益となるかについて，養子となるべき者及び申立人の同意が養子縁組の申立てを認めることにつき不要であるか否かについて決定しなければならない。

(2000年，2012年改正)

600.10（未成年の子の最短居住期間）

未成年の者の養子縁組は，最短で180日間の期間，養子縁組の申立人と居住するまでは，判決をしてはならない。ただし，養子縁組の申立人が，継親であるか，又は未成年者と4親等内の関係にあるときは，少年裁判所又は裁判所は，その期間を放棄することができ，又は，正当な事由があると少年裁判所又は裁判所が判断し，養子縁組の申立人と養子となる者が双方にとって相当であると判断したときは，その期間を短縮することができる。

(2000年改正)

600.13（養子縁組判決）

① 養子縁組の聴聞を終結したときは，少年裁判所又は裁判所は，次に掲げる一つをしなければならない。

a 終局的縁組判決を下すこと。

b　中間的縁組判決（an interlocutory adoption docree）を下すこと。

c　600.14Aに従ってスタンバイ養子縁組判決を下すこと。

d　本章の要件が満たされていないか，又は養子縁組の申立てを棄却することが養子縁組を申し立てた者の最善の利益になるときは，養子縁組の申立てを棄却すること。（以下，略）

② 中間的養子縁組判決は，中間養子縁組判決で少年裁判所又は裁判所が定めた日（中間判決が下された日から180日未満，360日より後であってはならない。）に自動的に最終養子縁組判決となる。ただし，中間養子縁組判決は，確定する指定日前に無効とすることができる。（以下，略）

③ 中間的養子縁組判決が，第2項に基づいて無効とされたときは，その判決日から無効となり，その判決の影響を受けた全ての者の権利，義務及び責任は，既得権となったものを除き，判決の効力が及ぶ。中間的養子縁組判決がなくなったことにより，少年裁判所又は裁判所は，第1項第d号の規定に基づき手続を行わなければならない。

④ 終局的養子縁組判決は，その判決時に存在する養子縁組申立人の配偶者の親権を除き，全ての親権を終了させ，養子縁組申立人と養子となる者の間に，親子関係を創設する。法に別段の定めがない限り，親子関係は，子の出生時に創設されたものとみなされる。

⑤ 中間的又は終局的養子縁組判決は，裁判所書記官によって登録されなければならない。その判決は，少年裁判所又は裁判所が確信を得るために立証された養子縁組の申立ての事実及び少年裁判所又は裁判所が適当であると思料した他の全ての事実を記載し，養子縁組の申立てを許可するものとする。養子縁組判決において，その旨の指示があるときは，養子の氏名はその判決によって変更されるものとする。裁判所の書記官は，判決が下された日から30日以内に申立人に対して，養子縁組判決の認証謄本を，また，部局及び養子縁組のために未成年者を託置した機関又は者に対して，養子縁組判決書の写しを，さらに人口動態統計の州の登録官に対して，144.19に規定されている証明書を各1通ずつ送達しなければならない。（以下，略）

（1989年，1999年，2000年，2001年，2002年，2003年改正）

600.14（上訴－規則）

本章又は600A章に基づいて下された終局的命令又は判決に対する上訴は，民事訴訟手続規則の規定に基づいて終局判決に対して上訴されるのと同じ方法で行われなければならない。ただし，訴訟物の最低価額に関する民事訴訟手続の規定は，養子縁組の上訴を妨げるものではない。最高裁判所は，最初から養子縁組の上訴を再審理しなければならない。（以下，略）

（1994年改正）

600.14A（スタンバイ養子縁組）

① 本条において，以下のように使用される。

a「スタンバイ養子縁組（Standby adoption）」は，病気の末期症状の親の死亡又は最終養子縁組判決の発布のいずれかの将来の出来事が発生したことにより効力を生ずる，病気の末期症状の親が親権の終了に同意し，養子縁組判決を発布する養子縁組である。

b （略）

② 病気の末期症状の親は，子の他方の親が生存していないか，又は前に親権が終了しているときは，親権の終了及びスタンバイ養子縁組に基づく養子縁組に同意することができる。

③ 600. 4に従って養子縁組の申立てを提出する資格を備える者は，スタンバイ養子縁組の申立てを提出することができる。スタンバイ養子縁組は，600. 7から600. 12の要件を満たしていなければならない。（以下，略）

④・⑤ （略）

（2001年改正）

600. 15（外国及び国際養子縁組）

アメリカ合衆国の内外を問わず，他の裁判管轄区域の少年裁判所又は裁判所によって，正当な法の手続に従って下された養子縁組によって親子関係を創設する判決は，アイオワ州においても承認される。

（1987年，1998年，2000年，2001年，2002年改正）

資料5－2－1〔婚姻証明書〕

STATE OF IOWA
CERTIFICATION OF VITAL RECORD

STATE OF IOWA

County Record

STATE OF IOWA
IOWA DEPARTMENT OF PUBLIC HEALTH
CERTIFICATE OF MARRIAGE
Marriage Ceremony Performed in the State of Iowa

LICENSE
COUNTY: Mitchell　　114-
NUMBER: 0999

1a. PARTY A – NAME BEFORE MARRIAGE: FIRST / MIDDLE / LAST / SUFFIX, if any	△△ / / △△ /
1b. LAST NAME PRIOR TO ANY MARRIAGE	△△
1c. PARTY A – NAME AFTER MARRIAGE: FIRST / MIDDLE / LAST / SUFFIX, if any	△△ / △△ / △△ /
2a. RESIDENCE – STATE	Arkansas
2b. RESIDENCE – COUNTY	Craighead
2c. RESIDENCE – CITY, TOWN, OR LOCATION	Jonesboro
3. STATE OF BIRTH (If not in U.S.A., name of foreign country)	Japan
4a. DATE OF BIRTH (Month, Day, Year)	January※, 1980
4b. GENDER	Female
5. FATHER – CURRENT NAME	※※※※
6. MOTHER – NAME PRIOR TO ANY MARRIAGE	※※※※
7a. PARTY B – NAME BEFORE MARRIAGE: FIRST / MIDDLE / LAST / SUFFIX, if any	□□ / □□ / □□ /
7b. LAST NAME PRIOR TO ANY MARRIAGE	□□
7c. PARTY B – NAME AFTER MARRIAGE: FIRST / MIDDLE / LAST / SUFFIX, if any	□□ / □□ / □□ /
8a. RESIDENCE – STATE	Iowa
8b. RESIDENCE – COUNTY	Mitchell
8c. RESIDENCE – CITY, TOWN, OR LOCATION	Osage
9. STATE OF BIRTH (If not in U.S.A., name of foreign country)	Iowa
10a. DATE OF BIRTH (Month, Day, Year)	July※, 1974
10b. GENDER	Male
11. FATHER – CURRENT NAME	※※※※
12. MOTHER – NAME PRIOR TO ANY MARRIAGE	※※※※
13a. SIGNATURE OF PARTY A (After marriage)	（署名）
13b. SIGNATURE OF PARTY B (After marriage)	（署名）
13c. DATE SIGNED (Month, Day, Year)	09-22-2013
14a. I CERTIFY THAT THE ABOVE NAMED PERSONS WERE MARRIED ON (Month, Day, Year)	Sept ※ 2013
14b. PLACE OF MARRIAGE – COUNTY	Mitchell
14c. CITY, TOWN, OR LOCATION	Orchard
14d. INSIDE CITY LIMITS (Specify Yes or No)	yes
15a. OFFICIANT – SIGNATURE	（署名）
OFFICIANT – MAILING ADDRESS (Street Address or Post Office Box, City or Town, State, Zip Code)	※※※※※※
16a. WITNESS – SIGNATURE	（署名）
16b. WITNESS – SIGNATURE	（署名）
17a. COUNTY REGISTRAR – SIGNATURE	（署名）
17b. DATE FILED (Month, Day, Year)	9-24-2013

PLEASE PRINT NAMES OF:　OFFICIANT ※※※※
FIRST WITNESS ※※※※
※※※　SECOND WITNESS ※※※※

This is to certify that this is a true and correct reproduction of the original record as recorded in this office, issued under authority of Chapter 144, Code of Iowa.
This copy not valid unless prepared on engraved border displaying state seal and signature of the Registrar.

9-24-2013　BY　（署名）　OF　（署名）
DATE ISSUED　COUNTY REGISTRAR OF VITAL RECORDS　COUNTY
※※※

THE GREAT SEAL OF THE STATE OF IOWA
COUNTY REGISTRAR IOWA REGISTRATION OF VITAL STATISTICS

FORM #588-0028C (03/2010)　**WARNING: IT IS ILLEGAL TO DUPLICATE THIS COPY**

American Bank Note Company　ANY ALTERATION OR ERASURE VOIDS THIS CERTIFICATE

資料5－2－1

婚 姻 証 明（要訳）

1．婚姻当事者の氏名

夫 氏＿＿□ □＿＿ 名＿＿□ □ □ □＿＿
（ファーストミドルジュニア等の順）

妻 氏＿＿△ △＿＿ 名＿＿△ △＿＿

2．婚姻年月日 平成 25 年 9 月 ※ 日

3．婚姻場所 アメリカ合衆国＿アイオワ＿州＿ミッチェル＿郡
＿オーチャード＿市

4．婚姻証明書作成者の職名 判事 州登録官 （郡登録官）
その他（ ）

5．その他特記事項

翻訳者氏名＿＿△ △ △ △＿＿

資料5－2－2〔出生証明書〕

STATE OF IOWA
CERTIFICATION OF VITAL RECORD

STATE OF IOWA

Iowa Department of Public Health
CERTIFICATE OF LIVE BIRTH

STATE FILE NUMBER: **114-2013-※ ※**

REGISTRANT

1a. FIRST NAME ○○	2. DATE OF BIRTH October※, 2013
1b. MIDDLE NAME, if any	3. TIME OF BIRTH 5:00 PM
1c. LAST NAME (Surname) ○○	4. GENDER Male
1d. SUFFIX, if any	5. COUNTY OF BIRTH Polk
6. FACILITY OF BIRTH (OR STREET ADDRESS) ※ ※ ※ Medical Center	7. CITY, TOWN, OR LOCATION OF BIRTH Des Moines

MOTHER

8a. CURRENT LEGAL FIRST NAME AND MIDDLE NAME △△	
8b. CURRENT LEGAL LAST NAME, SUFFIX △△	
9a. FIRST NAME AND MIDDLE NAME PRIOR TO ANY MARRIAGE △△	
9b. LAST NAME, SUFFIX PRIOR TO ANY MARRIAGE △△	
10. STATE OF RESIDENCE Iowa	11. COUNTY OF RESIDENCE Polk
12. BIRTHPLACE Japan	13. DATE OF BIRTH (OR AGE) September※, 1974

FATHER

14a. CURRENT LEGAL FIRST NAME AND MIDDLE NAME □□	
14b. CURRENT LEGAL LAST NAME, SUFFIX □□	
15. BIRTHPLACE Japan	16. DATE OF BIRTH (OR AGE) December※, 1974

17. REGISTRAR'S NAME ※ ※ ※ ※	18. DATE FILED BY REGISTRAR October 11, 2013

NO NOTATIONS

※ ※

This is to certify that this is a true and correct reproduction of the original record as recorded in this office, issued under authority of Chapter 144, Code of Iowa.
This copy not valid unless prepared on engraved border displaying state seal and signature of the Registrar.

10/15/2013	※ ※ ※ ※	(署名)
DATE ISSUED	GOVERNOR, STATE OF IOWA	DEPUTY STATE REGISTRAR

※ ※ ※　　※ ※ ※ ※ , Lt. Governor

FORM #588-0328S (03/2010) **WARNING: IT IS ILLEGAL TO DUPLICATE THIS COPY**

ANY ALTERATION OR ERASURE VOIDS THIS CERTIFICATE

THE GREAT SEAL OF THE STATE OF IOWA

DEPARTMENT OF PUBLIC HEALTH IOWA REGISTRATION OF VITAL STATISTICS

資料5－2－2

英文出生証明書訳文

出生子の氏名	○　○　○　○
性別	男
出生日と時間	平成 25 年 10 月 ※ 日　午後 5 時 00 分
出生場所	アメリカ合衆国アイオワ州デモイン市
父の氏名	□　□　□　□
母の氏名	△　△　△　△
母の旧姓	△　△　△　△
証明書発行機関	アメリカ合衆国　アイオワ州
証明書発行年月日	平成 25 年 10 月 15 日
訳者氏名	△　△　△　△

5－3　アメリカ合衆国／アイダホ州

第1　婚　姻

1　実質的成立要件

(1)　婚姻適齢

男女とも18歳以上である。

16歳以上で18歳未満の者については，父母又は後見人が正当に宣誓した同意書を得たときでなければ，婚姻許可証は発給されない。

また，婚姻当事者の一方が16歳未満の場合は，父母又は後見人が正当に宣誓した同意書及び裁判所の命令があるときでなければ，婚姻許可証は発給されない（州法32－202）。

(2)　近親婚の禁止

親子間，親等のいかんにかかわらず，尊属及び卑属間，全血又は半血の兄弟姉妹間，おじと姪，おばと甥の婚姻は近親婚であり，その関係が嫡出であるか嫡出でないかにかかわらず，当初から無効である（州法32－205）。

また，いとこ間の婚姻は，禁止される（州法32－206）。

(3)　重婚の禁止

その者の前夫又は前妻の生存中に締結された後婚は，違法であり，当初から無効である。

ただし，一方の当事者の前婚が無効であるか，又は解消された場合又は前夫又は前妻が失踪し，手続の直前の継続した５年間生死が不明であるか，再婚が締結された時に，前夫又は前妻が死亡したものと信じ，一般に認識されていたときを除く（州法32－207）。

(4)　同性婚の禁止

同性者間の婚姻は認められていない（州法32－101・32－209）。

なお，アメリカ合衆国では，同性婚を認める州と認めない州が存在していたが，連邦最高裁判所は，平成27年（2015年）６月26日に，同性婚は合衆国憲法の下での権利であり，州は同性婚を認めなければならないとの判断を下した。これにより，全米で同性婚が合法となることから，同性婚を禁止している各州の法律は今後改正される。

2 婚姻許可証

⑴ 発給権者

郡の登録官吏が発給する（州法32－401）。

⑵ 申請者

婚姻当事者が申請する（州法32－401）。

⑶ 許可証の発行

婚姻許可証の申請により，婚姻当事者は婚姻能力があると認められる場合，全ての郡の登録官吏は，法定料金を徴収して，許可証を発給しなければならない。

登録官吏は，婚姻を締結する州法により，婚姻当事者の婚姻能力について承知していないときは，許可証の申請者，登録官が適当と判断する証人から宣誓供述書を提出させることができ，婚姻当事者が，法律的に婚姻能力を有することが宣誓供述書から判断されるときは，許可証を発行しなければならない。

ただし，許可証を請求している婚姻当事者の一方が18歳未満の場合，1⑴の父母等の同意及び証拠に基づく場合を除き，許可証を発行してはならない（州法32－403）。

⑷ 医師検査証（風疹）

従前は，女性の申請者は，登録官吏の許可証の発給前に，アイダホ州医療委員会の医師による医療診断書等を提出しなければならないとされていた（旧州法32－412）が，現行法では削除されている。

3 形式的成立要件

⑴ 挙式の方法

婚姻は，挙式が行われ，認証され，かつ登録されなければならない（州法32－301）。

⑵　挙式挙行者の義務

婚姻挙行者は，①当事者の同一性，②当事者の真のフルネーム及び居住地，③当事者が婚姻締結をすることができる十分な年齢にあること，④男子又は女子が18歳未満である場合は，父母又は後見人の同意があるか，又は，その婚姻適齢に達していない者が以前婚姻していたが現在婚姻していないこと，あるいは，婚姻の儀式を申請し，その締結をする当事者がその法的権利を有することを確認しなければならない（州法32－302）。

⑶　挙式挙行者

婚姻は，現役又は退職した最高裁判所裁判官，現役又は退職した控訴裁判所裁判官，現役又は退職した地方裁判所裁判官，現在又は前の知事，現在の副知事，現役又は退職した地方裁判所の治安判事，現在の市長，現役の連邦裁判官，現役のアイダホのインディアン種族の種族裁判官又はアイダホのインディアン種族の公式行為によって承認された他の種族の官吏若しくはいかなる福音の宗派の聖職者又は牧師が挙行することができる（州法32－303）。

⑷　挙式の形式

婚姻の挙式は，特別の形式を必要としないが，婚姻当事者は，婚姻執行者の立会いの下にそれぞれ相手方を夫として，妻として受け入れる旨の宣言をしなければならない（州法32－304）。

⑸　婚姻当事者に対する証明書の交付

婚姻挙行者は，必要があるときは，それぞれの当事者に対して証明書を交付しなければならない（州法32－306）。

4　婚姻の無効

⑴　無効事由（州法32－501）

①　当事者が法定承諾年齢未満で，婚姻が両親又は後見人若しくはその者を保護する者の同意なく締結された場合

ただし，同意年齢に達した後に，その当事者が自己の意思で夫又は妻として他方の配偶者と同棲した場合を除く。

②　一方当事者の前の夫又は妻が存在し，この前の夫又は妻との婚姻が効力を

有していた場合

③　一方の当事者が精神障害であった場合

ただし，その当事者が正気になった後に，その当事者が自己の意思で夫又は妻として他方の配偶者と同棲した場合を除く。

④　一方の当事者の同意が詐欺により取得された場合

ただし，その当事者が後に詐欺による事実を完全に知り，自己の意思で夫又は妻として他方の配偶者と同棲した場合を除く。

⑤　一方の当事者の同意が強迫により取得された場合

ただし，その後に自己の意思で夫又は妻として他方の配偶者と同棲した場合を除く。

⑥　一方の当事者が，婚姻時に，身体的障害で婚姻する状態にないときで，その障害が継続し，治癒できそうにない場合

(2)　無効訴訟（州法32－502）

(1)に掲げる事由により婚姻の無効判決を得る訴訟は，次の当事者が次の期限内に開始しなければならない。

①　当事者が法定承諾年齢未満で，婚姻が両親又は後見人若しくはその者を保護する者の同意なく締結された場合

法定の同意年齢未満で婚姻した当事者が，同意年齢に達した後４年以内に。親，後見人又は未成年の男女を監護する他の者は，婚姻した未成年者が法定の同意年齢に達するまでのいつでも。

②　一方当事者の前の夫又は妻が存在し，この前の夫又は妻との婚姻が効力を有していた場合

他方の生存中に一方の当事者が，又は，前の夫又は妻が。

③　一方の当事者が精神障害であった場合

被害者又は親族若しくは精神障害の当事者の後見人が，一方の当事者が死亡する前にいつでも。

④　一方の当事者の同意が詐欺により取得された場合

被害者が，詐欺を構成する事実を知った後４年以内に。

⑤　一方の当事者の同意が強迫により取得された場合

被害者が，婚姻後４年以内に。

⑥　一方の当事者が，婚姻時に，身体的障害で婚姻する状態にないときで，その障害が継続し，治癒できそうにない場合

被害者が，婚姻後４年以内に。

〔**根拠法条**〕

州法（2014 Idaho Statutes）

第32編　家事関係

第２章　婚姻－婚姻契約の本質及び有効性

32－101（婚姻を構成するもの－1996年１月１日のコモンローでない婚姻）

①　婚姻は，男女の間の民事契約から生ずる対人関係であって，当該民事契約を結ぶ能力のある当事者の同意を要する。婚姻は，同意のみでは成立せず，権限を付与され，法律に規定されている許可証の発行及び挙式を伴うものでなければならない。夫婦の権利・義務の相互の仮定は法的な婚姻としては認められない。

②　許可証の発行と婚姻の儀式を要求している本節第１項の規定は，当事者が夫婦の権利及び義務を相互に引き受けることを同意したことにより成立した，1996年１月１日以前に発効されている婚姻の契約を無効にしない。

（1871年，1995年改正）

32－202（婚姻することができる者）

18歳以上の未婚の男女は，別に定める欠格事由がない限り，婚姻に同意しこれを完了することができる。婚姻当事者の一方が16歳以上，18歳未満の場合は，父母又は後見人により正当に宣誓された同意書を得たときでなければ，婚姻許可証は発給されない。婚姻当事者の双方が18歳未満の場合は，婚姻当事者が郡の登録官吏に対し，出生証明書の原本又はその写し若しくは郡の登録官吏が認めることができる年齢の証拠を提出しなければ，婚姻許可証は発給されない。婚姻当事者の一方が16歳未満の場合は，父母又は後見人により正当に宣誓された同意書及び裁判所の命令があるときでなければ，婚姻許可証は発給されない。裁判所の命令は，婚姻当事者の申立てに基づき行われなければならない。申立書には，婚姻しようとする16歳未満の男又は女は，肉体的，精神的に婚姻及び親としての義務を果たし得る程度まで十分発達していること，及び婚姻が許可されることが社会の利益にも合致することを証明しなければならない。審理は，申立てに基づき，裁判所の告知により直ちに行われなければならない。裁判官は，医師から専門家の立場で当該婚姻当事者が完全に婚姻義務を果たすために，精神的及び肉体的に発達しているかにつき，意見を聴くことができる。裁判所は，当該婚姻当事者が婚姻義務を果たすことができ，かつ，社会の最善の利益に合致するということを認めたときは，婚姻の許可決定をしなければならない。裁判所の決定書謄本は，婚姻許可証の発給に先立って郡の登録官吏

に提出されなければならない。裁判所の命令は，婚姻許可証を発給する権限を付与する。
(1863年，1921年，1943年，1967年，1969年，1972年，1981年改正)

32－205（近親婚）
　親子間，親等のいかんにかかわらず，尊属及び卑属間，全血又は半血の兄弟姉妹間，おじと姪，おばと甥の婚姻は近親婚であり，その関係が嫡出であるか嫡出でないかにかかわらず，当初から無効である。(1866年)

32－206（いとこ間の婚姻）
　いとこ間の婚姻は，禁止される。
(1866年，1921年，1959年改正)

32－207（重婚）
　その者の前夫又は前妻の生存中に締結された後婚は，以下の場合でなければ，違法であり，当初から無効である。
1　一方の当事者の前婚が無効であるか，又は解消された場合，又は，
2　前夫又は前妻が失踪し，手続の直前の継続した5年間生死が不明であるか，再婚が締結された時に，前夫又は前妻が死亡したものと信じ，一般に認識されていたとき。そのいずれの場合も，後婚は，所轄裁判所によって無効とされるまでは有効である。
(1876年，1903年，1943年改正)

32－209（外国又は州外における婚姻の承認）
　アイダホ州外でされた婚姻は，当該州又は国の法律により有効とされるものであるときは，アイダホ州の公共政策に反しない限り，アイダホ州においても有効である。アイダホ州の公共政策に反する婚姻は，同性の婚姻，アイダホ州の婚姻法の禁止を回避するために他の州又は国の法において成立した婚姻を含むが，それに限られない。
(1866年，1996年改正)

第3章　婚姻の挙式

32－301（挙式の方法）
　全ての婚姻は，本章の規定されているように挙行，証明及び記録されなければならない。1996年1月1日以降に本編の規定に反して締結され，又はなされた婚姻は無効である。
(1876年，1995年改正)

32－302（司祭を務める者の義務）
　婚姻を挙行する権限が与えられている全ての者は，最初に婚姻許可証の提示を要し，以下に掲げることを確認しなければならない。
1　当事者の同一性
2　当事者の真のフルネーム及び居住地
3　当事者が婚姻締結をすることができる十分な年齢にあること。
4　男子又は女子が18歳未満である場合は，父母又は後見人の同意があるか，又は，その婚姻適齢に達していない者が以前婚姻していたが現在婚姻していないこと，あるいは，婚姻の儀式を申請し，その締結をする当事者がその法的権利を有すること。
(1876年，1995年改正)

32－303（挙行者）
　婚姻は，以下に掲げるアイダホの官吏が挙行することができる。現役又は退職した最高裁判所裁判官，現役又は退職した控訴裁判所裁判官，現役又は退職した地方裁判所裁判官，現在又は前の知事，

現在の副知事，現役又は退職した地方裁判所の治安判事，現在の市長又は以下に掲げる者；現役の連邦裁判官，現役のアイダホのインディアン種族の種族裁判官（a current tribal judge of an Idaho Indian tribe）又はアイダホのインディアン種族の公式行為によって承認された他の種族の官吏若しくはいかなる福音の宗派の聖職者又は牧師。（以下，略）
（1863年，1969年，1983年，1994年，1997年，2000年，2008年改正）

32－304（挙式の形式）

婚姻の挙式は特別な形式を要しないが，当事者は婚姻を挙行する者の面前で，お互いに夫及び妻とすることを宣言しなければならない。
（1863年改正）

32－306（当事者に対する証明書）

婚姻が挙行されたときは，婚姻を挙行した者は，必要があるときは，それぞれの当事者に対して証明書を交付しなければならない。
（1863年改正）

第4章　婚姻許可証，婚姻証明書及びその記録

32－401（婚姻許可証－その内容）

アイダホ州の郡の登録官吏（the county recorder）は，アイダホ州の法律に基づき婚姻資格のある婚姻当事者の申請により，婚姻許可証を発給する権限を有する。婚姻許可証は，実質的に次の形式で行われなければならない。

教会又はその者が一員である宗派又は宗教団体の他の宗教の儀式と慣習に基づき，正規に任命された聖職者又は治安判事又は権限ある官吏は，法律上の障害がなく，……州……郡の……と……州……郡の……の間の婚姻挙式権限を有することを証明書により全ての者に知らしめなければならない。そして，婚姻当事者の双方又は一方に対し，その聖職者又は官吏としての能力において，権限があることを署名捺印で示さなければならない。

以上に述べた証拠として，……年月日，……で，私の署名と当該郡の押印で証明する。

……登録官吏

（1895年，1899年，2002年，2012年改正）

32－402（婚姻許可証，証明書及び記録）

前節の証明書は，次の様式により作成されなければならない。

アイダホ州×郡×地に居住するCは，次のことを証明する。既に発給された婚姻許可証により，与えられた権限に基づき，アイダホ州×郡×地，19××年×月×日，私は証人D及びEの面前において，×州×郡のAと×州×郡のBとの婚姻を挙式する。

19××年×月×日，署名及び当該郡庁の押印にて証する。

証人の面前にて　証人××　署名
証人××　署名

婚姻挙式執行者　署名　××

婚姻挙式が権限のある聖職者又は官吏により正式に行われた場合，婚姻許可証と証明書は，挙式の日から30日以内に，婚姻許可証を発給した当該登録官吏の事務所に返還しなければならない。返還を怠った場合は，軽犯罪に処せられる。返還義務のある者は，それを返還しなければならないし，定められた期間内に返還を怠った者は，管轄権のある治安判事又

は他の裁判所の決定により，20ドル以上50ドル以下の罰金を科せられる。

（1895年，1899年，2002年，2012年改正）

32－403（許可証の発行申請）

① 婚姻許可証の申請により，婚姻当事者は婚姻能力があると認められる場合，全ての郡の登録官吏は，法定料金を徴収して，許可証を発給しなければならない。登録官吏は，婚姻を締結する州法により，婚姻当事者の婚姻能力について承知していないときは，許可証の申請者，登録官吏が適当と判断する証人から宣誓供述書を提出させることができる。婚姻許可証の発給を請求する婚姻当事者が，法律的に婚姻能力を有することが宣誓供述書から判断されるときは，登録官吏は許可証を発行しなければならず，提出された宣誓供述書は，婚姻許可証の発給の違反に関する罰金又は科料の証拠資料とされる。ただし，許可証を請求している婚姻当事者の一方が18歳未満の場合，登録官吏は，アイダホ州法32－202に規定されている年齢要件の同意及び証拠に基づく場合を除き，許可証を発行してはならない。

（注） 従前は，「登録官吏は，申請後３日間は許可証を発行してはならない。」とされていた。

② 婚姻許可証の全ての申請書には，許可証を申請する当事者の社会保障番号（a social security number）が記載されなければならない。

a・b （略）

（1895年，1899年，1931年，1933年，1967年，1972年，1982年，1998年，1999年改正）

第５章　婚姻の無効

32－501（無効事由）

婚姻は，婚姻時に以下の事由が存在するときに無効とすることができる。

1 婚姻の無効を求める当事者が法定承諾年齢未満で，婚姻が両親又は後見人若しくはその者を保護する者の同意なく締結されたとき。ただし，同意年齢に達した後に，当事者が自己の意思で夫又は妻として他方の配偶者と同棲した場合を除く。

2 一方当事者の前の夫又は妻が存在し，この前の夫又は妻との婚姻が効力を有していたとき。

3 一方の当事者が精神障害であったとき。ただし，その当事者が正気になった後に，その当事者が自己の意思で夫又は妻として他方の配偶者と同棲した場合を除く。

4 一方の当事者の同意が詐欺により取得されたとき。ただし，その当事者が後に詐欺による事実を完全に知り，自己の意思で夫又は妻として他方の配偶者と同棲した場合を除く。

5 一方の当事者の同意が強迫により取得されたとき。ただし，その後に自己の意思で夫又は妻として他方の配偶者と同棲した場合を除く。

6 一方の当事者が，婚姻時に，身体的障害で婚姻する状態にないときで，その障害が継続し，治癒できそうにない場合。

（1874年改正）

32－502（無効訴訟）

前条に掲げる事由により婚姻の無効判決を得る訴訟は，次のとおりの当事者が期限内に開始しなければならない。

1　第1号に掲げる場合；法定の同意年齢未満で婚姻した当事者が，同意年齢に達した後4年以内に。親，後見人又は未成年の男女を監護する他の者は，婚姻した未成年者が法定の同意年齢に達するまでいつでも。

2　第2号に掲げる場合；他方の生存中に一方の当事者が，又は，前の夫又は妻が。

3　第3号に掲げる場合；被害者又は親族若しくは精神障害の当事者の後見人が，一方の当事者が死亡する前にいつでも。

4　第4号に掲げる場合；被害者が，詐欺を構成する事実を知った後4年以内に。

5　第5号に掲げる場合；被害者が，婚姻後4年以内に。

6　第6号に掲げる場合；被害者が，婚姻後4年以内に。

第2　出　　生

1　嫡出推定

アイダホ州法における嫡出推定の規定に照らしてみると，胎児の母と前夫との婚姻解消後300日以上が経過していることから，その後出生した子にアイダホ州法上の嫡出推定は及ばない（民月68－7－181）。

2　父の推定

子を出生した母と婚姻し，母との婚姻中又は婚姻終了後300日以内に子が出生したときは，男性は父と推定される（州法16－2002）。

3　出生証明書

アイダホ州衛生福祉部門発行の出生証明書は，資料5－3－1（本文204頁）参照。

〔根拠法条〕

州法（2014 Idaho Statutes）

第16編　少年手続

第20章　親子関係の終了

16－2002（定義）

本章において使用されるときは，文脈上，別段の解釈を要する場合を除き，

⑴～⑾ （略）

⑿ 「推定上の父」は，実母と婚姻中か，婚姻をしていた男性で，子が婚姻中又は婚姻の終了後300日以内に出生した男性を意味する。

⒀～⒆ （略）

（1963年，1971年，1972年，1988年，1990年，1996年，2000年，2002年，2005年，2013年，2014年改正）

第３ 認　知

日本人男がアメリカ合衆国アイダホ州法を本国法とする女の胎児を認知する届出について，子の本国法であるアメリカ合衆国アイダホ州の認知に関する法制に保護要件に関する規定がないため，受理して差し支えない（平成25．1．7民一10号回答（民月68－７－178））。

〔**根拠法条**〕

州法（2014 Idaho Statutes）

第７編　特別訴訟

第11章　父子関係確定の訴訟

７－1106（父子関係の認知書）

① アイダホ州における出生にかかる父子関係について任意で作成される認知書は，父子関係の証拠として認められ，かかる認知書が署名され，及び認証を受けた上で保健福祉部の出生・死亡統計局に提出される場合，父子関係は法的に認定される。懐胎又は出産いずれかの時点において，又は懐胎と出産の間において母が婚姻していた場合で，その配偶者が子の父ではないとき，かかる配偶者は，署名し認証を受けた嫡出否認の宣誓供述書を，母及び父であるとされる者が署名し，認証を受けた任意で作成される父子関係の認知書と同時に提出することができる。父子関係の認知書又は嫡出否認の宣誓供述書を作成する全ての者は，次の各号のいずれかが先に到来するまでは，認証を受けた取消書を出生・死亡統計局に提出することができる。

a　認知書の提出から60日

b　子に関する行政訴訟又は訴訟（扶養命令確定の訴訟を含む。）で，当該署名者が当事者となるものが提起される日。かかる取消書は，出生・死亡統計局に提出される時点でその効力を生ずる。出生・死亡統計局は，取消しが行われた旨を，配達証明郵便により関係者に通知しなければならない。

② 取消可能期間が終了した後には，署名のある父子関係の認知書に対する異議は，詐欺，強迫又は重大な事実誤認をその根拠とする場合を除き，これを唱えることができなくなり，また，その立証責任は，認知に異議を唱える者が負わなければならない。認知のいずれかの関係者が負う法的責任（子の扶養義務を含む。）

は，十分な理由が示される場合を除き，停止されることはない。

③　父子関係の確定に関し，これ以上の訴訟が提起されない場合，裁判所は，任意による認知書の作成をもって，子の扶養命令を下すことができる。

④　認知，嫡出否認の宣誓供述書及びこれらの取消書にかかる様式は，局長が定めるものとし，保険福祉委員会は，様式の制定に関する，及び制度の維持費を賄うための手数料に関する規則を，必要に応じて定めることができる。

7－1107（訴訟の制限）

父子関係確定の訴訟は，子の出生の後においてのみ開始することができ，かつ，子がアイダホ州法律集32－101で定義する成人に達する前に開始されなければならない。

（民月68－7－183）

第4　養子縁組

1　実質的成立要件

⑴　養親の要件

ア　アイダホ州に居住している，成人であること。

イ　養親は25歳以上であるか又は養子よりも15歳以上年長でなければならない。

ただし，養親が実親の配偶者であるときは，この要件は適用されない（州法16－1502）。

⑵　配偶者の同意

ア　養親の配偶者

夫婦共同縁組は要求されていないが，夫婦の一方が養親となる場合は，法定別居をしていない限り，配偶者の同意を得なければならない（州法16－1503）。

イ　養子の配偶者

養子となる者が婚姻しているときは，配偶者の同意を要する（州法16－1504①h）。

⑶　養子の要件

原則として，未成年者でなければならないが，成人も養子となることができる。

ただし，成人である場合は，例えば，未成年者のときに１年以上養親となる者と関係を維持している等の要件がある（州法16－1501）。

⑷　養親と養子の年齢差

養親が25歳以上でないときは，養親は，養子より15歳以上年長でなければならない。

ただし，養親が実親の配偶者であるとき等の場合は，この要件は適用されない（州法16－1502）。

２　保護要件

⑴　養子の同意

養子が12歳以上である場合は，その者の同意を要する（州法16－1504①ａ）。

⑵　実親の同意

養子となる者が18歳未満の場合は，実親の同意を要する（州法16－1504①ｂ）。

⑶　後見人又は監護人の同意

後見人又は監護人が指名されているときは，その者の同意を要する（州法16－1504①ｇ）。

⑷　裁判所の決定

裁判所の審理手続を経なければならない。

３　養子縁組の効力

⑴　養親との関係

養親と養子は，親と子としての全ての権利，義務を負う（州法16－1508）。

⑵　実親との関係

養子縁組の時から養子となった子に対する親としての全ての義務及び責任を免れ，子に対して権利を有しない。

また，相続権を含めた実親の子に対する全ての権利は，特に意思により規定されなければ，これにより終了する（州法16－1509）。

⑶　養子の氏

養子は，養親の氏を称する（州法16－1508）。

〔**根拠法条**〕

州法（2014 Idaho Statutes）

第16編　少年手続

第15章　子の養子縁組

16－1501（養子になることができる未成年者及び成人）

いかなる未成年者も，本章に規定する方法に従うことを条件として，アイダホ州に居住し，住所を有している成人の養子となることができる。

1　未成年者でない者は，以下の期間等に，養親がその者と親の関係を維持しているときは，居住している成人の養子となることができる。

a　その者が未成年の間に１年以上の期間

b　（略）

2　養子縁組は，養親となる者が行為能力がないことのみを理由として却下されない。

a～c　（略）

3　（略）

（1879年，1951年，1953年，1972年，1991年，1996年，2002年，2013年，2014年改正）

16－1502（比較年齢に関する制限）

子を養子とする者は，養子よりも少なくとも15歳以上年長であるか，又は，25歳以上でなければならない。養親が実親の配偶者であるとき，成人を養子とする者が，親としての堅固な家族関係を１年以上の期間維持したと裁判所が判断したときは，このような年齢の制限又は必要条件は，適用されない。

（1879年，1961年，1969年，1972年，1991年改正）

16－1503（夫及び妻の必要とされる同意）

夫又は妻が同意をすることができるにもかかわらず，同意をしないときは，婚姻し，法的に妻と別居していない男性は，妻の同意なく子を養子とすることができない。また，婚姻し，法的に夫と別居していない女性についても同様である。

（1879年改正）

16－1504（養子縁組をするために必要な同意）

①　以下に掲げる者からの養子縁組に対する同意を要する。

a　同意をする精神的な能力を有しない場合でなければ，12歳以上の養子

b　養子となる者が18歳以上でなければ，婚姻中に妊娠又は出生した養子の両親又は生存している親

c　婚姻外で出生した養子の母

d　母の同意の前に管轄裁判所により子の生物学的な父であると判決の下された親

e　本節第２項第ａ号又は第ｂ号の要件及び条件が証明された，養子の婚姻していない生物学的な父

f　養子の法的に指名された後見人又は監護人

g　指名された行為能力がない成人の後見人又は管理人

h～j　（略）

②～⑨　（略）

（1879年，1887年，1957年，1961年，1969年，1990年，1994年，1996年，2000年，2002年，2013年，2014年改正）

16－1508（養子縁組の効力）

養子とされた子又は成人は，養親の氏

を称し，養親と養子はお互いに法的な親と子の関係を維持し，相続する全血の子の全ての権利を含んだ権利，全ての関係において全ての義務を負い，アイダホ州14-103の規定に基づき，全血の子としての権利，義務に及ぶ。
(1879年，1963年，1996年改正)

16-1509（子の親の義務からの放免-親子の権利の終了）

養子縁組の判決が他に規定しないときは，養子縁組の時から養子となった子に対する親は全ての義務及び責任を免れ，子に対して権利を有しない。また，相続権を含めた実親からの子の全ての権利は，特に意思により規定されなければ，これにより終了する。
(1879年，1963年改正)

第5　養子縁組の解消

養親が，実親の配偶者で，実親と養親の婚姻が終了したときは，養子と養親双方の合意の上の申請により，養子縁組は解消される。

養子が21歳に達した後は，いつでも養子縁組の解消を求める訴えをすることができる（州法16-1509A）。

〔根拠法条〕

州法（2014 Idaho Statutes）
第16編　少年手続
第15章　子の養子縁組
16-1509A（養子縁組の解消）

養親が実親の配偶者で，実親と養親の婚姻が終了したときは，養子と養親双方の合意の上の申請により，養子縁組は解消される。養親の死亡の後に縁組の解消の申請があったときは，裁判所は，判決において，相続の権利を明示する。(略)
養子縁組の解消の命令を得るための訴えは，養子が21歳に達した後に，いつでも開始することができる。
(1998年付加)

資料5－3－1〔出生証明書〕

STATE OF IDAHO
CERTIFICATION OF VITAL RECORD

STATE OF IDAHO
IDAHO DEPARTMENT OF HEALTH AND WELFARE
BUREAU OF VITAL RECORDS AND HEALTH STATISTICS

CERTIFICATE OF LIVE BIRTH

Date Filed AUGUST 21, 2013　　State File No. 111 2013- ※※

CHILD

FIRST NAME	MIDDLE NAME		
○○	○○		
LAST NAME	SUFFIX		SEX
○○			FEMALE
DATE OF BIRTH	TIME OF BIRTH	CITY, TOWN, OR LOCATION OF BIRTH	COUNTY OF BIRTH
AUGUST ※, 2013	1:38 A.M.	BOISE	ADA

PLACE OF BIRTH
※※※※※ MEDICAL CENTER

CERTIFIER
※※※※

MOTHER

FIRST NAME	MIDDLE NAME	
△△		
LAST NAME	SUFFIX	
△△		
MAIDEN NAME		DATE OF BIRTH
△△△△		DECEMBER ※, 1975
BIRTHPLACE	RESIDENCE - STATE	RESIDENCE - CITY, TOWN OR LOCATION
JAPAN	IDAHO	NAMPA

FATHER

FIRST NAME	MIDDLE NAME
□□	□□
LAST NAME	SUFFIX
□□□□	
DATE OF BIRTH	BIRTHPLACE
SEPTEMBER ※, 1973	BELGIUM

This is a true and correct reproduction of the document officially registered and placed on file with the IDAHO BUREAU OF VITAL RECORDS AND HEALTH STATISTICS.

DATE ISSUED: SEPTEMBER 13, 2013

This copy not valid unless prepared on engraved border displaying state seal and signature of the Registrar.

（署名）
※※※※※※
STATE REGISTRAR

GREAT SEAL OF THE STATE OF IDAHO

ANY ALTERATION OR ERASURE VOIDS THIS CERTIFICATE

資料5−3−1

出 生 証 明 書（訳）

1．出生子の氏名：○○ ・ ○○ ・ ○○
（ラストネーム）（ファーストネーム）（ミドルネーム）

2．性別： 男 ・ (女)

3．出生年月日(時間)：平成（西暦）25（2013）年 8 月 ※ 日
((午前)・午後 1 時 38 分）出生

4．出生場所：アメリカ合衆国アイダホ州エイダ郡ボイシ市

5．父の氏名：□□ ・ □□ ・ □□
（ラストネーム）（ファーストネーム）（ミドルネーム）

6．母の氏名：△△ ・ △△ ・
（ラストネーム）（ファーストネーム）（ミドルネーム）

婚姻前氏名：△△ ・ △△
（ラストネーム）（ファーストネーム）

7．証明発行官庁：アメリカ合衆国 アイダホ 州 郡

翻訳者氏名 △ △ △ △

8．申出事項(子の氏名が証明書と届出書で異なる場合に記載)

出生証明書上の子の名前は、 ・ ・
（ラスト）（ファースト）（ミドル）

となっているが、届出の事件本人と同一人に相違なく、戸籍には

(氏) (名) と届出する。
（出生届に記載した氏名）

申出人署名

5－4　アメリカ合衆国／アラスカ州

第1　婚　　姻

1　婚姻証明書

アラスカ州人口統計局（Bureau of Vital Statistics）発行の婚姻証明書は，資料５－４－１（本文218頁）参照。

2　実質的成立要件

(1)　婚姻適齢

男女とも18歳以上である（州法25.05.011）。

なお，16歳以上で18歳未満の者については，両親又は後見人の同意があれば，婚姻許可証が発行される。また，高等裁判所は，両親の同意がある等の場合は，14歳以上で18歳未満の者に対して婚姻許可証を発行することを命ずることができる（州法25.05.171）。

(2)　重婚の禁止

生存している夫又は妻がいる者の婚姻は，禁止される（州法25.05.021）。

(3)　近親婚の禁止

全血又は半血にかかわらず，４親等内の近親者との間の婚姻は，禁止される（州法25.05.021）。

(4)　同性婚の禁止

同性婚は，禁止されている（州法25.05.011）。

なお，アメリカ合衆国では，同性婚を認める州と認めない州が存在していたが，連邦最高裁判所は，平成27年（2015年）６月26日に，同性婚は合衆国憲法の下での権利であり，州は同性婚を認めなければならないとの判断を下した。これにより，全米で同性婚が合法となることから，同性婚を禁止している各州の法律は今後改正される。

3　婚姻許可証

(1)　発給権者

許可証発行吏（A licensing officer）のみが，婚姻許可証を発給することができる（州法25.05.071）。

(2)　有効期間

有効期間は，3か月である。

4　婚姻の方式

婚姻の挙行において，当事者が，お互い及び婚姻を挙行する者並びに少なくとも2人の適格な証人の面前で，お互いを夫及び妻とすることに同意するか，又は宣言することを除き，特別な形式を要しない。

適格な証人とは，挙式の重要性を理解することができる健全な精神を有する者である。

挙式時に，婚姻を挙行する者は，オリジナルの婚姻証明に関する証明書を完成させなければならず，婚姻を挙行する者及び2人の出席した証人は，オリジナルの婚姻証明書及び必要な写しに署名しなければならない（州法25.05.301）。

5　婚姻の無効

(1)　無効事由

重婚の禁止及び近親婚の禁止に反する場合は，婚姻は無効である（州法25.05.021）。

また，婚姻許可証を取得せずに締結された婚姻も無効である（州法25.05.061）。

なお，婚姻時に，一方の当事者が同意の婚姻適齢に達していないか，又は十分な理解力が不足していることから同意することができないか，若しくは，当事者の一方の同意が強迫又は詐欺によるものであるか，当事者の一方が床入りできないときは，婚姻は婚姻能力がないか，若しくは強迫又は詐欺が強いられた者の訴訟によってのみ無効とすることができる（州法25.05.031）。

(2)　離婚又は無効における姓の変更

婚姻無効を言い渡す訴訟の判決において，裁判所は当事者の一方の姓を変更することができる（州法25.24.165）。

〔根拠法条〕

州法（2014 Alaska Statutes）

第25編　夫婦及び家族関係

25.05章　アラスカ婚姻法

第１条　婚姻要件

25.05.011（市民契約）

a　婚姻は，許可証及び挙式を必要とする１人の男子と１人の女子によって締結される契約である。男子及び女子は，それぞれ少なくとも以下の条件の１つを備えていなければならない。

1　18歳以上で，意思能力者であること。

2　州法25.05.171において，許可証の資格が与えられていること，又は，

3　現役の間，合衆国の軍隊のメンバーであること。

b　許可証が本章の規定により取得されるまでは，婚姻をすることができない。アラスカ州で行われた婚姻は，本章の規定に従って挙式されないときは有効ではない。

25.05.021（禁止婚）

婚姻は，以下のときは禁止され，無効とされる。

1　婚姻当事者の一方に，生存している夫又は妻がいるとき，又は，

2　婚姻当事者が，それぞれ全血又は半血にかかわらず，民法の規則に従って４親等より近親であるとき。

25.05.031（無効とすることができる婚姻）

婚姻時に，一方の当事者が同意の婚姻適齢に達していないか，又は十分な理解力が不足していることから同意することができないか，若しくは，当事者の一方の同意が強迫又は詐欺によるものであるか又は当事者の一方が床入りすることができないときは，婚姻は婚姻能力がないか，若しくは強迫又は詐欺が強いられた者の訴訟によってのみ無効とすることができる。

25.05.051（前婚の存在の効果）

婚姻が依然として効力を有している夫又は妻の生存中の間に再婚し，後婚の当事者が夫又は妻として共同して生活し，後婚の当事者の一方が，前婚の夫又は妻が死亡したか，又は，前婚が無効又は離婚により解消されたか，前婚について知らなかったことについて善意であるときは，前婚の当事者の死亡又は解消は，当事者の一方が夫又は妻として善意で共同して生活しているときは，婚姻障害がなくなったときに適法に婚姻し，後婚の子は，婚姻障害がなくなった以前に出生したか，以後に出生したかにかかわらず，両親の嫡出子となる。

25.05.061（許可証のない婚姻）

1964年１月１日後に締結された婚姻は，本章の規定に従い最初に取得されないときは，無効である。許可証を取得することができず婚姻が無効とされた婚姻当事者は，本章の要件に従い，婚姻を有

効としたときは，無効婚の子は嫡出子となる。

第２条　許可証発行吏

25. 05. 071（許可証の発行者）

許可証発行吏（A licensing officer）だけが，本章において唯一の婚姻許可証の発行者である。

第３条　許可証の取得手続

25. 05. 121（婚姻許可証）

アラスカ州において，免許交付吏により発行された婚姻許可証は，アラスカ州のどこでも婚姻を挙行する権限を付与する。（以下，略）

25. 05. 171（婚姻に対する同意ができる者。最低年齢及び両親又は後見人の同意）

a　16歳以上で18歳未満の者は，両親，現実に保護，監督をしている親又は未成年者の後見人の書面による同意が，25. 05. 111において婚姻証明書を発行する許可役人に提出されたときは，婚姻許可証は発行される。

b　高等裁判所の裁判官は，両親及び未成年者が出頭し，聴聞を受け，婚姻が未成年者の利益になり，以下に該当するときは，14歳以上で18歳未満の者に承諾をすることができ，許可役人に許可証を発行するように命令することができる。

1　両親が同意を与えたとき，又は，

2　両親が以下の場合，

A　恣意的に同意をしない場合

B　不在又は他に説明ができない場合

C　その事項について，夫婦間で合意しない場合

D　その問題について，決定することが不適当である場合

第５条　挙行

25. 05. 291（民事上及び宗教上の挙式）

当事者間の宗教上の挙式が，民事上の挙式後であるときは，両方の挙式は一つの許可証で足りる。

25. 05. 301（挙式の形式）

婚姻の挙行において，当事者が，お互い及び婚姻を挙行する者並びに少なくとも２人の適格な証人の面前で，お互いを夫及び妻とすることに同意するか，又は宣言することを除き，特別な形式を要しない。この目的において，適格な証人とは，挙式の重要性を理解することができる健全な精神を有する者である。挙式時に，婚姻を挙行する者は，オリジナルの婚姻証明に関する証明書を完成させなければならない。婚姻を挙行する者及び２人の出席した証人は，オリジナルの婚姻証明書及び必要な写しに署名しなければならない。

25. 05. 311（挙行のない婚姻）

1964年１月１日後に締結された婚姻は，本章の規定されるところにより挙行されないときは，無効である。婚姻を挙行せず婚姻が無効である当事者が本章の要件に従い婚姻を有効としたときは，無効婚の子は嫡出子となる。

第７条　総則

25. 05. 391（略称）

本章は，「アラスカ婚姻法」と引用することができる。

25. 24章　離婚及び婚姻の解消

第１条　離婚及び無効

25. 24. 020（無効婚）

近親婚若しくは婚姻が無効又は解消されていない前夫又は前妻が生存中に締結された後婚を理由として法律に禁止され

ている婚姻は，無効である。

25.24.030（無効とすることができる婚姻）

婚姻時に次に掲げる事由が存在するときは，婚姻の無効を言い渡すことができる。

1　当事者が同意の年齢に達した後に同意年齢未満で，両親，後見人又はその当事者を保護する者の同意なく婚姻が締結され，婚姻の無効を求めるとき。ただし，当事者が自由に夫及び妻として同棲している場合を除く。

2　一方の当事者が精神疾患であるとき。ただし，その当事者が，正気になった後に，当事者が自由に夫及び妻として同棲している場合を除く。

3　一方の当事者の同意が詐欺により取得されたとき。ただし，当事者がその後に詐欺を構成する事実を熟知し，自由に夫及び妻として同棲している場合を除く。

4　一方の当事者の同意が強迫により取得されたとき。ただし，当事者がその後に詐欺を構成する事実を熟知し，自由に夫及び妻として同棲している場合を除く。

5　婚姻時に婚姻を完結することができず，訴訟時に継続しているとき。

25.24.165（離婚又は無効における姓の変更）

a　離婚訴訟又は婚姻無効を言い渡す訴訟の判決において，裁判所は当事者の一方の姓を変更することができる。

b　当事者が以前の姓と異なる姓へ変更することを望むときは，裁判所は訴訟提起後40日以上で聴取の日を設定する。（以下，略）

第2　離　　婚

1　離婚事由

婚姻時に婚姻を完結することができず，訴訟開始時に継続している場合，姦通，重罪での有罪判決，1年以上の悪意の遺棄，一方の身体を害するか，又は生命を危険にさらすと推定される残酷で非人道的な扱い，人生の負担となる個人的な侮辱，性格の不一致，婚姻締結時からで訴訟開始時に1年以上継続している常習的な大酒飲み，訴訟開始直前の少なくとも18か月間，配偶者が施設に監禁されていた治癒できない精神疾患，婚姻後の一方の当事者のあへん，モルヒネ，コカイン又は類似の薬物の常習を理由として離婚は認められる（州法25.24.050）。

2　離婚の申請

(1)　共同申請

夫及び妻は，申請時に性格の不一致が婚姻の回復できない破綻を生じたとき，又は19歳未満の未婚の子がいるか，又は妻が妊娠し，夫婦が配偶者又は第三者に未成年の子の監護権を与えること，及び訪問の範囲に合意した等のときは，婚姻の解消を高等裁判所に申請することができる（州法25. 24. 200 a ）。

(2)　一方の申請

夫又は妻は，長期にわたる不在又はその他により証拠とされる性格の不一致が婚姻の回復できない破綻を生じた等のときは，別々に婚姻の解消を申請することができる（州法25. 24. 200 b ）。

3　離婚における姓の変更

離婚訴訟を言い渡す訴訟の判決において，裁判所は当事者の一方の姓を変更することができる（州法25. 24. 165）。

4　離婚の効力

離婚を命ずる判決により，当事者は婚姻していない状態に回復する（州法25. 24. 180）。

〔根拠法条〕

州法（2014 Alaska Statutes）
第25編　夫婦及び家族関係
24章　離婚及び婚姻の解消
第１条　離婚及び無効
25. 24. 050（離婚事由）
　次に掲げる事由により，離婚は認められる。
1　婚姻時に婚姻を完結することができず，訴訟開始時に継続している場合
2　姦通
3　重罪での有罪判決
4　１年以上の悪意の遺棄
5 A　一方の身体を害するか又は生命を危険にさらすと推定される残酷で非人道的な扱い
B　人生の負担となる個人的な侮辱
C　性格の不一致
6　婚姻締結時からで訴訟開始時に１年

以上継続している常習的な大酒飲み

7　（削除）（1974年）

8　訴訟開始直前の少なくとも18か月間，配偶者が施設に監禁されていた治癒できない精神疾患

9　一方の当事者の婚姻後の，あへん，モルヒネ，コカイン又は類似の薬物の常習

25.24.165（離婚又は無効における姓の変更）

a　離婚訴訟又は婚姻無効を言い渡す訴訟の判決において，裁判所は当事者の一方の姓を変更することができる。

b　当事者が以前の姓と異なる姓へ変更することを望むときは，裁判所は訴訟提起後40日以上で聴取の日を設定する。（以下，略）

25.24.180（離婚の効力）

離婚を命ずる判決の効力として，当事者は婚姻していない状態に回復する。

第2条　婚姻の解消

25.24.200（婚姻の解消）

a　夫及び妻は，申請時に以下に掲げる要件が存在するときは，アラスカ州法25.24.200から25.24.260に基づき，婚姻の解消を高等裁判所（the superior court）に申請することができる。

1　性格の不一致が婚姻の回復できない破綻を生じたとき。

2　19歳未満の未婚の子がいるか，又は妻が妊娠し，夫婦が配偶者又は第三者に未成年の子の監護権を与えること，及び訪問の範囲に合意したとき，（以下，略）

3　（略）

b　夫又は妻は，申請時に以下に掲げる要件が存在するときは，アラスカ州法25.24.200から25.24.260に基づき，別々に婚姻の解消を申請することができる。

1　長期にわたる不在又はその他により証拠とされる性格の不一致が婚姻の回復できない破綻を生じたとき。

2・3　（略）

c～e　（略）

第3　出　　生

1　出生証明書

アラスカ州人口統計局発行の出生証明書は，資料5－4－2（本文220頁）参照。

第4　認　　知

1　認知制度

アラスカ州は，事実主義ではなく，認知主義を採用している。

2　認知手続

推定される父及び母が共に，父であることを認知する書面に署名することにより認知することができる（州法25.20.050）。

（注）1997年7月1日前は，父が書面で認知することにより，認知が成立するとされていた。

〔根拠法条〕

州法（2014 Alaska Statutes）
第25編　夫婦及び家族関係
25.20章　親子
25.20.050（婚姻準正，書面による認知又は判決）
a　以下のときには，嫡出でない子は，嫡出子となり，推定される親の相続人とみなされる。
1　推定される親が，その後に子の明らかな親と婚姻したとき。
2　1997年7月1日前に，推定される親が書面で，子の親であることを認知したとき。
3　1997年7月1日以降に，推定される父及び母が共に，州法18.50.165に基づき，父であることを認知する書面に署名するとき。
4　（略）
b～o　（略）

第5　養子縁組

1　実質的成立要件

(1)　養親の要件

夫婦又は婚姻をしていない成人等は，養子縁組をすることができる（州法25.23.020 a）。

(2)　養子の要件

特に制限はない（州法25.23.010）。

(3)　夫婦共同縁組

夫婦は，共同で養子縁組をしなければならない。

ただし，配偶者と別居しているか，養親の一方が養子の親であり，養子縁組に同意をしている等の場合を除く（州法25.23.020）。

⑷　配偶者の同意

養子となる者が婚姻しているときは，配偶者の同意を要する（州法25.23.040 a 6・b）。

2　保護要件

⑴　養子の同意

養子が10歳以上（養子が成人である場合も含む。）である場合は，その者の同意を要する（州法25.23.040 a 5・b）。

⑵　実親，後見人の同意

ア　同意の要否

未成年者を養子とする場合は，実父母及び後見人の同意を要する（州法25.23.040 a 1～4・25.23.050 a 7）。

イ　同意の免除

少なくとも6か月間，子を遺棄しているか，行為能力がない又は精神的に障害があると裁判所上宣告された親等については，同意が省略される（州法25.23.050 a）。

ウ　同意の撤回

縁組命令が登録される前は，同意をしてから10日以内である場合は，同意を撤回することができる。また，同意から10日を経過した場合でも，養子縁組命令が登録されるまでの間は，裁判所は撤回を命じることができる（州法25.23.070）。

⑶　裁判所の決定

養子縁組については，裁判所の審理手続を経なければならない。

3　養子縁組の効力

⑴　養親との関係

親と子の関係を創設し，嫡出子の身分を取得する（州法25.23.130 a 2）。

⑵　実親との関係

養子縁組命令により，養子の実親の権利及び責任は消滅し，親族との関係も原則として消滅する（州法25. 23. 130 a 1）。

〔**根拠法条**〕

州法（2014 Alaska Statutes）
第25編　夫婦及び家族関係
23章　養子縁組
25. 23. 010（養子となることができる者）
いかなる者も養子となることができる。
25. 23. 020（養子縁組をすることができる者）
a　以下の者は，養子縁組をすることができる。
1　夫婦が共同して，
2　婚姻していない成人
3　養子になる者の未婚の父又は母
4　他方の配偶者が申請していない婚姻している者。養子が，他方の配偶者でなく，次の場合
A　他方の配偶者が，養子になる者の親であり，養子縁組に同意をしているとき。
B　申請人と他方の配偶者が法的に別居しているか，又は，
C　説明できない不在，行為能力がないこと又は事情により正当な理由なく同意をしないことを理由として，裁判所が，他方の配偶者が申請に参加しないか，同意をしないと判断したとき。
b　本節は，アラスカ州法25. 23. 050における嫡出性については，何ら影響しない。
25. 23. 040（養子縁組の同意を要する者）
a　同意がアラスカ州法25. 23. 050において必要とされない限り，未成年者を養子とする申請は，特別な養子縁組に対する書面による同意が以下の者によってなされた場合に限り，承諾される。
1　未成年者の母
2　未成年者が妊娠したとき，又は認知した後に母と婚姻していたとき，未成年者は養子縁組により父の子であるか，又は父は州法により未成年者を嫡出子としたときは，未成年者の父
3　法的に未成年者の監護権を付与されたか，又は同意に対する権限を与えられた者
4　未成年者の法定後見人又は監護人が，養子縁組に対する同意権を付与されていないときは，未成年者の監護権について管轄権を有する裁判所
5　未成年者の最善の利益のために，裁判所がその者の同意を免除する場合を除き，10歳以上の未成年者
6　養子になる未成年者の配偶者
b　成人を養子とする申請は，養子縁組に対する書面による同意が成人及び成人の配偶者又は行為能力がないとされた成人の後見人又は管理人によってなされた場合に限り，承諾される。
25. 23. 050（同意及び通知が必要としない者）
a　養子縁組に対する同意は，以下の者については要しない。
1　本節において，少なくとも6か月の期間，子を遺棄していた親
2　少なくとも1年間，貧困であることに限らず，正当な理由なく，以下のこ

とをしなかった親。

A　子と十分に連絡をしなかったこと。

B　法又は判決により命じられた子の保護，扶養を行わなかったこと。

3　父の同意が，州法25.23.040第ａ項第２号により必要とされていない未成年者の父

4　州法25.23.180により同意権が放棄されている親

5　州法25.23.180第ｃ項第３号又は47.10.080第ｃ項第３号に基づく裁判所の命令により，親権が終了している親

6　行為能力がない又は精神的に障害があると裁判上宣告され，裁判所が同意を要しないとした親

7　18歳以上である養子の親

8　60日以内に同意の請求に書面による返答をせず，又は同意をしない後見人又は監護人の書面による理由を調査した後，裁判所により理由なく同意しないと判断された州法25.23.040第ａ項第３号又は第４号に明記された後見人又は監護人

9　同意に対する必要条件が，長期の説明できない不在，行為能力がないこと又は同意をしないことの合理的でない状況にある養子の配偶者

ｂ　（略）

25.23.070（同意の撤回）

ａ　養子縁組に対する同意は，縁組の命令が登録された後は，撤回をすることができない。

ｂ　養子縁組に対する同意は，縁組の命令が登録される前は，同意がされ，書面による通知が同意を得る者に対して到達してから10日以内であるか，又は10日を経過したときは，聴聞に対する通知及び機会が申請人，撤回をしようとする者及び養子縁組のために子を託置している機関に与えられた後，その撤回が養子となる者の最善の利益となると判断し，裁判所が撤回を命じたときは，同意を撤回をすることができる。

25.23.130（養子縁組命令の効力）

ａ　アラスカ州又は他の州の裁判所による最終の養子縁組命令は，裁判管轄権の中で，又はアラスカ州の裁判所の前で，以下の効力を生じる。

1　申請人の配偶者及び配偶者の親族に関する場合を除き，養子の実親から全ての親としての権利及び責任を免じ，本節第ｃ項に規定する場合を除き，養子となる者と実親及びその他の親族との間の関係を終了させ，その後，養子縁組命令が特に相続権について規定せず，養子縁組が命令される以前又は以後に実行されたか否かにかかわらず，明確にしなかった書面，身分及び法律文書の解釈は，親と子又は血族に基づかず，名又はいくつかの名称によりその者を含む場合でなければ，養子は相続を含め全てにおいて以前の親族とは無関係になる。

2　申請者と養子の間に親と子の関係を創設し，養子縁組命令がされた以前又は以後に実行されたか否かにかかわらず，その実施又は効果から養子を除外することを明らかにしない相続，身分の適用，書類，法律文書を含んだ全ての目的において，養子は申請者の嫡出子であるとされる。

ｂ～ｅ　（略）

25.23.240（定義）

本章において，他に文脈上特段の解釈を要する場合を除き，

1　「成人」は，成年に達した者を意味する。

2　（略）

3　「子」は，出生又は養子縁組にかかわらず，息子又は娘を意味する。

4～7　（略）

8　「未成年者」は，成年に達していない者を意味する。

9・10　（略）

11　「継親」は，同じ家庭に居住する子の実親の配偶者を意味する。

資料5－4－1〔婚姻証明書〕

STATE OF ALASKA
CERTIFICATION OF VITAL RECORD

STATE OF ALASKA

Bureau of Vital Statistics
Certification of Marriage

State File Number: 2013※ ※

Groom's Name:	□□□□□□□
Groom's Residence State:	ALASKA
Groom's Date of Birth:	SEPTEMBER※, 1989
Groom's Place of Birth:	FAYETTEVILLE, NORTH CAROLINA
Bride's Name:	△△△△
Bride's Maiden Name:	△△
Bride's Residence State:	ALASKA
Bride's Date of Birth:	APRIL※, 1990
Bride's Place of Birth:	TOKYO, JAPAN
Date of Marriage:	JANUARY※, 2013
Place of Marriage:	ANCHORAGE, ALASKA
Date Filed:	JANUARY 11, 2013

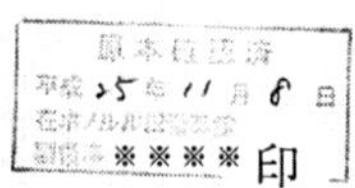

※※※※

I CERTIFY THAT THIS IS A TRUE, FULL AND CORRECT COPY OF THE ORIGINAL CERTIFICATE ON FILE IN THE BUREAU OF VITAL STATISTICS, DEPARTMENT OF HEALTH AND SOCIAL SERVICES, JUNEAU, ALASKA.

DATE ISSUED　FEBRUARY 28, 2013

（署名）
State Registrar

This copy not valid unless prepared on engraved border displaying the date, seal and signature of the Alaska State Registrar.

ANY ALTERATION OR ERASURE VOIDS THIS CERTIFICATE

資料5－4－1

婚姻証明書　訳文要旨

		ラストネーム		ファーストネーム　ミドルネーム
夫の氏名	(氏)	□□	(名)	□□　　□□
生年月日	西暦　1989　年　9　月　※　日			

		ラストネーム		ファーストネーム　ミドルネーム
妻の氏名	(氏)	△△	(名)	△△
生年月日	西暦　1990　年　4　月　※　日			

婚姻年月日	西暦　2013　年　1　月　※　日
婚姻場所	アメリカ合衆国　アラスカ　州　アンカレッジ　市・郡
証明者(登録機関)	アメリカ合衆国　アラスカ　州　登録官　局
証明書発行日	西暦　2013　年　2　月　28　日

翻訳者氏名　△　△　△　△

資料5－4－2〔出生証明書〕

STATE OF ALASKA
CERTIFICATION OF VITAL RECORD

STATE OF ALASKA

Form VS-1 TYPE OR PRINT IN PERMANENT INK

CERTIFICATE OF LIVE BIRTH
ALASKA DEPARTMENT OF HEALTH AND SOCIAL SERVICES
BUREAU OF VITAL STATISTICS - JUNEAU, ALASKA 99811

DATE RECEIVED 11/12/2013

150 - 2013 ※ ※
STATE FILE NUMBER

CHILD
1. CHILD-NAME FIRST ○○ MIDDLE ○○ LAST ○○
2. SEX F
3a. DATE OF BIRTH (MONTH, DAY, YEAR) NOVEMBER ※, 2013
3b. HOUR 08:06
STATE OF BIRTH ALASKA
3c. CITY, VILLAGE OR LOCATION ANCHORAGE
4. PLACE OF BIRTH: [x] Hospital [ ] Freestanding Birthing Center [ ] Clinic/Doctor's Office [ ] Residence [ ] Other (Specify)
5. FACILITY NAME (If not institution, give street and number) ※ ※ ※ ※ ※ MEDICAL CENTER

CERTIFIER/ATTENDANT
6. I certify that this child was born alive at the place and time and on the date stated
Signature ※ ※ ※ ※
7. DATE SIGNED (Month, Day, Year) NOVEMBER 11, 2013
8. CERTIFIER'S NAME AND TITLE (Type/Print) NAME ※ ※ ※ ※
[ ] M.D. [ ] D.O. [x] Hospital Admin. [ ] R.N. [ ] C.N.M. [ ] C.H.A/C.H.P. [ ] Other Midwife [ ] Other (Specify)
9. ATTENDANT'S NAME AND TITLE (If other than certifier) (Type/Print)
[x] M.D. [ ] D.O. [ ] C.N.M. [ ] C.H.A/C.H.P. [ ] Other Midwife [ ] Other (Specify)
Name: ※ ※ ※ ※
10. ATTENDANT'S MAILING ADDRESS (Street & No./Rural Route No., City/Town/State/Zip Code)
P.O. BOX ※ ※
ANCHORAGE ALASKA ※ ※

MOTHER
11a. MOTHER'S NAME (First, Middle, Last) △△△△△△
11b. MAIDEN SURNAME △△
12. BIRTHPLACE (State or Foreign Country) JAPAN
13. DATE OF BIRTH (MONTH, DAY, YEAR) NOVEMBER ※, 1972
14a. RESIDENCE-STATE ALASKA
14b. CITY, TOWN OR LOCATION HOMER
14c. RESIDENCE ADDRESS ※ ※ UPLAND COURT #2
15. INSIDE CITY LIMITS OR SETTLED COMMUNITY? [x] YES [ ] NO

FATHER
16. FATHER'S NAME (First, Middle, Last) □□□□□□
17. DATE OF BIRTH (MONTH, DAY, YEAR) MAY 08, 1968
18. BIRTHPLACE (State or Foreign Country) MICHIGAN

19a. I certify that the personal information provided on this certificate is correct to the best of my knowledge and belief. (Signature of parent)
19b. MOTHER'S MAILING ADDRESS (Street or P.O. Box No., City or Village, State, Zip Code)
PO BOX ※ ※
HOMER, ALASKA ※ ※

※ ※ ※ ※

I CERTIFY THAT THIS IS A TRUE, FULL AND CORRECT COPY OF THE ORIGINAL CERTIFICATE ON FILE IN THE BUREAU OF VITAL STATISTICS, DEPARTMENT OF HEALTH AND SOCIAL SERVICES, JUNEAU, ALASKA.

DATE ISSUED NOV 27 2013

（署名）
State Registrar

This copy not valid unless prepared on engraved border displaying the date, seal and signature of the Alaska State Registrar.

THE SEAL OF THE STATE OF ALASKA
SEAL OF THE STATE REGISTRAR OF VITAL STATISTICS OF ALASKA

ANY ALTERATION OR ERASURE VOIDS THIS CERTIFICATE

資料5－4－2

アラスカ州　出生証明書

（訳文）

登録番号：　150-2013※※

氏　　名：　〇〇〇〇〇〇

性　　別：　□男・☑女

出 生 日：　2013　年 11 月 ※ 日

出 生 地：　アンカレッジ　郡・㊉市

母の氏名：　△△　△△　△△

旧　　姓：　△△

父の氏名：　□□□□□□

登 録 日：　2013　年 11 月 11 日

発 行 日：　2013　年 11 月 12 日

翻訳者　氏名：　△　△　△　△

申出事項：証明書に出生時刻に関する記載がありませんが、届書に記載した

☑午前　・　□午後　8　時　6　分に相違ありません。

申出人署名押印：　△　△　△　△　印

［証明書の記載と届出の記載で、子の名前が異なる場合の申出事項］

出生証明書（英文）によると、子の氏名は

〇〇	〇〇	〇〇
（氏・ラストネーム）	（名・ファーストネーム）	（ミドルネーム）

となっているが、届出の事件本人と同一人物に相違なく、戸籍には

（氏）　〇〇　（名）　〇〇　と届け出る。

申出人署名押印：　△　△　△　△　印

5−5　アメリカ合衆国／アラバマ州

第1　婚　　姻

1　婚姻証明書

アラバマ州マディソン郡検認裁判所裁判官（judge of probate）発行の婚姻証明書は，資料5－5－1（本文231頁）参照。

2　実質的成立要件

(1)　婚姻適齢

男女とも18歳である。

また，男女とも婚姻歴のない16歳以上で18歳未満の者は，両親又は後見人の同意を要する。

なお，16歳未満の者は婚姻をすることができない（州法30－1－4・30－1－5）。

(2)　重婚の禁止

「5　アメリカ合衆国」（本文136頁）参照。

(3)　近親婚の禁止

法律が規定する一定の範囲の親族との婚姻は，禁止される（州法30－1－6）。

(4)　同性婚の禁止

同性者間の婚姻は，禁止されている（州法30－1－19）。

なお，アメリカ合衆国では，同性婚を認める州と認めない州が存在していたが，連邦最高裁判所は，平成27年（2015年）6月26日に，同性婚は合衆国憲法の下での権利であり，州は同性婚を認めなければならないとの判断を下した。これにより，全米で同性婚が合法となることから，同性婚を禁止している各州の法律は今後改正される。

3　婚姻許可証

(1)　発給権者

郡の検認裁判所の裁判官が，婚姻許可証を発給する（州法30－１－９）。

(2)　有効期間

許可証が発行されてから30日以内に婚姻を挙行しないときは，許可証は無効になる（州法30－１－９）。

〔根拠法条〕

州法（2014 Code of Alabama）

第30編　夫婦及び家族関係

第１章　婚姻

30－１－４（婚姻を締結する最低年齢）

16歳未満の者は，婚姻を締結することはできない。

（1852年法，1867年，1886年，1896年，1907年，1923年，1940年，2003年第150号改正）

30－１－５（未成年者の婚姻に要する親の同意及び保証金）

16歳以上で18歳未満の者で，婚姻をしたことのない者が婚姻を希望するときは，検認裁判所の裁判官は，未成年者の両親又は後見人の婚姻に対する直接又は書面による同意を求めるものとする。（以下，略）

（1852年法，1867年，1886年，1896年，1907年，1923年，1940年，2003年第150号改正）

30－１－６（同意の年齢未満又は禁止された親等内の当事者の婚姻）

一方の当事者が，法定の同意年齢未満であるか，又は法律によって禁止された親等内であることを知って，婚姻の挙式をした者は，有罪判決として1000ドル以上の罰金を科せられる。

（1852年法，1867年，1886年，1896年，1907年，1923年，1940年改正）

30－１－９（許可証なしに行われた婚姻；許可証の発行，効果，有効期間；許可証が無効である場合の婚姻の挙式）

婚姻許可証がないときは，婚姻を挙行することができない。婚姻許可証は，各々の郡の検認裁判所の裁判官が発行する。許可証は，それに示された者と婚姻生活に入る婚姻を挙行する資格を与えるものである。本節の規定に基づいて発行された許可証は，その発行の日から30日以内に婚姻が挙行されないときは，無効となる。このような婚姻に対して発行された許可証が無効であるときは，法に基づき婚姻を挙行する者は，儀式を実行し，又は挙式をあげることができない。以上の許可証には，“この許可証は，その日から婚姻が30日以内に挙行されないときは無効となる”旨が押印又は印刷される。

（1852年法，1867年，1886年，1896年，1907年，1923年，1940年，1953年，1961

年改正）
30－１－19（婚姻，その後の承認，同性者間の婚姻の禁止）
a　本節は，「アラバマ州婚姻保護法」（Alabama Marriage Protection Act）として知られ，引用される。
b　婚姻は，本質的に，男子と女子間の唯一の関係である。（以下，略）
c　（略）
d　婚姻許可証は，アラバマ州では同性の当事者には発行されない。
e　（略）
（1998年）

第２　出　　生

１　父の推定

子を出生した母と婚姻した男性は，母との婚姻中又は死亡又は離婚等による婚姻終了後300日以内に子が出生したときは，父と推定される（州法26－17－204）。

２　出生証明書

アラバマ州衛生統計センター発行の出生証明書は，資料５－５－２（本文233頁）参照。

〔根拠法条〕

州法（2014 Code of Alabama）
第26編　幼児及び行為能力のない者
第17章　アラバマ統一親子関係法
第２条　親子関係
26－17－204（父の認知）
(a)　男性は，以下の場合には，子の父であると推定される。
(1)　男性と子の母が婚姻し，子が婚姻中に出生した場合
(2)　男性と子の母が婚姻し，婚姻が死亡，無効，無効判決又は離婚により終了した日から300日以内に子が出生した場合
(3)～(6)　（略）
(b)　本節に基づく父の推定は，第６条に基づく判決によってのみ反証することができる。（以下，略）（2008年）

第３　認　　知

１　認知制度

アラバマ州は，事実主義ではなく，認知主義を採用している。

２　認知手続

子の母及び子の実の父であると主張する男性は，男性が父であることを認めることを意図して，認知証書に署名することで認知をすることができる（州法26－17－301）。

〔根拠法条〕

州法（2014 Code of Alabama） 第26編　幼児及び行為能力のない者 第17章　アラバマ統一親子関係法 26－17－301（父の認知）	子の母及び子の実の父（the genetic father）であると主張する男性は，男性が父であることを認めることを意図して，認知証書に署名することができる。

第４　養子縁組

１　実質的成立要件

⑴　養親の要件

成人（19歳以上）は，養親となることができる（州法26－10A－５）。

⑵　養子の要件

未成年者（19歳未満）だけでなく，その者が完全かつ永久的に行為能力がない場合は，成人（19歳以上）も養子となることができる（州法26－10A－６）。

（注）「渉外養子縁組に関する研究」（司法研究）では，成人養子縁組は×（禁止している）とされているが，条文上は，条件付で成人養子を認めている。

⑶　夫婦共同縁組

養親が夫婦の場合は，共同して縁組をしなければならない（州法26－10A－５）。

⑷　継親又は他の親族等による養子縁組

配偶者の子又は自己の孫等を養子とすることができるが，原則として，１年間同居していなければならない（州法26－10Ａ－27・州法26－10Ａ－28）。

２　保護要件

⑴　養子の同意

ア　同意の要否

養子が14歳以上である場合は，その者の同意を要する（州法26－10Ａ－７）。

イ　同意の撤回

同意は出生から５日以内又は同意に署名後５日以内の，いずれか遅い方の期間内に撤回することができる。

また，裁判所が撤回が事情のもとに合理的であり，子の最善の利益に一致すると判断するときは，子の出生から14日以内又は同意の署名後14日以内の，いずれか遅い方の期間内に撤回することができる（州法26－10Ａ－13）。

⑵　実親の同意

ア　同意の要否

養子となるべき者の実親の同意を要する（州法26－10Ａ－７）。

イ　同意の撤回

同意は出生から５日以内又は同意に署名後５日以内の，いずれか遅い方の期間内に撤回することができる。

また，裁判所が撤回が現状では合理的であり，子の最善の利益に一致すると判断するときは，子の出生から14日以内又は同意の署名後14日以内の，いずれか遅い方の期間内に撤回することができる（州法26－10Ａ－13）。

ウ　同意の省略

行為能力がない者と認定された者等については，同意を省略することができる（州法26－10Ａ－10）。

(3)　託置機関の同意

養子を養子縁組のために託置している機関の同意を要する（州法26－10Ａ－7）。

(4)　裁判所の決定

養子縁組については，裁判所の審理手続を経なければならない。

3　養子縁組の効力

(1)　養親との関係

養子は，養親の生来の子として取り扱われる（州法26－10A－29(a)）。

(2)　実親との関係

養親の配偶者が実親である場合を除き，実親は養子に対する親の義務を免れ，養子に対する権利を喪失する（州法26－10A－29(b)）。

(3)　養子の名

養子は，養親が申請した名を称する（州法26－10A－29(a)）。

〔根拠法条〕

州法（2014 Code of Alabama）
第26編　未成年者及び行為能力のない者
第10Ａ章　アラバマ養子縁組法
26－10Ａ－１（略称）
本章は，「アラバマ養子縁組法」として知られ，引用される。
（1990年法律第90－554号）
26－10Ａ－２（定義）
以下の単語及び成句は，文脈が明らかに違う意味であることを示さない限り，本章においては次の意味で使用される。
１・２　（略）
３　成人。19歳以上の者又は法令によって成人とみなされる者。
４～６　（略）
７　未成年。19歳未満の者又は居住地の管轄の法律により成人でない者。用語は，未成年の親のみを含む。
８～14　（略）
（1990年法律第90－554号，1999年法律第99－435号）
26－10Ａ－５（養親となることができる者）
(a)　成人の者又は成人である夫婦は共同して裁判所に未成年者を養子とすることを申請することができる。
（以下，略）
(b)　成人は，本章に規定する他の成人を養子とすることを申請することができる。
（1990年法律第90－554号，1998年法律第98－101号）
26－10Ａ－６（養子となることができる者）
以下の者は，養子となることができる。

1　未成年者
2　以下の条件の1つに基づく成人
a　その者が完全かつ永久的に行為能力がないとき。
b　その者が精神的に遅れていることが確定したとき。
c　その者が養子となることに書面で同意し，アラバマ州の無遺言死亡法（the intestacy laws of Alabama）に規定された親族関係の親等に関係しているか，又は婚姻による継子であるとき。
d　妻又は夫がいる成人の男性又は女性の養子となることに書面で同意しているとき。

（1990年法律第90－554号，1998年法律第98－101号，2004年法律第528号）

26－10A－7（同意又は放棄が必要とされる者）

(a)　申請者の養子縁組に対する同意又は人的資源省（the Department of Human Resources）又は認可された児童あっせん機関への放棄は，次の場合に必要とされる。

1　裁判所が同意を与えることができる意思能力がないと判定した場合を除き，14歳以上の養子
2　養子の母
3　以下の場合は，父であるかにかかわらず，養子の父と推定される者
a　その者と養子の母が婚姻しているか，又は婚姻中あるいは婚姻が死亡，取消し，無効の宣告又は離婚によって終了するか，若しくは，別居の命令が裁判所によってなされた後，300日以内に養子が出生したとき，又は，
b　養子の出生前に，その者と養子の母が法に従い結婚式を挙げ婚姻したが，その婚姻が無効と宣告された場合及び，
(1)　行われた婚姻が，裁判所によってのみ無効とされ，養子が婚姻期間中又は婚姻が死亡，取消し，無効の宣告又は離婚によって終了してから300日以内に出生したとき，又は，
(2)　婚姻が裁判所の命令なしに無効とされ，養子が同居の終了から300日以内に出生したとき，又は，
c　養子の出生後，その者と養子の母が婚姻又は法に従い結婚式を挙げ婚姻したが，その婚姻が無効と宣告された場合及び，
(1)　その者の認識又は同意により，養子の出生証明書に養子の父として名が示されているとき，又は，
(2)　書面による自発的な契約又は同意若しくは裁判所の命令に従って，養子を扶養することを命じられたとき，又は，
d　その者が養子を家庭に受け入れ，その者を自分の子として留め置いたとき。
4　養子が放棄され，又は永続的に監護を行い，養子を養子縁組のために託置している機関。ただし，養子縁組が養子の最善の利益となり，その機関が合理的な理由なく同意をしないときは，裁判所はその機関の同意なく養子縁組を承諾することができる。
5　母によって知られているか，又は26

－10C－１に従い，26－10A－17(a)(10)の規定において受け取った通知に対して30日以内に返答することを条件として，裁判所により知られた推定上の父

(b)　26－10A－６及び26－10A－11の必要条件に従って，養子縁組を希望する成人及び配偶者又は成人の後見人若しくは管理者によって実施された書面による同意によって，成人を養子とする申請は承諾される。

(1990年法律第90－554号，1998年法律第98－101号，2002年法律第417号)

26－10A－10（同意又は放棄が必要とされない者）

26－10A－７の規定にかかわらず，以下の者の養子縁組に対する同意又は放棄は，必要とされない。

1　アラバマ州児童保護法26－18－１から26－18－10の規定に従った法の施行によって，養子との親子関係が終了した者

2　法に従って行為能力がないと宣告された者又は裁判所は精神的に同意するか，又は放棄することが不可能であると認定し，親の能力が回復するまで養子縁組を遅らせることが養子にとって損害を与える程度の期間，意思能力のない状態が継続すると認定された者

3　未成年者を人的資源省又は許可を受けた養子縁組に対する子の託置機関に放棄した親

4　死亡した親又はアラバマ州法により死亡したと推定される者

5　父であることを否定した書面による陳述書に署名した父とされる者又は，

6　実の父を裁判所が知らない限り，実の母が実の父を知らないと述べた実の父

(1990年法律第90－554号)

26－10A－13（同意又は放棄時，裁判所の登録）

(a)　同意又は放棄はいつでもすることができ，一度署名又は確認されたときを除き，同意又は放棄は出生から５日以内又は同意又は放棄に署名後５日以内の，いずれか遅い方の期間内に撤回することができる。

(b)　裁判所が撤回が現状では合理的であり，子の最善の利益に一致すると判断するときは，子の出生から14日以内又は同意又は放棄の署名後14日以内の，いずれか遅い方の期間内に撤回することができる。

(c)　(略)

(1990年法律第90－554号)

26－10A－27（継親養子縁組）

本章の規定に従って，以下の場合を除き，配偶者の子を養子とすることができる。

1　養子縁組の申請をする前に，しかるべき理由が示されたとして裁判所が本規定を撤回しない限り，養子は，申請者と１年間同居をしていなければならない。

2　26－10A－19における調査が行われないとき。ただし，裁判所が指示する場合を除く。

3　26－10A－23に基づく手数料及び請求金額の報告がないとき。ただし，裁判所が命じた場合を除く。

(1990年法律第90－554号)

26－10A－28（他の親族による養子縁組）

本章の規定に従って，以下の場合を除

き，祖父，祖母，祖祖父，祖祖母，伯叔父祖，伯叔母祖，兄又は異父（母）兄，姉，一親等の伯叔父，伯叔母及びそれぞれの配偶者は，未成年の孫，弟，異父（母）弟，子，妹，異父（母）妹，姪，甥，曾孫，孫娘又は孫息子を養子とすることができる。

1　養子縁組の申請をする前に，しかるべき理由が示されたとして裁判所が本規定を撤回しない限り，養子は，申請者と1年間同居をしていなければならない。

2　26－10A－19における調査が行われないとき。ただし，裁判所が他に指示する場合を除く。

3　26－10A－23における手数料及び請求金額の報告がないとき。ただし，裁判所が命令する場合を除く。

(1990年法律第90－554号)

26－10A－29（養子の名及び地位）

(a)　養子は，申請書が指名した名を称する。養子縁組の後，養子は，養親の生来の子として取り扱われ，相続を含んだその関係から生じた全ての権利を有し，義務を負う。

(b)　養子縁組の最終判決により，養子の実親は，養親の配偶者が実親である場合を除き，養子に対する親の義務を免れるとともに，養子に対する権利を失う。

(1990年法律第90－554号)

資料5−5−1〔婚姻証明書〕

TYPE IN PERMANENT BLACK NK

Alabama
Certificate of Marriage

State File Number 101

LICENSE TO MARRY

To any person lawfully authorized to solemnize marriages within Alabama: You are hereby authorized to celebrate the rite of matrimony for the persons named below, after which you are required by law to return this license, duly certified under your hand, to the Probate Judge of the issuing county within one month.

1. ISSUING COUNTY: MADISON

GROOM

2. GROOM'S NAME First Middle Last (Print last name all capitals): □□□□□□
3. DATE OF BIRTH (Month, Day, Year): JAN※, 1987
4. RACE—(Specify American Indian, Black, White, Etc.): WHITE
5. RESIDENCE—City, Town, or Location and Zip Code: ※ ※ ※ ※ ※
6. INSIDE CITY LIMITS (Specify Yes or No): YES
7. COUNTY: SUFFOLK
8. STATE: MA
9. NO. OF PREVIOUS MARRIAGES: 0
10. IF PREVIOUSLY MARRIED, LAST MARRIAGE ENDED—(Specify Death, Divorce, Dissolution, Annulment)
11. EDUCATION—(Specify ONLY highest grade completed) Elementary or High School (0-12) College (1-4 or 5+): 4
12. SOCIAL SECURITY NUMBER: ※ ※ ※ ※
13. FATHER'S NAME First Middle Last: ※ ※ ※ ※ ※ ※
14. MOTHER'S NAME First Middle Maiden Last Name: ※ ※ ※ ※ ※ ※

BRIDE

15. BRIDE'S NAME First Middle Last (Print last name all capitals): △△△△
16. BRIDE'S MAIDEN LAST NAME (If different)
17. DATE OF BIRTH (Month, Day, Year): FEB※, 1989
18. RACE—(Specify American Indian, Black, White, etc.): ASIAN
19. RESIDENCE—City, Town, or Location and Zip Code: ※ ※ ※ ※ ※
20. INSIDE CITY LIMITS (Specify Yes or No): YES
21. COUNTY: SUFFOLK
22. STATE: MA
23. NO. OF PREVIOUS MARRIAGES: 0
24. IF PREVIOUSLY MARRIED, LAST MARRIAGE ENDED—(Specify Death, Divorce, Dissolution, Annulment)
25. EDUCATION—(Specify ONLY highest grade completed) Elementary or High School (0-12) College (1-4 or 5+): 4
26. SOCIAL SECURITY NUMBER
27. FATHER'S NAME First Middle Last: ※ ※ ※ ※
28. MOTHER'S NAME First Middle Maiden Last Name: ※ ※ ※ ※

We hereby certify that the information provided is correct to the best of our knowledge and belief and we are free to marry under the laws of this state.

SIGNATURES

29. GROOM—SIGNATURE: （署名）
30. BRIDE—SIGNATURE: （署名）

LOCAL OFFICIAL

31. JUDGE OF PROBATE—SIGNATURE: （署名）
32. ISSUING DATE (Month, Day, Year): 8/8/2013 8:47:13 AM
33. EXPIRATION DATE (Month, Day, Year): 09/07/2013

CEREMONY

34. I CERTIFY THAT THE ABOVE NAMED PERSONS WERE MARRIED ON: (Month, Day, Year): AUG※, 2013
35. WHERE MARRIED—City, Town, or Location and Zip Code: HUNTSVILLE,AL
36. COUNTY: Madison
37. SIGNATURE OF PERSON PERFORMING CEREMONY: （署名）
38. TYPED OR PRINTED NAME OF PERSON PERFORMING CEREMONY: ※ ※ ※ ※ ※
39. TITLE OF PERSON PERFORMING CEREMONY: PROBATE JUDGE
40. ADDRESS OF PERSON PERFORMING CEREMONY—Street and Number or RFD Number, City or Town, State, Zip Code: ※ ※ SIDE SQ., HUNTSVILLE,AL ※ ※

LOCAL OFFICIAL

41. DATE CERTIFICATE RETURNED TO JUDGE OF PROBATE—(Month, Day, Year): 08/08/2013
42. MARRIAGE LICENSE RECORD Book Number: 2013 Page Number: ※ ※ ※
43. JUDGE OF PROBATE—SIGNATURE: （署名）

(Left margin: 1. ____ 4. ____ 7. ____ 9. ____ 10. ____ 11. ____ 17. ____ 20. ____ 22. ____ 23. ____ 24. ____ 34. ____ 37. ____)

THIS LICENSE IS VOID UNLESS SOLEMNIZED WITHIN 30 DAYS FROM ISSUING DATE.

ADPH-HS-50/Rev.10-00

資料5－5－1

婚姻証明書抄訳文

1．夫（花婿）
　氏名：(氏)　□□　(名)　□□　□□

　生年月日/年齢：1987 年 1 月 ※ 日/ 26 歳

2．妻（花嫁）
　氏名：(氏)　△　△　(名)　△　△

　生年月日/年齢：1989 年 2 月 ※ 日/ 24 歳

3．婚姻年月日：平成 25 年 8 月 ※ 日

4．婚姻の方式：アメリカ合衆国　□コロンビア特別区
　□メリーランド州
　□バージニア州
　☑アラバマ　州
　□　国

5．婚姻証明書発行者職名：
アメリカ合衆国
　□コロンビア特別区　上位裁判所書記官
　□メリーランド州　郡/市 巡回裁判所書記官
　□バージニア　州　郡/市 巡回裁判所書記官
　☑アラバマ　州　マディソン郡 検認裁判所
□　国

6．婚姻証明書発行(作成)年月日：平成　年　月　日

翻訳者氏名：△　△　△　△

婚姻証明書抄訳文様式
在アメリカ合衆国日本国大使館

資料5－5－2〔出生証明書〕

THE FRONT OF THIS DOCUMENT IS PINK - THE BACK OF THIS DOCUMENT IS BLUE AND HAS AN ARTIFICIAL WATERMARK - HOLD AT AN ANGLE TO VIEW.

ANY ALTERATIONS VOID THIS DOCUMENT

ALABAMA
Center for Health Statistics

ALABAMA
CERTIFICATE OF LIVE BIRTH

State File Number **101** 2013-※※

1.NAME ○○○○				2.DATE OF BIRTH August※, 2013
3.SEX Male	4.PLURALITY Single	5.IF NOT SINGLE BIRTH ---	6.COUNTY OF BIRTH Montgomery	7.TIME OF BIRTH 1249
8.PLACE OF BIRTH ※※Medical Center East		9.CITY, TOWN OR LOCATION OF BIRTH Montgomery		
10.ATTENDANT'S NAME ※※※※		11.TYPE OF ATTENDANT Medical Doctor		
12.ATTENDANT'S ADDRESS ※※※※				
13.MOTHER'S MAIDEN NAME △△△△			14.MOTHER'S DATE OF BIRTH July ※, 1982	
15.MOTHER'S LEGAL NAME △△△△△△△			16.MOTHER'S PLACE OF BIRTH Japan	
17.MOTHER'S RESIDENCE-STATE Alabama			18.MOTHER'S RESIDENCE-COUNTY Autauga	
19.FATHER'S NAME □□□□			20.FATHER'S DATE OF BIRTH May ※, 1979	
21.FATHER'S PLACE OF BIRTH Guam	22.REGISTRAR'S NAME ※※※※※※		23.DATE FILED August 5, 2013	

ADPH HS E1/REV 10-06

This is an official certified copy of the original record filed in the Center of Health Statistics, Alabama Department of Public Health, Montgomery, Alabama. 2013-※※

September 18, 2013

(署名)

※※※※※※
State Registrar of Vital Statistics

ANY ALTERATIONS VOID THIS DOCUMENT

資料5－5－2

出生証明書（要約文）

1．出生子の氏名：（氏）○　○　（名）○　○　（性別）㊚・女

2．出生場所：米国　アラバマ　州モンゴメリー郡モンゴメリー市

3．出生年月日：平成　25　年　8　月　※　日

時刻　：　午前・（午後）　12　時　49　分

4．母親の氏名(旧姓)：（氏）△　△　（名）△　△

5．父親の氏名：（氏）○　○　（名）○　○

6．発給元　：　米国　アラバマ　州保健局

要約者氏名　△　△　△　△

5−6 アメリカ合衆国／アリゾナ州

第1 婚　　姻

1 婚姻証明書

アリゾナ州高等裁判所書記発行の婚姻証明書（婚姻登録）は，資料5－6－1（本文242頁）参照。

2 実質的成立要件

(1) 婚姻適齢

男女とも18歳以上である。

16歳以上で18歳未満の者については，監護権を有する親又は後見人の同意がなければ，婚姻をすることができない。

また，16歳未満の場合は，父母又は後見人の同意書及び高等裁判所の裁判官の承認がなければ，婚姻をすることができない（州法25−102）。

(2) 近親婚の禁止

親子間，親族の親等にかかわらず，全血又は半血の姉妹間，おじと姪又はおばと甥の婚姻，また，原則として，いとこ間の婚姻は禁止されている（州法25−101）。

(3) 重婚の禁止

アメリカ合衆国の全ての州でも重婚は禁止されている。アメリカ合衆国では，後婚が無効（void）であるだけでなく，事情を知っていた当事者は刑事罰を受けることになる（坂本正光「アメリカ家族法入門(4)」時報506−2）。

重婚の認められている国で有効に成立した婚姻でも，公序良俗に反し，婚姻としては認められていない。

また，離婚の終局判決を待たずに再婚した場合も，その婚姻を無効とする州が多い（フランク・アキラ・笠間「アメリカの家族と法(3)」時報413−51，「5　アメリカ合衆国」136頁参照）。

⑷　同性婚の禁止

同性者間の婚姻は，禁止されている（州法25－101Ｃ）。

なお，アメリカ合衆国では，同性婚を認める州と認めない州が存在していたが，連邦最高裁判所は，平成27年（2015年）６月26日に，同性婚は合衆国憲法の下での権利であり，州は同性婚を認めなければならないとの判断を下した。これにより，全米で同性婚が合法となることから，同性婚を禁止している各州の法律は今後改正される。

３　婚姻許可証

⑴　発給権者

高等裁判所の書記が，婚姻許可証を発給する（州法25－122)。

⑵　有効期間

有効期間は１年である。

４　挙式執行者

婚姻の挙式は，正式に認可された聖職者，地方裁判所判事，治安判事又は高等裁判所の裁判官によって行われる（州法25－124)。

〔根拠法条〕

州法（2014 Arizona Revised Statutes）

第25編　夫婦及び家族関係

第１章　婚姻

第１条（婚姻する者の能力）

25－101（無効及び禁止婚）

Ａ　あらゆる親等の祖父母と孫を含め，親子間，全血又は半血の兄弟姉妹間，おじと姪，おばと甥及びいとこの婚姻は，禁止される。

Ｂ　第A項にかかわらず，両方のいとこが65歳以上であるか，一方又は双方のいとこが65歳未満で，一方が子をもうけることができない旨の証明が裁判官に示され，州の高等裁判所の裁判官が認めたときは，いとこ間で婚姻をすることができる。

Ｃ　同性者間の婚姻は，無効であり，禁止される。

25－102（未成年者の婚姻に必要な同意）

Ａ　18歳未満の者は，監護権を有する親又は後見人の同意なしで婚姻をすることができない。

16歳未満の者は，その者の監護権を有する親又は後見人の同意及び州の高等裁判所の裁判官の承認がなければ，婚姻をすることができない。両親が同居しているときは，一方の親の同意で足る。両親が別居して生活しているときは，未成年者の監護権を有する親の同意を要する。

B 16歳未満の者の婚姻を許可する前に，

1 裁判所は，婚姻する両当事者に婚姻前のカウンセリングを完了することを命じなければならない。裁判所は，婚姻前のカウンセリングが合理的に役立たないと決定したときは，この必要条件を放棄することができる。

2 裁判所は，未成年者が自発的に婚姻をすることを確認しなければならない。

3 裁判所は，婚姻がそのような状況の下で，未成年者の最善の利益になることを確認しなければならない。

4 裁判所は，未成年者が学校に継続して登校することを命ずることができる。

5 裁判所は，裁判所がそのような状況の下で，決定した条件が合理的なものであることを命ずることができる。

C 婚姻に関する法律において禁止され無効として禁じられているときは，婚姻は，本節に基づいて行うことができない。

第３条 （婚姻許可証，挙式及び記録）

25−122（未成年者の親又は後見人の同意）

高等裁判所の書記は，25−102の規定に従って必要とされる同意がないときは，18歳未満の者に許可証を発行してはならない。

25−124（結婚式を挙行する権限を有する者；定義）

A 次の者は，結婚する資格を与えられた者間の婚姻を挙行する権限を有する。

1 正式に認可されるか，又は任命された聖職者

2 記録裁判所（courts of record）の裁判官

3 都市の裁判所の裁判官

4 治安判事

5 合衆国高等裁判所の裁判官

6 裁判官が事務所をもつ資格を与えられているときは，議会の法律によって設立された控訴裁判所（courts of appeals），地方裁判所（district courts）及び裁判所（courts）の裁判官

7 破産裁判所及び租税裁判所の裁判官

8 合衆国治安判事

9 アリゾナ州軍事控訴裁判所の裁判官

B （略）

第２ 離 婚

１ 判決確定日

離婚判決の確定日は，「記録簿に登載された日」である（昭和31.11.２民事甲2557号回答）。つまり，ファイルされた日である。

第3　出　生

1　父の推定

出生前の10か月の間，男性と子の母が婚姻しているか，又は死亡，無効又は無効判決若しくは婚姻の解消による婚姻の終了後10か月以内又は裁判所の法定別居の判決の登録後10か月以内に子が出生した場合や，嫡出でない子の母及び父が出生証明書に署名した場合には，男性は子の父と推定される（州法25－814)。

2　出生証明書

アリゾナ州衛生サービス部門発行の出生証明書は，資料５－６－２（本文244頁）参照。

〔根拠法条〕

州法（2014 Arizona Revised Statutes)
第25編　夫婦及び家族関係
第８章　父母の訴訟
25－814（父の推定)
A　男性は，以下の場合には，子の父と推定される。
　1　出生前の10か月の間，男性と子の母が婚姻しているか，又は死亡，無効又は無効判決若しくは婚姻の解消による婚姻の終了後又は裁判所が法定別居の判決の登録後10か月以内に子が出生した場合
　2　（略)
　3　嫡出でない子の母及び父が出生証明書に署名した場合
　4　（略)
B　（略)

第4　養子縁組

1　実質的成立要件

(1)　養親の要件

成人（18歳以上）は，婚姻中であるか，未婚であるか，又は法定別居をしているかにかかわらず，養親となることができる（州法８－103)。

(2)　養子の要件

未成年者（18歳未満）だけでなく，21歳未満の外国で出生し，養子縁組申請の際に不法入国者でない者は，養子となることができる（州法８－102)。

(3)　夫婦共同縁組

夫婦共同縁組は必要的とはされていない（州法８－103)。

２　保護要件

(1)　養子の同意

養子が12歳以上である場合は，その者の同意を要する（州法８－106Ａ３)。

(2)　実親等の同意

ア　同意の可否

生存している実母又は養母の同意を要する（州法８－106Ａ１)。

また，父であることが証明されたとき等の場合は，父の同意を要する（州法８－106Ａ２)。

後見人がいる場合は，子の後見人の同意を要する（州法８－106Ａ４)。

イ　同意の免除

親権が裁判所の命令によって終了している場合，親が以前にあっせん機関又は省に同意を与えていた等の場合は，同意を要しない（州法８－106Ｂ)。

ウ　同意時期の制限

子の出生後，72時間以内にされた同意は，無効である（州法８－107Ｂ)。

エ　同意の取消し

同意が詐欺，強迫又は不当な影響によりされた場合を除き，これを取り消すことができない（州法８－106Ｄ)。

(3)　あっせん機関等の同意

子を託置する権限を与えられたあっせん機関又は経済安全省の同意を要する（州法８－106Ａ５)。

(4)　裁判所の決定

養子縁組については，裁判所の審理手続を経なければならない。

3　養子縁組の効力

(1)　養親との関係

養子は，養親の嫡出子として，養親との権利，義務等の関係が生ずる（州法8－117A）。

(2)　実親との関係

養親の配偶者が実親である場合を除き，実親と養子との関係は完全に断絶する（州法8－117B・C）。

〔根拠法条〕

州法（2014 Arizona Revised Statutes）
第8編　子の安全（child safety）
第1章　養子縁組
第1条（総則）
8－101（定義）
　本条において，特に規定がないときは，
　1　「成人」は，18歳以上の者をいう。
　2・3　（略）
　4　「子」は，18歳未満の者をいう。
（以下，略）
8－102（養子となる者）
　第14編第8章に規定されている場合を除き，子又は21歳未満の外国で出生し，養子縁組の申請の際にアリゾナ州への不法入国者でない者は，養子となることができる。
8－102－01（裁判管轄権）
　養子縁組に対する申請が子の18歳の誕生日前にされたときは，子が最終の養子縁組の聴取の前に18歳に達したときでも，高等裁判所の裁判管轄権は，その子の養子縁組命令をするために継続する。
8－103（養親となる者）
A　婚姻中であるか，未婚であるか，又は法定別居をしているか否かにかかわらず，アリゾナ州の成人である者は，子を養子縁組する資格を有する。夫と妻は，共同して子を養子とすることができる。
B～D　（略）
8－106（養子縁組に対する同意；撤回；情報の発表に対する同意；父となる可能性の公表）
A　裁判所は，次の者からの養子縁組に対する同意が得られ，裁判所に提出されないときは，子の養子縁組を認めない。
　1　生存している子の実母又は養母
　2　次に該当するときは，子の父
　　(a)　父が妊娠の時又は妊娠と子の出生の間に子の母と婚姻しており，その父性が排除，又は他の男の父性が第25編第6章第1条に従って証明されていないとき。
　　(b)　父が子を養子としたとき。
　　(c)　父性が，第25編第6章第1条又は36－334に基づいて証明されたとき。
　3　12歳以上及び公開の法廷で同意を与

える子

4　裁判所又は裁判所によって子の養子縁組に対する同意をする権限を付与されたことによって指名された子の後見人

5　本サブセクション第１段落又は第２段落に基づき必要とされる親又は両親による養子縁組のために子を託置することに対して同意又は養子縁組のための子を託置するための法的手続において権限を与えられたあっせん機関又は経済安全省（the department of economic security）

6　後見人が現在指名されている成人の親の後見人

B　以下の者から養子縁組に対する同意を得る必要はない。

1　後見人が現在指名されている成人の親

2　親の権利が裁判所の命令によって終了した親

3　以前に養子縁組のために子を託置するあっせん機関又は省に同意をした者

4　同意は本サブセクションＡにおいて必要とされていない者

C　子又は親が未成年者であることは，本項において示された例に同意をする子又は親の能力に影響を与えない。

D　同意が詐欺，強迫又は不当な影響によって得られたのでない限り，養子縁組に対する同意は，取り消すことができない。（以下，略）

8−107（同意の時期及び内容）

A　養子縁組に対する全ての同意は，書面により，18歳以上の信頼できる２人以上の証人が，同意を与えた者の面前で氏名を署名しているか，又は公証人の面前で同意を与える者として認められなければならない。

B　子の出生後72時間を経過する前に与えられた同意は，無効である。

C～G　（略）

8−117（養子縁組命令による権利）

A　養子縁組命令の登録により，親と子の関係，全ての法的な権利，特権，義務及び他の生来の親と子の関係から生ずる法的な結果は，その後は子が養親の嫡出子として出生したように，養親と養子の間に存在する。子が嫡出子として出生したように，養子は，養親から不動産及び個人的な財産を相続する権利を付与され，同様に，養親は，養子から不動産及び個人的な財産を相続する権利を付与される。

B　養子縁組命令の登録により，養子と養子縁組命令の登録の前に子の親であった者との間の親子関係は，完全に切断され，全ての法的な権利，特権及び義務は，相続の権利を含めて，消滅する。（以下，略）

C　養子縁組が子の親の配偶者によるときは，子の親に対する関係は，養子縁組命令によって変わらない。

資料5－6－1〔婚姻証明書〕

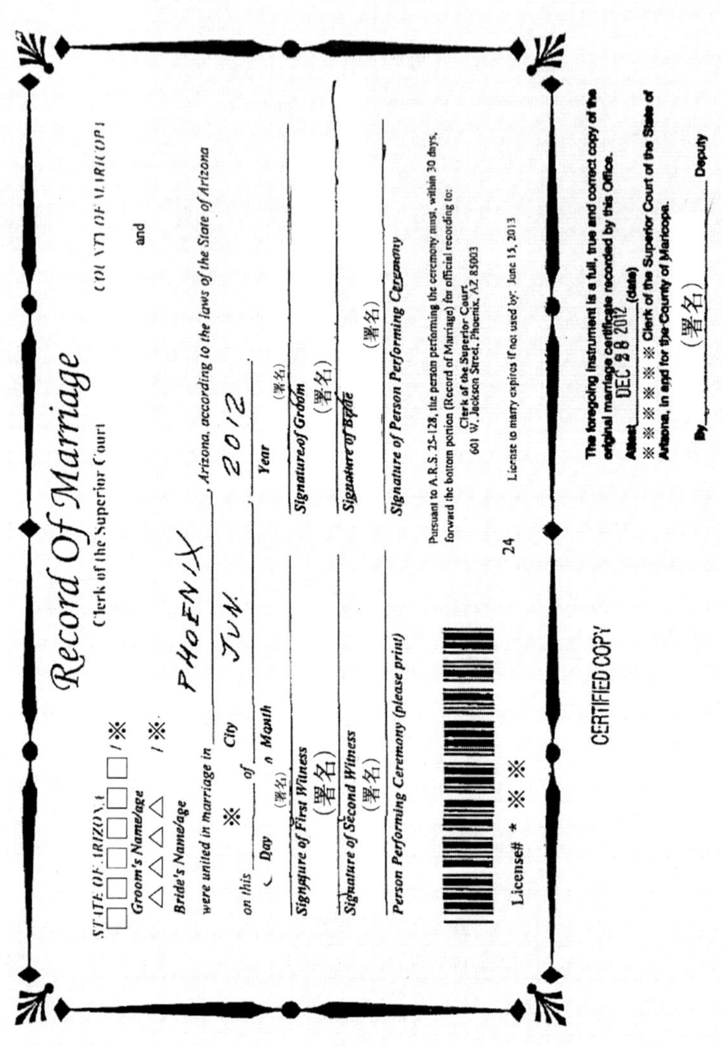

Record Of Marriage

Clerk of the Superior Court

STATE OF ARIZONA　　COUNTY OF MARICOPA

□□□□□ / ※

Groom's Name/age

and

△△△△ / ※

Bride's Name/age

were united in marriage in PHOENIX, Arizona, according to the laws of the State of Arizona

City

on this ※ of JUN, 2012

Day (署名) Month　　Year (署名)

Signature of First Witness (署名)　　Signature of Groom (署名)

Signature of Second Witness (署名)　　Signature of Bride

Person Performing Ceremony (please print)　　Signature of Person Performing Ceremony (署名)

Pursuant to A.R.S. 25-128, the person performing the ceremony must, within 30 days, forward the bottom portion (Record of Marriage) for official recording to:

Clerk of the Superior Court
601 W. Jackson Street, Phoenix, AZ 85003

License# * ※ ※　　24　　License to marry expires if not used by: June 15, 2013

CERTIFIED COPY

The foregoing instrument is a full, true and correct copy of the original marriage certificate recorded by this Office.

Attest DEC 28 2012 (date)

※※※※※ Clerk of the Superior Court of the State of Arizona, in and for the County of Maricopa.

By (署名) Deputy

資料5－6－1

在ロサンゼルス日本国総領事館

婚姻証明（訳）

1．婚姻当事者の氏名：

	ラストネーム	ファーストネーム	ミドルネーム
夫	□□	□□	□□
妻	△△	△△	

2．婚姻年月日：　平成　24　年　6　月　※　日

3．婚姻場所：　アメリカ合衆国　アリゾナ　州

4．証明者の職名：　判事、　牧師、　開教師、
婚姻コミッショナー、
郡登録官、州登録官
(その他)（裁判所登録官　）

5．翻訳者氏名：　△　△　△　△

資料5－6－2〔出生証明書〕

CERTIFICATION OF VITAL RECORD

STATE OF ARIZONA

STATE OF ARIZONA
DEPARTMENT OF HEALTH SERVICES -- OFFICE OF VITAL RECORDS
CERTIFICATE OF LIVE BIRTH

ORIGINAL
STATE COPY

BIRTH NO.
B 102-2013- ※ ※

1. CHILD'S NAME A. FIRST	B. MIDDLE	C. LAST	
○○	○○	○○	
2. SEX: MALE	3A. PLURALITY (SPECIFY): SINGLE	3B. IF MULTIPLE BIRTH (SPECIFY)	4A. DATE OF BIRTH (MONTH DAY, YEAR): SEPTEMBER ※, 2013
4B. HOUR OF BIRTH: 01:24 PM	5. PLACE OF BIRTH A. COUNTY: MARICOPA		B. TOWN OR CITY: PHOENIX
5C. PLACE OF BIRTH ■ HOSPITAL □ FREESTANDING BIRTHING CENTER □ RESIDENCE □ CLINIC/DOCTOR'S OFFICE □ OTHER (SPECIFY)		D. FACILITY NAME (IF NOT INSTITUTION GIVE STREET AND NUMBER): ※※※※※※	
6. FATHER'S NAME (FIRST, MIDDLE, LAST, SUFFIX [Optional]): □□□□			
7. DATE OF BIRTH (MONTH DAY, YEAR): NOVEMBER ※, 1982	8. PLACE OF BIRTH (STATE OR COUNTRY): TAIWAN		
9. MOTHER'S MAIDEN NAME (FIRST, MIDDLE, LAST): △△△△			
10. DATE OF BIRTH (MONTH DAY, YEAR): JULY ※, 1973	11. PLACE OF BIRTH (STATE OR COUNTRY): JAPAN		
12. MOTHER'S USUAL RESIDENCE A. STATE: ARIZONA	B. COUNTY: MARICOPA	C. TOWN OR CITY: PHOENIX	D. ZIP: ※※
12E. STREET ADDRESS OR R.F.D.: ※※※※			12F. IN CITY LIMITS: ■ YES □ NO □ UNKNOWN
13. MOTHER'S MAILING ADDRESS (IF DIFFERENT FROM ITEM 12)			

DATE REGISTERED: SEPTEMBER 11, 2013　　DATE ISSUED: SEPTEMBER 16, 2013

（署名）
※※※※
ASSISTANT STATE REGISTRAR

※※※※

This is a true certification of the facts on file with the OFFICE OF VITAL RECORDS, ARIZONA DEPARTMENT OF HEALTH SERVICES, PHOENIX, ARIZONA
Revised 12/2012

This copy not valid unless prepared on a form displaying the State Seal and impressed with the raised seal of the issuing agency.

Arizona Department of Health Services

ANY ALTERATION OR ERASURE VOIDS THIS DOCUMENT

資料5−6−2

在ロサンゼルス日本国総領事館

出生証明書（訳）

1．出生子の氏名：○○（ラストネーム）　○○（ファーストネーム）　○○（ミドルネーム）

2．性別　：（男）　女

3．出生年月日　：平成　25　年　9　月　※　日
午前・（午後）　1　時　24　分

4．出生地　：アメリカ合衆国　アリゾナ　州
フィニックス　市
※※※※　~~番地~~

5．父の氏名　：□□（ラストネーム）　□□（ファーストネーム）　（ミドルネーム）

母の氏名　：△△（ラストネーム（旧姓））　△△（ファーストネーム）　（ミドルネーム）

6．証明者の氏名：※※※※

証明者の職名：医師・助産婦・（その他）（州登録官補佐）

7．翻訳者氏名　：△　△　△　△

5－7　アメリカ合衆国／イリノイ州

第1　姓名制度

1　氏　　名

氏名に関する法制度は，COMMON　LAW（慣習法）を基礎としている。

慣習法によると，原則として，個人がいかなる氏名を称するかについて法的規制はなく，氏名を自由に変更する権利が認められている。

氏名は，「GIVEN　NAME（FIRST　NAME）」（名），「MIDDLE　NAME」，「SURNAME（FAMILY　NAME）」（氏）から構成される。「MIDDLE　NAME」は，個人名であり，付けるか否かは任意である。

また，個人を特定するためには，最初の名と氏を明記すれば足りることとされているので，「MIDDLE　NAME」がある場合でも，その記載を省略することも可能である。

なお，イリノイ州でも，法的手続を要しないで氏名を変更することができる慣習法上の権利が認められているが，裁判所に対して，氏名変更の許可を求めることができる。

2　子の氏

夫婦間に出生した子の氏は，通常父の氏を称する。夫婦別氏の場合でも，夫婦間に別の合意がない限り，父の氏を称することになる。

（第1につき，南野聡「諸外国における氏制度の調査結果について」戸籍584-6）

第2　婚　　姻

1　婚姻証明書

イリノイ州クック郡書記発行の婚姻証明書は，資料5－7－1（本文259頁）参照。

2　実質的成立要件

⑴　婚姻適齢

男女とも18歳である。

16歳以上で18歳未満の者については，親又は保護者が出頭の上，郡書記（County Clerk）に対し，同意の宣誓供述書を提出することで婚姻することができる（婚姻203）。

⑵　近親婚の禁止

全血であるか，半血であるか，又は，養子縁組による関係であるかにかかわらず，尊属と卑属との間又は兄弟姉妹の間（婚姻212ａ２），全血であるか，半血であるかにかかわらず，おじと姪又はおばと甥（婚姻212ａ３）の婚姻は禁止される。

また，一親等のいとこ間の婚姻も禁止される。ただし，①両当事者が50歳以上である場合，②婚姻許可申請の時に，当事者が不妊であることが永久的かつ回復できないことを資格を有する医師が申述し，署名した証明書を，一方の当事者が婚姻を挙行する郡の書記に提出したことを示した場合は，一親等間の婚姻は禁止されない（婚姻212ａ４）。

⑶　重婚の禁止

前婚が解消される前に締結される婚姻は，禁止される（婚姻212ａ１）。

⑷　同性婚の禁止

同性者間の婚姻は，禁止されている（婚姻212ａ５・213.１）。

なお，アメリカ合衆国では，同性婚を認める州と認めない州が存在していたが，連邦最高裁判所は，平成27年（2015年）６月26日に，同性婚は合衆国憲法の下での権利であり，州は同性婚を認めなければならないとの判断を下した。これにより，全米で同性婚が合法となることから，同性婚を禁止している各州の法律は今後改正される。

3　婚姻許可証

⑴　発給権者

巡回裁判所の書記（Clerk of Circuit Court）が発給する（婚姻203）。

⑵　申請者

婚姻当事者が出頭して申請する（婚姻203）。

⑶　有効期間

婚姻許可証は，その許可証が発行された郡において，発行の翌日から効力を有し，それが効力を生じてから60日後に期間が満了する（婚姻207）。

4　夫婦の氏

夫婦は，通常は夫の氏を称するが，妻は婚姻前の氏を引き続き称することもできる。また，妻は婚姻前の氏と夫の氏との結合氏（妻の氏－夫の氏）を使用することもできる。

5　婚姻の無効

⑴　無効事由

以下の場合は，婚姻は無効とされる（婚姻301）。

①　当事者の一方が意思能力がないか，又は虚弱，アルコール，麻薬等によるか，あるいは強迫，詐欺により婚姻するよう誘導されて婚姻が挙行されたものであるため，当事者が婚姻に同意する能力を欠如していた場合。

②　当事者が性交により婚姻を完結させる身体的能力を欠き，婚姻挙行時に，他方の当事者の障害を知らなかった場合。

③　当事者が16歳又は17歳で，親又は後見人若しくは裁判上の承認がない場合。

④　婚姻が禁止されている場合。

⑵　申立期間及び申立人

①　⑴①の事由によるときは，一方の当事者又は同意する能力を欠く当事者の法定代理人が，記載された条件を知った後に遅くとも90日以内に無効の申立てをしなければならない（婚姻302ａ１）。

② ⑴②の事由によるときは，一方の当事者は，記載された条件を知った後に遅くとも１年以内に無効の申立てをしなければならない（婚姻302 a ２）。

③ ⑴③の事由によるときは，婚姻適齢に満たない当事者が要件を省略する必要なく婚姻できる年齢に達する前に，婚姻適齢に満たない当事者，その者の親又は後見人が無効の申立てをしなければならない（婚姻302 a ３）。

④ ⑴④の事由によるときは，一方の当事者，重婚の場合は法律上の配偶者，州の弁護士又は一方の当事者の子は，一方の当事者が死亡後３年を超えないときは，いつでも無効の言渡しを請求することができる（婚姻302 c ）。

⑶ 無効の制限

⑴の①，②，③の事由によるときは，一方の婚姻当事者が死亡した後は，婚姻無効を言い渡すことができない（婚姻302 b ）。

〔**根拠法条**〕

州法（2014 Illinois Compiled Statutes）
権利及び救済
第750章 家族
婚姻及び婚姻解消法（第750ILCS 5）（Illinois Marriage and Dissolution of Marriage Act）
第２部 婚姻
201（形式的手続）

本法の規定により許可され，挙式し，登録された男女の間の婚姻は，イリノイ州において有効である。

202（婚姻許可証及び婚姻証明書）（略）
203（婚姻許可証）

婚姻の申請が完了し，将来の婚姻する両当事者により署名され，両当事者が郡の書記の面前に出頭し，婚姻許可証の手数料を支払ったときは，郡の書記は，婚姻許可証及び以下の事項を備えた婚姻証明書の書式を発行する。

1 各当事者が婚姻許可証が有効なときに，18歳に達しているか，又は16歳に達して，両親又は後見人の婚姻の許可又は裁判所の承認があることを確信させる十分な証拠。一方の親の所在が不明で，同意をした親が一生懸命所在を確認したときは，ｉ所在不明の親の名をあげ，所在が不明であることを申述し，ⅱ所在不明の親の所在を一生懸命確認したことを申述した，同意した親が署名した宣誓供述書を添えた一方の親の同意は，本節における両親の同意の効果を生ずる。

2 婚姻が禁止されていないことを確信させる十分な証拠，及び，

3 もし，適用できるときは，205節第１項に規定されている宣誓供述書又は記録若しくは205節第２項に規定されている裁判所の命令。

婚姻許可証とともに，郡の書記は，胎児のアルコール症候群の原因と結果を記

載したパンフレットを提供する。

204（医療情報パンフレット）（略）

205（例外）

a　性的感染症に関する試験場及び臨床試験の結果にかかわらず，a女子が申請時に妊娠しているか，又はb申請の前に，申請時に生存している嫡出でない子を出生し，申請をした男性が，自分がこの嫡出でない子である子の父であるという宣誓供述書を作成したときは，それぞれの郡の書記は，婚姻しようとする当事者に婚姻許可証を発行しなければならない。（略）

b　（略）

206（記録）（略）

207（許可証の有効期限）

婚姻が許可証が発行された郡以外のイリノイ州の郡で故意でなく挙行された事実により無効とされない場合，裁判所が，許可証が発行された時に効力を有すると命じないときは，婚姻許可証は，その許可証が発行された郡において，発行の翌日から効力を有し，それが効力を生じてから60日後に期間が満了する。

208（未成年者の婚姻の裁判上の承認）

a　未成年者の当事者の両親又は後見人に通知する合理的な努力がされた後，裁判所は郡の書記に，婚姻に同意することのできない親又は後見人が婚姻について同意しない16歳又は17歳の当事者に，婚姻許可証及び婚姻証明書用紙を発行することを命ずることができる。

b　婚姻許可証及び婚姻証明書用紙は，裁判所が未成年者が婚姻の責任を負い，婚姻がその者の最善の利益になると判断したときにのみ，本節に基づき発行することができる。妊娠だけでは，当事者の最善の利益になることが立証されない。

209（挙式及び登録）（略）

210（婚姻証明書の登録）（略）

211（報告）（略）

212（禁止婚）

a　以下の婚姻は，禁止される。

1　当事者の一方の，前婚の解消前に締結された婚姻

2　全血であるか，半血であるか，又は，養子縁組による関係であるかにかかわらず，尊属と卑属間又は兄弟姉妹間

3　全血であるか，半血であるかにかかわらず，おじと姪又はおばと甥

4　一親等のいとこ間。ただし，以下の場合は，一親等間の婚姻は禁止されない。

i　両当事者が50歳以上である場合又は，

ii　婚姻許可申請の時に，当事者が不妊であることが永久的かつ回復できないことを資格を有する医師が申述し，署名した証明書を，一方の当事者が婚姻を挙行する郡の書記に提出したことを示した場合。

5　同性者間の婚姻である場合。

b　本節第a項の規定により，婚姻を禁止されている当事者が，婚姻障害事由がなくなった後に同居しているときは，障害事由がなくなったときに，法的に婚姻したものとされる。

c　（略）

213（有効性）

本法施行前に，婚姻締結時又はその後婚姻を締結した地又は当事者の住所地で

有効とされたイリノイ州又はイリノイ州外で締結された全ての婚姻は，イリノイ州で有効である。ただし，イリノイ州の公共政策に反するときを除く。

213. 1（同性の婚姻，公共政策）

２人の同性の者による婚姻は，イリノイ州の公共政策に反している。

214（コモンローによる婚姻の無効）

1905年６月30日以降，イリノイ州において締結されたコモンローによる婚姻は，無効である。

第３部　婚姻無効の言渡し

301（無効の言渡し－事由）

裁判所は，（従前は，無効として知られていた）以下に掲げる事情に基づく婚姻の無効を言い渡す判決を登録しなければならない。

1　当事者の一方が意思能力がないか，又は虚弱，アルコール，麻薬又は他の行為能力をなくする物若しくは当事者が力又は強迫によるか，婚姻の本質に関する詐欺により婚姻するよう誘導されたことを理由として，婚姻が挙行された時に，当事者が婚姻に対する同意をする能力が欠けていたとき。

2　当事者が性交により婚姻を完結させる身体的能力を欠き，婚姻挙行時に，他方の当事者が障害を知らなかったとき。

3　当事者が16歳又は17歳で，親又は後見人若しくは裁判上の承認がないとき。又は，

4　婚姻が禁止されているとき。

302（開始時）

a　301節第１号から第３号に基づく無効の宣言は，以下に掲げる者が，以下に規定する期間内に開始されなければならない。

1　301節第１号に示された理由によるときは，一方の当事者又は同意する能力を欠く当事者の法定代理人が，記載された条件を知った後に遅くとも90日以内

2　301節第２号に示された理由によるときは，一方の当事者は，記載された条件を知った後に遅くとも１年以内

3　301節第３号に示された理由によるときは，婚姻適齢に満たない当事者が要件を省略する必要なく婚姻できる年齢に達する前に，婚姻適齢に満たない当事者，その者の親又は後見人が

b　301節第１項，第２項及び第３項に基づき，一方の婚姻当事者が死亡した後は，婚姻の無効を言い渡すことができない。

c　一方の当事者，重婚の場合は法律上の配偶者，州の弁護士又は一方の当事者の子は，一方の当事者が死亡後３年を超えないときは，いつでも301節第４項に示されている理由で無効の言渡しを請求することができる。

303（子の嫡出性）

無効が言い渡された婚姻で出生又は養子となった子は，当事者の法律上の子である。出生の後に両親が婚姻した子は，当事者の法律上の子である。

第3　離　　婚

1　離婚事由

以下の事由が，婚姻解消事由となる。

①婚姻時及びその後継続して性的不能であった場合，②婚姻時に生存している夫又は妻がいた場合，③婚姻後に姦通を犯した場合，④夫婦間の婚姻の解消又は法定別居の訴訟が継続している間を含め，1年間，故意に原告を遺棄するか，不在にした場合，⑤2年間，常習的な酩酊の罪を犯していた場合，⑥2年間，常習性の薬物の過度の使用により，常習的な習慣の罪を犯していた場合，⑦毒物又は殺意を示す他の方法で殺害を試みたか，再三にわたる身体的又は精神的虐待の罪を犯すか，重罪又は他の忌まわしい犯罪を犯した場合，⑧性感染症を感染させた場合，⑨夫婦が継続して2年以上別居し，相いれない争いが，婚姻の回復困難な破綻を引き起こし，裁判所が和解の努力が失敗するか，又は将来の和解の試みが実行不可能であり，家族の最善の利益にならない場合（婚姻401）。

2　離婚による姓の変動

離婚等により当然に復氏するのではなく，婚姻が解消されるか，又は無効が言い渡された妻の請求に基づき，裁判所は婚姻前又は以前の姓を回復することを命ずる（婚姻413条）（南野・前掲(246)参照）。

3　簡易離婚手続

(1)　簡易離婚手続の申請

いずれの当事者も扶養に関して他の当事者の被告でないか，又はそれぞれの当事者が扶養する権利を放棄する意思があるとき，相いれない違いが婚姻の回復できない破綻を引き起こし，当事者が6か月以上別居し，和解の試みが失敗するか，又は将来の和解の試みが実行不可能であり，家族の最善の利益にならないとき，婚姻中に当事者の関係で出生したか，又は養子となった子がなく，妻が夫の子を確実に妊娠していないこと，婚姻期間が8年間を超えていないこと等，婚姻及び婚姻解消法第452節に定める全ての要件を満たしている場合は，簡易離婚手続の申請をすることができる（婚姻452）。

(2) 手続及び判決

裁判所は，迅速に理由を調査し，両当事者本人が裁判所に出頭し，裁判所が命じたときは，証言をする。

裁判所は，申立て及び当事者を調査した後，当事者の合意が法外ではないと判断したときは，当事者が宣誓供述書を提出したときは，婚姻の解消を認めた判決を登録する（婚姻453）。

〔根拠法条〕

州法（2014 Illinois Compiled Statutes）
権利及び救済
第750章　家族
婚姻及び婚姻解消法（第750ILCS 5）
第4部　解消及び法定別居
401
a　（略）次に掲げる婚姻解消事由の一つが証明されたときは，裁判所は婚姻解消の判決を登録する。
　1　（略）被告が，婚姻時及びその後継続して性的不能であったとき，被告が婚姻時に生存している夫又は妻がいるとき，被告が婚姻後に姦通を犯したとき，被告が夫婦間の婚姻の解消又は法定別居の訴訟が継続している間を含め，1年間，故意に原告を遺棄するか，不在にしたとき；被告が2年間，常習的な酩酊の罪を犯していたとき；被告が2年間，常習性の薬物の過度の使用により，はなはだしく常習的な習慣の罪を犯していたとき；毒物又は殺意を示す他の方法で殺害を試みたか，はなはだしく，再三にわたる身体的又は精神的虐待の罪を犯すか，重罪又は他の忌まわしい犯罪を犯したとき；被告が性感染症を他人に感染させたとき。
　2　夫婦が継続して2年以上別居し，相いれない争いが，婚姻の回復困難な破綻を引き起こし，裁判所が和解の努力が失敗するか，又は将来の和解の試みが実行不可能であり，家族の最善の利益にならないとき。（以下，略）
b　（略）
413（判決）
a・b　（略）
c　婚姻が解消されるか，又は無効が言い渡された妻の請求に基づき，裁判所は婚姻前又は以前の姓を回復することを命ずる。
d　（略）
第4−A部　共同簡易離婚手続
452（申立て）
　離婚手続の当事者は，手続が開始された時に，以下に掲げる全ての要件があることを証明したときは，簡易離婚の共同申請を提出することができる。

(a)　いずれの当事者も扶養に関して他の当事者の被告でないか，又はそれぞれの当事者が扶養する権利を放棄する意思があるとき。（以下，略）

(b)　一方の当事者が，本法401節の居住要件を満たしているとき。

(c)　相いれない違いが婚姻の回復できない破綻を引き起こし，当事者が6か月以上別居し，和解の試みが失敗するか，又は将来の和解の試みが実行不可能であり，家族の最善の利益にならないとき。

(d)　婚姻中に当事者の関係で出生したか，又は養子となった子がなく，間違いなく，妻が夫の子を妊娠していないこと。

(e)　婚姻期間が8年間を超えていないこと。

(f)　いずれの当事者も不動産に権利を有していないこと。

(g)　いずれの当事者もいかなる扶養の権利を放棄すること。

(h)　全ての負債を控除した後の夫婦の全ての財産の総時価が10,000ドル未満で，全ての資産からの合計した年単位の総収入が35,000ドル未満で，いずれの当事者の全ての資産からの総収入が20,000ドルを超えていないこと。

(i)　当事者が，お互いに全ての資産及び婚姻の全ての年の税報告書を明らかにすること。

(j)　当事者が価値が100ドルを超える全ての資産を分割し，当事者間の負債を配分する書面による同意を実行すること。

453（手続；判決）

当事者は，巡回裁判所の書記が規定する様式を使用するものとし，書記は，申立てを裁判所に提出する。裁判所は，迅速に理由を調査する。両当事者本人が裁判所に出頭し，裁判所が命じたときは，証言をする。裁判所は，申立て及び当事者を調査した後，当事者の合意が法外ではないと判断したときは，本部第4Aの要件が満たされ，当事者が454節に基づき要求される宣誓供述書を提出したときは，（婚姻の）解消を認めた判決を登録する。（以下，略）

第4　出　　生

1　出生証明書

イリノイ州クック郡書記発行の出生証明書は，資料5－7－2（本文261頁）参照。

第５　養子縁組

１　実質的成立要件

(1)　養親の要件

風評の良い成人の男女で，法的に行為能力がない者で，養子縁組手続の開始に先立つ少なくとも６か月間，継続してイリノイ州に居住しているか，又は，90日間イリノイ州に住所を有する合衆国の軍隊のメンバーである者は，養子縁組手続を行うことができる（養子２）。

(2)　夫婦共同縁組

夫婦は，共同で養子縁組をしなければならない（養子２Ａ）。

(3)　養子の要件

養子は，未成年者だけでなく，成人も養子となることができる。

ただし，養子が成人のときは，養子縁組開始前に２年間継続して養親と同居していなければならない（養子３）。

２　保護要件

(1)　実親の同意

ア　同意の要否

未成年者の場合は，実親の同意を要する（養子８）。

イ　同意の免除

親権が放棄されたとき，性的虐待又は暴行をした子の父である等の場合には，同意は要しない（養子８Ａ）。

ウ　同意時期の制限

子の出生後72時間を経過するまでは，親は同意をすることができない。また，父は子の出生前に同意をすることができない（養子９）。

エ　同意の撤回

原則として，同意は撤回することができない（養子９）。

(2)　養子の同意

養子が14歳以上である場合は，その者の書面による同意を要する。

ただし，その者が精神的な治療を要するか，又は精神的に遅れているときは，裁判所は同意を要しないとすることができる（養子12)。

(3)　裁判所の関与

養子縁組には，裁判所が関与する（養子14)。

3　養子縁組の効力

養子になる子の実親は，かかる子供に対する全ての親の責任を免れ，その子に対する全ての法的権利を奪われる。そして，その子は，かかる親に対する扶養と服従の全ての義務を免れる（養子17)。

〔根拠法条〕

州法（2014 Illinois Compiled Statutes）
権利及び救済
第750章　家族
養子縁組法（第750ILCS50)（Adoption Act）
2（子を養子とすることができる者）
A　次に掲げる者で，第b号に明記された未成年者を除き，法的に行為能力がない者で，養子縁組手続の開始に先立つ少なくとも6か月間，継続してイリノイ州に居住しているか，又は，90日間イリノイ州に住所を有する合衆国の軍隊のメンバーである者は，養子縁組手続を行うことができる。
a　風評の良い成人の男女
ただし，その者が婚姻し，12か月以上別居していない場合は，その配偶者は，その配偶者の子を養子とする場合を含めて，養子縁組の当事者となり，かつ全ての場合において，養子縁組は夫婦が共同でしなければならない。
b　示された正当な理由に基づく裁判所が許可した未成年者
B　本節第A項に明記された居住要件は，親族関係にある子又は機関により託置された子の養子縁組には適用されない。
2．1
本法は，1987年少年裁判所法，1969年児童扶養法（the Child Care Act），子の託置に関する州相互間の契約，2000年国際養子縁組法と一致して解釈されなければならない。
3（養子になることができる者）
男子又は女子の子若しくは成人は養子となることができる。ただし，本法において規定されている他の要件を満たし，さらに，成人については，養子縁組手続開始前に，継続して2年以上養子縁組をしようとする者の家に居住しているか，又は，養子縁組をしようとする者が，本法1節の関連する子の定義で規定されている親等内の親族であることを条件とする。
4（管轄裁判所及び裁判地）
養子縁組の手続は，申請者が居住してい

るか，養子となる者が居住又は出生したか，又はその者の親が居住している郡の巡回裁判所において開始することができる。(以下，略)

6

A　(調査：全ての場合) 親族関係にある子供以外の子供との養子縁組又はスタンドバイ養子縁組の申立書が提出された後10日以内に，裁判所は，児童及び家族サービス部門 (the Department of Children and Family Services) が承認した児童福祉機関又は裁判所が適当と考える者若しくはクック郡において，クック郡公的支援部門の裁判サービス部門又は裁判所が利用できる児童福祉機関がないか，又は申立人が財政的に調査の費用を支払うことができず，申立てに含まれる主張，申立人の性格，風評及びその地域社会中における一般的評価，申立書中に記載された事項，すなわち，申立人の宗教上の信仰及び確認できるときは，養子になる子供の宗教上の信仰，もし可能であれば，申立人がその子供を養子にするのが適当であるかどうか，また，その子供が養子の対象となるのに適当であるかどうかを正確に，完全に，及び迅速に調査することができないと判断したときは，児童及び家族サービス部門を任命しなければならない。本節に基づく調査は，イリノイ州警察及び連邦捜査局 (Federal Bureau of Investigation) による指紋の再調査の犯歴検査に基づく指紋を含む。この調査に従うそれぞれの申請者は，その指紋を州警察部門の規定する形式及び方法で州警察部門に提出する。これらの指紋は，指紋記録と対照して検査され，その後，州警察部門及び連邦捜査局の犯歴データベースにファイルされる。

B (調査：外国で出生した子) アメリカ合衆国又は領土外で出生した子の場合は，本節第Ａ項に基づき要する調査に加え，1969年児童保護法 (the Child Care Act of 1969)，子の託置に関する各州間の契約及び2000年国際養子縁組法の要件に従って託置後の調査が行われる。

その子及び申立人に関して有効な確定命令又は判決がアメリカ合衆国又は領土以外の国の管轄裁判所によって登録されたときは，託置後の調査の要件は満たされたとみなされる。

C・D　(略)

8 (養子縁組に対する同意及び養子縁組を目的とする引渡し)

A　本節に規定されるところを除き，以下により裁判所が同意又は引渡しが他に必要であると判断しないときは，同意又は引渡しが全ての場合に必要とされる。

1　明らかな，説得力ある証拠により，本法１節に規定される不適当な者であるとき，又は，

2　子の実の父又は養父でないとき，又は，

3　本法12ａ節又は12節若しくは10節サブセクションＳに基づく子に対する親権が放棄されたとき。

4　養子縁組を求める成人の親であるとき，又は

5　2012年刑法11節に定められている性的虐待又は暴行をした子の父であるとき，又は，

6　(略)

B　同意が未成年の子の養子縁組に要するときは，次に掲げる者の同意で足りる。

1(A)　未成年の子の母

(B)　以下の場合には，未成年の子の父

i　子の出生日又は子の出生の300日前に母と婚姻をしていたとき。ただし，管轄裁判所が子の実の父でないと認めたときを除く。

ii〜vii　(略)

3　子が養子縁組のために機関に引渡しされているときは，その機関

4・5　(略)

C〜E　(略)

9（権利放棄，同意又は引渡しの署名の時期）

A　子の出生後72時間以降に署名された同意又は引渡しは，本法11節に規定される場合を除き，撤回することができない。

B　子の出生後72時間には同意又は引渡しは署名されない。

C　同意又は引渡しは，子の出生前に父が署名してはならない。(以下，略)

D　子の出生後72時間に撤回されなかった上記C項に従って署名された同意又は引渡しは，本法11節に規定される場合を除き，撤回できない。

E・F　(略)

12（子又は成人の同意）

判決の登録日に，養子になることを求める者が14歳以上であるときは，養子縁組は，その者の同意がなければ行われない。この同意は，書面で，かつ本法10節に規定されていることを認める必要がある。ただし，その者が，精神的な治療を要するか，又は精神的に遅れているときは，裁判所は本節の規定を適用しないことができる。養子になることを求める者が同意をする前に死亡したときは，本条に規定する同意は必要とされない。

17（親権を終了させる命令又は養子縁組判決の効力）

親権を終了させる命令又は養子縁組の判決が登録された後は，養子になる子の実親は，かかる子供に対する全ての親の責任を免れ，その子に対する全ての法的権利を奪われる。そして，その子は，かかる親に対する扶養と服従の全ての義務を免れる。

資料5－7－1〔婚姻証明書〕

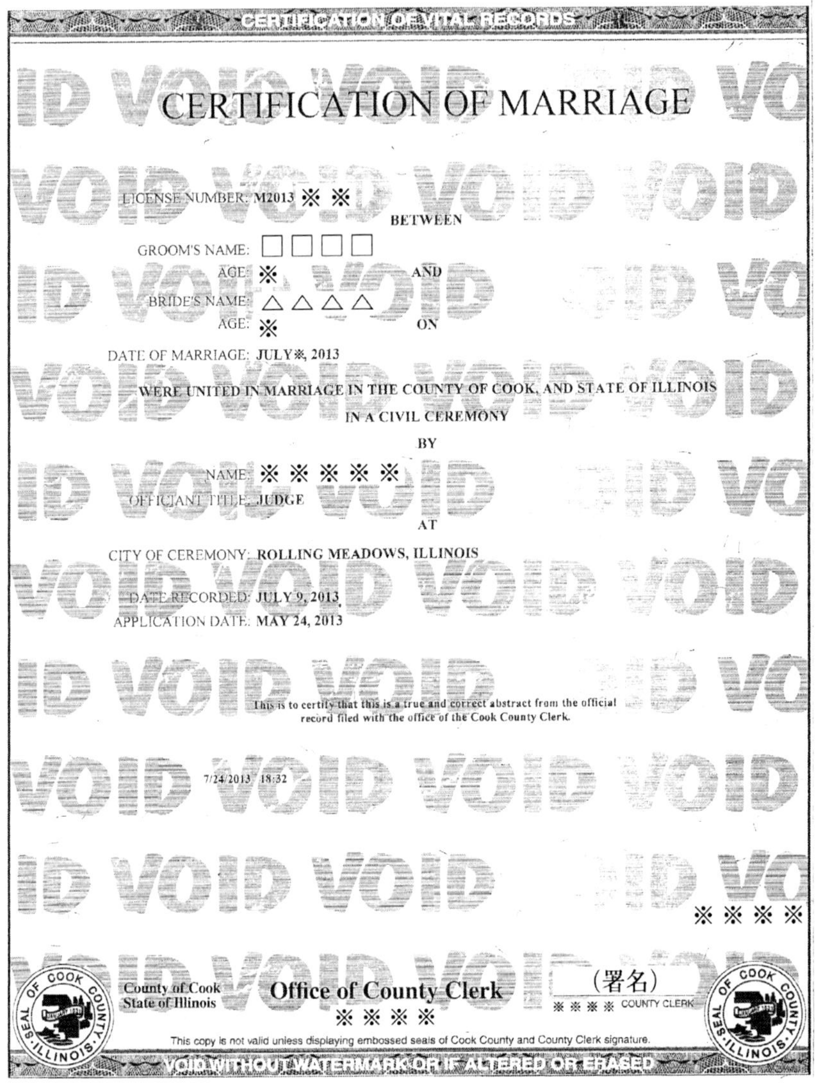

CERTIFICATION OF VITAL RECORDS

CERTIFICATION OF MARRIAGE

LICENSE NUMBER: M2013 ※ ※

BETWEEN

GROOM'S NAME: □□□□

AGE: ※

AND

BRIDE'S NAME: △△△△

AGE: ※

ON

DATE OF MARRIAGE: JULY※, 2013

WERE UNITED IN MARRIAGE IN THE COUNTY OF COOK, AND STATE OF ILLINOIS

IN A CIVIL CEREMONY

BY

NAME: ※ ※ ※ ※ ※

OFFICIANT TITLE: JUDGE

AT

CITY OF CEREMONY: ROLLING MEADOWS, ILLINOIS

DATE RECORDED: JULY 9, 2013

APPLICATION DATE: MAY 24, 2013

This is to certify that this is a true and correct abstract from the official record filed with the office of the Cook County Clerk.

7/24/2013 18:32

※ ※ ※ ※

County of Cook
State of Illinois

Office of County Clerk

※ ※ ※ ※

（署名）

※ ※ ※ ※ COUNTY CLERK

SEAL OF COOK COUNTY ILLINOIS

This copy is not valid unless displaying embossed seals of Cook County and County Clerk signature.

VOID WITHOUT WATERMARK OR IF ALTERED OR ERASED

資料5－7－1

婚　姻　証　明　書（要訳文）

1）夫の氏名：＿□　□　　　□　□＿＿＿＿
　　　　　　　氏　　　　　名

　妻の氏名：＿△　△　　　△　△＿＿＿＿
　　　　　　　氏　　　　　名

2）婚姻成立年月日：平成　25　年　7　月　※　日

　婚 姻 挙 行 方 式：アメリカ合衆国　イリノイ　州の
　　　　　　　　法律により挙式

3）婚姻証明書発行機関：アメリカ合衆国＿イリノイ＿州発行

要訳者氏名：＿□　□　□　□＿＿

資料5−7−2〔出生証明書〕

CERTIFICATION OF VITAL RECORDS

COOK COUNTY CLERK VITAL RECORDS
CHICAGO, ILLINOIS

CERTIFICATE OF LIVE BIRTH

DATE ISSUED 9/30/2013

STATE FILE NUMBER
112-2013 ※ ※

CHILD'S NAME ○○○○			DATE OF BIRTH SEPTEMBER ※, 2013
SEX FEMALE	CITY OR TOWN CHICAGO	COUNTY OF BIRTH COOK	TIME OF BIRTH 01:19 PM
FACILITY NAME (If not institution, give street and number) ※ ※ ※ ※ MEDICAL CENTER			
MOTHER/CO-PARENT'S CURRENT LEGAL NAME △△△△			DATE OF BIRTH MARCH ※, 1983
MOTHER/CO-PARENT'S NAME PRIOR TO FIRST MARRIAGE/CIVIL UNION ※ ※ ※ ※		BIRTHPLACE JAPAN	
RESIDENCE OF MOTHER/CO-PARENT - STATE ILLINOIS	COUNTY COOK	CITY OR TOWN CHICAGO	
STREET AND NUMBER ※ ※ ※ ※		APT. NO. ※ ※	ZIP CODE ※ ※
FATHER/CO-PARENT'S CURRENT LEGAL NAME □□□□			DATE OF BIRTH DECEMBER ※, 1979
FATHER/CO-PARENT'S NAME PRIOR TO FIRST MARRIAGE/CIVIL UNION □□□□		BIRTHPLACE JAPAN	
CERTIFIER'S NAME ※ ※ ※ ※ ※ ※			DATE CERTIFIED SEPTEMBER 07, 2013
LOCAL REGISTRAR'S SIGNATURE ▶ ※ ※ ※ ※		DATE FILED BY REGISTRAR SEPTEMBER 09, 2013	

※ ※ ※ ※

SEAL OF COOK COUNTY ILLINOIS

County of Cook
State of Illinois

Office of County Clerk
※ ※ ※ ※

（署名）
※ ※ ※ ※ COUNTY CLERK

This copy is not valid unless displaying embossed seals of Cook County and County Clerk signature.

VOID WITHOUT WATERMARK OR IF ALTERED OR ERASED

SEAL OF COOK COUNTY ILLINOIS

資料5－7－2

英文出生証明書訳文

（英文出生証明書に記載されている内容のみを日本語で記入してください）

出生子の氏名：○　○　　○　○
（氏）（ファーストネーム）（ミドルネーム）

性別：男・㊛

出生日と時間：平成 25 年 9 月 ※ 日　午前・（午後） 1 時 19 分

出生場所：アメリカ合衆国　イリノイ　州　シカゴ　（市）・町・村
　　　　　通り　　番地・番
（通り名）

父の氏名：□　□　　□　□
（氏）（ファーストネーム）（ミドルネーム）

母の氏名：△　△　　△　△
（氏）（ファーストネーム）（ミドルネーム）

母の旧姓：△　△　　△　△
（氏）（ファーストネーム）（ミドルネーム）

証明書発行機関：アメリカ合衆国　イリノイ　州

証明書発行年月日：平成　25　年　9　月　30　日

訳者氏名：□　□　□　□

申述書

（子の出生した住所について）

英文出生証明書に　○　○　○　○　の出生した住所が記載され
（出生届に記載した子の氏名を日本語で記入）

ていませんが、子の出生した住所はアメリカ合衆国　イリノイ　州　シカゴ　（市）・町・村　※※※※　通り　※※　（番地）・番

に間違いありません。

届出人署名：□　□　□　□
（日本語で記入）

子の氏名が英文出生証明書の記載と届出書で異なる場合の申出事項

英文出生証明書には、＿＿＿＿＿＿＿＿
（氏）（ファーストネーム）（ミドルネーム）

と記載されているが、戸籍には、＿＿＿＿＿＿と届け出る。
（出生届に記載した氏名）

届出人署名：＿＿＿＿＿＿
（日本語で記入）

5−8 アメリカ合衆国／インディアナ州

第１ 婚 姻

１ 婚姻証明書

インディアナ州レイク郡巡回裁判所書記発行の婚姻証明書（婚姻許可証明書）は，資料５−８−１（本文277頁）参照。

２ 実質的成立要件

(1) 婚姻適齢

男女とも18歳である（州法31−11−１−４）。

17歳以上で18歳未満の者については，親又は保護者の同意を要する（州法31−11−１−５）。

また，女子が15歳以上で，女子が妊娠しているか，又は子を出生した場合，男子が15歳以上で，女性の生まれてくる子の推定上の父であるか，女性の子の父である等の場合には，裁判所は婚姻許可証を発行することができる（州法31−11−１−６）。

(2) 近親婚の禁止

またいとこよりも近親の者との間では，婚姻をすることができない。

ただし，いとこであり，双方が65歳以上である場合を除く（州法31−11−１−２）。

(3) 重婚の禁止

一方に生存している夫又は妻がいるときは，婚姻をすることができない（州法31−11−１−３）。

(4) 同性婚の禁止

同性者間の婚姻は，禁止されている（州法31−11−１−１）。

なお，アメリカ合衆国では，同性婚を認める州と認めない州が存在していたが，連邦最高裁判所は，平成27年（2015年）６月26日に，同性婚は合衆国憲法の下での権利であり，州は同性婚を認めなければならないとの判断を下した。これにより，全米で同性婚が合法となることから，同性婚を禁止している各州の法律は今後改正される。

3　婚姻許可証

⑴　許可証の要否

婚姻をする前に，当事者は婚姻許可証を取得しなければならない（州法31－11－４－１）。

⑵　発給権者

当事者の一方が居住する郡の巡回裁判所の書記から婚姻許可証を取得しなければならない。

婚姻しようとする当事者がいずれもインディアナ州の住民でないときは，婚姻が挙行される郡の巡回裁判所の書記から婚姻許可証を取得しなければならない（州法31－11－４－３）。

⑶　許可証の有効期間

婚姻許可証の申請が巡回裁判所の書記に提出された後，60日以内に申請に基づき婚姻許可証が発行されないときは，申請は失効する（州法31－11－４－９）。

また，婚姻許可証が発行された後，婚姻が60日以内に挙式されないときは，婚姻許可証は失効する（州法31－11－４－10）。

4　婚姻の無効及び取消し

⑴　婚姻の無効

①近親婚の禁止違反（州法31－11－８－３），②重婚禁止違反（州法31－11－８－２），③1958年１月１日以降に登録されたコモン・ローの婚姻（州法31－11－８－５）は，法的な手続を要せずに無効である。

⑵　婚姻の取消し

婚姻当事者が，年齢又は意思能力がなく，婚姻を締結することができないとき（州法31－11－９－２）又は婚姻当事者の一方に生じた詐欺により，婚姻がされたとき（州法31－11－９－３）は，婚姻を取り消すことができる。

〔**根拠法条**〕

州法（2014 Indiana Code）
第31編 家族及び少年法
第11条（article 11） 家族法：婚姻
IC31－11－1 第1章 婚姻できる者
IC31－11－1－1（同性婚の禁止）
a 女性のみが男性と婚姻をすることができる。男性のみが女性と婚姻をすることができる。
b たとえ，同性婚が挙行された地において適法であるとしても，インディアナ州では無効である。
（1997年第1号追加，1997年第198号改正）
IC31－11－1－2（近親婚の禁止，いとこ同士の婚姻，例外）
またいとこよりも近親の者同士は，婚姻をすることができない。しかしながら，以下のときは，婚姻をすることができる。
1 いとこであり，かつ，
2 双方が65歳以上であるとき。
（1997年第1号追加）
IC31－11－1－3（重婚の禁止）
一方に生存している夫又は妻がいるときは，婚姻をすることができない。
（1997年第1号追加）
IC31－11－1－4（婚姻適齢）
本章5節又は6節を除き，両当事者は，18歳以上でなければ婚姻をすることができない。
（1997年第1号追加）
IC31－11－1－5（未成年者の婚姻に対する同意）
以下のときは，婚姻をすることができる。
1 両当事者が17歳以上であるとき。
2 18歳未満のそれぞれ当事者が，IC31－11－2で要求されている同意を受け取り，かつ，
3 IC31－11で明らかにされた理由により婚姻が禁止されていないとき。
（1997年第1号追加）
IC31－11－1－6（未成年者の婚姻許可証の発行，手続，記録の秘密）
a 以下に掲げる場合は，当事者は婚姻することができる。
1 本節で規定された理由により，婚姻が禁止されていない場合
2 それぞれが居住する郡の巡回裁判所又は上級裁判所は，第b項に示されている必要な情報を考慮し，巡回裁判所の書記に当事者に対して婚姻許可証を発行する権限を与えた場合
b 裁判所は，以下の場合でなければ，第a項における婚姻許可証を発行する権限を巡回裁判所の書記官に与えることはできない。
1 以下のことが記載された真実宣言申請書を裁判所に提出した者
A 女性が15歳以上である場合。
B 女性が妊娠しているか，又は母である場合。
C 18歳未満の者がIC31－11－2で要求されている同意を受け取った場合。
D 男性が15歳以上で，
i 女性の生まれてくる子供の推定上の父であるか，又は，
ii 女性の子の父である場合。
E 当事者がお互いに婚姻を希望する場合。
2～4 （略）

c　(略)
(1997年第1号追加)

IC31－11－2　第2章　特定の個人に要求される婚姻のための同意

IC31－11－2－1（婚姻のための同意の必要性）

本章3節の規定を除き，18歳未満の者は，婚姻する前に本章における同意を得なければならない。
(1997年第1号追加)

IC31－11－2－2（婚姻するための同意の実行）

a　本章における婚姻のための同意は，巡回裁判所の書記の面前で以下の者が，署名し，確認されなければならない。
　1　18歳未満の者の実親又は養親
　2　法的に指名された後見人
　3　後見が裁判上の命令で付与されているときは，その一方の親，又は，
　4　他方の親が以下の場合は，一方の親
　　A　一方の親が死亡している場合
　　B　一方の親が18歳未満の者を遺棄する場合
　　C　一方の親が書面による同意が肉体的又は心身の故障がある場合，又は，
　　D　一方の親の所在が不明である場合
b　(略)
(1997年第1号追加)

IC31－11－4　第4章　婚姻許可証及び証明書

IC31－11－4－1（婚姻するため要求される婚姻許可証）

婚姻する前に，それぞれの当事者は，本章に基づく婚姻許可証を取得しなければならない。
(1997年第1号追加)

IC31－11－4－2（婚姻許可証の発行要件）

許可証を申請する者がIC31－11－1の規定において互いに婚姻する資格を有しなければ，巡回裁判所の書記は，婚姻許可証を発行することができない。
(1997年第1号追加)

IC31－11－4－3（居住の郡又は挙行；許可証の取得地）

婚姻をしようとする者は，当事者の一方が居住する郡の巡回裁判所の書記から婚姻許可証を取得しなければならない。婚姻しようとする当事者がいずれもインディアナの住民でないときは，婚姻が挙行される郡の巡回裁判所の書記から婚姻許可証を取得しなければならない。
(1997年第1号追加)

IC31－11－4－9（申請の失効）

婚姻許可証の申請が巡回裁判所の書記に提出された後，60日以内に申請に基づき婚姻許可証が発行されないときは，申請は失効する。
(1997年第1号追加)

IC31－11－4－10（許可証の失効）

婚姻許可証が発行された後，婚姻が60日以内に挙式されないときは，婚姻許可証は失効する。
(1997年第1号追加)

IC31－11－4－12（婚姻許可証の発行の拒否，(略)）

2人が婚姻許可証の権利を有しないと思われるときは，巡回裁判所の書記は，許可証の発行を拒否する。(以下，略)
(1997年第1号追加)

IC31－11－8　第8章　無効婚

IC31－11－8－1（法的な手続を要しない

婚姻の無効）

インディアナ州で挙行され，本章2節，3節又は5節により無効である婚姻は，法的な手続を要せずに無効である。

（1997年第1号追加）

IC31－11－8－2（前婚の存在する婚姻）

婚姻が挙行されたときに，婚姻の一方の当事者に生存している夫又は妻がいるときは，婚姻は無効である。

（1997年第1号追加）

IC31－11－8－3（近親婚，いとこ間の婚姻，例外）

婚姻当事者が，またいとこよりも近親であるときは，婚姻は無効である。ただし，以下のときは，婚姻は無効とならない。

1　1977年9月1日以降に挙行された婚姻であること。

2　当事者がいとこであり，かつ，

3　両当事者が婚姻が挙行されたときに，65歳以上であるとき。

（1997年第1号追加）

IC31－11－8－4（意思能力のない者）

婚姻が挙行されたときに，当事者の一方が意思能力のないときは，婚姻は無効である。

（1997年第1号追加）

IC31－11－8－5（1958年1月1日後に登録されたコモン・ローの婚姻）

1958年1月1日以降に登録されたコモンローの婚姻は，無効である。

（1997年第1号追加）

IC31－11－9　第9章　取り消すことができる婚姻

IC31－11－9－1（取り消すことができる婚姻を無効とする訴訟）

本章に基づき取り消すことができる婚姻を無効とする訴訟は，IC31－11－10により決定される。

（1997年第1号追加）

IC31－11－9－2（年齢又は意思能力のないことを理由とする婚姻の無効）

婚姻当事者が，年齢又は意思能力のないことにより，婚姻を締結することができないときは，婚姻を取り消すことができる。

（1997年第1号追加）

IC31－11－9－3（詐欺）

婚姻が，婚姻当事者の一方に生じた詐欺により，婚姻がされたときは，婚姻を取り消すことができる。

（1997年第1号追加）

第2　出　　生

1　父の推定

男性と子の実の母が婚姻しており，かつ，子が婚姻中又は死亡，無効又は解消による婚姻の終了後300日以内に出生した場合には，男性は子の父と推定される（州法31－14－7－1）。

2　出生証明書

インディアナ州ハミルトン郡衛生局（county health department）発行の出生証明書は，資料5－8－2（本文279頁）参照。

〔根拠法条〕

州法（2014 Indiana Code）
第31編　家族及び少年法
第14条　家族法：父の創設
IC31－14－7　第7章　父の推定
IC31－14－7－1（推定：子の実の父）
男性は，以下の場合に，子の実の父と推定される。
1(A)　男性と子の実の母が婚姻しており，かつ，
(B)　子が婚姻中又は婚姻が死亡，無効又は解消による婚姻の終了後300日以内に出生した場合
2・3（略）
（1997年追加，2001年第138号改正）

第3　養子縁組

1　実質的成立要件

(1)　養親の要件

ア　夫婦共同縁組

夫婦の場合は，夫婦の一方が養子の実親又は養親である場合を除き，共同で縁組をしなければならない（州法31－19－2－4）。

イ　養親の年齢

養親の年齢については，特に定めはない。

(2)　養子の要件

18歳以上の成人も，18歳未満の未成年者も養子となることができる（州法31－19－2－1・31－19－2－2）。

(3)　配偶者の同意

養子が婚姻している場合は，配偶者の同意を要する（州法31－19－9－1）。

2　形式的成立要件

(1)　裁判管轄

検認裁判所（probate court）は，全ての養子縁組に関する事項について，排他的な管轄権を有する（州法31－19－２－１）。

(2)　養子縁組の申請

18歳未満の子を養子縁組することを求めるインディアナの住民は，登録弁護士（attorney of record）により，郡の検認裁判所の書記に養子縁組の申請を提出することができる（州法31－19－２－２）。

(3)　申請書の記載事項

①養子となる子の（知れているときは，）名，性別，民族，（知れているときは年齢，知れていないときは，おおよその）年齢，出生地，②名の変更を求めるときは，子に付与される新しい名，③養子の申請者の名，年齢及び居住地等を記載する（州法31－19－２－６）。

3　保護要件

(1)　実親の同意

ア　同意の要否

18歳未満の子を養子とする場合には，実親の同意を要する。

嫡出でない子の場合は，実母。ただし，父としての関係が創設された場合は，父の同意も要する（州法31－19－９－１）。

イ　同意時期の制限

子の母は，子の出生前には同意をすることができない（州法31－19－９－２）。

ウ　同意の免除

養子縁組の申請が提出された日の直前の少なくとも６か月，子が遺棄されていると判決された親，親権を放棄した親等については，同意を要しない（州法31－19－９－８）。

エ　同意の撤回

①聴取の通知及び機会が養子縁組の申請者に与えられた後に，撤回を求める者が養子となる者の最善の利益になるよう行動したと裁判所が判断した場合，②裁判所が撤回を命じた場合は，養子縁組に対する同意から30日を経過していない間は同意を撤回することができる。

ただし，①養子縁組に対する同意が署名されてから30日を経過した場合，②養子縁組に対する同意に署名した者が裁判所に出頭し，養子縁組の申請が提出された等の場合は，養子縁組に対する同意を撤回することができない（州法31－19－10－３）。

また，養子縁組命令の登録後は養子縁組に対する同意を撤回することができない（州法31－19－10－４）。

⑵　養子の同意

養子が14歳以上である場合は，その者の同意を要する（州法31－19－９－１）。

⑶　その他の者の同意

18歳未満の子を養子とする場合には，子の法定監護権を有する者，官庁又は郡の家族及び児童事務所の同意を要する（州法31－19－９－１）。

４　養子縁組の効力

⑴　実親との関係

実親は，養子縁組により養子に対する全ての法的な義務を免れ，子に関する全ての権利を奪われる（州法31－19－15－１）。

⑵　継親との関係

子の養親が子の実親と婚姻したときは，実親の親子関係は養子縁組によって影響を受けず，また，子の養親が前の養親と婚姻したときは，前の養親は養子縁組によって影響を受けない（州法31－19－15－２）。

⑶　新しい出生証明書の作成

養子縁組を命じた裁判所，養親，養子本人が作成しないように要求した場合を除き，州保健局は，個人が養子縁組された公式報告の受領に基づき，インディアナで出生した者の新しい出生証明書を作成する。

作成された新しい出生証明書は，実際の出生地及び出生年月日を表示しなければならない（州法31－19－13－１）。

ただし，養子縁組の無効又は撤回の通知を受領したときは，元の出生証明書は回復される（州法31－19－13－３）。

5　外国の裁判管轄権における養子縁組命令

インディアナ州以外で，州，領土又は国の法律に基づいて，養子縁組されたときは，①インディアナ州の郡の裁判所書記に提出されたとき，②公開の法廷で裁判所の命令簿に登録されたときは，養子縁組命令は州法に従ってなされたのと同じ効力を有する（州法31－19－28－１）。

〔**根拠法条**〕

州法（2014 Indiana Code）

第31編　家族及び少年法

第19条　家族法：養子縁組

IC31－19－１　第１章　養子縁組手続に関する管轄権

IC31－19－１－２（検認裁判所の排他的管轄権）

(a)　本節は，別々の検認裁判所（probate court）があるそれぞれのインディアナ郡に適用される。

(b)　検認裁判所は，全ての養子縁組に関する事項について排他的な管轄権を有する。

（1997年第１号追加）

IC31－19－２　第２章　養子縁組申請の提出

IC31－19－２－１（成人の養子縁組，申請，裁判地，同意，調査）

(a)　少なくとも18歳である者は，以下により，インディアナの住民の養子となることができる。

１　個人又は養子縁組の申請者の居住している郡の検認事項に裁判管轄を有する裁判所への適切な申請に基づき。

２　公法廷において認められた個人の同意に基づき。

(b)　（略）

（1997年第１号追加）

IC31－19－２－２（未成年者の養子縁組，申請，裁判地）

(a)　18歳未満の子を養子縁組することを求めるインディアナの住民は，登録弁護士（attorney of record）により，以下に掲げる郡の検認の裁判管轄を有する裁判所の書記に養子縁組の申請を提出することができる。

１　養子縁組の申請の居住する郡

２　（略）

３　子が居住する郡

(b)　養子縁組の申請を提出することができる郡は，裁判地の問題であり，裁判管轄権の問題ではない。

（1997年第１号追加，2007年第146号改正）

IC31－19－2－4（申請者の配偶者の養子縁組に対する同意）

(a)　第(b)項に規定する場合を除き，夫と妻が共同して行わなければ，婚姻している者の養子縁組の申請は認められない。

(b)　養子縁組の申請者が，以下に掲げる者と婚姻している場合

1　子の実親

2　子の養親

実親の，又は養親の養子縁組に対する同意が，養子縁組の申請とともに提出されたときは，父又は母が共同することは要しない。

（1997年第1号追加）

IC31－19－2－6（申請者の内容）

養子縁組の申請には，以下に掲げる事項を明記しなければならない。

1　養子となる子の

(A)　知れているときは，名

(B)　性別，民族，知れているときは年齢，知れていないときは，おおよその年齢

(C)　出生地

2　名の変更を求めるときは，子に付与される新しい名

3　子が不動産又は動産の有無，もしそうであれば，財産の価値及びその完全な記述

4

(A)　養子の申請者の名，年齢及び居住地

(B)　婚姻しているときは，婚姻の場所及び日付

5　もし，養子縁組の申請者に知られているときは，以下に掲げる者の名及び居住地，

(A)　子の親

(B)　もし，子が孤児であるときは，

(i)　後見人，又は，

(ii)　子に後見人がいないときは，子の最も近い親族

(C)・(D)　（略）

6　もしあるときは，子が養子縁組の申請者の家庭で生活した期間

7　養子縁組の申請者が，以下の罪で有罪を宣告されているとき。

(A)　重罪

(B)　子の健康及び安全に関する非行

もし，そうであれば，有罪の日及びその概要

8　（略）

（1997年第1号追加，1999年第200号改正，2009年第131号改正）

IC31－19－9　第9章　養子縁組に対する同意

IC31－19－9－1（必要とされる同意）

(a)　本章で他に規定される場合を除き，以下の者が書面による養子縁組に対する同意が行ったときは18歳未満の子を養子縁組する申請は認められる。

1　男性が子の生来の親又は養親であるときは，IC31－14－7－1に基づく子の生来の父と推定される男性を含めた，嫡出子の生存しているそれぞれの親

2　嫡出でない子の母及び以下により父としての関係が創設された子の父

(A)　IC31－14－20－2に規定される場合を除き，養子縁組以外の裁判所の手続により

(B)　推定される父が本章15節に基づく養子縁組に対する黙示の同意をした

のでなければ，IC16－37－２－２．１に基づき実行された父であることの宣誓供述書

3　養子縁組が求められている子の法定監護権を有する者，機関又は郡の家族及び児童事務所

4　子の法定後見人又は監護人が養子縁組に対する同意権が与えられていないときは，子の監護に管轄権を有する裁判所

5　子が14歳以上であるときは，養子

6　子が婚姻しているときは，養子の配偶者

(b)　18歳未満の親は，裁判所の裁量で，同意を要することが養子となる者の最善の利益となると決定しないときは，以下の者の同意なく，養子縁組に対して同意することができる。

1　その者の親，又は

2　その者の後見人

（1997年第１号追加，1997年第197号改正，2009年第58号改正，2012年第128号改正）

IC31－19－９－２（放棄の実行：タイミング）

(a)　養子縁組に対する同意は，子の出生後，以下に掲げる場所の面前でいつでも行うことができる。

1　裁判所

2　公証人又は承認する権限を与えられている者

3　以下の委任代理人

(A)　家族及び児童部

(B)　家族及び児童の郡の事務所

(C)　免許を受けた子の託置機関

(b)　子の母は，子の出生前には養子縁組に対する同意をすることができない。

(c)　子の父は，以下に掲げる場合には，子の出生前に養子縁組に対する同意をすることができる。

1　書面による場合

2　公証人の面前で子の父が署名した場合

3　以下の事項の承認について含まれている場合

(A)　養子縁組に対する同意が撤回できないこと。

(B)　子の父が養子縁組手続の通知を受領していないこと。

(d)　第(c)号に基づき子の養子縁組に対して同意した子の父は，子の養子縁組に異議を唱えたり，争うことはできない。

(e)～(g)　（略）

（1997年第１号追加，2005年第130号改正，2006年第145号改正，2010年第21号改正，2011年第162号改正，2012年第128号改正）

IC31－19－９－８（養子縁組に対する同意の不必要：父であることの書面による否認の養子縁組の異議申立ての排除）

(a)　本章１節により要求される養子縁組に対する同意は，次に掲げる場合には，要求されない。

1　養子縁組の申請が提出された日の直前の少なくとも６か月，子が遺棄されていると判決された親

2　少なくとも１年間，他の者の後見にある子の親で，

(A)　子と連絡を取ることができるときに，合理的な理由なく，連絡を取らなかった場合

(B)　法律又は裁判上の命令で世話及び

扶養を要するときに，それを故意にしなかった場合

3　嫡出でない子の実の父との関係が，以下により，成立されない場合

(A)　養子縁組の手続以外の裁判所の手続により。

(B)　IC16－37－2－2.1に基づく，父であることの宣誓供述書の作成により。

4　嫡出でない子の実の父が，以下に掲げる事由の結果により妊娠した場合

(A)　父がIC35－42－4－1に基づき有罪を宣告されたレイプの結果として，

(B)　児童への性的ないたずらの結果として（IC35－42－4－3）

(C)　未成年者との性非行の結果として（IC35－42－4－9）

(D)　近親相姦の結果として（IC35－46－1－3）

5　養子縁組に対する推定上の父の同意が，本章15節において取り消すことができないときは，その嫡出でない子の推定上の父

6　以下に掲げる嫡出でない子の実の父

(A)　父であることが裁判上の手続で養子縁組の申請が提出された後に，又はIC16－37－2－2.1の下で父である宣誓供述書によって行われ確認されたとき。

(B)　IC31－19－5－12により求められる期間内にIC31－19－5によって確認された推定上の父が登録されなかった父

7　本章の規定された養子縁組に対する親権を放棄した親

8　親子関係がIC31－35（又は廃止前のIC31－6－5）に基づき終了した後の親

9　裁判所が養子縁組に対する親の同意を免除した裁判上行為能力がないか，又は精神障害を宣言された親

10　裁判所が子の最善の利益にならないと判断する理由で養子縁組に同意しない養子となる者の法定後見人又は法定監護人

11　親が以下に掲げる場合

(A)　養親の申立人が，親が親として不適当であることを明らかで，確かな証拠で証明した場合

(B)　裁判所が両親の同意を免除することが，養子となる子の最善の利益になる場合

12　子の出生前又は出生後に子の父であることを否認する子の実の父が，以下により，父であることを否定する場合

(A)　書面で

(B)　公証人の面前で子の父が署名した場合

(C)　以下の承認を含んでいる場合

(i)　父であることの否認が撤回できないこと。

(ii)　子の父が養子縁組手続の通知を受け取っていないこと。

本項に基づき子の父であることを否定する子の父は，子の養子縁組に対して異議を申し立てたり，争うことができない。

(b)　親が子に対し扶養又は連絡について名ばかりの努力しかせず，裁判所が子が親から遺棄されていると宣言できる場合

（1997年第1号追加，1997年第197号改正，2003年第61号改正，2005年第130号

改正）

IC31－19－10－３（養子縁組に対する同意の撤回）

(a)　以下に掲げる場合は，養子縁組に対する同意から30日を経過していない間は同意を撤回することができる。

　１　聴取の通知及び機会が養子縁組の申請者に与えられた後に，撤回を求める者が養子となる者の最善の利益になるよう行動したと裁判所が判断した場合

　２　裁判所が撤回を命じた場合

(b)　養子縁組に対する同意は，以下に掲げる場合は撤回することができない。

　１　養子縁組に対する同意が署名されてから30日を経過した場合

　２　養子縁組に対する同意に署名した者が裁判所に出頭し，養子縁組の申請が提出された場合

　３　親がインディアナ外にあり，その者が以下に掲げるものであることを認識しているときは，養子縁組に対する同意に署名した者が管轄裁判所に出頭した場合

　　(A)　養子縁組に対する同意に署名する結果を理解していること。

　　(B)　自由に，自発的に養子縁組に対する同意に署名したこと。

　　(C)　養子縁組が養子となる者の最善の利益になると考えていること。

(c)　（略）

（1997年第１号追加，2003年第61号改正，2007年第146号改正）

IC31－19－10－４（養子縁組命令登録後に撤回できない同意）

　養子縁組に対する同意は，養子縁組命令の登録後は撤回することができない。

（1997年第１号追加，2009年第58号改正）

IC31－19－13　第13章　養子縁組後の新しい出生証明書の作成

IC31－19－13－１（新しい出生証明書）

(a)　第(b)号に規定される場合を除き，州保健局（the state department of health）は，個人が養子縁組された公式報告の受領に基づき，インディアナで出生した者の新しい出生証明書を作成する。

(b)　州保健局は，以下に掲げる者が，作成しないよう要求した場合は，養子縁組後に新しい出生証明書を作成しない。

　１　養子縁組を命じた裁判所

　２　養親

　３　養子本人

(c)　本節に基づき作成された新しい出生証明書は，実際の出生地及び出生年月日を表示しなければならない。

（1997年第１号追加）

IC31－19－13－２（出生の元の登録の置換，登録，秘密性）

　養子縁組後に新しい出生証明書が作成されたときは，新しい出生証明書は元の登録に置き換えられる。出生の元の登録は，養子縁組の証拠として登録され，以下の場合を除き，閲覧されない。

　１　継親による子の養子縁組の場合

　２　IC31－19－17からIC31－19－24に規定されている場合

（1997年第１号追加，2011年第191号改正）

IC31－19－13－３（養子縁組の無効又は撤回，元の出生証明書の回復）

　養子縁組の無効又は撤回の通知を受領したときは，元の出生証明書は回復される。

（1997年第１号追加）

IC31－19－15　第15章　両親に関する養子縁組の効力

IC31－19－15－1（実親の義務及び権利に関する効力）

(a)　本章2節又はIC31－19－16に規定される場合を除き，養子の実親が生存しているときは，両親は，養子縁組後に，

1　養子に対する全ての法的な義務を免れ，

2　子に関する全ての権利を奪われる。

(b)　養子を扶養する義務は，養子縁組命令が登録されるまで継続する。（以下，略）

（1997年第1号追加，2005年第130号改正，2009年第58号改正）

IC31－19－15－2（継親の養子縁組）

(a)　子の養親が子の実親と婚姻したときは，実親の親子関係は養子縁組によって影響を受けない。

(b)　子の養親が前の養親と婚姻したときは，前の養親は養子縁組によって影響を受けない。

(c)　（略）

（1997年第1号追加，2005年第130号改正）

IC31－19－28　第28章　外国の裁判管轄権における養子縁組命令

IC31－19－28－1（外国命令，効力，名の変更）

養子縁組が行われた，州，領土又は国の法律に基づいて，インディアナ州以外で養子縁組されたときは，

1　養子縁組命令は，以下に掲げる場合に，養子縁組命令は本節に従ってなされたのと同じ効力を有する。

(A)　インディアナ州の郡の裁判所書記に提出された場合。

(B)　公開の法廷で裁判所の命令簿（the order book）に登録された場合。

2・3　（略）

（1997年第1号追加，2005年第130号改正）

資料5－8－1〔婚姻証明書〕

Form Prescribed by Indiana
State Department of Health
Under Authority of
IC 31-11-4

STATE OF INDIANA

Certified Marriage License

Lake County

Number: 2013-※※

GROOM		BRIDE	
Name	□□□□□□	***Name***	△△△△
Birth Date	SEPTEMBER ※, 1974	***Birth Date***	MAY ※, 1974
Residence	※※※※ ※※※※	***Residence***	※※※※ ※※※※ ※※※※
County of Residence	LAKE	***County of Residence***	N/A
Birth Place	NEW YORK, USA	***Birth Place***	JAPAN
Dependent Children	NONE	***Dependent Children***	NONE
Father's Name	※※※※※※	***Father's Name***	※※※※
Father's Residence	※※※※ ※※※※	***Father's Residence***	※※※※ ※※※※ ※※※※ ※※※※
Birth Place of Father	NEW YORK, USA	***Birth Place of Father***	JAPAN
Mother's Name	※※※※※※	***Mother's Name***	※※※※
Mother's Maiden Name	※※	***Mother's Maiden Name***	※※
Mother's Residence	※※※※ ※※※※	***Mother's Residence***	※※※※ ※※※※ ※※※※ ,JAPAN
Birth Place of Mother	INDIANA, USA	***Birth Place of Mother***	JAPAN

MARRIAGE INFORMATION			
Marriage Date	WEDNESDAY, OCTOBER ※, 2013	***Marriage City/Town***	CROWN POINT
Officiant Name	※※※※	***Marriage County***	LAKE
Officiant Title	JUDGE	***Marriage State***	INDIANA
License Issuing Clerk	※※※※	***Marriage Country***	UNITED STATES

The information above is a true and accurate copy of the information on file with the Clerk of the Circuit Court regarding the Application for Marriage and the Marriage License issued by this county on September 13, 2013.

Clerk of the Lake Circuit Court, Lake County, Indiana, this ※ day of October, 2013

SEAL

（署名）

Clerk　（署名）

資料5－8－1

婚姻証明書抄訳文

（英文婚姻証明書に記載されている内容のみを日本語で記入してください。）

1．夫

氏名：(氏)　□□　　(名)　□□　　□□
　　　　　　　　　　ファーストネーム　ミドルネーム

生年月日/年齢：1974　年　9　月　※　日/　　歳

2．妻

氏名：(氏)　△　△　　(名)　△　△
　　　　　　　　　　ファーストネーム　ミドルネーム

生年月日/年齢：1974　年　5　月　※　日/　　歳

3．婚姻年月日：2013　年　10　月　※　日

4．婚姻の方式：☑　アメリカ合衆国　インディアナ　州

□　＿＿＿＿＿＿＿＿　国

5．婚姻証明書発行年月日：2013　年　10　月　※　日

訳者氏名：　△　△　△　△

資料5－8－2〔出生証明書〕

CERTIFICATE OF BIRTH

STATE OF INDIANA

Certificate of Birth

This Certifies that according to the records of the State of Indiana

Name ○○○○○○ Sex F

Was born in CARMEL, Indiana, on SEPTEMBER※, 2013

Child of □□ and △△△△

Birthplace of father JAPAN Birthplace of mother JAPAN

Record was filed SEPTEMBER 9, 2013 Certificate Number 113-2013-※※

SEAL OF THE STATE OF INDIANA 1816

Issuing Authority: HAMILTON COUNTY HEALTH DEPARTMENT

Issued By: SSWENSON

Issued Date: OCTOBER 2, 2013

State Form 35431 (R3/2-07)

(署名)

COUNTY HEALTH OFFICER

IT IS UNLAWFUL TO REPRODUCE THIS RECORD

※※※※

WARNING: ORIGINAL DOCUMENT HAS A MULTICOLORED BACKGROUND ON SPECIAL WHITE SECURITY PAPER AND THE GREAT SEAL OF THE STATE OF INDIANA ON BACK THAT TURNS FROM ORANGE TO YELLOW WHEN RUBBED. ORIGINAL DOCUMENT HAS HIDDEN VOID ON FRONT THAT APPEARS WHEN PHOTO COPIED.

VOID IF ALTERED OR ERASED

VOID IF ALTERED OR ERASED

STATE OF INDIANA

資料5－8－2

英文出生証明書訳文

（英文出生証明書に記載されている内容のみを日本語で記入してください）

出生子の氏名：　○○（氏）　○○（ファーストネーム）　○○（ミドルネーム）

性別：　男・㊛

出生日と時間：平成 25 年 9 月 ※ 日　午前・午後　時　分

出生場所：アメリカ合衆国インディアナ州カーメル㊢・町・村
　　　　（通り名）　通り　　番地・番

父の氏名：　□□（氏）　□□（ファーストネーム）　（ミドルネーム）

母の氏名：　△△（氏）　△△（ファーストネーム）　（ミドルネーム）

母の旧姓：　（氏）　（ファーストネーム）　（ミドルネーム）

証明書発行機関：アメリカ合衆国　インディアナ　州

証明書発行年月日：平成　25　年　10　月　2　日

訳者氏名：　□□□□

申述書
（子の出生した住所について）

英文出生証明書に　○○○○　の出生した住所が記載され
（出生届に記載した子の氏名を日本語で記入）
ていませんが、子の出生した住所はアメリカ合衆国 インディアナ 州
カーメル　㊢・町・村　※※※※　通り　※※　~~番地~~・番
に間違いありません。

届出人署名：　△△△△
（日本語で記入）

子の氏名が英文出生証明書の記載と届出書で異なる場合の申出事項

英文出生証明書には、　○○（氏）　○○（ファーストネーム）　○○（ミドルネーム）
と記載されているが、戸籍には、　○○○○（出生届に記載した氏名）　と届け出る。

届出人署名：　△△△△
（日本語で記入）

5－9　アメリカ合衆国／ウィスコンシン州

第1　婚　　姻

1　婚姻証明書

ウィスコンシン州保健サービス部門地方登録吏発行の婚姻証明書は，資料5－9－1（本文288頁）参照。

2　実質的成立要件

(1)　婚姻適齢

男女とも18歳である。

16歳以上で18歳未満であるときは，その者の親，後見人，監護者又は現実にその者を扶養，監護及び監督している者の書面による同意を要する（州法765.02)。

(2)　近親婚の禁止

原則として，またいとこよりも近親の親族間の婚姻は，禁止される。

ただし，女性が55歳に達しているか，又は，一方の当事者が婚姻許可証の申請時に，一方の当事者が永続的に妊娠できないと医師が明言した署名した宣誓供述書を提出したときを除く（州法765.03①)。

(3)　重婚の禁止

当事者の一方に生存している夫又は妻がいるときは，婚姻は禁止される（州法765.03①)。

(4)　再婚禁止期間

離婚判決が認められた後，6か月間は婚姻をすることができない（州法765.03②)。

(5)　同性婚

アメリカ合衆国では，同性婚を認める州と認めない州が存在していたが，連邦最高裁判所は，平成27年（2015年）6月26日に，同性婚は合衆国憲法の下での権利であり，州は同性婚を認めなければならないとの判断を下した。これにより，全米で同性婚が合法となることから，同性婚を禁止している各州の法律は今後改正される。

3　形式的成立要件

(1)　婚姻許可証

ア　発給権者

当事者の一方が申請の直前に少なくとも30日間居住していた郡の書記（County Clerk）が婚姻許可証を発行する。

両当事者がウィスコンシン州の居住者でないときは，婚姻許可証は挙式が行われる郡の書記が発行する（州法765.05）。

イ　発　行

原則として，婚姻許可証は申請から５日以内に発行することができない。

ただし，郡の書記は，申請人が25ドルを超えない追加手数料を支払ったときは，自己の裁量で，申請後５日以内に婚姻許可証を発行することができる（州法765.08）。

ウ　有効期間

発行から30日間有効である（州法765.12）。

(2)　挙　式

ア　挙行地

ウィスコンシン州の全ての郡で挙式を行うことが認められる。

ただし，両当事者がウィスコンシン州の住民でないときは，婚姻許可証が発行された郡においてのみ挙式を行うことができる（州法765.12）。

イ　挙行及び証人

司祭者以外の少なくとも２人以上の能力を有する成人の証人が出席し，権限を有する司祭者の面前で，お互いを夫及び妻とする婚姻をする２人の当事者の相互の宣言によってのみ，ウィスコンシン州で婚姻は有効に挙行し，締結することができる（州法765.16）。

4　婚姻の無効

婚姻適齢，近親婚の禁止，重婚の禁止，再婚禁止期間の禁止及び前記３⑵イの挙式方式に反して締結された全ての婚姻は，無効である。

ただし，婚姻当事者は，法律要件を具備したときは，婚姻適齢，近親婚の禁止，重婚の禁止違反による無効の場合は，いつでも，再婚禁止期間違反による無効の場合は，離婚判決が認められてから，６か月後に婚姻を有効とすることができる（州法765.21）。

〔根拠法条〕

州法（2013-2014 Wisconcin Statutes (2014.7.1)）

第765章　婚姻

765.001（第765章から第768章までのタイトル，目的及び解釈）

① タイトル。第765章から第768章は，「家族法」として引用される。

②・③ （略）

（1979年，1983年改正）

765.02（婚姻適齢；契約することができる者）

① その他において婚姻能力を有するときは，18歳に達した全ての者は，婚姻することができる。

② その者が16歳から18歳の間であるときは，767.225第１項又は767.41に基づくその者の親，後見人，監護者又は現実にその者を扶養，監護及び監督している者の書面による同意があれば，婚姻許可証を発行することができる。書面による同意が郡の書記の面前で宣誓し提出されるか，又は書面で証明され，公証人又は宣誓供述を受ける権限を有する他の官吏の面前で宣誓供述書又は証言で証明されなければならない。書面による同意は，婚姻許可証の申請時に郡の書記に提出されなければならない。（以下，略）

（1971年，1975年，1979年，1981年，1999年，2005年改正）

765.03（婚姻することができない者；離婚した者）

① 当事者の一方に生存している夫又は妻がいるか，またいとこ（2nd cousins）よりも近親の者間であるときは，婚姻を締結してはならない。ただし，女性が55歳に達しているか，又は，一方の当事者が婚姻許可証の申請時に，一方の当事者が永続的に妊娠できないと医師が明言した署名した宣誓供述書を提出したときを除く。本節における関係は，婚姻当事者が全血又は半血であるかにかかわらず，民法の規定によって計算される。（以下，略）

② ウィスコンシン州の裁判所又は他の裁判所で離婚訴訟の当事者である者が離婚判決が認められた後６か月にならない間

に再婚することは違法であり，離婚判決が認められた日から６か月の期間満了前にその者が挙行した婚姻は，無効である。
(1971年，1977年，1979年改正)

765.05（婚姻許可証；発行者）

婚姻のため，当事者の一方が申請の直前に少なくとも30日居住していた郡の書記から，婚姻許可証を取得するまでは，ウィスコンシン州で婚姻することはできない。両当事者が州の居住者でないときは，婚姻許可証は挙式が行われる郡の書記から取得することができる。(以下，略)
(1979年，1981年，1999年改正)

765.08（婚姻許可証の申請）

①　第２項に規定される場合を除き，婚姻許可証は申請から５日以内に発行することができない。

②　郡の書記は，郡が負う増加する手続費用を賄うために，申請人が25ドルを超えない追加手数料を支払ったときは，自己の裁量で，申請後５日以内に婚姻許可証を発行することができる。郡の書記は，この手数料を郡の公庫に支払わなければならない。
(1979年，1981年，2009年改正)

765.12（婚姻許可証，(略)）

①a　765.02，765.05，765.08及び765.09が遵守され，婚姻に対する禁止又は法的な異議がないときは，郡の書記は婚姻許可証を発行しなければならない。

b・c　(略)

②　婚姻許可証は，発行から30日以内にウィスコンシン州の全ての郡で挙式を行う権限を認める。ただし，両当事者が州の住民でないときは，婚姻許可証が発行された郡においてのみ挙式を行うことができる。(略) 婚姻の法律上の障害を知っているときは，婚姻を挙行する者は，挙式を行うことを拒否するものとする。(以下，略)
(1977年，1979年，1981年，1985年，2001年改正)

765.16（婚姻締結，その方法，司祭者）

(1m)　婚姻許可証が発行された後に，司祭者以外の少なくとも２人以上の能力を有する成人の証人が出席し，権限を有する司祭者の面前で，お互いを夫及び妻とする婚姻をする２人の当事者の相互の宣言によってのみ，ウィスコンシン州で婚姻は有効に挙行し，締結することができる。(以下，略)

(2m)　(略)
(1977年，1979年，1981年，1985年，1991年，1999年，2001年，2013年改正)

765.21（違法婚の無効；検証）

765.02，765.03，765.04及び765.16に反して締結された全ての婚姻は，765.22及び765.23に規定される場合を除き，無効である。その婚姻当事者は，次により，765.02から765.24の要件に従うことにより，婚姻を有効とすることができる。

1　婚姻が，765.02又は765.16に基づき無効が言い渡されたときは，いつでも。

2　婚姻が，765.03第２項に基づいて無効が言い渡されたときは，離婚判決が認められてから，６か月以後。
(1979年，1985年改正)

第２　出　　生

１　出生証明書

ウィスコンシン州保健サービス部門発行の出生証明書は，資料５－９－２（本文290頁）参照。

第３　養子縁組

１　実質的成立要件

⑴　養親の要件

夫婦だけでなく，成人の単身者も養親となることができる（州法48.82①）。

⑵　養子の要件

未成年者だけでなく，成人も養子となることができる。

⑶　夫婦共同縁組

夫婦の場合は，養親の配偶者が養子の実親でない限り，夫婦共同縁組をしなければならない（州法48.82①）。

⑷　養子縁組前の居住

①申請者の一人が血統又は養子縁組による親族である場合（親権が消滅した親及び子との関係がその親に由来する者を除く），②申請者が子の継親である場合，③申請が後見人の書面による承認がある場合，④申請者が，子が48.839に基づき託置されている養親である場合を除き，子は６か月以上，申請者の家庭にある場合でなければ，養子縁組の申請は提出することができない（州法48.90）。

２　保護要件

⑴　裁判所の許可

養子縁組は，裁判所が判決を下すことによって成立する。

⑵　養子の同意

州法では特に規定がない。

⑶　実親の同意

州法では特に規定がない。

3　裁判管轄

養親となろうとする者又は子が居住する地の郡の裁判所が，養子縁組の申請又は子の養子縁組の託置に基づき，申請が撤回，棄却又は承認されるまで子に対する管轄権を有する。

裁判地は，申請が提出された時の養親となる者又は子が居住している地の郡である（州法48.83）。

4　養子縁組の効力

⑴　実親との関係

実親は，実子が自己の配偶者と養子縁組をした場合を除き，実子に対する全ての関係は終了する（州法48.92②）。

⑵　養親との関係

養子と実親との関係は，養子と養親及び養親の親族との間に存在することになる（州法48.92①）。

〔根拠法条〕

州法（2013-2014 Wisconcin Statutes (2014.7.1)）

第48章　児童法典（Children's Code）

サブチャプター19　未成年者の養子縁組，後見

48.81（養子縁組になることができる者）

養子縁組の申請をしたときにウィスコンシン州にいる子は，以下の基準に合致するときは，養子になることができる。

1　子の両親がともに死亡しているとき。

2　子に関する両親双方の親権がサブセクション８又は他の州，外国の裁判所で終了しているとき。

3　子に関する両親の一方の親権がサブセクション８又は他の州，外国の裁判所で終了し，子の他方の親が死亡しているとき。

4　養子縁組の申請をした者が，子及び子の親が一緒に居住している子の親の配偶者で，かつ，以下の場合

a　子の他方の親が死亡しているとき。

b　子に関する子の他方の親の親権がサブセクション８又は他の州，外国の裁判所で終了しているとき。

5　48.839(3)(b)が適用されるとき。

6　子が48.97により再度養子縁組されるとき。

(1987年，1989年改正，1997年改正)

48.82（養子縁組をすることができる者）

①　以下の者は，ウィスコンシン州に居住しているときは，未成年者を養子とすることができる。

1　夫と妻が共同して，又は配偶者が未成年者の親であるときは，一方の夫又は妻

2　未婚の成人

②～⑥　(略)

(1981年，1983年改正，1991年改正)

48.83（管轄権及び裁判地）

①　48.028(3)(b)に規定される場合を除き，養親となろうとする者又は子が居住する地の郡の裁判所が，養子縁組の申請又は子の養子縁組の託置に基づき，申請が撤回，棄却又は承認されるまで子に対する管轄権を有する。裁判地は，申請が提出された時の養親となる者又は子が居住している地の郡である。裁判所は，養親となる者が居住する郡の裁判所に事件を移送することができる。

②　(略)

(1975年，1981年改正，2009年改正)

48.90（養子縁組申請の提出，養子縁組前の居住）

①　養子縁組の申請は，以下に掲げる場合には，提出することができる。

a　申請者の一人が血統又は養子縁組による親族である場合，ただし，親権が消滅した親及び子との関係がその親に由来する者を除く。

b　申請者が子の継親である場合

c　申請が後見人の書面による承認がある場合

d　申請者が，子が48.839に基づき託置されている養親である場合

②　第1項に規定する場合を除き，子は6か月以上，申請者の家庭にある場合でなければ，養子縁組の申請は提出することができない。

③　申請者が，養子縁組の託置に関する本章の全ての適用規定に従わなければ，養子縁組の申請を提出することができない。

(1973年，1977年改正，1981年改正，1997年改正)

48.92（養子縁組の効力）

①　養子縁組命令が記録された後は，親子関係，実親子関係から生ずる全ての権利，義務，他の法律効果は養子と養親の間に存在する。

②　養子縁組命令が登録された後は，養子と養子の実親間の親子関係及び養子と養子との関係が実親による者との間の関係は，実親が養親の配偶者でないときは，完全に変更され，その関係から生ずる全ての権利，義務及び他の法的結果は終了する。(以下，略)

③・④　(略)

(1973年，1981年改正，1991年改正，1997年改正，2005年改正)

資料5－9－1〔婚姻証明書〕

WISCONSIN CERTIFICATE OF VITAL RECORD

Type or print.
Use permanent BLACK ink.
NO correction fluid, correction tape, or erasures.

Reserved for Vital Records

F-05060 (Rev. 01/13)
Chapters 69 and 765, Wis. Stats

Do not complete this form before reading the Instructions for Marriage License Application and Original Certificate of Marriage.

※※

STATE OF WISCONSIN
DEPARTMENT OF HEALTH SERVICES

ORIGINAL CERTIFICATE OF MARRIAGE

STATE FILE DATE
STATE FILE NUMBER

GROOM

1 GROOM - NAME First / Full Middle / Current Last Name	1b BIRTH LAST NAME (On Birth Certificate)	2 DATE OF BIRTH Month Day Year
□□□□□□	□□	July ※, 1980

3a PLACE OF RESIDENCE - STATE	3b COUNTY	3c CITY, VILLAGE, OR TOWNSHIP	4 STATE OF BIRTH (If NOT in U.S.A., name country)
IL	DuPage	Glendale Heights	IN

5 FATHER - NAME First / Middle / Birth Last Name	6 MOTHER - NAME First / Middle / Birth Last Name
※※※※※※	※※※※※※

BRIDE

7a BRIDE - NAME First / Full Middle / Current Last Name	7b BIRTH LAST NAME (On Birth Certificate)	8 DATE OF BIRTH Month Day Year
△△△△	△△	September ※, 1984

9a PLACE OF RESIDENCE - STATE	9b COUNTY	9c CITY, VILLAGE, OR TOWNSHIP	10 STATE OF BIRTH (If NOT in U.S.A., name country)
Japan	na	※※※※	Japan

11 FATHER - NAME First / Middle / Birth Last Name	12 MOTHER - NAME First / Middle / Birth Last Name
※※※※	※※※※

LICENSE

WE HEREBY CERTIFY THAT THE INFORMATION PROVIDED IS CORRECT TO THE BEST OF OUR KNOWLEDGE AND BELIEF AND THAT WE ARE FREE TO MARRY UNDER THE LAWS OF THIS STATE.

13 GROOM'S SIGNATURE (SIGN BEFORE CEREMONY)	14 BRIDE'S SIGNATURE (SIGN BEFORE CEREMONY)
（署名）	（署名）

THE ISSUE OF THIS LICENSE SHALL NOT BE DEEMED TO REMOVE OR DISPENSE WITH ANY LEGAL DISABILITY, IMPEDIMENT, OR PROHIBITION RENDERING MARRIAGE BETWEEN THE PARTIES ILLEGAL. THIS LICENSE IS VALID FOR 30 DAYS AFTER THE DATE ISSUED BY THE COUNTY CLERK

15 LICENSE NUMBER	16 ISSUED BY COUNTY CLERK	17 DATE ISSUED Month Day Year	18 ISSUING COUNTY
2013-※※	SIGNATURE ＞ （署名）	October 15, 2013	Dane

CERTIFICATION

19 DATE OF MARRIAGE Month Day Year	20a COUNTY WHERE MARRIED	20b CITY, VILLAGE, OR TOWNSHIP	(Check one) City / Village / Township
October ※ 2013	Dane County	Village of Deforest	□ City ☑ Village □ Township

OFFICIANT

21 OFFICIANT SIGNATURE I certify that the above-named persons were married before me on the above-mentioned date	22 ADULT WITNESS TO CEREMONY
SIGNATURE ＞ (Black Ink Only) （署名）	SIGNATURE ＞ (Black Ink Only) （署名）

23 OFFICIANT NAME (Print or type)	24 ADULT WITNESS TO CEREMONY
（署名）	SIGNATURE ＞ (Black Ink Only) （署名）

25 OFFICIANT MAILING ADDRESS Street / City / State / ZIP Code
※※※※※※

26 REGISTRAR	27 DATE RECEIVED BY LOCAL REGISTRAR Month Day Year
SIGNATURE ＞ (Black Ink Only) （署名）	NOV 01 2013

LOCAL REGISTRAR WISCONSIN

（署名）
※※※※
DANE COUNTY REGISTER OF DEEDS

I certify that this document contains a true and correct reproduction of facts on file with the Wisconsin Vital Records Office.

※※※※　Date Issued: NOV 2 2 2013

STATE OF WISCONSIN

資料５－９－１

婚姻証明書抄訳文

（英文婚姻証明書に記載されている内容のみを日本語で記入してください。）

1．夫

氏名：(氏)　□□　　(名)　□□　　□□
　　　　　　　　　　ファーストネーム　ミドルネーム

生年月日/年齢：　1980　年　7　月　※　日/　　歳

2．妻

氏名：(氏)　△　△　　(名)　△　△
　　　　　　　　　　ファーストネーム　ミドルネーム

生年月日/年齢：　1984　年　9　月　※　日/　　歳

3．婚姻年月日：　2013　年　10　月　※　日

4．婚姻の方式：☑　アメリカ合衆国　ウィスコンシン　州

□　＿＿＿＿＿＿＿＿　国

5．婚姻証明書発行年月日：　2013　年　11　月　22　日

訳者氏名：　△　△　△　△

資料5－9－2〔出生証明書〕

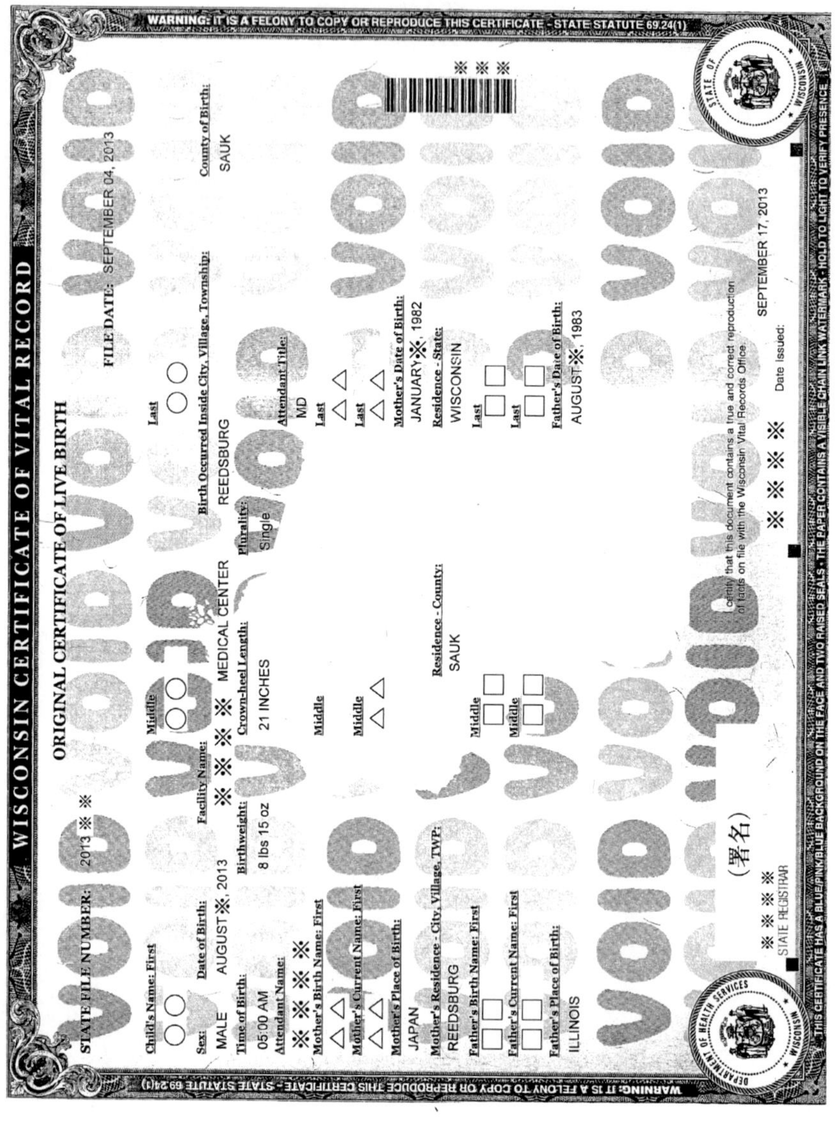

WARNING: IT IS A FELONY TO COPY OR REPRODUCE THIS CERTIFICATE - STATE STATUTE 69.24(1)

WISCONSIN CERTIFICATE OF VITAL RECORD

ORIGINAL CERTIFICATE OF LIVE BIRTH

STATE FILE NUMBER: 2013 ※※

FILE DATE: SEPTEMBER 04, 2013

※※※

Child's Name: First ○○
Middle ○○
Last ○○

Sex: MALE
Date of Birth: AUGUST ※, 2013
Facility Name: ※※※※ MEDICAL CENTER
Birth Occurred Inside City, Village, Township: REEDSBURG
County of Birth: SAUK

Time of Birth: 05:00 AM
Birthweight: 8 lbs 15 oz
Crown-heel Length: 21 INCHES
Plurality: Single

Attendant Name: ※※※※
Attendant Title: MD

Mother's Birth Name: First △△
Middle
Last △△

Mother's Current Name: First △△
Middle △△
Last △△

Mother's Place of Birth: JAPAN
Mother's Date of Birth: JANUARY ※, 1982

Mother's Residence - City, Village, TWP: REEDSBURG
Residence - County: SAUK
Residence - State: WISCONSIN

Father's Birth Name: First □□
Middle □□
Last □□

Father's Current Name: First □□
Middle □□
Last □□

Father's Place of Birth: ILLINOIS
Father's Date of Birth: AUGUST ※, 1983

（署名）
※※※※
STATE REGISTRAR

I certify that this document contains a true and correct reproduction of facts on file with the Wisconsin Vital Records Office.

※※※※

Date Issued: SEPTEMBER 17, 2013

STATE OF WISCONSIN

DEPARTMENT OF HEALTH SERVICES WISCONSIN

THIS CERTIFICATE HAS A BLUE/PINK/BLUE BACKGROUND ON THE FACE AND TWO RAISED SEALS • THE PAPER CONTAINS A VISIBLE CHAIN LINK WATERMARK • HOLD TO LIGHT TO VERIFY PRESENCE

資料5－9－2

英文出生証明書訳文

（英文出生証明書に記載されている内容のみを日本語で記入してください）

出生子の氏名：　○　○（氏）　○　○（ファーストネーム）　○　○（ミドルネーム）

性別：　㊚　・　女

出生日と時間：平成 25 年 8 月 ※ 日　（午前）・午後 5 時 00 分

出生場所：アメリカ合衆国ウィスコンシン州リーズバーグ（市）・町・村　　（通り名）通り　番地・番

父の氏名：　□　□（氏）　□　□（ファーストネーム）　□　□（ミドルネーム）

母の氏名：　△　△（氏）　△　△（ファーストネーム）　△　△（ミドルネーム）

母の旧姓：　△　△（氏）　△　△（ファーストネーム）　（ミドルネーム）

証明書発行機関：アメリカ合衆国 ウィスコンシン 州

証明書発行年月日：平成　25　年　9　月　17　日

訳者氏名：　△　△　△　△

申述書

（子の出生した住所について）

英文出生証明書に　○　○　○　○（出生届に記載した子の氏名を日本語で記入）　の出生した住所が記載されていませんが、子の出生した住所はアメリカ合衆国ウィスコンシン州リーズバーグ（市）・町・村　※※※※　通り　※※　番地・~~番~~に間違いありません。

届出人署名：　△　△　△　△（日本語で記入）

子の氏名が英文出生証明書の記載と届出書で異なる場合の申出事項

英文出生証明書には、　○　○（氏）　○　○（ファーストネーム）　○　○（ミドルネーム）

と記載されているが、戸籍には、　○　○　○　○（出生届に記載した氏名）　と届け出る。

届出人署名：　△　△　△　△（日本語で記入）

5－10　アメリカ合衆国／ウェストバージニア州

第1　婚　姻

1　実質的成立要件

(1)　婚姻適齢

男女とも18歳以上である。

16歳以上で18歳未満の場合は，両親の同意等があるときは，婚姻をすることができる。

また，16歳未満の場合は，巡回裁判官の命令があり，両親等の同意があるときは，婚姻をすることができる（州法48－２－301）。

(2)　障害事由

ア　重婚の禁止

当事者の一方に生存している夫又は妻がいるときは，婚姻は禁止される。

イ　近親婚の禁止

一定範囲の親族間の婚姻は，禁止される（州法48－２－302）。

(3)　同性婚

アメリカ合衆国では，同性婚を認める州と認めない州が存在していたが，連邦最高裁判所は，平成27年（2015年）６月26日に，同性婚は合衆国憲法の下での権利であり，州は同性婚を認めなければならないとの判断を下した。これにより，全米で同性婚が合法となることから，同性婚を禁止している各州の法律は今後改正される。

2　婚姻許可証

郡の委員会の書記（a clerk of the county commission）が発給する（州法48－２－101）。

〔根拠法条〕

州法（2014 West Virginia Code）
第48章　家族関係
第２条（婚姻）
第１部　婚姻許可証の申請
48−２−101（婚姻許可証の必要性）
ウェストバージニア州における全ての婚姻は，本節の規定に従って，郡の委員会の書記が発行した許可証に基づき挙式をしなければならない。許可証がなく婚姻の挙式が行われたときは，その婚姻は無効であり，当事者は妻と夫の法的な地位にはならない。
第３部　婚姻能力
48−２−301（婚姻に同意を要する年齢；例外）
a　女性と男性双方の婚姻の同意年齢は，18歳である。18歳未満の者は，本項で要求される同意がなければ，婚姻の契約をする能力を欠く。
b　郡の委員会の書記は，申請者の両親又は法定後見人の有効な書面による同意を取得したときは，16歳以上で18歳未満の申請者に婚姻許可証を発行することができる。
c　巡回裁判官（a circuit judge）の命令により，郡の委員会の書記は，申請者の両親又は法定後見人の有効な書面による同意を取得したときは，16歳未満の申請者に婚姻許可証を発行することができる。（以下，略）
d　（略）
e　同意年齢未満の者が，本節に反し婚姻をしたときは，婚姻はそれを理由として無効とはならず，そのような婚姻は，実際に無効とされるまでは有効である。
f　（略）
48−２−302（近親婚に対する禁止）
a　男性は，母，祖母，姉妹，娘，孫娘，異父母姉妹，おば，兄弟の娘，姉妹の娘，いとこ又はまたいとこと婚姻をすることは禁止される。女性は，父，祖父，兄弟，息子，孫息子，異父母兄弟，おじ，兄弟の息子，姉妹の息子，いとこ又はまたいとこと婚姻をすることは禁止される。
b　本節第ａ項に規定された禁止は，先祖が共通であることにより関連する血族関係にも適用される。
c　離婚が，最初から婚姻を違法又は無効とする理由により命令されないときは，禁止が婚姻が死亡又は離婚により終結したときでも，本節第ａ項に規定された禁止は，関係が婚姻により創設された姻戚関係に関連する者にも適用される。

第２　認　　知

１　胎児認知

ウェストバージニア州においては，胎児認知の制度は存在しない（昭和60.４.20民二2071号回答（戸籍495-86））。

したがって，日本人男がアメリカ合衆国ウェストバージニア州の女の胎児を認知する場合には，保護要件はないことになる。

第3　養子縁組

1　実質的成立要件

⑴　養親の要件

夫婦だけでなく，単身者も養親となることができる。

⑵　養子の要件

未成年者だけでなく，成人も養子となることができる（州法48－22－201・48－22－801）。

⑶　配偶者の同意

夫婦共同縁組は必要的とされていないが，夫婦共同縁組でない場合は，配偶者の同意を要する（州法48－22－201）。

2　保護要件

⑴　裁判所の許可

養子縁組は，裁判所が判決を下すことによって成立する。

⑵　養子の同意

養子が12歳以上である場合は，その者の同意を要する（州法48－22－301 f ）。

⑶　実親等の同意

ア　同意の要否

両親の権利が終了している場合等を除き，実親又は生存している親の同意を要する（州法48－22－301 a ）。

イ　同意時期の制限

子の出生後72時間を経過する前は，同意をすることができない（州法48－22－302）。

3　養子縁組の効力

(1)　養親との関係

養子縁組の登録後，養子は，事実上，その者の嫡出子となり，全ての権利及び特権を付与され，その養親の実子の全ての義務に服する（州法48－22－703）。

(2)　実親との関係

養子縁組の申請者の妻又は夫である者を除き，ウェストバージニア州の均分相続法に基づき養子の相続権を含めた全ての法的権利を剝奪され，当該養子に関する全ての義務を免除される（州法48－22－703）。

〔根拠法条〕

州法（2014 West Virginia Code）

第48章　家族関係

第22条（養子縁組）

第２部　養子縁組をすることができる者

48－22－201（養子縁組命令の申請をすることができる者）

婚姻をしていない者，婚姻をしている者は配偶者の同意を得て，又は夫婦が共同して，その者が居住する郡の巡回裁判所に，申請者の養子となることができる未成年の子又は誰でも養子とすることの命令の申請をすることができる。

第３部　同意又は譲渡；放棄

48－22－301（同意又は放棄が必要とされる者；例外）

a　以下の者の未成年の子の養子縁組の同意又は放棄が必要とされる。

1　成人又は未成年者にかかわらず，夫婦間の子の両親又は生存している親

2～4　（略）

b～e　（略）

f　子が12歳以上であるときは，特別な理由によって，裁判所が同意の要件を放棄しないときは，管轄裁判所の裁判官の面前で子が同意することを要する。

g　（略）

48－22－302（同意又は放棄の時期及び実行）

a　養子となる子の出生から72時間が経過するまでは，同意又は放棄をすることができない。

b　（略）

第７部　養子縁組の手続

48－22－703（親と子の関係及び相続権に関する命令の効力，無遺言死亡）

a　養子縁組命令の登録により，以前に親権を付与された者，以前の法律上の養子縁組による親又は両親，その者の直系又は傍系血族，親又は両親は，養子縁組の申請者の妻又は夫である者を除き，ウェストバージニア州の均分相続法（the statutes of descent and distribution）に基づき養子の相続権を含めた全ての法的権利を剝奪され，当該養子に関する全て

の義務を免除される。養子縁組の登録後，養子は，事実上，その者の嫡出子となり，全ての権利及び特権を付与され，その養親の実子の全ての義務に服する。

b　(略)

第8部　雑則

48－22－801（成人の養子縁組）

　ウェストバージニア州の居住者である成人は，巡回裁判所又は養子縁組手続に管轄権を有する他の記録裁判所に18歳以上に達した者の養子縁組を許可する申請をすることができ，希望するときは，その者の氏名を変更することを申請することができる。養子となる者の同意のみが必要とされる。養子縁組命令は，養親，養子間に未成年者の子の場合と同様の関係及び相続権を創設する。

5－11　アメリカ合衆国／オクラホマ州

第１　婚　　姻

１　実質的成立要件

⑴　婚姻適齢

男女とも18歳である。

18歳未満の者は，許可証を発行する当局の面前で，その未成年者の親又は後見人が明示的に与えた同意がなければ婚姻することができない。

また，未婚の女性が妊娠しているか，又は嫡出でない子を出生し，裁判所が認めた場合を除き，16歳未満の全ての者の婚姻は禁止される（州法43－３）。

⑵　重婚の禁止

「５　アメリカ合衆国」（本文136頁）参照。

⑶　近親婚の禁止

いかなる親等の尊属及び卑属間，継父と継娘，継母と継息子（その関係が婚姻のみによる場合を除く。），全血と同様に半血の兄弟姉妹，いとこ間の婚姻は禁止される（州法43－２）。

⑷　同性婚の禁止

同性者間の婚姻は，禁止されている（州法43－３．１）。

なお，アメリカ合衆国では，同性婚を認める州と認めない州が存在していたが，連邦最高裁判所は，平成27年（2015年）６月26日に，同性婚は合衆国憲法の下での権利であり，州は同性婚を認めなければならないとの判断を下した。これにより，全米で同性婚が合法となることから，同性婚を禁止している各州の法律は今後改正される。

２　婚姻許可証

⑴　発給権者

オクラホマ州の郡の裁判官又は地方裁判所の書記が発行する（州法43－４）。

(2) 有効期間

有効期間は，30日である。

〔根拠法条〕

州法（2014 Oklahoma Statutes）

第43編　婚姻及び家族

43－2（親族）

いかなる親等の尊属及び卑属間，継父と継娘，継母と継息子（その関係が婚姻のみによる場合を除く。），全血と同様に半血の兄弟姉妹，いとこ間の婚姻は，近親相姦で，違法及び無効を宣言され，明示的に禁止される。（以下，略）

（1910年，1965年，1967年，1969年改正）

43－3（婚姻することができる者）

A　少なくとも18歳で，他に不適格とされていない未婚者は，異性の者と婚姻を締結し，同意することができる。

B 1　本サブセクションに他に規定される場合を除き，18歳未満の者は，婚姻関係に入ることも，許可証を発行してもならない。

a　許可証を発行する当局の面前で，その未成年者の親又は後見人が明示的に与えた同意及び承認に基づき。

b～f　（略）

2　16歳未満の全ての者は，以下により，裁判所が認めた場合を除き，婚姻関係に入ることは明示的に禁止される。

a　（略）

b　未婚の女性が妊娠しているか，又は嫡出でない子を出生したとき，（以下，略）

3・4　（略）

C　（略）

（1910年，1947年，1959年，1963年，1965年，1970年，1975年，1989年，2004年改正）

43－3．1（同性者間の婚姻の承認の禁止）

他の州で行われた同性者間の婚姻は，オクラホマ州では，婚姻日から有効かつ締結されたものとして承認してはならない。

（1996年追加）

43－4（必要とされる許可証）

いかなる者も，その許可証に記載された者の間の婚姻に権限を与えるオクラホマ州の郡の裁判官又は地方裁判所の書記が発行した許可証がなければ，オクラホマ州で婚姻関係を締結することも，挙式を行ってはならない。

（1910年）

第2　出　　生

1　出生証明書

オクラホマ州衛生局作成の出生証明書は，資料5－11－1（本文304頁）参照。

第３　養子縁組

１　実質的成立要件

⑴　養親の要件

ア　年　齢

養親は，21歳以上でなければならない。

ただし，他方の配偶者が養子の親又は親族である場合は，年齢要件は適用されない（州法10－7503－１．１）。

イ　単身者の可否

夫婦だけでなく，単身者も養親となることができる（州法10－7503－１．１）。

⑵　夫婦共同縁組

夫婦の場合は，法定別居をしていない限り，夫婦共同で養子縁組をしなければならない（州法10－7503－１．１）。

⑶　養子の要件

未成年者（18歳未満）だけでなく，成人も養子となることができる（州法10－7503－１．１・10－7507．１．１）。

２　保護要件

⑴　裁判所の許可

養子縁組には裁判所の許可を要する。

⑵　養子の同意

養子が12歳以上である場合は，裁判所が同意を要求することが未成年者の最善の利益にならないと判断した場合を除き，その者の同意を要する（州法10－7503－２．１）。

⑶　実父母等の同意（州法10－7503．２．１・10－7503．２．２）

ア　実　母

㋐　同意の要否

未成年者の実母の同意を要する。

⑷　同意の時期

未成年者の養子出生前には同意をすることはできない。

イ　未成年の嫡出子の父

⑺　同意の要否

未成年者の嫡出子の父の同意を要する。

⑷　同意の時期

未成年者の出生前には未成年者の養子縁組に対して同意をすることはできない。

ウ　未成年者の推定上の父

⑺　同意の要否

未成年者の推定上の父の同意を要する。

⑷　同意の時期

未成年者の出生前又は出生後に，未成年者の養子縁組に対する同意を行うことができる。

エ　子の後見人，訴訟後見人又は法定監護人

⑺　同意の要否

両親が死亡しているか，裁判手続により両親の親権が終了している等の場合は，後見人又は訴訟後見人が養子縁組に対する同意するため後見人を指名する裁判所の命令により権限を与えられている法定後見人又は訴訟後見人の同意を要する。

⑷　同意の時期

裁判所が権限を認めた後に未成年者の養子縁組に対して同意をすることができる。

オ　養子縁組のために子を託置している児童託置機関の同意

⑺　同意の要否

児童託置機関の同意を要する。

⑷　同意の時期

養子縁組の申請の聴聞時又はその前にいつでも養子縁組に対する同意をすることができる。

3　養子縁組の効力

⑴　養親及びその親族との関係

養子縁組の確定判決が登録された後は，親子関係及び実の親子関係の権利，義務及び他の法的効果は，養子と子の養親及び養親の親族間に存在する。

養子縁組の判決確定日から，子は養親から，養親を通して不動産及び個人的な財産を相続する権利を付与される。

養親は，養子から，又は養子を通して不動産及び個人的な財産を相続する権利を付与される（州法10－7505－６．５）。

⑵　実親との関係

養子縁組の確定判決が登録された後は，実親が養親でないか，又は養親の配偶者でないときを除き，養子の実親は，養子に対する全ての親としての責任を免れ，養子に対する，又は相続及び遺産分配による子の財産に対する一切の権利を有さない（州法10－7505－６．５）。

〔根拠法条〕

州法（2014 Oklahoma Statues）

第10編　子

第75章　オクラホマ養子縁組法

10－7501－１．１（略称－法の構成）

Ａ　本編第75章は，「オクラホマ養子縁組法」として知られ，引用することができる。

Ｂ～Ｄ　（略）

（1957年，1996年，1997年，1998年改正）

10－7501．３（定義）

オクラホマ法で使用される場合には，

１・２　（略）

３「成人」は，18歳に達した者を意味する。

４「未成年者」は，18歳に達していない者を意味する。

５～15　（略）

（1957年，1996年，1997年，2001年，2002年，2011年改正）

10－7503－１．１（養子縁組の適格性）

以下に掲げる者は，子を養子縁組する資格を有する。

１　それぞれが少なくとも21歳以上であるときは，夫及び妻が共同して。

２　他方の配偶者が子の親又は親族であるときは，夫又は妻

３　少なくとも21歳以上である未婚者

４　他方の配偶者と法定別居している少なくとも21歳以上の婚姻している者

（1957年，1974年，1997年，1998年改正）

10－7503．２．１（養子縁組に対する同意－同意をすることができる者）

A　未成年者は，以下の者が養子縁組に対する書面による同意を提出するか，又は養子縁組のために永久に放棄したときは，養子となることができる。

1　未成年者の両親

2　以下の場合は，未成年者の一方の親

a　他方の親が死亡している場合

b　他方の親の親権が終了している場合，又は，

c　本編7505－４．２に従って，他方の親の同意を要しないとされている場合

3　両親が死亡しているか，裁判手続により両親の親権が終了しているか，又は両親の同意が本編7505－４．２に従って，他方の親の同意を要しないとされている場合で，後見人又は訴訟後見人（ad litem）が養子縁組に対する同意するため後見人を指名する裁判所の命令により権限を与えられている法定後見人又は訴訟後見人

4・5　（略）

B 1　嫡出子である未成年者の親又は16歳以上である親は，未成年者の養子縁組に対して同意をする能力があるとみなされる。

2　（略）

C　養子縁組判決が認められる前に本節Ａ項及びＢ項で要求される同意に加えて，養子となる未成年者が12歳以上であるときは，養子縁組に対する未成年者の同意を要する。ただし，裁判所が未成年者の同意を要求することが未成年者の最善の利益にならないと判断したときを除く。（以下，略）

（1957年追加，1959年，1961年，1971年，1974年，1985年，1994年，1996年，1997年，1998年改正）

10－7503．２．２（同意を行うことができるとき）

A　未成年者の母は，未成年者の出生前には未成年者の養子縁組又は未成年者の永久的な放棄に対して有効な同意をしてはならない。

B　未成年の嫡出子の父は，未成年者の出生前には未成年者の養子縁組又は未成年者の永久的な放棄に対して有効な同意をしてはならない。

C　未成年者の推定上の父は，未成年者の出生前又は出生後に未成年者の養子縁組，未成年者の永久的な放棄に，又は法廷外の同意を行うことができる。

D　子の後見人，訴訟後見人又は法定監護人は，裁判所が権限を認めた後に未成年者の養子縁組に対し，又は永久的な放棄に同意をすることができる。

E　養子縁組のために子を託置している児童託置機関（a child-placing agency）は，養子縁組の申請の聴聞時又はその前にいつでも養子縁組に対する同意をすることができる。

F　本編7503－２．１に従って同意を要する12歳以上の未成年者は，養子縁組の申請の聴聞時又はその前にいつでも養子縁組に対する同意をすることができる。

（1997年追加，1998年改正）

10－7505－６．５（確定判決の効力－祖父母の権利）

A　養子縁組の確定判決が登録された後は，親子関係及び実の親子関係の権利，義務及び他の法的効果は，養子と子の養親及び養親の親族間に存在する。養子縁

組の判決確定日から，子は相続及び遺産分配に関する州法に従い，養親から，養親を通して不動産及び個人的な財産を相続する権利を付与される。養親は，上記州法に従って養子から，又は養子を通して不動産及び個人的な財産を相続する権利を付与される。

B　養子縁組の確定判決が登録された後は，実親が養親でないか，又は養親の配偶者でないときを除き，養子の実親は，養子に対する全ての親としての責任を免れ，養子に対する，又は相続及び遺産分配による子の財産に対する一切の権利を有さない。

C　（略）

D　養子縁組の判決は，判決が確定する前に子に付与された財産上の権利及び利益には影響を及ぼさない。

（1957年追加，1978年，1981年，1984年，1989年，1996年，1997年改正）

10－7507－１．１（成人養子縁組）

成人は，養子となる者又は後見人及び配偶者の同意を得て，他の成人の養子となることができる。（以下，略）

（1957年追加，1997年改正）

資料5－11－1〔出生証明書〕

CERTIFICATE OF LIVE BIRTH

STATE OF OKLAHOMA-DEPARTMENT OF HEALTH

STATE FILE NO 135- **2013-※ ※**

1. CHILDS NAME (First, Middle, Last, Suffix)
○○○○

2. DATE OF BIRTH (Month, Day, Year)
SEPTEMBER ※, 2013

3. TIME OF BIRTH
15.01

4. SEX
MALE

5a. FACILITY NAME (If not institution, give street and number)
※ ※ ※ ※ HOSPITAL

5b. PLACE WHERE BIRTH OCCURRED (Check one) ☒ Hospital ☐ Freestanding birthing center ☐ Clinic/Dr's Office
☐ Home Birth => Planned to deliver at home? ☐ Yes ☐ No ☐ Other (Specify)

6. CITY, TOWN OR LOCATION OF BIRTH
TULSA

7. COUNTY OF BIRTH
TULSA

8a. ATTENDANT'S NAME AND TITLE
NAME ※ ※ ※ ※
TITLE: ☒ MD ☐ DO ☐ CNM/CM ☐ OTHER MIDWIFE
☐ OTHER(Specify)

8b. ATTENDANT'S MAILING ADDRESS
Street & Number or Rural Route: ※ ※ ※ ※ ※ ※
City or Town: TULSA State: OK Zip: ※ ※

9. STATE REGISTRAR'S SIGNATURE
（署名）

10. DATE FILED WITH STATE REGISTRAR (Month, Day, Year)
SEPTEMBER 24, 2013

11a. CERTIFIER'S NAME AND TITLE
NAME: ※ ※ ※ ※ ※ ※ ※ ※ ※
TITLE: ☐ MD ☐ DO ☐ HOSPITAL ADMIN. ☐ CNM/CM ☐ OTHER MIDWIFE ☒ OTHER (Specify) BIRTH CLERK

11b. DATE CERTIFIED (Month, Day, Year)
SEPTEMBER 08, 2013

12a. MOTHER'S CURRENT LEGAL NAME (First, Middle, Last, Suffix)
△△△△

12b. MOTHER'S LAST NAME PRIOR TO FIRST MARRIAGE
△△

12c. MOTHER'S DATE OF BIRTH (Month, Day, Year)
APRIL ※, 1986

12d. MOTHER'S BIRTHPLACE (State, Territory, or Foreign Country)
JAPAN

13. MOTHER'S RESIDENCE ADDRESS　Inside City Limits? ☒ Yes ☐ No ☐ Unknown　County: TULSA
Street & Number: ※ ※ ※ ※　Apartment Number: ※　City: TULSA　State: OK　Zip Code: ※ ※

14. MOTHER'S MAILING ADDRESS ☒ Same as Residence　County:
Street & Number:　Apartment Number:　City:　State:　Zip Code:

15a. FATHER'S CURRENT LEGAL NAME (First, Middle, Last, Suffix)
□□□□□□

15b. FATHER'S DATE OF BIRTH (Month, Day, Year)
MAY ※, 1990

15c. FATHER'S BIRTHPLACE (State, Territory, or Foreign Country)
OKLAHOMA

16a. Permission given to provide Social Security Administration with necessary birth information to issue a Social Security Number? Yes

16b. Permission given to provide Oklahoma State Department of Health registries (such as Newborn Screening and Immunization) with information necessary to protect and promote the health of Oklahoma citizens? Yes

VS 152 Revised 2009 B

VOID VOID VOID

Thursday, October 10, 2013 ※ ※ ※

資料5－11－1

※※※※

This is a true and correct copy of the official record on file in the Office of Vital Statistics, Oklahoma City, Oklahoma, certified on the date stamped.

(署名)

※※※※※
State Registrar
Office of Vital Statistics
Department of Health

It is in violation of Oklahoma Statutes, Title 63 Section 1-324.1, to "prepare or issue any certificate which purports to be original, certified copy or copy of a certificate of birth, death or stillbirth, except as authorized in this act or rules and regulations adopted under this act."

CERTIFIED COPIES WILL BE PRODUCED ON MULTI-COLOR SECURITY PAPER.

VERIFY PRESENCE OF WATERMARK　HOLD TO LIGHT TO VIEW

WARNING: THIS DOCUMENT IS PRINTED ON SECURITY WATERMARKED PAPER AND CONTAINS SECURITY FIBERS. DO NOT ACCEPT WITHOUT VERIFYING THE PRESENCE OF THE WATERMARK.

THE DOCUMENT FACE CONTAINS A SECURITY BACKGROUND. THE BACK CONTAINS SPECIAL LINES WITH TEXT, EMBOSSED SEAL AND THERMOCHROMIC INK.

資料5－11－1

出生証明書（抄訳）和訳

1．出生子の氏名　(氏)　○○　(名)　○○　○○
（ファーストネームの次にミドルネームの順でご記入下さい）

2．性別　☑男　女

3．生まれたとき　平成25年 9 月 ※ 日　午前・(午後) 3 時 1 分

4．生まれたところ(病院名)　※※※※　ホスピタル

住所　アメリカ合衆国 オクラホマ　州　タルサ　市

※※※※　通り　※※　番~~地~~

5．母の旧姓　(氏)　△△　(名)　△△　△△

父の氏名　(氏)　□□　(名)　□□　□□
（ファーストネームの次にミドルネームの順で）

6．証明書発行者

☑登録機関：アメリカ合衆国　オクラホマ　州衛生局登記官

証明書発行年月日：　平成 25 年 10 月 10 日

☐証明者が医師・助産婦等である時：

資格：＿＿＿＿＿＿＿＿

氏名　(氏)　(名)

証明書発行年月日：平成　年　月　日

翻訳者名：　△　△　△　△

〜〜〜〜〜〜〜〜〜〜〜〜〜〜〜〜〜〜〜〜〜〜〜〜〜〜〜〜〜〜

以下該当者のみ記入

★　子の氏名が出生証明書と出生届の記載とで異なる場合の申し出事項　（例えばミドルネームを省く場合等）

出生証明書によると子の名は、(名)＿＿＿＿＿＿となっているが、出生届書の事件本人と同一人物に相違なく、戸籍には、(名)＿＿＿＿＿＿と届出する。

申出人署名　㊞又は拇印

5－12　アメリカ合衆国／オハイオ州

第1　婚　　姻

1　婚姻証明書

オハイオ州保健省フランクリン郡検認裁判所発行の婚姻証明書（結婚認定書）は，資料5－12－1（本文315頁）参照。

2　実質的成立要件

⑴　婚姻適齢

男女とも18歳である（**注**）。

16歳以上で18歳未満の女子については，両親又は保護者の同意を要する（州法3101.01）。

また，女子が16歳未満の場合でも，子を出生しているか，又は妊娠しているときは，婚姻許可証が発行され，婚姻することができる（州法3101.04）。

（**注**）戸籍誌においては，男女とも婚姻適齢に差はないが，女子については，16歳以上の場合は，父母又は後見人等の同意を得たときは婚姻が可能になるとされている（永井紀昭「婚姻適齢及び待婚期間に関する覚書（上）」戸籍486－19）。実質は同じである。

また，男子は18歳，女子は16歳以上であるとされている（戸籍622－56）。

条文上は，18歳の男子，16歳の女子となっているが，未成年者は両親等の同意を要するとされている（州法3101.01）。成人は18歳であるので，男子は成人であり親等の同意を要しないが，女子は16歳以上18歳未満の場合は，未成年者であり，親等の同意を要することになる。

⑵　近親婚の禁止

またいとこよりも近い親族間の婚姻は，禁止されている（州法3101.01）。

⑶　重婚の禁止

重婚は，禁止されている（州法3101.01）。

⑷　同性婚の禁止

同性者間の婚姻は，禁止されている（州法3101. 01)。

なお，アメリカ合衆国では，同性婚を認める州と認めない州が存在していたが，連邦最高裁判所は，平成27年（2015年）6月26日に，同性婚は合衆国憲法の下での権利であり，州は同性婚を認めなければならないとの判断を下した。これにより，全米で同性婚が合法となることから，同性婚を禁止している各州の法律は今後改正される。

2　婚姻許可証

⑴　発行者

当事者の居住する郡の検認裁判所（Probate court in county）が発行する（州法3101. 05)。

⑵　申請者

両当事者が出頭して申請する（州法3101. 05)。

⑶　有効期間

発行後60日間である（州法3101. 07)。

3　婚姻の報告

儀式主催者は，30日以内に婚姻許可証を発行した郡判事に送付する（州法3101. 13)。

4　無効事由

婚姻適齢に達していない場合，重婚の場合，精神疾患の場合，詐欺・強迫によって同意を得た場合又は意思能力がない場合は，婚姻を無効とすることができる。

ただし，婚姻適齢に達した後に，他方の当事者と夫又は妻として同棲している場合や一方の当事者の同意が，詐欺により得られたときに，後に，詐欺を構成する事実を認識し，他方の当事者と夫又は妻として同棲している等の場合には取り消すことができない（州法3105. 31)。

〔**根拠法条**〕

州法（2014 Ohio Revised Code）（オハイオ修正法）

第31編　家族関係－子

第3101章　婚姻

3101.01（婚姻することができる者；同意を取得する未成年者）

A　18歳の男性，16歳の女性で，またいとこより近親でなく，生存している夫又は妻がいない者は，婚姻をすることができる。婚姻は，1人の男性及び1人の女性によってのみ登録をすることができる。未成年者は，最初に，未成年者の両親，生存している親，住み込みの親（the residential parent）として指名されている親，管轄裁判所による未成年者の法定監護人，後見人又は少年の裁判権を行使する裁判所によって未成年者の永続の監護権を与えられた以下の者の同意を得なければならない。

1　成人

2　作業及び家庭サービス局（The department of job and family services）又は局が認定した児童福祉機関

3　公共児童サービス機関（a public children services agency）

B　本節第A項において，外国に居住し，婚姻許可証の申請の直前の1年以上の期間，未成年者を遺棄した親，行為能力がない者と宣告され，州の精神科施設又は矯正施設の収容者（an inmate of a state mental or correctional institution）である親，少年の裁判権を行使する裁判所によって，未成年者の保護のために親の権利及び義務を並びに未成年者と同居する権利，未成年者の法定監護人になる権利を永久に喪失した親，検認裁判所又は他の管轄裁判所の未成年者の後見人の指名によって未成年者の保護のために親の権利及び義務を並びに未成年者と同居する権利，法定監護人になる権利を永久に喪失した親の同意は要しない。

C 1　同性者間の婚姻は，オハイオ州の堅固な公共政策に反する。同性者間の婚姻は，オハイオ州においていかなる法的効力を有せず，オハイオ州において登録を試みられたとしても最初から無効であり，オハイオ州においては認められない。

2　他の裁判管轄権で同性者間の婚姻が登録されても，オハイオ州においてはいかなる点においても法的効力又は効果を有しないものとみなされ，かつ取り扱われ，オハイオ州においては認められない。

3・4　（略）

3101.04（少年裁判所の同意）

少年裁判所が少年規則に従って，婚姻に対する同意を登録したときは，夫婦関係の契約をした当事者の一方又は双方が修正法3101.01に規定する婚姻適齢に達しないときでも，検認裁判所は許可証を発行する。修正法3101.05に従い，子が出生したか，又は少年裁判所が未成年の女子が妊娠し，子を産もうとすることに疑いがないと判断するまで，許可証は発行されない。

3101.05（婚姻許可証の申請）

A　婚姻の当事者は，婚姻許可証を申請しなければならない。許可証を求める当事者は，一方が居住するか，もし当事者双方がオハイオ州の居住者でないときは，婚姻挙行地の郡の検認裁判所に直接出頭しなければならない。(以下，略)

B～D　(略)

3101.07(許可証の満了日)

発行の日から60日以後は，婚姻許可証は有効でなく，婚姻の儀式を認めない。(以下，略)

3101.13(婚姻記録)

本節に他に規定される場合を除き，挙行された全ての婚姻証明書は，婚姻を挙行した権限を有する者が，婚姻挙行後30日以内に，婚姻許可証が発行された郡の検認裁判官に送付しなければならない。

第3105章　離婚，扶養料，婚姻の無効，解消

3105.31(無効事由)

婚姻は，婚姻時に以下の事由があるときは無効とすることができる。

a　婚姻の無効を求める当事者が，修正法3101.01により定められた婚姻に参加できる年齢未満であるとき。ただし，その年齢に達した後に，他方の当事者と夫又は妻として同棲している場合を除く。

b　一方の当事者の前夫又は前妻が生存し，この前夫又は前妻との婚姻が依然として効力を有するとき。

c　一方の当事者が，意思能力がないことを宣告されたとき。ただし，能力が回復した後に，他方の当事者と夫又は妻として同棲している場合を除く。

d　一方の当事者の同意が，詐欺により得られたとき。ただし，その当事者が後に，詐欺を構成する事実を認識し，他方の当事者と夫又は妻として同棲している場合を除く。

e　一方の当事者の婚姻に対する同意が，強迫により得られたとき。ただし，その当事者が後に，他方の当事者と夫又は妻として同棲している場合を除く。

f　(略)

第2　離　婚

1　判決確定日

裁判所の書記官によって，「判決書が登録された日」が判決確定日になる(オハイオ州民事訴訟手続規則58A)。

通常は，判決書の1頁の右上か，最終ページの判決署名の下に日付印で示される。

第３　出　　生

１　父の推定

男性と子の母が婚姻しているか，又は婚姻していて，子が婚姻中又は死亡，無効，離婚又は解消による婚姻の終了後300日以内若しくは男性と子の母が別居合意に従った別居後300日以内に出生した場合には，男性は子の父と推定される（州法3111.03）。

２　出生証明書

オハイオ州衛生局発行の出生証明書は，資料５−12−２（本文317頁）参照。

〔根拠法条〕

州法（2014 Ohio Revised Code）
第31編　家族関係−子
第3111章　親
3111.03（父の推定）
A　男性は，以下のときは，子の実の父と推定される。
　1　男性と子の母が婚姻しているか，又は婚姻していて，子が婚姻中又は死亡，無効，離婚又は解消により婚姻が終了した後若しくは男性と子の母が別居合意に従った別居後300日以内に出生した場合
　2・3　（略）
B・C　（略）

第４　養子縁組

１　実質的成立要件

⑴　養子の要件

未成年者だけでなく，成人が行為能力がない等の場合は，成人も養子となることができる（州法3107.02）。

⑵　養親の要件

ア　養親の年齢

原則として，養親は成人でなければならない。

ただし，夫婦共同縁組の場合は，一方が成人であれば足りる（州法3107.

03)。

イ　夫婦共同縁組

夫婦は共同で縁組をしなければならない。ただし，配偶者が養子の実親である場合，裁判所が認めたときは，他方の配偶者は単独で養子縁組をすることができる。

なお，配偶者が養子の実親であるときは，その配偶者の同意を得なければならない（州法3107.03)。

2　保護要件

⑴　裁判所の許可

養子縁組には，裁判所の許可を得なければならない。

⑵　父母等の同意

ア　同意の要否

未成年者の養子縁組の場合は，父母又は監護権を有する者の同意を要する（州法3107.06)。

イ　同意時期の制限

子の出生後72時間を経過する前は，同意をすることができない（州法3107.08)。

ウ　同意の撤回

中間判決後又は中間判決が登録されないときは，養子縁組の最終判決の登録後は，養子縁組に対する同意を取り消し，撤回することができない（州法3107.084)。

⑶　養子の同意

養子が12歳以上である場合は，その者の同意を要する（州法3107.06 e)。

3　養子縁組の効力

⑴　養親及びその親族との関係

養子と養親の間に，養子が養親の嫡出子としての関係を創設する（州法3107.15)。

(2) 実親及びその親族との関係

子と実親の親族関係を断絶し，養子と実親との関係は消滅する（州法3107.15）。

〔根拠法条〕

州法（2014 Ohio Revised Code）

第31編 家族関係－子

第3107章 養子縁組

3107.01（定義）

修正法3107.01から3107.19で使用されるときは，

a～f （略）

g 「未成年」は，18歳未満の者を意味する。

h （略）

3107.02（養子になることができる者；身体的検査）

A 未成年者は，養子となることができる。

B 成人は，以下の条件に該当するときは，養子となることができる。

1 成人が，完全かつ永久に行為能力がないとき。

2 成人が，修正法5123.01に規定されている精神的に遅れた者であるとき。

3 成人が，未成年者として申請人との児童養育介護者(a child-foster caregiver)又は継親の関係を確立し，成人が養子縁組に同意したとき。

C～F （略）

3107.03（養子をすることができる者）

以下の者は，養子縁組をすることができる。

a 夫婦が共同して。ただし，少なくとも一方が成人であるとき。

b 未婚の成人

c 養子になる者の未成年者の婚姻していない親

d 以下の場合は，他方の配偶者が申請人に加わらない婚姻した成人

1 他方の配偶者が養子となる者の親であり，養子縁組を支持しているとき。

2 申請人と他方の配偶者が修正法3103.06又は3105.17により別居しているとき。

3 他方の配偶者が申請に加わらず，又は養子縁組を支持しないことが，説明できない不在，行為能力がないか，又は他方の配偶者の支持又は拒否を得ることが不可能であるか，又は合理的な状況にないと裁判所が判断したとき。

3107.06（養子縁組に対する同意）

修正法3107.07に基づく同意を要しないときは，未成年者を養子とする申請は，以下の者の養子縁組に対する書面による同意があれば，認められる。

a 未成年者の母

b 以下の事項が適用されるときは，未成年者の父

1 父が母と婚姻している間に，未成年者が妊娠したか，又は出生したとき。

2 未成年者が養子縁組による子であるとき。

3・4　(略)

c　未成年者の推定上の父

d　未成年者の永久親権（permanent custody）を有するか，同意をするため裁判所が権限を認めた者又は機関

e　裁判所が，未成年者の最善の利益のために，未成年者の同意を要しないと判断しないときは，12歳以上である未成年者

3107.08（同意の実行）

A　養子縁組に要する同意は，未成年者の出生後72時間後はいつでもすることができ，以下の方法で行われる。

1　養子となる者が，裁判所の面前で。

2　養子となる者の親が，修正法3107.081に従って。

3～5　(略)

B　(略)

3107.084（同意の撤回）

A　中間判決後又は中間判決が登録されないときは，養子縁組の最終判決の登録後は，養子縁組に対する同意を取り消し，撤回することができない。未成年者の同意は，未成年者の年齢を理由にしては無効とはならない。

B　裁判所が聴聞後に，撤回することが養子となる者の最善の利益になると判断し，裁判所が命令で同意の撤回を認めたときは，中間判決前又は中間判決が登録されないときは，養子縁組の最終判決の登録前に，養子縁組に対する同意を取り消し，撤回することができる。(以下，略)

3107.15（養子縁組の確定判決又は中間命令の効力）

A　1996年5月30日以前又は以後にかかわらず，オハイオ州の裁判所によって発せられ確定した養子縁組の最終判決及び中間判決又は修正法3107.18に従って認められたオハイオ州外の裁判管轄により発せられた判決は，裁判管轄権内又はオハイオ州の裁判所の前で，全ての事項について以下の効力を生ずる。

1　申請者の配偶者及び配偶者の親族に関する場合を除き，養子となった者の実親又は他の法的な親は，親としての全ての権利及び義務を免がれ，養子となった者の親又は他の法的な親の関係を含んだ，養子となった者とその者の親族との間の法的な関係を終了させ，それによって，親族とは他人となる。(以下，略)

2　申請者と養子となった者の間に親子関係を創設する。(以下，略)

3　(略)

B～D　(略)

資料５－12－１〔結婚認定書〕

County ※※

Grooms Residence

Brides Residence

Official Form Prescribed by the Director of Health for Registration of Certified Abstract of Marriage
THIS ABSTRACT SHALL BE PRINTED LEGIBLY OR TYPEWRITTEN IN UNFADING INK

HEA 2743 (Rev. 11/94)

FRANKLIN COUNTY
PROBATE COURT

OHIO DEPARTMENT OF HEALTH
VITAL STATISTICS

PROBATE COURT NUMBER
※※※※

STATE FILE

CERTIFIED ABSTRACT OF MARRIAGE

GROOM	BRIDE
1. Full Name □□□□□□	9. Full Name △△△△
2. Age last birthday ※※	10. Age last birthday ※※
3. RESIDENCE (County and State) FRANKLIN, OH	11. RESIDENCE (County and State) FRANKLIN, OH
4. Birthplace (State or Country) FRANCE	12. Birthplace (State or Country) JAPAN
5. Occupation ※※	13. Occupation ※※
6. Name of Father ※※※※※※	14. Name of Father ※※※※
7. Maiden Name of Mother ※※※※	15. Maiden Name of Mother ※※※※
8. Number of Previous Marriages 0	16. Number of Previous Marriages 0

17. Date Marriage License Issued
4/22/2011

18. Date Marriage Was Solemnized
4/※/2011

I hereby certify that the above is a true copy of the record on file in this court.

WITNESS my signature and the seal of said Court,
this date, 4/22/2011
（署名）
12
Judge and Ex-Officio Clerk

By （署名）
Deputy Clerk

資料５－12－１

結婚認定書の和訳文

オハイオ州　保健省
フランクリンカウンティー検認裁判所（※※※※）

結婚の認定書

新郎：
1．名前：　□□　□□　□□
2．年齢：※※歳
3．居住地：フランクリンカウンティー、オハイオ州
4．出生地：フランス
5．職業：※※
6．父親の氏名：　※※　※※　※※
7．母親の旧姓：　※※※※
8．結婚した回数：0

新婦
9．名前：　△△　△△
10．年齢：※※歳
11．居住地：フランクリンカウンティー、オハイオ州
12．出生地：日本
13．職業：※※
14．父親の氏名：　※※　※※　※※
15．母親の旧姓：　※※※※
16．結婚した回数：0
17．結婚許可書発行日：2011年4月22日
18．挙式日：2011年4月※日

この法廷にて、上記の件がファイル上の真のコピーであることを証明する。

(署名)

(署名)

訳者　　　　(署名)

資料５－12－２〔出生証明書〕

VERIFY PRESENCE OF ODH WATERMARK　HOLD TO LIGHT TO VIEW

STATE OF OHIO
OFFICE OF VITAL STATISTICS

CERTIFICATION OF BIRTH

STATE FILE NUMBER	2013※※	**DATE RECORD FILED**	08/09/2013
NAME	○○○○○○		
DATE OF BIRTH	07/※/2013	**SEX**	Female
BIRTHPLACE	OHIO		
MOTHER'S NAME	△△△△	**FATHER'S NAME**	□□□□
MAIDEN NAME	△△		
MOTHER'S BIRTHPLACE	JAPAN	**FATHER'S BIRTHPLACE**	JAPAN

Note:

This is a true certification of the name and birth facts as recorded in the Office of Vital Statistics, Columbus, Ohio. Witness my signature and seal of the Department of Health this 09 day of September, 2013

（署名）

State Registrar of Vital Statistics

※※※※

HEALTH INFORMATION SYSTEMS CINCINNATI HEALTH DEPT

REV. 5/2009

VOID WITHOUT WATERMARK OR IF ALTERED OR ERASED

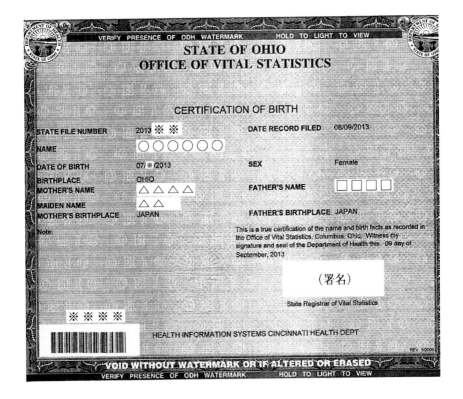

VERIFY PRESENCE OF ODH WATERMARK　HOLD TO LIGHT TO VIEW

資料５－12－２

出生登録証明書（和訳文）

氏（ラストネーム）｜名（ファーストネーム、ミドルネームの順で記入）　性別

1．氏　　名：　○○　｜　○○　○○　　男・㊛

（Certificate of Birth 記載通りの氏名を日本の文字で。アルファベット不可。例：田中　正マイケル）

2．生年月日：2013 年　7　月　※　日

3．出生地：

氏（ラストネーム）｜名（ファーストネーム、ミドルネーム）

4．父の氏名：　□□　｜　□□

5．母の氏名：　△△　｜　△△

6．出生登録日：2013 年　8　月　9　日

7．登録役所：アメリカ合衆国　オハイオ　州　シンシナティ
郡・㊫　登録所

翻訳者氏名：　□　□　□　□
（日本語、かい書で記入のこと）

※新生児の名（Given Name）に関し、「Certificate of Birthに記載の名」と「戸籍に届け出る名」が完全には一致しない場合（ミドルネームを省略する場合など）は、以下も記入。

英文出生証明書には　○○　○○　○○　と記載
アルファベットで記載。（LAST NAME, First name Middle name）

されているが、戸籍には　○　○　○　○　と届け出る。
戸籍に載せる日本文字で記載。

申出人名　□　□　□　□　印
（日本語、かい書で記入のこと）

Consulate General of Japan at Detroit
出生届用　Rev.on 8/14/2007

5－13　アメリカ合衆国／オレゴン州

第１　婚　　姻

１　婚姻証明書

オレゴン州マルトノマ郡登録官作成の婚姻証明書は，資料５－13－１（本文325頁）参照。

２　実質的成立要件

(1)　婚姻適齢

男女とも18歳である。

17歳以上で18歳未満の者については，両親の同意を要する（州法106.010・106.060）。

(2)　重婚の禁止

婚姻時に，一方の当事者に生存している妻又は夫がいるときは，婚姻は無効である（州法106.020）。

(3)　近親婚の禁止

全血であるか半血であるか，血縁によるか養子縁組によるかにかかわらず，当事者がいとこであるか，又はそれより近親であるときは，婚姻は無効である（州法106.020）。

(4)　同性婚

アメリカ合衆国では，同性婚を認める州と認めない州が存在していたが，連邦最高裁判所は，平成27年（2015年）６月26日に，同性婚は合衆国憲法の下での権利であり，州は同性婚を認めなければならないとの判断を下した。これにより，全米で同性婚が合法となることから，同性婚を禁止している各州の法律は今後改正される。

3　婚姻許可証

(1)　発給権者

郡の書記が発行する（州法106.077）。

(2)　待機期間

原則として，申請の3日後に有効となる。

ただし，十分な理由が示されたときは，郡の検認裁判所の裁判官，婚姻許可証を発行する責任を負う郡の書記又は職員等が3日間の待機期間を免除する書面による命令に署名することができる（州法106.077）。

(3)　有効期間

有効期間は，効力発生後60日間である（州法106.077）。

4　婚姻後の姓

一方の当事者は，婚姻前のミドルネーム及び姓（Surname）を保持することができる。

また，当事者のミドルネームを保持し，姓を他方の当事者の姓に変更するなど，複数の方法を選択することができる（州法106.220）。

5　婚姻の無効及び取消し

(1)　婚姻の無効

重婚の禁止及び近親婚の禁止に反する婚姻は，無効である（州法106.020）。

(2)　婚姻の取消し

一方の婚姻当事者が締結をすることができないか，又は法定年齢に満たないか，十分な理解を欠くか，若しくは，一方の当事者の同意が詐欺又は強迫により得られたときは婚姻は，管轄権を有する裁判所の判決が言い渡されたときから無効となる（州法106.030）。

〔**根拠法条**〕

州法（2013 Oregon Revised Statutes）

第11編　家族関係

第106章　婚姻；家族のパートナーシップ

106.010（民事契約としての婚姻）

婚姻は，他に能力を有し，オレゴン修正州法106.150に従って挙式した，少なくとも17歳の男性及び女性本人が締結した民事契約である。

（1965年，1975年改正）

106.020（禁止及び無効婚）

以下の婚姻は禁止され，オレゴン州で挙行されたときも，絶対的に無効である。

1　婚姻時に，一方の当事者に生存している妻又は夫がいるとき。

2　全血であるか半血であるか，血縁によるか養子縁組によるかにかかわらず，民法の規則により計算された関係が，当事者がいとこであるか，又はそれより近親であるとき。ただし，当事者が養子縁組のみによるいとこであるときは，婚姻は禁止されず，無効ではない。

（1989年改正）

106.030（取り消すことができる婚姻）

一方の婚姻当事者が締結をすることができないか，又は法定年齢に満たないか，十分な理解を欠くか，若しくは，一方の当事者の同意が詐欺又は強迫により得られたときは婚姻は，管轄権を有する裁判所の判決が言い渡されたときから無効となる。

（2003年改正）

106.060（申請者が18歳未満のときの親又は後見人の同意）

18歳未満の申請者の親又は後見人の同意がなければ，婚姻許可証は発行されないし，当事者がオレゴン修正州法106.010（民事契約としての婚姻）に規定する年齢でないときは，婚姻を締結することができない。（以下，略）

（1965年，1969年，1973年，1975年，1987年改正）

106.077（婚姻許可証の発行・待機期間・例外）

①　郡の書記が両方の申請者から婚姻許可証の書面による申請を受理し，婚姻許可証の発行の全ての他の法律要件を満たしているときは，郡の書記は，申請人が申請書に署名した３日後に効力を生ずる婚姻許可証を発行する。郡の書記は，許可証が効力を生ずる日を許可証に示すものとする。許可証は，効力日から60日間有効である。

②　十分な理由が示されたときは，以下の者が本節第１項に規定された３日間の待機期間を免除する書面による命令に署名することができる。

a　郡の検認裁判所の裁判官

b・c　（略）

d　婚姻許可証を発行する責任を負う郡の書記又は職員

（1953年，1957年，1963年，1967年，1971年，1979年，1983年，1989年改正）

106.220（婚姻に基づく姓）

①　婚姻の登録に基づき，一方の当事者は，

a　婚姻前の当事者のミドルネーム及び姓（Surname）を保持することができる。

b　当事者のミドルネームを保持し，姓（Surname）を他方の当事者の姓に変

更することができる。

c　当事者のミドルネームを保持又は外し，当事者の姓を一方又は両当事者の姓の範囲内で，ハイフンで，又はハイフンなしで1つ又は複数の姓の結合した姓，名に変更することができる。

d　当事者のミドルネームを出生時又は婚姻前の当事者の姓に変更することができる。

e　出生時又は婚姻前の当事者のミドルネーム及び姓を付加し，当事者の姓を他方の当事者の姓に変更することができる。

②　おのおのの当事者は，婚姻後の当事者の氏名を申請書，許可証及び婚姻記録で表示しなければならない。

③　申請書，許可証及び婚姻記録に表示された婚姻後のそれぞれの氏名は，婚姻後のそれぞれの当事者の唯一の法律上の名になる。(以下，略)

④　(略)

(1975年，1981年，2007年，2013年改正)

(注)　2013年の変更前の規定は，以下のとおりであった。

106.220 (婚姻に基づく姓)

①　婚姻に基づき，一方の当事者は，婚姻前の姓（Surname）を保持することができ，また，他方の当事者の姓又は両当事者の姓をハイフンで結合した姓に変更することができる。当事者が本節に基づき姓の変更を申請するときは，当事者はミドルネームを婚姻前の姓に変更することもできる。それぞれの当事者は，婚姻後の当事者の姓を申請書，許可証及び婚姻記録に表示しなければならない。

②　申請書，許可証及び婚姻記録に表示された婚姻後のそれぞれの氏名は，婚姻後のそれぞれの当事者の唯一の法律上の氏名になる。(以下，略)

第2　出　　生

1　父の推定

子の出生時に男性と女性が婚姻しているか，死亡，無効又は解消による婚姻の終了後若しくは別居の判決の登録後300日以内に子が出生したときは，男性は女性から出生した子の父であるという推定を受ける（州法109.070)。

2　出生証明書

オレゴン州地区保健当局発行の出生証明書は，資料5－13－2（本文328頁）参照。

〔**根拠法条**〕

州法（2013 Oregon Revised Statutes）

第11編　家族関係

第109章　親子の権利及び関係

109. 070（親子関係の創設）

① 親子関係は，以下により創設される。

a　男性と女性が子の出生時に婚姻しており，婚姻が無効か否かにかかわらず，別居の判決がないときは，男性は女性から出生した子の父であるという反証を許す推定（rebuttably presumed）を受ける。

b　男性と女性が婚姻しており，死亡，無効又は解消による婚姻の終了後若しくは別居の判決の登録後300日以内に子が出生したときは，男性は女性から出生した子の父であるという反証を許す推定を受ける。

c ～ g　（略）

②～⑦　（略）

（1957年，1969年，1971年，1975年，1983年，1995年，1999年，2001年，2003年，2005年，2007年改正）

第３　認　　知

１　胎児認知

オレゴン州改正法令集（Oregon Revised Statutes）の109. 092に「ある女子の懐妊が明らかになった場合に，その女子及びその女子と婚姻していないが，その女子の推定懐妊時にその女子と性交した男子は，その男子が懐妊に対して責任のある相手方である可能性のあることを認める義務がある。懐妊中に，その男子はその女子と共に，その男子が父であることを認め，生まれてくる子の将来の親としての権利と義務とを獲得することができる。」との規定があることから，胎児認知は可能なものと判断できる。

また，認知の要件については，特段の法律行為は必要なく，父母の間に子の父であることについての自主的合意があればよいとしている（昭和59. 10. 29民二5428号回答（戸籍490－107））。

第4　養子縁組

1　実質的成立要件

(1)　養子の要件

未成年者だけでなく，成人も養子となることができる。

(2)　養親の要件

夫婦だけでなく，単身者も養親となることができる。

2　保護要件

(1)　裁判所の許可

養子縁組には，裁判所の許可を得なければならない。

(2)　実父母等の同意

実父母等の同意を要する（州法109.312)。

(3)　養子の同意

養子が14歳以上である場合は，その者の同意を要する（州法109.328)。

〔根拠法条〕

州法（2013 Oregon Revised Statutes)
第11編　家族関係
第109章　親子の権利及び関係
109.312（養子縁組に対する同意)
①　オレゴン修正州法109.314（子の監護権が離婚手続において付与されたときの同意）から109.329（18歳以上の者又は法律上の婚姻をしている者の養子縁組）に規定されている場合を除き，オレゴン修正州法109.309（養子縁組の申請）に基づく養子縁組に対する書面による同意は，以下の者により与えられる。
a　子の両親又は生存している親
b　子に生存している親がいないときは，子の後見人
c　子に生存している親も後見人もいないときは，オレゴン州の最近親者
d　(略)
②・③　(略)
109.328（14歳以上の子の同意)
子が14歳以上であるときは，子の同意がなければ養子縁組はなされない。(以下，略)

資料5−13−1〔婚姻証明書〕

2013- ※ ※
Local File Number

OREGON DEPARTMENT OF HUMAN SERVICES
CENTER FOR HEALTH STATISTICS　136-
APPLICATION, LICENSE, AND RECORD OF MARRIAGE
State File Number

LOCAL OFFICIAL
County MULTNOMAH　License Effective On or After AUGUST 19, 2013　License Expires (Month, Day, Year) OCTOBER 17, 2013

GROOM
1. Groom's Name First □□ Middle □□ Last □□
2. Birthplace (State or Foreign Country) ILLINOIS
3. Date of Birth (Month, Day, Year) JANUARY ※, 1978
4. Age (18 or older, 17 with consent) ※
5. Sex MALE
6. Occupation ※ ※ ※ ※
7. Previous Marital Status (Single, Widowed, Divorced) SINGLE
8a. Father's Name (First, Middle, Legal Surname Prior to 1st Marriage) ※ ※ ※ ※ ※ ※
8b. Birthplace (State or Foreign Country) ILLINOIS
9a. Mother's Name (First, Middle, Legal Surname Prior to 1st Marriage) ※ ※ ※ ※
9b. Birthplace (State or Foreign Country) ILLINOIS
10a. Groom's Address Street and Number ※ ※ ※ ※　City or Town SALEM　State/Country OREGON　Zip ※ ※
10b. County of Residence MARION
11. Groom's Legal Name Taken After Marriage First □□ Middle □□ Last □□

CONSENT FORM　WAIVER □□

BRIDE
12a. Bride's Name First △△ Middle Last △△
12b. Maiden Surname (If different)
12c. Previous Name (If different)
13. Birthplace (State or Foreign Country) JAPAN
14. Date of Birth (Month, Day, Year) DECEMBER ※, 1974
15. Age (18 or older, 17 with consent) ※
16. Sex FEMALE
17. Occupation ※ ※ ※ ※
18. Previous Marital Status (Single, Widowed, Divorced) SINGLE
19a. Father's Name (First, Middle, Legal Surname Prior to 1st Marriage) ※ ※ ※ ※
19b. Birthplace (State or Foreign Country) JAPAN
20a. Mother's Name (First, Middle, Legal Surname Prior to 1st Marriage) ※ ※ ※ ※
20b. Birthplace (State or Foreign Country) JAPAN
21a. Bride's Address Street and Number ※ ※ ※ ※ ※　City or Town PORTLAND　State/Country OREGON　Zip ※ ※
21b. County of Residence MULTNOMAH
22. Bride's Legal Name Taken After Marriage First △△ Middle △△ Last △△

CONSENT FORM　WAIVER □□

AFFIDAVIT OF AGE
23. □ Bride　Name and Address Affiant
24. □ Groom　Name and Address Affiant

SIGNATURES
We hereby certify that the information provided is correct to the best of our knowledge and belief and that we are free to marry under the laws of this state.
25. Groom's Legal Signature ▶ （署名）　Date 8/16/13
26. Bride's Legal Signature ▶ （署名）　Date 8/16/13
Neither you nor your spouse is the property of the other. The Laws of the State of Oregon affirm your right to enter into marriage and at the same time to live within the marriage free from violence and abuse.

LICENSE TO MARRY
This license authorizes the marriage in this state of the parties named above by any person duly authorized to perform a marriage ceremony under the laws of the State of Oregon.
27. Date License Issued AUGUST 16, 2013
28. Signature of Issuing Official ▶ （署名）
29. Title of Issuing Official DEPUTY

CEREMONY
30a. Date of Marriage September ※, 2013
30b. Where Married - (City, Town or Location) （署名）
30c. County Multnomah OREGON
31a. I certify that the above named persons were married on the date listed above (30a) Signature of Person Performing Ceremony (Officiant) ▶ （署名）
31b. Title Senior Judge
31c. Print Name and Address of Officiant (Person Performing Ceremony)
Name: ※ ※ ※ ※
Address: ※ ※ ※ ※ ※ ※ ※ ※
Phone: ※ ※ ※ ※
31d. Name and Address of the Authorizing Religious Congregation or Organization of Officiant
Name: ※ ※ ※ ※
Address: ※ ※ ※ ※
Phone: ※ ※ ※ ※
32. Witness Name (Print) ※ ※ ※ ※
33. Witness Name (Print) ※ ※ ※ ※

LOCAL OFFICIAL
34. Signature of County Official ▶ （署名）
35. Date Filed by County Official (Month, Day, Year) 9-9-2013

APPLICANT - DO NOT WRITE BETWEEN THESE LINES OFFICIAL USE ONLY

資料5－13－1

STATE OF OREGON } SS
County of Multnomah

The foregoing copy has been compared and is certified by me as a full, true and correct copy of the original on file in my office and in my custody.

In Testimony Whereof, I have hereunto set my hand and affixed the seal of this office.

on: 9-9-2013

（署名）

[illegible] ※※※※

資料５－13－１

婚姻証明書（訳）

1．夫

氏名：□□・□□・□□
（ラストネーム）（ファーストネーム）（ミドルネーム）

生年月日：1978　年　1　月　※　日生

出生地：イリノイ州

(初婚)・再婚の別：☑初婚　□再婚（死別・離別）

2．妻

氏名：△△・△△・△△
（ラストネーム）（ファーストネーム）（ミドルネーム）

生年月日：1974　年　12　月　※　日生

出生地：日本

初婚・再婚の別：☑初婚　□再婚（死別・離別）

3．婚姻成立日：2013　年　9　月　※　日

4．婚姻場所：アメリカ合衆国　オレゴン　州　マルトノマ　郡

5．婚姻証明作成者：オレゴン　州　マルトノマ　郡登録官

翻訳者氏名　△　△　△　△

資料5－13－2〔出生証明書〕

STATE OF OREGON
CERTIFICATION OF VITAL RECORD

OREGON HEALTH AUTHORITY
CENTER FOR HEALTH STATISTICS

CERTIFICATE OF LIVE BIRTH

136-2013- ※ ※
STATE FILE NUMBER

CHILD

1. Child's Name (First Middle Name(s) Last Name(s) Suffix): ○○○○○○

2. Sex	3a. Date of Birth	3b. Time of Birth	4a. County of Birth
Male	August ※, 2013	1528	Multnomah

4b. Facility Of Birth	4c. City, Town, or Location of Birth
※ ※ ※ ※ ※ ※Hospital and Medical Center	Portland

MOTHER

5a. Current Legal Name	5b. Name Prior to First Marriage
△△△△△△	△△△△

5c. Residence — State	5d. County	5e. City, Town or Location
Oregon	Washington	Portland

5f. Street and Number	5g. Zip Code
※ ※ ※ ※	※ ※

6a. Date of Birth	6b. Birthplace
May ※, 1976	Japan

FATHER

7. Current Legal Name	8a. Date of Birth	8b. Birthplace
□□□□□□□	October ※, 1979	Taiwan

INFORMANT

9. Informant's Name and Relationship to Child: □□□□□□□□

CERTIFIER

10a. Name and Address of Certifier: ※ ※ ※ ※ ※ ※ Portland, Oregon ※ ※

10b. Name and Title of Attendant at Birth if Other Than Certifier: ※ ※ ※ ※ ※ Doctor of Medicine

10c. I certify that this child was born alive at the place, time and date stated.	10d. Title of Certifier	10e. Date Signed
※ ※ ※ ※ *Electronically Signed*	Birth Clerk	September 10, 2013

11a. Registrar's Signature	11b. Date Filed	Local File Number
※ ※ ※ ※ ※ *Electronically Signed*	September 10, 2013	

12. Amendment

45-1CC (01/08)

*2013 ※ ※ *

STATE OF OREGON 1859

OREGON HEALTH AUTHORITY PUBLIC HEALTH DIVISION

I CERTIFY THAT THIS IS A TRUE, FULL AND CORRECT COPY OF THE ORIGINAL CERTIFICATE ON FILE OR THE VITAL RECORD FACTS ON FILE IN THE OREGON CENTER FOR HEALTH STATISTICS OR A DELEGATED LOCAL OFFICE.

DATE ISSUED: September 20, 2013

（署名）
※ ※ ※ ※ ※ , Ph.D.
STATE REGISTRAR

THIS COPY IS NOT VALID WITHOUT INTAGLIO STATE SEAL AND BORDER.

ANY ALTERATION OR ERASURE VOIDS THIS CERTIFICATE

資料5－13－2

出　生　証　明　書（訳）

1．出生子の氏名：○○　・　○○　・　○○
（ラストネーム）（ファーストネーム）（ミドルネーム）

2．性別：　(男)　・　女

3．出生年月日（時間）：平成（西暦）25（2013）年 8 月 ※ 日
（午前・(午後) 3 時 28 分）出生

4．出生場所：アメリカ合衆国　オレゴン　州　マルトノマ　郡
ポートランド　市

5．父の氏名：□□　・　□□　・　□□
（ラストネーム）（ファーストネーム）（ミドルネーム）

6．母の氏名：△△　・　△△　・　△△
（ラストネーム）（ファーストネーム）（ミドルネーム）

婚姻前氏名：△△　・　△△
（ラストネーム）（ファーストネーム）

7．証明発行官庁：アメリカ合衆国　オレゴン　州　　　　郡

翻訳者氏名　△　△　△　△

8．申出事項（子の氏名が証明書と届出書で異なる場合に記載）
出生証明書上の子の名前は、○○　・　○○　・　○○
（ラスト）（ファースト）（ミドル）

となっているが、届出の事件本人と同一人に相違なく、戸籍には

（氏）　○○　（名）　○○　と届出する。
（出生届に記載した氏名）

申出人署名　△　△　△　△

5－14　アメリカ合衆国／カリフォルニア州

第1　姓名制度

氏名に関する法制度は，COMMON LAW（慣習法）を基礎としている。

慣習法によると，原則として，個人がいかなる氏名を称するかについて法的規制はなく，氏名を自由に変更する権利が認められている。

氏名は，「GIVEN NAME（FIRST NAME）」（名），「MIDDLE NAME」，「SURNAME（FAMILY NAME）」（氏）から構成される。「MIDDLE NAME」は，個人名であり，これを付けるか否かは任意である（南野聡「諸外国における氏制度の調査結果について」戸籍584－3）。

第2　婚　　姻

1　婚姻証明書

カリフォルニア州オレンジ郡婚姻コミッショナー作成の婚姻証明書（許可証及び婚姻証明書）は，資料5－14－1（本文366頁）参照。

2　実質的成立要件

(1)　婚姻適齢

男女とも18歳である（家族301）。

ただし，18歳未満の男子又は女子は，未成年者に婚姻に対する許可を認める裁判所の命令を取得して婚姻することができる（家族302）。

(2)　重婚の禁止

重婚は禁止され，無効である（家族2200・2210）。

(3)　同性婚

アメリカ合衆国では，同性婚を認める州と認めない州が存在していたが，連邦最高裁判所は，平成27年（2015年）6月26日に，同性婚は合衆国憲法の下での権利であり，州は同性婚を認めなければならないとの判断を下した。これにより，全米で同性婚が合法となることから，同性婚を禁止している各州の法律は今後改正される。

3　形式的成立要件

(1)　婚姻許可証

ア　婚姻許可証の取得

婚姻を締結する前に，当事者は郡の書記から婚姻許可証を取得しなければならない（家族350）。

原則として，婚姻許可証を取得するために，申請者は郡の書記の面前に本人が出頭しなければならない（家族359）。

イ　婚姻許可証の表示

婚姻許可証は，①婚姻当事者の身元，②当事者の出生又は裁判所の命令による完全な名及びメールアドレス，③当事者の出生日の全ての事項を表示する（家族351）。

ウ　婚姻許可証の発給拒否

申請者が有効な婚姻をする能力を欠いているか，又は許可証の申請時に酒又は麻薬の影響を受けているときは，婚姻許可証は認められない（家族352）。

エ　有効期間

婚姻許可証は，発行から90日後に失効する（家族356）。

(2)　婚姻の挙式

カリフォルニア州では，州内の裁判官，元裁判官，民事婚のコミッショナー（郡書記官がなる。），記録裁判所のコミッショナー又は元コミッショナー，副コミッショナー，連邦裁判所の裁判官，18歳以上のあらゆる宗派の司祭，牧師，聖職者，宗教指導者が挙式をすることができる。

挙式に立ち会う証人は，カリフォルニア州では，１名以上とされている。

(3)　婚姻登録証明書

カリフォルニア州では，郡書記から当事者が得た婚姻登録証明書は，当事者により挙式者に提示され，挙式者が証明書を完成し，証人１人の住所と署名をもらうことになっている。

挙式者は，挙式後４日以内に，許可証を発行した郡の登録所に証明書を返送しなければならない。婚姻許可証がこのようにして挙式者に空欄を埋められ認証され，婚姻登録所に返送されることによって正式に登録されることになる。挙式者は，当事者のいずれの請求があったときも，許可証に認証された事実を証する婚姻証明書（marriage certificate）を発行しなければならない（棚村政行「アメリカにおける身分登録制度」時報500-20）。

４　婚姻証書

アメリカ在住のアメリカ人男と日本人女がカリファルニア州で婚姻し，同州ロスアンゼルス郡書記の発給した婚姻登録証明書を提出したときは，同証明書は戸籍法第41条に規定する証書の謄本として処理して差し支えないとされている（昭和39. ８. 15民事甲2858号回答）。

５　夫婦の氏

⑴　原　則

夫婦は，同じ姓を称する必要はなく，また，それぞれの配偶者は婚姻によりその姓を変更する必要はなく，姓を変更することを選択した場合でなければ，婚姻により姓は変更されない（家族306. ５ａ）。

⑵　姓の変更

配偶者は姓の変更を選択することができ，一方又は双方の配偶者は，挙式後に希望するときはミドルネーム又はラストネーム若しくはその両方を変更することを選択することができる（家族306. ５ｂ）。

６　婚姻の無効

⑴　無効婚

ア　近親婚

親と子間，親等にかかわらず尊属と卑属間，全血と半血の兄弟姉妹間，おじと姪，おばと甥の婚姻は，その関係が嫡出子であるか，嫡出でない子であるかにかかわらず，当初から無効である（家族2200）。

イ　重　婚

夫又は妻が生存している場合に，その者以外の者との婚姻は不法であり，①後婚の日以前に，前婚が解消されるか，又は無効が宣言された場合か，②前婚の夫又は妻が行方不明であり，後婚の日までの継続した5年間，その者が生存していることが不明であった場合か，又は後婚が締結された時に，死亡していると考えるのが自然であると思われる場合を除き，当初から無効である。

なお，②のいずれかの場合には，無効が宣言されるまでは，後婚は有効とされる（家族2201）。

(2)　取り消すことができる婚姻

婚姻時に，①当事者が，婚姻に同意する能力を有しなかった場合（ただし，同意年齢に達した後に，当事者が他の者と夫及び妻として公然と同棲していた場合を除く。），②一方の当事者の妻又は夫が生存しており，その夫又は妻との婚姻が有効である場合で，その夫又は妻が行方不明であり，訴訟が申し立てられた後婚の締結まで継続した5年間，その者が生存していることが不明であった場合又は後婚締結の時において，訴訟を提起する者が死亡していると考えることが自然であると思われる場合，③当事者の一方が，思慮分別を有しなかった場合（ただし，その当事者が，分別を回復した後で，他の者と夫及び妻として公然と同棲していた場合を除く。），④当事者の一方の同意が，詐欺により得られた場合（ただし，その当事者が詐欺を構成する事実を熟知して，夫及び妻として公然と同棲していた場合を除く。），⑤当事者の一方の同意が暴力により得られた場合（ただし，当事者が他の者と夫及び妻として公然と同棲していた場合を除く。），⑥当事者の一方が，婚姻時に，婚姻状態に入ることが身体的に不能である場合，また，その状態が継続し，治癒が不可能である場合には，婚姻は取り消すことができる（家族2210）。

⑶　提訴期間及び申立人（家族2211）

ア　当事者が，婚姻に同意する能力を有しなかった場合

法定同意年齢以下で婚姻した婚姻当事者が，同意年齢に達した後４年以内に申し立てることができる。

また，法定同意年齢に達する前の既婚の未成年については，親，後見人，財産管理人又は未成年の男子又は女子を保護する他の者が申し立てることができる。

イ　重婚の禁止に反する場合

一方の配偶者の生存中に，他方の配偶者が，又は前夫又は前妻が申し立てることができる。

ウ　当事者の一方が，思慮分別を有しなかった場合

被害を受けた当事者又は精神異常の当事者の親族又は財産管理人は，一方の当事者の死亡前のいつでも申し立てることができる。

エ　当事者の一方の同意が，詐欺により得られた場合

詐欺によって同意を与えた当事者が，詐欺を構成する事実の発見後４年以内に申し立てることができる。

オ　当事者の一方の同意が暴力により得られた場合

強制によって同意を与えた当事者が，婚姻後４年以内に申し立てることができる。

カ　当事者の一方が，婚姻時に，婚姻状態に入ることが身体的に不能である場合，また，その状態が継続し，治癒が不可能である場合

被害を受けた当事者が，婚姻後４年以内に申し立てることができる。

7　カリフォルニア州以外で締結された婚姻の有効性

婚姻が締結された管轄の法律により有効であるカリフォルニア州以外で締結された婚姻は，カリフォルニア州で有効である（家族308）。

〔根拠法条〕

家族法（2014 California Code）（Family Code）

第３節　婚姻

第１部　婚姻の有効性

301

婚姻していない18歳以上の男子及び女子で，資格のない者以外の者は，婚姻に同意し，完了することができる。

302

a　18歳未満の男子又は女子は，未成年者に婚姻に対する許可を認める裁判所の命令を取得して婚姻に同意し，これを完了することができる。

b　裁判所の命令及びそれぞれの未成年者の両親又は未成年者の両親の一方若しくは後見人の書面による同意は，裁判所書記官がファイルし，証明された写しは，婚姻許可証が発行された時の郡の書記に提出されなければならない。

306．5

a　婚姻当事者は，同じ姓を称する必要はない。当事者は，その姓を変更する必要はない。その者の姓は，第ｂ項に従って姓を変更することを選択した場合でなければ，婚姻により姓は変更されない。

b①　一方又は双方の婚姻当事者は，挙式後に希望するときはミドルネーム又はラストネーム若しくはその両方を変更することを選択することができる。（以下，略）

②　第１項に従って，次のラストネームを称することができる。

A　他方の配偶者の現在のラストネーム

B　出生時に付与された一方の配偶者のラストネーム

C　現在のラストネーム又は出生時に付与されたラストネームの全部又は部分を結合した１つのラストネーム

D　ハイフンで結合したラストネーム

③　第１項に従って，次のミドルネームを称することができる。

A　一方の配偶者の現在のラストネーム

B　出生時に付与された一方の配偶者のラストネーム

C　その者又は配偶者の現在のミドルネームと現在のラストネームをハイフンで結合したもの

D　その者又は配偶者の出生時に付与された現在のミドルネームと現在のラストネームをハイフンで結合したもの

④・⑤　（略）

308

a　婚姻が締結された管轄の法律により有効であるカリフォルニア州以外で締結された婚姻は，カリフォルニア州で有効である。

b・c　（略）

第２部　婚姻許可証

350

a　婚姻を締結する前に，又は425に従って婚姻を宣言する前に，当事者は郡の書記から婚姻許可証を取得しなければならない。

b　婚姻が420第ｂ項に従って締結されたときは，代理人は外国にある当事者のために第ａ項に規定されているように郡の書記の面前に出頭しなければならない。

351

婚姻許可証は，以下に掲げる事項の全

てを表示する。

(a)　婚姻当事者の身元

(b)　出生又は裁判所の命令による当事者の完全な名（given name）及びメールアドレス

(c)　当事者の出生年月日

352

申請者が有効な婚姻をする能力を欠いているか，又は許可証の申請時に酒又は麻薬の影響を受けているときは，婚姻許可証は認められない。

356

本部に従って発行された婚姻許可証は，発行から90日後に失効する。失効の暦日付は，許可証の表面に明瞭に記載される。

359

a　420及び426に規定されている場合を除き，婚姻許可証を取得するために，婚姻の申請者は最初に郡の書記の面前に本人が出頭しなければならない。

b～f　（略）

第6節　無効，離婚及び法定別居

第2部　無効又は取り消すことができる婚姻の裁判上の決定

第1章　無効婚

2200

親と子間，親等にかかわらず尊属と卑属間，全血と半血の兄弟姉妹間，おじと姪，おばと甥の婚姻は，その関係が嫡出子であるか，嫡出でない子であるかにかかわらず，近親相姦であり，当初から無効である。

2201

a　前婚の夫又は妻が生存している場合に，その者以外の者との婚姻は不法であり，以下の場合を除き，当初から無効である。

1　後婚の日以前に，前婚が解消されるか，又は無効が宣言された場合

2　前婚の夫又は妻が(i)行方不明であり，後婚の日までの継続した5年間，その者が生存していることが不明であった場合か，又は(ii)後婚が締結された時に，死亡していると考えるのが自然であると思われる場合

b　第a項第2号に規定されているいずれかの場合には，2210の規定に従い無効が宣言されるまでは，後婚は有効である。

第2章　取り消すことができる婚姻

2210

婚姻時に，以下に掲げる条件が存在するときは，婚姻は無効とすることができ，無効を宣告することができる。

(a)　訴訟を提起する，又はその者のため訴訟を提起する当事者が，301又は302に規定するところにより，婚姻に同意する能力を有しなかったとき。ただし，同意年齢に達した後に，当事者が他の者と夫及び妻として公然と同棲していた場合を除く。

(b)　一方の当事者の妻又は夫が生存しており，その夫又は妻との婚姻が有効であるとき，その夫又は妻が行方不明であり，訴訟が申し立てられた後婚の締結まで継続した5年間，その者が生存していることが不明であったこと，又は後婚締結の時において，訴訟を提起する者が死亡していると考えることが自然であると思われること。

(c)　当事者の一方が，思慮分別を有しなかったとき。ただし，その当事者が，

分別を回復した後で，他の者と夫及び妻として公然と同棲していた場合を除く。
(d)　当事者の一方の同意が，詐欺により得られたとき。ただし，その後，その当事者が詐欺を構成する事実を熟知して，夫及び妻として公然と同棲していた場合を除く。
(e)　当事者の一方の同意が暴力により得られたとき。ただし，その後，当事者が他の者と夫及び妻として公然と同棲していた場合を除く。
(f)　当事者の一方が，婚姻時に，婚姻状態に入ることが身体的に不能であるとき，また，その状態が継続し，治癒が不可能であるとき。

2211

2210に定める事由で，婚姻の無効の判決を得る訴訟手続は，以下に掲げる期間内に，また当事者が開始しなければならない。

(a)　2210第ａ項に記載される事由については，以下による。
1　法定同意年齢以下で婚姻した婚姻当事者が同意年齢に達した後４年以内に。
2　法定同意年齢に達する前の既婚の未成年については，親，後見人，財産管理人（conservator）又は未成年の男子又は女子を保護する他の者が。

(b)　2210第ｂ項に記載される事由については，以下のいずれかによる。
1　他方の生存中に他方の当事者が。
2　前夫又は前妻が。

(c)　2210第ｃ項に記載される事由については，一方の当事者の死亡前のいつでも，被害を受けた当事者又は精神異常（unsound mind）の当事者の親族又は財産管理人が。
(d)　2210第ｄ項に記載される事由については，詐欺を構成する事実の発見後４年以内に，詐欺によって同意を与えた当事者が。
(e)　2210第ｅ項に記載される事由については，婚姻後４年以内に，強制によって同意を与えた当事者が。
(f)　2210第ｆ項に記載される事由については，婚姻後４年以内に，被害を受けた当事者が。

2212

a　婚姻無効の判決の効力は，当事者に未婚の状態を回復させる。
b　婚姻無効の判決は，訴訟手続の当事者及び当事者の下に主張した者についてのみ確定する。

〔参考〕

民法第５編　家族法（1988年）
第１章　婚姻
第２節　婚姻の挙式
第１款　婚姻の有効性
4100（婚姻の要件）

婚姻は，男女間の私的契約に基づく人的関係であり，当該契約について能力を有する当事者の合意が必要である。

婚姻は，当事者の合意のみでは成立せず，4213（民事婚を確認する儀式）で定める場合を除き，この法律で規定する婚姻許可証の発給及び婚姻の挙式を伴わなければならない。

4101（婚姻年齢，同意）
(a)　18歳以上の未婚の男子と女子は，他の要件を満たしている場合には，婚姻に合意し，これを成立させる能力を有する。

(b)　18歳未満の未婚の男子と女子は，4201で定める婚姻許可証を発給する係官に次に掲げる書類が提出された場合には，婚姻に合意し，これを成立させる能力を有する。

1　その者の父母の双方若しくは一方，又は後見人の書面による同意。

2　上位裁判所の婚姻を許可する命令。

(c)　裁判所は，前項に定める命令をなす際に，必要と認める場合には18歳未満の者との婚姻の両当事者に対し，婚姻に先立って，婚姻に付随する社会的，経済的，人的責任に関するカウンセリングに参加するよう要求しなければならない。

このような当事者に対し，その同意なしに，宗教団体の派遣するカウンセラーに相談することを要求してはならない。

（略）……カウンセリング費用等

4102（上位裁判所の同意）

未成年者の申請によって，その者が父母の双方又は一方の婚姻に対する書面による同意を必要とする者であり，かつ，父母が存在しないか又は同意をすることができないと認められる場合には，上位裁判所は，婚姻許可証の発給に同意し，その未成年者の婚姻を許可する命令を発することができる。

この命令は，婚姻許可証の発給の際に，郡の係官に提出させなければならない。

4103（同意と挙式の証明）

婚姻への同意及びその挙式は，他の事件において事実が証明される場合と同一の一般証拠規則のもとで証明され得る。

4104（他州での婚姻の有効性）

この州の外で行われた婚姻は，法廷地法により有効とされる場合は，この州においても全て有効である。

第2款　婚姻の証明

4200（婚姻の証明の必要条件）

本款において定められるところにより，婚姻は，許可され，挙行され，証明されなければならない。また，婚姻登録証明書が提出されなければならない。ただし，婚姻当事者以外の者による本款の規定の不遵守は，その婚姻を無効とするものではない。

4201（婚姻許可証，宣誓供述書）

婚姻をしようとする全ての者は，まず，郡書記官よりそのための許可証を取得しなければならない。その許可証には以下に掲げる全ての事項を記載しなければならない。

(1)　両当事者の身元

(2)　両当事者の真実かつ完全な氏名及び居住地

(3)　両当事者の年齢

許可証の申請者である当事者の一方が，精神薄弱者であるとき，精神異常であるとき，若しくはその許可証の申請時に酔いをもたらすリキュール又は催眠性の薬物の影響を受けているときには，いかなる許可証も付与されてはならない。その者が18歳未満であるときには，両当事者が4101の定められるところにより婚姻に同意し，また婚姻を完成する能力を有し，また4102に規定されるところの同意書若しくは裁判所の命令書が郡書記官に提出されなければ，いかなる許可証も郡書記官により発給され得ない。各の申請者は，氏名に関して認証された身分証明書を提出するよう求められ得る。本条において言及され，又は求められたすべての事項を確認するために，許可証の申請時に，書記官が本条に列挙された事項に関して自らが得心するために必要であると考えるときには許可証の申請者にその者の宣誓に基づいて尋問をすることができる。その尋問は，書記官により書面にされ，申請者により署名されるものとする。また，必要があるときには，書記官は，記載された事実の正確性に関して付加的な書証を求めることができる。本条による許可証の申請者に，いかなる目的であれ，その人種若しくは皮膚の色について陳述するよう求めてはならない。

婚姻の許可証の申請書及び婚姻許可証に関する書式は，州保健局により定められるものとする。また，本条において必要とされる事実が言及されるよう適応されるものとする。

許可証の申請書には，その奥付に，新婦と

新郎が4201の５に規定される小冊子を受領したことを確認してから署名する宣誓供述書を包含するものとする。本条により必要とされる宣誓供述書には，次のように記載しなければならない。

宣誓供述書

私は，下記の標題のついた小冊子を受領したことを確認いたします。

新婦の署名　日付

新郎の署名　日付

4201の５（小冊子－遺伝上の欠陥，遺伝学上の疾病及びエイズに関する情報）

州保健局は，遺伝学上の欠陥と疾病の可能性及び遺伝学上の欠陥と疾病の検査と治療のために利用可能な医療センターの目録を記載し，また，エイズ（後天性免疫不全症候群）に関して申請者に情報を提供し，エイズの原因となり得る媒体への抗体反応検査の利用可能性を当事者に知らしめる小冊子を準備し，発行するものとする。州保健局は，郡書記官がその小冊子を利用できるようにするものとする。郡書記官は，開示を強制されない秘密の婚姻許可証の申請者を含む婚姻許可証の全ての申請者及び4213第(b)項のもとで秘密の婚姻許可証を受理する公証人に小冊子の写しを配布するものとする。4213のもとで秘密の婚姻を認証する各の公証人は，秘密の婚姻許可証の申請者にその小冊子の写しを配布するものとする。州保健局は，できる範囲で，婚姻許可証の申請者に制定法上必要とされる全ての情報を単一の小冊子に結集するよう努めるものとする。

4202（婚姻登録証明書）

婚姻をしようとする全ての者は，その許可証が発給される郡の郡書記官から，4201において定められる婚姻許可証に加えて，保健安全法典第９部（10000に始まる）に定められ，同所に列挙された項目を含む婚姻登録証明書を取得しなければならない。その婚姻登録証明書には，婚姻許可証を発給する郡書記官の面前で，定められるところにより必要事項が記載されるものとし，次いで，同証明書は，書面上に証明を完了し，婚姻の儀式の１名の証人の署名と住所を記載させ，儀式を挙行する者に提出するものとする。そのような婚姻登録証明書は，儀式を挙行する者により，その許可証が発給された郡の郡登録官に，儀式後４日以内に提出されるものとする。

4204（婚姻許可証の失効）

4201により発給された許可証は，その発給より90日後に失効するものとする。また，失効の暦日は各の許可証の表面に明確に記載されるものとする。

郡書記官は，発給される各の許可証に番号を付し，定期的な間隔で，発給される許可証の一覧表を郡登録官に送付するものとする。発給日より60日以内に，郡登録官は，その証明書が提出されていない当事者にその事実と許可証がその表面に記載されている日に自動的に失効する旨を通知するものとする。また，郡登録官は，許可証の保有者に，婚姻を挙行する者が婚姻登録証明書及び裏書された許可証を儀式後４日以内に登録所に提出する義務について通知するものとする。

4205（裁判官，委員，治安判事，司祭，牧師若しくは聖職者による挙式）

婚姻は，本州の裁判官又はその官職にあった者，民事婚の委員又はその職にあった者若しくは記録裁判所又は治安判事裁判所の委員，その職にあった委員又は補助委員により，若しくはアメリカ合衆国の上級又は下級裁判所の裁判官により，若しくは18歳以上の全ての宗派の司祭，牧師又は聖職者により挙行され得る。

また，婚姻は，官職を辞任した上級又は下級裁判所の裁判官により挙行され得る。

本条において使用される「アメリカ合衆国の上級又は下級裁判所の裁判官」とは，アメリカ合衆国連邦最高裁判所の裁判官又はその官職にあった者，控訴裁判所，地方裁判所又は議会の法律により創設された裁判所の正当な行為の間官職を保有する権限を与えられている裁判官又はその官職にあった者，破産裁判所又は税務裁判所の裁判官又はその官職にあった者若しくはアメリカ合衆国の下級裁判官又はその官職にあった者をいう。

4205の1（郡書記官の民事婚委員としての任命）

全ての郡において，郡書記官は民事婚委員として任命される。民事婚委員は，民事婚代理委員を任命することができる。民事婚代理委員は，民事婚委員の指図の下で婚姻を挙行することができる。また，委員が指図する他の義務を遂行するものとする。

4205の5（営利的でない宗教機関の職員による挙式）

4205の規定のもとで婚姻を挙行することを認められた者に加えて，郡は，その団体の寄付行為が州務長官に登録されている非営利的宗教機関の職員にその宗教機関に加入している，又はその構成員である者の婚姻を挙行することを許可することができる。その許可を受けた者は，哲学博士の学位を有するものとし，かつ，宗規に基づきその機関のために宗教的儀式又は業務を行わなければならない。その婚姻は当事者に無料で行われるものとする。

4206（婚姻の儀式の形態）

婚姻の儀式のためにいかなる格別の形態も要求されるものではない。ただし，当事者は，婚姻を挙行する者の面前で，相互に夫又は妻とすることを宣言しなければならない。

4206の5（いかなる婚姻契約も宗派への適合の欠如を理由として無効とされないこと）

いかなる婚姻契約も，他の点で正当になされたときには，宗派の必要条件への適合性の欠如を理由として無効とされてはならない。

4207（婚姻許可証の提出と立証）

婚姻を挙行する者は，まず，婚姻許可証の提出を求めなければならない。また，その者が許可証に記載の事実の正確性を疑う理由があるときには，その者は，まずその正確性を得心しなければならない。また，そのために，郡書記官が許可証を発給する前に行うのと同様の仕方で，当事者及び証人に宣誓させ，尋問することができる。

4208（婚姻証明書）

婚姻を挙行する者は，州公衆保健局により定められた書式で，許可証に署名し，かつ以下に掲げる全ての事項を裏面に記載するか，若しくはその記載を許可証に添付しなければならない。

①　挙行の事実，日時及び場所

②　儀式の1名以上の証人の氏名，居住地

③　婚姻を挙行する者の職務上の地位若しくは，その者が司祭，牧師若しくは聖職者であるときには，その宗派の記載。また，婚姻を挙行する者は，その氏名と住所をタイプライターで打つか，若しくは活字体で書くものとする。

このように裏書された婚姻許可証は，その許可証を発給した郡の郡登録官に儀式後4日以内に提出されるものとする。

4209（婚姻証明書の発給）

婚姻を挙行する者は，各当事者によるその要望があれば，その者に4208に明記された事実を記載する婚姻証明書を発給しなければならない。

第3款　婚姻前の調査

4300（梅毒，風疹及びエイズに関する婚姻前の調査－調査への同意）

a　法により婚姻許可証を発給する権限を付与された，又は今後付与され得る者がそのような許可証を発給する前に，各申請者は，その許可証の発給に先立つ30日以内に梅毒の発見のために必要であり得る標準的な血清学上の検査を含む調査が各申請者になされたこと，及びその内科医の意見では，当事者のいずれも梅毒に感染していない，又は感染していても，結婚相手に伝染する，若しくは伝染し得る病状にないことを記載する正式に認可された内科医の証明書を，婚姻許可証を発給する権限を付与された，又は今後付与され得る者に提出するものとする。

b　また，その証明書には，女性の申請者が風疹への免疫学上の反応に関する検査の研究所の証拠を有するか否かを記載するものとする。女性の申請者が，①50歳以上であるとき，②不妊手術をしていたとき，若しくは，③その者の風疹への免疫を宣言する事前の検査に関する研究所の証拠を提出するときには，その証明書には，風疹への反応に関するそのような検査の証拠を含んではならない。

c　その証明書には，エイズの確かな作因による伝染を発見するために，陽性反応の適宜な確認検査を含む検査がなされたことを記載するものとする。そのような全ての検査の結果が婚姻許可証の申請者に伝えられるものとし，また，知識と経験を有する者による追跡のカウンセリングが申請者に利用できるようにするというのが，立法者の意図である。

d　（略）

e　法によりカリフォルニア州で婚姻許可証を有効に取得し得る全ての者は，本款により必要とされるあらゆる調査と検査に，有効に同意を与えることができる。内科医は，研究所に血液の標本を付託するとき，それが婚姻前の検査であると指示するものとする。

4301（研究所の証明書付報告書）

証明書には，その検査を行う研究所の責任を有する者若しくはその報告書を作成する権限を有する他の者により，その検査名，検査日，検査がなされた内科医の氏名と住所及び血液が検査される者の氏名と住所の記載が，添付されなければならない。

4306（裁判所の命令による婚姻前の調査の放棄－調査報告書の拒否に反して付与される許可証－非公開の訴訟手続）

婚姻法の他の全ての必要条件が充足しており，かつ，裁判官が宣誓供述書又は他の証拠によりそのような訴えについて緊急性又は他の十分な理由が存在し，また，婚姻前の調査の放棄により公衆の健康と福祉が有害な影響を受けないと得心したときには，許可証が発給されるべき郡の上位裁判所の裁判官は，婚姻の両当事者による共同の申請に基づき，医学上の調査，研究所の検査及び証明書に関する必要条件を放棄する。また，これにより，公認の機関に申請された許可証を発給することを命ずる権限が認められ，付与される。

そのような調査と検査がなされ，かつ申請書の一方又は双方が梅毒に罹患していることが発見されたとの理由で証明書が拒否された場合にも，裁判官は，婚姻法の他の全ての必要条件が充足しており，かつ，裁判官が宣誓供述書又は他の証拠によりそのような訴えについて緊急性又は他の十分な理由が存在し，また婚姻前の調査の放棄により公衆の健康と福祉が有害な影響を受けないと得心したときは，婚姻の両当事者の申請に基づき，公認の機関に許可証を発給することを命ずる権限が認められ，付与される。ただし，そのような全ての場合において，郡書記官は，公衆の健康の保護のために法により必要とされる，又は当局により必要と考える追跡調査のためにその記録書及びそれに関する命令の写しを州保健局に転付するものとする。裁判所の命令は，証明書の代わりに公認の機関により提出されるものとする。

（以下，略）

第２章　無効又は取り消し得べき婚姻の裁判上の決定

第１節　無効な婚姻

4400（近親婚の無効）

次の者との間の婚姻は，その関係が適法なものであるか否かにかかわらず，当初から無効である。

(a)　父母とその子

(b)　親等にかかわらず尊属と卑属

(c)　父母の双方又は一方を同じくする兄弟姉妹間

(d)　伯叔父母と姪，甥

4401（重婚の無効）

前婚の夫又は妻が生存している場合に，これとは別の者とした婚姻は不法なものであり，以下の場合を除き当初より無効である。

(a)　後婚の日以前に，前婚が解消され又は無効が宣言されたこと。

(b)　前婚の夫又は妻が行方不明であり，後婚の日までの継続した５年間，その者が生存していることが不明であった場合。

(c)　後婚の時に，前婚の夫又は妻が死亡していると考えることが自然であると思われる場合には，後婚は4425第(b)項の定めに従いその無効が宣言されるまで有効である。

第２節　取り消し得べき婚姻

4425（婚姻の取消原因）

婚姻は，その締結の時において，次の事由

がある場合には，取り消し得るものであり，また，裁判所の宣告により無効と裁決され得る。

(a) 訴訟手続を開始する，又はその者のために訴訟手続が開始される当事者が，4101に定めるところにより，婚姻に同意する能力を有しなかったとき。ただし，同意年齢に達した後，その当事者が他の者と夫又は妻として随意に同棲していた場合は，この限りでない。

(b) 前婚の一方当事者が生存しており，前婚が有効に継続している場合において，その者が行方不明であり，宣言が申し立てられた後婚の締結までの継続した5年間，その者が生存していることが手続の申立人に不明であったこと，又は後婚締結の時において，この者が死亡していると考えることが自然であると思われること。

(c) 当事者の一方が，思慮分別を有しなかったとき。ただし，そのような当事者が，分別を取り戻した後で他の者と夫又は妻として随意に同棲している場合は，この限りでない。

(d) 当事者の一方の同意が詐欺により得られたとき。ただし，その後，その当事者が，詐欺を構成する事実を熟知して夫又は妻として随意に同棲している場合は，この限りでない。

(e) 当事者の一方の同意が暴力により得られたとき。ただし，その後，その当事者が，夫又は妻として随意に同棲している場合は，この限りでない。

(f) 当事者の一方が，婚姻時に，婚姻状態に入ることが肉体的に不能であるとき，また，その不能力が継続し，治癒不可能であるとき。

4426（婚姻無効の判決のための訴訟手続－期間の制限と当事者）

4425に定める事由で，婚姻の無効の判決を得る訴訟手続は，以下に掲げる期間内に，また当事者により開始されなければならない。

(a) 同第(a)項に記載される事由については，同意年齢に到達後4年以内に，法定同意年齢において婚姻した婚姻当事者により，若しくはそのような既婚の未成年子が法定同意年齢に達する前のいつでも，そのような年齢に満たない男性又は女性を保護する親，後見人，財産管理人又は他の者により。

(b) 同第(b)項に記載される事由については，他方当事者の生存中に一方当事者若しくはその前夫又は前妻により。

(c) 同第(c)項に記載される事由については，当事者の一方の死亡前のいつでも，被害者若しくは思慮分別のない当事者の親戚又は財産管理人により。

(d) 同第(d)項に記載される事由については，詐欺を構成する事実の発見後4年以内に被害者により。

(e) 同第(e)項に記載される事由については，婚姻後4年以内に被害者により。

(f) 同第(f)項に記載される事由については，婚姻後4年以内に被害者により。

4427（無効判決の効力）

無効判決の効力は，当事者に未婚者の地位を回復することであるものとする。

（矢沢舁治訳『カリフォルニア州家族法』（国際書院，1989））

〔先判例要旨〕

◎ 米国人男と日本人女が9年前に米国においてカリフォルニア州の方式によって婚姻し，日本の現住地で婚姻証明書を添付して婚姻届をした場合は，本籍地市町村長に直接婚姻証書の謄本を送付した場合と解し便宜受理して差し支えない。

前問の夫が，婚姻成立後，米国国籍を喪失し，現に無国籍であるときは，法例第16条（現行通則法27条）本文及び第27条第２項（現行通則法38条２項）により離婚届を受理することができる。

（昭和26.７.19民事甲1542号回答）

◎　アメリカ合衆国カリフォルニア州においては儀式によって婚姻が成立する。　（昭和41.10.３民事二発840号回答）

第３　婚姻の解消

１　概　　説

カリフォルニア州では，完全破綻主義に基づいた法制となっている（家族2310）。

（注）別居については，離婚したいと決心した夫と妻に対して，一定の考慮＝冷却期間を設けるという意味があるとされており，模範法は，180日以上の別居を必要としている。180日以上の「別居」があれば，「破綻」していると認定し，離婚判決を出さなければならないとされていた（坂本正光「アメリカ家族法入門(9)」時報527－４）。

２　離婚の態様

(1)　裁判離婚

カリフォルニア州では，裁判所の判決により，婚姻解消又は法定別居を命ずることができる（家族2310（旧民法4506参照））。

(2)　簡易離婚

1979年１月１日から，婚姻解消の手続が開始されたときに，和解し難い不和によって婚姻が回復し難い程度に破綻していること，婚姻前又は婚姻中に出生した子又は婚姻中に当事者が養子縁組した子がなく，妻が妊娠していないこと，当事者の別居日に，婚姻が５年以上継続していた場合等の家族法第2400条（旧民法4550）に規定する12の要件を全てを具備しているときは，共同で裁判所に申し立てることで，裁判所に出頭せずに，申請日から６か月を経過すれば，終局判決を得ることができる（家族2400～2404）。

（注）　12の要件は，第7号の共有財産の額を除いて，1984年離婚法とほぼ同様である。

3　離婚の要件

裁判所は，以下の事由があるときは，婚姻の解消又は法定別居を命ずることができる（家族2310（旧民法4506参照））。

ア　回復し難い婚姻の破綻の原因となった和解し難い不和

和解し難い不和とは，裁判所が，その婚姻を継続しない実質的な理由であると決定され，その婚姻が解消されるべきであると考えられる事由である（家族2311（旧民法4507））。

イ　治癒できない精神疾患

治癒できない精神疾患の配偶者が申請が提出された時に，また，依然として治癒できない精神疾患の状態であるという権限を有する医学上又は精神医学上の証明を含む証拠に基づいて治癒できない精神疾患を理由として，婚姻を解消することができる（家族2312（旧民法4510））。

4　カリフォルニア州裁判所における離婚判決謄本に「婚姻終結の日」の記載がない場合の離婚成立日

カリフォルニア州における裁判離婚の離婚成立の日は，1984年7月1日施行の離婚法により，離婚判決書（登録済）（資料5－14－2）（本文368頁）に記載のある「婚姻終結の日」（Date Marital Status Ends）以降の日に発行された判決書謄本があれば，「婚姻終結の日」をもって離婚が成立したものとして取り扱うこととされている（平成2．1．12民二116号回答参照（戸籍562-74））。

（注）　従前の戸籍先例の取扱いによれば，カリフォルニア州における離婚判決による判決確定日は，「離婚判決を最終判決簿に登録（ファイル）した日」であるとし，この登録日を離婚成立の日としていた（昭和37．6．5民事甲1501号回答参考）。

離婚法によると，判決の登録後であっても「婚姻終結の日」までの間に控訴又は新たな審理の申立てがあったときは，それらが終結するまでは最終のものとはならない。したがって，「婚姻終結の日」以降の日付で判決書が発行されている場合には，その発行に当たり離婚判決が確定したことを確認しているものと解されることから，判決書謄本に記載された「婚姻終結の日」をもって離婚成立が確定したものと認められる。

また，当事者双方の共同申立てによる離婚訴訟の場合は，前記2(2)の簡易離婚手続と認められるから，判決書に「婚姻終結の日」は記載されず，また判決も登録（ファイル）もされない。この場合は，この申立てから6か月経過後に，当事者双方又はその一方からの請求によって判決が登録（ファイル）され確定することになる（前記離婚法4550～4556参照）。

したがって，このような場合は，「登録（ファイル）された日」をもって離婚が成立したものと取り扱って差し支えない（戸籍606-59）。

5　離婚手続と監護者決定手続

カリフォルニア州では，裁判所における離婚手続の中に子の監護者決定を必ず含めることは必要でなく，離婚手続の中でも，又は離婚後に独立して当事者の選択に従って監護者決定を行うことができる（旧民法4600）（林脇トシ子＝西川理恵子「アメリカ合衆国における親子関係法について」家月32－7－17）。

6　離婚による氏の変動

カリフォルニア州の氏名に関する法制度である慣習法によると，原則として個人がどのような氏名を称するかについての法的規制はなく，自由に変更する権利が認められている（家族306．5ａ，第2の5「夫婦の氏」（332頁）参照）。夫婦が離婚した場合も，当然に氏が変更されることはなく，婚姻中の氏をそのまま使用するのが通常である。例えば妻が婚姻中に夫の氏を称していた場合は，妻が夫の氏を称することにより夫の氏を取得するので，離婚後も夫の氏をそのまま称することができる。

なお，妻は，離婚訴訟の手続において，婚姻前の氏又は出生時の氏に復する申立てをすることができ，この場合，裁判所は復氏を許可しなければならないとされている（家族4362）。

ただし，復氏の許可について定めた家族法の規定は，氏名を自由に変更できる慣習法上の権利を制限するものではなく，妻は，裁判所の復氏の許可を得ないで，婚姻前の氏又は出生時の氏を称することもできる。

ところで，婚姻して夫の氏を称した妻が離婚する際，裁判所に対して，婚姻前の氏又は出生時の氏に復する申立てをした場合，あるいは，氏名変更について裁判所の許可を求めた場合は，これらの手続をとることにより，氏名変更が公的に記録されることになる。

しかしながら，慣習法により，個人は裁判所の許可を求める手続をとらないで氏名を変更することもできるので，その場合は，氏名変更を公的に記録する方法はない（南野・前掲(330)－4）。

〔**根拠法条**〕

家族法（2014 California Code）

第6節　無効，離婚及び法定別居

第3部　婚姻の解消及び法定別居

第2章　離婚又は法定別居の事由

2310

婚姻の解消又は当事者の法定別居は，一般的に主張される，以下に掲げる事由のいずれかに基づくことができる。

(a)　回復し難い婚姻の破綻の原因となった和解し難い不和（irreconcilable differences）

(b)　治癒できない精神疾患（incurable insanity）

2311

和解し難い不和とは，裁判所が，その婚姻を継続しない実質的な理由であると決定され，その婚姻が解消されるべきであると考えられる事由である。

2312

精神疾患の配偶者が申請が提出された時に，また，依然として治癒できない精神疾患の状態であるという権限を有する医学上又は精神医学上の証明を含む証拠に基づいて治癒できない精神疾患を理由として，婚姻を解消することができる。

第5章　簡易離婚（summary dissolution）

2400

a　婚姻解消の手続が開始された時に，次に掲げる全ての要件が存在するときは，婚姻は簡易離婚手続で解消することができる。

1　一方の当事者が，婚姻の解消に関する（2320から始まる）第3章の管轄要件を満たしている場合

2　和解し難い不和によって婚姻が回復し難い程度に破綻し，婚姻が解消されるべきである場合

3　婚姻前又は婚姻中に出生した子又は婚姻中に当事者が養子縁組した子がなく，その知る限りにおいて妻が妊娠し

ていない場合

4 当事者の別居日に，婚姻が５年以上継続していた場合

5 以下に掲げる要件を満たす一方の当事者が占有している居所の賃貸借を除き，当事者がいずれに所在する不動産について何らの利害関係を有しない場合

A 賃貸借が，購入の選択権を含まない場合

B 賃貸借が，申請の提出日から１年以内に終了する場合

6 婚姻日後，当事者の一方又は双方により負担された自動車に関する未払義務の総額を除き，4,000ドルを超える未払義務がない場合

7 全ての債務及び自動車を除き，後払賃金又は退職金制度を含めた共有財産の公正な全市場価値が25,000ドル以下であり，いずれの当事者も全ての債務及び自動車を除き，25,000ドルを超える個々の資産を有しない場合

8 両当事者が，資産の分割及び共有財産の責任の引受けについて合意をなし，また，その合意を履行するために必要な移転に関する書面，権限証書，売買証書若しくは他の証拠を作成した場合

9 両当事者が，配偶者による扶養の権利を全て放棄した場合

10 両当事者が，2403に従った婚姻解消の判決の登録に基づき，両当事者が各自の上訴する権利及び新たな審理を提起する権利を取消可能な放棄をした場合

11 両当事者が，2406に規定されている略式解消の冊子を読了し，理解した場合

12 裁判所が婚姻を解消することを両当事者が望む場合

b 1985年１月１日及びその後の各奇数年の１月１日に，第ａ項第６号の額は，ドルの価値の変動を反映して調整される。1993年１月１日及びその後の各奇数年の１月１日に，第ａ項第７項の額は，ドルの価値の変動を反映して調整される。その調整は，産業関係局により編集されたカリフォルニア消費者物価指数のパーセンテージ変化に応じて基礎額を増額し，最も近い1,000ドルに四捨五入した結果により近いものとする。司法協議会（The Judicial Council）は，その額を計算し，公表する。

2401

a 婚姻の略式解消の手続は，司法協議会が定めた書式に基づき，当事者双方の共同申立てを提出することにより開始する。

b 申請書は，夫及び妻双方が宣誓の上署名し，次に掲げる全ての事項が記載されていなければならない。

1 共同申請が提出された日に，2400に規定されている全ての要件が満たされていることの記載

2 夫及び妻双方のメールアドレス

3 妻が婚姻前の姓に復氏するか否かについて，復氏するときは，復する姓の記載

2402

a 2403に従った判決の登録申請前はいつでも，婚姻の一方当事者は，共同申請で，本章に従って提出された略式解消手続を終了する。

b・c　（略）

2403

略式解消を求める共同申請の提出日から6か月を経過したときは，2402に従って撤回の申請がされないときは，婚姻解消の判決を登録する。判決は，当事者に独身の身分を回復し，当事者が判決の登録後に婚姻をすることができる。書記は，各当事者に，その最後の知られた住所宛てに，判決の登録の通知書を送付するものとする。

2404

2403に従った判決の登録は，以下の事項を構成する。

(a)　婚姻上の地位及び財産権に関する当事者の権利義務の最終的判決

(b)　それぞれの配偶者の扶養の権利，上訴の権利及び新たな訴訟を提起する権利の放棄

〔参考〕

離婚法（1984年7月1日施行）

4512（判決及び判決の登録の綴り込み。取り下げへの同意）

婚姻の解消を求める訴訟において，裁判所は，他の事件と同様に決定及び決定の陳述を綴り込まなければならない。裁判所が解消の許可を与えないことを決定したときは，それに応じて判決のみが登録される。裁判所が解消の許可を与えるべきであると決定したときは，両当事者が婚姻を解消する権利がある旨を宣告する判決が登録されていなければならない。判決の登録後，それが最終のものとなる以前には，当事者のいずれも，他方の同意なくして訴えを取り下げる権利を有しない。

4514（判決が最終となる場合。登録。上訴又は新しい審理の申立て。）

(a)　十分な理由に基づくか，裁判所がそのような命令をしない限り，4512に従って登録された判決は，被告の出頭の日又は召喚状及び申立書の写しの送達の日から，6か月を経過するまで，最終のものとはされない。婚姻が解消されたことを宣言する判決は，当事者の婚姻関係を終了させる目的のために，判決が最終的に効力をもつ日付を明記する。しかしながら，その判決に基づいて，控訴がなされ，又は新しい審理の申立てがなされたときは，婚姻の解消は，このような申立て又は控訴が終結するまで最終のものとはならない。その際，その申立てが認容され，又は判決が破棄されたときも，同様とする。

（民月45－4－186，戸籍562－74）

(b)　（略）

民法典第5編　家族法（1988年）

4501（婚姻解消の効果）

婚姻の解消を宣告する判決は，両当事者を未婚の状態に回復させる。

4503（解消を求める申立て－形式，内容及び送達）

婚姻の解消又は法定別居を求める訴訟手続は，それが婚姻の解消又は法定別居を求める申立てであることを記載する“甲野太郎と甲野花子の婚姻事件”と表題の付けられた申立書を上位裁判所に提出することにより開始されるものとする。その申立書の謄本は，司法評議会により承認された形式と内容の召喚状の謄本とともに，民事訴訟一般における書面の送達と同じ仕方で，婚姻の他の当事者に送達されるものとする。

4506（婚姻の解消又は裁判上の別居の原因）

裁判所は，次のいずれかの原因に基づいて，婚姻の解消又は裁判上の別居を宣告することができる。

(a)　回復し難い婚姻破綻の原因となった和解不可能な不和

(b)　不治の精神病

4507（和解し難い不和）

和解し難い不和とは，裁判所により，その婚姻を継続しないための実質的な理由であると決定され，またその婚姻が解消されるべきであると考えられる事由である。

4508（和解し難い不和の事実認定に基づく命令的解消若しくは別居－和解のための継続－必要とされる両当事者の同意－法定別居後の解消）

(a)　審問時に，裁判所が婚姻の救済し難い破綻をもたらした和解し難い不和が存在すると証拠から事実認定したときには，裁判所は，婚姻の解消又は法定別居を命ずるものとする。その婚姻は，和解の合理的な可能性が存在すると考えられるときは，30日を超えない期間訴訟手続を継続するものとする。その継続の期間中，裁判所は，当事者の扶助及び扶養，その婚姻からの子供の監護，扶助，扶養及び教育，弁護士の報酬並びに当事者の財産の保全のために，命令を下すことができる。そのような30日の期間の終了後はいつでも，いずれの当事者も，婚姻の解消又は法定別居を求めることができる。また，裁判所はそのような解消又は別居を命ずる判決を下すことができる。

(b)　裁判所は，当事者の一方が一般的出頭をなさず，かつその申立てが法定別居だけを求めるものである場合を除き，当事者双方の同意がなければ，当事者の法定別居を命ずる判決を下すことができない。当事者の法定別居を命ずる判決は，一方当事者により提出された解消を求める申立書により下される婚姻の解消を命じる後続する判決を妨げてはならない。

4510（治癒し難い精神異常－扶養－精神異常の者及び後見人若しくは財産管理人への申立書の送達後見人若しくは財産管理人の任命）

(a)　婚姻は，精神異常の配偶者が申立書を提出したとき，また，その後依然として治癒し難い精神異常の状態であるという権限を有する医学上若しくは精神医学上の検査を含む証拠に基づいてのみ，治癒し難い精神異常の事由で解消され得る。

(b)～(d)　（略）

4512（判決と法律上の結論－放棄）

婚姻の解消を求める訴訟においては，裁判所は，他の事件におけると同様に，その判決書及び判決の全ての事実記載書を編綴しなければならない。また，いかなる解消も認容されないと裁判所が決定するときには，その旨の判決だけが下されるものとする。その解消が認容されるべきであると裁判所が決定するときには，当事者がその婚姻を解消する権限を有することを宣言する判決が下されるものとする。判決の登録後及びそれが終局的となる前においては，いずれの当事者も，他の当事者の同意がなければその訴訟を放棄する権利を有しないものとする。

4514（終局的判決－当事者の死亡）

(a)　4512により下されたいかなる判決も，召喚状及び申立書の謄本の送達日若しくは相手方の出頭の日のいずれかが最初に発生するかを問わず，その日から6か月の期間が徒過するまでは終局的でないものとする。ただし，裁判所は，正当な理由の呈示に基づき，その6か月の期間を伸長することができる。婚姻の解消を宣言する判決には，その判決が当事者の婚姻関係を終了する目的で終局的に発効する日が明記されるものとする。ただし，その判決に上訴が提起され，又は新しい審理を求める申立てがなされたときは，その婚姻解消は，その申立て又は上訴が終局的に裁決されるときまで終局的にならないものとする。また，その申立てが認容される，又はその判決が破棄されるときにも，終局的にならないものとする。

(b)　法の他の全ての規定にもかかわらず，上訴又は新しい審理を求める申立ての提起は，それが当事者に未婚者の地位を回復させる婚姻地位の解消に関する限りでは，上訴又は申立てを行う当事者がその通知書に婚姻の地位の終了への異議を明記しなければ，判決の効果を停止しないものとする。いかなる当事者も，そのような異議を審理時にしなければ，婚姻の地位の終了に対するそのような異議をなすことができない。

(c)～(e)　（略）

第2節　居住要件

4530（州又は郡の居住期間－法定別居の例外）

(a)　婚姻の解消を命じる判決は，当該婚姻の当事者の一方が6か月間本州の住民であり，かつその申立ての提起に直接先立つ3か月間当該訴訟手続が提起される郡の住民でなければ，下され得ない。

(b)　（略）

第5節　略式解消

4550（略式離婚手続による解消要件）

婚姻は，その解消手続が開始されたときに，次の全ての要件を充足するときは，略式離婚手続によって解消される。

(a)　一方の当事者が，婚姻の解消に関する4530（解消を宣告するための居住要件）及び4531（特有の住所又は居所）に規定する裁判管轄に服すること。

(b)　和解不可能な不和によって婚姻が回復し難い程度に破綻したこと，及び婚姻が解消されるべきであること。

(c)　婚姻前及び婚姻中に出生し，又は婚姻中に縁組した当事者間の子がないこと，並びに妻がその知る限りでは妊娠していないこと。

(d)　申立ての時に，婚姻が5年以上は継続していないこと。

(e)　いずれの当事者も，当事者のいずれか一方により占有されている居所の賃貸借が購入への選択権を含まない，またその申立ての提起日より1年以内にそれが終了するときにはその賃貸借を例外として，いずこに所在する物的財産であれ，それに何らの利害関係も有しないこと。

(f)　それらの者の婚姻の日以後，当事者の一方又は双方により負担された自動車に関する未払いの債務額を除き，4,000ドルを超える未払いの債務が存在しないこと。

(g)　全ての債務及び自動車を除き，共有財産の公正な全市場価値が，12,000ドル以下であること。また，いずれの当事者も，全ての債務又は自動車を除き，12,000ドルを超える特有資産を有しないこと。

(h)　両当事者が，資産の分割及び共有財産の責任の引受けについて言明する合意をなし，また，その合意を履行するために必要な移転に関する何らかの正式な書面，権限証書，売買証書若しくは他の証拠を作成したこと。

(i)　両当事者が，配偶者による扶養の権利を全て放棄したこと。

(j)　両当事者が，婚姻の解消の終局的判決の登録に基づいて，上訴への各自の権利又は新しい審理を提起する各自の権利を，取り消し得ないかたちで放棄したこと。

(k)　当事者が，4556に定められた略式解消の小冊子を読了し，理解したこと。

(l)　両当事者が，裁判所が婚姻を解消することを望むこと。

1985年1月1日及びその後の奇数年の1月1日に，本条(f)項及び(g)項の定める額は，ドルの価値の変動を反映して調整されるものとする。その調整は，産業関係局により編纂されたカリフォルニア消費者物価指数のパーセンテージ変化に応じて基礎額を増大し，最も近い1,000ドルに四捨五入した結果によりなされるものとする。司法評議会は，その額を算定し，公にするものとする。

4551（略式離婚の手続）

略式離婚は，司法委員会によって定められた書式に基づいて，当事者双方の共同申立てを上級裁判所に提起することによって開始される。

申立書には，夫と妻の双方によって宣誓の上，署名される。また，共同申立てが提起された日において，4550に規定する各要件が，全て充足している旨記載しなければならない。

共同申立書には，妻が婚姻前の氏に復することを選択するか否かについて，もし婚姻前の氏に復するときは，その復する氏を記載しなければならない。

4553（解消の最終判決の登録）

略式離婚を求める共同申立ての提起の日から6か月経過したときは，裁判所は，当事者のいずれか一方の申請に基づいて，婚姻を解消する旨の最終判決を登録することができる。

最終判決によって，当事者は独身者として

の身分を回復し，同判決の登録後再婚することが許可される。

書記官は，各当事者に，その最後の知られた住所にあて，終局的判決の登録の通知書を送達するものとする。

4554（終局的判決の効果）

終局的判決の登録は，婚姻上の地位及び財産権に関する当事者の権利及び義務の最終的裁決を構成するものとし，また当事者のそれぞれの配偶者による扶養への権利，上訴の権利又は審理のやり直しを求める権利の放棄を構成するものとする。

〔先判例要旨〕

◎　米国在住の日本人夫婦について同国裁判所で離婚の判決があり，右判決書を添付して夫婦双方連署で同国駐在の日本領事に離婚届をし，その本籍地に送付された場合は，判決が登録簿に登載された日を確定の日とし，原告である妻のみからの届出として扱い，戸籍の処理をする。

（昭和33．2．14民事二発60号回答）

◎　米国在住の米国人夫を原告とし，日本在住の日本人妻を被告として米国カリフォルニア州裁判所で離婚の確定判決がされ，妻より当該判決書を添付して本籍地市町村長に離婚の戸籍記載の申出があった場合は，判決が記録簿に登載された日を確定の日として戸籍の処理をする。

（注）　第３の４参照。　（昭和37．6．5民事甲1501号回答）

◎　日本人夫，米国人妻について，米国カリフォルニア州上級裁判所で離婚判決があった場合において，その判決証明書が，米国官憲発給の離婚を証する書面とは認められないとされた事例

（昭和38．2．28民事甲583号回答）

◎　米国カリフォルニア州上級裁判所において，米国人夫と日本人妻との間に離婚の中間判決がされ，被告たる妻から右判決の謄本及び訳文のみの提出があった場合は，最終判決の確定証明書をも提出させる。

（昭和38．4．4民事甲942号回答）

◎　カリフォルニア州最高裁判所において離婚判決があった旨の通告書を添付した離婚届は受理して差し支えない。　（昭和52．1．19民二543号回答）

◎　原告の住所地を管轄するアメリカ合衆国カリフォルニア州裁判所でされた日本人夫婦に対する離婚判決が民事訴訟法第200条第１号（現行118条）の管轄要件を欠くとして無効とされた事例

（昭和55.9.19東京地裁判決・認容）

◎　カリフォルニア州裁判所における離婚判決による「離婚成立の日」は，離婚判決書記載の「Date Marital Status Ends」（婚姻終結の日）以降に発行された同判決書謄本に基づき，当該日（婚姻終結の日）として処理するのが相当である。（平成2.1.12民二116号回答）

第4　出　生

1　出生子の身分

⑴　嫡出推定

推定される親と子の実の母が，婚姻しているか，又は婚姻していて，子が婚姻中又は死亡，無効，無効宣告，離婚による婚姻の終了後300日以内又は別居判決が裁判所に登録された後300日以内に出生したときは，子の実親と推定される（家族7611）。

⑵　推定の排除

嫡出の推定は，性質上父子たり得ない特段の事情のあることが明白にして措信し得る証拠で立証されることにより，夫あるいは妻又は夫あるいは妻の子若しくは夫婦双方の子孫によって覆し得る（Eirdence Code 621，Uniform Parentage Act 7004）（平成元.1.15福岡家裁審判（家月42-1-116））。

カリフォルニア州の判例においても，子が当然懐胎されたに違いない期間中に夫が完全に不在である場合など，嫡出の推定は証拠能力のある十分な証拠で完全に覆すことが認められているようである（時報328-53）。

2　出生登録・出生証明

出生証明書の写しを請求したい者は，58か所ある最寄の郡の登録官・郡書記事務所（Registrar Recorder/County Clerk Office）に出向くか，郵送で出生記録の申請をすれば出生証明書を発行してくれる（棚村政行「アメリカにおける身分登録制度」時報500-16，利谷信義ほか編『戸籍と身分登録』282頁（早稲田大学出版部，2005））。

3　子の氏

夫婦間に出生した子の氏は，父母の協議で定めることとされている。父の氏又は母の氏のいずれの氏を称することも可能であるが，父の氏を称するのが通常である。

また，父の氏と母の氏をハイフンで結ぶ結合氏とすることもあり，この結合氏は，別氏夫婦間に子が出生した場合に使用されることが多い（南野・前掲(330)－4）。

4　出生証明書

カリフォルニア州サンタクララ郡衛生局発行の出生証明書は，資料5－14－3（本文370頁）参照。

〔根拠法条〕

家族法（2014 California Code）
第12節　親子関係
第3部　統一親子法
第2章　親子関係の創設
7611

第1章（7540から始まる）又は第3章（7570から始まる）若しくは以下の各号に規定されている要件を満たすときは，子の実親と推定される。

(a)　推定される親と子の実の母が，婚姻しているか，又は婚姻していて，子が婚姻中又は死亡，無効，無効宣告，離婚による婚姻の終了後又は別居判決が裁判所に登録された後300日以内に出生したとき。

(b)〜(f)（略）

第5　認　知

1　制　度

カリフォルニア州には，認知制度が存在する。

認知が成立するためには，認知者が認知届をカリフォルニア州機関「California Department of Child Support Services」に提出しなければならず，この届出により，父として署名した者が子の法的父親とみなされる。

2　保護要件

母の承諾が必要である。

3　認知証書

出生証明書は認知証書とならず，別の様式の認知届「DECLARATION OF PATERNITY」により証明される。

4　認知成立日

従来から，「政府機関への登録日」をもって認知成立日としている。

ただし，最近発行されている認知届については，成立日「DATE PATERNITY ESTABLISHED」が記載されているようである。

（第5につき，戸籍772-57）

第6　養子縁組

1　実質的成立要件

(1)　養親の要件

成人（18歳）は，未成年者又は成人を養子とすることができる（家族8600・9300）。

(2)　養子の要件

未婚及び婚姻している未成年者だけでなく成人も，養子となることができる（家族8600・9300）。

(3)　養親と養子の年齢差

ア　婚姻をしていない未成年者の養子縁組（以下「未成年者養子縁組」という。）の場合

養親となる者は，養子よりも少なくとも10歳以上年長でなければならない。

ただし，継親，兄弟姉妹，おじ，おば又はいとこにより，その者が婚姻

しているときは，その者とその配偶者による子の養子縁組が当事者の最善の利益になり，公共の利益になると裁判所が判断したときは，子と養親となる者の年齢を考慮せずに養子縁組を認めることができる（家族8601（旧民法222））。

イ　成人及び婚姻している未成年者の養子縁組の場合

自己よりも若い成人を養子とすることができる。ただし，養親の配偶者を除く（家族9320）。

⑷　配偶者の同意

未成年者養子縁組の場合は，配偶者と法定別居していない婚姻中の者は，配偶者が同意できない場合を除き，配偶者の同意がなければ，養親となることができない（家族8603（旧民法223））。

また，成人及び婚姻している未成年者の養子縁組（以下「成人養子縁組」という。）では，配偶者と法定別居していない婚姻中の者は，配偶者が同意をすることができる場合は，配偶者の同意がなければ養子となることができない（家族9301・9302）。

⑸　養子縁組の制限

親類関係にない成人の養子縁組から１年以内に，親類関係にない１人より多い成人と養子縁組をすることができない。

ただし，養子が以前に養子となった者の実の兄弟姉妹である場合又は養子が能力がないか，身体的障害がある場合を除く。

養親の配偶者が他の者との養子縁組から１年以内に，親類関係にない成人と養子縁組をすることができない。

ただし，養子が以前に養子となった実の兄弟姉妹である場合を除く（家族9303）。

２　保護要件

⑴　養子の同意

未成年者養子縁組の場合，養子が12歳以上であるときは，その者の同意を要する（家族8602（旧民法225））。

⑵　両親の同意

未成年者養子縁組の場合は，養子の両親の同意を要する（家族8604・8605（旧民法224））。

なお，成人養子縁組の場合は，養子の両親の同意は要しない（家族9302）。

⑶　裁判所の決定

養子縁組には裁判所の許可を要する。

3　養子縁組の効力

⑴　養子と養親の関係

未成年者養子縁組の場合も，成人養子縁組の場合も，養子と養親は，相手方に対し法的な親子関係を維持し，その関係に全ての権利を有し，義務に服する（家族8616・9305（旧民法228））。

⑵　養子と実親との関係

未成年者養子縁組の場合も，成人養子縁組の場合も，養子の実親は，養子縁組の時から，養子に対する全ての義務及び責任を喪失し，子に対して何らの権利を有しない（家族8617・9306（旧民法229））。

ただし，成人が，実親の配偶者の養子となったときは，実親の親としての権利義務は，養子縁組によって影響を受けない（家族9306）。

⑶　養子の姓

未成年者養子縁組の場合も，成人養子縁組の場合も，養子となった子は，養親の姓を称することができる（家族8618・9304（旧民法228））。

4　証明書の発行

養親又は養子の申請に基づき，上位裁判所の書記は，養子縁組の日付，場所，子の生年月日，養親の氏名及び子の称する姓を記載した証明書を発行することができる。子が継親又は親族の養子となった場合でなければ，証明書には，子の実親の姓は記載されない（家族8614）。

5　養子縁組の登録方法及び手続

① 縁組決定があると，書記官は５日以内に「Court Report of Adoption」と称する報告書を人口統計局に送付しなければならない。

② その報告書に，養親が養子の出生記録の修正を望まないことが指示されていない限り，新しい出生証明書が発給される。

新しい出生証明書には，養子であることが示されないが，通常の出生証明書と区別できるものであり，書記官からの報告書にその旨の指示があれば，出生した病院の名や場所，親の皮膚の色や人種は，新しい出生証明書に記載されない。

③ 養子の原出生証明書は，新しい出生証明書が発給されると封印される。原出生証明書の写しを保管している出先の登録官は，人口統計局の登録官にその写しを送付するか，送付ができないときは，その写しを封印して，その旨の証明書を送付するものとされている。

④ 封印された原出生証明書は，裁判所の命令に基づいてのみ閲覧することが認められる。

（５につき，石川稔「アメリカ養子法」ジュリスト784-108参照）

6　報告的届出

⑴　事　例

カリフォルニア州の上級裁判所において成立した米国人男と日本人女夫婦が日本人を養子とする報告的養子縁組届について，日本民法上の特別養子縁組の成立要件である父母（実親）の同意がないので特別養子縁組が成立したものと認めることはできず，普通養子縁組が成立したものとして処理するのが相当であるとされた事例（平成10．２．９民二255号回答）がある。

⑵　制　度

カリフォルニア州では，実方との親族関係が終了する効果のある断絶型の完全養子制度を採用している。

⑶　日本民法とカリフォルニア州養子縁組の比較

日　本　民　法	カ　リ　フ　ォ　ル　ニ　ア　州　養　子　法
第817条の３（共同縁組） 夫婦共同縁組	配偶者の同意が必要 （夫婦共同縁組）
第817条の４（養親の年齢） 25歳以上	成年者であり，養子となるべき者より10歳以上年長であること。
第817条の５（養子の年齢） 原則６歳未満	特に定めはないが，12歳以上であるときは，養子本人の同意が必要
第817条の６（父母の同意） 必要	原則必要。ただし，父母が子を縁組の目的で一定の児童福祉機関に対して「放棄」したときは，不要。 （1994年10月○日に前の縁組の養親が子に関する権限を「放棄」しているが，実親である日本人母の同意は得ていない。なお，前の縁組は，普通養子縁組であるため，実親と養子との関係は縁組により断絶していない。）
第817条の７（判断基準） 要保護性が必要	子の利益の促進
第817条の８（試験養育期間） ６か月	機関縁組については，１年間。その他については，期間の定めはない。
第817条の９（効果） 実親との親族関係終了	実親との親族関係終了

⑷　実親の同意の要件

日本民法第817条の６において父母の同意を必要としている理由は，特別養子縁組が養子とその実方の親との法律上の親子関係を断絶する効果を伴うものであるからである。父母には，養子となる者の法律上の父母が全て含まれる。

したがって，実父母のほか，養父母があれば，その同意も必要である。また，法律上の父母であれば，親権者，監護者であるか否かを問わず，同意が必要であるとされている。ただし，父母が行方不明等のためその意思を表示することができない場合又は父母による虐待，悪意の遺棄，その他養子となる者の利益を害する事由がある場合には，父母の同意を要しない（日民817条の６ただし書）。

本件事案における養子となる子（日本人女の嫡出でない子）は，縁組の５年前に，日本において，アメリカ人夫妻と養子縁組をしており，子の親権者はアメリカ人養親であるが，当該縁組は普通養子縁組であったことから，日本民法第817条の６でいう同意を要する父母とは，養親（アメリカ人夫妻）及び実親（日本人母）双方となる。

養親の同意については，カリフォルニア州の上級裁判所は，養子となる子の前の養親の同意を得ていない。これは，前の養親がノースカロライナ州の手続に従って子を養子縁組機関に引き渡した際に「放棄」（relinquishment）の手続を採り，養子縁組のために子を手放しているからである。したがって，この「放棄」の手続が採られている以上，前の養親の同意はあったものと解することができる。

なお，本件縁組を転縁組とみるか，前の養親との離縁をした後に新たに縁組をしたものとみるかが問題となるが，前の養親が養子についての権限を「放棄」したのは，養子縁組機関を介して養子を他の者の養子とするためにはカリフォルニア州の機関縁組の手続上「放棄」が必要であったからであり，この「放棄」の手続は，放棄者と当該機関との合意により撤回することのできるものである（旧民法224条ｍ）とされていること，また，カリフォルニア州においては，養子が精神薄弱等である場合には，裁判所が養子決定の取消命令を発するとき以外は養子縁組を解消することが許されない（旧民法227条ｂ）とされていることに鑑み，前の養親がした「放棄」を離縁と解することはできないので，本件縁組は転縁組と解さざるを得ない。

次に，実親である日本人母の同意については，カリフォルニア州の上級裁判所の裁判書及び同裁判所に提出された養子縁組機関の文書には，実親の同意に関する記述が全くないため，実母の同意の有無は明らかでなく，また，実母にその意思表示ができない事由（行方不明等）があるということも認められない。

したがって，本件縁組は，カリフォルニア州の上級裁判所において有効に成立したものではあるが，その裁判手続の中で，養子となる養親の同意はあっても，実親の同意があったということまでは確認されていないと解されるから，この点において，日本民法第817条の６の要件を満たしているとはいえない。

⑸　結　論

以上から，民法第817条の６の特別養子縁組の要件を満たすものでないため，我が国における特別養子縁組の効力を認めることはできないが，普通養子縁組として日本民法上有効に成立したものと認めることができる。

（６につき，戸籍673-80）

〔根拠法条〕

家族法（2014 California Code）
第13節　養子縁組
第１部　定義
8503
「養親」は，未成年の子の養子縁組命令を取得する者，成人の養子縁組の場合は，成人を意味する。
8512
「産みの親（birth parent)」は，実親又は，過去に養子となった者の場合は，養親を意味する。
第２部　未婚の未成年者の養子縁組
第１章　総則
8600
未婚の未成年者は，本部に規定されているように，成人の養子となることができる。
8601
a　第ｂ項に別に規定されている場合を除き，養親となる者は，子よりも少なくとも10歳以上年長でなければならない。
b　継親，兄弟姉妹，おじ，おば又はいとこにより，その者が婚姻しているときは，その者とその配偶者による子の養子縁組が当事者の最善の利益になり，公共の利益になると裁判所が判断したときは，子と養親となる者の年齢を考慮せずに養子縁組を認めることができる。
8602
子が12歳以上である場合は，養子縁組に対して子の同意を要する。
8603
配偶者と法定別居していない，婚姻している者は，配偶者の同意なく，子を養子縁組することができない。ただし，配偶者が同意をすることができない場合を除く。
8604
a　第ｂ項に規定される場合を除き，7611に基づき推定される父がいる子は，両親が生存しているときは，その同意がなければ，養子となることができない。（以下，略）
b・c　（略）
8605
7611に基づき推定される父がいない子

は，母が生存しているときは，その同意がなければ，養子となることができない。

8614

養親又は養子の申請に基づき，上級裁判所（superior court）の書記は，養子縁組の日付，場所，子の生年月日，養親の氏名及び子の称する姓を記載した証明書を発行することができる。子が8615.5に規定された継親又は親族の養子となった場合でなければ，証明書には，子の実親の姓は記載されない。

8616

養子縁組後は，養子と養親は，相手方に対し法的な親子関係を維持し，その関係に全ての権利を有し，義務に服する。

8617

養子の実親は，養子縁組の時から，養子に対する全ての義務及び責任を喪失し，子に対して何らの権利を有しない。

8618

本部に従って養子となった子は，養親の姓（family name）を称することができる。

第３部　成人及び既婚の未成年者の養子縁組

第１章　総則

9300

a　成人は，本部で規定されているように，継親を含めた他の成人の養子となることができる。

b　婚姻している未成年者は，本部における成人と同様の方法で養子になることができる。

9301

配偶者と法定別居していない婚姻中の者は，配偶者が同意をすることができる場合は，配偶者の同意がなければ成人を養子とすることができない。

9302

a　配偶者と法定別居していない婚姻中の者は，配偶者が同意をすることができる場合は，配偶者の同意がなければ養子となることができない。

b　養子の両親，部局又は他の者の同意は要しない。

9303

a　親類関係にない成人の養子縁組から１年以内に，本部に基づいて，親類関係にない１人より多い成人と養子縁組をすることができない。ただし，養子が本部に基づいて以前に養子となった者の実の兄弟姉妹である場合又は養子が能力がないか，身体的障害がある場合を除く。

b　本部に基づいて，養親の配偶者が他の者との養子縁組から１年以内に，本部に基づいて親類関係にない成人と養子縁組をすることができない。ただし，養子が本部に基づいて以前に養子となった実の兄弟姉妹である場合を除く。

9304

本部に従って養子となった者は，養親の姓を称する。

9305

養子縁組後は，養子と養親は，相手方に対し法的な親子関係を維持し，その関係に全ての権利を有し，義務に服する。

9306

a　第ｂ項に規定されている場合を除き，本部に従って養子となった者の実親は，養子縁組の時から，養子に対する全ての義務及び責任を喪失し，養子となった者に対して何らの権利を有しない。

b　成人が，実親の配偶者の養子となったときは，実親の親としての権利義務は，養子縁組によって影響を受けない。

第２章　成人の養子縁組の手続

9320

a　成人は，本章に規定されているように裁判所が承認した養子縁組契約で自己よりも若い成人を養子とすることができる。ただし，養親の配偶者を除く。

b　養子縁組契約は，養親となる者と養子となる者が，書面により実行し，また，当事者はお互いに法的な親子関係を引き受け，その関係から生ずる全ての権利義務を有することに同意することが記載されなければならない。

〔参考〕

旧民法

第221条（子は養子とすることができる。子の定義）

未婚の未成年の子は，第227条Ｐを除く本章の規定による事件において，それらの規定に従って成年者の養子となることができ，成年者又は婚姻をした未成年の子は，第227条Ｐの規定による事件において，その規定に従い他の成年者の養子となることができる。

本章において「子（child and children）」とは，第227条Ｐ，第228条，第229条及び第230条を除いて，未成年の子をいう。第228条，第229条及び第230条においては，「子」には，未成年者及び成年者双方を含む。第227条Pにおいて「子」とは，成年者及び婚姻した未成年者をいい，未婚の未成年者を含まない。

第222条（縁組に必要な年齢の差）

(a)　(b)項に規定する場合を除き，養親は，養子より少なくとも10歳以上年長でなければならない。

(b)　裁判所が，継親による縁組，兄弟姉妹，叔父，叔母若しくはいとこによる縁組又はこれらの者が婚姻しているときにおけるこれらの者及びその配偶者による縁組がその当事者及び公益の利益にかなうと認めたときは，縁組当事者の年齢に関係なく，縁組を許可することができる。

第223条（配偶者の必要な同意）

婚姻している男で適法に妻と別居していない者又は婚姻している女で適法に夫と別居していない者は，その夫又は妻が同意をする能力を有する限り，その同意を得なければ養子を取ることができない。

第224条（両親の同意）

第7004条(a)により推定される父を有する子については，両親が生存しているときは，その同意を得なければ養子とすることができない。ただし，司法上の命令又は両親の協議により一方の親に監護権が与えられており，他方の親が１年間，それが可能であるにもかかわらず，故意に子と交信すること，又は保護，援助及び教育のために支出することを怠ったときは，監護権を有しない親が第227条に基づいて裁判所の指定する日時及び場所に出頭すべきことを要求する民事裁判における召喚状の送達に関する法律に規定されている方法で召喚状の謄本が送達された後においては，監護権を有する親のみで縁組の同意をすることができる。親が１年間，子の保護，援助及び教育のための支出をしなかったこと，又は子と交信しなかったことは，それが故意によるものであり，合法的理由によるものではないことの一応の証拠となる。第7004条(a)により推定される父を有しない子については，その母が生存しているときは，その母の同意を得なければ養子とすることができない。ただし，次に掲げる場合においては，父又は母の同意は必要ではない。

1　そのような父又は母が，(a)この法律の第1編第3部タイトル2第4章（第232条から始まる。）に従い，子を一方の親又は両親の監護及び監督から解放することを宣告する命令又は(b)他の管轄裁判所のその権限を与えた法律に基づく命令又はそのような父又は母が司法手続において子の監護権及び監督権の放棄について規定する法律に従い子の監護権及び監督権を任意に放棄したことに基づく類似の命令により，監護権及び監督権を剥奪されている場合

2　そのような父又は母が，子の同一性が確認できるものを残さずしてその子を遺棄した場合

3　そのような父又は母が，縁組のために第224条mの規定するところにより子を引き渡したとき，又は他の管轄区域の免許を受けた又は権限ある子収容機関にその管轄を認めた法律に従い子を引き渡した場合

第225条（子の同意）

子の年齢が12歳以上であるときは，縁組にはその子の同意が必要である。

第226条（縁組の申立て，省への通知，標題，申立て及び命令の内容）

子を養子にしようとする者は，その者が居住する郡の上級裁判所に縁組の申立てをすることができ，その裁判所の書記官は，直ちにサクラメントの州社会福祉省に対し，その訴訟及びその後の訴訟の係属を書面で通知しなければならない。実親又は養親の1人が子の監護権及び監督権を保持している場合における継親による縁組の場合を除き，同意が要求される全ての事件において，州社会福祉省から子のために家庭を探し子を縁組のために家庭に収容することの免許を受けた機関が共同して縁組の申立てをしていないときは，申立てには，申立人が同省又は郡の縁組あっせん機関に対し，同省が縁組の調査において要求する必要な情報を迅速に提出する旨の主張を含まなければならない。ただし，申立てにその主張を含むことを怠っても，これに基づき本章に規定されている方法その他の方法により裁判所が手続を進めた権限又は進める権限に影響を及ぼさず，また，その申立てに関して裁判所が発し，又は発する縁組命令その他の命令に効力を及ぼさない。

未成年者を養子とする縁組の申立書の標題には，申立人の名を記載しなければならないが，子の名を記載してはならない。未成年者の縁組前の名は申立書に表れていなければならないが，免許を受けた縁組あっせん機関が申立てに加わっているときは，その名はあっせん機関の署名のある参加書に表われていなければならない。縁組の命令には，子の縁組名を含まなければならないが，縁組前の名を含んではならない。

第226条a（実親による縁組の同意の撤回，通知及び審尋，裁判所の決定，撤回の許可，控訴の提起）

実親は，子の縁組についていったん同意したときは，裁判所の許可を得た場合を除き，その同意を撤回することができない。許可の撤回は，異議（motion）により求めることができ，また，撤回をしようとする実親が申立事件が係属している上級裁判所の書記官に手数料を納めることなく撤回許可の申立書を提出することができる。申立ては，書面をもってしなければならず，これには撤回の理由を記載しなければならないが，その他の事項については形式を問わない。書記官は，審尋の日を決め，それを州社会福祉省，縁組の承諾を得た者及び実親に対して，内容証明郵便をもって審尋の日の少なくとも10日前に，手続に表れた住所にあてて通知をしなければならない。

州社会福祉省又は免許を受けた縁組あっせん機関は，異議又は撤回許可の申立てについての審尋に先立ち，完全な報告書を裁判所に提出し，子の利益を代表するため審尋に立ち会わなければならない。

審尋においては，当事者は，当事者自身で又は弁護士とともに出頭することができる。審尋は法廷でされなければならないが，裁判所の記録係は手続について記録しなければならず，この手数料は，裁判所の命令により郡

の予算から支払わなければならない。裁判所が全ての事情に照らして同意の撤回が合理的であり子の利益にかなうと認めたときは，裁判所は撤回を許可しなければならないが，それ以外の場合は許可を保留しなければならない。裁判所が同意の撤回を許可したときは，縁組申立ての手続を却下しなければならない。

縁組の同意の撤回を許可する命令又はこれを保留する命令に対しては，少年裁判所の監察命令に対するのと同様の方法で控訴をすることができる。

第227条Ｐ（成人又は婚姻した未成年者の縁組）

成年者は，本条の定めるところにより，当事者のいずれかの居住する郡の上級裁判所の縁組命令により認可された縁組の合意によりその配偶者を除く自己より年少の他の成年者を養子とすることができる。縁組の合意は書面をもってしなければならず，これは，養子をとろうとする者及び養子になろうとする者双方により作成され，かつ，双方が親と子の法的関係に入り，その関係における全ての権利を有し，義務と責任に服する旨を記載しなければならない。

婚姻した者で合法的に配偶者と別居していない者は，その配偶者が同意を与える能力を有する限り，その同意を得なければ，成年者を養子とすることはできない。婚姻した者で適法に配偶者と別居していない者は，その配偶者が同意をする能力を有する限り，その同意を得なければ，養子となることができない。養子となる者の実親，州社会福祉省その他の者の同意は必要ではない。

養親になろうとする者及び養子になろうとする者は，いずれかの居住する郡の上級裁判所に縁組命令の発出による縁組の合意の承認を求める申立てをすることができる。裁判所は，申立てについての審尋の日を定めなければならず，養親になろうとする者及び養子になろうとする者双方は，不可能でない限り，審尋に出頭しなければならない。裁判所は，審尋の日及び場所についての通知を他の利害関係人に送達すべきことを要求することができ，その利害関係人は，出頭して縁組に対して異議を述べることができる。公務員又は公的機関の調査及び裁判所に対する報告は必要ではないが，裁判所は，郡の保護観察官又は州社会福祉省に対して状況を調査し，審尋の前にその推薦とともに報告をすることを要求することができる。

審尋においては，裁判所は，当事者又は当事者に代わって出頭した代理人を調査しなければならない。裁判所は，縁組が当事者及び公共の利益にかない，それを否定すべき理由がないときは，縁組の合意を認可し，養子は養親の子であることを宣言する縁組命令を発しなければならない。以上の場合のほかは，裁判所は，合意の認可を差し控え，申立てを棄却しなければならない。

婚姻した未成年者は，その配偶者の書面による同意を得たときは，本条の規定により養子となることができる。

第228条（養子の名，縁組の効果）

子は，養子となったときは，養親の姓を称することができる。縁組の後は，双方は互いに親子の関係を取得し，その関係から生ずる全ての権利を有し，義務に服する。

第229条（子の従前の関係に対する効果）

親子の親は，縁組の時から養子について全ての親として義務と責任から免れ，養子に対する権利を有しなくなる。

（家月40-10-38，佐藤修市「カルフォルニア州養子法（上）（下）」戸籍454-45・456-21）

第７　養子離縁

成人養子縁組については，養子となった者は，養親に対する書面による通知に基づき，親子間の関係を終了する申請を提出することができる。

養親が終了に対して書面で同意したときは，親子間の関係を終了させる命令は，さらに通知することなく，裁判所が発する（家族9340）。

〔**根拠法条**〕

家族法（2014 California Code）
第13節　養子縁組
第３部　成人及び既婚の未成年者の養子縁組
第３章　成人の養子縁組の終了手続
9340
a　本部において養子となった者は，養親に対する書面による通知に基づき，親子間の関係を終了する申請を提出することができる。（以下，略）
b　養親が終了に対して書面で同意したときは，親子間の関係を終了させる命令は，さらに通知することなく，裁判所が発する。
c　（略）

第８　親　　権

カリフォルニア州においては，法的な監護権（Legal Custody）と身上の監護権（Physical Custody）を区別しているが，当事者の合意により共同監護も選択できる制度になっている（「５　アメリカ合衆国（第９　親権）」155頁参照。石川亨「アメリカ合衆国カリフォルニア州及びオレゴン州における子の監護に関する事件の処理の実情について」家月55－６－155）。

〔**先判例要旨**〕

◎　米国カリフォルニア州上級裁判所において言い渡された日本人夫，米国人妻の離婚判決中，その間の子を離婚後も父母の共同監護下に置くことを定めている場合に，その離婚判決の効力が認められ，子の戸籍に「親権者を父母と定められた」旨の親権事項を記載して差し支えないとされた事例

（昭和58．９．７民二5328号回答）

資料5－14－1〔婚姻証明書〕

STATE OF CALIFORNIA
CERTIFICATION OF VITAL RECORD

COUNTY OF ORANGE
CLERK-RECORDER

LICENSE AND CERTIFICATE OF MARRIAGE
MUST BE LEGIBLE – MAKE NO ERASURES, WHITEOUTS, OR OTHER ALTERATIONS
USE DARK INK ONLY

STATE FILE NUMBER　　　※ ※　LOCAL REGISTRATION NUMBER

■ Groom □ Bride　FIRST PERSON DATA

1A. FIRST NAME □□			1B. MIDDLE --	
1C. CURRENT LAST □□□□			1D. LAST NAME AT BIRTH (IF DIFFERENT THAN 1C) --	
2. DATE OF BIRTH (MM/DD/CCYY) 01/※/1980	3. STATE/COUNTRY OF BIRTH INDONESIA	4. #PREV. MARRIAGES/SRDP 00	5A. LAST MARRIAGE/SRDP ENDED BY: -- □DEATH □DISSO □ANNULMENT □TERM SRDP ■N/A	5B. DATE ENDED (MM/DD/CCYY) --/--/----
6. ADDRESS ※※※※※※※※※※		7. CITY LAKE FOREST	8. STATE/COUNTRY CA	9. ZIP CODE ※※
10A. FULL BIRTH NAME OF FATHER/PARENT ※※※※※※※※※			10B. STATE OF BIRTH (IF OUTSIDE U.S. ENTER COUNTRY) INDONESIA	
11A. FULL BIRTH NAME OF MOTHER/PARENT ※※※※※			11B. STATE OF BIRTH (IF OUTSIDE U.S. ENTER COUNTRY) INDONESIA	

□ Groom ■ Bride　SECOND PERSON DATA

12A. FIRST NAME △△			12B. MIDDLE --	
12C. CURRENT LAST △△			12D. LAST NAME AT BIRTH (IF DIFFERENT THAN 12C) --	
13. DATE OF BIRTH (MM/DD/CCYY) 09/※/1977	14. STATE/COUNTRY OF BIRTH JAPAN	15. # PREV. MARRIAGES/SRDP 00	16A. LAST MARRIAGE/SRDP ENDED BY: -- □DEATH □DISSO □ANNULMENT □TERM SRDP ■N/A	16B. DATE ENDED (MM/DD/CCYY) --/--/----
17. ADDRESS ※※※※※※※※※※		18. CITY LAKE FOREST	19. STATE/COUNTRY CA	20. ZIP CODE ※※
21A. FULL BIRTH NAME OF FATHER/PARENT ※※※※			21B. STATE OF BIRTH (IF OUTSIDE U.S. ENTER COUNTRY) JAPAN	
22A. FULL BIRTH NAME OF MOTHER/PARENT ※※※※※※			22B. STATE OF BIRTH (IF OUTSIDE U.S. ENTER COUNTRY) JAPAN	

AFFIDAVIT

WE, THE UNDERSIGNED DECLARE UNDER PENALTY OF PERJURY UNDER THE LAWS OF THE STATE OF CALIFORNIA THAT WE ARE UNMARRIED AND THAT THE FOREGOING INFORMATION IS TRUE AND CORRECT TO THE BEST OF OUR KNOWLEDGE AND BELIEF. WE FURTHER DECLARE THAT NO LEGAL OBJECTION TO THE MARRIAGE NOR TO THE ISSUANCE OF A LICENSE IS KNOWN TO US. WE ACKNOWLEDGE RECEIPT OF THE INFORMATION REQUIRED BY FAMILY CODE SECTION 358 AND HEREBY APPLY FOR A LICENSE AND CERTIFICATE OF MARRIAGE.

23. SIGNATURE OF PERSON LISTED IN FIELDS 1A-1D ▶　（署名）	24. SIGNATURE OF PERSON LISTED IN FIELDS 12A-12D ▶　（署名）

LICENSE TO MARRY

I, THE UNDERSIGNED, DO HEREBY CERTIFY THAT THE ABOVE-NAMED PARTIES TO BE MARRIED HAVE PERSONALLY APPEARED BEFORE ME, OR THE PERSON PERFORMING THE CEREMONY HAS PERSONALLY APPEARED BEFORE ME AND PRESENTED AN AFFIDAVIT SIGNED BY THE PARTIES TO BE MARRIED DECLARING THAT ONE OR BOTH OF THE PARTIES ARE PHYSICALLY UNABLE TO APPEAR AND EXPLAINING THE REASONS THEREFOR IN ACCORDANCE WITH FAMILY CODE SECTION 426. THE PARTIES PROVED TO ME ON THE BASIS OF SATISFACTORY EVIDENCE TO BE THE PERSONS CLAIMED, HAVE DECLARED THAT THEY MEET ALL OF THE REQUIREMENTS OF THE LAW, AND HAVE PAID THE FEES PRESCRIBED BY LAW. AUTHORIZATION AND LICENSE IS HEREBY GIVEN TO ANY PERSON DULY AUTHORIZED TO PERFORM A MARRIAGE CEREMONY WITHIN THE STATE OF CALIFORNIA TO SOLEMNIZE THE MARRIAGE OF THE ABOVE-NAMED PERSONS. REQUIRED CONSENTS AND AFFIDAVITS FOR THE ISSUANCE OF THIS LICENSE ARE ON FILE.

25A. ISSUE DATE (MM/DD/CCYY) 07/27/2013	25B. EXPIRES AFTER (MM/DD/CCYY) 10/24/2013	25C. NAME OF COUNTY CLERK ※※※※	25D. SIGNATURE OF CLERK OR DEPUTY CLERK BY ▶　（署名）
25E. MARRIAGE LICENSE NUMBER ※※※※	25F. COUNTY OF ISSUE ORANGE	25G. RETURN COMPLETED MARRIAGE LICENSE TO (INCLUDE ADDRESS): 12 CIVIC CENTER PLAZA, ROOM ※※ SANTA ANA, CA ※※	

WITNESS(ES) (ONE REQUIRED, NO MORE THAN TWO ALLOWED)

26A. SIGNATURE OF WITNESS （署名）	26B. NAME OF PERSON WITNESSING MARRIAGE (TYPE OR PRINT CLEARLY) ※※※※※
26C. ADDRESS, CITY, STATE/COUNTRY, AND ZIP CODE ※※※※※※※※※※※※※※※※※	
27A. SIGNATURE OF WITNESS （署名）	27B. NAME OF PERSON WITNESSING MARRIAGE (TYPE OR PRINT CLEARLY) ※※※※※※
27C. ADDRESS, CITY, STATE/COUNTRY, AND ZIP CODE ※※※※※※※※※※※※※※※※※	

CERTIFICATION OF PERSON SOLEMNIZING MARRIAGE

I, THE UNDERSIGNED, DECLARE UNDER PENALTY OF PERJURY UNDER THE LAWS OF THE STATE OF CALIFORNIA, THAT THE ABOVE-NAMED PARTIES WERE JOINED BY ME IN MARRIAGE IN ACCORDANCE WITH THE LAWS OF THE STATE OF CALIFORNIA. NOTE: THE MARRIAGE CEREMONY MUST TAKE PLACE IN THE STATE OF CALIFORNIA.

28A. DATE OF MARRIAGE (MM/DD/CCYY) 07/※/2013	28B. CITY/TOWN OF MARRIAGE LAGUNA HILLS	28C. COUNTY OF MARRIAGE ORANGE
29A. SIGNATURE OF PERSON SOLEMNIZING MARRIAGE ▶　（署名）		29B. RELIGIOUS DENOMINATION (IF CLERGY) ---
29C. NAME OF PERSON SOLEMNIZING MARRIAGE (TYPE OR PRINT CLEARLY) ※※※※※※※※※		29D. OFFICIAL TITLE DEP COMM OF MAR
29E. ADDRESS, CITY, STATE/COUNTRY, AND ZIP CODE ※※※※※※※※※※※※		

NEW NAMES (IF ANY)

NEW MIDDLE AND LAST NAME OF PERSON LISTED IN 1A-1D (IF ANY) FOR USE UPON SOLEMNIZATION OF THE MARRIAGE (SEE REVERSE FOR INFORMATION)

30A. FIRST – MUST BE SAME AS 1A --	30B. MIDDLE --	30C. LAST --

NEW MIDDLE AND LAST NAME OF PERSON LISTED IN 12A-12D (IF ANY) FOR USE UPON SOLEMNIZATION OF THE MARRIAGE (SEE REVERSE FOR INFORMATION)

31A. FIRST – MUST BE SAME AS 12A △△	31B. MIDDLE △△	31C. LAST △△△△

LOCAL REGISTRAR

32A. NAME OF LOCAL REGISTRAR ※※※※※	32B. SIGNATURE OF CLERK OR DEPUTY CLERK BY ▶　（署名）	32C. DATE ACCEPTED FOR REGISTRATION 08/06/2013

STATE OF CALIFORNIA, DEPARTMENT OF PUBLIC HEALTH, OFFICE OF VITAL RECORDS　　VS-117 (01/01/2010)

※※

※※※※※

STATE OF CALIFORNIA
COUNTY OF ORANGE } SS

CERTIFIED COPY OF VITAL RECORDS

DATE ISSUED AUG 12 2013　　（署名）

This is a true and exact reproduction of the document officially registered and placed on file in the office of the Orange County Clerk-Recorder.

※※※
CLERK-RECORDER
ORANGE COUNTY, CALIFORNIA

This copy not valid unless prepared on engraved border displaying seal and signature of Clerk-Recorder.
ABN (REV 04/13)

ANY ALTERATION OR ERASURE VOIDS THIS CERTIFICATE

資料5−14−1

在ロサンゼルス日本国総領事館

婚姻証明（訳）

1．婚姻当事者の氏名：

	ラストネーム	ファーストネーム	ミドルネーム
夫	□□	□□	
妻	△△	△△	

2．婚姻年月日：　平成　25　年　7　月　※　日

3．婚姻場所：　アメリカ合衆国　カリフォルニア　州

4．証明者の職名：　判事、　牧師、　開教師、

（婚姻コミッショナー、）

郡登録官、州登録官

その他（　　　　　　　　　　　）

5．翻訳者氏名：　△　△　△　△

資料5－14－2〔離婚判決文〕

ATTORNEY OR PARTY WITHOUT ATTORNEY (Name and Address): ※※※※※※※※
Attorney at Law
※※※※※※ Blvd.
Los Angeles, CA ※※※
TELEPHONE NO.: ※※※※※※
ATTORNEY FOR (Name): ※※※ & ※※※

FOR COURT USE ONLY

FILED
JUL 14 1987
※※※ County Clerk
※※※
BY M. CLARK, DEPUTY
※※※

SUPERIOR COURT OF CALIFORNIA, COUNTY OF LOS ANGELES
STREET ADDRESS: ※ North Hill Street
MAILING ADDRESS:
CITY AND ZIP CODE: Los Angeles, CA ※※
BRANCH NAME: Central

MARRIAGE OF
PETITIONER: △△△△
RESPONDENT: □□□□

JUDGMENT
[X] Dissolution　[ ] Legal separation　[ ] Nullity
[ ] Status only
[ ] Reserving jurisdiction over termination of marital status
Date marital status ends: ※※※

CASE NUMBER: D ※※※※

1. This proceeding was heard as follows: [X] default or uncontested [X] by declaration under Civil Code, § 4511 [ ] contested
   a. Date: JUL 14 1987　Dept.: 9　Rm.: ※
   b. Judge (name): ※※※※　[ ] Temporary judge
   c. [ ] Petitioner present in court　[ ] Attorney present in court (name):
   d. [ ] Respondent present in court　[ ] Attorney present in court (name):
   e. [ ] Claimant present in court (name):　[ ] Attorney present in court (name):
2. The court acquired jurisdiction of the respondent on (date): ※※※※
   [ ] Respondent was served with process　[X] Respondent appeared

3. THE COURT ORDERS, GOOD CAUSE APPEARING:
   a. [X] Judgment of dissolution be entered. Marital status is terminated and the parties are restored to the status of unmarried persons
      (1) [ ] on the following date (specify): ※※※※
      (2) [ ] on a date to be determined on noticed motion of either party or on stipulation.
   b. [ ] Judgment of legal separation be entered.
   c. [ ] Judgment of nullity be entered and the parties are declared to be unmarried persons on the ground of (specify):
4. THE COURT FURTHER ORDERS:
   a. Jurisdiction is reserved to make other and further orders necessary to carry out this judgment.
   b. [ ] Wife's former name be restored (specify):
   c. [ ] This judgment shall be entered nunc pro tunc as of (date):
   d. [ ] Jurisdiction is reserved over all other issues and all present orders remain in effect except as provided below.
   e. Any payment for spousal or family support contained in this judgment shall terminate upon the death of the payee unless otherwise provided.
   f. [X] Other (specify):

See Addendum attached hereto.

Dated:　XXXXXXXXXXXXXXXXXXXXXXXXXXXXXXX
JUDGE OF THE SUPERIOR COURT

5. Number of pages attached: Five (5)　[X] Signature follows last attachment

— NOTICE —

1. **Please review your will, insurance policies, retirement benefit plans, and other matters you may want to change in view of the dissolution or annulment of your marriage. Ending your marriage may automatically change a disposition made by your will to your former spouse.**
2. **A debt or obligation may be assigned to one party as part of the division of property and debts, but if that party does not pay the debt or obligation, the creditor may be able to collect from the other party.**
3. **If you fail to pay any court-ordered child support, an assignment of your wages will be obtained without further notice to you.**

Form Adopted by Rule 1287 Judicial Council of California 1287 (Rev. July 1, 1986) 1287　JUDGMENT (Family Law)　761661N2-RD001 — 7-86 Civil Code, § 4514

資料５－14－２

THE DOCUMENT TO WHICH THIS CERTIFICATE IS ATTACHED IS A FULL, TRUE, AND CORRECT COPY OF THE ORIGINAL ON FILE AND OF RECORD IN MY OFFICE.
ATTEST AUG 14 1989
※※※
County Clerk/Executive Officer of the Superior Court of California, County of Los Angeles.
（署名）
BY ＿＿＿＿＿＿ DEPUTY
※※

在ロス・アンジェルス日本国総領事館

離婚判決文（訳文要旨）

1．夫の氏名及び国籍：(被告・原告の別)
　□□□□　日本国
2．妻の氏名及び国籍：(被告・原告の別)
　△△△△　日本国
3．離婚判決確定日：
　昭和63年（1988）１月※日
4．離　婚　原　因：
　性格上の不一致
5．裁　判　所　名：
　カリフォルニア州上級裁判所
6．(被告が日本人の場合)
　訴訟の開始に必要な呼出・命令が公示送達だったかどうか、被告人が応訴したか等。
　呼出、命令は公示送達でした。
　夫・妻の間に子供が有りませんでしたので協議離婚が円捌に行われ、応訴等ありませんでした。
7．翻訳者署名：　※　※　※　※　㊞
8．翻訳者住所：米国加州サンフランシスコ市※※街※※

資料5－14－3〔出生証明書〕

STATE OF CALIFORNIA
CERTIFICATION OF VITAL RECORD

COUNTY of SANTA CLARA

PUBLIC HEALTH DEPARTMENT
VITAL RECORDS AND REGISTRATION

出生証明書

CERTIFICATE OF LIVE BIRTH
STATE OF CALIFORNIA
USE BLACK INK ONLY

STATE FILE NUMBER　　LOCAL REGISTRATION NUMBER ※※※※

THIS CHILD	1A. NAME OF CHILD - FIRST ○○	1B. MIDDLE -	1C. LAST ○○		
	2. SEX FEMALE	3A. THIS BIRTH, SINGLE, TWIN, ETC. SINGLE	3B. IF MULTIPLE, THIS CHILD 1ST, 2ND, ETC. -	4A. DATE OF BIRTH - MM/DD/CCYY 08/※/2013	4B. HOUR - 24 HOUR CLOCK TIME 1822
PLACE OF BIRTH	5A. PLACE OF BIRTH - NAME OF HOSPITAL OR FACILITY ※※※※※ MEDICAL CTR		5B. STREET ADDRESS - STREET AND NUMBER, OR LOCATION ※※※※※※※※		
	5C. CITY SANTA CLARA		5D. COUNTY SANTA CLARA		
FATHER/PARENT	6A. NAME OF FATHER/PARENT - FIRST □□	6B. MIDDLE -	6C. LAST □□	7. BIRTHPLACE - STATE/COUNTRY JAPAN	8. DATE OF BIRTH - MM/DD/CCYY 01/※/1979
MOTHER/PARENT	9A. NAME OF MOTHER/PARENT - FIRST △△	9B. MIDDLE -	9C. LAST - BIRTH NAME △△	10. BIRTHPLACE - STATE/COUNTRY JAPAN	11. DATE OF BIRTH - MM/DD/CCYY 03/※/1978
INFORMANT AND BIRTH CERTIFICATION	I CERTIFY THAT I HAVE REVIEWED THE STATED INFORMATION AND THAT IT IS TRUE AND CORRECT TO THE BEST OF MY KNOWLEDGE.	12A. PARENT OR OTHER INFORMANT - SIGNATURE （署名）		12B. RELATIONSHIP TO CHILD Mother	12C. DATE SIGNED - MM/DD/CCYY 08/05/2013
	I CERTIFY THAT THE CHILD WAS BORN ALIVE AT THE DATE, HOUR, AND PLACE STATED.	13A. ATTENDANT/CERTIFIER - SIGNATURE AND DEGREE OR TITLE （署名）		13B. LICENSE NUMBER ※※※	13C. DATE SIGNED - MM/DD/CCYY 08/05/2013
	13D. TYPED NAME, TITLE AND MAILING ADDRESS OF ATTENDANT ※※※※※,MD, ※※※※※※ ,SANTA CLARA			14. TYPED NAME AND TITLE OF CERTIFIER IF OTHER THAN ATTENDANT D. ARECHIGA,BIRTH RECORDER	
LOCAL REGISTRAR	15A. DATE OF DEATH - MM/DD/CCYY	15B. STATE FILE NO. - STATE USE ONLY	16. LOCAL REGISTRAR - SIGNATURE ※※※※, M.D.		17. DATE ACCEPTED FOR REGISTRATION - MM/DD/CCYY 08/08/2013

CERTIFIED COPY OF VITAL RECORDS

STATE OF CALIFORNIA
COUNTY OF SANTA CLARA } SS　DATE ISSUED OCT 01 2013
By

※※※※※

This is a true and exact reproduction of the document officially registered and placed on file in the VITAL RECORDS SECTION, DEPARTMENT OF PUBLIC HEALTH.

Effective 09/14/2013 Interim
（署名）

（署名）
※※※※
HEALTH OFFICER AND LOCAL REGISTRAR OF BIRTHS AND DEATHS

This copy not valid unless prepared on engraved border displaying seal and signature of Registrar.

THE GREAT SEAL OF THE STATE OF CALIFORNIA　EUREKA

SANTA CLARA COUNTY HEALTH DEPARTMENT

ANY ALTERATION OR ERASURE VOIDS THIS CERTIFICATE

資料5－14－3

下記の全ての事項は日本語で記入して下さい。

在サンフランシスコ日本国総領事館

出　生　証　明　書（訳）

1．出生子の氏名：　○○　・　○○　・
　　　　氏　（ファーストネーム）（ミドルネーム）

2．性別：　男　㊛

3．出生年月日
　及び時間：　平成 25 年 8 月 ※ 日
　　　　　　午前 （午後） 6 時 22 分

4．出生場所：　アメリカ合衆国 カリフォルニア 州
　　　　　サンタクララ 市 ※※※※
　　　　　　　　　　（通り名）（番地）

5．父の氏名：　（氏）□□　（名）□□
　　　　　　　　　（ファーストネーム）（ミドルネーム）

　母の旧氏名：　（氏）△△　（名）△△
　　　　　　　　　（ファーストネーム）（ミドルネーム）

6．証明者の氏名：(1)アメリカ合衆国 カリフォルニア 州
　　　　　サンタクララ 郡登録官
　　　　　（又は）
　　　　　(2)　医師・助産婦・その他（　　　）
　　　　　　　　氏名＿＿＿＿＿＿

翻訳者氏名：□　□　□　□　㊞

「子の氏名が証明書の記載と届書で異なる場合の申出事項」
（ラストネーム、ファーストネーム、ミドルネームの有無等相違がある場合）

英文の証明書上は子の名前は＿＿＿＿＿＿＿＿＿
　　　　ラストネーム　ファーストネーム　ミドルネーム
　　　　（Birth Certificate上に登録されている氏名）

となっているが、届書の事件本人と同一人に相違なく、戸籍には＿＿＿＿＿＿と届け出る。
（出生届に記載した氏名）

申請人署名：＿＿＿＿＿＿印

5－15　アメリカ合衆国／カンザス州

第1　婚　姻

1　婚姻証明書

カンザス州人口動態衛生環境局作成の婚姻証明書は，資料5－15－1（本文376頁）参照。

2　実質的成立要件

⑴　婚姻適齢

男女とも18歳である。

16歳又は17歳の者については，父，母又は法定後見人の同意の意思表示及び裁判官の同意がなければ，婚姻をすることができない。

また，15歳の者については，地方裁判所の裁判官が，十分な調査の後に，婚姻が最善の利益になるときに，同意をし，婚姻許可証を発行した場合でなければ，婚姻は認められない（州法23－106ｃ）。

⑵　近親婚の禁止

いかなる親等の祖父母及び孫を含めた親と子間，全血又は半血の兄弟及び姉妹間，おじと姪，おばと甥及びいとこ間の全ての婚姻は，近親婚と宣言され，絶対的無効である（州法23－102）。

⑶　重婚の禁止

「5　アメリカ合衆国」（本文136頁）参照。

⑷　同性婚の禁止

カンザス州では，同性間の婚姻は認められていない（州法23－101）。

アメリカ合衆国では，同性婚を認める州と認めない州が存在していたが，連邦最高裁判所は，平成27年（2015年）6月26日に，同性婚は合衆国憲法の下での権利であり，州は同性婚を認めなければならないとの判断を下した。これにより，全米で同性婚が合法となることから，同性婚を禁止している各州の法律は今後改正される。

3　婚姻許可証

⑴　発給権者

地方裁判所の書記又は裁判官が婚姻許可証を発行する（州法23－106 a）。

⑵　有効期間

許可証が発行された婚姻が６か月の期間内に行われなかったときは，全ての婚姻許可証は，有効期間が切れる（州法23－106 f）。

4　婚姻の登録

カンザス州で行われた全ての婚姻は，保健環境局長官の監督に基づき登録される（州法23－105）。

〔根拠法条〕

州法（Kansas Statutes 2014）

第23章　家族法（修正）

第１条　婚姻

23－101（婚姻関係の性質）

a　婚姻契約は，法律上，２人の異性間の民事上の契約とみなされる。（以下，略）

b　カンザス州では，婚姻契約の当事者の一方が18歳未満であるときは，コモンローの婚姻契約は認められない。

（1867年，1868年，1923年，1980年，1996年，2002年改正）

23－102（近親婚の無効）

いかなる親等の祖父母及び孫を含めた親と子間，全血又は半血の兄弟及び姉妹間，おじと姪，おばと甥及びいとこ間の全ての婚姻は，近親婚と宣言され，絶対的無効である。

（1867年，1868年，1923年，1985年改正）

23－103（1993年７月１日削除）

23－104（1970年７月１日削除）

23－104 a（婚姻の挙行，挙行権限者）

a　許可証が婚姻のための発行された後に，次に掲げる方法で，カンザス州で有効に婚姻を挙行し，締結することができる。（以下，略）

b　（略）

（1868年，1973年，1984年，1996年改正，1996年７月１日施行）

23－104 b（1990年７月１日削除）

23－105（登録）

カンザス州で行われた全ての婚姻は，KSA 65－102に規定された保健環境局長官（the secretary of health and environment）の監督に基づき登録される。

（1913年，1923年，1980年改正，1980年

7月1日施行）

23－106（婚姻許可証の発行，形式，待機期間，緊急，法的年齢，同意，時，非合法行為，罰則，許可証発行者の義務，許可証の有効期限）

a　地方裁判所の書記又は裁判官は，（略）婚姻許可証を発行する。（以下，略）

b　（略）

c　書記又は裁判官は，以下に掲げる者の婚姻を認める許可証を発行してはならない。

1　16歳未満の者。ただし，地方裁判所の裁判官が，十分な調査の後に，婚姻が15歳の者の最善の利益になるときに，同意をし，15歳の者の婚姻を許可する許可証を発行した場合を除く。

2　父，母又は法定後見人の同意の意思表示及び裁判官の同意がない16歳又は17歳の者。ただし，裁判所の同意を要しない場合で，母及び父並びに法定後見人又は全ての生存している両親及び法定後見人の同意が得られた場合を除く。（略）申請者又は申請者の一方が16歳又は17歳で，その者の両親が死亡し，法定後見人がいないときは，地方裁判所の裁判官は，十分な調査の後に，同意をし，婚姻を許可する許可証を発行することができる。

d・e　（略）

f　許可証が発行された婚姻が6か月の期間内に行われなかったときは，全ての婚姻許可証は，発行日から6か月の終わりに期限が切れる。

（1867年，1868年，1905年，1913年，1923年，1947年，1967年，1968年，1969年，1972年，1976年，1977年，1987年，1994年，1996年，2006年改正，2006年7月1日施行）

23－107（略）

23－107 a（1990年7月1日削除）

23－108（1984年7月1日削除）

第2　出　　生

1　父の推定

男性と子の母が婚姻しているか，又は婚姻していて，子が婚姻中又は婚姻が終了した後300日以内に出生した場合は，男性は子の父と推定される（州法23－2208）。

2　出生証明書

カンザス州人口動態衛生環境局作成の出生証明書は，資料5－15－2（本文379頁）参照。

〔**根拠法条**〕

州法（Kansas Statutes 2014）
第23章　家族法（修正）
第22条　親子法
23－2208（父の推定）

a　男性は，以下の場合には，子の父と推定される。

1　男性と子の母が，婚姻しているか，又は婚姻していて，子が婚姻中若しくは婚姻が死亡，無効判決の刊行物への登録又は離婚により終了した後300日以内に子が出生した場合

2～6　（略）

資料5－15－1〔婚姻証明書〕

STATE OF KANSAS
DEPARTMENT OF HEALTH AND ENVIRONMENT
Office Of Vital Statistics
Certificate Of Marriage

115-2013-※ ※
State File Number

1. Groom's Name (First, Middle, Last)		2. Date of Birth (Month, Day, Year)	3. Birthplace
□□□□□□		01/※/1965	KANSAS
4. Residence State or Foreign Country	5. County or Province	6. City or Town	
KANSAS	JOHNSON	OVERLAND PARK	
7. Father's Name	8. Birthplace	9. Mother's Name Prior to First Marriage	10. Birthplace
※ ※ ※ ※ ※ ※	IOWA	※ ※ ※ ※ ※ ※	MISSOURI
11. Bride's Name (First, Middle, Last)		12. Last Name Prior to First Marriage (If different)	
△△△△		△△	
13. Date of Birth (Month, Day, Year)	14. Birthplace		15. Residence State or Foreign Country
08/※/1984	JAPAN		KANSAS
16. County or Province		17. City or Town	
JOHNSON		OVERLAND PARK	
18. Father's Name	19. Birthplace	20. Mother's Name Prior to First Marriage	21. Birthplace
※ ※ ※ ※	JAPAN	※ ※ ※ ※	JAPAN
22. Name of Parent(s) or Guardian(s) Consenting (If applicable)			
23. Name of Judge Consenting (If applicable)		24. License Number	25. Date License Issued (Month, Day, Year)
		※ ※ ※ ※	09/03/2013
26. District Court of Issuance	27. Issuing Official and Title		28. Date Received by Court Official
JOHNSON	※ ※ ※ ※ ※ DISTRICT COURT CLERK		09/19/2013
29. Date of Marriage (Month, Day, Year)	30. City or Town Married		31. County
09/※/2013	OVERLAND PARK		JOHNSON
32. I certify that I married the above named persons		33. Address of Person Performing Ceremony	
/S/ ※ ※ ※ ※ ※ JUDGE		※ ※ ※ ※ ※ ※	
34. Witness to Ceremony	35. Witness to Ceremony		36. Date Received by State Registrar
※ ※ ※ ※ ※ ※	※ ※ ※ ※ ※ ※		09/24/2013
37. Groom's Designated New Legal Name Pursuant to KSA 23-133(If applicable)		38. Bride's Designated New Legal Name Pursuant to KSA 23-133(If applicable)	
		△△△△	

Rev. 07/01/2010
Marriage 9/26/2013 ※ ※ ※ ※ ※ ※

資料５－15－１

※※※※

This is a true and correct copy of the official record on file in the Office of Vital Statistics, Topeka, Kansas, certified on the date stamped below.

2013 SEP 26 AM 08:17　　（署名）

※※※※※※, Ph.D
State Registrar
Office of Vital Statistics
Department of Health & Environment

It is in violation of KSA 65-2422d(g) to "prepare or issue any certificate which purports to be an original, certified copy or copy of a certificate of birth, death or fetal death, except as authorized in this act or rules and regulations adopted under this act."

CERTIFIED COPIES WILL BE PRODUCED ON MULTI-COLOR SECURITY PAPER.

資料5－15－1

婚姻証明書抄訳文

1．夫の氏名：　□□　　　□□　　　□□

氏(ラストネーム)　名(ファーストネーム)　(ミドルネーム)

妻の氏名：　△△　　　△△

氏(ラストネーム)　名(ファーストネーム)　(ミドルネーム)

2．婚姻成立年月日：　2013　年　9　月　※　日

3．婚姻挙行方式：　アメリカ合衆国　カンザス　州の法律により挙式

4．婚姻証明書発行機関：アメリカ合衆国　カンザス　州発行

要訳者氏名：　△　△　△　△

資料５－15－２〔出生証明書〕

Kansas Department of Health and Environment
Office of Vital Statistics
CERTIFICATE OF LIVE BIRTH

115-2013-※※
State File Number

1. CHILD'S NAME (First, Middle, Last, Suffix)	2. DATE OF BIRTH (Month, Day, Year)	3. TIME OF BIRTH
○○○○○○	09/※/2013	0635

4. SEX	5. BIRTH WEIGHT (Grams)	6. CITY, TOWN, OR LOCATION OF BIRTH	7. COUNTY OF BIRTH
MALE	3320	FORT RILEY	GEARY

8. PLACE OF BIRTH	9. FACILITY NAME (If not institution, give street and number)
☒ Hospital ☐ Freestanding Birthing Center ☐ Home Birth ☐ Clinic/Doctor's Office ☐ Other (Specify)	※ ※ ※ ※ ※ ※

10. I CERTIFY THAT THE STATED INFORMATION CONCERNING THIS CHILD IS TRUE TO THE BEST OF MY KNOWLEDGE AND BELIEF.	11. DATE SIGNED (Month, Day, Year)	12. ATTENDANT'S NAME AND TITLE (Type)
Certifier's Signature ➤ （署名）	09/23/2013	Name ※※※※※※※ ☒ M.D. ☐ D.O. ☐ C.N.M. ☐ Other Midwife ☐ Other (Specify)

13. CERTIFIER'S NAME AND TITLE (Type)	14. ATTENDANT'S MAILING ADDRESS (Street and Number or Rural Route, City, or Town, State, Zip Code)
Name ※※※※ ☐ M.D. ☐ D.O. ☐ Hosp. Adm. ☐ C.N.M. ☐ Other Midwife ☒ Other (Specify) BIRTH CLERK	※※※※※※ HOSPITAL FORT RILEY, KANSAS ※※※※

15. MOTHER'S CURRENT LEGAL NAME (First, Middle, Last, Suffix)	16. MOTHER'S LAST NAME PRIOR TO FIRST MARRIAGE
△△△△△△	△△

17. DATE OF BIRTH (Month, Day, Year)	18. BIRTHPLACE (State, Territory, or Foreign Country)	19. PRESENT RESIDENCE-STATE
04/※/1984	JAPAN	KANSAS

20. COUNTY	21. CITY, TOWN, OR LOCATION	22. STREET AND NUMBER OF PRESENT RESIDENCE
RILEY	OGDEN	※※※※※※※※

23. ZIP CODE	24. INSIDE CITY LIMITS?	25. MOTHER'S MAILING ADDRESS (If same as residence, leave blank)
※※	☒ Yes ☐ No	

26. FATHER'S CURRENT LEGAL NAME (First, Middle, Last, Suffix)	27. DATE OF BIRTH (Month, Day, Year)	28. BIRTHPLACE (State, Territory, or Foreign Country)
□□□□□□	02/※/1987	MISSISSIPPI

29. PARENTS REQUEST SOCIAL SECURITY NO. ISSUANCE?	30. IMMUNIZATION REGISTRY
☒ Yes ☐ No	I wish to enroll my child in the Immunization Registry ☒ Yes ☐ No

31. I CERTIFY THAT THE PERSONAL INFORMATION PROVIDED ON THE CERTIFICATE IS CORRECT TO THE BEST OF MY KNOWLEDGE AND BELIEF.	32. DATE SIGNED (Month, Day, Year)	33. DATE FILED BY STATE REGISTRAR (Month, Day, Year)
Signature of Parent (or Other Informant) ➤ （署名）	23 Sep 2013	09/23/2013

VS240 Rev. 07/23/04 Y

2013 ※※※※

Birth 10/16/2013 ※※※※ 01 ELLIOTT 2013 ※※ 3c

資料5－15－2

This is a true and correct copy of the official record on file in the Office of Vital Statistics, Topeka, Kansas, certified on the date stamped below.

2013 OCT 16 PM 02:42　　（署名）

※※※※※※, Ph.D
State Registrar
Office of Vital Statistics
Department of Health & Environment

※※※※

It is in violation of KSA 65-2422d(g) to "prepare or issue any certificate which purports to be an original, certified copy or copy of a certificate of birth, death or fetal death, except as authorized in this act or rules and regulations adopted under this act."

CERTIFIED COPIES WILL BE PRODUCED ON MULTI-COLOR SECURITY PAPER.

資料5－15－2

英文出生証明書訳文

(英文出生証明書に記載されている内容のみを日本語で記入してください)

出生子の氏名：○○　○○　○○
(氏)　(ファーストネーム)　(ミドルネーム)

性別：㊚・女

出生日と時間：平成25年9月※日　㊀午前・午後6時35分

出生場所：アメリカ合衆国カンザス州フォートライリー㊒市・町・村　通り　番地・番
(通り名)

父の氏名：□□　□□　□□
(氏)　(ファーストネーム)　(ミドルネーム)

母の氏名：△△　△△　△△
(氏)　(ファーストネーム)　(ミドルネーム)

母の旧姓：△△
(氏)　(ファーストネーム)　(ミドルネーム)

証明書発行機関：アメリカ合衆国　カンザス　州

証明書発行年月日：平成　25　年　10　月　16　日

訳者氏名：△△△△

申述書

(子の出生した住所について)

英文出生証明書に＿＿＿＿＿＿＿＿の出生した住所が記載され
(出生届に記載した子の氏名を日本語で記入)

ていませんが、子の出生した住所はアメリカ合衆国＿＿＿＿州

＿＿＿＿市・町・村＿＿＿＿通り＿＿＿＿番地・番

に間違いありません。

届出人署名：＿＿＿＿＿＿＿＿
(日本語で記入)

子の氏名が英文出生証明書の記載と届出書で異なる場合の申出事項

英文出生証明書には、＿＿＿＿＿＿＿＿
(氏)　(ファーストネーム)　(ミドルネーム)

と記載されているが、戸籍には、＿＿＿＿＿＿＿＿と届け出る。
(出生届に記載した氏名)

届出人署名：＿＿＿＿＿＿＿＿
(日本語で記入)

5－16　アメリカ合衆国／北マリアナ諸島連邦

北マリアナ諸島とは，グアムを除く，全てのマリアナ諸島を指し，サイパン，テニアン，ロタが主な島となる。

第1　国　　籍

1　北マリアナ諸島連邦で出生し，1986年にアメリカ国籍を付与された者の日本国籍の有無

「自己の志望」によって信託統治地域の市民権を取得しても，信託統治地域は「国」としては認められていない。つまり，同地域の住民は，主権国家としての国民ではなく，いわば「いまだ国籍の帰属が確定していない特別な地位を有するその地域の市民」としてとらえるのが妥当であり，同地域の市民権の取得は，外国国籍の取得には当たらない。

したがって，信託統治時代に自己の志望により同地域の市民権を取得したことは，日本国籍喪失の事由には当たらない。

また，1986年11月の「アメリカ合衆国と政治的関係を結ぶ北マリアナ諸島連邦樹立の盟約」により，アメリカ国籍を取得したとしても，「市民権取得の意思」は，あくまでも「信託統治地域の市民権取得」に向けられていたものであり，「アメリカ合衆国の市民権」を取得したのは，盟約による当然取得と考えられることから，日本国籍を喪失しない（時報365－66）。

第2　婚　　姻

1　婚姻証明書

北マリアナ諸島連邦サイパン島郡書記発行の婚姻証明書（婚姻許可申請及び婚姻証明書（1名又は両名が北マリアナ諸島市民でない場合））は，資料5－

16－１（本文388頁）参照。

２　報告的届出

(1)　事　例

日本人男女が，北マリアナ諸島連邦ロタ島において婚姻した旨の同島裁判所書記が発給した婚姻登録証明書を，戸籍法第41条に規定する証書の謄本として取り扱って差し支えないとされた事例（昭和60．８．12民二4875号回答）がある。

北マリアナ諸島連邦ロタ島では，外国人間又は外国人と内国人の間の婚姻については，

ア　婚姻しようとする者は，氏名，年齢，国籍，住所，職業，前婚の有無及び前婚破綻の方式等を記載した申請書を行政責任者に提出し，婚姻許可証の交付を受ける。

イ　婚姻の挙式は，聖職者，裁判所判事，地区の行政責任者等，その権限を与えられた者が執り行い，挙式を行った者は婚姻当事者の国籍，氏名，住所，婚姻の日付を示した婚姻の記録を作成保管しなければならない。

ウ　婚姻の当事者には，挙式後，挙式執行者，２人の証人及び婚姻当事者の署名のある婚姻証明書が交付され，この写しが裁判所書記官に送付され，婚姻登録簿に記載される。

とされている（戸籍499-99）。

(2)　戸籍の記載

アメリカ合衆国領北マリアナ諸島連邦（サイパン島）で婚姻し，婚姻証書を添付して報告的届出をした場合の戸籍の記載については，次のようになる。

アメリカ合衆国領北マリアナ諸島連邦では，「北マリアナ諸島連邦親子関係法」が施行されており，また，北マリアナ諸島連邦ロタ島で行われた婚姻については，北マリアナ諸島連邦の法律に基づいて成立したものとする取扱いが示されている（昭和60．８．12民二4875号回答）。

このようなことから，北マリアナ諸島連邦には，連邦独自の婚姻法があるものと考えられるので，戸籍の記載は，「アメリカ合衆国領北マリアナ諸島連邦の方式」（【婚姻の方式】アメリカ合衆国領北マリアナ諸島連邦の方式）と記載

するのが相当である（戸籍691-64）。

3　同性婚

アメリカ合衆国では，同性婚を認める州と認めない州が存在していたが，連邦最高裁判所は，平成27年（2015年）６月26日に，同性婚は合衆国憲法の下での権利であり，州は同性婚を認めなければならないとの判断を下した。これにより，全米で同性婚が合法となることから，同性婚を禁止している各州の法律は今後改正される。

第３　出　　生

１　父の推定

子の実母との婚姻中に子が出生した場合又は死亡，婚姻の解消，婚姻無効宣告，離婚により婚姻が終了してから，あるいは，離婚判決から300日以内に出生した等の場合は，子の父は実父と推定される（親子関係1704）。

２　出生場所の記載

サイパン島について，「アメリカ合衆国領北マリアナ諸島連邦サイパン島で出生」（【出生地】アメリカ合衆国領北マリアナ諸島連邦サイパン島）と記載する（戸籍558-69）。

（**注**）　従前は「太平洋諸島信託統治地域北マリアナ連邦サイパン島」（戸籍505-21）と記載されていたが，昭和63年12月16日付けをもって，米国の自治連邦（米領）として取り扱われることになったことに伴い，記載が改められた。

３　出生証明書

北マリアナ諸島連邦公衆衛生局（department of public health）発行の出生証明書は，資料５－16－２（本文390頁）参照。

〔**根拠法条**〕

親子関係法

1704（父の推定）

(A)　次のような場合に，子の実父であると推定される。

(1)　子の実母と婚姻していて，その間に子が出生した場合，又は死亡，婚姻解消，婚姻無効宣告，離婚により婚姻が終了してから300日以内に，若しくは裁判所が離婚の判決を下してから300日以内に子が出生した場合

(2)　子の出生前に，その婚姻が無効と宣告される可能性があるにもかかわらず，外形上法にのっとって，結婚式を行って，子の実母と婚姻しようとした者で，次の要件のいずれかに該当する場合

(a)　婚姻が裁判によってのみ無効と宣告され，外形上の婚姻中又は死亡，外形上の婚姻解消，外形上の婚姻無効宣告，離婚によって外形上の婚姻が終了してから300日以内に，子が出生した場合

(b)　婚姻が裁判所の命令がなければ無効となる場合で，子が同棲終了後300日以内に出生した場合

(3)　子の出生後に無効と宣告される，又は宣告される可能性があるにもかかわらず，外形上法にのっとって，結婚式を行って，子の実母と婚姻した，又は婚姻しようとした者で，次の要件のいずれかに該当する場合

(a)　子の父であることを承認して書類に記し，連邦裁判所の事務官に提出した場合

(b)　異議なく子の出生証明書に子の父と署名した場合

(c)　任意の契約書又は裁判所の命令によって子を養う義務がある場合

(4)　子が未成年の間，自分の家に引き取って，公然とその子を実子のように手元にとどめる場合

(5)　子の父であることを承認して書類に記し，連邦裁判所の事務官に提出した後，直ちに母に自分の子であると同意した書類を提出したことを知らせ，母がそれについて知らされてから適当な時間内に連邦裁判所の事務官に書類を提出して，父の同意に反対しない場合

別の者がこの条文によって子の父であると推定されるとき，同意は，父であると推定される者の同意書がある場合のみ，又は推定が反証された後になってはじめて効力を有する。

(B)　この条文による推定は，適切な訴訟における明白な証拠や説得力のある証拠によってのみ覆される。当事者が争う推定が２つ又はそれ以上生じた場合には，事実に基づく推定が方針としてより重く考慮され，論理的な支配を有することになる。推定は，別の者が子の父であると裁判所の判決で確定されることによって覆される。

第4　認　知

1　報告的届出

(1)　アメリカ合衆国領北マリアナ諸島連邦（サイパン島）の方式による報告的認知届

アメリカ合衆国領北マリアナ諸島連邦の親子法によると，嫡出でない子は，父母が婚姻したとしても当然には嫡出子とならないとされており，父が嫡出でない子を本人の子であると承認して書類に記載して，連邦裁判所の事務官に提出した後，母も連邦裁判所の事務官に父の同意（承認）に反対しない旨の書類を提出した場合に，法的な父子関係が生ずるとされている（親子関係1702・1704）。

すなわち，北マリアナ諸島連邦では，嫡出でない子の親子関係の成立は父が子を承認する行為が必要ということになり，同連邦が認知制度を採用しているものと考えられる。

出生証明書に，被認知者の出生登録が，認知者及び被認知者の母が父母として共同で届出し，これを連邦裁判所の書記官が証明しているので，「アメリカ合衆国領北マリアナ諸島連邦の方式」による認知が成立していると考えられ，その出生証明書を戸籍法第41条の証書として認め，受理することができる（戸籍683-52）。

なお，上述した理由により，北マリアナ諸島連邦サイパン島在住の日本人男と同連邦市民女間の婚姻前の出生子について，日本人男から戸籍法第62条の嫡出子出生届がされ，これが受理されている場合，当該出生届を認知の届出があったものとして処理して差し支えないとされている（昭和57. 7 .20民二4609号回答（戸籍458-75））。

2　認知成立日

北マリアナ諸島連邦には，具体的な規定はないが，認知成立日は，「父が出生証明書に署名した日」とするのが適当であるとされている。

3　出生証明書への父親の氏名の記載

出産の際に病院で記載した書類を提出することで出生証明書に父親の氏名が記載されていても，父親自身の署名がない場合は，単に父親の氏名が便宜上記載されているにすぎず，扶養義務等は発生しないことになり新たな裁判を起こさない限り，認知届の証拠書類として認めることはできない。

（２・３につき，平成８年調査）

資料５－16－１〔婚姻許可申請及び婚姻証明書〕

COMMONWEALTH OF THE NORTHERN MARIANAS
APPLICATION FOR MARRIAGE LICENSE
AND
RECORD OF MARRIAGE
WHERE ONE OR BOTH PARTIES ARE NON-CITIZENS OF THE CNMI

FOR CLERK OF COURTS	
MARRIAGE FILE NO.	MOS ※※※
CNMI COMMONWEALTH	※※※

I APPLICATION	A. MALE		B. FEMALE	
1. NAME (Full Name)	LAST □□ FIRST □□ MIDDLE □□		LAST △△ FIRST △△ MIDDLE	
2. PRESENT RESIDENCE *Village, Municipality or Residence*	PRESENT USUAL RESIDENCE, EVEN IF TEMPORARY ※※※※ UNITED NATIONS LN.		PRESENT USUAL RESIDENCE, EVEN IF TEMPORARY ※※※※ UNITED NATIONS LN.	
ATOLL OR ISLAND GROUP	NORTHERN MARIANA ISLANDS		NORTHERN MARIANA ISLANDS	
3. HOME OR PERMANENT RESIDENCE *Village, Municipality or Island or City and State*	PERMANENT RESIDENCE P.O. BOX ※※※		PERMANENT RESIDENCE ※※※※※※ , TOKYO, JAPAN	
ATOLL OR ISLAND GROUP OR COUNTRY	SAIPAN, ※※※※		JAPAN	
4. RACE AND CITIZENSHIP	RACE WHITE	CITIZEN OF WHAT COUNTRY US	RACE JAPANESE	CITIZEN OF WHAT COUNTRY JAPAN
5. DATE OF BIRTH AND AGE	DATE OF BIRTH JULY ※, 1967	AGE ※※	DATE OF BIRTH JANUARY ※, 1976	AGE ※※
6. PLACE OF BIRTH *Village: Municipality or Island or City and State*	PLACE OF BIRTH SANTA MONICA, CALIFORNIA		PLACE OF BIRTH TOKYO, JAPAN	
ATOLL OR ISLAND GROUP OR COUNTRY	CALIFORNIA, USA		JAPAN	
7. OCCUPATION EMPLOYER/ADDRESS	※※※※※		※※※※※	
8. PRIOR MARRIAGES NUMBER AND HOW TERMINATED	HOW TERMINATED (1) □ DEATH □ DIVORCED □ ANNULMENT (2) □ DEATH □ DIVORCED □ ANNULMENT (3) □ *DEATH □ DIVORCED □ ANNULMENT	NUMBER OF PRIOR MARRIAGES* -0-	HOW TERMINATED (1) □ DEATH □ DIVORCED □ ANNULMENT (2) □ DEATH □ DIVORCED □ ANNULMENT (3) □ *DEATH □ DIVORCED □ ANNULMENT	NUMBER OF PRIOR MARRIAGES* -0-
9. DATE AND SIGNATURE OF APPLICANT	DATE 6 AUG 12	SIGNATURE OF MALE （署名）	DATE	SIGNATURE OF FEMALE （署名）
10. APPLICATION GRANTED	DATE APPLICATION GRANTED AUGUST 7, 2012		Signature of Mayor:	（署名）
II RECORD OF MARRIAGE				
1. DATE AND PLACE OF MARRIAGE	a. DATE OF MARRIAGE AUGUST ※, 2012	b. PLACE OF MARRIAGE OFFICE OF THE MAYOR, LADERA CENTER BLDG., BEACH RD., SAIPAN		
2. SIGNATURES OF HUSBAND AND WIFE	a. SIGNATURE OF HUSBAND ※※※※※※ （署名）		b. SIGNATURE OF WIFE ※※※※※※ （署名）	
3. SIGNATURES OF WITNESSES	a. WITNESS (1) ※※※※※※ （署名）		b. WITNESS (2) ※※※※※※ （署名）	
4. CERTIFICATION OF PERSON WHO PERFORMED WEDDING CEREMONY	SIGNATURE ※※※※※※ （署名）		TITLE MAYOR OF SAIPAN	
5. CLERK OF COURTS	a. DATE RECEIVED** 8/08/12	b. SIGNATURE OF CLERK （署名）		

*If either party had more than three prior marriages, show on back of this form how each after the first three was ended.
**Item II 5a and b to be completed only one copy filed with clerk of courts.

APPLICANT - White • MAYOR'S OFFICE - Green • GOVERNOR'S OFFICE - Pink • CLERK OF COURT - Yellow

Certified to be a true and complete copy:（署名）
Date 8/13/12
Commonwealth Recorder
Commonwealth of the Northern Mariana Islands
Saipan, MP 96950

資料５－16－１

北マリアナ諸島　サイパン島　婚姻許可申請及び婚姻証明書
(一名もしくは両名が北マリアナ諸島市民ではない場合)

Ⅰ．申請内容

A．男性　　B．女性

1．氏名　ラストネーム(氏)，ファーストネーム　ミドルネームの順
2．現住所
3．実家住所
4．人種、国籍
5．生年月日，年齢
6．出生地
7．職業
8．前の婚姻歴
9．署名日，署名
10．承認日，承認者署名

Ⅱ．婚姻記録
1．(a) 婚姻日　(b) 婚姻場所
2．(a) 夫の署名　(b) 妻の署名
3．(a) 証人１の署名　(b) 証人２の署名
4．挙式者署名，肩書き
5．(a) 受理日　(b) 裁判所書記官署名

資料5－16－2〔出生証明書〕

CERTIFICATION OF VITAL RECORD

COMMONWEALTH OF THE
NORTHERN MARIANA ISLANDS

File No : MP-2012- ※ ※　　PH No : ※ ※

First Name : ○○○○○○
Middle Name : ○○
Surname : ○○
Generation :
Gender : Male

Date of Birth : 07/※/2012　　Time of Birth : 08:14 AM
Village/City : GARAPAN　　Municipality of Birth : SAIPAN
Facility Name ※ ※ ※ ※ HEALTH CENTER　　Place of Birth : Hospital

Mother's Current Name
△△△△
Mother's Maiden Name
△△△△
Mother's Ethnicity
Japanese
Mother's Birth State/Country
Japan

Father's Name
□□□□□□
Father's Ethnicity
Chamorro
Father's Birth State/Country
Northern Mariana Islands

Date Information Taken : 7/12/2012
Date Filed : 7/12/2012
Date Amended :

※ ※

CERTIFIED COPY OF VITAL RECORDS
GOVERNMENT OF CNMI

This is a true and exact reproduction of the document officially registered and placed on file in the office of Vital Statistics, CNMI DEPARTMENT OF PUBLIC HEALTH.

DATE ISSUED Thursday, 12 July 2012

（署名）
REGISTRAR

This copy is not valid unless prepared on an engraved border, displaying the date and the seal of the CNMI Vital Statistics Office.

PBNCO (Rev) 03/11

DIVISION OF PUBLIC HEALTH — HEALTH AND WELL BEING — CNMI

DEPARTMENT OF PUBLIC HEALTH — VITAL STATISTICS OFFICE — Est. 2007 — CNMI

ANY ALTERATION OR ERASURE VOIDS THIS CERTIFICATE

資料5－16－2

米国領北マリアナ諸島　出生証明書

ファーストネーム：
ミドルネーム：
サーネーム(氏)：

性別：

出生年月日：	出生時間：
出生村／町：	出生地域：
出生機関名：	出生場所：
母の現在の氏名：	母の人種：
母の出生時の氏名：	母の出生地：
父の氏名：	父の人種：
	父の出生地：

届出日：
登録日：

北マリアナ諸島政府（the office of Vital Statistics, CNMI Department of Public Health）
発行日：

5－17　アメリカ合衆国／グアム島

第1　婚　　姻

1　実質的成立要件

(1)　婚姻適齢

男女とも18歳である。

18歳未満で16歳以上の者は，未成年者の両親又はそのいずれか一方若しくは後見人の書面による同意を得て，その書面による同意が当局の長官に提出されたときは，婚姻に同意し，これを完了することができる。

また，16歳未満で14歳以上の女子は，未成年者の両親又はそのいずれか一方若しくは後見人の書面による同意を得て，その書面による同意が婚姻許可証を発行する書記に提出され，その後，高等裁判所が女性が婚姻することを認める命令をし，その命令が上記裁判所の書記の議事録に登録されたときは，婚姻に同意し，これを完了することができる（法典3102）。

（注）　旧民法では，21歳以上の男子及び18歳以上の女子は，婚姻をすることができる。21歳未満で18歳以上の男子と18歳未満で16歳以上の女子は，その両親又はそのいずれか一方若しくは後見人の同意を得れば，婚姻をすることができる。また，18歳未満で16歳以上の男子と16歳未満で14歳以上の女子は，その両親又はそのいずれか一方若しくは後見人の書面による同意を得て，かつ，裁判所が許可した場合は婚姻をすることができる。なお，18歳以上の未成年者で親権の下で生活していない男子については，両親又は後見人の同意を要しない（旧民法56）とされていた。

(2)　重婚の禁止

重婚は禁止されており，無効である。

ただし，前婚が無効であるか，又は解消された場合又は前の夫又は妻が不在であって，後婚の直前から遡って引き続き５年間その生死が不明であるか，又はその者が死亡していると一般に想定又は認められていた場合には，この限りでない（法典3105・8101）。

⑶　近親婚の禁止

親と子間，親等のいかんにかかわらず，尊属と卑属間，全血又は半血の兄弟姉妹間，おじと姪又はおばと甥の婚姻は，その関係が嫡出，嫡出でないにかかわらず無効である（法典3104・8101）。

⑷　同性婚

アメリカ合衆国では，同性婚を認める州と認めない州が存在していたが，連邦最高裁判所は，平成27年（2015年）６月26日に，同性婚は合衆国憲法の下での権利であり，州は同性婚を認めなければならないとの判断を下した。これにより，全米で同性婚が合法となることから，同性婚を禁止している各州の法律は今後改正される。

２　形式的成立要件

⑴　婚姻の成立

婚姻は，法律が定めるところにより許可を受け，挙式し，証明され，かつ，登録されなければならない（法典3101・3201）。

⑵　婚姻許可証

ア　婚姻許可証の取得

婚姻をしようとする全ての者は，公衆衛生・社会サービス局から婚姻許可証を取得しなければならない。

申請者が18歳未満の場合で，その者に婚姻歴がないときは，未成年者の親又は後見人の書面による同意が申請と一緒に提出されないときは，許可証は発行されない。また，必要とされる同意に加え，16歳と18歳の間の者の婚姻は高等裁判所が発行した書面による命令により承認されないときは，その者のために婚姻許可証は発行してはならない（法典3202）。

イ　許可証の有効期間

許可証の発行日から60日である（法典3202）。

⑶　婚姻証明書

婚姻許可証は挙式執行者に提出し，挙式執行者は挙式後10日以内に婚姻が行われた旨の証明書を添えて，公衆衛生・社会サービス局人口動態事務所に登録する（法典3203）。

⑷　婚姻の儀式挙行者

婚姻の挙式は，次に掲げる者が執行することができる。

①グアム島知事又はその代理人，②地方裁判所及び高等裁判所の判事，③信仰する宗教団体により承認された宗教上の任命された全ての牧師又は僧侶，④国税長官又は行政長官，⑤グアム議会の議長又はその指名者，⑥全ての村長及び副村長（法典3204）。

（注） 旧民法では，知事又はその代理人，判事及び宗教団体により正式に任命された牧師又は僧侶によって執行することができる（旧民法70）とされていた。

3　婚姻の効力

⑴　グアム領外の地における婚姻の効力

グアム領以外の国において，その国で有効に成立した婚姻は，グアムにおいても有効とみなされる（法典3107）。

⑵　婚姻による氏の選択

女性は，旧姓を姓として保持することができる。

また，婚姻を締結することにより，一方の配偶者は，自己の姓に他方の配偶者の姓をハイフンで結合することを選択することができる。

この選択を実行する意思は，婚姻許可証申請において表示される（法典3108）。

（注） 旧民法では，妻の氏について，「婚姻により，妻は夫の氏に変更する効力を有する」（旧民法64）とされていた。

4　婚姻の無効

⑴　**無効事由**（法典8101）

①　当事者が法定承諾年齢未満で，婚姻が両親又は後見人若しくはその者を保護する者の同意なく締結された場合

　ただし，同意年齢に達した後に，その当事者が自由に夫又は妻として他方の配偶者と同棲した場合を除く。

②　一方当事者の前の夫又は妻が存在し，この前の夫又は妻との婚姻が効力を有していた場合

③　一方の当事者が精神障害であった場合

ただし，その当事者が正気になった後に，その当事者が自由に夫又は妻として他方の配偶者と同棲した場合を除く。

④　一方の当事者の同意が詐欺により取得された場合

ただし，その当事者が後に詐欺による事実を完全に知り，自由に夫又は妻として他方の配偶者と同棲した場合を除く。

⑤　一方の当事者の同意が強迫により取得された場合

ただし，その後に自由に夫又は妻として他方の配偶者と同棲した場合を除く。

⑥　一方の当事者が，婚姻時に，身体的障害で婚姻する状態にないときで，その障害が継続し，治癒できそうにない場合

⑵　**無効訴訟**（法典8102）

⑴に掲げる事由により婚姻の無効判決を得る訴訟は，次の当事者が期限内に開始しなければならない。

①　当事者が法定承諾年齢未満で，婚姻が両親又は後見人若しくはその者を保護する者の同意なく締結された場合

法定の同意年齢未満で婚姻した当事者が，同意年齢に達した後４年以内に。親，後見人又は未成年の男女を監護する他の者は，婚姻した未成年者が法定の同意年齢に達するまでのいつでも。

②　一方当事者の前の夫又は妻が存在し，この前の夫又は妻との婚姻が効力を有していた場合

他方の生存中に一方の当事者が，又は，前の夫又は妻が。

③　一方の当事者が精神障害であった場合

被害者又は親族若しくは精神障害の当事者の後見人が，一方の当事者が死亡する前にいつでも。

④　一方の当事者の同意が詐欺により取得された場合

被害者が，詐欺を構成する事実を知った後４年以内に。

⑤　一方の当事者の同意が強迫により取得された場合
被害者が，婚姻後4年以内に。

⑥　一方の当事者が，婚姻時に，身体的障害で婚姻する状態にないときで，その障害が継続し，治癒できそうにない場合
被害者が，婚姻後4年以内に。

〔根拠法条〕

グアム法典（Guam Code annotated（2015年現在））
第19編　個人関係
第1部　個人及び個人関係
第3章　婚姻の締結
第1条　婚姻の有効性
3101（婚姻を構成するもの）
婚姻は，民事契約から生ずる個人の関係であり，当該契約を締結する能力ある当事者の同意を要する。同意のみが婚姻を構成するのではなく，本編により権限を与えられた挙式を伴わなければならない。
3102（未成年者）
18歳以上の未婚者は，別に定める不適格事由がない限り，婚姻に同意し，これを完了することができる。ただし，18歳未満で16歳以上の者は，未成年者の両親又はそのいずれか一方若しくは後見人の書面による同意を得て，その書面による同意が本編3202に規定されている当局の長官に提出されたときは，婚姻に同意し，これを完了することができる。ただし，さらに，16歳未満で14歳以上の女子は，未成年者の両親又はそのいずれか一方若しくは後見人の書面による同意を得て，その書面による同意が本編3202に規定されている婚姻許可証を発行する書記に提出され，その後，高等裁判所が上記女性が婚姻することを認める命令をし，その命令が上記裁判所の書記の議事録に登録されたときは，婚姻に同意し，これを完了することができる。
3103（略）
3104（当事者の無資格）
親と子間，親等のいかんにかかわらず，尊属と卑属間，全血又は半血の兄弟姉妹間，おじと姪又はおばと甥の婚姻は，近親相姦であって，その関係が嫡出，嫡出でないにかかわらず無効である。
3105（違法及び無効婚）
その者の前の夫又は妻の生存中に，その前の夫又は妻以外の者と締結された後婚は，当初から無効である。
ただし，次の場合は，この限りでない。
(a)　前婚が無効であるか，又は解消された場合。当事者の一方が生存中に他方のした婚姻は，離婚訴訟における中間判決の登録後1年以内に行われたものであるときは，グアム領内では全て無効である。
(b)　前の夫又は妻が不在であって，後婚の直前から遡って引き続き5年間その生死が不明であるか，又はその者が死

亡していると一般に想定又は認められていた場合。このいずれかの場合においては，管轄裁判所で無効であると判決されるまでは，後婚は有効である。

3107（グアム領外における婚姻）

グアム領外における全ての婚姻は，婚姻が締結された国の法律により適法とされたものは，グアムにおいて有効とする。

3108（婚姻による氏名の選択）

婚姻を締結することにより，女性は，旧姓を姓として保持することができる。婚姻を締結することにより，一方の配偶者は，自己の姓に他方の配偶者の姓をハイフンで結合することを選択することができる。上記の選択を実行する意思は，本編3202に規定される婚姻許可証申請において表示される。

第２条　婚姻の証明

3201（婚姻；手続）

婚姻は，本条に規定されているように許可を受け，挙行され，証明され，登録されなければならない。（以下，略）

3202（婚姻許可証）

a　婚姻をしようとする全ての者は，最初に公衆衛生・社会サービス局（the Department of Public Health & Social Services）から，次の事項を表示する婚姻許可証を取得しなければならない。

1　当事者の身元

2　フルネーム，現住所，出生地

3　出生日

4　市民権

5　外国人である場合は，居住外国人であるか，又は非移民の外国人であるか。

6　前婚の回数，締結された場所，終了の理由，当事者の職業，婚姻歴のある女子の場合は，その婚姻前の旧姓，それぞれの氏名，出生地及びそれぞれの母の婚姻前の旧姓

7　女性が，3108の規定により，婚姻により旧姓を姓として保持することを選択するか。

8　一方の当事者が3108の規定により，自己の姓に他方の当事者の姓をハイフンで結合することを選択するか。

9　それぞれの当事者の社会保障番号。当事者が社会保障番号を有していないときは，その事実を述べなければならない。

10　申請者が村長又は副村長が婚姻を挙行することを選択するか。

b　（略）申請者が18歳未満の場合で，その者に婚姻歴がないときは，未成年者の親又は後見人の書面による同意が申請と一緒に提出されないときは，許可証は発行されない。（略）必要とされる同意に加え，16歳と18歳の間の者の婚姻は高等裁判所が発行した書面による命令により承認されないときは，その者のために婚姻許可証は発行してはならない。裁判所が16歳未満の者の申請者と子に発行された許可証を許可しなければ，16歳未満の者に婚姻許可証は発行してはならない。高等裁判所がいとこ間，養親と養子間，継親と継子間，後見人と被後見人間の婚姻を許可する書面による命令を発しないときは，その者間の婚姻を許可する許可証を発行してはならない。

c～f　（略）

g　その許可証の発行日から60日を経過した後は，婚姻許可証は有効ではなく，挙式を行うことも許可してはならない。

（略）

h～k　（略）

3203（婚姻証明書）

婚姻許可証は挙式執行者に提出され，挙式執行者は挙式後10日以内に婚姻が行われた旨の証明書を添えて，公衆衛生・社会サービス局人口動態事務所に登録する。

3204（挙式執行者）

婚姻の挙式は，次に掲げる者が執行することができる。

(a)　グアム島知事又はその代理人

(b)　地方裁判所及び高等裁判所の判事

(c)　信仰する宗教団体により承認された宗教上の任命された全ての牧師又は僧侶

(d)　国税長官（The Director of Revenue and Taxation）又は行政長官（the Director of Administration）

(e)　グアム議会の議長（The Speaker of the Guam Legislature）又はその指名者

(f)　全ての村長及び副村長

第3条　夫及び妻

3301（無効婚）

近親相姦又は無効婚の当事者は，高等裁判所にそれに該当するものであることの宣言を求める訴えを提起することができる。

第8章　婚姻の解消

第1条　無効

8101　婚姻の無効一般

婚姻は，婚姻時に以下の事由が存在するときに，無効とすることができる。

(a)　婚姻の無効を求める当事者が法定承諾年齢未満で，婚姻が両親又は後見人若しくはその者を保護する者の同意なく締結されたとき。ただし，同意年齢に達した後に，当事者が自己の意思で夫又は妻として他方の配偶者と同棲した場合を除く。

(b)　一方当事者の前の夫又は妻が存在し，この前の夫又は妻との婚姻が効力を有していたとき。

(c)　一方の当事者が精神障害であったとき。ただし，その当事者が正気になった後に，その当事者が自己の意思で夫又は妻として他方の配偶者と同棲した場合を除く。

(d)　一方の当事者の同意が詐欺により取得されたとき。ただし，その当事者が後に詐欺による事実を完全に知り，自己の意思で夫又は妻として他方の配偶者と同棲した場合を除く。

(e)　一方の当事者の同意が強迫により取得されたとき。ただし，その後に自己の意思で夫又は妻として他方の配偶者と同棲した場合を除く。

(f)　一方の当事者が，婚姻時に，身体的障害で婚姻する状態にないときで，その障害が継続し，治癒できそうにない場合

8102（訴訟の開始）

前節に掲げる事由により婚姻の無効判決を得る訴訟は，次のとおりの当事者が期限内に開始しなければならない。

(a)　第a号に掲げる場合；法定の同意年齢未満で婚姻した当事者が，同意年齢に達した後4年以内に。親，後見人又は未成年の男女を監護する他の者は，婚姻した未成年者が法定の同意年齢に達するまでいつでも。

(b)　第b号に掲げる場合；他方の生存中に一方の当事者が，又は，前の夫又は妻が。

(c)　第c号に掲げる場合；被害者又は親族若しくは精神障害の当事者の後見人が，一方の当事者が死亡する前にいつでも。

(d)　第d号に掲げる場合；被害者が，詐欺を構成する事実を知った後4年以内に。

(e)　第e号に掲げる場合；被害者が，婚姻後4年以内に。

(f)　第f号に掲げる場合；被害者が，婚姻後4年以内に。

第2　婚姻の解消

1　婚姻の解消

婚姻は，当事者のいずれか一方が死亡したとき，又は婚姻解消の判決が確定したときに解消するものとされ，婚姻の解消を命ずる判決によって，当事者は婚姻していない者の状態に回復される（法典8201・8202）。

2　解消事由

婚姻解消の事由は，①姦通，②極端な残虐行為，③故意の遺棄，④故意の放任，⑤常習的不節制，⑥重罪の刑，⑦和解できない不和（**注**）である（法典8203）。

（**注**）旧民法では，婚姻解消事由は，①の姦通から，⑥の重罪の刑までであったが，現行グアム法典では，⑦の和解できない不和が婚姻解消事由として追加され，破綻主義の考えが取り入れられている。

〔**根拠法条**〕

グアム法典（Guam Code annotated（2015年現在））

第19編　個人関係

第1部　個人及び個人関係

第8章　婚姻の解消

第2条　婚姻の解消

8201（婚姻，解消の仕方）

婚姻は，以下によってのみ解消する。

1　当事者のいずれか一方の死亡により。

2　婚姻解消を判決する管轄裁判所の判決により。

8202（解消の判決）

婚姻の解消を命ずる判決は，両当事者を婚姻していない者の状態に回復する効力を有する。

8203（事由）

婚姻の解消は，次の各号に掲げる事由のいずれかにより成立する。

1　姦通
2　極端な残虐行為
3　故意の遺棄
4　故意の放任
5　常習的不節制
6　重罪の刑
7　和解できない不和

8204（姦通）

「姦通」とは，被告の夫又は妻以外の者と婚姻している者との自由意思で性交することである。

8205（極端な残虐行為）

「極端な残虐行為」とは，婚姻の一方の当事者が，他方に身体に耐え難い苦痛又は精神的な苦痛を不当に加えることをいう。

8206（遺棄）

「故意の遺棄」とは，婚姻の一方の当事者が他方を故意に遺棄するため，不当に別離することをいう。

8207（遺棄，その表現）

婚姻当事者のいずれか一方が，その健康又は身体的条件において夫婦として性交を拒む正当な理由がないときの夫婦としての性交の持続的な拒否若しくは当事者の一方の正当な理由がないときの他方の当事者との同居の拒否は，遺棄である。

8208（詐欺，遺棄）

一方の当事者が，他方の当事者の策略又は詐欺によって家族の住居を離れ，又は家出を仕向けられ，その家出中に，相手方を遺棄する目的で退去したときは，策略又は詐欺を用いた当事者による遺棄であって，他方の遺棄ではない。

8209（家出，残虐，遺棄でない）

他方の当事者による残虐又は明らかに危険を伴うおそれのある身体的傷害の強迫による一方の当事者の家出若しくは不在は，家出をした当事者による遺棄ではなく，他方の当事者による遺棄である。

8210（同意別居，遺棄でない）

当事者の一方に婚姻の解消を申請する了解があるか否かを問わず，同意による別居は，遺棄ではない。

8211（通常の遺棄）

それ自体は適切であっても，当該家出又は別居中に遺棄する意思が定まったときは家出又は別居は，遺棄となる。

8212（取消し得る同意）

別居に対する同意は，取消し得る行為であり，したがって，仮に当事者の一方がその後において誠意をもって和解と回復を求めたにもかかわらず，相手方がこれを拒否したときは，当該拒否は遺棄となる。

8213（遺棄，治癒，一般）

当事者の一方が他方を遺棄した場合において，その当事者が，当該遺棄が婚姻解消の事由となるに必要な法定期間の満期以前に帰宅し，誠意をもって婚姻契約を履行することを求め，姦通宥恕を懇請したときは，当該遺棄は治癒される。他方の当事者がその申出及び懇請を拒否したときは，その拒否は，拒否した時から拒否した当事者による遺棄とみなされ，処理される。

8214（夫の家庭）

夫は，適正な住居又は生活様式を任意

に選定することができ，もし妻がこれに順応しないときは，その不順応は遺棄である。

8215（夫，きちんとした住居）

夫の選定した住居又は生活様式が不条理，かつ，著しく不適当なものであって，妻がこれに順応しないときは，妻の正当な異議申立てが夫に伝えられたときから夫側の遺棄となる。

8216（故意の放任）

「故意の放任」とは，夫がその能力があるにもかかわらず，妻に一般的生活の必需品を供与することを怠ること，又は夫がその怠慢，不品行又は浪費事由によりそれを供与しないことをいう。

8217（常習的不節制）

「常習的不節制」とは，酒類の使用による不節制の度合いが，当該酒類使用者の１日の大部分の時間にわたって適正にその業務に従事することを不可能にするものであること，又は，罪のない当事者に対して持続的に激しい精神的苦痛を与えると認められる程度であることをいう。

8218（同上，１年）

故意の遺棄，故意の放任又は常習的不節制が婚姻解消の事由となるためには，いずれも１年間継続したものでなければならない。

8219（和解できない不和）

和解できない不和は，婚姻を継続しない，婚姻が解消されるべきであると判断される本質的な理由であると裁判所が決定する理由である。

第３　出　　生

１　出生子の身分

夫婦の婚姻中又は婚姻解消後10か月以内に出生した子は，嫡出子と認められる（法典4101・4102）

２　出生場所の記載

「アメリカ合衆国領グアム島で出生」（【出生地】アメリカ合衆国領グアム島）と記載する（戸籍505-21）。

〔**根拠法条**〕

グアム法典（Guam Code annotated（2015年現在））

第19編　個人関係

第１部　個人及び個人関係

第４章　親子

第１条　出生による子

4101（嫡出子）
　婚姻中に出生した全ての子は，嫡出子と推定される。
4102（同前，婚姻外）
　婚姻していた婦人の子で，婚姻の解消後10か月以内に出生した子は，当該婚姻の嫡出子とみなされる。

第4　養子縁組

1　実質的成立要件

(1)　養子の要件

未成年者（18歳未満）は，養子となることができる（法典4202，4203）。

２親等以内の血族又は姻族の子の親族の申請でない場合は，養子縁組の申請前に，養子になろうとする子のそれぞれの親に関する親子関係が終了の判決が登録され，かつ，養子になろうとする子が社会サービス局により，養子縁組のために申請人に託置されている場合でなければならない（法典4204）。

(2)　養親の要件

成人は，養親になることができる（法典4203）。

(3)　夫婦共同縁組

夫婦の場合は，配偶者の子を養子縁組する場合を除き，夫婦共同で縁組をしなければならない（法典4203）。

(4)　養親と養子の年齢差

現行法には，規定がない。

（注）　旧民法では，養親は，養子より少なくとも10歳以上年長でなければならない（旧民法222）とされていた。

(5)　社会調査

申請に基づき，裁判所は社会サービス局が社会調査をすること，及びその調査の書面による報告書を聴聞の前に裁判所に提出することを命ずる（法典4210）。

2　保護要件

(1)　親の同意

血族又は姻族の２親等内の子の親族が申請をするときは，子のそれぞれの親，親がいないときは，子の後見人が与えた申請者による子の養子縁組に対する同意を要する。

また，その他の者が申請するときは，子の後見人が与えた申請者による子の養子縁組に対する同意を要する（法典4206）。

(2)　養子の同意

養子となる者が12歳以上の場合は，その者の同意を要する（法典4206）。

(3)　裁判所の関与

養子縁組は，グアム島高等裁判所に申し立てなければならない（法典4213）。

3　養子縁組の効力

(1)　養親との関係

養親と養子は，親と子の法律関係を有し，全ての権利義務が発生する（法典4214）。

(2)　実父母との関係

養子の実親は，親としての一切の義務及び責任は消滅する。

また，権利も消滅する（法典4214）。

(3)　養子の氏

養子は，養親の氏を称する（法典4213）。

〔根拠法条〕

グアム法典（Guam Code annotated（2015年現在））

第19編　個人関係

第１部　個人及び個人関係

第４章　親子

第２条　養子縁組による子

4202（定義）

文脈上，別段の解釈を要する場合を除き，

(a)「裁判所」は，グアム高等裁判所を意味する。

(b)「子」は，18歳未満の者を意味する。

(c)「成人」は，18歳以上のものを意味する。

(d)〜(l)（略）

4203（養子縁組をすることができる者）

グアムの領土の居住者であるときは，以下の者は，子を養子縁組する資格を有する。

(a)　夫と妻が共同して，又は一方の配偶者が子の親である場合は，他方の親

(b)　婚姻していない成人

(c)　裁判上の命令で，他方の配偶者と別居する権利が許可されている婚姻中の成人

4204（申請の要件）

２親等以内の血族又は姻族の子の親族の申請でない場合は，養子縁組の申請前に以下の場合でなければ，養子縁組の申請は許可してはならない。

(a)　養子になろうとする子のそれぞれの親に関する親子関係が終了の判決が登録され，かつ，

(b)　養子になろうとする子が社会サービス局により，養子縁組のために申請人に託置されている場合

4205（申請）（略）

4206（同意）

a　血族又は姻族の２親等内の子の親族が申請をするときは，子のそれぞれの親，親がいないときは，子の後見人が与えた申請者による子の養子縁組に対する同意がないときは，子の養子縁組を命ずることはできない。(以下，略)

b　他の者が申請するときは，子の後見人が与えた申請者による子の養子縁組に対する同意がないときは，子の養子縁組を命ずることはできない。子の後見人の同意を要するときは，同意をしないことが恣意的で，気まぐれであると判断したときのみ，裁判所はその同意を免除することができる。同意は，公証人が認めるか，又は裁判所の代理人が証人として署名しなければならない。

c　子が12歳以上である場合は，その同意がなければ養子縁組を認めてはならない。その同意は裁判所でなされるか，又は裁判所が命ずることができる書式で書面でするものとする。

4210（社会調査）

申請に基づき，裁判所は局が社会調査（social study）をすること，及びその調査の書面による報告書を聴聞の前に裁判所に提出することを命ずるものとする。ただし，子の後見人又は養子縁組に対する同意を要する者が局の職員であるときは，聴聞の前にその社会調査の報告書を裁判所に提出するものとする。(以下，略)

4211（居住要件）

局の監督の下で申請者の家庭で12か月生活するまでは，申請に基づく聴聞を行ってはならない。12月の居住要件又はその他の部分は，裁判所が子の最善の利益が図られると判断したときは，手続に含まれる局の申請者の申請に基づき，裁判所の命令で撤回することができる。

4213（判決）

聴聞及び4210により求められる報告書を考慮し，本条の要件が満たされ，養子縁組が子の最善の利益になると判断したときは，裁判所は養子縁組を認める命令をするものとする。命令により，子の氏名を申請者の氏名に変更することができ

る。（以下，略）

4214（同前，効力）

a　養子縁組命令の登録により，親と子の関係，全ての法的な権利，特権，義務及び他の生来の親と子の関係から生ずる法的な結果は，その後は子が養親の嫡出子として出生したように，養親と養子の間に存在する。子が養親の嫡出子として出生したように，養子は養親から不動産及び個人的な財産を相続する権利を付与され，同様に，養親は，養子から不動産及び個人的な財産を相続する権利を付与される。

b　養子縁組命令の登録により，養子と養子縁組命令の登録の前に子の親であった者との間の親子関係は，完全に切断され，全ての法的な権利，特権及び義務は，相続の権利を含めて消滅する。ただし，養子縁組が子の親の配偶者によるものであるときは，その親と子の関係は，養子縁組命令により変わらない。

5－18　アメリカ合衆国／ケンタッキー州

第1　婚　姻

1　婚姻証明書

ケンタッキー州ケントン郡書記作成の婚姻証明書（婚姻許可証及び婚姻証明書）は，資料5－18－1（本文413頁）参照。

2　実質的成立要件

⑴　婚姻適齢

男女とも18歳である。

16歳以上で18歳未満の場合は，両親が婚姻し，法定別居をせず，その者に法定後見人が指名されておらず，父又は母以外の者に監護権を与える裁判所の命令が発せられていないときは，父又は母の同意を要する。

また，16歳未満の者は，原則として，婚姻をすることができない。

ただし，女子が妊娠しているときは，婚姻の許可を地方裁判所の裁判官に申請することができ，裁判官の自由裁量で許可される（州法402.020条①ｆ）。

⑵　近親婚の禁止

全血又は半血にかかわらず，またいとこより近親の者との婚姻は，禁止される（州法402.010）。

⑶　重婚の禁止

離婚をしていない生存している夫又は妻がいる場合は，婚姻をすることができない（州法402.020①ｂ）。

⑷　意思能力があること

裁判所により，意思能力がないと宣告された者は，婚姻をすることができない（州法402.020①ａ）。

⑸　同性婚の禁止

ケンタッキー州では，同性者の間の婚姻は禁止されている（州法402.020①

d)。

なお，アメリカ合衆国では，同性婚を認める州と認めない州が存在していたが，連邦最高裁判所は，平成27年（2015年）６月26日に，同性婚は合衆国憲法の下での権利であり，州は同性婚を認めなければならないとの判断を下した。これにより，全米で同性婚が合法となることから，同性婚を禁止している各州の法律は今後改正される。

３　婚姻許可証

(1)　婚姻許可証の要否

婚姻許可証がなければ，婚姻をすることができない（州法402.080）。

(2)　発行権者

原則として，許可証は，女性が居住している郡の書記が発行する（州法402.080）。

当事者の一方が16歳以上18歳未満で，以前に婚姻したことがない場合は，両親等の同意がなければ婚姻許可証は発行されない（州法402.210①）。

また，当事者の一方が16歳未満である場合は，地方裁判所判事の許可がなければ，証明書は発行されない（州法402.210②）。

(3)　有効期間

発行された日を含めて30日間有効であり，それ以降は無効である（州法402.105）。

４　挙　　式

挙式には，当事者及び婚姻を挙行する者に加えて，少なくとも２人が婚姻に出席しなければならない（州法402.050②）。

５　婚姻の無効

近親婚の禁止，重婚の禁止，同性婚の禁止及び婚姻適齢に反する婚姻は，無効である（州法402.010・402.020①）。

また，強迫又は詐欺による婚姻は，無効とすることができる（州法402.030

①)。

〔根拠法条〕

州法（2014 Kentucky Revised Statutes)
第35編　家族関係
第402章　婚姻
402. 010（婚姻を禁ずる親族の親等）
① 全血であるか，半血であるかにかかわらず，またいとこより近親の血縁関係にある者間の婚姻は締結されない。
② 本節第1項により禁止されている婚姻は，近親相姦であり，無効である。
402. 020（他の禁止婚）
① 婚姻は，以下の場合については禁止され，無効である。
　a　管轄裁判所により意思能力がないと宣告された者との婚姻の場合
　b　離婚をしておらず生存している夫又は妻がいる場合
　c　権限ある者又は共同体の前で挙式又は契約されていない場合
　d　同性者間の婚姻の場合
　e　2人以上の間の婚姻の場合，及び，
　f 1　本号3に規定されている場合を除き，婚姻時に16歳未満の者の場合
　　2　本号3に規定されている場合を除き，婚姻時に16歳以上で18歳未満のときは，以下の者の同意がない婚姻の場合
　　(a)　両親が婚姻し，法定別居をせず，16歳以上で18歳未満の者に法定後見人が指名されておらず，父又は母以外の者に監護権を与える裁判所の命令が発せられていないときは，16歳以上で18歳未満の者の父又は母
　　(b)　両親が生存し，離婚又は法定別居し，16歳以上で18歳未満の者の両親に対し，共同監護権の裁判所命令が発せられ，効力を生じているときは，その者の両親
　　(c)　両親が離婚又は法定別居し，16歳以上で18歳未満の者の両親に対して共同監護権の裁判所の命令が父又は母の死亡の前に発せられ，その命令が効力を生じているときは，生存している親
　　(d)　両親が離婚又は法定別居し，16歳以上で18歳未満の者の共同監護が命じられていないときに，裁判所の命令により，それに代わっていない監護者としての親
　　(e)　16歳以上で18歳未満の者の法定監護権を引き受けている者
　3　妊娠しているときは，1又は2に規定されている男女又はそのどちらか一方は，婚姻の許可を地方裁判所の裁判官に申請することができる。その申請は，裁判官の自由裁量で，書面による裁判所の命令の形式で認められる。それぞれの申請の審理に5ドルの手数料を要する。
② （略）
（1976年，1978年，1982年，1988年，1998年改正，1998年7月15日施行）
402. 030（裁判所の婚姻の無効宣告）
① 一般管轄権を有する裁判所は，強迫又

は詐欺による婚姻の無効を宣告することができる。

②・③　（略）

（1976年，1978年，1982年，1988年，1998年改正，1998年７月15日施行）

402.040（他州における婚姻）

①　ケンタッキー州の住民が，他の州で婚姻をしたときは，婚姻がケンタッキーの公の秩序に反するのでなければ，その州で挙行された婚姻は，ケンタッキーで有効である。

②　同性者間の婚姻は，ケンタッキーの公の秩序に反し，402.045の規定により禁止される。

（1998年改正，1998年７月15日施行）

402.050（婚姻挙行者－出席者）

①　（略）

②　当事者及び婚姻を挙行する者に加えて，少なくとも２人が婚姻に出席しなければならない。

（1968年，1976年，1978年，1992年，1996年改正，1996年７月15日施行）

402.080（必要とされる婚姻許可証－発行権者）

許可証がなければ，婚姻は挙行されない。許可証は，女性が居住している郡の書記が発行する。ただし，女性が18歳以上であるか，又は寡婦であり，許可証が他の郡の書記が発行することができる場合で，本人又は署名した書面による申請により発行される場合を除く。

（1968年，1978年，1980年，1984年改正，1984年７月13日施行）

402.105（婚姻許可証の30日間の有効期間）

婚姻許可証は，発行された日を含めて30日間有効であり，それ以降は無効である。

（1984年廃止，再制定，1984年７月13日施行）

402.210（当事者の一方が18歳未満のときの許可証の発行）

①　当事者の一方が16歳以上，18歳未満であり，以前に婚姻したことがないときは，州法402.020第１項第ｆ号により要求される同意，（略）がなければ，許可証は発行されない。

②　当事者の一方が16歳未満であるときは，州法402.020第１項第ｆ号３で要求される書面による裁判所命令の証明された写しの形式による地方裁判所判事の許可がなければ，証明書は発行されない。

（1984年廃止，再制定，1984年７月13日施行）

第２　離　　婚

１　離婚事由

ケンタッキー州では，破綻主義を採っており，当事者双方が宣誓又は確約により，婚姻が回復できない程度に破綻していると述べるか，又は当事者の一方がそのように述べ，他方が否定するときは，裁判所は聴取後に，婚姻が回復できない程度に破綻しているか否か事実認定を行う。

ただし，当事者が60日間別々に住んでいないときは，離婚の命令は下されない（州法402. 170）。

2　別居判決の婚姻解消判決への転換

法定別居の判決後，１年が経過したときは，一方の当事者の申立てに基づき，裁判所は別居判決を婚姻解消の判決に転換する（州法403. 230①）。

3　妻の復氏

婚姻が解消されるか，又は無効が宣言された妻の請求に基づき，当事者に子がいないときは，裁判所は旧姓に復することを命じることができる（州法403. 230②）。

〔**根拠法条**〕

州法（2014 Kentucky Revised Statutes）
第35編　家族関係
第402章　婚姻
402. 170（婚姻－回復できない破綻）
① 申請又は他の方法で，当事者双方が宣誓又は確約（affirmation）により，婚姻が回復できない程度に破綻していると述べるか，又は当事者の一方がそのように述べ，他方が否定するときは，裁判所は聴取後に，婚姻が回復できない程度に破綻しているか否か事実認定を行う。当事者が60日間別々に住んでいないときは，命令は下されない。別居には，性的同棲がなく，同じ屋根の下で生活することが含まれる。裁判所は，聴聞の一部として，調停会議を命ずることができる。
② 当事者の一方が，宣誓又は確約により，婚姻が回復できない程度に破綻していることを否定するときは，裁判所は，申請が提出された事情及び調停の見込みを含め，全ての関連する要因を考慮し，以下を行わなければならない。
　a　婚姻が回復できない程度に破綻しているか否か事実認定をし，
　b　30日から60日の間で問題について聴取を継続するか，又は問題が法廷日程に提出され次第，当事者にカウンセリングを求めるよう提案することができる。裁判所は，一方の当事者の請求又は自ら，調停会議を命ずることができる。聴取を中断し，裁判所は婚姻が回復できない程度に破綻しているか事実認定をする。
③ 回復できない程度の破綻の事実認定は，合理的に調停の見込みがないときに決定される。
（1978年改正，1978年６月17日施行）
第403章　婚姻の解消－子の監護
403. 230（法定別居，裁判所は判決を解消に転換することができる。以前の姓の回

復）

① 法定別居の命令後，１年が経過したときは，一方の当事者の申立てに基づき，裁判所は判決を婚姻解消の判決に転換する。

② 婚姻が解消されるか，又は無効が宣言された妻の請求に基づき，当事者に子がいないときは，裁判所は旧姓（her maiden name or a former name）に復することを命じることができる。

第３　出　生

１　出生証明書

ケンタッキー州衛生局発行の出生証明書は，資料５－18－２（本文415頁）参照。

第４　養子縁組

１　実質的成立要件

⑴　養親の要件

18歳以上の者は，養親となることができる（州法199.470①）。

⑵　夫婦共同縁組

配偶者が養子の実親でない限り，夫婦は共同で養子縁組をしなければならない（州法199.470②）。

２　保護要件

⑴　裁判所の決定

養子縁組については，郡の巡回裁判所の審理手続を経なければならない（州法199.470①）。

⑵　実親の同意

原則として，実親の同意を要する。

ただし，親権が終了している等の場合には，実親の同意は要しない（州法199.500①）。

(3) 養子の同意

養子が12歳以上である場合は，その者の同意を要する（州法199.500③）。

〔根拠法条〕

州法（2014 Kentucky Revised Statutes）
第17編　経済的保障及び公共の福祉
第199章　子の保護サービス―養子縁組
199.470（子の養子縁組の申請―当事者―居住要件―事務局の承認―例外）

① 18歳で，ケンタッキー州の居住者であるか，又は申請提出前に12か月ケンタッキー州に居住していた者は，申請者の居住する郡の巡回裁判所に，子を養子とする許可申請をすることができる。

② 申請者が婚姻をしている場合は，申請者が養子となる者の実親と婚姻しているときを除き，夫と妻は子を養子とする許可申請を共同でしなければならない。ただし，共同申請の条件が，子の適切な家庭を否定することになると裁判所が判断したときは，その要件は放棄される。

③～⑤（略）

199.500（養子縁組の同意）

① 養子縁組は，KRS199.011に定義されている嫡出子の生存している親又は両親，嫡出でない子の母又は父であることが法的行為により確立されているか，口供人が子の父であることを明言している宣誓口供書が提出されたときは，嫡出でない子の父。ただし，生存している親又は両親の同意は，以下の場合には要しない。

a　親が意思能力がない旨の判決があり，判決が養子縁組の申請が提出される前1年以上有効であった場合

b　親権が，KRS第625章により終了している場合

c　生存している親が離婚し，KRS第625章により1人の親の権利が終了し，子の監護権及び監督権を有している親が同意をした場合，又は，

d　実親がKRS625.065が要求する親の権利が創設されなかった場合

②（略）

③ 子が12歳以上の場合は，子の同意は裁判所で与えられる。裁量により，裁判所はこの要件を放棄することができる。

④ 養子縁組手続の一部として，KRS625.090のいかなる規定も子に関して存在しないことが，抗弁され，証明されたときは，本節第1項の規定にかかわらず，養子縁組は子の生存している実親の同意なく認められる。

⑤（略）

資料５－18－１〔婚姻証明書〕

Registrar of Vital Statistics
Certified Copy

THE FACE OF THIS DOCUMENT HAS A COLORED BACKGROUND - NOT A WHITE BACKGROUND

※※※※

2012 ※※※※

Marriage License

Valid ONLY in the
Commonwealth of Kentucky ※※／※※

To Any Person or Religious Society Qualified to Perform Marriages per KRS 402.050: You are hereby authorized to join together in the state of matrimony,according to the laws of the Commonwealth of Kentucky

Bride's Full Name △△△△

Current Residence ※※※※※ CINCINNATI OH ※※

Groom's Full Name □□□□

Current Residence ※※※※※ CRESCENT-SPRINGS KY ※※

	Bride	Groom
Date of Birth (Age)	02/※/1973 39	07/※/1974 37
Place of Birth	JAPAN	INDIA
Mother's Full Name (including Maiden)	※※※※	※※※※
Father's Full Name	※※※※	※※※※
Condition (Single, widowed, divorced or annulled)	DIVORCED	SINGLE
No. of Previous Marriages	ONE	ZERO
Occupation	※※※	※※※
Race	ASIAN	ASIAN
Relationship to other party	NONE	NONE

We hereby certify the above information is true to the best of our knowledge

（署名）　（署名）
(bride's signature)　(groom's signature)

Issued this 06 / 22 / 12 in the office of Gabrielle Summe, Kenton County Clerk.
(mo.) (day) (year)

COVINGTON, Kentucky by ※※※※※※（署名） Deputy Clerk
(city) (recorder's name) (title)

Note: License valid for 30 days only, including the date it is issued, per KRS 402.105!

Marriage Certificate

(type or print with black ink ball-point pen only)

I do certify that △△△△ and □□□□

Were united in marriage on the ※ day of July, 2012 at Crestview Hills

Kentucky, under the authority of the above license and in the presence of (Please PRINT witnesses names)

※※※※※※（署名） and ※※※※（署名）

Given under my hand this 14th day of July 2012

（署名）
(Signature of person performing ceremony) ※※※※※

Ordained clergy (title), of the Evangelical Lutheran (church, religious, or civil authority)

Note: Persons failing to return this Certificate to the Clerk of the County in which it was issued within one month shall be guilty of a violation per KRS 402.990(11).

Recorded this 7 / 17 / 12 in the office of Gabrielle Summe, Kenton County Clerk.
(month) (day) (year)

in Marriage Book ※ ※ page ※

（署名）, Deputy Clerk
(recorder's signature)

THE BACK OF THIS DOCUMENT CONTAINS AN ARTIFICIAL WATERMARK - HOLD AT AN ANGLE TO VIEW

I, ※※※, Registrar of Vital Statistics, hereby certify this to be a true and correct copy of the certificate of birth, death, marriage or divorce of the person therein named, and that the original certificate is registered under the file number shown. In testimony thereof I have hereunto subscribed my name and caused the official seal of the Office of Vital Statistics to be affixed at Frankfort, Kentucky this 2nd day of October 2012

（署名）
State Registrar

資料5－18－1

婚姻証明書（和訳文）

	氏	名（First Name, Middle Nameの順）
1．夫の氏名：	□□	□□

例：Steven John Rogers, II→氏：ロジャース、名：スティーブン　ジョン　セカンド

	氏	名
妻の氏名：	△△	△△

例：Shigeko Kawamura→氏：川村、名：滋子（日本国籍者は、戸籍上の文字で記入）

2．婚姻成立年月日：平成 24 年 7 月 ※ 日

婚姻方式：アメリカ合衆国　ケンタッキー　州の方式

3．婚姻証明書作成者

職　名：　同州ケントン郡登録官

氏　名：　※※※※

翻訳者

氏名　△　△　△　△

（日本語、かい書で記入のこと）
（婚姻当事者の場合は、婚姻前の氏名を記入）

Consulate General of Japan in Detroit
Rev. on 10/16/2007

資料５－18－２〔出生証明書〕

Registrar of Vital Statistics
Certified Copy

THE FACE OF THIS DOCUMENT HAS A COLORED BACKGROUND - NOT A WHITE BACKGROUND

※※※※

FORM VS-2A (REV. 01/2013)　REGISTRAR'S NO. ※※　(署名)

MUST BE TYPED

COMMONWEALTH OF KENTUCKY
CABINET FOR HEALTH AND FAMILY SERVICES
REGISTRAR OF VITAL STATISTICS
CERTIFICATE OF LIVE BIRTH

FILE NO. 116　2013 ※※

CHILD	1. CHILD'S NAME (First, Middle, Last, Suffix) ○○○○○○○	2. TIME OF BIRTH 1401 (24hr)	3. SEX MALE	4. DATE OF BIRTH (Mo/Day/Yr) AUGUST ※, 2013
	5. FACILITY NAME (If not institution, give street and number) ※※※※※※	6. CITY, TOWN, OR LOCATION OF BIRTH LEXINGTON		7. COUNTY OF BIRTH FAYETTE
MOTHER	8a. MOTHER'S CURRENT LEGAL NAME (First, Middle, Last, Suffix) △△△△△△			8b. DATE OF BIRTH (Mo/Day/Yr) DECEMBER ※, 1984
	8c. MOTHER'S NAME PRIOR TO FIRST MARRIAGE (First, Middle, Last, Suffix) △△△△△△			8d. BIRTHPLACE (State, Territory, or Foreign Country) INDIANA
	9a. RESIDENCE OF MOTHER-STATE KENTUCKY	9b. RESIDENCE OF MOTHER-COUNTY FAYETTE		9c. RESIDENCE OF MOTHER-CITY, TOWN, OR LOCATION LEXINGTON
	9d. STREET AND NUMBER ※※※※※※	9e. APT. NO.	9f. ZIP CODE ※※	9g. INSIDE CITY LIMITS? ☒ Yes ☐ No
FATHER	10a. FATHER'S CURRENT LEGAL NAME (First, Middle, Last, Suffix) □□□□□□□	10b. DATE OF BIRTH (Mo/Day/Yr) JUNE ※, 1985		10c. BIRTHPLACE (State, Territory, or Foreign Country) JAPAN
CERTIFIER	11. CERTIFIER'S NAME ※※※※※※ TITLE: ☐ MD ☐ DO ☒ HOSPITAL ADMIN. ☐ CNM/CM ☐ OTHER MIDWIFE ☐ OTHER (Specify)	12. DATE CERTIFIED 08 / 30 / 2013 (MM DD YYYY)		13. DATE FILED BY REGISTRAR 09 / 06 / 2013 (MM DD YYYY)

THE BACK OF THIS DOCUMENT CONTAINS AN ARTIFICIAL WATERMARK - HOLD AT AN ANGLE TO VIEW

I, ※※※, Registrar of Vital Statistics, hereby certify this to be a true and correct copy of the certificate of birth, death, marriage or divorce of the person therein named, and that the original certificate is registered under the file number shown. In testimony thereof I have hereunto subscribed my name and caused the official seal of the Office of Vital Statistics to be affixed at Frankfort, Kentucky this 24th day of Sept, 20 13 SS

(署名)

State Registrar

資料5－18－2

※全て日本語（漢字、ひらがな、カタカナ）でご記入ください。

出生証明書（要訳文）

1．子の氏名：(氏)　○○　(名)　○○、○○
（ファーストネーム、あれば次にミドルネーム）

2．性別：☑男　女

3．生まれたとき：平成25年 8 月 ※ 日　午前・(午後) 02時01分

4．生まれたところ：アメリカ合衆国 ケンタッキー 州 フェイエット 郡 レキシントン 市 ※※※※ 番地
（病院名：　※※※※　）

5．母の氏名：(氏)　△△　(名)　△△　△△
（旧姓：△△）　（ファーストネーム、あれば次にミドルネーム）

6．父の氏名：(氏)　□□　(名)　□□
（ファーストネーム、あれば次にミドルネーム）

※　証明書の発行者：（(1) と (2) のいずれか1つを記入）

（1）☑ 登録機関：アメリカ合衆国 ケンタッキー 州衛生局

（2）☐ 医師　☐ 助産婦

氏名：（氏）　（名）

※　備考

自署したが、印がないため押印せず。

翻訳者　□　□　□　□

【子の氏名が出生証明書と出生届の記載とで異なる場合の申出事項】
（ラストネームの違い、ミドルネームの有無等、相違がある場合）

出生証明書(英文)にある子の氏名は

(氏)　○○　(名)　○○　○○
(Birth Certificate上に登録されている氏名)

となっているが、出生届書の事件本人と同一人物に相違なく、戸籍には、(氏)　○○　(名)　○○　と届出する。
(出生届に記入した氏名)

申請人署名　□　□　□　□　印

在ナッシュビル総領事館

5−19　アメリカ合衆国／コネチカット州

第1　婚　　姻

1　婚姻証明書

コネチカット州マンチェスター町書記発行の婚姻証明書（許可証及び婚姻証明書）は，資料5−19−1（本文423頁）参照。

2　実質的成立要件

(1)　婚姻適齢

男女とも18歳である（州法46ｂ−20ａ２）。

18歳未満の者については，以下の同意を要する（州法46ｂ−30）。

ア　16歳未満の者

未成年者の居住する地区の検認裁判官が許可証に関する書面の同意を承認しなければ，許可証を発行することができない。

イ　16歳以上で18歳未満の者

その者の親又は後見人の書面による同意が州法47−５ａの規定に基づき譲渡証書を承認する権限を有する者若しくは他の州又は国において承認する権限を有する者の面前で署名し，承認したその未成年者の親又は後見人の書面による同意を登録吏に提出しなければ，許可証を発行することができない。

なお，その未成年者の親又は後見人である者がアメリカ合衆国の住民でないときは，未成年者の居住する地区の検認裁判官が許可証を承認し，それで足りる。

(2)　重婚の禁止

他の婚姻の当事者でないか，本質的に婚姻と同様の権利，利益及び責任を与える関係に入った者でない者は，婚姻をすることができない（州法46ｂ−20ａ１）。

(3)　近親婚の禁止

その者の親，祖父母，子，孫，兄弟，親の兄弟，兄弟の子，継親又は継子と婚姻することができない（州法46ｂ－20ａ・46ｂ－21）。

(4)　後見人の監督下にある者

後見人の監督等を受けている者は，後見人の同意を得なければ，婚姻をすることができない（州法46ｂ－20ａ）。

(5)　同性婚

アメリカ合衆国では，同性婚を認める州と認めない州が存在していたが，連邦最高裁判所は，平成27年（2015年）６月26日に，同性婚は合衆国憲法の下での権利であり，州は同性婚を認めなければならないとの判断を下した。これにより，全米で同性婚が合法となることから，同性婚を禁止している各州の法律は今後改正される。

３　婚姻許可証

挙式は，申請日後65日以内の期間に行われなければならない（州法46ｂ－24ｂ）。

４　婚姻の無効

重婚及び近親婚の禁止（州法46ｂ－21）に反する婚姻は，無効である。

〔根拠法条〕

州法（2013 Connecticut General Statutes）
第12巻
第46ｂ編　家族法
第815ｅ章　婚姻
46ｂ－20ａ（婚姻適格）

以下の者であるときは，婚姻適格者である。

1　コネチカット州又は他の州若しくは管轄において，他の婚姻の当事者でないか，本質的に婚姻と同様の権利，利益及び責任を与える関係に入った者でない者（以下，略）
2　46ｂ－30に規定されている場合を除き，少なくとも18歳である者
3　46ｂ－29に規定されている場合を除き，後見人の監督又は管理下にない者
4　46ｂ－21に従って婚姻することが禁じられていない者

46ｂ－21（近親婚の禁止）

いかなる者も，その者の親，祖父母，子，孫，兄弟，親の兄弟，兄弟の子，継親又は継子と婚姻することができない。この親等間の婚姻は，無効である。

46ｂ－24（許可証，有効期限，許可証のない挙行に対する罰則）

ａ　双方が本節，46ｂ－25及び46ｂ－29から46ｂ－33の全ての規定を満たし，婚姻が挙行される都市の登録吏が示された者が上記の節の規定を満たす登録吏の証明書であることを証明する許可証が発行されるまでは，いかなる者もコネチカット州において婚姻を結ぶことはできない。

ｂ　挙式は，申請日後65日以内の期間に行われたときは，登録吏によって証明されたそのような許可証は，その者がコネチカット州において，婚姻を結ぶために結婚の挙式を挙行する権限を与えられた者に十分な権限である。

ｃ・ｄ　（略）

46ｂ－30（未成年者の婚姻）

ａ　未成年者の居住する地区の検認裁判官（the judge of probate）が許可証に関する書面の同意を承認しなければ，16歳未満の申請者に対しては許可証を発行することができない。

ｂ　その未成年者の親又は後見人の書面による同意が47－５ａの規定に基づき譲渡証書を承認する権限を有する者若しくは他の州又は国において承認する権限を有する者の面前で署名し，承認したその未成年者の親又は後見人の書面による同意を登録吏に提出しなければ，18歳未満の申請者に対し，許可証を発行することができない。その未成年者の親又は後見人である者がアメリカ合衆国の住民でないときは，未成年者の居住する地区の検認裁判官が許可証を承認し，それで足りる。

第２　離　　婚

１　離婚事由

コネチカット州では，破綻主義が採られており，「婚姻が回復し難い程度に破綻しているとき」に離婚が認められる。

そのほかに，①訴状の送達前に，当事者が不和を理由に少なくとも継続して18か月間別居し，夫婦が和解する合理的な見通しがないとき，②姦通，③不正契約，④義務の完全に懈怠した１年間の悪意の遺棄，⑤７年間の不在，その期間を通して音信がないとき，⑥アルコール中毒，⑦耐え難い残虐であること，⑧終身刑を宣告されたか，又は夫婦の義務違反を含めた不名誉な犯罪を犯し，１年以上の刑に処せられたとき，⑨精神上の障害のため，訴え日の前の６年間で，合計して少なくとも5年間の期間，病院又は他の類似の施設に法的に監禁されていたときにも離婚が認められる（州法46ｂ－40ｃ）。

〔根拠法条〕

州法（2013 Connecticut General Statutes）
第12巻
第46ｂ編　家族法
第815ｊ章　婚姻の解消，法定別居及び無効
46ｂ－40（婚姻解消事由，法定別居，無効）

a　婚姻は，⑴当事者の一方の死亡又は⑵管轄裁判所の婚姻の無効又は解消の判決によってのみ解消する。

b　婚姻がコネチカット州又は婚姻が挙行された州の法律に基づき無効又は取り消すことができるときは，無効が認められる。

c　婚姻解消の判決又は法定別居の判決は，以下に掲げる事由の一つが生じたと判断するときに認められる。⑴婚姻が回復し難い程度に破綻しているとき，⑵訴状の送達前に，当事者が不和を理由に少なくとも継続して18か月間別居し，夫婦が和解する合理的な見通しがないとき，⑶姦通，⑷不正契約，⑸義務の完全に懈怠した1年間の悪意の遺棄，⑹7年間の不在，その期間を通して音信がないとき，⑺アルコール中毒，⑻耐え難い残虐であること，⑼終身刑を宣告されたか，又は夫婦の義務違反を含めた不名誉な犯罪を犯し，1年以上の刑に処せられたとき，⑽精神上の障害のため，訴え日の前の6年間で，合計して少なくとも5年間の期間，病院又は他の類似の施設に法的に監禁されていたとき。

d　アルコール中毒を理由とする婚姻の解消又は法定別居の訴えは，訴えの原因が当事者の別居時までに存在したことが証明されれば足りる。

e　義務の完全な懈怠を伴う1年間の悪意の遺棄を理由とする婚姻の解消又は法定別居の訴えは，財政的援助を提供することは，他の証拠がないときは，義務の完全な懈怠の反証とはならない。

f　本節において，“姦通”は，婚姻している者とその者の配偶者以外の者との自発的な性交を意味する。

第3　出　　生

1　出生証明書

コネチカット州ハートフォード市発行の出生証明書は，資料5－19－2（本文425頁）参照。

第４　養子縁組

１　実質的成立要件

コネチカット州において養子縁組を行う場合の成立要件は，次のとおりである。

①　実父母が生存していないこと，又は実父母に親権がないこと。

ただし，実父母が生存している場合でも，実父母の同意があれば養子縁組は可能であり，また，実父母のいずれかに親権がある場合でも，親権を有する者の同意があれば，養子縁組は可能である。

②　養親となる者が，満18歳以上であること。

③　養子の縁組適齢はない。

２　保護要件

コネチカット州の検認裁判所の決定を要する。

３　事　　例

アメリカ人夫（コネチカット州）が日本人妻の子（日本人先夫との間の嫡出子）を養子とする養子縁組について，法例第32条（現行通則法第41条・反致）の規定を適用して日本法を準拠法として受理して差し支えないとされた事例（平成８．８．16民二1450号回答（戸籍651－81））がある。

⑴　コネチカット州の国際私法

コネチカット州の国際私法においては，同州に法定住所を有するアメリカ人が，日本国内において日本に住所を有する日本人を養子とすることは可能であり，この場合には，コネチカット州検認裁判所の決定を得る必要はなく，日本の国内法に基づいて養子縁組を行うことができる（コネチカット州は，何ら関与しない）。

⑵　「隠れた反致」の成否

⑴に記載したように，コネチカット州に法定住所を有するアメリカ人が，日本国内において日本人を養子とすることは可能であり，その場合には，養子の

住所地法である日本法に基づいて養子縁組を行うことになるとされている。

したがって，本件についても，「隠れた反致」の法理に基づく反致を認め，通則法第41条（反致）の規定により，日本法を準拠法とし実質的要件を審査するのが相当である。

資料５－19－１〔婚姻証明書〕

VS-3 Rev. 7/10
Type or print clearly with permanent black ink. Complete every item.

STATE OF CONNECTICUT
DEPARTMENT OF PUBLIC HEALTH
Vital Records Section – Hartford, Connecticut 06134

STATE FILE NO

LICENSE AND CERTIFICATE OF MARRIAGE: Town of *Manchester*

GROOM/ SPOUSE

1. NAME (First) (Middle) (Last)	□□ □□ □□
2. SEX	M
3. DATE OF BIRTH (Mo., Day, Year)	July ※, 1977
4. AGE	35
5. BIRTHPLACE (State or Foreign Country)	Sofia, Bulgaria
EDUCATION (No. Yrs. Completed) 6. GRADES 1-8	8
7. GRADES 9-12	4
8. COLLEGE (1-5+)	4
9. RESIDENCE (No. and Street)	※※※※※
10. CITY OR TOWN	New Britain
11. COUNTY	Hartford
12. STATE	CT
13. RACE	White
14. SUPERVISION OR CONTROL BY GUARDIAN OR CONSERVATOR	☐ YES ☑ NO
15. FATHER'S NAME	※※※※
16. MOTHER'S MAIDEN NAME	※※※※
17. FATHER'S BIRTHPLACE (State or Foreign Country)	N/A
18. MOTHER'S BIRTHPLACE (State or Foreign Country)	Bulgaria
19. NO. OF THIS MARRIAGE	2
20. NO. OF CIVIL UNIONS	0
21a. IF PREVIOUSLY IN MARRIAGE OR CIVIL UNION, LAST RELATIONSHIP WAS	1. ☑ MARRIAGE 2. ☐ CIVIL UNION
21b. LAST RELATIONSHIP ENDED BY	1. ☐ DEATH 2. ☑ DISSOLUTION 3. ☐ ANNULMENT 4. ☐ PREVIOUS CIVIL UNION DID NOT END. MARRYING CIVIL UNION PARTNER

BRIDE/ SPOUSE

22. NAME (First) (Middle) (Last)	△△ △△
23. SEX	F
24. DATE OF BIRTH (Mo., Day, Year)	April※, 1972
25. AGE	41
26. BIRTHPLACE (State or Foreign Country)	Himeji, Japan
EDUCATION (No. Yrs. Completed) 27. GRADES 1-8	8
28. GRADES 9-12	4
29. COLLEGE (1-5+)	4
30. RESIDENCE (No. and Street)	※※※※※
31. CITY OR TOWN	New Britain
32. COUNTY	Hartford
33. STATE	CT
34. RACE	Asian
35. SUPERVISION OR CONTROL BY GUARDIAN OR CONSERVATOR	☐ YES ☑ NO
36. FATHER'S NAME	※※※※
37. MOTHER'S MAIDEN NAME	※※※※
38. FATHER'S BIRTHPLACE (State or Foreign Country)	Kasai, Japan
39. MOTHER'S BIRTHPLACE (State or Foreign Country)	Japan
40. NO. OF THIS MARRIAGE	1
41. NO. OF CIVIL UNIONS	0
42a. IF PREVIOUSLY IN MARRIAGE OR CIVIL UNION, LAST RELATIONSHIP WAS	1. ☐ MARRIAGE 2. ☐ CIVIL UNION
42b. LAST RELATIONSHIP ENDED BY	1. ☐ DEATH 2. ☐ DISSOLUTION 3. ☐ ANNULMENT 4. ☐ PREVIOUS CIVIL UNION DID NOT END. MARRYING CIVIL UNION PARTNER

We, the above named in this marriage license sincerely affirm and declare that the statements herein made are true.

SIGNATURE	SIGNATURE OF REGISTRAR	THIS DAY OF (Month, Day, Year)
43. SIGNATURE OF GROOM/ SPOUSE (署名)	44. (署名)	45. July 3, 2013
46. SIGNATURE OF BRIDE/ SPOUSE (署名)	47. (署名)	48. July 3, 2013

49. This license certifies that the above-named persons have complied with the laws of Connecticut relating to a marriage license, and any person authorized to celebrate a marriage may join the above-named in marriage in the town of: *Manchester*

50. THIS LICENSE MUST BE USED ON OR BEFORE DATE (Month, Day, Year): September 5, 2013

51. ISSUING OFFICIAL (Signature): (署名)
52. TITLE: Manchester Assistant
53. DATE ISSUED (Month, Day, Year): July 3, 2013

54. I HEREBY CERTIFY THAT □□□□□□
55. AND △△△△

56. THE ABOVE NAMED PARTIES WERE LEGALLY JOINED IN MARRIAGE BY ME IN THE TOWN OF: MANCHESTER
57. IN THE COUNTY OF: HARTFORD
58. THIS DAY (Month, Day, Year): JULY ※, 2013

59. SIGNATURE OF PERSON PERFORMING CEREMONY: (署名)
60. PERSON PERFORMING CEREMONY (Please Print): ※※※※※
61. OFFICIAL CAPACITY: JOP
62. TYPE OF CEREMONY: CIVIL

63. THIS CERTIFICATE RECEIVED FOR RECORD ON Date: (Month, Day, Year): JUL 30 2013
64. BY (Signature): (署名)

65. SOCIAL SECURITY # OF GROOM/ SPOUSE: ※※※※※
66. SOCIAL SECURITY # OF BRIDE/ SPOUSE: None

I certify that this is a true copy of the certificate received for record, except for such information which is non-disclosable by law.

ATTEST: (署名)
Town Clerk/Registrar of Vital Statistics

Dated: AUG 19 2013 Town of Manchester, CT

資料5－19－1

婚姻証明書
〔日本語要訳〕

1．婚姻の当事者の氏名

夫になる人：　□□（氏）　□□（名）　□□（ミドルネーム）

妻になる人：　△△（氏）　△△（名）　（ミドルネーム）

2．婚姻の当事者の生年月日

夫：　1977　年　7　月　※　日生

妻：　1972　年　4　月　※　日生

3．婚姻成立の年月日

平成　25　年　7　月　※　日

4．婚姻の方式

アメリカ合衆国　コネチカット　州の方式

5．証明書の作成者

アメリカ合衆国　コネチカット　州

マンチェスター　郡・市・(町)登記官

6．証明書の発行年月日

2013　年　8　月　19　日

翻訳者の氏名（届出人による翻訳も可能です）

△　△（氏）　△　△（名）

翻訳年月日：　2013　年　8　月　21　日

※この用紙は、婚姻届に添付する婚姻証明書の日本語翻訳文を作成する際にご使用になれます。

資料5－19－2〔出生証明書〕

STATE OF CONNECTICUT
CERTIFICATION OF VITAL RECORD

DEPARTMENT OF PUBLIC HEALTH

CERTIFICATE OF LIVE BIRTH

SFN: 2013-※-※※

CHILD'S NAME: ○○○○○○

SEX: MALE

TIME OF BIRTH: 05:42 AM

DATE OF BIRTH: SEPTEMBER ※, 2013

WEIGHT: 7 LBS 12 OZS

BIRTHPLACE: ※※※※※※

CITY/TOWN: HARTFORD

COUNTY: HARTFORD

MOTHER'S NAME: △△△△

MAIDEN SURNAME: △△

MOTHER'S BIRTHPLACE: JAPAN

MOTHER'S DATE OF BIRTH: SEPTEMBER ※, 1979

MOTHER'S RESIDENCE: ※※※※※※

FATHER'S NAME: □□□□

FATHER'S BIRTHPLACE: UKRAINE

FATHER'S DATE OF BIRTH: OCTOBER ※, 1980

CERTIFIER'S NAME: ※※※※※※

DATE CERTIFIED: SEPTEMBER 12, 2013

ADDRESS: ※※※※※※

REGISTERED BY: ※※※※※

TITLE: REGISTRAR

DATE REGISTERED: SEPTEMBER 20, 2013

CITY/TOWN: HARTFORD

I HEREBY CERTIFY THAT THIS IS A TRUE CERTIFICATE OF LIVE BIRTH ISSUED FROM THE OFFICIAL RECORDS ON FILE

DATE ISSUED: SEPTEMBER 20, 2013

PLACE OF ISSUANCE: HARTFORD

SIGNATURE OF ISSUING REGISTRAR: （署名）　2013

This copy is not a legal document unless displaying raised seal and signature of Registrar

CONNECTICUT 1788 CHARTER OAK

※※※※

ANY ALTERATION OR ERASURE VOIDS THIS CERTIFICATE

HE WHO TRANSPLANTED STILL SUSTAINS

資料5－19－2

出生証明書（要訳）

子の氏名：〔氏〕　○○　〔名〕　○○　○○
・（ミドルネーム）

性別：　☑男　□女

生年月日：（西暦）2013 年 9 月 ※ 日 (午前)・午後 5 時 42 分

出生場所：アメリカ合衆国 コネチカット 州 ハートフォード (市)・町

※出生証明書の原文に「通り名」と「番地」の記載がある場合は、こちらに日本語訳を記入して下さい。

（病院名）　※※※※※※
※出生証明書の原文に病院名の記載がある場合は、こちらに日本語訳を記入して下さい。

母の氏名：〔氏〕　△△　〔名〕　△△
（ミドルネーム）

父の氏名：〔氏〕　□□　〔名〕　□□
（ミドルネーム）

証明者（発行機関）（どちらかに✓印をつけてください。）

☑発行機関：アメリカ合衆国 コネチカット 州
ハートフォード (市)・町　登記官

□病院（出生証明記録係）　□医師　□助産婦

□その他（資格）
（氏名）

翻訳者氏名：　△　△　△　△
（日本語で記名して下さい）

※子の氏名が出生証明書と出生届で異なる場合（ミドルネームがある場合等）の申し出事項

出生証明書においては子の氏名が

〔氏〕　○○　〔名〕　○○　○○

と記載されているが、出生届の者と同一人物に相違なく、戸籍上の日本語は

〔氏〕　○○　〔名〕　○○　と命名・記載する。

申出人署名：　△　△　△　△
（日本語で署名して下さい）

5－20　アメリカ合衆国／コロラド州

第１　婚　　姻

１　実質的成立要件

⑴　婚姻適齢

男女とも18歳以上である。

当事者が16歳及び17歳の場合は，両親の同意又は後見人の同意若しくは裁判上の同意を要する。

当事者が16歳未満の場合は，両親の同意又は後見人の同意及び裁判上の承認を要し，例外は認められない（州法14－２－106）。

⑵　重婚の禁止

重婚は，禁止されている（州法14－２－110）。

⑶　近親婚の禁止

全血か半血にかかわらず，尊属及び卑属，兄弟姉妹，叔父と姪，叔母と甥の婚姻は禁止される（州法14－２－110）。

⑷　同性婚の禁止

婚姻は，１人の男性と１人の女性の場合でなければならない(州法14－２－104)。

なお，アメリカ合衆国では，同性婚を認める州と認めない州が存在していたが，連邦最高裁判所は，平成27年（2015年）６月26日に，同性婚は合衆国憲法の下での権利であり，州は同性婚を認めなければならないとの判断を下した。これにより，全米で同性婚が合法となることから，同性婚を禁止している各州の法律は今後改正される。

２　合意婚・便宜婚

登録がされていないが，合意婚又は便宜婚が婚姻であると社会から認められたときは，婚姻と認められる（イゴールM・イリンスキー「ロシア共和国における婚姻の諸形態」時報421－34)。

3　婚姻許可証

(1)　発行者

郡の書記，記録吏が発行する（州法14－2－107）。

(2)　有効期間

発行された日から30日間有効である（州法14－2－107）。

〔根拠法条〕

コロラド修正州法（Colorado Revised Statutes 2014）

第14編　家族関係

第2条　婚姻及び女性の権利

第1部　統一婚姻法（Uniform Marriage Act）

14－2－104（形式）

① 本節第3項に規定される場合を除き，以下の場合は，婚姻はコロラド州で有効である。

a　本第1部において規定されているように許可を受け，挙行され，登録された場合

b　1人の男性と1人の女性の場合

② 14－2－112の規定にかかわらず，本節第1項第b号を満たさないコロラド州内又はコロラド州外で締結された婚姻は，コロラド州で有効と認められない。

③（略）

14－2－105（婚姻許可証及び婚姻証明書）（略）

14－2－106（婚姻許可証）

①a（略）郡の書記は，以下の要件を備えた場合には，婚姻許可証及び婚姻証明書の書式を発行する。

(I)　それぞれの婚姻当事者が，婚姻許可証が効力を生じた時に，18歳に達しているか，又は16歳以上で18歳に達していないときは両親又は後見人，両親がともに生存していないときは法定監護権を有するか，その事項に関して意思決定の責任を有するか，子と一緒に生活している者が同意しているか，14－2－108に規定する裁判上の承認があるか，若しくは16歳未満のときは，両親又は後見人の婚姻に対する同意，両親が同居していないときは，法定監護権を有するか，その事項に関して意思決定の責任を有するか，子と一緒に生活している者が同意しているか，14－2－108に規定する裁判上の承認があることの十分な証拠

(II)　14－2－110に規定する禁止婚でない十分な証拠

(III)　（廃止）

b　本項第a(I)号に反するときは，婚姻は無効にできる。

c（2000年改正により削除，2000年7月1日施行）

②（廃止）

14－2－107（婚姻許可証の発行される時

―有効性）

婚姻許可証は，郡の書記及び記録吏の事務所が法律に基づき開庁されている時間にのみ発行され，それ以外の時間には発行されない。その許可証には，発行の正確な日付及び時間が表示される。許可証のコロラド州外の使用は有効でない。州内では，許可証は発行後30日を超えて有効ではない。婚姻許可証が30日以内に使用されなかったときは，無効であり，取消しのため郡の書記及び記録吏に返還すべきである。

14－２－109.5（コモンロー婚―年齢制限）

①　2006年９月１日以降に結ばれたコモンロー婚は，コモンロー婚が結ばれた時に，以下の場合でなければ，コロラド州において有効とは認められない。

a　それぞれの当事者が18歳以上であり，かつ，

b　婚姻が14－２－110により禁止されていない場合

②　（略）

14－２－110（禁止婚）

次の婚姻は，禁止される。

a　当事者の一方の前婚が解消される前に結ばれた婚姻。ただし，当事者間で現在有効な婚姻である場合を除く。

b　半血であるか全血であるかにかかわらず，尊属と卑属間又は兄弟姉妹間

c　半血であるか全血であるかにかかわらず，おじと姪又はおばと甥。ただし，原住民の文化により確立した慣習により認められた婚姻を除く。

第２　離　　婚

コロラド州の婚姻解消法は，他の各州と同様，ほぼ完全な破綻主義を採っており，離婚について当事者の合意があれば，その協議書を裁判所に郵送するだけで離婚判決を得ることができるまでに至っている。

第３　出　　生

１　父の推定

男性と子の実の母が婚姻しているか，又は婚姻していて，子が婚姻中又は死亡，無効，婚姻の無効宣告，婚姻の解消，離婚による婚姻の終了後300日以内又は裁判所の法定別居の判決登録後300日以内に出生した場合には，男性は子の実の父と推定される（州法19－４－105）。

2　出生証明書

コロラド州衛生及び環境局発行の出生証明書は，資料5－20－1（本文436頁）参照。

〔根拠法条〕

コロラド修正州法（Colorado Revised Statutes 2014）

第19編　児童法

第4条　統一親子法（Uniform Parentage Act）

19－4－105（父の推定）

① 男性は，以下の場合には，子の実の父と推定される。

a　男性と子の実の母が婚姻しているか，又は婚姻していて，子が婚姻中又は死亡，無効，婚姻の無効宣告，婚姻の解消，離婚による婚姻の終了後又は裁判所の法定別居判決登録後，300日以内に出生した場合

b～f　（略）

② （略）

第4　養子縁組

1　成年養子縁組

⑴　規　定

成年養子縁組については，「コロラド修正州法　第14編家族関係　第1章成人の養子縁組（Colorado Revised Statutes, 2014, Title 14 Domestic Matters Article 1 Adoption of Adults)」に規定されている。

⑵　実質的成立要件

コロラド州民法における成人は誰でも，養子又は養親となることができる(州法14－1－101)。

年長養子の禁止及び夫婦共同縁組の定めもない。

⑶　養子縁組の効力

成年養子の目的を明確に相続権の付与のみとしており，実親との親子関係は断絶されない。

判例は，「養子は，相続権を除き，養親に対していかなる権利義務を負わな

い。」，「養子の同意がなければ，氏名の変更はできない。」，「この規定による手続は，単に成人間の個人的な契約の効果をもたらすにすぎない。」等としている。

2　未成年養子縁組

⑴　規　定

未成年養子縁組については，「コロラド修正州法　第19編児童法（Colorado Revised Statutes, 2014, Title 19 Children's Code）」に規定されている。

⑵　実質的成立要件

ア　養子の要件

養子は，18歳未満の未成年者でなければならない。

ただし，18歳以上で21歳未満の者についても，裁判所の承認がある場合は，養子とすることができる（州法19－５－201）。

イ　養親の要件

㈠　夫婦共同縁組

配偶者のいない者も養親となることができるが，配偶者のある者は，夫婦が共同して養親になることとされている。

ただし，配偶者の一方が養子の実親又は養親である場合には，他方が単独で養親になる（州法19－５－202）。

㈡　養親の年齢

養親は，21歳以上でなければならない。

ただし，21歳未満の未成年者であっても，裁判所の許可に基づき，養子縁組の申立てを行うことができる（州法19－５－202）。

㈢　養子との年齢差

養親子の年齢差については，定めはない。

コロラド州では，州社会福祉局の発行しているハンドブックにもこの種の基準は見当たらず，各養子あっせん機関の裁量にゆだねられているものと考えられている。

ウ　託　置

裁判所が合理的な理由があると判断した場合を除き，最初に養子縁組を目的として養子縁組の申請者の家庭に託置された日から35日を経過していないときは，養子縁組の申請を提出してはならない（州法19－5－208）。

(3) 保護要件

ア　裁判所等の許可

コロラド州の未成年養子縁組は，断絶型養子であり，連れ子養子の場合を除き，実親との法的親子関係が終了している場合にのみ養子とすることができる。

法的親子関係の終了手続は大別して，実親の任意の申出による親子関係放棄（Relinquishment）及び実親の意思にかかわらず，監護不適当又は不能を理由とする親子関係の終了（Termination of Parental Right）の２つがあるが，実務上は，父母による監護養育が不能又は著しく困難な場合に養子となることを前提に親子関係の終了が認められているようである。

イ　実父母の同意

規定上は，実父母の同意を要する旨の規定はないが，アに記載したように親子関係の放棄の際に，実質的に実父母が同意をしている。

ウ　養子あっせん機関等の同意

子が，養子縁組のために郡の社会サービス局，許可を受けた児童託置機関又は個人に託置されたときは，その部局，機関の個人又は個人の書面による，証明された同意を要する（州法19－5－207）。

エ　養子の同意

養子が12歳以上である場合は，その者の同意を要する（州法19－5－203②）。

(4) 養子縁組の効力

ア　養親及びその親族との関係

養子縁組決定後，養子は，養親の嫡出子たる身分を取得する。

その結果，養親及びその親族との間に実子と同様の親子関係及び親族関係が生ずる（州法19－5－211）。

イ　実親及びその親族との関係

連れ子養子の場合を除き，養子と実親との親子関係及びこれに伴う権利義務関係は消滅する。したがって，親族との関係も消滅する（州法19－5－211）。

婚姻障害については，養子縁組決定後に新しい出生証明書を発行する州保健局において，これを回避する扱いを行っている。

〔根拠法条〕

コロラド修正州法（Colorado Revised Statutes 2014）

第14編　家族関係

第1条　成人の養子縁組

14－1－101（成人の養子縁組）

① 法律的手続で相続人として成人を養子とすることを望む者は，その者又は養子となる者の居住地の郡の少年裁判所に申請を提出するものとする。（以下，略）

② （略）

③ 本条に従った養子縁組に関する訴訟は，子の養子縁組に関する州法第19編第5条第2部に規定で実行される同様の手続に従う。

第19編　児童法

第5条　放棄及び養子縁組

第1部　放棄（略）

第2部　養子縁組

19－5－201（養子になることができる者）

養子縁組の申請がされた時に18歳未満で州に居り，19－5－203に規定されているように法的に養子縁組することができる子は，養子になることができる。裁判所が認めたときは，18歳以上で21歳未満の者は，子として養子になることができ，子の養子縁組に関する本第2部の全ての規定は，その者についても適用される。

19－5－202（養子縁組をすることができる者）

① 養親を含め，21歳以上のいかなる者も裁判所に養子縁組の判決をすることを申請することができる。

② 未成年者は，裁判所の許可に基づき，養子縁組の判決をすることを申請することができる。

③ 法定別居をしていない生存している配偶者がある者は，その配偶者と共同して申請するものとする。ただし，その配偶者が養子となる子の実親であるか，又は過去に子を養子とした場合を除く。

④ 法定別居をしていないシビルユニオンの生存しているパートナーがある者は，そのパートナーと共同して申請するものとする。ただし，そのパートナーが養子となる子の実親であるか，又は過去に子を養子とした場合を除く。

⑤ （略）

19－5－203（養子縁組の可能）

① 子は，以下の場合に基づいてのみ養子縁組をすることができる。

a　本編第3条又は第5条に基づく手続

において，法律上の親子関係を終了させる裁判所の命令

b　19－5－103，19－5－103.5又は19－5－105に基づく法律上の親子関係を自発的に放棄することを命ずる裁判所の命令

c　子の両親が死亡し，裁判所が指名した後見人の書面により，証明された同意

d 1　他方の親が死亡しているか，又は本サブセクションa又はbに基づき親子関係が終了しているときの，継子養子縁組における親の書面により，証明された同意

2　（略）

d 5・e～k　（略）

②　養子となる者が12歳以上であるときは，その者からの養子縁組の申請に対する書面による同意を取得するものとする。

19－5－207（公共養子縁組に対する書面による同意及びホームスタデイ，（略））

①　子が，養子縁組のために郡の社会サービス局，許可を受けた児童託置機関（a licensed child placement agency）又は個人に託置されたときは，その部局，機関の個人又は個人は，養子縁組の申請に，第24編第60条第18部の“子の託置に関する各州間契約”（Interstate Compact on Placement of Children）の条件に従って，受領又は送付された通知に加えて，養子縁組に対する書面による，証明された同意を提出しなければならない。

②～⑨　（略）

19－5－208（養子縁組の申請）

①　裁判所が合理的な理由（略）があると判断した場合を除き，申請を最初に養子縁組を目的として養子縁組の申請者の家庭に託置された日から35日を経過していないときは，養子縁組の申請を提出してはならない。（以下，略）

②・(2.5)・③～⑥　（略）

19－5－211（最終判決の法的効力）

①　養子縁組の最終判決の登録後，養子となった者は，どの点からみても，申請者の子となる。その者は申請者の嫡出子としての全ての権利及び特権を付与され，全ての義務に服する。

(1.5)　（略）

②　親は，子に関する全ての法律上の権利及び義務を免れ，養子は親に関する服従及び扶養の全ての義務から免れる。

(2.5)　（略）

③　養親が継親で，実親と婚姻しているときは，本第2部において，実親又は子から法律上の権利又は義務からは免れないと解釈される。

第5　養子離縁

コロラド州法上，離縁に関する規定はない。

養親が転縁組のため，実親の場合と同様に親子関係放棄の申立てをすることは可能である。

また，養親に養子虐待，放置，遺棄等の事実があれば，裁判所は郡社会福祉部等からの申立てにより，親子関係の終了決定をすることができる。ただし，養親子関係の終了が決定されても，当然には実親子関係は復活せず，復活させたい場合には，再度養子縁組の手続を踏まなければならない。

（第４・第５につき，吉武雅人「アメリカ合衆国コロラド州における家事事件の実情」家月39－７－131参照）

資料５－20－１〔出生証明書〕

CERTIFICATION OF VITAL RECORD

STATE OF COLORADO
COLORADO DEPARTMENT OF PUBLIC HEALTH AND ENVIRONMENT
HOLD TO LIGHT TO VIEW WATERMARK

CERTIFICATE OF LIVE BIRTH

STATE FILE NUMBER
※※※※※

NAME OF REGISTRANT
○○　○○　○○

DATE AND TIME OF BIRTH
AUGUST ※, 2013 06:42 AM

GENDER OF REGISTRANT
FEMALE

CITY OF BIRTH
LONE TREE

COUNTY OF BIRTH
DOUGLAS

MOTHER'S NAME PRIOR TO FIRST MARRIAGE
△△　△△

MOTHER'S PLACE OF BIRTH
JAPAN

MOTHER'S AGE AT TIME OF BIRTH
※

FATHER'S NAME
○○　○○　○○

FATHER'S PLACE OF BIRTH
ILLINOIS

FATHER'S AGE AT TIME OF BIRTH
※

DATE RECORD FILED
AUGUST 26, 2013

DATE ISSUED OCTOBER 15, 2013

THIS IS A TRUE CERTIFICATION OF NAME AND FACTS AS RECORDED IN THIS OFFICE. Do not accept unless prepared on security paper with engraved border displaying the Colorado state seal and signature of the Registrar. PENALTY BY LAW, Section 25-2-118, Colorado Revised Statutes, 1982, if a person alters, uses, attempts to use or furnishes to another for deceptive use any vital statistics record. NOT VALID IF PHOTOCOPIED.

（署名）
※※※※※※
STATE REGISTRAR

※※※※※※

REV 01/07

STATE OF COLORADO 1876

American Bank Note Company

ANY ALTERATION OR ERASURE VOIDS THIS CERTIFICATE

資料5－20－1

在デンバー日本国総領事館

出　生　証　明　書（抄訳文）

証明書発行日(date issued)：西暦 2013 年 10 月 15 日

1．出生子の氏名：　○○（姓）　○○（名）　○○（ミドルネーム）

2．性別：□男　☑女

3．出生年月日/時刻：西暦 2013 年 8 月 ※ 日

（午前）/午後 6 時 42 分

4．出生場所：アメリカ合衆国 コロラド 州 ダグラス 郡

ローンツリー 市

5．父の氏名：　□□（姓）　□□（名）　□□（ミドルネーム）

母の婚姻前の氏名：　△△（姓）　△△（名）　＿＿（ミドルネーム）

6．証明者（登録機関）：☑アメリカ合衆国 コロラド 州衛生局

□その他（　　　　　　　　　　）

翻訳者氏名：　△　△　△　△　印

(注) 子の父、母による翻訳で結構です。Birth Certificate（英文）を見ながら、該当する日本語を、漢字、カタカナ、ひらがなを使って書いてください。

翻訳者氏名欄に戸籍通りにお名前をお書きください。

5－21　アメリカ合衆国／コロンビア特別区（ワシントンD.C.）

第１　婚　　姻

１　実質的成立要件

⑴　婚姻適齢

男女とも18歳以上である。

18歳未満（16歳又は17歳）である場合は，一方の親の同意を，父も母もいないときは後見人の同意を要する。

16歳未満の者は，婚姻をすることができない（区法46－403・46－411）。

⑵　重婚の禁止

前婚が配偶者の死亡又は離婚判決により終了しない者の婚姻は禁止される（区法46－401. 01）。

⑶　近親婚の禁止

祖父母，祖父母の配偶者，配偶者の祖父母，親の兄弟，親，継親，配偶者の親，子，配偶者の子，子の配偶者，兄弟，子の子，子の子の配偶者，配偶者の子の子，兄弟の子との婚姻は禁止される（区法46－401. 01）。

⑷　同性婚

アメリカ合衆国では，同性婚を認める州と認めない州が存在していたが，連邦最高裁判所は，平成27年（2015年）６月26日に，同性婚は合衆国憲法の下での権利であり，州は同性婚を認めなければならないとの判断を下した。これにより，全米で同性婚が合法となることから，同性婚を禁止している各州の法律は今後改正される。

２　婚姻前手続

⑴　婚姻申請書

婚姻申請書は，宣誓の上，氏名，年齢，両人の皮膚の色，もし女子が未成年

（16歳以上で18歳未満）であるときは，両親，後見人の氏名，当事者の前婚歴の有無，住所等を記入する。

もし，前婚歴があるときは，その終期，原因（死亡，離婚），その州，市名も記載する。

⑵　婚姻許可証

コロンビア特別区の高等裁判所の書記が，婚姻許可証を発給する（区法46－410）。

3　形式的成立要件

婚姻申請書を提出して，婚姻許可証を得たときは，コロンビア特別区（ワシントンD.C.）内で結婚式を挙げることができる。

4　婚姻の無効

⑴　絶対的な無効

近親婚の禁止及び重婚の禁止に反する婚姻は，判決によらず，当初から無効である（区法46－401．01）。

⑵　判決による無効

強迫又は詐欺により当事者の一方の同意が得られた場合，意思能力がない場合，当事者の一方が16歳未満の場合には，無効が裁判で言い渡されたときから無効となる（区法46－403）。

（注）　従前は，当事者の一方が身体的な理由により，婚姻状態に入ることができないことが無効事由とされていたが，現在は廃止されている。

〔根拠法条〕

特別区法（District of Columbia Code 2013）
第８部　一般法
第46編　家族関係
サブタイトル１　一般原理
第４章　婚姻
46－401．01（当初からの婚姻の無効－一般原理）

次の婚姻は，コロンビア特別区では禁止され，判決によらず，当初から絶対的な無効であり，その無効は付随的な手続で示される。すなわち，

1　（廃止）

2　(廃止)

2A　その者の祖父母，祖父母の配偶者，配偶者の祖父母，親の兄弟，親，継親，配偶者の親，子，配偶者の子，子の配偶者，兄弟，子の子，子の子の配偶者，配偶者の子の子，兄弟の子との婚姻

3　一方が既に婚姻し，その婚姻が死亡又は離婚判決により終了していない者との婚姻

46－402（当初からの婚姻の無効－裁判上の判決）

婚姻は，裁判上の判決で無効を言い渡すことができる。

46－403（判決日からの婚姻の無効；同意年齢）

コロンビア特別区における以下の婚姻は，違法であり，裁判で無効が言い渡されたときから無効である。すなわち，

1　婚姻が行われた時に意思能力がないか，行為能力がなく婚姻に対する同意ができないことを理由として，言い渡された者の婚姻

2　当事者の一方の同意が強迫又は詐欺によって取得された婚姻

3　(削除)

4　当事者の一方が，同意年齢の16歳未満の者に言い渡された場合

46－410（許可証の発行－書記の義務（略））

婚姻を挙行するための許可証を発行する前に，宣誓に基づき許可証の申請者を調査し，婚姻をしようとする当事者の氏名及び年齢を確認することが，コロンビア特別区の高等裁判所（the Clerk of the Superior Court）の書記の義務である。(以下，略)

46－411（親又は後見人の同意）

婚姻をしようとし，許可証を得ようとする者が，18歳未満であり，婚姻歴がないときは，一方の親が，父も母もいないときは後見人が，直接書記に対して婚姻に同意するか，又は証人によって真正なことを証明され，書記が納得した法律文書により，婚姻に同意しないときは，書記は許可証を発行してはならない。

第2　離　　婚

1　判決確定日

離婚法令に基づき，判決が記録された日の翌日から30日を経過した後に確定する。

第3　出　　生

1　出生証明書

コロンビア特別区衛生局発行の出生証明書は，資料5－21－1（本文444頁）

参照。

第４　養子縁組

１　実質的成立要件

⑴　養親の要件

夫婦だけでなく，単身の成人も養親となることができる（区法16－302）。

⑵　養子の要件

未成年者（18歳未満）だけでなく，成人も養子となることができる（区法16－303）。

⑶　夫婦共同縁組

夫婦の場合は，配偶者が養子の実親である場合を除き，夫婦共同で縁組をしなければならない（区法16－302）。

２　保護要件

⑴　裁判所の許可

養子縁組は，裁判所が判決を下すことによって成立する。

⑵　養子の同意

養子が14歳以上である場合は，その者の同意を要する（区法16－304ｂ）。

⑶　実親等の同意

両親等の同意を要する（区法16－304ｂ）。

ただし，成人（18歳以上）を養子とする場合は，実親の同意は要しない（区法16－304ｆ）。

３　養子縁組の効力

⑴　実親との関係

実親の配偶者の養子となる場合を除き，養子縁組の最終判決により，実親と養子間の全ての権利・義務は切断される（区法16－312ａ）。

⑵　養親との関係

養子縁組の最終判決により，養親と養子間に実親と実子の間の関係が創設される（区法16－312）。

⑶　養子の氏名

養子となった者は，養親の姓を称する。

また，名についても，同時に変更することができる（区法16－312ｃ）。

〔根拠法条〕

特別区法（District of Columbia Code 2013）

第２部　裁判官及び裁判手続

第16編　特別な訴訟，手続及び事項

第３章　養子縁組

16－302（養子縁組をすることができる者）

いかなる者も，裁判所に養子縁組命令の申請をすることができる。配偶者がいる場合は，申請者の配偶者が申請に加わらないときは，裁判所は申請を検討しない。ただし，夫又は妻が養子となる者の実親であるときは，実親は申請に加わる必要はなく，養子縁組に対する同意のみで足りる。（以下，略）

16－303（養子になることができる者）

未成年者又は成人にかかわらず，養子になることができる。

16－304（同意；例外）

ａ　（略）

ｂ　18歳未満の者の養子縁組に対しては，以下の同意を要する。

１　養子となる者が14歳以上であるときは，養子となる者

２　以下の規定の１つに従った同意

Ａ　両親が生存しているときは，両親の同意

Ｂ　両親の一方が死亡しているときは，養子となる者の生存している親

Ｃ　養子となる者の裁判所の指定した後見人

Ｄ・Ｅ　（略）

ｃ　実親が未成年者であることは，養子縁組に対する親の同意として禁止されない。

ｄ　（略）

ｅ　裁判所は，聴取の後に，同意が子の最善の利益に反してなされないと判断したときは，本節に規定する同意なく養子縁組の申請を認めることができる。

ｆ　裁判所が養子縁組が認められるべきと判断したときは，18歳以上の者は，養親の申請及び養子となる者の同意で，養子となることができる。

ｇ　4.1451.05に従って親権が放棄されて，終了しているときは，裁判所は同意なく養子縁組の申請を認めることができる。

16－312（養子縁組の法的効力）

ａ　最終の養子縁組判決により，相互の相続の権利を含め，全ての目的において養子と養親間に，養子が養親の子であるような実親と実子の関係が創設される。（略）養子，その実親，その子，傍系の親族等の間の相続を含めた全ての権利及

び義務は，切断される。ただし，実親の一方が養親の配偶者であるときは，相互の相続権を含め，養子，実親及び傍系親族間の権利及び関係は，全く変更されない。

b　（略）

c　養子のファミリーネーム（姓）は，判決が他に規定していないときは，養親の姓に変更され，養子のギブンネーム（名）は，変更されないか，又は同時に変更される。

資料5－21－1〔出生証明書〕

CERTIFICATION OF VITAL RECORD

GOVERNMENT OF THE DISTRICT OF COLUMBIA
DEPARTMENT OF HEALTH
CERTIFICATE OF LIVE BIRTH

FILE DATE: SEPTEMBER 11, 2013　　FILE NUMBER: 108-2013-※※

CHILD'S NAME: ○○○○

DATE OF BIRTH: AUGUST ※, 2013　　TIME OF BIRTH: 4:26 PM

SEX: MALE　　WEIGHT: 6 LBS 8 OZ

PLACE OF BIRTH: ※※※※　HOSPITAL

MOTHER'S NAME: △△△△

MOTHER'S SURNAME: △△

MOTHER'S PLACE OF BIRTH: JAPAN　　DATE OF BIRTH OR AGE: JANUARY ※, 1976

PARENT'S NAME: □□□□

PARENT'S PLACE OF BIRTH: JAPAN　　DATE OF BIRTH OR AGE: MAY ※, 1975

※※※※ This is to certify that this is a true and correct reproduction or abstract of the official record filed with the Vital Records Division, Department of Health, District of Columbia.

DATE ISSUED

SEPTEMBER 16, 2013

（署名）
※※※※※ Registrar

WARNING: IT IS UNLAWFUL TO MAKE COPIES OF THIS DOCUMENT AND PRESENT THEM AS AN OFFICIAL COPY OF AN ORIGINAL CERTIFICATE.

ANY ALTERATION OR ERASURE VOIDS THIS CERTIFICATE

資料５－21－１

全て日本語（漢字、ひらがな、カタカナ）で記入してください。

出生証明書抄訳文

1．子の氏名：［氏］　○○　［名］　○○
（ファーストネーム）（ミドルネーム）

2．性別：　☑男　□女

3．生まれたとき：平成　25　年　8　月　※　日
時刻：□午前　／　☑午後　4　時　26　分

4．生まれたところ（病院名：　※※※※　病院）
住所：アメリカ合衆国　コロンビア　(特別区)・州
ワシントン　郡・(市)・町
（通り名）　（番地）

5．母の氏名：　［氏］　△△　［名］　△△
（旧姓：　）（ファーストネーム、あれば次にミドルネームの順）

6．父の氏名：　［氏］　□□　［名］　□□
（ファーストネーム、あれば次にミドルネームの順）

証明書の発行者：①☑登録機関：アメリカ合衆国
コロンビア　(特別区)・州　衛生局
②□医師　□助産師

氏名：〔氏〕　〔名〕

証明書発行年月日：平成　25　年　9　月　16　日
翻訳者氏名：　□　□　□　□

【子の氏名が出生証明書と出生届の記載とで異なる場合の申し出事項】

出生証明書(英文)によると、子の氏名は、［氏］　［名］
（カナ表記）　（カナ表記）

となっているが、出生届書の事件本人と同一人物に相違なく、戸籍には、
［氏］　［名］　と届出する。

申出人署名：　㊞

出生証明書抄訳文様式
在アメリカ合衆国日本国大使館

5－22　アメリカ合衆国／サウスカロライナ州

第1　婚　姻

1　実質的成立要件

(1)　婚姻適齢

男女とも18歳である。

一方の当事者が16歳未満の場合は，婚姻をすることができない。ただし，妊娠又は出生の事実が，少なくとも１人の免許を有する医師の報告書又は証明書により立証されている等の条件で，女性が妊娠又は子を出生した場合は，婚姻をすることができる。

また，16歳以上で18歳未満の場合は，申請者が父，母，他の親族又は後見人と居住しているときは，父，母，他の親族又は後見人が同意する宣誓供述書を検認裁判官又は婚姻許可証を発行する権限を有する他の官吏に提出した場合は，婚姻をすることができる（州法20－１－100・20－１－250・20－１－300）。

(2)　重婚の禁止

当事者の一方に生存している前妻又は前夫がいるときは，婚姻をすることができない（州法20－１－80）。

(3)　近親婚の禁止

男性は，母，祖母，娘，孫娘，継母，姉妹，祖父の妻，息子の妻，孫息子の妻，妻の母，妻の祖母，妻の娘，妻の孫娘，兄弟の娘，姉妹の娘，父の姉妹，母の姉妹又は他の男性と婚姻してはならない。

女性は，父，祖父，息子，孫息子，継父，兄弟，祖母の夫，娘の夫，孫娘の夫，夫の父，夫の祖父，夫の息子，夫の孫息子，兄弟の息子，姉妹の息子，父の兄弟，母の兄弟又は他の女性と婚姻してはならない（州法20－１－10）。

(4)　同性婚の禁止

同性者間の婚姻は，禁止されている（州法20－１－15）。

なお，アメリカ合衆国では，同性婚を認める州と認めない州が存在していたが，連邦最高裁判所は，平成27年（2015年）6月26日に，同性婚は合衆国憲法の下での権利であり，州は同性婚を認めなければならないとの判断を下した。これにより，全米で同性婚が合法となることから，同性婚を禁止している各州の法律は今後改正される。

2　婚姻許可証

(1)　婚姻許可証の発行者

検認裁判所裁判官，ダーリングトン及びジョージタウン郡においては，裁判所書記が発行する（州法20－1－220）。

(2)　許可証の申請

許可証の発行前の少なくとも24時間前に申請をしなければならない（州法20－1－220）。

3　婚姻の無効

重婚の禁止，近親婚の禁止，同性婚の禁止に反する婚姻及び女性が妊娠又は子を出生した場合を除き，16歳未満の者の婚姻は無効である（州法20－1－10・20－1－15・20－1－80・20－1－100）。

〔根拠法条〕

サウスカロライナ法（2014 South Carolina Code of Laws）

第20編　家族関係

第1章　婚姻

第1条　総則

20－1－10（婚姻を締結することができる者）

A　意思能力のない者及び本節で婚姻が禁止されている者を除き，全ての者は，法律上婚姻をすることができる。

B　いかなる男性も，母，祖母，娘，孫娘，継母，姉妹，祖父の妻，息子の妻，孫息子の妻，妻の母，妻の祖母，妻の娘，妻の孫娘，兄弟の娘，姉妹の娘，父の姉妹，母の姉妹又は他の男性と婚姻してはならない。

C　いかなる女性も，父，祖父，息子，孫息子，継父，兄弟，祖母の夫，娘の夫，孫娘の夫，夫の父，夫の祖父，夫の息子，夫の孫息子，兄弟の息子，姉妹の息子，父の兄弟，母の兄弟又は他の女性と婚姻してはならない。

（1962年，1996年改正，1996年5月20日施行）

20－１－15（同性婚の禁止）

同性者間の婚姻は，最初から無効であり，サウスカロライナ州の公共政策に反する。

（1996年，1996年５月20日施行）

20－１－80（重婚の無効：例外）

当事者の一方に生存している前妻又は前夫がいる間に締結された全ての婚姻は，無効である。（以下，略）

（1962年，1990年改正，1990年６月５日施行）

20－１－100（有効な婚姻のための最低年齢）

16歳未満の者は，有効な婚姻をすることができず，その者の全ての婚姻は当初から無効である。16歳未満の者のコモンローの婚姻は，当初から無効である。

（1997年，2000年改正，2000年８月17日施行）

第３条　婚姻許可証

20－１－220（許可証の発行前に24時間を要する書面による申請）

許可証の発行前の少なくとも24時間前に，許可証を発行する検認裁判所の裁判官，ダーリングトン及びジョージタウン郡においては，裁判所書記に書面により申請がされないときは，許可証を発行することができない。（以下，略）

（1962年，1972年，1997年，1999年改正，1999年６月30日施行）

20－１－250（同意年齢未満の申請者；親族又は後見人の同意）

婚姻許可証は，一方の申請者が16歳未満のときは，発行してはならない。一方の申請者が16歳から18歳の間であり，申請者が父，母，他の親族又は後見人と居住しているときは，検認裁判官又は婚姻許可証を発行する権限を有する他の官吏は，父，母，他の親族又は後見人が署名した婚姻に対し同意する宣誓供述書が提出されるまで，婚姻許可証を発行してはならない。

（1962年，2000年改正，2000年８月17日施行）

20－１－300（女性が妊娠又は子を出生したときの，18歳未満の未婚の女性及び男性に対する許可証の発行）

20－１－250から20－１－290の規定にかかわらず，女性が妊娠又は子を出生したときは，以下の条件に基づくときは，他に婚姻契約をしていない18歳未満の未婚の女性及び男性に対して婚姻許可証を発行することができる。

a　妊娠又は出生の事実が，少なくとも１人の免許を有する医師の報告書又は証明書により立証されているとき。

b　女性と推定上の父が婚姻に同意をしているとき。

c　女性の両親の一方，後見人又はその者と居住している者のように，親の代わりの立場にある者の婚姻に対する書面による同意又はそのような資格を有する者がいない場合には，一方の当事者が居住する郡の社会福祉局の局長の同　意（the superintendent of the department of social services）。

d　女性及び男性の年齢にかかわらず。

e　男性の婚姻に対し，さらなる同意要件のないとき。

（1962年，1972年）

第２　離　　婚

１　離婚原因

離婚は，姦通，配偶者の１年間の遺棄，身体的な虐待，常習的な飲酒，妻と夫が１年間同居することなく別居している場合以外は認められない（州法20－３－10）。

２　判決確定日

離婚判決（Divorce Decree）が，「裁判所にファイルされた日」が判決確定日となる。

３　復　　氏

裁判所は，離婚の確定判決に基づき，当事者が前の姓又は前の配偶者の姓に復氏することを認めることができる（州法20－３－180）。

〔根拠法条〕

サウスカロライナ法（2014 South Carolina Code of Laws）

第20編　家族関係

第３章　離婚

第１条　サウスカロライナ州における離婚

20－３－10（離婚原因）

離婚は，以下の一つ又は複数の事由に基づく場合を除き，認めない。すなわち，

１　姦通

２　１年間の遺棄

３　身体的な虐待

４　常習的な飲酒。この事由は，麻薬の使用によって引き起こされた常習酩酊を含むと解釈される。

５　妻と夫が１年間同居することなく別居しているときは，一方の当事者の申請。（以下，略）

（1962年，1969年，1979年改正）

20－３－180（離婚又は別居後の氏名の変更）

裁判所は，離婚の確定判決又は別居扶養命令に基づき，当事者が前の姓又は前の配偶者の姓に復氏することを認めることができる。

（1962年，1998年改正，1998年６月23日施行）

第3　出　　生

1　出生証明書

サウスカロライナ州保健局発行の出生証明書は，資料5－22－1（本文454頁）参照。

第4　養子縁組

1　実質的成立要件

(1)　養子の要件

未成年者だけでなく，成人も養子となることができる（州法63－9－50・63－9－1120）。

(2)　養親の要件

夫婦だけでなく，単身者も養親となることができる（州法63－9－60・63－9－1120）。

また，いかなる者も，配偶者の子，血縁又は婚姻による血縁関係にある子を養子とすることができる（州法63－9－1110）。

(3)　配偶者の同意

成人の養子縁組の場合は，配偶者がいるときは，配偶者の同意を得なければならない（州法63－9－1120）。

2　保護要件

(1)　裁判所の許可

養子縁組には，裁判所の許可を得なければならない。

(2)　実父母等の同意

ア　同意の要否

実父母等の同意を要する（州法63－9－310）。

ただし，養子に関する権利が終了している場合を除く（州法63－9－320）。

イ　同意の撤回

全ての関係者通知及び聴取の機会が与えられた後は，原則として，同意の撤回は認められない。また，養子縁組の確定判決が登録された後は，撤回することができなくなる（州法63－９－350）。

(3)　養子の同意

ア　同意の要否

養子が14歳以上である場合は，その者の同意を要する（州法63－９－310）。

イ　同意の免除

養子が同意をする意思能力を有しないか，又は同意を求めないことが養子の最善の利益にかなうと裁判所が判断した場合を除く（州法63－９－310）。

ウ　同意の撤回

全ての関係者通知及び聴取の機会が与えられた後は，原則として，同意の撤回は認められない。また，養子縁組の確定判決が登録された後は，撤回することができない（州法63－９－350）。

3　養子縁組の効力

(1)　養親との関係

養子縁組の確定判決が登録された後は，親子関係，実の親子関係の全ての権利，義務及び他の法的な結果は，養子，養親及び養親の親族間に存在する（州法63－９－760）。

ただし，成人の養子縁組には適用されない（州法63－９－1120）。

(2)　実親との関係

養子縁組の確定判決が登録された後は，養子の実親は全ての親としての責任を免れ，養子に対する権利を有しない（州法63－９－760）。

ただし，成人の養子縁組には適用されない（州法63－９－1120）。

〔**根拠法条**〕

サウスカロライナ法（2014 South Carolina Code of Laws）

第63編　サウスカロライナ児童法（South Carolina Children's Code）

第9章　養子縁組

第1条　サウスカロライナ養子縁組法

サブアーティクル1　総則

63－9－10（略称）

本条は，「サウスカロライナ養子縁組法」と引用することができる。

（2008年）

63－9－30（定義）

他に文脈上特段の解釈を要する場合を除き，本条で使用されるときは，

1～3　（略）

4　「子」は，18歳未満の者を意味する。

7　「裁判所」は，サウスカロライナの家庭裁判所を意味する。

8～10　（略）

（2008年）

63－9－50（養子となることができる子）

出生地又は居住地にかかわらず，養子縁組の申請が提出されたときにサウスカロライナ州にある子は，養子となることができる。

（2008年）

63－9－60（養子縁組をすることができる者）

A1　サウスカロライナの居住者は，子を養子とすることを裁判所に申請することができる。（以下，略）

2　（略）

B～D　（略）

（2008年，2010年法律第160号，2010年5月12日施行）

サブアーティクル3　同意及び放棄

63－9－310（同意及び放棄をしなければならない者）

A　養子縁組のため以下の者の同意又は放棄を要する。

1　14歳以上の養子。ただし，養子が同意をする意思能力を有しないか，又は同意を求めないことが養子の最善の利益にかなうと裁判所が判断した場合を除く。

2　両親の婚姻中に妊娠又は出生した子の両親又は生存している親

3　母が婚姻していないときに出生した子の母

4・5　（略）

B　同意又は放棄を行う権限が機関又は人に付与され，以下の場合には，法定後見人，児童託置機関又は子の法定監護人の養子縁組のための同意又は放棄を要する。

1　子の両親が死亡しているか，又は

2　両親の親権が裁判上終了している場合

C　子が養子縁組のために機関又は人に放棄されているときは，養子縁組のための子の託置を促進する機関又は人の同意を要する。

D～F　（略）

（2008年）

63－9－320（同意又は放棄をすることを要しない者）

A　63－9－310の規定にかかわらず，以下の者からの養子縁組に対する同意又は放棄は要しない。

1　第7章第7条に従って，養子に関する権利が終了している親

２・３　(略)

Ｂ　(略)

63－９－330（同意及び放棄の形式及び内容）(略)

63－９－340（同意及び放棄の署名）(略)

63－９－350（同意又は放棄の撤回）

全ての関係者通知及び聴取の機会が与えられた後は，裁判所の命令によるときを除き，裁判所が撤回することが子の最善の利益であり，また，同意又は放棄が自発的に与えられていないか，強迫又は強制により得られたものと判断したときを除き，同意又は放棄の撤回は認められない。同意又は放棄を撤回しようとする者は，家庭裁判所に撤回の理由を提出するものとする。養子縁組の確定判決が登録された後は，撤回することができなくなる。

(2008年)

63－９－360（同意及び放棄の証明）(略)

サブアーティクル５　調査及び報告（略)

サブアーティクル７　裁判手続

63－９－740（支出の明細）(略)

63－９－760（確定判決の効力）

Ａ　養子縁組の確定判決が登録された後は，親子関係，実の親子関係の全ての権利，義務及び他の法的な結果は，養子，養親及び養親の親族間に存在する。

Ｂ　養子縁組の確定判決が登録された後は，養子の実親は全ての親としての責任を免れ，養子に対する権利を有しない。

Ｃ・Ｄ　(略)

(2008年)

サブアーティクル11　継親，親族及び成人の養子縁組

63－９－1110（継親又は親族による養子縁組）

いかなる者も，配偶者の子，血縁又は婚姻による血縁関係にある子を養子とすることができる。

これらの子の養子縁組においては，

１　63－９－520の規定に基づき必要とされる調査及び報告は，他に裁判所が指示しない限り要しない。

２～５　(略)

(2008年，2010年法律第160号，2010年５月12日施行)

63－９－1120（成人の養子縁組）

成人は，その者の同意又はその者の後見人の同意及び配偶者がいるときは配偶者の同意，未婚の養親の同意を得て，他の成人の養子となることができる。62－２－109及び63－９－30から63－９－760の規定は，63－９－740を除き，成人の養子縁組には適用されない。養子縁組の申請は，養親の居住する郡の家庭裁判所に提出するものとする。(以下，略)

(2008年)

資料5－22－1〔出生証明書〕

STATE OF SOUTH CAROLINA
CERTIFICATION OF VITAL RECORD

BIRTH CERTIFICATION

STATE FILE NUMBER: 139-13-※※

NAME OF REGISTRANT: ○○○○○○

DATE OF BIRTH: SEPTEMBER ※, 2013

SEX: MALE

PLACE OF BIRTH: WEST COLUMBIA, SOUTH CAROLINA

COUNTY OF BIRTH: LEXINGTON

MOTHER'S MAIDEN NAME: △△△△

MOTHER'S PLACE OF BIRTH: JAPAN

FATHER'S NAME: □□□□□□

FATHER'S PLACE OF BIRTH: MICHIGAN

DATE RECORD FILED: SEPTEMBER 25, 2013

DATE ISSUED: OCTOBER 03, 2013

SPECIAL INSTRUCTIONS:

NA

※※※※

This is a true certification of the facts on file in the Division of Vital Records, SC Department of Health and Environmental Control.

（署名）　　　　（署名）

Director and State Registrar　　　　**Assistant State Registrar**

This copy is not valid unless prepared on an engraved border displaying the state seal and issuing agency logo.

Revision Date: 03/21/2012

D H E C
PROMOTE PROTECT PROSPER
South Carolina Department of Health and Environmental Control

ANY ALTERATION OR ERASURE VOIDS THIS CERTIFICATE

資料5－22－1

出生証明書（要約文）

1．出生子の氏名：（氏）○○　（名）○○　○○　（性別）㊚・女

2．出生場所：米国　サウスカロライナ　州　レキシントン　郡　ウエストコロンビア　市

3．出生年月日：平成　25　年　9　月　※　日

時刻　：　（午前）・午後　－　時　－　分

4．母親の氏名(旧姓)：（氏）△△　（名）△△

5．父親の氏名：（氏）□□　（名）□□　□□

6．発給元　：　米国　サウスカロライナ　州保健局

要約者氏名

△　△　△　△

5－23　アメリカ合衆国／サウスダコタ州

第1　婚　姻

1　実質的成立要件

(1)　婚姻適齢

男女とも18歳である。

16歳以上で18歳未満の者については，一方の親又は法定後見人からの同意を要する（州法25－1－9）。

(2)　近親婚等の禁止

親と子，直系の者間，兄弟姉妹間，叔父と姪，叔母と甥，いとこ間（異父母にも適用される。）の婚姻は，無効である（州法25－1－6）。

また，継親と継子の婚姻も無効である（州法25－1－7）。

(3)　重婚の禁止

前夫又は前妻の生存中におけるその者以外の者との後婚は，当初から無効である。

ただし，前婚が無効とされるか，又は解消されるか，前夫又は前妻が不在で，後婚の直前の5年間生死が不明であるとき，若しくは，後婚の契約がされたときに，その者が死亡したと広く知られ，信じられていたときは，後婚は無効の判決が下されるまでは，有効である（州法25－1－8）。

(4)　同性婚

アメリカ合衆国では，同性婚を認める州と認めない州が存在していたが，連邦最高裁判所は，平成27年（2015年）6月26日に，同性婚は合衆国憲法の下での権利であり，州は同性婚を認めなければならないとの判断を下した。これにより，全米で同性婚が合法となることから，同性婚を禁止している各州の法律は今後改正される。

2　婚姻許可証

(1)　発給権者

証書登録官（the register of deeds）が発給する（州法25－１－９）。

(2)　有効期間

発行後20日以内に挙式が行われなかった場合は，婚姻許可証は無効となる（州法25－１－24）。

3　婚姻の挙行者

最高裁判所の裁判官，巡回裁判所の裁判官，微罪判事，市長等が婚姻を挙行することができる（州法25－１－30）。

4　婚姻の無効

(1)　重婚の禁止に反する場合

巡回裁判所で無効の判決を得ることで，婚姻を無効とすることができる。

無効を求める訴えは，他方の当事者の生存中に一方の当事者が，若しくは前夫又は前妻が開始しなければならない（州法25－３－１）。

(2)　精神障害の場合

婚姻時に，当事者の一方が精神に障害があるときは，正気になった後に，自由に妻又は夫として同居するのでなければ，巡回裁判所で無効の判決を得ることで婚姻を無効とすることができる。

無効を求める訴えは，他方の当事者が死亡する前（いつでも）に，被害当事者又は精神障害者の親族若しくは後見人が開始しなければならない（州法25－３－２）。

(3)　婚姻適齢未満の場合

当事者が，婚姻時に法定の同意年齢未満であり，両親，後見人又はその者を監護している者の同意なく婚姻が締結されたときは，婚姻適齢に達した後に，夫又は妻として自由に同居するのでなければ，巡回裁判所における訴訟により，無効の判決を得ることで婚姻を無効とすることができる。

無効を求める訴えは，婚姻適齢に達していない当事者が，又は婚姻した未成年者が婚姻適齢に達する前に，婚姻適齢にない男性又は女性を監護している者が開始しなければならない（州法25－３－４）。

(4)　強迫による同意の場合

婚姻時に，当事者の一方の同意が強迫によって得られたときは，その後に，夫又は妻として同居するのでなければ，巡回裁判所で無効の判決を得ることで婚姻を無効とすることができる。

無効を求める訴えは，婚姻から４年以内に，被害当事者が開始しなければならない（州法25－３－５）。

(5)　詐欺による場合

婚姻時に，当事者の一方の同意が詐欺により得られたときは，詐欺を構成する事実を全部知った上で，夫又は妻として自由に同居するのでなければ，巡回裁判所で無効の判決を得ることで婚姻を無効とすることができる。

無効を求める訴えは，婚姻から４年以内に，被害当事者が開始しなければならない（州法25－３－６）。

(6)　身体的障害の場合

婚姻時に，当事者の一方が身体的障害により婚姻関係に入ることができず，その障害が継続し，治癒できないことが明らかになったときは，巡回裁判所で無効の判決を得ることで婚姻を無効とすることができる。

無効を求める訴えは，婚姻から４年以内に，被害当事者が開始しなければならない（州法25－３－８）。

〔根拠法条〕

サウスダコタ成文法（2014 South Dakota Codified Laws）

第25編　家族関係

第01章　婚姻の有効性及び挙式

25－１－６（近親婚の無効）

親と子，あらゆる親等の直系間，全血又は半血の兄弟姉妹間，おじと姪，おばと甥，全血又は半血のいとこ間の婚姻は，その関係が嫡出又は嫡出でないにかかわらず，当初から無効である。本節に規定された関係は，養子縁組により生じた関係を含む。

25－１－７（継子との婚姻の無効）

継父と継娘又は継母と継息子の婚姻

は，当初から無効である。

25－１－８（重婚の無効―前配偶者の不在又は死亡したとの確信）

前夫又は前妻の生存中におけるその者以外の者との後婚の契約は，当初から無効である。ただし，前婚が無効とされるか，又は解消されるか，前夫又は前妻が不在で，後婚の直前の継続した５年間生死が不明であるとき，若しくは，後婚の契約がされたときに，その者が死亡したと広く知られ，信じられていたときは，後婚は管轄裁判所によって無効の判決が下されるまでは，有効である。

25－１－９（婚姻のために親の同意が必要，不要な同意年齢）

18歳以上の婚姻許可証を申請する未婚者で，他に不適当とされる理由がないときは，婚姻に同意し，完了することができる。婚姻許可証の申請者が16歳から18歳のときは，申請者は，申請者の一方の親又は法定後見人からの婚姻に対する認証された陳述書を証書登録官（the register of deeds）に提出するものとする。

25－１－24（挙式が許可された後の許容時間）

本章における規定により発行された婚姻許可証は，発行後20日以内に挙式が行われなければ，無効となり効力を有しない。

25－１－30（婚姻を挙行する権限を有する者）

最高裁判所の裁判官，巡回裁判所の裁判官，微罪判事，市長が選出された地方自治体の範囲内又は範囲外の市長，教会が挙式する権限を与えた者は，婚姻を挙行することができる。

25－１－39（当事者の身体的障害若しくは詐欺又は強迫により同意が取得された場合の取り消すことができる婚姻）

婚姻当事者の一方が身体的な理由から婚姻状態に入ることができないとき，若しくは一方の同意が詐欺又は強迫によって得られたときは，婚姻を取り消すことができる。

第03章　婚姻の無効

25－３－１（理由としての前婚―訴訟の提起の当事者―訴訟の時期）

婚姻時に当事者の一方の前夫又は前妻が生存し，前夫又は前妻との婚姻が効力を有しているときは，巡回裁判所で無効の判決を得ることで婚姻を無効とすることができる。本節に記載された理由により婚姻の無効を求める訴訟は，他方の当事者の生存中に一方の当事者が，若しくは前夫又は前妻が開始しなければならない。

25－３－２（理由としての精神障害―訴訟の提起―訴訟の時期）

婚姻時に，当事者の一方が精神障害であるときは，正気になった後に，自由に妻又は夫として同居するのでなければ，巡回裁判所で無効の判決を得ることで婚姻を無効とすることができる。本節に記載された理由により婚姻の無効を求める訴えは，他方の当事者が死亡する前（いつでも）に，被害当事者又は精神障害者の親族若しくは後見人が開始しなければならない。

25－３－４（婚姻適齢未満の婚姻の無効―訴訟の提起―訴訟の時期）

婚姻の無効を求める当事者が，婚姻時

に法定の同意年齢未満であり，両親，後見人又はその者を監護している者の同意なく婚姻が締結されたときは，婚姻適齢に達した後に，夫又は妻として自由に同居するのでなければ，巡回裁判所における訴訟により，無効の判決を得ることで婚姻を無効とすることができる。本節に記載された理由により婚姻の無効を求める訴えは，婚姻適齢に達した後４年以内に，婚姻適齢に達していない当事者が，又は婚姻した未成年者が婚姻適齢に達する前（いつでも）に，婚姻適齢にない男性又は女性を監護している者が開始しなければならない。

25－３－５（理由としての強迫による同意―訴訟の提起―訴訟の時期）

婚姻時に，当事者の一方の同意が強迫により得られたときは，その後に，夫又は妻として同居するのでなければ，巡回裁判所で無効の判決を得ることで婚姻を無効とすることができる。本節に記載された理由により婚姻の無効を求める訴えは，婚姻から４年以内に，被害当事者が開始しなければならない。

25－３－６（理由としての詐欺―訴訟の提起―訴訟の時期）

婚姻時に，当事者の一方の同意が詐欺により得られたときは，詐欺を構成する事実を全部知った上で，夫又は妻として自由に同居するのでなければ，巡回裁判所で無効の判決を得ることで婚姻を無効とすることができる。本節に記載された理由により婚姻の無効を求める訴えは，婚姻から４年以内に，被害当事者が開始しなければならない。

25－３－７（1978年廃止）

25－３－８（無効の理由としての身体的障害―訴訟の提起―訴訟の時期）

婚姻時に，当事者の一方が身体的障害により婚姻関係に入ることができず，その障害が継続し，治癒できないことが明らかになったときは，巡回裁判所で無効の判決を得ることで婚姻を無効とすることができる。本節に記載された理由により婚姻の無効を求める訴えは，婚姻から４年以内に，被害当事者が開始しなければならない。

第２　出　　生

１　父の推定

夫は，婚姻中又は婚姻解消後10か月以内に出生した子の親と推定される（州法25－５－３）。

〔根拠法条〕

サウスダコタ成文法（2014 South Dakota Codified Laws）

第25編　家族関係
第05章　親子

25－５－３　父の推定
夫と妻は，婚姻中又は婚姻解消後10か月以内に妻から出生した子の両親とみなされる。

第３　養子縁組

１　実質的成立要件

⑴　養親の要件

夫婦だけでなく，単身者も養親となることができる。

養親は，成人でなければならない（州法25－６－２・25－６－18）。

⑵　養子の要件

未成年者だけでなく，成人も養子となることができる（州法25－６－２・25－６－18）。

⑶　養親と養子の年齢差

未成年者を養子とする場合は，養親は，養子よりも少なくとも10歳以上年長でなければならない（州法25－６－２）。

⑷　夫婦共同縁組

夫婦共同養子縁組は要求されていないが，共同縁組をしない場合は，配偶者の同意を得なければならない（州法25－６－３）。

⑸　試験養育期間

原則として，養親となるべき者と子が少なくとも６か月間生活を共にしなければ縁組命令は発せられない（州法25－６－９）。

なお，成人を養子とする場合には，少なくとも６か月間，未成年の間に養親と生活を共にしなければならない（州法25－６－18）。

２　保護要件

⑴　裁判所の許可

養子縁組は，裁判所が判決を下すことによって成立する。

⑵　養子の同意

養子が12歳以上である場合は，その者の同意を要する（州法25－６－５・25

－6－18)。

⑶　実父母の同意

ア　同意の要否

実父母の同意を要する（州法25－6－4)。

ただし，成年を養子とする場合は，実父母の同意を要しない（州法25－6－18・25－6－20)。

イ　同意の放棄

養子縁組の申請前6か月以上，子を遺棄していたとき，又はアルコール・麻薬の乱用等があるときは，裁判所は親の同意を放棄することができる（州法25－6－4)。

3　養子縁組の効力

⑴　実親との関係

実親との関係は切断し，実親は全ての義務と責任を免れ，子に対して権利を有しないことになる（州法25－6－17)。

⑵　養親との関係

養子縁組により，養親と養子は，親子の法的な関係を有する（州法25－6－16)。

⑶　養子の氏

養子は，養親の氏を称することになる（州法25－6－16)。

〔**根拠法条**〕

サウスダコタ成文法（2014 South Dakota Codified Laws)

第25編　家族関係

第06章　子の養子縁組

25－6－2（許可された未成年の子の養子縁組―最小の年齢差―子の最善の利益)

いかなる未成年の子も，成人の養子となることができる。ただし，子を養子とする者は，養子よりも少なくとも10歳以上年長でなければならない。

(以下，略)

25－6－3（養子縁組に必要な配偶者の同意)

同意をしない夫又は妻が同意をすることができるときは，妻と法定別居していない婚姻中の男性は，妻の同意がなければ子を養子とすることができないし，夫と法定別居していない婚姻中の女性は，夫の同意がなければ子を養子とすることができない。

25－６－４（養子縁組に必要な子の親の同意—裁判所の同意の放棄）

子の両親の同意がないときは，子を養子とすることができない。ただし，子の最善の利益となるときは，裁判所は以下の親又は推定上の父の同意を放棄することができる。

1　（略）

2　明白で納得できる証拠により，申請の登録直前の６か月以上，子を遺棄していたとき。

3　実質的，継続的に，又は繰り返し子の世話を行わず，子に必要な親の扶養及び保護を与えないとき。

4　（略）

5　アルコール又は麻薬の常習的な乱用により，不適当であるとき。

6・6Ａ・7　（略）

25－６－５（必要とされる12歳以上の子の同意）

子が12歳以上であるときは，その者の養子縁組に対する同意を要する。

25－６－９（申請が許可される前に要する家庭での居住期間）

子が少なくとも６か月間養親の家庭で共同生活をするまでは，養子縁組に対する申請は認められない。

25－６－16（養子の姓名の変更—養親との関係）

子は，養子になった時に，養親の姓を称する。養子縁組の後，養親と養子は，お互いに親と子の法的な関係を支え，その関係の全ての権利を有するとともに，全ての義務に服する。

25－６－17（養子縁組により終了した実親の権利及び義務—例外）

養子の実親は，養子縁組の時から，養子となった子の全ての親としての義務，責任を免れ，子に対し何らの権利を有しない。子の養子縁組は，25－６－21に規定されている場合を除き，無条件で確定する。（以下，略）

25－６－18（成人の養子縁組に対する申請—必要な同意—必要とされる未成年の間の養親との居住）

成人は，養子となる者は全ての点において，申請者の実子として扱われるという書面による同意とともに，巡回裁判所の裁判官に養子縁組を要求する申請をすることにより，他の成人を養子とすることができる。養子となる者の書面による同意も要する。さらに，必要条件として，養子は，少なくとも６か月間未成年の間に養親の家庭で生活をしなければならず，その事実が申請に表示されていなければならない。

25－６－20（成人の養子縁組に適用される管轄規定—養子縁組の効力—新出生証明書の選択）

25－６－６から25－６－８，25－６－16及び25－６－17の規定は，成人の養子縁組に適用される。ただし，新しい出生証明書は，申請者が請求したときにのみ発行される。

5－24　アメリカ合衆国／ジョージア州

第1　婚　姻

1　実質的成立要件

⑴　婚姻適齢

男女とも18歳以上である。

当事者が16歳又は17歳の場合は，両親の同意又は後見人の同意若しくは裁判上の同意を要する（州法19－３－２）。

⑵　重婚の禁止

重婚は，禁止されている（州法19－３－２）。

⑶　近親婚の禁止

禁止された親等間の婚姻は，認められない（州法19－３－２・19－３－３）。

⑷　同性婚

アメリカ合衆国では，同性婚を認める州と認めない州が存在していたが，連邦最高裁判所は，平成27年（2015年）６月26日に，同性婚は合衆国憲法の下での権利であり，州は同性婚を認めなければならないとの判断を下した。これにより，全米で同性婚が合法となることから，同性婚を禁止している各州の法律は今後改正される。

2　婚姻の無効

近親婚に反する婚姻，婚姻を締結することができない者，締結を望まない者，詐欺により締結された婚姻は無効である（州法19－３－３・19－３－５）。

〔根拠法条〕

ジョージア州法（2014 Georgia Code）
第19編　家族関係
第３章　婚姻一般
第１条　一般規定
19－３－２（婚姻を締結することができる者；親の同意）

a　婚姻を締結するには，以下の者でなければならない。
1　健全な知性のある人であること。
2　本節第ｂ項で規定されている場合を除き，少なくとも18歳以上であること。
3　以前の解消されていない生存している配偶者がいないこと。離婚手続における前婚の解消は確定していなければならず，推定されるものではならない。本号において，子の嫡出性については，何ら影響を及ぼさない。
4　血統による配偶者と関係がないか，又は禁止された親等間の婚姻でないこと。

b　婚姻の一方の申請者が16歳又は17歳であるときは，19－３－37に規定されている親の同意を要する。

19－３－３（近親婚の禁止の関係の親等；刑罰；禁止婚の効力）

a　血統又は婚姻による，以下の者と関係があることを知って婚姻した者は，１年以上３年以下の懲役に処せられる。
1　父と娘又は継娘
2　母と息子又は継息子
3　全血又は半血の兄弟姉妹
4　祖父母と孫
5　おばと甥，又は
6　おじと姪

b　本節第ａ項に基づいて不法と宣告された婚姻は，初めから無効である。

19－３－５（無効婚；子の嫡出性，追認の効力）

a　婚姻を締結することができない者，締結を望まない者，詐欺により締結された婚姻は無効である。ただし，婚姻が無効であり，管轄裁判所によって無効を宣告される前に出生した子は嫡出子である。

b　（略）

第２　離　　婚

１　離婚原因

ジョージア州では，離婚原因は極めて多く，近親婚，婚姻時に意思能力がないこと，婚姻時における性的不能，暴力・威嚇・強迫又は詐欺による婚姻，婚姻時における夫が知らない夫以外の者の子の妊娠，不貞，１年間の悪意による遺棄，破廉恥犯罪による２年以上の実刑の宣告，常習酩酊，相手に肉体的，精神的苦痛を生じさせる悪意の攻撃から成る残酷な扱いで生命・四肢・健康に対する危険の不安を感じさせるのが合理的と認められるようなもの，治癒不能な精神疾患，常習的薬物依存，婚姻破綻が離婚原因とされている（州法19－５－３）。婚姻破綻とは，一方が他方と一緒に暮らすことを拒否しており，和合の見通しがない場合をいうとされていることから，通常は一方当事者が強く同居を嫌っていること，及びその事情を証言すれば離婚が認められることが多いであろう。

2　抗　弁

離婚原因に対して，法律上抗弁が規定されている。慫慂（そそのかし）あるいは同意（不貞行為を許容していた場合），宥恕あるいは容赦（不貞行為発覚時にこれを許したと認められる場合），相互有責（相手方も同様に不貞行為を行っていた場合）が抗弁として挙げられている。

（1・2につき，金子修「米国における家族関係訴訟の実情について（上）」家月53-11-20）

3　離婚後の親権

離婚後も父母が共同で親権を行使する。

〔根拠法条〕

ジョージア州法（2014 Georgia Code）

第19編　家族関係

第5章　離婚

19－5－3（完全な離婚事由）

以下に掲げる事由があるときは，完全な離婚を認める権限が認められる。

1　血族又は姻族との近親婚

2　婚姻時における意思能力がないこと

3　婚姻時における性的不能

4　暴力，威嚇，強迫又は詐欺による婚姻

5　婚姻時における夫が知らない夫以外の男性による妻の妊娠

6　婚姻後の当事者の一方の不貞

7　当事者の一方による1年間の悪意で，継続した遺棄

8　当事者の一方の不道徳行為を含めた犯罪による2年以上の刑事施設における拘禁刑の宣告

9　常習酩酊

10　生命，四肢又は健康に対する危惧の根拠となる肉体的，精神的苦痛を生じさせる悪意の攻撃から成る残酷な仕打ち

11　治癒できない精神疾患。ただし，精神的に病んでいる当事者が管轄裁判所によって精神疾患であることを宣告されるか，直接その当事者を調査した2人の医師によって精神疾患であること，その者が精神疾患で施設に収容されるか，又は訴訟開始の直前の少なくとも2年間精神疾患で継続して治療を受けていたことが証明されないときは，そのことを理由として認められない。（以下，略）

12　薬物の常習（略）

13　婚姻が完全に破綻していること。（以下，略）

19－５－16（未婚時又は以前の姓の回復）
全ての離婚訴訟において，当事者は，答弁書で未婚時又は以前の姓の回復を求めることができる。離婚が認められたときは，判決又は命令で，答弁書で当事者が求めた姓を明示し，回復する。

第３　出　　生

１　出生子の身分

ジョージア州法では，婚姻中に生まれた全ての子又は婚姻解消後，通常の懐胎期間内に生まれた子は，夫の嫡出子と推定される。

また，夫婦が別居していた場合を除き，夫婦の接触の可能性があるときは，嫡出子であることにつき強度の推定が与えられるが，その推定は証拠により覆し得ることとなっている（州法19－７－20）（家月36－２－112参照）。

２　出生証明書

ジョージア州保健局作成の出生証明書は，資料５－24－１（本文471頁）参照。

〔根拠法条〕

ジョージア州法（2014 Georgia Code）
第19編　家族関係
第７章　親子関係
第２条　嫡出
19－７－20（嫡出である子；嫡出の反証；婚姻による準正及び子の認知）
a　婚姻中又は通常の懐胎期間内に出生した全ての子は，嫡出子である。
b　本節第ａ項に規定されている嫡出子は，反証することができる。接触の可能性が存在するときは，嫡出について強い推定が働き，証拠は反証できる明らかなものでなければならない。（以下，略）
c（略）

第４　養子縁組

１　実質的成立要件

⑴　養子の要件

18歳未満の未成年者だけでなく，18歳以上の成人についても，養子とすることができる（州法19－８－１・19－８－21)。

⑵　養親の要件

ア　夫婦共同縁組

配偶者のいない者も養親となることができるが，配偶者のある者は，他方の配偶者が養親となる者の親であるときを除き，両配偶者が申請をしなければならない（州法19－８－３)。

イ　養親の年齢

婚姻し，同居している場合を除き，25歳以上でなければならない（州法19－８－３)。

⑶　養親と養子の年齢差

養親は，養子より少なくとも10歳以上年長でなければならない（州法19－８－３Ａ)。

２　保護要件

⑴　裁判所の許可

養子縁組には，裁判所の許可を得なければならない。

⑵　養子の同意

養子が14歳以上である場合は，その者の同意を要する（州法19－８－４Ｂ)。

⑶　託置機関等の同意

子が同居している親又は後見人がいないときは，託置機関等の同意を要する（州法19－８－４Ａ)。

３　養子縁組の効力

⑴　実親との関係

申請者の配偶者及び申請者の親族に関する場合を除き，養子縁組命令は，養子となった者と親を含め，その親族との間の全ての法的な関係を終了させる（州法19－８－19Ａ)。

成人が養子となった場合も同様である（州法19－８－21Ａ)。

(2)　養親との関係

養子縁組命令は，それぞれの申請者と養子となった者との間に，あたかも養子となった者が申請者の実子であるかのような親子の関係を創設する（州法19－８－19Ａ）。

成人が養子となった場合も同様である（州法19－８－21Ａ）。

〔根拠法条〕

ジョージア州法（2014 Georgia Code）

第19編　家族関係

第８章　養子縁組

第１条　総則

19－８－１（定義）

本章において，次の用語は以下のとおりである。

１～３（略）

４「省」とは，社会福祉省（Department of Human Services）を意味する。

５～10（略）

19－８－３（養子縁組をすることができる者；夫婦の名で申請をしなければならない場合）

Ａ　成人は，その者が以下の場合は，子を養子とすることができる。

Ⅰ　少なくとも，25歳以上であるか，又は婚姻し，配偶者と同居している場合

Ⅱ　少なくとも，子より10歳以上年長である場合

Ⅲ　申請の提出の直前に少なくとも６月間，ジョージア州に実際に居住している場合，及び

Ⅳ　財政的，身体的及び精神的に子を永続的に監護することができる場合

Ｂ　養育している親に限らず，本節のＡ項の要件を満たした成人は，省又は省の政策に従って養子縁組の申請者として考慮するため託置機関又は機関に申請する資格を有する。

Ｃ　子を養子とすることを希望する者が婚姻しているときは，申請は両配偶者の氏名で申請しなければならない。しかし，子が養子縁組を希望する当事者の継子であるときは，申請は継親１人のみで申請する。

19－８－４（親権又は後見の放棄又は終了が要求されるとき，14歳以上の者の同意，（略））

Ａ　本章において，他に認められている場合を除き，同居している親又は後見人がいない養子縁組される子は，その親又は後見人が以下のときは，省又は託置機関を通じて養子となることができる。

Ⅰ　親と後見人が自発的かつ書面により，本節に規定された省又は託置機関に子に対する全ての権利を放棄し，省又は機関は養子縁組に対し同意をするか，又は，

Ⅱ　親と後見人が，管轄権を有する裁判所の命令により，子に対する全ての権利が終了し，子は裁判所によって，省又は養子縁組のために託置する託置機関に引き渡し，省又は機関はその後，

養子縁組に同意する。

B　子が14歳以上の場合は，養子縁組に対する子の書面による同意が，裁判所の面前で行われ，認められなければならない。

C～E　（略）

19－8－19（養子縁組の効力）

A　ジョージア州の裁判所又は他の管轄裁判所によって発せられたか否かにかかわらず，養子縁組の命令は，ジョージア州における，又はジョージア州の以前の裁判所の管轄権に関する事項に関して，次の効力を有する。

Ⅰ　申請者の配偶者及び申請者の親族に関する場合を除き，養子縁組命令は，養子となった者と親を含め，その親族との間の全ての法的な関係を終了させ，その後，相続及び書面，法令及び法律文書の解釈又は制定を含む全ての目的のために，以前の親族とは無関係となる。（以下，略）

Ⅱ　養子縁組命令は，それぞれの申請者と養子となった者との間に，あたかも養子となった者が申請者の実子であるかのような親子の関係を創設する。養子となった者は，申請者の実子としての全ての権利及び特権を享受し，意思のないときの相続及び分割法の下で相続し，遺贈の法律文書を養子縁組命令がなされる前又は後に行われたかにかかわらず，そこから排除することが示されなければ，申請者の実子とみなされる。申請者の親族からの相続を受け，申請者の子として第三者の意思により贈与を受ける。

B　（略）

19－8－21（成人の養子縁組，19－8－19及び19－8－20の適用）

A　成人は，養子縁組に対する書面による同意により，養子となることができる。（略）

おのおのの申請人と養子となった成人の間の関係は，法的な権利と責任に関しては，親子の関係になる。

B　養子縁組命令の効果に関する19－8－19の規定及び養子縁組の通知に関する19－8－20の規定は，成人の養子縁組についてもまた適用される。

資料５－24－１〔出生証明書〕

CERTIFICATE OF VITAL RECORD

VERIFY PRESENCE OF WATERMARK　HOLD TO LIGHT TO VIEW

STATE OF GEORGIA CERTIFICATE OF LIVE BIRTH	Death Number	Local File Number	1. State File Number 2013 ※※※※

2.CHILD'S NAME: FIRST	3.MIDDLE	4.LAST	5.JR.,III,ETC.	6.Sex (M or F)	7.DATE OF BIRTH (Mo., Day,Year)
○○	○○	○○		MALE	08/※/2013

8. TIME OF BIRTH	9. THIS BIRTH (Single,Twin,Triplet, Etc.)	10.IF NOT SINGLE SPECIFY BIRTH ORDER
12:43 PM	SINGLE	

11.CITY,TOWN, OR LOCATION OF BIRTH	12. HOSPITAL FACILITY NAME (If not Hospital,give street and Number.)
AUGUSTA	TRINITY HOSPITAL OF AUGUSTA

13. IF NOT HOSPITAL,Specify	14. COUNTY OF BIRTH
HOSPITAL	RICHMOND

15.MOTHER'S NAME FIRST	16. MIDDLE	17.LAST	18.MAIDEN (Last Name)
△△		△△	△△

19.DATE OF BIRTH (Month.,Day,Year)	20.STATE OF BIRTH (If not U.S.A.,Name Country)	21. RESIDENCE - STATE	22. COUNTY
02/※/1980	JAPAN	GEORGIA	COLUMBIA

23. CITY,TOWN OR LOCATION	24.STREET AND NUMBER OF RESIDENCE
EVANS	※※※※※※

25.MOTHER'S MAILING ADDRESS	26.RESIDENCE INSIDE CITY LIMITS? (Yes or No)
※※※※※※　EVANS　GEORGIA　.　※※	UNKNOWN

27.FATHER'S NAME FIRST	28.MIDDLE	29.LAST,JR., ETC.	30.DATE OF BIRTH (Mo.,Day, Year)	31.STATE OF BIRTH(If not U.S.A. ,Name Country)
□□	□□	□□	12/※/1975	IOWA

32a. INFORMANT'S NAME (Type or Print)	32b. RELATION TO CHILD	33.PARENTS AUTHORIZE RELEASE OF INFORMATION TO SOCIAL SECURITY ADMINISTRATION TO ISSUE THIS CHILD A SOCIAL SECURITY NUMBER. (Yes or No)
□□□□□□	FATHER	YES

34.I CERTIFY THAT THE ABOVE NAMED CHILD WAS BORN ALIVE AT THE PLACE AND TIME AND ON THE DATE STATED ABOVE (Signature)	35. DATE SIGNED (Mo.,Day,Year)	36. ATTENDANT AT BIRTH IF OTHER THAN CERTIFIER (Type or Print)
Electronically signed by ※※※※※	08/17/2013	(Name) ※※※※※ 37.(Title) MD

38. CERTIFIER (Type or Print)	39. PHYSICIAN'S MEDICAL LIC. NO.	40. CERTIFIER-MAILING ADDRESS (Street or R.F.D No., City or Town,State, Zip)
(Name) ※※※※※ (Title) BIRTH RECORD CLERK	※※※	※※※※※※

41. REGISTRAR (Signature)	42. DATE RECEIVED BY STATE REGISTRAR (Mo.,Day,Year)
Electronically signed by ※※※※※	08/17/2013

GEORGIA DEPARTMENT OF COMMUNITY HEALTH, VITAL RECORDS SERVICE　Form 3901A (Rev. 7-1-92)

THIS IS TO CERTIFY THAT THIS IS A TRUE REPRODUCTION OF THE ORIGINAL RECORD ON FILE WITH THE STATE OFFICE OF VITAL RECORDS, GEORGIA DEPARTMENT OF PUBLIC HEALTH. THIS CERTIFIED COPY IS ISSUED UNDER THE AUTHORITY OF CHAPTER 31-10, CODE OF GEORGIA AND 290-1-3, DPH RULES AND REGULATIONS.

Any reproduction of this document is prohibited by statute. Do not accept unless on security paper with seal of Vital Records clearly embossed. Chapter 31-10, Code of Georgia as amended.

Form 3972 (Rev.7/11)

（署名）　SEP 0 4 2013　（署名）

State Registrar/County Registrar

WARNING: THIS DOCUMENT IS PRINTED ON SECURITY WATERMARKED PAPER AND CONTAINS SECURITY FIBERS. DO NOT ACCEPT WITHOUT VERIFYING THE PRESENCE OF THE WATERMARK. THE DOCUMENT FACE CONTAINS A SECURITY BACKGROUND, EMBOSSED SEAL AND THERMOCHROMIC INK. THE BACK CONTAINS SPECIAL LINES WITH TEXT.

※※※※

STATE OFFICE VITAL RECORDS

STATE OF GEORGIA 1776

VOID IF ALTERED OR ERASED

VOID IF ALTERED OR COPIED

資料５－24－１

出生証明書（要約文）

1．出生子の氏名：（氏）○○　（名）○○　○○　（性別）㊚・女

2．出生場所：米国　ジョージア　州　リッチモンド　郡　オーガスタ　市

3．出生年月日：平成　25　年　8　月　※　日

時刻　：　午前・（午後）　12　時　43　分

4．母親の氏名(旧姓)：（氏）△△　（名）△△

5．父親の氏名：（氏）□□　（名）□□　□□

6．発給元　：　米国　ジョージア　州保健局

要約者氏名

△　△　△　△

5－25　アメリカ合衆国／テキサス州

第1　婚　　姻

1　実質的成立要件

(1)　婚姻適齢

男女とも18歳以上である。

16歳以上で18歳未満の者は，以前に婚姻していた者又は裁判所の命令がある場合を除き，一方の親の同意を要する。なお，親の同意は，婚姻許可証が申請された日又は申請日の前30日以内にしなければならない。

16歳未満の者は，裁判所の命令がなければ婚姻をすることができない（州法2.003・2.009・2.101・2.102）。

(2)　近親婚の禁止

当事者の一方と他方との関係が，①血統又は養子縁組による尊属又は卑属である場合，②全血又は半血若しくは養子縁組による兄弟姉妹である場合，③全血又は半血若しくは養子縁組による親の兄弟姉妹である場合，④全血又は半血若しくは養子縁組による兄弟又は姉妹の息子又は娘である場合は，婚姻は無効である（州法6.201）。

(3)　重婚の禁止

現在婚姻している者は，他の者と婚姻することができない（州法2.004・2.007）。

(4)　同性婚等の禁止

テキサス州では，同性者間の婚姻は禁止されている（州法2.001）。

なお，アメリカ合衆国では，同性婚を認める州と認めない州が存在していたが，連邦最高裁判所は，平成27年（2015年）6月26日に，同性婚は合衆国憲法の下での権利であり，州は同性婚を認めなければならないとの判断を下した。これにより，全米で同性婚が合法となることから，同性婚を禁止している各州の法律は今後改正される。

⑸　再婚禁止期間

離婚が言い渡された日から31日が経過するまでは，第三者と婚姻をすることができない（州法6.801）。

2　婚姻許可証

⑴　発給権者

郡の書記が発給する（州法2.001）。

⑵　有効期間

許可証は，発行後90日間有効である（州法2.201）。

3　挙　　式

⑴　挙式を行うことができる者

免許を受けた，又は任命されたキリスト教の牧師又は司祭，ユダヤ教のラビ，宗教機関のオフィサーで，結婚式を行う権限を組織から与えられている者，最高裁判所の裁判官，刑事控訴裁判所の裁判官，控訴裁判所の裁判官，地方，郡，検認裁判所の裁判官等は，挙式を行う権限を有する（州法2.202）。

⑵　待機期間

原則として，婚姻許可証の発行後72時間が経過するまでは，挙式を行うことができない（州法2.204）。

4　婚姻の無効及び取消し

⑴　婚姻の無効

ア　近親婚

当事者の一方が，①血統又は養子縁組による尊属又は卑属である場合，②全血又は半血若しくは養子縁組による兄弟姉妹である場合，③全血又は半血若しくは養子縁組による親の兄弟姉妹である場合，④全血又は半血若しくは養子縁組による兄弟又は姉妹の息子又は娘である場合は，婚姻は無効である（州法6.201）。

イ 同性婚又はシビル・ユニオン

同性者間又はシビル・ユニオン間の婚姻は，テキサス州においては無効である（州法6.204）。

ウ 未成年者との婚姻

一方の婚姻当事者が16歳未満であるときは，裁判所の命令がないときは，婚姻は無効である（州法6.205）。

エ 継子又は継親との婚姻

当事者が，現在又は以前に他方の当事者の継子又は継親であるときは，婚姻は無効である（州法6.206）。

⑵ 婚姻の取消し

ア 18歳未満の者の婚姻（州法6.102）

㋐ 取消原因

裁判所は，親の同意又は裁判所の命令なく行われた16歳以上で18歳未満の者の婚姻の無効を認めることができる。

㋑ 申立権者

①未成年の当事者の利益のために近友が，②親又は③個人，権限当局又は裁判所であるかにかかわらず，未成年者の裁判上指名された管理者又はその者の後見人が申立てをすることができる。

㋒ 申立ての制限

近友が提起する訴訟は，婚姻日から90日以内に提出されなければならない。

イ アルコール又は麻薬の影響下（州法6.105）

裁判所は，①婚姻時に，申立人がアルコール飲料又は麻薬の影響を受けていて，結果として，婚姻に同意する能力を有していなかった場合，②申請者が，アルコール飲料又は麻薬の効果がなくなった後に，他方の婚姻当事者と自発的に同棲しなかった場合は，婚姻当事者の婚姻の無効を認めることができる。

ウ 詐欺，強迫又は暴力（州法6.107）

①他方の当事者が，申請者を婚姻関係に入るために詐欺，強迫又は暴力

を使用した場合，②申請者が詐欺を知り，強迫又は暴力から免れてから，自発的に他方の当事者と同棲しなかった場合には，裁判所は，婚姻当事者の婚姻の無効を認めることができる。

エ　意思能力がないこと（州法6.108）

裁判所は，①婚姻時に，他方の当事者が，精神的な病気又は障害により，申請者が婚姻に同意するか，挙式の本質を理解する意思能力がなかった場合，②婚姻時に，申請者が，精神的疾患又は障害であることを知らず，合理的に知るべきであったのではない場合，③申請者が精神的疾患又は障害であることを知ったが，又は合理的に知るべきであった時から，申請者が自発的に他方の当事者と同棲していない場合は，婚姻当事者の婚姻を無効とすることができる。

オ　隠されていた離婚（州法6.109）

(ア)　取消原因

裁判所は，①挙式日前の30日以内に，他方の当事者が第三者と離婚していた場合，②挙式時に，申請者が離婚を知らず，分別ある者が離婚を知らなかったであろう場合，③離婚の事実を申請者が知るか，分別ある者が知るであろう時から，申請者が他方の当事者と自発的に同棲しなかった場合は，婚姻当事者の婚姻の無効を認めることができる。

(イ)　申立ての制限

婚姻1周年以降は，申立てをすることができない。

カ　許可証発行後72時間以内の婚姻（州法6.110）

(ア)　取消原因

婚姻許可証が発行された後72時間の間に，挙式が行われたときは，裁判所は婚姻当事者の婚姻の無効を認めることができる。

(イ)　申立ての制限

婚姻日から30日経過した後は，申立てをすることができない。

〔**根拠法条**〕

州法（2013 Texas Statutes）
家族法
第１編　婚姻関係
サブタイトルＡ　婚姻
第２章　婚姻関係
サブチャプターＡ　婚姻許可証の申請
2.001（婚姻許可証）
a　儀式婚をしようとする男性と女性は，テキサス州の郡の書記から婚姻許可証を取得しなければならない。
b　許可証は，同性の者の婚姻には発行することができない。
（1997年付加，1997年４月17日施行）
2.003（未成年者による許可証の申請）
本章で規定する他の要件に加え，許可証を申請する18歳未満の者は，以下を郡の書記に提出しなければならない。
1　2.102に規定する婚姻に対する親の同意を証明する書面
2　その者の前婚が解消されたことを証明する書類，又は
3　2.103に基づいて，その者の婚姻を認める裁判所の命令
（1997年付加，1997年４月11日施行）
2.004（申請用紙）
a　郡の書記は，人口動態統計局の規定する申請用紙を備え付けるものとする。
b　申請書には，以下の事項が含まれるものとする。
1～4　（略）
5　それぞれの申請人が，“私は，現在，婚姻しておらず，他の申請者も現在，婚姻していない”ことについて，“正しい（true）”か“正しくない（false）”をチェックする印刷された枠
6　それぞれの申請人が，“他の申請者と私が，以下の関係にない”ことについて，“正しい”か“正しくない”をチェックする印刷された枠
A　血統又は養子縁組による尊属又は卑属の関係
B　全血又は半血若しくは養子縁組による兄弟又は姉妹の関係
C　全血又は半血若しくは養子縁組による親の兄弟又は姉妹の関係
D　全血又は半血若しくは養子縁組による兄弟又は姉妹の息子又は娘の関係
E　現在又は以前の継子又は継親の関係
F　全血又は半血若しくは養子縁組による親の兄弟又は姉妹の息子又は娘の関係
7～13（略）
（1997年付加，2005年，2013年改正，2013年９月１日施行）
2.007（欠席した申請者の宣誓供述書）
欠席した申請者の宣誓供述書は，以下の事項を含んでいなければならない。
1・2　（略）
3　欠席した申請人が，以下であることの供述
A　現在，婚姻していないか，又は
B　他の申請人と婚姻しており，再婚することを希望すること。
4　他の申請人が，欠席した申請人と以下の関係にないことの供述
A　血統又は養子縁組による尊属又は卑属の関係
B　全血又は半血若しくは養子縁組に

よる兄弟又は姉妹の関係

C　全血又は半血若しくは養子縁組による親の兄弟又は姉妹の関係

D　全血又は半血若しくは養子縁組による兄弟又は姉妹の息子又は娘の関係

E　現在又は以前の継子又は継親の関係

F　全血又は半血若しくは養子縁組による親の兄弟又は姉妹の息子又は娘の関係

5～8　（略）

（1997年付加，2005年，2013年改正，2013年９月１日施行）

2.009（許可証の発行）

a　b項及びd項に規定される場合を除き，郡の書記は，一方の申請者が以下の場合は，許可証を発行することができない。

1　本サブチャプターで求められる情報を提供しなかった場合

2　年齢及び本人であることの証拠を提出しなかった場合

3　16歳未満で，2.103に規定される裁判所の命令が認められなかった場合

4　16歳以上18歳未満で，少なくとも以下の１つが提出されなかった場合

A　2.102に規定されている親の同意

B　申請者の前婚が解消されたことを証明する書面

C　2.103に規定されている裁判所の命令

5・6　（略）

b～d　（略）

（1997年付加，1999年，2005年，2009年，2013年改正，2013年９月１日施行）

サブチャプターB　未成年者の申請

2.101（一般的な年齢要件）

本サブチャプターに他に規定する場合又は前婚が解消されたことを示した場合を除き，一方の申請者が18歳未満であるときは，郡の書記は婚姻許可証を発行することができない。

（1997年付加，1997年４月17日施行）

2.102（未成年の申請者に対する親の同意）

a　申請者が16歳以上18歳未満の場合は，郡の書記は，親の同意が本節の規定に従って与えられたときは，許可証を発行する。

b～e　（略）

f　親の同意は，婚姻許可証が申請されたとき，又は申請の日の30日以内にされなければならない。

g・h　（略）

（1997年付加，1997年４月17日施行）

2.103（未成年者の申請者に対する裁判所の命令）

a　未成年者は，裁判所に未成年者自身の名で，婚姻を許可する命令を求める申請をすることができる。（以下，略）

b～f　（略）

（1997年付加，2005年，2007年改正，2007年９月１日施行）

サブチャプターC　儀式及び許可証の返還

2.201（許可証の期限満了）

結婚式が許可証の発行後90日以内に行われなかったときは，婚姻許可証の期限は満了する。

（1997年付加，2013年改正，2013年９月１日施行）

2.202（挙式を行う権限を与えられている者）

a　以下の者は，結婚式を行う権限を有する。
1　免許を受けた，又は任命されたキリスト教の牧師又は司祭
2　ユダヤ教のラビ
3　宗教機関のオフィサーで，結婚式を行う権限を組織から与えられている者
4　最高裁判所の裁判官，刑事控訴裁判所の裁判官，控訴裁判所の裁判官，地方，郡，検認裁判所の裁判官，家族関係裁判所の裁判官，少年裁判所の裁判官，それらの裁判所の退任した裁判官，治安裁判所の裁判官，治安裁判所の退任した裁判官，市裁判所（a municipal court）の裁判官，市裁判所の退任した裁判官又はテキサス州の連邦裁判所の裁判官又は治安判事
5　テキサス州の連邦裁判所の退任した裁判官又は治安判事

b・b－1・c・d　（略）
（1997年付加，2005年，2009年，2013年改正，2013年９月１日施行）

2．204（72時間の待機機関，例外）
a　本節に規定される場合を除き，婚姻許可証が発行されてから72時間以内に，挙式を行うことができない。
b　婚姻許可証の発行後72時間の待機期間は，以下の申請人には適用されない。
1　合衆国軍隊の現役のメンバー
2　合衆国軍隊のメンバーではないが，省の被雇用者として，又は省との契約に基づき国防総省で働いている者
3　第ｃ項に基づき，書面による棄権証書を取得した者
4　（略）
c　申請者は，家族法の事件に管轄権を有する裁判所の裁判官，最高裁判所の裁判官，刑事控訴裁判所の裁判官，郡の裁判官，控訴裁判所の裁判官に，婚姻許可証の発行後72時間以内に挙式を行うことを認める書面による棄権証書を請求することができる。その期間内に挙式を行う正当な理由があると裁判官が判断したときは，裁判官は棄権証書に署名するものとする。（以下，略）
（1997年付加，1999年，2005年，2007年改正，2008年９月１日施行）

サブチャプターＤ　婚姻の有効性

2．301（詐欺，錯誤又は不法行為による許可証の取得）
本章で他に規定する場合を除き，婚姻の有効性は，婚姻許可証を取得した際に生じたいかなる詐欺，錯誤又は不法行為によっても影響を受けない。
（1997年付加，1997年４月17日施行）

2．302（資格のない者により行われた儀式）
婚姻の儀式を行った者が権限を有していない場合でも，以下のときは，婚姻の有効性は，影響を受けない。
1　その者が権限を有していると合理的に思われるとき。
2　少なくとも当事者の一方が誠実に儀式に参加し，その当事者が婚姻を有効としているとき。かつ，
3　婚姻当事者のいずれもが，
A　法律が婚姻を禁止している未成年者でないか，又は
B　婚姻により，刑法第25．01条に基づく犯罪を犯す者ではないこと。
（1997年付加，2005年改正，2007年９月１日施行）

サブタイトルＣ　婚姻の解消

第6章　婚姻解消訴訟
サブチャプターB　無効事由

6.102（18歳未満の者の婚姻の無効）

a　裁判所は，親の同意なく，又はサブチャプターB及びEに規定されている裁判所の命令なく行われた16歳以上で18歳未満の者の婚姻の無効を認めることができる。

b　本節に基づく無効の申立ては，以下の者がすることができる。

1　未成年の当事者の利益のために近友（next friend）が

2　親

3　個人，権限当局又は裁判所であるかにかかわらず，未成年者の裁判上指名された管理者又はその者の後見人

c　近友が本項に基づいて提起する訴訟は，婚姻日から90日以内に提出されないときは，禁止される。

（1997年付加，2005年，2007年改正，2007年9月1日施行）

6.105（アルコール又は麻薬の影響下）

裁判所は，以下の場合は，婚姻当事者の婚姻の無効を認めることができる。

1　婚姻時に，申立人がアルコール飲料又は麻薬の影響を受けていて，結果として，婚姻に同意する能力を有していなかった場合で，

2　申請者が，アルコール飲料又は麻薬の効果がなくなった後に，他方の婚姻当事者と自発的に同棲しなかった場合

（1997年付加，1997年4月11日施行）

6.107（詐欺，強迫又は暴力）

裁判所は，以下の場合には，婚姻当事者の婚姻の無効を認めることができる。

1　他方の当事者が，申請者を婚姻関係に入るために詐欺，強迫又は暴力を使用した場合

2　申請者が詐欺を知り，強迫又は暴力から免れてから，自発的に他方の当事者と同棲しなかった場合

（1997年付加，1997年4月11日施行）

6.108（意思能力がないこと）

a　裁判所は，当事者，又は裁判所が後見人又は近友が代理することで当事者の最善の利益になると判断したときは，当事者の後見人又は近友の訴訟に基づき，以下により婚姻当事者の婚姻の無効を認めることができる。

1　婚姻時に，精神的疾患又は障害により，申請者が婚姻に同意するか，挙式の本質を理解する意思能力がなかったとき。

2　挙式の時から，申請者が婚姻関係を認める意思能力を有していた期間に，他方の当事者と自発的に同棲しなかったとき。

b　裁判所は，以下の場合は，婚姻当事者の婚姻を無効とすることができる。

1　婚姻時に，他方の当事者が，精神的疾患又は障害により，申請者が婚姻に同意するか，挙式の本質を理解する意思能力がなかった場合

2　婚姻時に，申請者が，精神的疾患又は障害であることを知らず，合理的に知るべきであったのではない場合

3　申請者が精神的疾患又は障害であることを知ったか，又は合理的に知るべきであった時から，申請者が自発的に他方の当事者と同棲していない場合

（1997年付加，1997年4月11日施行）

6.109（隠されていた離婚）

a　裁判所は，以下の場合は，婚姻当事者の婚姻の無効を認めることができる。

1　挙式日前の30日以内に，他方の当事者が第三者と離婚していた場合

2　挙式時に，申請者が離婚を知らず，分別ある者が離婚を知らなかったであろう場合，かつ，

3　離婚の事実を申請者が知るか，分別ある者が知るであろう時から，申請者が他方の当事者と自発的に同棲しなかった場合

b　訴訟は，婚姻１周年以降は，本節に基づき提訴することができない。

（1997年付加，1997年４月11日施行）

6.110（許可証発行後72時間以内の婚姻）

a　婚姻許可証の発行直後72時間の間に，2.204に反して挙式が行われたときは，裁判所は婚姻当事者の婚姻の無効を認めることができる。

b　訴訟は，婚姻日から30日後は，本節に基づき提訴することができない。

（1997年付加，1997年４月11日施行）

サブチャプターＣ　婚姻無効の宣言

6.201（親族）

当事者の一方が，他方と以下の関係にある場合は，婚姻は無効である。

1　血統又は養子縁組による尊属又は卑属である場合

2　全血又は半血若しくは養子縁組による兄弟姉妹である場合

3　全血又は半血若しくは養子縁組による親の兄弟姉妹である場合

4　全血又は半血若しくは養子縁組による兄弟又は姉妹の息子又は娘である場合

（1997年付加，1997年４月11日施行）

6.204（同性婚又はシビル・ユニオンの承認）

a　（略）

b　同性者間又はシビル・ユニオン間の婚姻は，テキサス州の公共政策に反し，テキサス州においては無効である。

c　（略）

（2003年付加，2003年９月１日施行）

6.205（未成年者との婚姻）

一方の婚姻当事者が16歳未満である場合は，2.103に基づく裁判所の命令がないときは，婚姻は無効である。

（2005年付加）

6.206（継子又は親継との婚姻）

当事者が，現在又は以前に他方の当事者の継子又は継親であるときは，婚姻は無効である。

（2005年付加）

サブチャプターＩ　再婚

6.801（再婚）

a　本サブチャプターに他に規定される場合を除き，離婚した当事者は，離婚が言い渡された日後，31日が経過するまでは第三者と婚姻することができない。

b　前の夫婦同士は，いつでも婚姻することができる。

（1997年付加，1997年４月11日施行）

第2　離　　婚

1　離婚事由

以下の事由により，離婚をすることができる。

①　婚姻が耐えられないこと

婚姻関係の合法的な目的を破壊し，和解する合理的な期待を妨げる人格の不一致又は衝突により，婚姻が耐えられなくなったときは，一方の婚姻当事者の申立てに基づき，裁判所は当事者の責任にかかわらず，離婚を認めることができる（州法6.001）。

②　虐　待

他方の配偶者が，申立てをした配偶者に対し，一緒に生活することを耐えられなくする虐待の扱いをし，有罪とされたときは，裁判所は離婚を認めることができる（州法6.002）。

③　姦　通

他方の配偶者が姦通を犯したときは，裁判所は離婚を認めることができる（州法6.003）。

④　重罪の判決

裁判所は，婚姻中，他方の配偶者が，(ア)重罪の判決を受けた場合，(イ)州の刑務所，連邦の刑務所又は他の州の刑務所に少なくとも1年間，収監されていた場合，(ウ)赦免されていない場合には，離婚を認めることができる。

ただし，裁判所は，他方の配偶者の証言により，有罪の宣告を受けた配偶者に対し，本節に基づいて離婚を認めないことができる（州法6.004）。

⑤　別　居

裁判所は，夫婦が少なくとも3年間，別居しているときは，離婚を認めることができる（州法6.006）。

〔根拠法条〕

州法（2013 Texas Statutes）	第1編　婚姻関係
家族法	サブタイトルC　婚姻の解消

第６章 婚姻解消訴訟
サブチャプターＡ 離婚事由及び主張
６.001（耐えられないこと）
婚姻関係の合法的な目的を破壊し，和解する合理的な期待を妨げる人格の不一致又は衝突により，婚姻を耐えることができなくなったときは，一方の婚姻当事者の申立てに基づき，裁判所は責任にかかわらず，離婚を認めることができる。
（1997年付加，1997年４月11日施行）
６.002（虐待）
他方の配偶者が，申立てをした配偶者に対し，一緒に生活することを耐えられなくする虐待の扱いをし，有罪とされたときは，裁判所は一方の配偶者のために，離婚を認めることができる。
（1997年付加，1997年４月11日施行）
６.003（姦通）
他方の配偶者が姦通を犯したときは，裁判所は一方の配偶者のために，離婚を認めることができる。
（1997年付加，1997年４月11日施行）
６.004（重罪の判決）
ａ 裁判所は，婚姻中，他方の配偶者が以下の場合には，一方の配偶者のために離婚を認めることができる。
１ 重罪の判決を受けた場合
２ 州の刑務所，連邦の刑務所又は他の州の刑務所に少なくとも１年間，収監されていた場合
３ 赦免されていない場合
ｂ 裁判所は，他方の配偶者の証言により，有罪の宣告を受けた配偶者に対し，本節に基づいて離婚を認めないことができる。
（1997年付加，1997年４月11日施行）
６.006（別居）
裁判所は，夫婦が少なくとも３年間，別居しているときは，一方の配偶者のために離婚を認めることができる。
（1997年付加，1997年４月11日施行）

第３ 出　　生

１ 父の推定

男性は，子の母と婚姻し，子が婚姻中に出生した場合及び子の母と婚姻し，死亡，無効，無効宣告又は離婚により婚姻が終了した後301日前に，子が出生した場合には，子の父と推定される（州法160.204）。

２ 出生証明書

テキサス州衛生局発行の出生証明書は，資料５－25－１（本文489頁）参照。

〔**根拠法条**〕

州法（2013 Texas Statutes）
家族法
第5編　親子関係及び親子関係に影響する訴訟
サブタイトルB　親子関係に影響する訴訟
第160章　統一親子法
サブチャプターC　親子関係
160. 204（父の推定）
a　男性は，以下の場合に，子の父と推定される。
1　男性が子の母と婚姻し，子が婚姻中に出生した場合
2　男性が子の母と婚姻し，死亡，無効，無効宣告又は離婚により婚姻が終了した後301日前に，子が出生した場合
3～5　（略）
b　（略）

第4　認　　知

1　認知主義

テキサス州は，事実主義でなく，認知主義を採用し，子の実の父であることを主張する子の母及び男性は，男性が父である意思をもって認知書に署名することができる（州法160. 301）。

2　強制認知

テキサス州の法律には，子が父の死後において，父に対し強制認知を求めることを許容した規定はなく，また，法律関係については，反致の規定も存在しない（昭和32. 7. 31東京地裁判決（家月9-10-35，総覧2-455））。

〔**根拠法条**〕

州法（2013 Texas Statutes）
家族法
第5編　親子関係及び親子関係に影響する訴訟
サブタイトルB　親子関係に影響する訴訟
第160章　統一親子法
サブチャプターD　父の自発的な認知
160. 301（父の認知）
子の実の父であることを主張する子の母及び男性は，男性が父である意図で，父であることの認知書に署名することができる。
（2001年付加，2003年改正，2003年9月1日施行）

第５　養子縁組

１　実質的成立要件

⑴　養親の要件

夫婦だけでなく，単身者も養親となることができる。

養親は，成人でなければならない（州法162.001・162.501）。

⑵　養子の要件

未成年者だけでなく，成人も養子となることができる。

未成年者については，親子関係が終了している場合等の要件がある（州法162.001・162.501）。

⑶　夫婦共同縁組

養親が婚姻している場合は，共同して申請をしなければならない（州法162.002・162.503）。

ただし，成人を養子とする場合には，一方の親とのみ養子縁組をすることができる（州法162.506）。

⑷　試験養育

少なくとも６か月間申請者と居住するまでは，裁判所は養子縁組を認めることができない（州法162.009）。

２　保護要件

⑴　裁判所の許可

養子縁組は，裁判所が判決を下すことによって成立する。

⑵　養子の同意

養子が12歳以上である場合は，その者の同意を要する。ただし，同意を放棄することが子の最善の利益になるときは，裁判所は，養子の同意を免除することができる（州法162.010）。

成人の養子についても，同意を要する（州法162.504）。

⑶　保護管理者の同意

養子になることができるのは，親との親子関係が終了していること等が要件とされていることから（州法162.001），直接的には親の同意は求められていない。

保護管理者が申請しない場合は，保護管理者の書面による同意を要する（州法162.010）。

3　養子縁組の効力

⑴　未成年者と養親の関係

養子縁組により，養親と子の間に親子関係を創設する（州法162.017）。

⑵　成人の養子と養親の関係

養子縁組により，養子となった成人は，全ての目的において養親の息子又は娘となる。

なお，未成年者の場合と異なり，養子となった成人は，養親を相続する権利を保持するが，実親は，養子となった成人から，又は成人を通して相続することができない（州法162.507）。

〔**根拠法条**〕

州法（2013 Texas Statutes）
家族法
第５編　親子関係及び親子関係に影響を及ぼす訴訟
サブタイトルＢ　親子関係に影響を及ぼす訴訟
第162章　養子縁組
サブチャプターＡ　子の養子縁組
162.001（養子縁組をすることができる者及び養子になることができる者）
a　（略）成人は，養子となる子を養子とする申請をすることができる。
b　テキサス州に居住する子は，以下の場合に養子となることができる。
1　子の生存している親との親子関係が終了しているか，又はその終了の訴訟が養子縁組の訴訟と一緒にされている場合
2　権利が終了していない親が，現在申請者の配偶者であり，訴訟が継親養子縁組のためのものである場合
3　子が少なくとも２歳以上で，一方の親との親子関係が終了して，養子縁組をしようとする者が保護管理者（the managing conservator）であるか，養子縁組前の６か月間，子を実際に世話し，監督しているか，子の前の継親で，親権が終了していない親が養子縁組に同意した場合
4　子が少なくとも２歳以上で，一方の親との親子関係が終了して，養子縁組をしようとする者が子の前の継親で，

保護管理者であるか，養子縁組前の１年間，子を実際に世話し，監督している場合

c　（略）

（1995年付加，1997年，2003年改正，2003年９月１日施行）

162.002（申請要件）

a　申請者が婚姻している場合は，夫婦が共に養子縁組の申請をしなければならない。

b　（略）

（1995年付加，1995年４月20日施行）

162.009（申請者との居住）

a　子が少なくとも６か月間申請者と居住するまでは，裁判所は養子縁組を認めることができない。

b　居住要件を放棄することが子の最善の利益となるときは，裁判所は，申請者の請求によりその要件を放棄することができる。

（1995年付加，1995年４月20日施行）

162.010（必要とされる同意）

a　保護管理者が申請者でないときは，養子縁組に対する保護管理者の書面による同意が提出されなければならない。裁判所は保護管理者が正当な理由なく同意を拒否するか，又は同意しないと判断したときは，保護管理者の同意の要件を放棄することができる。（以下，略）

b　子の親が申請者の配偶者であるときは，その親は養子縁組に参加しなければならない。その親の同意は要しない。

c　12歳以上の子は，書面で，又は裁判所で養子縁組に対する同意をしなければならない。ただし，同意を放棄することが子の最善の利益になるときは，裁判所は同意を放棄することができる。

（1995年付加，1995年４月20日施行，1995年改正，1995年９月１日施行）

162.011（同意の撤回）

子の養子縁組を認める命令が言い渡される前は，いつでも，162.010で必要とされる同意は，署名入りの取消書を提出することで撤回することができる。

（1995年付加，1995年４月20日施行）

162.016（養子縁組命令）

①　（略）

②　養子縁組の要件が満たされ，養子縁組が子の最善の利益になると判断したときは，裁判所は，養子縁組を認めるものとする。

③　子の氏名は，変更を求めるときは，命令で変更することができる。

（1995年付加，1995年４月20日施行）

162.017（養子縁組の効力）

a　養子縁組命令は，全ての目的において，養親と子の間に親子関係を創設する。

b～d　（略）

（1995年付加，2005年改正，2005年６月18日施行）

サブチャプターF　成人の養子縁組

162.501（成人の養子縁組）

本サブチャプターに従い，裁判所は，テキサス州に居住する成人の他の成人を養子とする申請を認めることができる。

（1995年付加，1995年４月20日施行）

162.503（申請要件）

a　（略）

b　申請者が婚姻しているときは，夫婦が共同して養子縁組の申請をしなければならない。

（1995年付加，1995年４月20日施行）

162. 504（同意）

成人が申請者の養子になることに書面で同意しないときは，裁判所は養子縁組を認めることができない。

（1995年付加，1995年４月20日施行）

162. 505（必要とされる出席）

申請者及び養子となる成人は，聴聞に出席しなければならない。申請者又は養子となる成人が出席することができないときは，正当な理由があるときは，裁判所は書面による命令で，この要件を放棄することができる。

（1995年付加，1995年４月20日施行）

162. 506（養子縁組命令）

a　裁判所は，成人の養子縁組のための要件が満たされていると判断したときは，養子縁組を認めるものとする。

b　162. 503のｂ項により，夫婦が成人の養子縁組に加わることが要求されているにもかかわらず，夫婦又は夫婦の請求により，一方の配偶者のみとの成人の養子縁組を認めることができる。

（1995年付加，2003年改正，2003年６月20日施行）

162. 507（養子縁組の効力）

a　養子となった成人は，全てにおいて，養親の息子又は娘になる。

b　養子となった成人は，養親の実子のように，養親から，又は養親を通して相続する権利を付与される。

c　養子となった成人は，実親から，又は実親を通して相続することができない。実親は，養子となった成人から，又は養親となった成人を通して相続することができない。

（1995年付加，2005年改正，2005年９月１日施行）

資料５－25－１〔出生証明書〕

CERTIFICATION OF VITAL RECORD

STATE OF TEXAS
COUNTY OF BRAZOS

STATE OF TEXAS ※ ※ ※　CERTIFICATE OF BIRTH　BIRTH NUMBER

1 Child's Name First ○○ Middle ○○ Last ○○ Suffix
2 Date of Birth (mm/dd/yyyy) 06/※/2013
3 Sex MALE
4a Place of Birth - County BRAZOS
4b City or Town (If outside city limits, give precinct no.) BRYAN
5 Time of Birth 03:02 PM
6a Plurality Single, Twin, Triplet, etc. SINGLE
6b If Plural Birth Born 1st, 2nd, 3rd, etc.
7a Place of birth ☐ Clinic / Doctor's Office ☐ Licensed Birthing Center ☒ Hospital ☐ Home Birth (Planned to deliver at home? ☐ Yes ☐ No) ☐ Other (Specify)
7b Name of Hospital or Birthing Center, NPI (If Not Institution, Give Street Address) ※※※※ CENTER
8a Attendant's Name, NPI, and Mailing Address ※※※※※ ※※※※※
8b ☒ MD ☐ DO ☐ CNM ☐ Midwife ☐ Other (Specify)
9a Certifier I certify that this child was born alive at the place and time and on the date as stated ※※※※※ Signature and Title 06/22/2013 Date Signed
9b ☐ Attendant ☒ Facility Administrator / Designee ☐ Other (Specify)
10 Mother's Name Prior to First Marriage First △△ Middle Last △△
11 Date of Birth (mm/dd/yyyy) 04/※/1988
12 Birthplace (State, Territory or Foreign Country) JAPAN
13a Residence - State TEXAS
13b County BRAZOS
13c City, Town or Location COLLEGE STATION
13d Street Address or Rural Location ※※※※※
13e Zip Code ※※
13f Inside City Limits ☒ Yes ☐ No
14 Mailing Address ☒ Same As Residence or
15 Father's Name First □□ Middle □□ Last □□ Suffix
16 Date of Birth (mm/dd/yyyy) 07/※/1985
17 Birthplace (State, Territory or Foreign Country) MASSACHUSETTS
18a Local File Number ※-※※
18b Date Received by Local Registrar 06/25/2013
18c Signature of Local Registrar （署名）

1728[illegible]

VS 111.3 REV 01/05 WARNING: THE PENALTY FOR KNOWINGLY MAKING A FALSE STATEMENT IN THIS FORM CAN BE 2-10 YEARS IN PRISON AND A FINE OF UP TO $5,000

※ ※ ※

THIS IS TO CERTIFY THAT THIS IS A TRUE AND CORRECT REPRODUCTION OF THE ORIGINAL RECORD AS RECORDED IN THIS OFFICE. ISSUED UNDER AUTHORITY OF SECTION 191.051, HEALTH AND SAFETY CODE.

DATE ISSUED: September 10, 2013

BY: （署名） DEPUTY

（署名）
※※※※, COUNTY CLERK
BRAZOS COUNTY, TEXAS

THE STATE OF TEXAS BRAZOS COUNTY

ANY ALTERATION OR ERASURE VOIDS THIS CERTIFICATE

資料５－25－１

出生証明書（抄訳）和訳

1．出生子の氏名　（氏）　○○　（名）　○○　○○
（ファーストネームの次にミドルネームの順でご記入下さい）

2．性別　☑ 男　□ 女

3．生まれたとき　平成　25　年　6　月　※　日
午前・(午後)　3　時　02　分

4．生まれたところ(病院名)　※※※※センター
住所　アメリカ合衆国　テキサス　州　ブライアン　市
※※※※　~~通り~~　※※　番地

5．母の旧姓　(氏)　△△　(名)　△△
父の氏名　(氏)　□□　(名)　□□　□□
（ファーストネームの次にミドルネームの順で）

6．証明書発行者
☑ 登録機関：アメリカ合衆国　テキサス　州衛生局登記官
証明書発行年月日：　平成　25年　9月　10日

□ 証明者が医師・助産婦等である時：
資格：＿＿＿＿　氏名　(氏)　(名)
証明書発行年月日：平成　年　月　日

翻訳者名：　△　△　△　△

～～～～～～～～～～～～～～～～～～～～～～～～～～～～～

以下該当者のみ記入
★子の氏名が出生証明書と出生届の記載とで異なる場合の申し出事項
（例えばミドルネームを省く場合等）

出生証明書によると子の名は、(名)　○　○　○　○　となっているが、出生届書の事件本人と同一人物に相違なく、戸籍には、(名)　○○　と届出する。

申出人署名　△　△　△　△　㊞又は拇印

5－26　アメリカ合衆国／テネシー州

第1　婚　　姻

1　婚姻証明書

テネシー州デビッドソン郡書記発行の婚姻証明書は，資料5－26－1（本文497頁）参照。

2　実質的成立要件

(1)　婚姻適齢

男女とも18歳以上である。

16歳以上で18歳未満の者については，一方の親又は法定後見人からの同意を要する（州法36－3－106）。

16歳未満の者は，婚姻をすることができない（州法36－3－105）。

(2)　近親婚の禁止

直系の尊属又は卑属，当事者の一方の親の尊属又は卑属，祖父母の子，夫又は妻の直系の尊属又は卑属，場合によっては，親又は直系の子孫の夫又は妻との婚姻は認められない（州法36－3－101）。

(3)　重婚の禁止

原則として，前夫又は前妻の生存中におけるその者以外の者との婚姻はできない（州法36－3－102）。

(4)　同性婚

アメリカ合衆国では，同性婚を認める州と認めない州が存在していたが，連邦最高裁判所は，平成27年（2015年）6月26日に，同性婚は合衆国憲法の下での権利であり，州は同性婚を認めなければならないとの判断を下した。これにより，全米で同性婚が合法となることから，同性婚を禁止している各州の法律は今後改正される。

3　婚姻許可証

(1)　発給権者

郡の書記が発給する（州法36－３－103ａ）。

(2)　有効期間

発行後30日間有効である（州法36－３－103ａ）。

〔根拠法条〕

州法（2010 Tennessee Code）

第36編　家族関係

第３章　婚姻

第１部　許可証

36－３－101（禁止の親等）

直系の尊属又は卑属，当事者の一方の親の尊属又は卑属，祖父母の子，夫又は妻の直系の尊属又は卑属，場合によっては，親又は直系の子孫の夫又は妻との婚姻を結ぶことはできない。

36－３－102（５年間不在の禁止された前婚解消前の後婚の効力）

前婚が解消されるまでは，後婚を結ぶことはできない。ただし，当事者の一方が５年間不在であるか，又は生存しているか他方が知らない場合は，前婚は解消されたとみなされる。

36－３－103（必要とされる郡発行の許可）

ａ　婚姻する前に，当事者はテネシー州の郡の書記の署名を受けた許可証を牧師又は役人に提出しなければならない。（略）許可証は，書記が発行したときから30日間有効である。

ｂ・ｃ　（略）

36－３－105（許可証の申請の最低年齢）

ａ　本部に規定される場合を除き，テネシー州において，結婚当事者の一方が16歳未満の者に郡の書記又はその代理が婚姻許可証を発行するのは違法である。

ｂ　ａ項に違反して結ばれた婚姻は，その者又はその者に利害関係を有する者による厳密な手続によって無効とすることができる。

36－３－106（親，後見人，最も近い親族，機関又は後見人の同意）

ａ　当事者の一方が18歳未満であるときは，申請者の監護権を有する親，後見人，最も近い親族又は当事者は宣誓し，申請者が16歳以上で，申請人がこれらの者の婚姻に対する同意を有していることを述べ宣誓し，申請に加わるものとする。

ｂ　（略）

36－３－109（酔っぱらい，精神異常者（insane）又は精神薄弱者（an imbecile）への許可証の発行の禁止）

許可証は，両申請者が，又は申請者の一方が申請時に酔っぱらい，精神異常者又は精神薄弱者であると思われるときは，許可証は発行されない。

第2　離　　婚

1　判決確定日

テネシー州民事手続法第59条第４項において，「判決を変更又は訂正するための申請は，判決の登録日から30日以内に提出及び送達されなければならない」と規定しており，上記30日を経過すると上訴できないため判決が確定する。

また，上訴期間の起算日については，同法第58条前文及び第２項から，「判示及び訴訟書類のコピーが双方の当事者か弁護士に配達されたという弁護士による証明書を持つ一方の当事者かその弁護士の署名」した判決文に書記が押印した時に効力を生ずると規定されている。

結局，30日間の上訴期間が経過した場合は，「書記が判決文に押印した日」が判決の確定日となる。

第3　出　　生

1　父の推定

男性と子の母が婚姻しているか，又は婚姻していて，子が婚姻中又は婚姻が死亡，無効，婚姻の無効宣告，又は，離婚による婚姻終了後，300日以内に出生した場合には，男性は子の実の父と推定される（州法36－２－304)。

2　出生証明書

テネシー州衛生局発行の出生証明書は，資料５－26－２（本文499頁）参照。

〔根拠法条〕

州法（2010 Tennessee Code）

第36編　家族関係

第２章　父子関係

第３部　父子関係及び準正

36－２－304（父の推定）

a　男性は，以下の場合には，子の実の父と反証を許す推定を受ける。

1　男性と子の母が婚姻しているか，又は婚姻していて，子が婚姻中又は死亡，無効，婚姻の無効宣告，又は離婚による婚姻の終了後，300日以内に出生した場合

2～5　（略）

b・c　（略）

第4　養子縁組

1　実質的成立要件

⑴　養親の要件

夫婦だけでなく，単身者も養親となることができる。

養親は，成人でなければならない（州法36－1－107）。

⑵　養子の要件

未成年者だけでなく，成人も養子となることができる（州法36－1－107 c）。

⑶　夫婦共同縁組

夫婦は共同して申請をしなければならない。

ただし，申請者の配偶者が養子となる子の法律上の，又は実の親であるときは，共同して申請することを要しないが，配偶者の同意を得なければならない（州法36－1－115 c）。

2　保護要件

⑴　裁判所の許可

養子縁組は，裁判所が判決を下すことによって成立する。

⑵　養子の同意

養子が14歳以上である場合は，その者の同意を要する（州法36－1－117）。

⑶　父母の同意

未成年者の養子の場合は，父母の同意を要する。

成人の養子の場合は，原則として，本人の同意を要するが，行為能力がないことを宣告されているときは，後見人等の同意を要する（州法36－1－117）。

3　養子縁組の効力

⑴　実親との関係

断絶型の養子縁組であり，実親との関係は切断する（州法36－1－121 a）。

⑵　養親との関係

養子縁組により，養子は養親の嫡出子として，親と子の法的な関係を有することになる（州法36－１－121 a）。

⑶　養子の氏名

養親となる者が養子となる者の氏名の変更を申請することができ，裁判所が認めたときは，その氏名を称する（州法36－１－115 a）。

〔根拠法条〕

州法（2010 Tennessee Code）

第36編　家族関係

第１章　養子縁組

第１部　総則

36－１－102（部の定義）

本部において，他に特に規定がない限り，

１～７　（略）

８「成人」は，18歳以上の者を意味する。成人は，本部の規定により養子となることができる。

９～12　（略）

13「子」は，18歳未満の者を意味する。

14～48　（略）

36－１－107（本部の適用者）

a　出生の場所，市民権又は居住の場所にかかわらず，いかなる者も本部の規定に従って養子又は再養子になることができる。

b　単身者は，子の養子縁組の申請を提出することができる。

c　成人は，養子となることができる。

36－１－115（養子縁組の申請の提出資格者―居住要件―養父母の選択）

a　18歳以上の者は，養子縁組をすることを衡平法裁判所（the Chancery court）又は巡回裁判所に申請し，養子の氏を変更することを請求することができる。

b　（略）

c　申請者に生存している配偶者がいて，申請に加わる能力があるときは，配偶者は申請に加わらなければならない。ただし，申請者の配偶者が養子となる子の法律上の又は実の親であるときは，配偶者は共同申請人として申請に署名し，そのことで，申請者の配偶者が法律上の又は実親の子を養子とすることに対する法律上の又は実の親の十分な同意となる。（略）法律上の又は実の親のそのような行為は，その他の点で子と親の関係に影響を与えない。

d～g　（略）

36－１－117（推定される父の権利を終了する手続当事者，親又は後見人の同意（略））

a～h　（略）

i⑴　申請が認められる前に，養子縁組の対象となる子が14歳以上である場合は，養子縁組裁判所は，養子縁組に対するその子の宣誓した，書面による同意を受領しなければならない。（以下，略）

⑵　子が意思能力がないときは，裁判所は養子縁組に対し子のために同意をする，又は同意をしない訴訟後見人（a guardian ad litem）を指名する。（以下，略）

j⑴　養子となろうとする者が18歳以上である場合は，養子になろうとする者の宣誓した，書面による同意を要する。（以下，略）

⑵A　養子になる成人が，行為能力がないことを言い渡されている場合は，成人の後見人又は管理人の宣誓した，書面による同意を要する。

B・C　（略）

⑶　（略）

k～n　（略）

36－1－121（親族関係に関する養子縁組の効果）

a　養子縁組の最終命令により，現在の後見命令は終了し，その日から養親と養子の間に，養子が養親から出生した関係を創設，子が親から出生したのと同様に，親と子の実親子の関係の全ての法的な結果と付帯的な権利について，養子は養親の嫡出子とみなされる。

b～g　（略）

資料５－26－１〔婚姻証明書〕

State of Tennessee

Marriage Certificate

County of Davidson

This certifies that □□□□□□ ※

and △△△△ ※

were united by ※※※※ Minister *in the*

Holy Bonds of Matrimony

on the ※ *day of* July

in the year of our Lord 2013 , *as appears of record in my*

office in Marriage Record Book ※※ , *Page* ※※

This 1st *day of* October , 2013

（署名）

Deputy Clerk

（署名）

Davidson County Clerk

資料５－26－１

婚姻証明書（要約文）

1．夫の氏名：（氏）□□　（名）□□ □□

2．妻の氏名：（氏）△△　（名）△△

3．婚姻年月日：平成　25　年　7　月　※　日

4．婚姻地：米国　テネシー　州　デビッドソン　郡
　　　　　　市
　　　　　　町

5．婚姻証明書発行元：

米国　テネシー　州　デビッドソン　郡　婚姻登録官

要約者氏名　△　△　△　△

資料５－26－２〔出生証明書〕

STATE OF TENNESSEE
Office of Vital Records

Amended by Affidavit of Parents 9/14/2013/jmr

TENNESSEE DEPARTMENT OF HEALTH
CERTIFICATE OF LIVE BIRTH

STATE FILE NUMBER: 141　　2013 ※ ※ ※

CHILD	1. CHILD'S NAME (First, Middle, Last, Suffix) ○○○○○○			
	2. SEX Male	3. DATE OF BIRTH (Mo/Day/Yr) 07/※/2013	4. TIME OF BIRTH 02:19 AM	5. FACILITY NAME (If not institution, give street and number) ※※※※ Hosp
	6. CITY, TOWN, OR LOCATION OF BIRTH Nashville			7. COUNTY OF BIRTH Davidson
MOTHER	8a. MOTHER'S CURRENT LEGAL NAME (First, Middle, Last, Suffix) △△△△			8b. DATE OF BIRTH (Mo/Day/Yr) December ※,1974
	8c. MOTHER'S NAME PRIOR TO FIRST MARRIAGE (First, Middle, Last, Suffix) △△			8d. BIRTHPLACE (State, Territory, or Foreign Country) Japan
	9a. RESIDENCE OF MOTHER-STATE OR COUNTRY Tennessee	9b. COUNTY Williamson		9c. CITY, TOWN, OR LOCATION Franklin
	9d. STREET AND NUMBER ※※※※※		9e. APT. NO.	9f. ZIP CODE ※※※※　9g. INSIDE CITY LIMITS? Yes
	10. MOTHER'S MAILING ADDRESS ■ Same as residence, or: Street and Number / Apt. No / City / State or Country / Zip Code			
FATHER	11a. FATHER'S CURRENT LEGAL NAME (First, Middle, Last, Suffix) □□□□	11b. DATE OF BIRTH (Mo/Day/Yr) April ※,1974		11c. BIRTHPLACE (State, Territory, or Foreign Country) Japan
CERTIFIER	12. CERTIFIER'S SIGNATURE AND DATE CERTIFIED (署名) SIGNATURE			7-28-2013 DATE SIGNED (Mo/Day/Yr)
	TITLE: □MD □DO ■HOSPITAL DESIGNEE □CNM/CM □CPM □OTHER MIDWIFE □OTHER: ※※※※ CERTIFIER'S PRINTED NAME			
	13. REGISTRAR'S SIGNATURE (署名)			14. DATE FILED BY REGISTRAR (Mo/Day/Yr) JUL 31 2013

※※※※

I hereby certify the above to be a true and correct representation of the record or document on file in this department. This certified copy is valid only when printed on security paper showing the red embossed seal of the Tennessee Department of Health. Alteration or erasure voids this certification. Reproduction of this document is prohibited.

Tennessee Code Annotated 68-3-101 et seq., Vital Records Act of 1977.

※※※

(署名)　※※※※※ RN, BA STATE REGISTRAR

(署名)　※※※※※ MD, MPH, FACOEM COMMISSIONER

Date Issued: Sep-16-2013

CERTIFICATION OF VITAL RECORD

資料5－26－2

※全て日本語（漢字、ひらがな、カタカナ）でご記入ください。

出生証明書（要訳文）

1．子の氏名：(氏)　○○　(名)　○○　○○
（ファーストネーム、あれば次にミドルネーム）

2．性別：☑ 男　□ 女

3．生まれたとき：平成 25 年 7 月 ※ 日
(午前)・午後 2 時 19 分

4．生まれたところ：アメリカ合衆国 テネシー 州 デビッドソン 郡
ナッシュビル　市　※※※※　番地
（病院名：　※※※※　）

5．母の氏名：(氏)　△△　(名)　△△
（旧姓：　△△　）（ファーストネーム、あれば次にミドルネーム）

6．父の氏名：(氏)　□□　(名)　□□
（ファーストネーム、あれば次にミドルネーム）

※　証明書の発行者：（(1) と (2) のいずれか1つを記入）

(1) ☑ 登録機関：　アメリカ合衆国　テネシー　州衛生局

(2) □ 医師　□助産婦

氏名：　(氏)　(名)

※　備考

翻訳者　△　△　△　△

【子の氏名が出生証明書と出生届の記載とで異なる場合の申出事項】
（ラストネームの違い、ミドルネームの有無等、相違がある場合）

出生証明書（英文）にある子の氏名は

(氏)　○○　(名)　○○　○○
（Birth Certificate上に登録されている氏名）

となっているが、出生届書の事件本人と同一人物に相違なく、戸籍には、(氏)　○○　(名)　○○　と届出する。
（出生届に記入した氏名）

申請人署名　△　△　△　△　㊞

在ナッシュビル総領事館

5－27　アメリカ合衆国／デラウェア州

第１　婚　　姻

１　婚姻証明書

デラウェア州発行の婚姻証明書（婚姻許可証及び婚姻証明書）は，資料５－27－１（本文517頁）参照。

２　実質的成立要件

(1)　婚姻適齢

男女とも18歳である（**注**）。

申請者が18歳未満である場合は，居住する郡に位置する家庭裁判所の裁判官が，婚姻することを認める命令に署名しなければ，許可証は発行されない。未成年者に代わって親，法定後見人又は近友は，未成年の申請者が居住する地の家庭裁判所にその者の婚姻を許可するよう申請する（州法123）。

（**注**）　従前は，「男子は18歳未満，女子は16歳未満の者は，婚姻をすることができない。なお，男子が21歳未満，女子が18歳未満であるときは，父母又は後見人等が婚姻に同意する旨を証明しない限り，婚姻許可証が発行されない。」とされていた。

(2)　婚姻の障害事由（州法101）

ア　近親婚の禁止

直系尊属，直系卑属，兄弟姉妹，半血の兄弟姉妹，おじ，おば，姪，甥又は従兄弟姉妹との婚姻は，禁止され，無効である（州法101ａ）。

イ　重婚の禁止

重婚は，禁止される。

ウ　離婚した者

ただし，離婚命令の謄本（その者が複数回離婚している場合は，最終の命令）又は離婚が認められた裁判所書記官からの証明書が，その者が婚姻許可証を申請した治安書記によって調査されるか，その者が他の点において，合法的に婚姻することができる場合を除く（州法101ｂ６）。

エ　仮釈放又は保護観察中の者

ただし，本人が婚姻許可証の交付を申請している裁判所の首席事務官，機関又はその事務官が指名した者からのその婚姻に同意する旨の同意書を治安書記に提出した場合で，他に申請者が合法的に婚姻することができる場合を除く（州法101ｂ７）。

(3)　同性婚

アメリカ合衆国では，同性婚を認める州と認めない州が存在していたが，連邦最高裁判所は，平成27年（2015年）６月26日に，同性婚は合衆国憲法の下での権利であり，州は同性婚を認めなければならないとの判断を下した。これにより，全米で同性婚が合法となることから，同性婚を禁止している各州の法律は今後改正される。

3　形式的成立要件

(1)　婚姻許可証

デラウェア州で婚姻をしようとする者は，少なくとも挙式時の24時間前に，婚姻許可証を取得しなければならない（州法107ａ）。

許可証は，婚姻が合法的に行われる前に，司祭を務める者に交付されなければならない（州法107ｂ）。

婚姻許可証は，当事者に発行日から30日以内に，婚姻をする資格を与える。挙式が30日以内に行われなかったときは，許可証は無効となり，当事者は婚姻するために，適切な発行者に新たに許可証を再申請しなければならない（州法107ｃ）。

(2)　挙行者

いかなる宗教の聖職者又は牧師，デラウェア州の最高裁判所，高等裁判所，家庭裁判所，衡平裁判所，民訴裁判所の現在又は元の裁判官，治安裁判所の治安判事，連邦裁判官，連邦微罪判事，諸州の治安書記及び挙式が行われる地の郡の治安書記から書面による権限を与えられた他の管轄の現在又は元の裁判官は，合法的に婚姻関係に入ることができる者間の婚姻を挙行することができる（州法106 a）。

⑶　医師の証明書の提出

従前は，婚姻許可証が発給される前に，申請人は，許可証の発給から遡って30日以内に，免許医師によって作成された証明書を婚姻許可証の発給を規定する係官に提出しなければならないとされていた（旧民法141）が，1982年7月23日に削除された。

4　婚姻の無効

近親婚に反する婚姻，重婚，当事者が18歳未満で親等の同意を得ていない等の場合は，無効である。

また，一方の当事者が離婚した者又は裁判所又は機関から仮釈放又は保護観察中の者であるときは，善意の当事者の訴訟によって管轄裁判所により無効が宣言されたときから，婚姻は禁止され，無効である（州法101・1506）。

5　禁止婚の子の地位

無効又は取り消すことができる婚姻による子は，嫡出子とみなされる（州法105）。

〔**根拠法条**〕

州法（2014 Delaware Code）

第13編　家族関係

第1章　婚姻

サブチャプター1　一般規定

101（無効及び取り消すことができる婚姻）

a　直系尊属，直系卑属，兄弟姉妹，半血の兄弟姉妹，おじ，おば，姪，甥又は従兄弟姉妹との婚姻は，禁止され，無効である。

b　一方の当事者が次に該当するときは，善意の当事者の訴訟によって管轄裁判所により無効が宣言されたときから，婚姻は禁止され，無効である。

1～5（削除）

6　離婚した者。ただし，離婚命令の謄本（その者が複数回離婚している場合は，最終の命令）又は離婚が認められた裁判所書記官からの証明書が，その者が婚姻許可証を申請した治安書記によって調査されるか，その者が他の点において，合法的に婚姻することができる場合を除く。（以下，略）

7　裁判所又は機関から仮釈放又は保護観察中の者。ただし，本人が婚姻許可証の交付を申請している裁判所の首席事務官，機関又はその事務官が指名した者からのその婚姻に同意する旨の同意書を治安書記に提出した場合で，他に申請者が合法的に婚姻することができる場合を除く。

c　（削除）

d　本節第a項により禁止されている者と州外で行われるか，又は認められた婚姻は，州内では法的又は有効な婚姻とはならない。

e　（略）

105（禁止婚の子の地位）

無効又は取り消すことができる婚姻による子は，嫡出子とみなされる。

106（挙式，許可証の発給，罰則，挙行する権限を有する者の登録）

a　いかなる宗教の聖職者又は牧師，デラウェア州の最高裁判所，高等裁判所，家庭裁判所，衡平裁判所（Court of Chancery），民訴裁判所（Court of Common Pleas）の現在又は元の裁判官，治安裁判所の治安判事，連邦裁判官，連邦微罪判事（federal Magistrates），諸州の治安書記及び挙式が行われる地のデラウェアの郡の治安書記から書面による権限を与えられた他の管轄の現在又は元の裁判官は，合法的に婚姻関係に入ることができる者間の婚姻を挙行することができる。（以下，略）

b～e　（略）

107（婚姻許可証，取得及び交付）

a　デラウェア州で婚姻をしようとする者は，少なくとも挙式時の24時間前に，婚姻許可証を取得しなければならない。

b　許可証は，婚姻が合法的に行われる前に，司祭を務める者に交付されなければならない。（以下，略）

c　本章に従って発行された婚姻許可証は，本章の他の規定に従うことを条件として，当事者に発行日から30日以内に，婚姻をする資格を与える。挙式が30日以内に行われなかったときは，上記許可証は無効となり，当事者は婚姻するために，適切な発行者に新たに許可証を再申請しなければならない。（以下，略）

d　（略）

123（未成年者の婚姻；同意の形式）

a　本節第b項の規定に基づく場合を除き，18歳未満の者には婚姻許可証は認められない。

b　婚姻するために許可証を求める申請者が18歳未満であるときは，未成年の申請者が居住する郡に位置する家庭裁判所の裁判官が，申請者が本条第c項の手続に従って婚姻することを認める命令に署名しなければ，許可証は発行されない。（以下，略）

c　未成年者に代わって親，法定後見人又は近友（next friend）は，未成年の申請者が居住する地の家庭裁判所に上記申請者の婚姻を許可するよう申請する。

d　（略）

e・f　（削除）

第15章　離婚及び無効

1506（無効）

a　裁判所は，以下に掲げる事情に基づき，婚姻の無効判決を下す。

1　当事者が意思能力がないか，又は虚弱若しくはアルコール，薬物又は他の

無能力にする物質の影響により，婚姻挙行時に，婚姻に対する同意する能力を欠いていた場合

2　当事者が性交により婚姻を完了させる身体的能力を欠き，他方の当事者が婚姻挙行時に，その障害を知らなかった場合

3　当事者が成人に法定年齢未満で，法の規定するその者の親又は後見人若しくは裁判上の承認を得ていない場合

4　一方の当事者が，他方の当事者の詐欺行為又は表示を信用して婚姻を締結した場合

5　他の当事者が強要を行ったか知っていたか否かにかかわらず，他方の当事者又は第三者により強制され婚姻をした場合

6　（略）

7　婚姻が禁止され，本編101に規定されている無効又は取り消すことができる場合

b～e　（略）

〔参考〕

民法（家族法）

第13編　家族関係

第１章　婚姻

第１節　一般規定

101（婚姻の無効，取消し）

a　次に該当する婚姻は禁止され，かつ，無効である。

(a)　直系尊属，直系卑属，兄弟姉妹，伯叔父母，甥姪又は従兄弟姉妹との婚姻

(b)　白人と黒人又は混血児との婚姻

b　次に該当する者の婚姻は禁止され，善意の当事者の申立てによって，管轄裁判所により取消しが宣言されたときは，その時から無効となる。

(a)　てんかん又は精神病者

(b)　精神病院に収容されている患者であった者（ただし，その者が婚姻できる旨の病院の長の証明書を，婚姻許可証の交付を申請している裁判所の書記に提出した場合は，この限りでない。）

(c)　性病に罹っている者，又は一方の当事者が知ることのできない内容の伝染病に罹っている者

(d)　飲酒常習者

(e)　麻薬の常習者

(f)　離婚した者（ただし，離婚判決の謄本等が婚姻許可証の交付を申請している裁判所の書記に提出されたときは，この限りでない。）

(g)　保護観察中の者（ただし，当該官庁の長から，その婚姻に同意する旨の同意書が，本人が婚姻許可証の交付を申請している裁判所の書記に提出されたときは，この限りでない。）

(h)　救貧法により公の扶助を受けている者

106（婚姻の挙式，許可証の発給）

a　キリスト教の任命された長及び承認された教会の長，ウイルミングトン市にあっては同市の市長は，適法に婚姻することができる当事者の婚姻を挙行することができる。

婚姻は２人以上の証人の面前で行われなければならない。

その証人は，州の登録所に提出される婚姻証明書２通に署名しなければならない。

婚姻は，当事者の一方が所属している宗派の方式と慣例によって挙式し，又は締結される。

正規に発給された許可証に基づかないで，婚姻が挙式されてはならない。

b　本条による権限なくして婚姻の挙式を行った者は処罰され，その婚姻は無効である。

ただし，その婚姻がその余の点において適

法であり，かつ，当事者の一方がその効力を信じて締結しているときは，この限りでない。

c　本条によって婚姻挙式の権限を有する者，宗派の書記及び記録保持者は，その名と住所とを，第16編129の規定に従って登録所に報告をしなければならない。

109（治安判事によって発給される許可証）

治安判事は，婚姻の当事者の双方がこの州の住民でないとき，申請人の１人が離婚した者若しくは精神病院の患者であるとき，申請人が保護観察若しくは仮出獄中の者であるとき，又は申請者が未成年のときは，これらの申請人に婚姻許可証を売ってはならない。かかる当事者は，この州の数県の治安書記又は正規に任命されたその代理者に対しては申請をすることができる。

123（婚姻年齢）

a　18歳未満の男，16歳未満の女は婚姻することができない。

b　婚姻許可証を申請する当事者が，男，満21歳未満，女，満18歳未満であるときは，申請者の親，後見人，保佐人がその未成年者の婚姻に同意する旨を自署で証明しない限り，婚姻許可証を発給してはならない。

未成年の申請書に前項に掲げる同意する者がないときは，次に掲げる者が，未成年者の婚姻に同意する旨を自署で証明しない限り，婚姻許可証を発給してはならない。

未成年者が居住する県の家庭裁判所の判事，有給判事又はその判事によって同意書に署名することを認められている者。

c　同意は，証人２人の面前で署名されなければならない。

ただし，判事が本条の規定によって署名する場合はこの限りでない。

d（略）

e　本条の年齢及び同意の制限は，次の場合には，婚姻不適格者が婚姻をするについての障害にならない。

当事者が，婚姻許可証を申請中の当該係官の面前で宣誓の上，当事者間には子が出生していること，又は近く子が出生することを宣言した場合。

126（慣習法又は他の法律による婚姻の効力）

慣習法又はその他の方式による婚姻を，本章に規定する許可証を欠いているとの理由によって，無効にするものではない。

第２節　婚姻前の身体検査

141（婚姻前の身体検査及び血清試験に関する医師の証明書・提出）

婚姻許可証が発給される前に，許可証の申請人は，許可証の発給の日からさかのぼって30日以内に免許医師によって作成された証明書を婚姻許可証の発給を規定する係官に提出しなければならない。その証明書には，申請者が梅毒の発見に必要な標準血清試験その他の身体検査を受けたこと，及び医師の意見では，その者は梅毒にかかっていても，婚姻の相手方に感染させるおそれがない旨が記載されなければならない。

第2　離　　婚

デラウェア州では破綻主義を採用しており，婚姻が回復できない程度に破綻し，和解の見込みがないと判断したときは，裁判所はいつでも離婚命令を下す。

なお，①自発的な別居，②被告の不行跡を理由とする別居，③被告の精神病を理由とする別居，④性格の不一致を理由とする別居の場合には，婚姻が回復できない程度に破綻しているとされる（州法1505）。

〔根拠法条〕

州法（2014 Delaware Code）
第13編　家族関係
第15章　離婚及び無効
1504（管轄権，居住，手続）
a　州の家庭裁判所は，訴訟提起時に，申立人又は被告がデラウェア州に現実に居住しているか，又はアメリカ合衆国の軍隊の一員として，訴訟提起直前の６か月以上，続してデラウェアに駐在していたときは，離婚及び婚姻の無効に関する全ての訴訟について管轄権を有する。（以下，略）
b　（略）
1505（離婚，回復できない程度に破綻し，和解の見込みのない婚姻，抗弁，和解の努力）
a　婚姻が回復できない程度に破綻し，和解の見込みがないと判断したときは，裁判所はいつでも離婚命令を下す。
b　以下によるときは，婚姻が回復できない程度に破綻している。
　1　自発的な別居
　2　被告の不行跡を理由とする別居
　3　被告の精神疾患を理由とする別居
　4　性格の不一致（incompatibility）を理由とする別居
c～e　（略）

第３　出　　生

１　父の推定

男性と子の実の母が婚姻しているか，又は婚姻していた間に，若しくは死亡，無効又は離婚等による婚姻の終了後300日以内に出生した場合は，男性は子の父と推定される（州法204）。

２　出生証明書

デラウェア州衛生及び社会サービス局発行の出生証明書は，資料５－27－２（本文519頁）参照。

〔根拠法条〕

州法（2014 Delaware Code）
第13編　家族関係
第８章　統一親子法
サブチャプター２　親子関係
204（婚姻の関係における父の推定）
a　男性は，以下の場合に子の父と推定される。
　1　男性と子の母が婚姻し，子が婚姻中に出生した場合
　2　男性と子の母が婚姻し，死亡，無

効，無効の宣言又は離婚による婚姻の終了後300日以内に出生した場合
3～5　(略)
b　本節に基づき創設された父の推定は，本章サブチャプター6に基づく判決によってのみ否認することができる。

第4　認　　知

1　認知の手続

子の実の父であることを主張する子の母及び男性は，父であることの認知に署名することができる（州法301）。

2　胎児認知

父であることの認知及び否認は，子の出生前に署名することができる（州法304）。

〔根拠法条〕

州法（2014 Delaware Code）
第13編　家族関係
第8章　統一親子法
サブチャプター3　父であることの任意認知
301（父であることの認知）
子の実の父であることを主張する子の母及び男性は，男性が父である関係を創設することを目的として，父であることの認知に署名することができる。
304（認知及び父であることの否認の規則）
a　(略)
b　父であることの認知及び否認は，子の出生前に署名することができる。
c・d　(略)

第5　養子縁組

1　実質的成立要件

(1)　養子の要件

18歳未満の未成年者だけでなく，成人についても養子となることができる（州法902・951）。

⑵　養親の要件

ア　夫婦共同縁組

配偶者のいない者も養親となることができるが，法定別居等をしていない夫婦は，共同して養親にならなければならない（州法903）。

イ　養親の年齢

養親は，21歳以上でなければならない（州法903）。

⑶　養親と養子の年齢差

養親と養子の年齢差については，法律上の定めはない。

⑷　託置及び監督

養子縁組の申立て前に，養子となる当該子が養子縁組のために児童福祉省，認可された機関又は権限ある機関に託置され，託置が児童福祉省又は認可された機関に監督されていなければならない。

ただし，①子が継親の養子となる場合，②子が血族の養子となる場合，③後見又は永久後見が，養子縁組の申請前に少なくとも６か月認められていた場合は，子が後見人又は永久後見人養子となるときには，託置又は監督は必要とされない（州法904）。

２　保護要件

⑴　養子縁組申立時に親権を有する組織又は個人の同意

ア　同意の要否

㈠　継親又は血族以外の場合

親権が付与された児童福祉省，認可された機関又は権限ある機関の同意を得えなければならない（州法908ａ）。

㈡　継親又は血族による場合

子の母及び実の父又は子の推定される父の同意を要する（州法908ｂ）。

イ　同意の撤回

同意のある養子縁組の申立ての提出日から60日以内に，同意を撤回し，養子縁組の申立てを却下することを求める申立てを裁判所に提出しなければならない。

家庭裁判所は，撤回及び棄却する申立てを児童福祉省又は認可された機関に照会し，児童福祉省又は認可された機関は，照会から30日以内に，裁判所に公式な報告を行わなければならない。その報告を受領し，裁判所は撤回及び却下する申立てについて裁決する（州法909）。

⑵　養子の同意

ア　同意の要否

養子が14歳以上である場合は，その者の同意を要する（州法907）。

イ　同意の撤回

同意のある養子縁組の申立ての提出日から60日以内に，同意を撤回し，養子縁組の申立てを却下することを求める申立てを裁判所に提出しなければならない。

家庭裁判所は，撤回及び棄却する申立てを児童福祉省又は認可された機関に照会し，児童福祉省又は認可された機関は，照会から30日以内に，裁判所に公式な報告を行わなければならない。その報告を受領し，裁判所は撤回及び却下する申立てについて裁決する（州法909）。

⑶　裁判所の許可

家庭裁判所の許可を要する（州法915）。

3　形式的成立要件

⑴　養子縁組の申請

託置等の要件が満たされ，子が法的に養子縁組に自由であり，子の養親による託置が児童福祉省又は認可された機関で６か月間監督されたときは，養子縁組の申請を提出することができる。

また，子が継親，後見人，永久後見人又は血族の養子となる場合は，子が少なくとも申請者の家庭に１年間居住した後にのみ提出することができる。ただし，児童福祉省又は認可された機関の推薦がある場合は，申請者の家庭で継続して６か月間居住した後に申請を提出することができる。継親，後見人，永久後見人又は血族による養子縁組の場合は，申請の提出前に子が法的に自由になっていることは要しない（州法913）。

(2)　養子縁組の判決，上訴及び確定

ア　判　決

(ア)　報告の受領から決定まで

裁判所は，報告を受領した日から60日以内に，その養子縁組の申立てについて決定を下さなければならない。

もし，養子を扶養し，世話し，教育する十分な資格があり，子が養子縁組に適しており，子の最善の利益が養子縁組によって促進されると裁判所が判断したときは，養子縁組の判決が下される。

また，裁判所が判決を下さないと判断したときは，申立人に通知しなければならず，申立人の請求があるときは，利害関係人を正式に召喚することを命じ，報告とその聴聞によって得た証拠に基づき，裁判所は申立てを許可し，又は不許可とする判決を下さなければならない（州法915 a）。

(イ)　決定前の命令

報告書が提出された後で，裁判所が決定する前に，裁判所は養子縁組の家から子を転居させる命令を発することができる。ただし，その移動が子の最善の利益であると認めた場合に限る（州法915 b）。

(ウ)　判決の記載事項

①子の今後称する氏名，②子の性別と年齢，③申請提出時の氏名を記載する（州法915 c）。

イ　上　訴

(ア)　提訴期間

養子縁組の手続に関する命令又は判決に対する上訴は，命令又は判決の日から30日以内に，最高裁判所に申し立てなければならない（州法917 a）。

(イ)　提訴権者

児童福祉省，認可された機関又はその手続の当事者であった者は，上訴を提起することができる（州法917 b）。

ウ　養子縁組判決の確定

養子縁組の判決の登録から6か月を経過したときは，手続の違反は治癒されたものとみなされ，以後，命令の有効性は付随的又は直接的な手続により争われない（州法918）。

4　養子縁組の効力

⑴　養子と養親及びその親族との関係

未成年養子の場合は，養子決定後，養子は養親の嫡出子たる身分を取得する（州法919 a）。

成年養子の場合も，養親の嫡出子と同様の関係を生ずる（州法954）。

⑵　養子と実親及びその親族との関係

未成年養子の場合は，子が継親の養子となった場合を除き，養子と実親との関係は消滅する（州法919 b）。

⑶　外国における養子縁組の効力

外国，デラウェア州以外の他の州又はアメリカ合衆国の領土において，管轄権を有する裁判所によって確定した養子縁組は，確定した養子縁組判決が，外国，その州又は領土の養子縁組法に合致して下されたときは，デラウェア州で有効である（州法927）。

〔根拠法条〕

州法（2014 Delaware Code）
第13編　家族関係
第9章　養子縁組
サブチャプター1　未成年者
901（定義）
本章の適用上；
1　「養子」は，生来の親の権利が終了しているか，又はデラウェア州において養子縁組された者を意味する。
2　「成人養子」は，18歳以上の養子を意味する。
3・4　（略）
5　「子」は，18歳に達していない男子又は女子を意味する。
6～14　（略）
902（管轄権及び裁判地；郡からの申請人の移動）
a　家庭裁判所は，本章における手続の管轄権を有する。
b　養子縁組の申立ては，子が居住する許可を受けた，又は権限を与えられた郡の家庭裁判所若しくは申請者が居住する郡の家庭裁判所のいずれかに提出しなければならない。

c　申請された養子縁組が最終的に認可されるか，又は不認可となる前に，申請者は当初の申請が提出された郡以外の郡又は他の管轄権に移動したときは，申請が当初に提出された郡の家庭裁判所は，その申請が確定するまで，引き続き手続上管轄権を行使する。

d　（略）

903（養子縁組の申請適格者）

申請の提出時に州に居住しているか，又は本編904に基づき子が託置されており，21歳以上である婚姻していない者，法定別居又は別居していない夫と妻は，共同して，自分の子でない子を養子縁組する権限を与えることを申請者に付与する命令を家庭裁判所に申請することができる。本章サブチャプター２に規定する18歳に達した者を養子縁組する者の権利には影響を及ぼさない。

904（養子縁組のための託置及び監督）

a　養子縁組の申立ては，その申立ての前に，養子となる当該子が養子縁組のために児童福祉省，認可された機関又は権限ある機関に託置され，託置が児童福祉省又は認可された機関に監督されなければ，これを提出してはならない。ただし，この託置又は監督は，次の場合には必要ではない。

1　子が継親の養子となる場合

2　本編926に規定されている場合を除き，子が血族の養子となる場合

3　後見又は永久後見（permanent guardianship）が，養子縁組の申請前に少なくとも６か月認められていたときは，子が後見人又は永久後見人養子となる場合

b～e　（略）

907（同意要件）

a　養子縁組の申立てには，養子縁組に対する同意がなければならない。その同意は，書面で，かつ公証され，証拠として申立てに添付されなければならない。その同意がデラウェア州以外で得られた場合は，本節及び本編908節に従って行われなければならない。

b　14歳以上の子は，正式に承認された養子縁組に対する書面による同意をしなければならない。ただし，継続調査に基づき，同意を放棄するのが子の最善の利益になるとみなされる場合を除く。その同意が得られたときは，証拠として申立てに添付されなければならない。

908（同意権）

a　継親又は血族による養子縁組の場合を除き，養子となる子が養子縁組のために法的に自由でなければ，養子縁組の申立ては提出できない。養子縁組に対する同意は，親権が付与された児童福祉省，認可された機関又は権限ある機関が与えなければならない。

b　継親又は血族による養子縁組の場合は，養子縁組に対する同意は，次に掲げる者がする。

1　子の母

2　実の父及び子の推定される父（以下，略）

3　（略）

c　（略）

909（同意の撤回）

本編907の規定に従って同意が与えら

れた場合，同意を与えた者，児童福祉省，認可された機関又は権限ある機関若しくは14歳以上の子が同意を撤回しようとするときは，同意のある養子縁組の申立ての提出日から60日以内に，同意を撤回し，養子縁組の申立てを却下することを求める申立てを裁判所に提出しなければならない。家庭裁判所は，撤回及び棄却する申立てを児童福祉省又は認可された機関に照会し，児童福祉省又は認可された機関は，照会から30日以内に，裁判所に公式な報告を行わなければならない。その報告を受領し，裁判所は撤回及び却下する申立てについて裁決する。

910（申立ての撤回）

養子縁組の申立てが撤回された場合は，裁判所は子を養親となる者の家から転居させることが子の最善の利益になると判断したときは，転居を命ずることができる。（以下，略）

912（社会研究及び報告）

a　養子縁組の申請に基づき，申立ての提出された家庭裁判所の裁判官は，申立てが適法になされ，申立人が本章に基づき養子縁組をする資格があると決定した場合は，報告が申立てとともに提出されていないときは，児童福祉省，認可された機関又は権限ある機関に社会研究報告（social study report）を命じなければならない。

b　報告には，次に掲げる次項が記載されていなければならない。

1　子，子の生い立ち，養子縁組の適格性に関する情報

2　養親及び養親となる家庭に関する情報

3　子の身体的及び精神的状況に関する情報

4　託置の適合性に関する情報

5　本章の全ての要件が満たされているか否かに関する情報

6　継親，親族の場合は，親権を喪失している実親が本章サブチャプター3に規定されている宣誓供述書を提出する権利について通知されたことの陳述

7　推薦

c・d　（略）

913（養子縁組申請の提出時期）

a　本章904の要件が満たされ，子が法的に養子縁組に自由であり，子の養親による託置が児童福祉省又は認可された機関で6か月間監督されたときは，養子縁組の申請を提出することができる。

b　子が継親，後見人，永久後見人又は血族の養子となる場合は，子が少なくとも申請者の家庭に1年間居住した後にのみ提出することができる。ただし，児童福祉省又は認可された機関の推薦がある場合は，申請者の家庭で継続して6か月間居住した後に申請を提出することができる。継親，後見人，永久後見人又は血族による養子縁組の場合は，申請の提出前に子が法的に自由になっていることは要しない。

914（手続を停止する申請者の死亡，離婚，無効，別居）

a　単独の申請者又は双方の申請者が死亡した場合は，手続は無効となり，申請は却下される。

b　養子縁組の申請後に2人の申立人のうちの1人が死亡し，又は離婚，婚姻の取消し若しくは法律上，それ以外の別居の

ため，申立人が共同して申立てをする資格を欠くに至ったときは，その手続は停止されなければならない。申立てが最初に提起された家庭裁判所は，そのことについて児童福祉省又はその他の権限ある機関から提出された報告に基づいて，手続を進めるべきか，又は申立てを却下すべきかを決定しなければならない。

915（養子縁組の判決）

a　裁判所は，報告を受領した日から60日以内に，その養子縁組の申立てについて決定を下さなければならない。もし，養子を扶養し，世話し，教育する十分な資格があり，子が養子縁組に適しており，子の最善の利益が養子縁組によって促進されると裁判所が判断したときは，養子縁組の判決が下される。裁判所が判決を下さないと判断したときは，申立人に通知しなければならず，申立人の請求があるときは，利害関係人を正式に召喚することを命じ，報告とその聴聞によって得た証拠に基づき，裁判所は申立てを許可し，又は不許可とする判決を下さなければならない。

b　報告書が提出された後で，裁判所が決定する前に，裁判所は養子縁組の家から子を転居させる命令を発することができる。ただし，その移動が子の最善の利益であると認めた場合に限る。その転居が命じられたときは，裁判所はその命令の中で，児童福祉省又は権限ある機関に転居させる権限及びその子のために将来の措置を準備する権限を与えられる旨を明らかにしなければならない。

c　判決には，以下に掲げる事項を記載しなければならない。

1　子の今後称する氏名

2　子の性別と年齢

3　申請提出時の氏名

d　（略）

917（上訴）

a　養子縁組の手続における命令又は判決に対する上訴は，最高裁判所（the Supreme Court）にするものとする。その命令又は判決の日から30日以内に行われたときを除き，養子縁組の手続に関する命令又は判決の上訴はなされない。

b　児童福祉省，認可された機関又はその手続の当事者であった者は，上訴を提起することができる。

c　上訴について，最高裁判所が養子縁組の申請を棄却した場合は，最高裁判所は，子を養親の家庭にとどまるか否かを決定するため事件を家庭裁判所に差し戻す。転居が命じられたときは，家庭裁判所は，命令の中に児童福祉局又は認可された機関に子を転居させ，将来の処遇について準備することを許可する。

918（養子縁組判決の確定）

養子縁組の判決の登録から6か月を経過したときは，手続の違反は治癒されたものとみなされ，以後，命令の有効性は付随的又は直接的な手続により争われない。

919（養子縁組の一般的効力）

a　養子縁組の判決に基づき，養子は養親の子とみなされ，養親の嫡出子として出生したのと同様の権利を付与され，また，同様の義務を負う。

b　養子縁組の判決に基づき，養子は実親の子ではなくなり，実親に対しては，子としての権利を有せず，また，義務を負わない。ただし，子が継親の養子となったときは，その継親を婚姻した実親との関係は養子縁組によって変更されない。

927（外国養子縁組，有効性）

a　外国，（デラウェア州以外の）他の州又はアメリカ合衆国の領土において，管轄権を有する裁判所によって確定した養子縁組は，確定した養子縁組判決が，外国，その州又は領土の養子縁組法に合致して下されたときは，デラウェア州で有効であり，子は養子縁組が確定するまで，デラウェア州に連れてくることはできない。

b　養子縁組の確定前に，デラウェア州に連れてこられた子について，デラウェア州の住民である者に関して，外国，（デラウェア州以外の）他の州又はアメリカ合衆国の領土で行われた養子縁組の手続又は命令は，有効ではなく，認められない。ただし，養子縁組の手続が，デラウェア州の養子縁組法に実質的に合致している場合を除く。本項は，養子縁組の手続開始時に，デラウェア州の住民でない者に関しては，外国，（デラウェア州以外の）他の州又はアメリカ合衆国の領土で開始した養子縁組手続又は命令には適用されない。

c　（略）

サブチャプター2　18歳以上の者

951（養子縁組をすることができる者）

18歳以上の者を養子とすることを希望する者又は夫と妻が共同して，申立人又は養子となる者が居住する郡の家庭裁判所に申請を提出する。

952（申立ての内容）

申立てには，養子縁組が求められる者の名，性別及び出生日及び申請者がその者を養子とすることを希望することを記載しなければならない。

953（養子縁組の判決）

申立てが951及び952の要件を満たし，養子となる者が裁判所に出頭し，養子縁組に同意したときは，家庭裁判所は，申立人に養子縁組証明書を発行することを命ずる判決をすることができる。その判決には，養子の性別，年齢及び養子が縁組後に称する氏名が記載される。

954（養子縁組の効力）

養子縁組の判決により，以後，親子間に法律により認められている全ての義務，権利が，養子が申立人の嫡出子又は子であるように養親と養子間に存在することになる。

資料５－27－１〔婚姻証明書〕

State of Delaware

STATE FILE NUMBER

Office of Vital Statistics, Delaware Health and Social Services
Marriage License and Certificate of Marriage
Valid only in the State of Delaware

Number ※-※※-2013

GROOM	BRIDE
Name □□□□□□	Name △△△△
Address ※※※※※ ※※※※※ ※※※※※	Address ※※※※※ ※※※※※ ※※※※※
County New Castle　Birthplace Delaware	County New Castle　Birthplace Japan
Date of Birth/Age 11/※/1988 / 24 years　Sex Male	Date of Birth/Age 05/※/1985 / 28 years　Sex Female
Names and Addresses of Father and Mother	Names and Addresses of Father and Mother
Father's Name ※※※※※※	Father's Name ※※※※
Residence Delaware　Birthplace Delaware	Residence Japan　Birthplace Japan
Mother's Maiden Name ※※※※※※	Mother's Maiden Name ※※※※
Residence Delaware　Birthplace Pennsylvania	Residence Japan　Birthplace Japan

SIGNATURES OF APPLICANTS

(署名)　□□□□□□　　　(署名)　△△△△

I hereby certify that on the ※ (day) day of August 2013 (month, year) at 4 (time) o'clock PM (am/pm) the aforementioned persons were by me united in marriage at Wilmington (CITY, TOWN) County of New Castle, in accordance with the Laws of the State of Delaware.

Officiator's Name ※※※※ (Please print or type)　※※※※ (WEDDING LOCATION)
Address ※※※※※
City, State, Zip ※※※※※
County New Castle　Title Reverend
(署名) (Signature of Officiator)
Phone Number ※※※※※※

Witness ※※※※※※ (Please print or type)　1/※/91 (Date of Birth)	Witness ※※※※※※ (Please print or type)　9/※/86 (Date of Birth)
Residence ※※※※※ ※※※※※※ (STREET ADDRESS, CITY, TOWN, STATE, ZIP)	Residence ※※※※※ ※※※※※ (STREET ADDRESS, CITY, TOWN, STATE, ZIP)
Signature (署名)	Signature (署名)

Each party did further depose and say that, to the best of his/her knowledge and belief, he/she is not statutorily prohibited from entering into the bond of marriage in accordance with the laws of the State of Delaware. Thus, I have demanded and examined such papers as are required by law, and I am satisfied that they are properly executed. Therefore, I know of no legal impediment to the proposed marriage of the above applicants.

Time of Application	07/15/2013	at	02:22	o'clock PM
Shall not marry before	07/16/2013	at	02:22	o'clock PM
Shall not marry after	08/14/2013	at	02:22	o'clock PM

(署名)
※※※※※※ Clerk of the Peace
Expires 08/14/2013

This copy to be retained by BRIDE and GROOM

在ニューヨーク日本国総領事館
副領事
原本確認済 ※※※※※ 印

資料５－27－１

婚姻証明書（抄訳文）

１．婚姻当事者の氏名

夫の氏名　□□　□□　□□

1988 年 11 月 ※ 日生

妻の氏名　△△　△△

昭和 60 年 5 月 ※ 日生

２．婚姻成立年月日

平成　25　年　8　月　※日

３．婚姻の方式

アメリカ合衆国　デラウェア　州の方式

４．証明書発給者又は作成者の職名

登記官　（書記官）　その他（　　　）

５．翻訳者氏名　△　△　△　△

資料5－27－2〔出生証明書〕

CERTIFICATION OF VITAL RECORD

CERTIFICATE OF LIVE BIRTH
STATE OF DELAWARE
DEPARTMENT OF HEALTH AND SOCIAL SERVICES

13-※※
STATE FILE NUMBER

CHILD

1. CHILD'S NAME (First, Middle, Last, Suffix): ○○ ○○ ○○
4. DATE OF BIRTH (Mo/Day/Yr): September ※, 2013
2. TIME OF BIRTH: 09:24
3. SEX: FEMALE
6. CITY, TOWN, OR LOCATION OF BIRTH: NEWARK

PLACE OF BIRTH: [X] Hospital [ ] Residence [ ] CLINIC (DOCTOR OF HOD) [ ] FREE-STANDING BIRTH CLINIC [ ] OTHER (SPECIFY)

5. FACILITY NAME (If not institution, give street and number): ※※※※※

CERTIFIER ATTENDANT

FACILITY THAT THE CHILD WAS BORN ALIVE AT THE PLACE AND TIME ON THE DATE STATED

SIGNATURE

DATE FILED (MO D YR): 09 24 2013 (MM DD YYYY)

[X] M.D [ ] D.O [ ] HOSPITAL ADMIN [ ] C.N.M [ ] OTHER MID WIFE [ ] OTHER (SPECIFY)

ATTENDANT'S NAME AND TITLE IF OTHER THAN CERTIFIER
NAME ※※※※※
[X] M.D [ ] D.O [ ] C.N.M [ ] OTHER MIDWIFE [ ] OTHER (Specify)

SIGNATURE

DATE FILLED BY REGISTRATOR (MO DAY YR): 09 / 24 / 2013 (MM DD YYYY)

MOTHER

8a. MOTHER'S FULL MAIDEN NAME (First, Middle, Last, Suffix): △△ △△
8c. MOTHER'S SURNAME: △△
4. DATE OF BIRTH (Mo/Day/Yr): March※, 1984
8c. BIRTHPLACE ( ): JAPAN
8a. RESIDENCE STATE: DELAWARE
COUNTY: NEW CASTLE
CITY, TOWN OF LOCATION: HOCKESSIN
STREET AND NUMBER: ※※※※※※
INSIDE CITY LIMITS?: NO
MOTHER'S MAILING ADDRESS: ※※※※※※

FATHER

15a. FATHER'S NAME (First, Middle, Last, Suffix): □□ □□ □□
10b. DATE OF BIRTH (Mo Day Yr): June※, 1983
10c. BIRTHPLACE (State, Territory, or: DELAWARE

INFORMANT

CERTIFY THAT THE PERSONAL INFORMATION PROVIDED ON THIS CERTIFICATE IS CORRECT TO THE BEST OF MY KNOWLEDGE

SIGNATURE OR NAME OF PARENT OR OTHER INFORMANT

認済

在ニューヨーク日本国

※※※※ 印

※※※※

This is to certify that this is a true and correct reproduction or abstract of the official record filed with the Delaware Division of Public Health.

Any alteration of this document is prohibited. Do not accept unless on security paper with the raised seal of the Office of Vital Statistics.

（署名）
State Registrar

ANY ALTERATION OR ERASURE VOIDS THIS CERTIFICATE

資料5－27－2

出生証明書（抄訳文）

1．子の氏名	○○　○○　○○
2．子の性別	女
3．出生年月日	平成　25　年　9　月　※　日
時　分	(午前)　午後　9　時　24　分
4．出生の場所	アメリカ合衆国　デラウェア　州
	ニューキャッスル　郡　ニューアーク　市
	※※※※※
5．父の氏名	□□　□□　□□
6．母の氏名	△△　△△
（戸籍上の旧姓）	△△　△△
7．証明書発給者の	
職名	書記官・(登記官)・その他（　　　　）
8．翻訳者	△△　△△

5－28　アメリカ合衆国／ニュージャージー州

第１　婚　　姻

１　婚姻証明書

ニュージャージー州衛生及びシニアサービス局（Dapartment of Health and Senior Services）発行の婚姻証明書は，資料５－28－１（本文531頁）参照。

２　実質的成立要件

⑴　婚姻適齢

男女とも18歳以上である。

16歳以上で18歳未満の者については，親又は後見人の同意を要する。

また，16歳未満の者については，高等裁判所の裁判官の許可を要する（州法37：１－６）。

⑵　近親婚等の禁止

尊属又は卑属，兄弟又は姉妹，兄弟姉妹の娘又は息子，全血か半血にかかわらず傍系血族の父又は母の兄弟又は姉妹との婚姻又はシビル・ユニオンは禁止されている（州法37：１－１）。

⑶　重婚の禁止

生存している前夫又は前妻がいるときは，婚姻はできない（「５　アメリカ合衆国」136頁参照）。

⑷　同性婚

アメリカ合衆国では，同性婚を認める州と認めない州が存在していたが，連邦最高裁判所は，平成27年（2015年）６月26日に，同性婚は合衆国憲法の下での権利であり，州は同性婚を認めなければならないとの判断を下した。これにより，全米で同性婚が合法となることから，同性婚を禁止している各州の法律は今後改正される。

⑸　その他

一方の申請者が伝染期にある性病に罹患しているか，又は現在意思能力がないと宣告されているときは，婚姻をすることができない（州法37：1－9）。

3　婚姻許可証

⑴　発給権者

ライセンシング・オフィサーが発行する（州法37：1－4）。

⑵　待機期間

原則として，申請の72時間後に許可証は発行される。

ただし，緊急の場合には，高等裁判所はこの期間を放棄することができる（州法37：1－4）。

⑶　有効期間

原則として，30日間のみ有効である（州法37：1－4）。

4　婚姻証書

ニュージャージー州人口統計官発行の婚姻届書の写しの提出が日本人女からあった場合は，戸籍法第41条の証書として取り扱って差し支えないとされた事例（昭和32.11.21民事甲2233号回答）がある。

〔根拠法条〕

修正州法（2014 New Jersey Revised Statutes）

第37編　婚姻及び既婚者

37：1－1（一定の婚姻又はシビル・ユニオンの禁止）

a　男性は，尊属又は卑属，兄弟又は姉妹，兄弟姉妹の娘又は息子，全血か半血にかかわらず，傍系血族の父又は母の兄弟又は姉妹との婚姻又はシビル・ユニオンを結んではならない。

b　女性は，尊属又は卑属，兄弟又は姉妹，兄弟姉妹の娘又は息子，全血か半血にかかわらず，傍系血族の父又は母の兄弟又は姉妹との婚姻又はシビル・ユニオンを結んではならない。

c　前記の規定に反した婚姻又はシビル・ユニオンは，絶対的無効である。

（2006年改正）

37：1－2（婚姻許可証又はシビル・ユニオン許可証の必要性，“ライセンシング・オフィサー”の定義）

ニュージャージー州において，婚姻又

はシビル・ユニオンが適法に行われる前に，婚姻をするか，又はシビル・ユニオンを結ぼうとする者は，ライセンシング・オフィサー（the licensing officer）から婚姻許可証又はシビル・ユニオン許可証を取得し，それを司祭を務める者に届け出なければならない。（略）

婚姻又はシビル・ユニオンが宗教会，宗教団体又は宗教組織によって，又はその面前で行われたときは，許可証は，その宗教会，宗教団体又は宗教組織若しくは前記のオフィサーに届け出られる。

本章において，ライセンシング・オフィサーは，第1級都市では市書記，他の自治体では，州の登録吏又はそのライセンシング・オフィサーの不在時に許可証を発行するように指名されていたライセンシング・オフィサーの代理人を意味する。

（2006年，2011年改正）

37：1－4（婚姻許可証又はシビル・ユニオン許可証の発行：緊急：有効性）

37：1－6に規定される場合を除き，ライセンシング・オフィサーは，婚姻許可証又はシビル・ユニオン許可証を申請後72時間より前には発行しない。ただし，高等裁判所（Superior court）は，緊急の場合には，十分な証拠が示されたときは，72時間の全部又は一部を放棄することができる。（略）

婚姻許可証又はシビル・ユニオン許可証は，本節の規定により適正に発行されたときは，その発行後30日間のみ有効である。

（1946年，1953年，1955年，1991年，2006年改正）

37：1－6（未成年者に対する同意：必要条件）

未成年者の親又は後見人がいるときは，最初に2人の評判の良い証人の面前で署名捺印したことを証明し，その同意が許可書を発行するライセンシング・オフィサーに届けられなければ，18歳未満の未成年者に対して，婚姻許可証又はシビルユニオン許可証は発行されない。もし，未成年者の両親又は両親の一方あるいは後見人が精神的に健全でないときは，婚姻の申込みに対する親又は後見人の同意は要しない。

未成年者が16歳未満であるときは，本節により必要とされる同意は，高等裁判所大法官裁判所局家族部（the Superior Court, Chancery Division, Family Part）の裁判官が書面で承認しなければならない。上記の承認は，ライセンシング・オフィサーに提出される。（以下，略）

（1946年，1953年，1977年，1991年，2006年，2013年改正）

37：1－9（許可証の発行が禁止されるとき）

申請時に，一方の申請者が伝染期にある性病に感染しているか，又は現在意思能力がないと宣告されているときは，婚姻許可証は発行されない。

（1958年，1981年，2013年改正）

第2　離　婚

1　争いのない事件（uncontested cases）の処理

被告が争わない趣旨の答弁書を提出した場合や，被告が答弁書を期間内に提出しない場合は，争いのない事件として扱われ，期日も争いのない事件の枠に指定される。

被告が期限内に答弁書を提出しない場合には，懈怠（デフォルト）とされ，原告が送達の完了と被告が懈怠となったことを示して懈怠に基づく判決を求める申立てをする。

当事者が合意に至った場合，あるいは懈怠の場合は，合意内容あるいは原告の請求内容に沿った判決に裁判官が署名する。

署名された判決は，書記官によって登録されて効力を生ずる。

2　争いのある事件の審理

⑴　離婚原因

「ニュージャージー州は，離婚原因によって，別居型と破綻認定型に分ける別居型の州である。別居が18か月以上継続し，かつ和合の合理的な見込みがないことが無責の離婚原因であり，一見別居型と破綻認定型が複合しているようにみえるが，18か月以上の別居をもって和合の見込みなきことが推定されるとしているので，結局は18か月の別居を立証すれば，通常は離婚が認められる。」とされていたが，2007年の州法の改正により，下記ケが追加され，6か月間婚姻が破綻し，和解できる合理的な見込みがないときも離婚原因とされた。

ア　不貞

イ　12か月以上の悪意かつ継続的な遺棄

ウ　極度の残虐的行為。肉体的精神的に残忍な行為により原告の健康と安全を危険にさらすか，あるいは，原告が被告と同居を継続するのを期待することが不適当かつ不合理なもの。ただし，最後の残忍な行為から3か月を経過した場合は，離婚訴訟を提起し得ない。

エ　別居。ただし，夫婦が別居し継続して18か月以上経過し，和合の合理的な見込みがないこと。もっとも，別居して18か月経過後は，融和の合理的な見込みがないことが推定される。

オ　ニュージャージー規制危険薬物法に規定された薬物の中毒あるいは婚姻後12か月以上で訴訟提起後に引き続く常習的酩酊

カ　婚姻後24か月以上で，訴訟提起後に引き続く精神疾患による施設収容

キ　婚姻後引き続く18か月以上の収監。被告が釈放されるまでの間に訴訟が提起されなかった場合には，両当事者がその終了後，同居を再開していない場合に限る。

ク　原告の同意なしに被告が任意になした常軌を逸脱した性行動

ケ　６か月間婚姻の破綻を引き起こし，それにより婚姻が解消され，合理的な和解の見込みがない和解できない不和

⑵　抗　弁

抗弁は廃止されている。

⑶　子の監護

ニュージャージー州も共同監護（法的監護，身体的監護（居住的監護）いずれについても）を認めている。

実際的には，特に法的監護については，共同監護とする例が多い。

（１・２につき，金子修「米国における家族関係訴訟の実情について（下）」家月53-12-32参照）

３　判決確定日

「判決の日」が，判決確定日となる。

ニュージャージー州では，控訴期間は45日とされているが，両当事者間に上訴の意思がないことが明らかなときは，上訴期間内でも判決をFILE（登録）し，判決の日をもって，確定日としている。

〔根拠法条〕

修正州法（2014 New Jersey Revised Statutes）

第２Ａ編　民事及び刑事裁判

２Ａ：34－２（婚姻関係からの離婚事由）

婚姻関係からの離婚は，以前又は以後に生じた以下の事由により，判決することができる。

a　不貞

b　当事者が夫及び妻として同棲しなくなった十分な証拠により立証された12か月以上の悪意かつ継続的な遺棄

c　原告の健康と安全を危険にさらすか，原告が被告と同居を継続するのを期待することが不適当かつ不合理とする肉体的，精神的に残忍な行為を含むと規定される極度の残虐的行為。ただし，訴訟となっている最後の残忍な行為から３か月を経過した場合は，離婚訴訟を提起し得ないが，この規定は，反訴には適用されない。

d　別居。ただし，夫婦が継続して18か月以上の期間，異なる住居で別々に生活し，和合の合理的な見込みがないこと。ただし，18か月間経過後は，和合の合理的な見込みがないと推定される。

e　ニュージャージー規制危険薬物法（New Jersey Controlled Dangerous Substance Act）（Ｐ Ｌ1970，ｃ226）に規定された麻薬の自発的な常習又は婚姻後12か月以上で，かつ訴訟提起後に引き続く常習的酩酊

f　婚姻後24か月以上で，かつ訴訟提起後に引き続く精神疾患による施設収容

g　婚姻後引き続く18か月以上の収監。被告が釈放されるまでの間に訴訟が提起されなかった場合には，両当事者がその終了後，同居を再開していない場合

h　原告の同意なしに，被告が任意になした常軌を逸脱した性行動

i　６か月間婚姻の破綻を引き起こし，婚姻が解消され，合理的な和解の見込みがない和解できない不和

（1971年，2007年改正）

第３　出　　生

１　父の推定

男性と子の実の母が婚姻しているか，婚姻していて，子が婚姻中又は死亡，無効又は離婚による婚姻の終了後300日以内に出生した場合には，男性は子の父と推定される（州法９：17－43）。

２　出生証明書

ニュージャージー州衛生局発行の出生証明書は，資料５－28－２（本文532

頁）参照。

〔根拠法条〕

修正州法（2014 New Jersey Revised Statutes）

第９編　子－少年及び家族関係裁判所

９：17－43（推定）

a　男性は，以下の場合に，子の実の父と推定される。

1　男性と子の実の母が婚姻しているか，婚姻していて，子が婚姻中又は死亡，無効又は離婚による婚姻の終了後300日以内に子が出生した場合

2～6　（略）

b　本節による推定は，適切な訴訟において，明白で，納得できる証拠によってのみ否認することができる。（以下，略）

c～e　（略）

（1983年，1998年改正）

第４　認　　知

１　制　　度

ニュージャージー州における法律上の父子関係の成立は，事実主義ではなく，認知主義による。

２　父の記載のある出生証明書

ニュージャージー州において，出生証明書への氏名の掲載は，当該男性による認知を含む法律上の父子関係の成立を証明するものと考えられる。

第５　養子縁組

１　実質的成立要件

(1)　養子の要件

養子は，18歳未満（**注**）でなければならない（州法９：３－38）。

（**注**）　従前は，21歳未満とされていた（旧養子２）。

(2)　養親の要件

ア　養親の年齢及び養親と養子の年齢差

養親は18歳（**注**）に達し，養子となる子よりも少なくとも10歳以上年長

でなければならない。

ただし，正当な理由があるときは，裁判所は一方の要件を放棄することができる（州法9：3－43）。

（注）　従前は，養親は21歳以上でなければならなかった（旧養子6）。

イ　夫婦共同縁組

配偶者のいない者も養親となることができる。

婚姻している者については，夫婦共同縁組は要求されておらず，配偶者の書面による同意を得て一人で養子縁組をすることができる（州法9：3－43）。

2　保護要件

⑴　裁判所の許可

養子縁組には裁判所の許可を得なければならない。

⑵　親の同意

ア　同意の要否

明文上は，親の同意は規定されていないが，養子縁組が認められるのは，養子縁組前に子の放棄がされている場合又は裁判所からの通知に対して一定の期間内に異議を述べない場合であるので，実質的には親の同意を要することになる（州法9：3－41・9：3－45）。

イ　放棄の制限

子の出生前又は子の出生後72時間以内の放棄は無効である（州法9：3－41）。

⑶　養子の同意

養子が10歳以上である場合は，原則として，聴聞に出頭するものとする（州法9：3－49）。

3　養子縁組の効力

⑴　養親及びその親族との関係

子と養親間に，子が養親の嫡出子として出生したのと同様の関係，権利及び義務が創設される（州法９：３－50）。

(2)　実親及びその親族との関係

養子に対する親の全ての権利及び義務を終了させる。

ただし，親が申請者の配偶者である場合を除く（州法９：３－50）。

〔根拠法条〕

修正州法（2014 New Jersey Revised Statutes）

第９編　少年及び家族関係

サブタイトル２　養子縁組

第３章　養子縁組一般

９：３－１～９：３－36　（略）

９：３－38（定義）

本法において，

a・b　（略）

c　「子」は，18歳未満の者を意味する。

d～l　（略）

９：３－41（子の放棄）

a　養子縁組を目的とするPL1955 c 232（９：２－13等）に従って行われた放棄者以外の承認された機関への子の放棄は，署名した文書による。（以下，略）

b～d　（略）

e　子の放棄は，放棄の目的であるこの出生前に行われたときは無効である。子の実親による放棄は，子の出生から72時間以内に行われたときは無効である。（以下，略）

９：３－43（養子縁組訴訟の提起，資格）

a　いかなる者も養子縁組の訴訟を提起することができる。ただし，婚姻している者は，配偶者の書面による同意を得て一人で，又は配偶者と共同してすることができる。

b　訴訟提起時に，原告は18歳に達し，養子となる子よりも少なくとも10歳以上年長でなければならない。ただし，正当な理由があるときは，裁判所は一方の要件を放棄することができ，その放棄は，後に登録される養子縁組の判決に列挙される。

９：３－45（親に対する申立ての通知）

a（略）通知は，訴訟の目的及び通知がされた後，居住者の場合は20日以内に，非居住者の場合は35日以内に，養子縁組に対する書面による異議を提出する親の権利をそれぞれの親に知らさせる。本節において，“親”は，１婚姻期間中に出生又は妊娠した子の子の母の夫若しくは２推定されるか，又は主張する子の実の母又は父を意味する。

b　本節第ａ項に従った通知は，以下の親には送達されない。

１　PL1977 c 367（９：３－41）第５条又はPL1955 c 232（９：２－13等）に従って承認された機関に有効な放棄をした者

２　裁判所の命令により，別の訴訟手続で親権が終了した者

３～６　（略）

c～e　（略）

９：３－49（10歳以上の子の審問への出頭

及び希望）

養子となる子が10歳以上である場合は，正当な理由があり，裁判所が撤回したときを除き，最終の養子縁組の聴聞に出頭するものとする。（以下，略）

9：3－50（養子縁組判決の登録，効力，相続権）

a　1993年削除

b　養子縁組判決の登録により，子と養親間に，子が養親の嫡出子として出生したのと同様の関係，権利及び義務を創設する。（以下，略）

c　養子縁組の判決の登録は，

1　養子に対する親の全ての権利及び義務を終了させる。ただし，申請者の配偶者である親である場合及びそれらの権利が養子縁組判決の登録前に付与された場合を除く。

2・3　（略）

d　（略）

資料５－28－１〔婚姻証明書〕

STATE OF NEW JERSEY

※※※※

原本確認済

CERTIFICATE OF MARRIAGE

在ニューヨーク日本国総領事館

副領事　※※※※　印

NAME OF GROOM

□□□□

NAME OF BRIDE

△△△△

DATE OF MARRIAGE

JUNE※, 2007

PLACE OF MARRIAGE

FORT LEE BORO

COUNTY OF MARRIAGE

BERGEN

FILE NUMBER

2007※※

DATE ISSUED **AUGUST 1, 2012**

DATE FILED WITH REGISTRAR **06/28/2007**

AMENDED DATE: **08/01/2012**

※※※※

ISSUED BY:

State Department of Health and Senior Services
Bureau of Vital Statistics

This is to certify that the above is correctly copied from a record on file in my office.

Certified copy not valid unless the raised Great Seal of the State of New Jersey or the seal of the issuing municipality or county, is affixed hereon.

（署名）

※※※※
Acting State Registrar
Office of Vital Statistics and Registry

REG-42A
OCT 11

資料5－28－2〔出生証明書〕

STATE OF NEW JERSEY

※※※※

REG-16X
SEP 12

New Jersey Department of Health

Certificate of Live Birth

STATE USE ONLY
2013※※

1. NAME OF CHILD (First) ○○ (Middle) (Last) ○○				
2a. DATE OF BIRTH 07/※/2013	2b. HOUR 1:03 P	3. SEX ☒MALE ☐FEMALE	4a. PLURALITY ☒SINGLE ☐TWIN ☐OTHER	4b. THIS CHILD BORN - ☐1st ☐2nd ☐OTHER
5a. PLACE OF BIRTH 1☒HOSPITAL 2☐FREESTANDING BIRTHING CENTER 3☐CLINIC/DOCTOR'S OFFICE 4☐RESIDENCE 5☐OTHER - specify:				
5b. NAME OF FACILITY ※※※※※		5c. CITY, TOWN, OR LOCATION OF BIRTH Englewood		5d. COUNTY OF BIRTH Bergen
6a. MOTHER - Maiden Name △△ △△			6b. DATE OF BIRTH 07/※/1980	6c. BIRTHPLACE Japan
7a. RESIDENCE - State NJ	7b. RESIDENCE - County Bergen	7c. RESIDENCE - City, Township, or Boro in which mother actually lives. Ridgefield Park Villag	7d. STREET AND NUMBER ※※※※	8. INSIDE CITY LIMITS Yes
9a. MOTHER'S MAILING ADDRESS ※※※※		9b. CITY OR TOWNSHIP Ridgefield Park	9c. STATE NJ	9d. ZIP CODE ※※
10a. FATHER - Name □□ □□			10b. DATE OF BIRTH 10/※/1978	10c. BIRTHPLACE New York
11a. NAME OF INFORMANT △△ △△ △△				11b. RELATIONSHIP TO CHILD Mother
12a. CERTIFIER - Name ※※ ※※		12b. MAILING ADDRESS ※※※※※※		
13a. I CERTIFY THIS CHILD WAS BORN ALIVE AT THE PLACE,TIME,AND DATE SHOWN Signature ※※ ※※		13b. DATE OF SIGNATURE 07/21/2013	14. ATTENDANT 1☒MD 2☐DO 3☐CNM 4☐OTHER MIDWIFE 5☐OTHER (Specify)	
15a. REGISTRAR - Signature （署名）			15b. DATE RECEIVED JUL 25 2013	

原本確認済

在ニューヨーク日本国総領事館

領事　※※※※　印

This is to certify that the above is correctly copied from a record on file in my office.

Certified copy not valid unless the raised Great Seal of the State of New Jersey or the seal of the issuing municipality or county, is affixed hereon.

REG-42A
JAN 13

（署名）
※※※※※
State Registrar
Office of Vital Statistics and Registry

THIS DOCUMENT CONTAINS A UNIQUE STATE OF NJ WATERMARK HOLD AT LIGHT TO VERIFY

THIS DOCUMENT HAS MULTIPLE SECURITY FEATURES TO DETER FRAUD; VOID IF ALTERED

資料５－28－２

出生証明書（抄訳文）

1．子の氏名	○○　○○
2．子の性別	男
3．出生年月日	平成　25　年　7　月　※　日
時　分	午前　(午後)　1　時　03　分
4．出生の場所	アメリカ合衆国　ニュージャージー　州
	バーゲン　郡　イングルウッド　市
	※※※※※
5．父の氏名	□□　□□
6．母の氏名	△△　△△
(戸籍上の旧姓)	△△　△△
7．証明書発給者の	
職名	書記官・(登記官)・その他（　　　　）
8．翻訳者	△△　△△

5－29　アメリカ合衆国／ニューハンプシャー州

第1　婚　姻

1　婚姻証明書

ニューハンプシャー州メリマック町登録官作成の婚姻証明書は，資料5－29－1（本文544頁）参照。

2　実質的成立要件

(1)　婚姻適齢

男女とも18歳である。

18歳未満で14歳以上の男子，18歳未満で13歳以上の女子については，特別な理由があるときは，親又は後見人とともに，書面で，裁判所家庭部門に婚姻を締結する許可を申請することができる。

14歳未満の男子，13歳未満の女子については，婚姻をすることができない（州法457：4・457：5）。

(2)　近親婚の禁止

父，母，父の兄弟，父の姉妹，母の兄弟，母の姉妹，息子，娘，兄弟，姉妹，息子の息子，息子の娘，娘の息子，娘の娘，兄弟の息子，兄弟の娘，姉妹の息子，姉妹の娘，父の兄弟の息子，父の兄弟の娘，母の兄弟の息子，母の兄弟の娘，父の姉妹の息子，父の姉妹の娘，母の姉妹の息子又は母の姉妹の娘と婚姻してはならない（州法457：2）。

（注）　従前は，「男性は，母，父の姉妹，母の姉妹，娘，息子の娘，娘の娘，兄弟の娘，姉妹の娘，父の兄弟の娘，母の兄弟の娘，母の姉妹の娘又は他の男性と婚姻することができない。」（旧州法457：1），「女性は，父，母の兄弟，息子，兄弟，息子の息子，娘の息子，兄弟の息子，父の兄弟の息子，母の兄弟の息子，父の姉妹の息子，母の姉妹の息子又は他の女性と婚姻することができない」（旧州法457：2）と規定されていたが，ニューハンプシャー州で同性婚が認められることになったことにより，規定が改正されたものと思われる。

⑶　重婚の禁止

複数の者と婚姻をすることができない（州法457：２）。

⑷　未成年者の同性婚の禁止

ニューハンプシャー州では同性婚が認められるようになったが，18歳未満の者については，同性婚が禁止されている（州法457：４）。

なお，アメリカ合衆国では，同性婚を認める州と認めない州が存在していたが，連邦最高裁判所は，平成27年（2015年）６月26日に，同性婚は合衆国憲法の下での権利であり，州は同性婚を認めなければならないとの判断を下した。これにより，全米で同性婚が合法となることから，同性婚を禁止している各州の法律は今後改正される。

３　婚姻許可証

⑴　発給権者

町役場書記（the town clerk）が発給する（州法457：26）。

⑵　有効期間

許可日は，登録された日から，90日を経過するまで有効である（州法457：26）。

（注）　2006年の改正前は，登録された日の３日後から90日を経過するまで有効とされ（旧州法457：26），高等裁判所の裁判官又は婚姻が挙行される郡の検認裁判所への申請について，しかるべき理由が示されたときは，３日の期間を短縮する命令をすることができる（旧州法457：27）と規定されていたが，登録された日から有効とされたことから，期間短縮の規定は廃止された。

４　婚姻挙行者

民事婚については，州が任命した治安判事，州の最高裁判所の裁判官，高等裁判所の裁判官又は巡回裁判所の裁判官，合衆国憲法第３条に従って任命された合衆国の裁判官，合衆国憲法第１条に従って任命された合衆国の破産裁判官又は連邦法に従って任命された合衆国微罪判事である。

宗教婚については，州に居住する慣習又は宗派に従って任命された州の福音の牧師，任命されていないが，その者が所属する宗教機関のサービスに住している聖職者である（州法457：31)。

5　婚姻の無効

⑴　無効事由

近親婚の禁止及び重婚の禁止に反する婚姻は，無効である（州法458：１)。

⑵　無効による配偶者の姓

無効の場合は，配偶者は復氏することができる（州法458：24)。

〔根拠法条〕

州法（2014 New Hampshire Revised Statutes)

第43編　家族関係

第457章　婚姻

(関係)

457：２（禁止婚)

いかなる者も，父，母，父の兄弟，父の姉妹，母の兄弟，母の姉妹，息子，娘，兄弟，姉妹，息子の息子，息子の娘，娘の息子，娘の娘，兄弟の息子，兄弟の娘，姉妹の息子，姉妹の娘，父の兄弟の息子，父の兄弟の娘，母の兄弟の息子，母の兄弟の娘，父の姉妹の息子，父の姉妹の娘，母の姉妹の息子又は母の姉妹の娘と婚姻してはならない。いつでも，いかなる者も一人を超える者と婚姻してはならない。

(1869年，1965年，1987年，2009年改正，2010年１月１日施行)

(年齢)

457：４（婚姻適齢)

14歳未満の男子及び13歳未満の女子は，１人の男子及び１人の女子による有効な婚姻を締結してはならず，その者が締結した全ての婚姻は無効である。18歳未満の男子及び女子は同性間の有効な婚姻を締結してはならず，その者が締結した全ての婚姻は無効である。

(1907年，2009年改正，2010年１月１日施行)

457：５（同意)

同意の年齢は，男子及び女子も18歳である。同意年齢未満の者が締結した婚姻は，以下に規定する場合を除き，高等裁判所（the superior court）の裁量で，婚姻締結時に同意の年齢未満であった当事者又は同意の年齢に達した当事者が婚姻を追認していないときは，その者の親又は後見人の訴訟で無効とされる。

(1907年，1923年，1973年改正，1973年６月３日施行)

457：６（年齢未満の当事者の申請)

当事者の一方が同意の年齢未満で，457：４に規定された年齢以上の者で，ニューハンプシャー州に居住する者の婚姻又はニューハンプシャー州に居住していないがニューハンプシャー州に居住している者との婚姻の許可を申請する者の婚姻を望ましいとする特別な理由があるときは，婚姻を希望する者は，この年齢未満の当事者の監護権を有する親又は後見人とともに，書面で，その者の一方が居住する地区の管轄権を有する裁判所家庭部門（the judical branch family division）に婚姻を締結する許可を申請することができる。両当事者が居住者でないときは，同意年齢未満の者に撤回は認められない。

（1907年，1965年，1967年，1987年，2011年改正，2012年１月１日施行）

（婚姻の書面）

457：26（婚姻許可証）

町の書記（the town clerk）は，457：22で要求されている事実を具体的に表現し，申請が登録された日時を特定した許可証を当事者に送付する。その許可証は，婚姻が挙行される前に司祭を務める聖職者（the minister）又は治安判事に送付される。許可証は，登録された日から90日を超えて有効とされない。

（1854年，1903年，1905年，1911年，1939年，1979年，1997年，2006年改正，2006年７月４日施行）

457：27（期間の短縮）（2006年削除）

457：31（婚姻の挙行）

婚姻は，以下により挙行される。

Ⅰ　州が任命した治安判事，州の最高裁判所の裁判官，高等裁判所の裁判官又は巡回裁判所の裁判官，合衆国憲法第３条に従って任命された合衆国の裁判官，合衆国憲法第１条に従って任命された合衆国の破産裁判官（bankruptcy judge），又は連邦法に従って任命された合衆国微罪判事による民事婚

Ⅱ　州に居住する慣習又は宗派に従って任命された州の福音の牧師（略），任命されていないが，その者が所属する宗教機関のサービスに住している聖職者（略）による宗教婚

（1861年，1877年，1919年，1921年，1969年，1998年，2001年，2006年，2009年，2014年改正，2014年７月13日施行）

第458章　無効，離婚及び別居

（無効婚）

458：１（判決なし）

血族又は姻族を理由として法律で禁止され，又は一方に前の妻又は夫がいて，その妻又は夫が生存していること，婚姻が法律上解消されていないことを知って，ニューハンプシャー州で挙行された全ての婚姻は，いかなる法律上の手続なく絶対的に無効である。

（1981年改正，1981年８月１日施行）

458：24（判決）

本章に基づく訴訟手続において，法定別居の訴訟を除き，離婚又は無効の判決がされるときは，裁判所は，申請において請求されているか否かにかかわらず，配偶者の以前の姓を回復することができる。

（1905年，1969年，1996年，1998年，2004年改正，2004年５月17日施行）

第2　離　　婚

1　離婚原因

一方の当事者の性的不能，姦通，他方へのひどい虐待，健康を損なうか，理性を危うくするほどのひどい扱い，２年間不在であり，消息がないこと，常習の大酒飲みで，２年間継続していること，十分な理由なく，また他方の同意なく，２年の間，遺棄し，他方と同棲することを拒否すること，州又は連邦地区において，１年以上の懲役刑の判決を受け，その刑での服役することが，離婚原因とされている（州法458：７)。

また，一方の当事者の責めによるか否かにかかわらず，和解し難い不和を離婚原因とすることができる（州法458：７ａ)。

2　離婚による復氏

離婚の判決がされるときは，裁判所は，申請において請求されているか否かにかかわらず，配偶者の以前の姓を回復することができる（州法458：24)。

3　離婚手続と監護者決定手続

従前は，ニューハンプシャー州では，「離婚判決の際に，裁判所は，子の利益に最も貢献するよう子の養育監護に関する判決を下さなければならない。そして，子の教育扶養につき合理的な準備を命令することができる。」（州法458：17）と規定しており，日本の手続に近いものとなっているとされていたが（林脇トシ子＝西川理恵子「アメリカ合衆国における親子関係法について」家月32-７-17)，本規定は2005年に廃止されている。

〔根拠法条〕

州法（2014 New Hampshire Revised Statutes)

第43編　家族関係

第458章　無効，離婚及び別居

（離婚原因)

458：７（絶対的離婚，禁止婚)

婚姻からの離婚は，次の理由により，それを犯していない当事者の利益のために，判決をする。

1　一方の当事者の性的不能

2　一方の当事者の姦通

3　一方の当事者の他方へのひどい虐待

4　州又は連邦地区において，罰すべき犯罪で1年以上の懲役刑の判決を受け，その刑での服役

5　一方の当事者の健康を損なうか，理性を危うくするほどのひどい扱い

6　一方の当事者が2年間不在であり，消息がないこと。

7　一方の当事者が常習の大酒飲みで，2年間継続していること。

8　一方の当事者が夫と妻の関係を非合法と信ずることを明言する宗教上のセクト又は社会に参加し，6か月の間，他方と同棲することを拒否すること。

9　一方の当事者が十分な理由なく，また他方の同意なく，2年の間，遺棄し，他方と同棲することを拒否すること。

10～13（廃止）

（1938年，1957年，1999年改正，2000年1月1日施行）

458：7 a（絶対的離婚，和解し難い不和）

一方の当事者の責めによるか否かにかかわらず，婚姻の治癒できない破綻を引き起こした和解し難い不和を理由にして，離婚を言い渡す。（以下，略）

458.24（判決）

本章に基づく訴訟手続において，法定別居の訴訟を除き，離婚又は無効の判決がされるときは，裁判所は，申請において請求されているか否かにかかわらず，配偶者の以前の姓を回復することができる。

（1905年，1969年，1996年，1998年，2004年改正，2004年5月17日施行）

第3　出　　生

1　出生証明書

ニューハンプシャー州マンチェスター市登録官作成の出生証明書は，資料5－29－2（本文546頁）参照。

第4　準　　正

婚姻前に出生した者は，両親が婚姻し，自分の子として認知したときは，子は嫡出子となる（州法457：42）。

〔根拠法条〕

州法（2014 New Hampshire Revised Statutes）
第43編　家族関係
第457章　婚姻
457：42（親の婚姻）

婚姻前に出生した子の親が，後に婚姻し，その子を自己の子と認知したときは，その子は嫡出子となり，分配の法令により，他の子と同等に相続する。

第５　養子縁組

１　実質的成立要件

⑴　養親の要件

夫婦だけでなく，単身者も養親となることができる（州法170－Ｂ４）。

⑵　養子の要件

未成年者だけでなく，成人も養子となることができる（州法170－Ｂ３）。

⑶　夫婦共同縁組

養親が夫婦の場合は，原則として，夫婦共同縁組をしなければならない。

ただし，養親の配偶者が養子の親である場合又は養子が18歳以上で，配偶者が同意をしている等の場合は，単独で養子縁組をすることができる（州法170－Ｂ４）。

２　保護要件

⑴　裁判所の許可

養子縁組には，裁判所の許可を得なければならない。

⑵　養子の同意

養子が14歳以上である場合は，その者の同意を要する。ただし，裁判所が同意を求めることが養子の最善の利益にならないと判断したときを除く（州法170－Ｂ３）。

⑶　親の同意

規定上は，実父母の同意を要する旨の規定はないが，養子縁組に際して，親権の放棄が求められており，実質的には親が同意している（州法170－Ｂ５）。

また，養子が18歳以上である場合は，親権の放棄は必要とされていない（州法170－Ｂ７）。

3　養子縁組の効力

⑴　養親等との関係

養子縁組の最終判決により，養子は，養親の子とみなされ，養子が養親から出生したのと同様の権利及び特権が付与され，同様の義務を負う。

ただし，養子が継親の養子となったときは，継親と婚姻した実親と子の関係は，変更されない（州法170－Ｂ25）。

⑵　姓名の変更

子の養子縁組の申請において，姓名の変更が請求されたときは，裁判所はその変更を言い渡すことができる（州法170－Ｂ26）。

〔根拠法条〕

州法（2014 New Hampshire Revised Statutes）

第12編　公共の安全及び福祉

第170－Ｂ章　養子縁組

170－Ｂ２（定義）

1　「成人」は，未成年者でない者を意味する。

2～4　（略）

5　「子」は，出生又は養子縁組にかかわらず，娘又は息子を意味する。

6　（略）

7　「裁判所」は，検認裁判所を意味する。

8～10　（略）

11　「未成年者」，「未成年の子」は，18歳未満の者を意味する。

12～17　（略）

（2004年，2005年改正，2006年１月１日施行）

170－Ｂ３（養子となることができる者；要件）

いかなる者も養子となることができる。ただし，

1　養子が14歳以上であるときは，裁判所が同意を求めることが養子の最善の利益にならないと判断したときを除き，養子縁組に同意をしなければならない。その同意は，養子が書面で行い，養子縁組の申請がなされた裁判所の面前で署名しなければならない。

2　（略）

3　未成年であるか，成人であるかにかかわらず，養子が婚姻しているときは，養子縁組に対して養子の配偶者も同意するものとする。正当な理由があるときは，裁判所はこの要件を免除することができる。

(2004年，2005年1月2日施行)

170－Ｂ４（養子縁組をすることができる者）

以下の成人は，養子縁組をすることができる。

1　夫と妻が一緒に。

2　婚姻していない成人

3　養子の婚姻していない親

4　養子が申請者の配偶者でないときは，その者の配偶者が申請者として加わらない既婚者で，以下の事情が適用される場合

a　申請者の配偶者が，養子の親で，養子縁組に同意している場合

b　申請者と申請者の配偶者が法定別居をしている場合

c　（略）

d　申請者の配偶者が養子縁組に同意し，養子が18歳以上である場合

(2004年，2005年1月2日施行)

170－Ｂ５（親権を放棄することを求められる者）

①　170－Ｂ７に従って免除される場合を除き，以下の者からの親権の放棄を受けなければならない。

a　生みの母。ただし，生みの母が18歳未満である場合は，裁判所は，その者の親又は法定後見人の同意を求めることができる。

b　法律上の父。ただし，法律上の父が18歳未満である場合は，裁判所は，その者の親又は法定後見人の同意を求めることができる。

c　170－６に基づき，通知する資格を与えられ，親権を放棄する資格を与えられている生みの父。ただし，生みの父が18歳未満である場合は，裁判所は，その者の親又は法定後見人の同意を求めることができる。

d　両親が死亡しているか，又は生みの親の親権が放棄されているか，又は自らの意思ではなく終了させられており，裁判所が養子縁組のために親権を放棄することを後見機関に認めているときは，養子の法定後見人。

e　（略）

②　（略）

(2004年，2005年1月2日施行)

170－Ｂ７（放棄の必要のない者）

以下の者の親権の放棄は要しない。

1　170－Ｂ５第１項又は170－Ｂ６の要件を満たさないと申立てられた父

2　他の州の裁判所の命令で，自発的に，又は自発的ではなく親権が終了した親

3　168－Ａに従って父でないと申し立てられた父

4　養子が成人である場合の養子の親

5　170－Ｃに従って親権が終了している親

5－a・6　（略）

(2004年，2006年改正，2006年7月30日施行)

170－Ｂ25（養子縁組の申請及び判決の効力；相続）

①　養子縁組の最終判決が発せられると，養子は，養親の子とみなされ，養子が養親から出生したのと同様の権利及び特権が付与され，同様の義務を負う。

②　養子縁組の最終判決が発せられるまでは，養子は相続権又は特権に関してのみ実親の子とみなされる。ただし，養子が

継親の養子となったときは，継親と婚姻した実親と子の関係は，養子縁組を理由としては全く変更されない。

③　反対に法の規定にかかわらず，一方の配偶者のみが申請者である養子縁組の最終判決が発せられると，養子は，養子縁組をした配偶者の子となる。この子と養子縁組をしない配偶者である同性の実親との関係は，子及び実親がそのように同意したときは変わらない。その子は，養子縁組をした配偶者としての同性の実親の子とはみなされない。

④～⑥　（略）

（2004年，2006年改正，2006年7月30日施行）

170－B26（姓名の変更）

子の養子縁組の申請において，姓名の変更が請求されたときは，裁判所はその変更を言い渡すことができる。

（2004年，2005年1月2日施行）

資料5－29－1〔婚姻証明書〕

CERTIFICATION OF VITAL RECORD

State of New Hampshire

CERTIFICATE OF MARRIAGE

File # 2011※※

PERSON A - GROOM

LEGAL NAME	□□□□
LAST NAME AT BIRTH(Maiden Surname)	□□
DATE OF BIRTH	MARCH ※, 1983
RESIDENCE	NASHUA, NEW HAMPSHIRE
MOTHER/PARENT'S NAME	※※※※　(※※)
FATHER/PARENT'S NAME	※※※※
DOMESTIC STATUS	NOT APPLICABLE
NO. OF THIS MARRIAGE/CIVIL UNION	FIRST
BIRTH PLACE	JAPAN

PERSON B - BRIDE

LEGAL NAME	△△△△△△
LAST NAME AT BIRTH(Maiden Surname)	△△
DATE OF BIRTH	DECEMBER ※, 1983
RESIDENCE	NASHUA, NEW HAMPSHIRE
MOTHER/PARENT'S NAME	※※※※※※　(※※)
FATHER/PARENT'S NAME	※※※※※※
DOMESTIC STATUS	NOT APPLICABLE
NO. OF THIS MARRIAGE/CIVIL UNION	FIRST
BIRTH PLACE	NEW HAMPSHIRE

PLACE MARRIAGE INTENTIONS FILED	MERRIMACK
PLACE OF MARRIAGE	PORTSMOUTH
DATE OF MARRIAGE	SEPTEMBER ※, 2011
MARRIAGE PERFORMED BY	※※※※
FILE DATE	SEPTEMBER 29, 2011

MARGINAL NOTES

※※※※

I HEREBY CERTIFY THIS IS A TRUE COPY ISSUED FROM THE OFFICIAL RECORDS ON FILE AT THIS OFFICE AND SHALL BE RECEIVED AS EVIDENCE WITH THE SAME EFFECT AS THE ORIGINAL.

ATTEST:　(署名)　STATE/LOCAL REGISTRAR

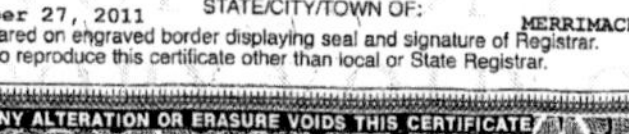

(署名)

※※※※※※, State Registrar

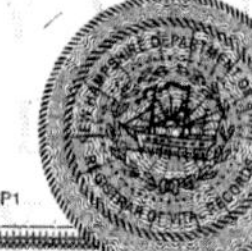

DATE ISSUED: December 27, 2011　STATE/CITY/TOWN OF: MERRIMACK

This copy not valid unless prepared on engraved border displaying seal and signature of Registrar.
It shall be unlawful for anyone to reproduce this certificate other than local or State Registrar.

VS-SP1

ANY ALTERATION OR ERASURE VOIDS THIS CERTIFICATE

資料5－29－1

婚姻証明書
〔日本語要訳〕

1．婚姻の当事者の氏名

夫になる人：　□□（氏）　□□（名）　（ミドルネーム）

妻になる人：　△△（氏）　△△（名）　△△（ミドルネーム）

2．婚姻の当事者の生年月日

夫：昭和　58　年　3　月　※　日生

妻：　1983　年　12　月　※　日生

3．婚姻成立の年月日

平成　23　年　9　月　※　日

4．婚姻の方式

アメリカ合衆国　ニューハンプシャー　州の方式

5．証明書の作成者

アメリカ合衆国　ニューハンプシャー　州

メリマック　郡・市・(町)登記官

6．証明書の発行年月日

2011　年　12　月　27　日

翻訳者の氏名（届出人による翻訳も可能です）

□□（氏）　□□（名）

翻訳年月日：　2013　年　7　月　28　日

※　この用紙は、婚姻届に添付する婚姻証明書の日本語翻訳文を作成する際にご使用になれます。

資料5－29－2〔出生証明書〕

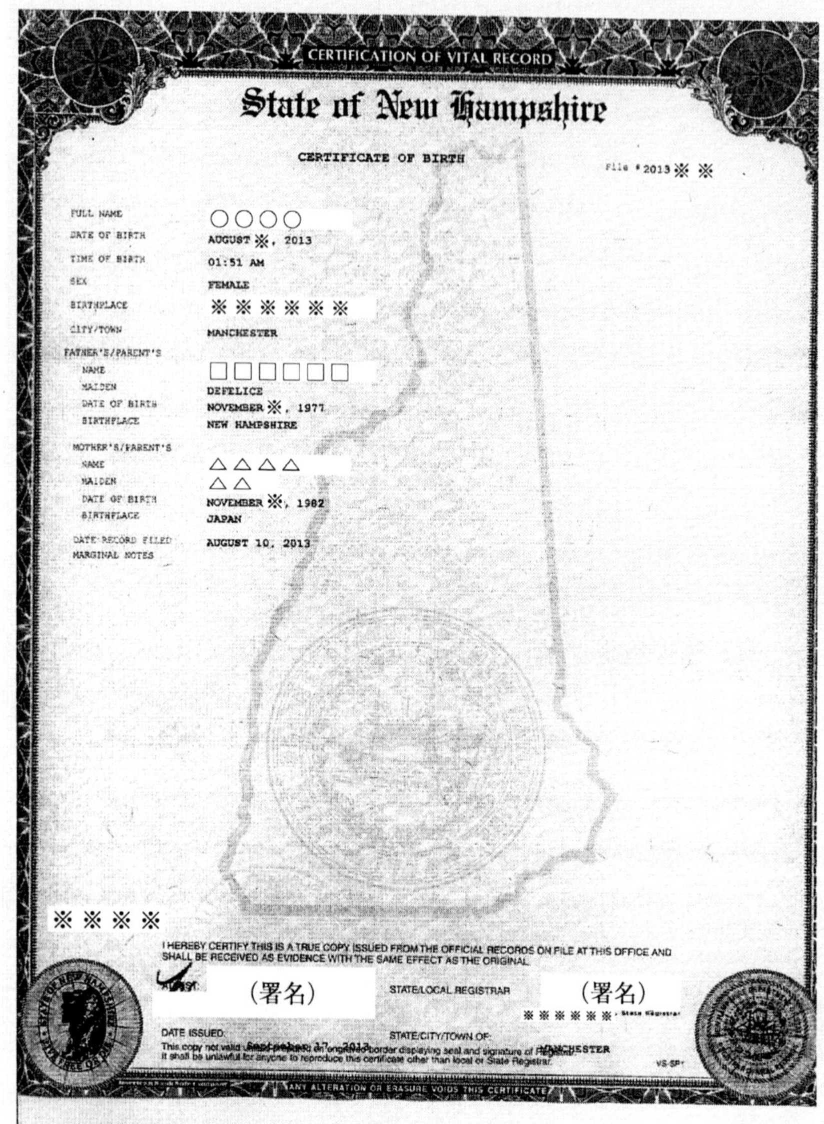

CERTIFICATION OF VITAL RECORD

State of New Hampshire

CERTIFICATE OF BIRTH

File #2013※※

FULL NAME	○○○○
DATE OF BIRTH	AUGUST ※, 2013
TIME OF BIRTH	01:51 AM
SEX	FEMALE
BIRTHPLACE	※※※※※※
CITY/TOWN	MANCHESTER
FATHER'S/PARENT'S	
NAME	□□□□□□
MAIDEN	DEFELICE
DATE OF BIRTH	NOVEMBER ※, 1977
BIRTHPLACE	NEW HAMPSHIRE
MOTHER'S/PARENT'S	
NAME	△△△△
MAIDEN	△△
DATE OF BIRTH	NOVEMBER ※, 1982
BIRTHPLACE	JAPAN
DATE RECORD FILED	AUGUST 10, 2013
MARGINAL NOTES	

※※※※

I HEREBY CERTIFY THIS IS A TRUE COPY ISSUED FROM THE OFFICIAL RECORDS ON FILE AT THIS OFFICE AND SHALL BE RECEIVED AS EVIDENCE WITH THE SAME EFFECT AS THE ORIGINAL.

（署名）　STATE/LOCAL REGISTRAR　（署名）

※※※※※※ - State Registrar

DATE ISSUED: September 17, 2013　STATE/CITY/TOWN OF: MANCHESTER

This copy not valid unless printed on engraved border displaying seal and signature of Registrar. It shall be unlawful for anyone to reproduce this certificate other than local or State Registrar.

VS-SP1

ANY ALTERATION OR ERASURE VOIDS THIS CERTIFICATE

資料５－29－２

出生証明書（要訳）

子の氏名：〔氏〕　○○　〔名〕　○○
（ミドルネーム）

性別：　□男　☑女

生年月日：（西暦）2013 年　8　月　※　日　(午前)・午後　1　時　51　分

出生場所：アメリカ合衆国 ニューハンプシャー 州 マンチェスター (市)・町

※出生証明書の原文に「通り名」と「番地」の記載がある場合は、こちらに日本語訳を記入して下さい。

（病院名）　※※※※※※
※出生証明書の原文に病院名の記載がある場合は、こちらに日本語訳を記入して下さい。

母の氏名：〔氏〕　△△　〔名〕　△△
（ミドルネーム）

父の氏名：〔氏〕　□□　〔名〕　□□　□□
（ミドルネーム）

証明者（発行機関）（どちらかに✓印をつけてください。）

☑発行機関：アメリカ合衆国　ニューハンプシャー　州
マンチェスター　(市)・町　登記官

□病院（出生証明記録係）　□医師　□助産婦

□その他（資格）

（氏名）

翻訳者氏名：　△　△　△　△
（日本語で記名して下さい）

※子の氏名が出生証明書と出生届で異なる場合（ミドルネームがある場合等）の申し出事項

出生証明書においては子の氏名が

〔氏〕　〔名〕

と記載されているが、出生届の者と同一人物に相違なく、戸籍上の日本語は

〔氏〕　〔名〕　と命名・記載する。

申出人署名：
（日本語で署名して下さい）

5－30　アメリカ合衆国／ニューメキシコ州

第1　婚　　姻

1　実質的成立要件

(1)　婚姻適齢

男女とも18歳以上である。

16歳以上で18歳未満の者については，親又は後見人の同意を要する。

また，16歳未満の者については，親が申請するか，又は女性が妊娠し，地方裁判所が許可した場合は，婚姻をすることができる（州法40－１－６）。

(2)　重婚の禁止

生存している前夫又は前妻がいるときは，婚姻することはできない（「５　アメリカ合衆国」136頁参照）。

(3)　近親婚の禁止

全ての親等の祖父母及び孫を含めた親族及び子間，全血又は半血の兄弟姉妹間，おじと姪，おばと甥の婚姻は禁止されている（州法40－１－７）。

(4)　同性婚

アメリカ合衆国では，同性婚を認める州と認めない州が存在していたが，連邦最高裁判所は，平成27年（2015年）６月26日に，同性婚は合衆国憲法の下での権利であり，州は同性婚を認めなければならないとの判断を下した。これにより，全米で同性婚が合法となることから，同性婚を禁止している各州の法律は今後改正される。

2　婚姻許可証

(1)　婚姻許可証の発行

郡の書記が発行する（州法40－１－６）。

(2)　医師の検査表

従前は，婚姻許可証の発行を求めるためには，婚姻許可証の申請前30日以内に発行された医師検査証を提出しなければならないとされていたが，現行法では削除されている。

〔根拠法条〕

州法（2014 New Mexico Statutes）
第40章　家族関係
第１条　婚姻一般
40－１－６（未成年者の婚姻の制限）
A　郡の書記は，16歳又は17歳の者に婚姻許可証を発行してはならず，ニューメキシコ州の法律により婚姻を挙行する権限を与えられているいかなる者も，故意に16歳又は17歳の者を婚姻させてはならない。ただし，未成年者が出生証明書に表示された未成年者の生存している親の書面による同意を受けるか，又は正当な理由があり両親又は法定後見人の申請に基づき，地方裁判所が婚姻を許可し，裁判上の許可の証明された写しが郡の書記に登録されたときを除く。
B　郡の書記は，16歳未満の者に婚姻許可証を発行してはならず，ニューメキシコ州の法律により婚姻を挙行する権限を与えられているいかなる者も，故意に16歳未満の者を婚姻させてはならない。ただし，地方裁判所の児童又は家庭部が，扶養をさせ，親子関係を創設する手続を解決して，その者の親又は法定後見人の申請に基づき，婚姻を許可するか，婚姻許可証を申請する者が妊娠しており，裁判上の許可の証明された写しが郡の書記に登録されたときを除く。
40－１－７（近親婚）
全ての親等の祖父母及び孫を含めた親族及び子間，全血又は半血の兄弟姉妹間，おじと姪，おばと甥の全ての婚姻は，近親婚を宣言され，絶対的無効である。
40－１－８（削除）
40－１－９（禁止婚）
適正手続に基づく地方裁判所の判決による場合を除き，禁止の親等の親族間，禁止されている年齢未満者間又は者との婚姻は，無効を宣言されない。訴訟は，未成年者，近友（next friend），一方の親，未成年者の法定後見人又は州検察官（district attorney）が提訴することができる。未成年者の場合は，禁止されている年齢を超える婚姻当事者は，婚姻を無効とする宣告の申請をすることも，無効とする裁判所の判決を得ることもできない。ただし，未成年者はそれをすることができ，裁判所は裁量により，未成年者が成人になるか，又は再婚するまでの扶養料を認めることができる。（以下，略）
40－１－10（必要とされる許可証，郡の書記）
A　ニューメキシコの法律に従って婚姻するカップルは，ニューメキシコ州の郡の書記から許可証を取得するものとする。（以下，略）
B・C　（略）

第2　離　　婚

一方の婚姻当事者の申請に基づき，地方裁判所は，性格の不一致，残虐で，非人道的な扱い，姦通又は遺棄を理由として，婚姻の解消を言い渡すことができる（州法40－４－１）。

〔根拠法条〕

州法（2014 New Mexico Statutes）
第40章　家族関係
第４条　婚姻の解消
40－４－１（婚姻の解消）（1973年）
　一方の婚姻当事者の申請に基づき，地方裁判所は，以下の事由による婚姻の解消を言い渡すことができる。
A　性格の不一致
B　残虐で，非人道的な扱い
C　姦通
D　遺棄

第3　出　　生

1　父の推定

男性と子の母が婚姻し，子が婚姻しているか，又は婚姻していた間に，若しくは死亡，無効，婚姻の無効宣告，婚姻の解消，離婚による婚姻の終了後300日以内又は裁判所の法定別居の判決後300日以内に出生した場合は，男性は子の父と推定される（州法40－11Ａ－204）。

2　出生証明書

ニューメキシコ州衛生局発行の出生証明書は，資料５－30－１（本文555頁）参照。

〔根拠法条〕

州法（2014 New Mexico Statutes）
第40章　家族関係
第11Ａ条　ニューメキシコ統一親子関係法
第２条　親子関係
40－11Ａ－204（父の推定）
Ａ　男性は，以下の場合には，子の実の父と推定される。
　1　男性と子の実の母が婚姻し，子が婚姻中に出生した場合
　2　男性と子の実の母が婚姻し，死亡，無効，婚姻の無効宣告，婚姻の解消，離婚による婚姻の終了後又は裁判所の法定別居の判決後，300日以内に子が出生した場合
　3～5　（略）
Ｂ　（略）

第４　養子縁組

1　実質的成立要件

⑴　養親の要件

夫婦だけでなく，単身者も養親となることができる（州法32Ａ－５－11）。

⑵　養子の要件

未成年者だけでなく，成人も養子となることができる（州法32Ａ－５－11・40－14－５）。

⑶　夫婦共同縁組

夫婦は共同して養子縁組をしなければならないが，配偶者が，養子の親である場合，その者と縁組しない配偶者が，法定別居をしている場合又は配偶者が養子縁組をしないことが，裁判所が決定した合理的な事情により許可された場合には，単独で養親になることができる（州法32Ａ－５－11）。

養子が成人の場合も同様である（州法40－14－５）。

⑷　託　置

未成年者養子縁組の場合は，継親養子縁組の場合を除き，養子が申請者の自宅で託置されなければ，裁判所は養子縁組の申請を認めない（州法32Ａ－５－12・32Ａ－５－32）。

2　保護要件

⑴　裁判所の許可

養子縁組には，裁判所の許可を得なければならない。

⑵　養子の同意

養子が14歳以上である場合は，その者の同意を要する（州法32A－5－17・40－14－6）。

⑶　実親の同意

養子の実親の同意を要する（州法32A－5－17）。

ただし，養子が成人の場合は，実親の同意を要しない（州法40－14－6）。

3　養子縁組の効力

⑴　養子の姓名

継子養子縁組の場合を除き，養親の名付けた姓名を称する。

継子養子縁組においては，養子が14歳以上である場合は，養親の配偶者と養子が新しい姓名に同意したときは，申請者の名付けた姓名を称する。

⑵　養親との関係

養子と申請者は，養子が申請者の実子であり，申請者が養子の実親であるような法的な親子関係を有する。

養子と養親は相互に，その関係の全ての権利を有し，全ての義務に服する（州法32－5－37）。

〔根拠法条〕

州法（2014 New Mexico Statutes）
第32Ａ章　児童法（children's Code）
第５条　養子縁組
32Ａ－５－１（略称）
　NMSA 1978年第５条は，「養子縁組法」と引用することができる。
32Ａ－５－11（養子になることができる者，養子縁組をすることができる者）
Ａ　いかなる子も養子となることができる。
Ｂ　以下に掲げる者である居住者は，養子縁組をすることができる。
　１　養子縁組法の規定に従って裁判所が養親として適当であると認めた者
　２　以下の場合に，その者の配偶者が縁組をしない婚姻している者
　　ａ　参加しない配偶者が，養子の親である場合
　　ｂ　その者と縁組しない配偶者が，法定別居をしている場合
　　ｃ　配偶者が養子縁組をしないことが，裁判所が決定した合理的な事情により許可された場合
Ｃ　（略）
32Ａ－５－12（養子縁組のための託置，制限，完全公開）
Ａ　以下の者により，養子縁組の目的のために，養子が申請者の自宅で託置されなければ，裁判所は養子縁組の申請を認めない。
　１　部門により
　２　他の州の公的官憲
　３　機関
　４　NMSA 1978年，32Ａ－５－13に規定されている，裁判所の命令により
Ｂ～Ｅ　（略）
32Ａ－５－17（同意又は放棄を要する者）
Ａ　以下の者からの養子縁組に対する同意又はニューメキシコ州が許可した部門又は機関に対する親権の放棄を要する。
　１　14歳以上の養子。ただし，養子が同意をする意思能力を有していないと裁判所が判断した場合を除く。
　２　養子の母
　３　（略）
　４　養子の推定される父
　５　養子を認知した父
　６・７　（略）
Ｂ・Ｃ　（略）
32Ａ－５－19（同意又は放棄を要しない者）
　以下の者からの養子縁組法の規定に従って求められる養子縁組に対する同意又は親権の放棄は要しない。
　Ａ　法律に従って，養子に関する親権が終了している親
　Ｂ　養子縁組のために子を機関に放棄している親
　Ｃ　強姦又は近親相姦の結果として妊娠した養子の実親
　Ｄ・Ｅ　（略）
32Ａ－５－32（継親養子縁組）
Ａ　いかなる者も養子縁組法の規定に従って，配偶者の子を養子とすることができる。
Ｂ　親権を持つ親との継親の婚姻から少なくとも１年間，養子が継親と生活しているときは，
　１　NMSA 1978年，32Ａ－５－12に従った託置は要しない。
　２～９　（略）
Ｃ　監護権を有する親との継親の婚姻から

１年以上，養子が継親と生活していないときは，養子縁組は独立した養子縁組として進められる。

32Ａ－５－37（養子縁組判決の登録に基づく養子と申請者の地位）

Ａ　養子縁組されたときは，継子養子縁組の場合を除き，申請者の名付けた姓名を称する。継子養子縁組においては，養子が14歳以上である場合は，申請者の配偶者と養子が新しい姓名に同意したときは，申請者の名付けた姓名を称する。（以下，略）

Ｂ　養子縁組後は，養子と申請者は，養子が申請者の実子であり，申請者が養子の実親であるような法的な親子関係を有する。養子は申請者から，又は申請者に通して相続権を含め，その関係の全ての権利を有し，全ての義務に服し，また，申請者は養子から，又は養子を通して相続権を含め，その関係の全ての権利を有し，全ての義務に服する。

第40章　家族関係

第14条　成人養子縁組

40－14－２（定義）

成人養子縁組法において，使用されるときは，

Ａ「養子」は，養子縁組の申請の対象である成人を意味する。

Ｂ「成人」は，18歳以上の者を意味する。

Ｃ「裁判所」は，地方裁判所を意味する。

Ｄ～Ｇ（略）

40－14－５（養子となることができる者；養子縁組をすることができる者）

Ａ　いかなる成人も養子となることができる。

Ｂ　以下の一である居住者は，養子縁組をすることができる。

１　成人養子縁組法の規定に従って，裁判所が養親として適当と認められた成人

２　婚姻した成人。ただし，以下の場合に，養子縁組に配偶者が加わらない者。

ａ　養子縁組をしない配偶者が，養子の親である場合

ｂ　養子縁組をする成人と養子縁組をしない配偶者が法定別居をしている場合，又は

ｃ　配偶者が養子縁組をしないことが，裁判所が合理的な事情として判決して許された場合

40－14－６（養子縁組に対する同意）

Ａ　養子又は養子が無能力で，養子縁組に対して同意することができないときは，法的に養子に代わって同意する権限がある者の養子縁組に対する同意を要する。

Ｂ～Ｇ（略）

資料５－30－１〔出生証明書〕

THIS DOCUMENT IS NOT AUTHENTIC UNLESS PRODUCED ON SECURITY PAPER

CERTIFICATE OF BIRTH
CERTIFICADO DE NACIMIENTO

STATE OF NEW MEXICO
New Mexico Vital Records and Health Statistics
Epidemiology and Response Division

File No. / Numero de Archivo: 2013※※
Order No. / Numero de Solicitud: 2013※※
County of Birth / Condado de Nacimiento: Bernalillo

Date of Birth / Fecha de Nacimiento: July※, 2013 04:38 PM
Date of Registration / Fecha de Inscripcion: August 21, 2013
Sex / Sexo: Male

Name of Person Registered / Nombre del Inscrito:
<<< ○○○○○○ >>>

Name of Father or Parent One / Nombre del Padre:
<<< □□□□□□ >>>
Pennsylvania, United States

Birth Name of Mother or Parent Two / Nombre de Soltera de la Madre:
<<< △△△△ >>>
Japan

No. ※※※※

I certify that this birth is registered with
New Mexico Vital Records and Health Statistics

※※※※※※
SIGNATURE OF STATE REGISTRAR
October 16, 2013

DO NOT DUPLICATE BY ANY MEANS

資料5－30－1

在デンバー日本国総領事館

出　生　証　明　書（抄訳文）

証明書発行日（date issued）：西暦 2013 年 8 月 21 日

1．出生子の氏名：○○（姓）　○○（名）　○○（ミドルネーム）

2．性別：☑男　□女

3．出生年月日/時刻：西暦 2013 年 7 月 ※ 日

午前/(午後) 4 時 38 分

4．出生場所：アメリカ合衆国 ニューメキシコ 州 バーナリオ 郡

（アルバカーキー） 市

5．父の氏名：□□（姓）　□□（名）　□□（ミドルネーム）

母の婚姻前の氏名：△△（姓）　△△（名）　（ミドルネーム）

6．証明者（登録機関）：☑アメリカ合衆国 ニューメキシコ 州衛生局

□その他（　　　　　　　　　　）

翻訳者氏名：△　△　△　△　印

（注）子の父、母による翻訳で結構です。Birth Certificate（英文）を見ながら、該当する日本語を、漢字、カタカナ、ひらがなを使って書いてください。
翻訳者氏名欄に戸籍通りにお名前をお書きください。

5－31　アメリカ合衆国／ニューヨーク州

第１　姓名制度

氏名に関する法制度は，COMMON LAW（慣習法）を基礎としている。

氏名は，「GIVEN NAME（FIRST NAME)」（名），「MIDDLE NAME」，(氏)，「SURNAME」の順に記載される。「GIVEN NAME（FIRST NAME)」，「MIDDLE NAME」は，いずれも父母によって命名されるが，「MIDDLE NAME」を付けるか否かは任意である。

「SURNAME」は，父母のいずれかの氏か，あるいは，父母双方の氏を組み合わせた結合氏が付与される（南野聡「諸外国における氏制度の調査結果について」戸籍584－７）。

第２　婚　　姻

１　婚姻証明書

ニューヨーク州市書記官発行の婚姻証明書は，資料５－31－１（本文569頁）参照。

２　実質的成立要件

⑴　婚姻適齢

男女とも18歳以上である（統合７）。

当事者の一方が14歳未満の婚姻は禁止される（統合15A）。

⑵　近親婚の禁止

一定の範囲の者間の婚姻は，無効である（統合５）。

⑶　重婚の禁止

前婚の配偶者がいる場合は，婚姻をすることができない（統合６）。

⑷　婚姻意思があること

意思能力がなく，婚姻の合意が不可能である場合は，取り消すことができる（統合７）。

⑸　身体的に婚姻生活ができない場合でないこと

この要件に反する婚姻は，取り消すことができる（統合７）。

⑹　精神疾患がないこと

５年以上治癒の見込みのない精神疾患であるときは，取り消すことができる（統合７）。

⑺　同性婚

アメリカ合衆国では，同性婚を認める州と認めない州が存在していたが，連邦最高裁判所は，平成27年（2015年）６月26日に，同性婚は合衆国憲法の下での権利であり，州は同性婚を認めなければならないとの判断を下した。これにより，全米で同性婚が合法となることから，同性婚を禁止している各州の法律は今後改正される。

３　形式的成立要件

⑴　婚姻の儀式

ニューヨーク州では，両当事者が，「夫となり妻となることを誓う」ことを証人の前で宣誓する儀式であることを必要としているが，必ずしも宗教的なものであることを必要としていない（坂本正光「アメリカ家族法入門⑶」時報496-19）。

４　婚姻後の姓

氏を変更しないことも，配偶者の氏と組み合わせた結合氏を称することもできる。

ニューヨーク州統合法第15条において，婚姻によって自動的に姓は変更されず，婚姻する当事者は，いずれも氏を変えないか，他方配偶者の氏又は双方の氏を組み合わせた結合氏に変更するかを選択でき，婚姻許可証の発行を申請する際に当事者が婚姻後の夫及び妻の氏を選択し，これを婚姻許可証に記載することと規定されている。

この婚姻許可証は，州内の市又は町の書記官が発行し，これによって婚姻による氏の変更も証明されることになる（南野・前掲(557)，岡光民雄「婚姻及び離婚制度の見直し審議に関する中間報告（論点整理）について」民月48－２－23・家月45－３－118参照)。

５　婚姻の無効・取消し

⑴　婚姻の無効

近親者との婚姻（統合５）及び重婚の禁止（統合６）に反する婚姻は，無効である。

⑵　婚姻の取消し（統合７）

ア　取消原因

㈠　不適齢婚（18歳未満である場合)。ただし，未成年であることのみで取り消されるのではなく，裁判所が諸般の事情を考慮して決定する。

㈡　意思能力がなく，婚姻の合意が不可能である場合

㈢　身体的に婚姻生活ができない場合

㈣　詐欺又は強迫により婚姻に合意した場合

㈤　５年以上の間，治癒の見込みのない精神疾患がある場合

イ　取消しの効果

裁判所により無効と宣言された時から無効となる。

〔根拠法条〕

ニューヨーク州統合法（2014 New York Consolidated Laws）

第２章　婚姻

５（近親者間及び無効な婚姻）

婚姻当事者間に以下のいずれかの関係が法的又は事実上存在する場合は，近親者間の婚姻として無効である。

１　尊属及び卑属

２　両親又は片親が同じ兄弟

３　叔父と姪又は叔母と甥

前項に掲げる規定により禁止された婚姻が挙行された場合は，当該婚姻は無効とされ，各当事者は50ドル以上100ドル以下の科料に処せられ，裁判所の裁量によって，これに加えて６か月以下の禁錮に処す。故意に当該婚姻を挙行し，若し

くは唆し又は幇助した者は，軽罪として有罪とし，同様に科料又は禁錮に処す。

6（無効な婚姻）

前婚による配偶者がいる者がした婚姻は，以下のいずれかに該当する場合を除き，完全に無効である。

1　前婚が取り消され，又は当事者の不貞以外の事由により解消された場合。ただし，前婚が不貞により解消され，一方当事者が本章8により再度婚姻した場合には，後婚は有効である。

2　前婚が本章7に基づき解消された場合

7（取消し得る婚姻）

当事者の一方が，以下のいずれかに該当する婚姻は，当事者のいずれかに対する管轄を有する裁判所により無効と宣言された時から無効である。

1　未成年，すなわち18歳未満である場合。なお，未成年であることによってのみ当該婚姻が取り消されることはないが，当該婚姻に関する諸般の事情を考慮した裁判所の裁量に基づいて取消しがなされる。

2　意思能力がなく，婚姻の合意が不可能である場合

3　身体的に婚姻生活ができない場合

4　詐欺又は強迫により婚姻に合意した場合

5　5年以上の間，治癒の見込みのない精神疾患がある場合

8（離婚後の婚姻）

1967年9月1日の前後を問わず，離婚手続により婚姻が解消された場合は，いつでも当事者は再婚することができる。

第3条　挙式，婚姻の効力

15A（14歳未満の未成年者の婚姻）

一方の当事者が14歳未満の婚姻は，禁止される。（以下，略）

第3　離　　婚

1　離婚の要件

(1)　事実関係が認められれば，離婚が成立する要件

ア　書面による合意の下で，1年以上の別居（注）に及んだとき。

イ　裁判所の命令により，1年以上の別居に及んだとき（永井紀昭「婚姻適齢及び待婚期間に関する覚書（下）」戸籍488-24参照）。

（注）ニューヨーク州離婚法は，1966年に2年間の別居を離婚原因に加えて破綻主義を採用し，1972年には，この別居期間を2年から1年に改正した（小川秀樹「離婚原因について」民月48-6-107）。

(2) 裁判所による審議・判決により離婚理由となり得る要件

ア　配偶者の不義（不貞）

イ　配偶者による１年以上の遺棄

遺棄には，①物理的な離別（正当な理由や合意なしに，帰還の意思なく家を出て行くこと），②擬制遺棄（正当な理由がないのに１年以上性交渉を持たないこと），③ロックアウト（他方配偶者が家に入ることを１年以上拒むこと）が含まれる。

ウ　配偶者の３年以上の受刑・留置

エ　配偶者の心身の福祉を危険にさらすような虐待及び非人道的な扱い

例として，配偶者に対する肉体的攻撃，言葉による虐待，家計をひっ迫させるギャンブル，何の説明もなく家をしばしば空けること等である。

2　裁判手続

裁判手続は，以下の手順で行われる。

ア　裁判所に対する離婚訴訟提起

同手続により，婚姻から離婚を提訴するに至った事実関係を報告する。

イ　裁判前暫定命令

離婚が正式に成立する前に急な措置を要する事項について，裁判所の命令が下される。

ウ　事実関係調査手続

弁護士により離婚に関する事実関係の調査が行われる。

エ　当事者の協議

オ　裁判前事情聴取

裁判官又は陪審員による聴取が行われる。

カ　裁判・判決

3　抗　　弁

離婚原因に対して法律上抗弁が規定されている。慫慂あるいは同意（不貞行為を許容していた場合），宥恕あるいは容赦（不貞行為発覚後にこれを許したと認められる場合），相互有責（相手方も同様に不貞行為を行っていた場合）が抗弁として挙げられている。ただし，抗弁は運用上かなり制限的にしか認められていない。

（3につき，金子修「米国における家族関係訴訟の実情について（上）」家月53-11-21）

4　判決確定日

判決確定日は，「判決がFILE（登録）された日」である。

第4　出　　生

1　戸籍の記載

ニューヨーク市の最小行政区画は区になるので，戸籍には「アメリカ合衆国ニューヨーク州ニューヨーク市○○区で出生」（【出生地】アメリカ合衆国ニューヨーク州ニューヨーク市○○区）と記載する。

その他については，「アメリカ合衆国ニューヨーク州○○市で出生」（【出生地】アメリカ合衆国ニューヨーク州○○市）と記載する。

2　出生登録

ニューヨーク州では出生後5日以内に，ニューヨーク市では2日以内に出生の登録をしなければならない。

3　子の氏

夫婦間に出生した子は，父母が同氏の場合，父母の氏を称する。父母の氏が異なる場合は，通常父の氏を称するが，父母間で協議して母の氏又は結合氏とすることができる。子が自分の行動に責任を取り得る年齢（ニューヨーク州では16歳）に達したときは，裁判所に対する申立てにより，その氏を変更することが認められている。

法律上の夫婦でない者の間に出生した子は，父又は母の氏を称する。認知がない場合は，母の氏を称するのが通常であるが，推定上の父と母の同意書があるときは，子の出生証明書に父の氏名を記載し，子の氏を父の氏として登録することもできるので，子の氏と法律上の父子関係の存在とは必ずしも一致しない（南野・前掲(557)－8）。

4　出生証明

(1)　取得場所

ニューヨーク州では州の公衆衛生局人口動態記録部，ニューヨーク市では人口動態記録局で出生証明書を取得することができる（棚村政行「アメリカにおける身分登録制度」時報500－25）。

(2)　様　式

ニューヨーク市登記官作成の出生証明書は，資料5－31－2（本文571頁）参照。

第5　認　　知

1　制度主義

ニューヨーク州には，認知制度が存在する。

2　認知の方法

認知の方法としては，①裁判により認知を行う，②父が親権を認める旨の宣誓供述書に署名する，③明確で信頼に足る証拠が示され，かつ，父が子の親であることを認めるという3つの方法がある。

3　父の記載のある出生証明書

出生登録証明書に，父の氏名が記載されていることのみをもって，法的に父子関係が成立しているとはいえない（第4・3参照）。

4　認知された子の氏

子が母の氏を称する場合，裁判あるいは父が子を認知する宣誓供述書に署名するなどの方法で認知がされると，子の氏を父の氏に変更することができる（南野・前掲(557)－8）。

第6　養子縁組

1　概　　説

ニューヨーク州法は，「裁判所の決定による養子縁組」で，「実方親族と養子との親族関係の断絶」となる法制である（村重慶一「特別養子縁組（渉外的な養子縁組）申立事件」時報449-24，平成4.11.13東京家裁審判）。

2　実質的成立要件

⑴　養親の要件

成人の未婚者，成人の婚姻している夫婦又は2人の婚姻していない成人の親しいパートナーが一緒に，他の者を養子とすることができる（統合110）。

⑵　養子の要件

未成年者だけでなく，成人も養子となることができる（統合109）。

⑶　夫婦共同縁組

夫婦は，原則として，共同で養子縁組をしなければならない（統合110）。

⑷　試験養育期間

機関養子（agency adoption）の場合は，養親となるべき者と18歳未満の子が少なくとも3か月間（注）生活を共にしなければ養子縁組を発してはならない。ただし，裁判官の裁量により同居期間を不要とすることができる（統合112）。

個人託置養子縁組（Private-placement adoption）の場合には，裁判所が縁組申立てを受理した後，養子となるべき18歳以下の子が6か月間養親となるべき者と生活を共にしていなければ，縁組命令を発してはならないものとしている（統合116）。

（注） 従前は，６か月とされていた。

⑸　養親と養子の年齢差

特に定めはない。

⑹　実子を養子とすることについて

自己の実子との養子縁組を認めている（統合110）。

この場合は，嫡出子であるか，嫡出でない子であるかを問わず，夫婦の一方の実子を養子とするには，夫婦共同を要する（永井紀昭「養子制度の改正に関する中間試案について（上）」民月41－１－32，大森政輔「特別養子法逐条解説⑵」時報359－７）。

３　保護要件

⑴　裁判所の許可

養子縁組は，裁判所が判決を下すことによって成立する。

⑵　養子の同意

養子が14歳以上である場合は，その者の同意を要する。

ただし，裁判官又は遺言検認判事が，裁量で同意を免除した場合を除く（統合111①）。

⑶　父母の同意

嫡出子の場合は，父母の同意を要する。

嫡出でない子の場合は，母の同意を要する（統合111①）。

⑷　その他の者の同意

子の監護権を有する人又は権限当局の同意を要する（統合111①）。

４　養子縁組の効力

⑴　効力発生日

裁判官又は検認判事が署名した日から効力が生じる（統合114）。

⑵　実親との関係

実親との関係は切断し，実親は全ての義務と責任を免れ，子に関して何らの権利を有しないことになる。

ただし，継親養子縁組の場合は，継親の配偶者たる実親との関係は切断されない（統合117①)。

(3)　養子の氏

合理的な反対理由がない限り，養子は養親の氏を称することを縁組命令において指示するものとされている（統合114)。

〔根拠法条〕

ニューヨーク州統合法（2014 New York Consolidated Laws）

家族関係

第7条　養子縁組

第1編　養子縁組一般

109（定義）

本条において，文脈又は内容に明らかに別段の解釈を要する場合を除き，

1　「養親（Adoptive parent)」又は「養親（adopter)」は，養子縁組をする者を意味し，「養子（adoptive child)」又は「養子（adoptee)」は，養子となる者を意味する。

2　「裁判官」は，州の郡の家庭裁判所の裁判官を意味する。

3・4　（略）

5　「個人託置養子縁組（Private-placement adoption)」は，権限機関が養子縁組のために託置する未成年者の養子縁組以外の養子縁組を意味する。

6・7　（略）

110（養子縁組をすることができる者；条の効力）

成人の未婚者，成人の婚姻している夫婦又は2人の婚姻していない成人の親しいパートナーが一緒に，他の者を養子とすることができる。判決若しくは当事者が署名し，記録される証書の資格を要する形式で承認されるか，又は証明された書面による別居合意に従って配偶者と別居している婚姻している成人又は養子縁組の手続が開始される前に少なくとも3年間配偶者と別居している婚姻している成人は，他の者を養子とすることができる。ただし，養子となった者は，相続又は扶養の権利又は義務を目的として，又は他の目的として，養子縁組をしていない配偶者の子又は継子とはみなされない。成人又は未成年の婚姻した夫婦は，ともに嫡出として又は嫡出でなく出生した夫婦の一方の子を養子とすることができ，成人又は未成年の配偶者は，他方の配偶者の子を養子とすることができる。（略）

養子縁組は，ある者が他の者と子の関係になり，それにより，その者に関して，親の権利を取得し，義務を負う。（以下，略）

111（同意を要する者）

①　養子縁組に対する同意を表明する対象は，次のとおりである。

a　14歳以上である養子。ただし，裁判

官又は遺言検認判事（surrogate）が裁量で，その同意を免除した場合を除く。

b　成人であるか，未成年者であるかにかかわらず，胎児又は嫡出子の両親又は生存している親

c　成人であるか，未成年者であるかにかかわらず，嫡出でない子の母

d　成人であるか，未成年者であるかにかかわらず，出生後6か月以上，養親とともに託置している嫡出でない子の父。ただし，その父が，実際に，かつ，継続的に又は繰り返し子と接触しているときのみである。（以下，略）

e　（略）

f　養子の法定監護権を有する者又は権限当局

② 以下の場合は，この監護権を有する親又は他の者の同意を要しない。

a　そうすることができるにもかかわらず，6か月間子を訪ねないか，子又は子の法定監護権を有する者と連絡をとらないことで証明されるように，親権又は監護上の権利及び義務を失う意思を示している場合

b　社会奉仕法（social service law）383 c 又は384の規定に基づき，権限当局に子を放棄している場合

c　社会奉仕法384 c に基づき，子のための後見人が指名されている場合

d　現在，社会奉仕法384第6項に規定されている精神疾患又は精神的な遅滞であり，近い将来，子に対して適切なケアをすることができない場合。親が精神疾患であるか，精神的遅滞であるかは，社会奉仕法384第6項の基準及び手続に従って決定される。

e　（略）

③　（略）

④～⑥　（略）

第2編　権限機関からの養子縁組

112（権限機関からの養子縁組に関する一般規定）

権限機関からの養子縁組においては，以下の要件を遵守するものとする。

1　養親となる者及び養子となる者は，調査のために，本編113に定める郡の裁判官又は検認判事の面前に出頭しなければならない。ただし，裁判官又は検認判事は，現役のアメリカ合衆国の陸軍の養子となる者又は養親となる者の本人の出頭を裁量で免除することができる。

2・2−a・3・4・5　（略）

6　養子となる者が，18歳未満であるときは，その子が少なくとも3か月間，養親となる者と居住していなければ，養子縁組命令はなされない。ただし，裁判官又は検認判事が，裁量でその居住期間を免除し，命令においてその理由を述べるものとする。（以下，略）

7・7−a・8　（略）

114（養子縁組命令）

① それによって，養子となる子の最善の利益が促進されると判断するときは，裁判官又は検認判事は，養子縁組を承認し，それ以降，養子となる子は全ての点において，養親となる者の子としてみなされ，扱われることを命ずるものとする。（以下，略）

②～④　（略）

第3編　個人託置養子縁組

115（個人託置養子縁組に関する総則）
①a　本編に他に規定される場合を除き，個人託置養子縁組は，本条第2編112及び114に規定されるのと同様の効力を生ずる。
b・c　（略）
②～⑬　（略）
116（調査命令及び養子縁組命令）
①　養子となる者が18歳未満であるときは，養親の配偶者が子の実親で子が親及び養親と3か月以上共に居住し，待機期間を要しない場合を除き，裁判所が養子縁組の申請を受理してから3か月が経過するまでは，養子縁組命令はなされない。（以下，略）
②～④　（略）
第4章　機関養子縁組，個人託置養子縁組の効力及びその後の廃棄
117（養子縁組の効力）
①a　養子縁組の命令がなされた後，子の実親は子に対する全ての親権及び責任を免れ，以下に規定する場合を除き，養子に関する，又は相続による養子の財産に関する権利を有しない。
b（略）
c　養親と養子は，法的な親子関係としてお互いを扶助し，お互い及び養親の実の親族及び養子縁組による親族からの，又は経由した相続権を含めた関係について全ての権利を有し，義務を負う。
d～i　（略）
②・③　（略）

第7　養子離縁

養子離縁は，認められない。

ニューヨーク州法は，子の酷使，虐待，不義などの事由のあるときは縁組を廃止することを認めていたが，1974年法でこれを廃止した。

（第6・第7につき，石川稔「アメリカ養子法」ジュリスト784-102）

資料５－31－１〔婚姻証明書〕

△△△△
□□□□
※※※※※
Brooklyn, NY ※
United States

原本確認済

在ニューヨーク日本国総領事館

副領事　※※※※　印

B-2013-

THE CITY OF NEW YORK
OFFICE OF THE CITY CLERK
MARRIAGE LICENSE BUREAU

License Number
※ -2013- ※※

Certificate of Marriage Registration

This Is To Certify That △△△△　New Surname : DEMRY

residing at ※※※※※　NY ※ United States

born on 11/※/1976　at Sagamihara Japan

and □□□□

residing at ※※※※※※　NY ※ United States

born on 08/※/1969　at Brooklyn New York United States

Were Married

on 07/※/2013　at ※※※※※※
By ※※　NEW YORK, NY
United States

as shown by the duly registered license and certificate of marriage of said persons on file in this office.

CERTIFIED THIS DATE AT THE CITY CLERK'S OFFICE

Brooklyn N.Y.　July 18, 20 13

PLEASE NOTE: Facsimile Signature and seal are printed pursuant to Section 11-A, Domestic Relations Law of New York

（署名）
※※※※※※
City Clerk of the City of New York

CET-F

※※※※

資料5－31－1

婚姻証明書（抄訳文）

1．婚姻当事者の氏名

夫の氏名　□□　□□

1969　年　8月 ※ 日生

妻の氏名　△△　△△

昭和　51　年 11 月　※日生

2．婚姻成立年月日

平成　25　年　7　月　※　日

3．婚姻の方式

アメリカ合衆国　ニューヨーク　州の方式

4．証明書発給者又は作成者の職名

登記官　(書記官)　その他（　　　　　　）

5．翻訳者氏名　△　△　△　△

資料５－31－２〔出生証明書〕

THE CITY OF NEW YORK
VITAL RECORDS CERTIFICATE

CERTIFICATE OF BIRTH REGISTRATION

原本確認済
在ニューヨーク日本国総領事館

DATE FILED
AUGUST 30, 2013
09:11 PM

THE CITY OF NEW YORK – DEPARTMENT OF HEALTH AND MENTAL HYGIENE ※※※※印

CERTIFICATE OF BIRTH

CERTIFICATE NO. **156-13-※※**

1. NAME OF CHILD (First, Middle, Last) ○○○○○○

2. SEX Male | 3a. NUMBER DELIVERED of this pregnancy 1 | 3b. If more than one, number of this child in order of delivery ---- | 4a. DATE OF CHILD'S BIRTH (Month) August (Day) ※, (Year - yyyy) 2013 | 4b. Time 07:20 ☒ AM ☐ PM

5. PLACE OF BIRTH 5a. NEW YORK CITY BOROUGH Manhattan | 5b. Name of Hospital or other facility (if not facility, street address) ※※※※※

5c. TYPE OF PLACE ☒ Hospital ☐ Freestanding Birthing Center ☐ Clinic/Doctor's Office ☐ Home Delivery: Planned to deliver at home? ☐ Yes ☐ No ☐ Unknown ☐ Other-specify:

6a. MOTHER/PARENT'S NAME (Prior to first marriage) (First, Middle, Last) △△△△ SEX __M X F | 6b. MOTHER/PARENT'S DATE OF BIRTH (Month) 04 / (Day) ※ / (Year - yyyy) 1972 | 6c. MOTHER/PARENT'S BIRTHPLACE City & State or foreign country Japan

7. MOTHER/PARENT'S USUAL RESIDENCE a. State NY b. County New York | 7c. City or town New York | 7d. Street and number ※※※※※ Apt. No. ZIP Code ※ | 7e. Inside city limits of 7c? Yes ☒ No ☐

8a. FATHER/PARENT'S NAME (Prior to first marriage) (First, Middle, Last) □□□□ SEX X M __F | 8b. FATHER/PARENT'S DATE OF BIRTH (Month) 10 / (Day) ※ / (Year - yyyy) 1958 | 8c. FATHER/PARENT'S BIRTHPLACE City & State or foreign country Zimbabwe

9a. NAME OF ATTENDANT AT DELIVERY ※※※※ ☐ M.D. ☐ D.O. ☐ Lic. Midwife ☒ Other-Specify CNM ☐ RPA ☐ R.N.

No Correction History

9b. I CERTIFY THAT THIS CHILD WAS BORN ALIVE AT THE PLACE, DATE AND TIME GIVEN ☐ M.D. ☐ D.O. ☒ Hosp. Admin. ☐ Lic. Midwife ☐ Other-Specify ☐ RPA ☐ R.N.

Signed （署名）
Signature Electronically Authenticated
Name of Signer ※※※※※※
(Type or Print)
Address ※※※※※※
Date Signed August 30 Year - yyyy 2013

For Office Use Only

Mother/Parent's Current (First, Middle, Last) Legal Name ※※※※
Address ※※※※ Apt. ※
City New York State NY ZIP ※※

Above is a Certificate of Birth Registration for your child, which is sent without charge. The Department of Health and Mental Hygiene does not certify to the truth of the statements made here, as no inquiry as to the facts has been provided by law. See reverse side for information on how to correct a birth record.

Esta es el registro del certificado de nacimiento de su niño (a), se le ha mandado gratis. El Departamento de Salud no certifica la veracidad de la información en el certificado, así que ninguna investigación sobre los hechos ha sido prevista por la ley. Vea al lado reverso la información para corregir un certificado de nacimiento.

（署名） MAYOR

（署名） COMMISSIONER OF HEALTH AND MENTAL HYGIENE

（署名） CITY REGISTRAR

The City of New York

Do not accept this transcript unless it bears the security features listed on the back. Reproduction or alteration of this transcript is prohibited by §3.19(b) of the New York City Health Code if the purpose is the evasion or violation of any provision of the Health Code or any other law

September 5, 2013

※※※※※※

資料5－31－2

出生証明書（抄訳文）

1．子の氏名	○○　○○　○○
2．子の性別	男
3．出生年月日	平成　25　年　8　月　※　日
時　分	(午前)　午後　7　時　20　分
4．出生の場所	アメリカ合衆国　ニューヨーク　州
	ニューヨーク市　マンハッタン　区
	※※※※※
5．父の氏名	□□　□□
6．母の氏名	△△　△△
（戸籍上の旧姓）	△△　△△
7．証明書発給者の	
職名	書記官・(登記官)・その他（　　　　）
8．翻訳者	△△　△△

5－32　アメリカ合衆国／ネバダ州

第１　婚　　姻

１　婚姻証明書

ネバダ州クラーク郡書記発行の婚姻証明書は，資料５－32－１（本文584頁）参照。

２　実質的成立要件

(1)　婚姻適齢

男女とも18歳である（州法122.020①）。

16歳以上で18歳未満の者については，親又は後見人の同意があれば婚姻をすることができる（州法122.020③）。

また，16歳未満の者については，親又は後見人の同意及び地方裁判所の許可があった場合は，婚姻をすることができる（州法122.025）。

(2)　近親婚の禁止

またいとこ又は半血のいとこより近親の者との間の婚姻は，禁止されている（州法122.020①）。

（注）　改正前は，全血又は半血のいとこ又はまたいとこより近親の者間の婚姻が禁止されていた。

(3)　重婚の禁止

重婚は，禁止されている（州法122.020①）。

(4)　同性婚

アメリカ合衆国では，同性婚を認める州と認めない州が存在していたが，連邦最高裁判所は，平成27年（2015年）６月26日に，同性婚は合衆国憲法の下での権利であり，州は同性婚を認めなければならないとの判断を下した。これにより，全米で同性婚が合法となることから，同性婚を禁止している各州の法律は今後改正される。

3　婚姻許可証

(1)　発給権者

郡の書記が許可証を発給する（州法122.040①）。

(2)　有効期間

発行日から１年間有効である（州法122.040⑨）。

4　婚姻の無効及び取消し

(1)　婚姻の無効

近親婚及び重婚の場合は，婚姻は無効である（州法125.290）。

(2)　婚姻の取消し

ア　婚姻適齢に満たない場合

父，母，後見人又は地方裁判所の同意を得ていないときは，婚姻は管轄権を有する裁判所が無効を言い渡した時から婚姻は無効である。

その場合，同意を得ることができなかった者，父，母，後見人が無効の申請をすることができる。当事者が18歳に達した後に，妻及び夫として，自由に他の婚姻当事者と同棲している場合を除く。

また，無効訴訟手続は，当事者が18歳に達した後１年以内に提起しなければならない（州法125.320）。

イ　理解の欠如

理解の欠如により，婚姻当事者の一方が同意することができないときは，管轄裁判所が無効を言い渡した時から婚姻は無効である。

また，正気でない者の婚姻は，その当事者が健全な精神に返った後に，夫及び妻として自由に同棲していると判断されるときは，無効を言い渡さない（州法125.330）。

ウ　詐　欺

一方の当事者の同意が詐欺によるものであり，詐欺が証明されたときは，管轄裁判所が無効を言い渡した時から婚姻は無効である。

ただし，婚姻当事者が，その詐欺を知って夫及び妻として自発的に同棲しているときは，詐欺による婚姻を無効としないことができる（州法125.340）。

〔根拠法条〕

修正州法（2014 Nevada Revised Statutes）

第11編　家族関係

第122章　婚姻

婚姻の有効性

122.020（婚姻することができる者；親又は後見人の同意）

① 本節で他に規定する場合を除き，少なくとも18歳で，またいとこ又は半血のいとこよりも近親ではなく，生存している夫又は妻がいない男女は，婚姻をすることができる。

② 婚姻記録が失われているか，滅失しているか，他に取得することができないときは，夫及び妻である男女は再婚することができる。

③ 少なくとも16歳で，18歳未満の者は，以下の者の同意のみがあれば，婚姻をすることができる。

a　一方の親，又は

b　その者の法定後見人

（1961年，1973年，1975年，1977年，1981年，2009年改正）

122.025（16歳未満の者の婚姻；親又は後見人の同意；裁判所による許可）

① 16歳未満の者は，以下の者の同意とその者が第２項に規定する地方裁判所の許可を得たときは，婚姻をすることができる。

a　一方の親，又は

b　その者の法定後見人

② 特別事情がある場合は，地方裁判所は，以下の事情があると判断したときは，16歳未満の者の婚姻を許可することができる。

a　婚姻がその者の最善の利益になる場合，及び

b　その者が第１項第ａ号及び第ｂ号で必要とされる同意を得ている場合

妊娠していること自体は，婚姻により最善の利益になるものではなく，また，その者の婚姻を許可するのに妊娠が要件とされているわけではない。

（1957年追加，1975年，1977年改正）

婚姻の証明許可証及び手数料

122.040（婚姻許可証，要件，郡の書記による発行，要件の放棄，公共記録，期間の満了）

① 122.0615に規定する場合を除き，婚姻をする前に，州の郡の書記からそのために許可証を取得しなければならない。本項に他に規定される場合を除き，許可証は郡の所在地で発行されなければならない。（以下，略）

②～⑧（略）

⑨ 1987年７月１日以降に発行された婚姻許可証は，その発行日から１年間で満了する。

（1959年，1961年，1975年，1977年，1979年，1981年，1985年，1987年，1991年，1993年，1997年，1999年，2007年，2009年，2011年，2013年改正）

第125章　婚姻の解消

無効

125.290（無効婚）

以下を理由として法律で禁止されている全ての婚姻は，離婚判決，無効又は他の法律上の手続なく無効である。

1 血族間

2 ネバダ州で挙行されたときは，一方の当事者に生存している前の夫又は妻がいること

（以下，略）

（1959年，1967年，1973年改正）

125.300（取り消すことのできる婚姻；無効事由）

125.320から125.350に規定されている原因により，婚姻を無効とすることができる。

（1959年）

125.320（無効原因：親又は後見人の同意の欠如）

① 122.020又は122.025により要求される父，母，後見人又は地方裁判所の同意を得ていないときは，婚姻は管轄権を有する裁判所が無効を言い渡した時から婚姻は無効である。

② 122.020又は122.025により求められる同意を得ず，父，母，後見人又は地方裁判所の同意なく締結された婚姻は，同意を取得できなかった者又はその代理の申請に基づき無効とすることができる。ただし，その者が18歳に達した後に，妻及び夫として，いつでも自由に他の婚姻当事者と同棲している場合を除く。無効訴訟手続は，その者が18歳に達した後1年以内に提起しなければならない。

（1973年，1975年，1977年改正）

125.330（無効原因：理解の欠如）

① 理解の欠如により，婚姻当事者の一方が同意することができないときは，管轄裁判所が無効を言い渡した時から婚姻は無効である。

② 正気でない者の婚姻は，その当事者が健全な精神に返った後に，夫及び妻として自由に同棲していると判断されるときは，その者が正気に返った後には，無効を言い渡さない。

（1943年）

125.340（無効原因：詐欺）

① 一方の当事者の同意が詐欺によるものであり，詐欺が証明されたときは，管轄裁判所が無効を言い渡した時から婚姻は無効である。

② 婚姻当事者が，その詐欺を知って夫及び妻として自発的に同棲しているときは，詐欺により婚姻を無効としないことができる。

（1943年）

125.350（無効原因：衡平法における契約無効の言渡事由）

婚姻は，衡平裁判所において，無効又は契約の無効を言い渡す事由である原因で無効とすることができる。

（1951年）

第２　離　　婚

１　離婚原因

離婚は，①訴訟開始前の２年間の精神疾患，②夫と妻が同棲することない１年間の別居（裁判所は一方の当事者の訴訟により，裁量で絶対的な離婚命令を認めることができる），③性格の不一致を理由としてすることができる（州法125.010）。

２　離婚手続と監護者決定手続

ネバダ州では，離婚判決は離婚の成否についてのみ下され，その他の子の監護者決定等の問題は，別の手続で解決を図ろうとしている（林脇トシ子＝西川理恵子「アメリカ合衆国における親子関係法について」家月32－７－17）。

〔根拠法条〕

修正州法（2014 Nevada Revised Statutes）
第11編　家族関係
第125章　婚姻の解消
離婚
125.010（離婚原因）
　離婚は，以下に掲げる理由ですることができる。
1　訴訟開始前の２年間の精神疾患（insanity）（以下，略）
2　夫と妻が同棲することなく１年間別居しているときは，裁判所は一方の当事者の訴訟により，裁量で絶対的な離婚命令を認めることができる。
3　性格の不一致

第３　出　　生

１　父性の推定

(1)　推定事由

以下の場合に，その男性を子の実の父親と推定する。

①　子が，男性が子の実の母親と婚姻しているか，又は婚姻していた間に出生したか，若しくは，死亡，婚姻の無効又は離婚による婚姻の終了後285日以内又は法廷において別居の判決が下された後285日以内に出生した場合（州法126.051①ａ）

② 男性と実の母親が，少なくとも6か月同居していたか，同居が継続している場合（州法126.051①b）

③ 子の出生以前で，男性と子の実の母親が無効又は無効とされる可能性があったにもかかわらず，法律に基づいた婚姻の儀式により婚姻を試み，かつ，次のア又はイに該当する場合

ア　婚姻の企てが裁判所においてのみ無効とされ，しようとした婚姻の間に，又は死亡，取消し，無効の申告若しくは離婚しようとした婚姻が終了した後285日以内に子が出生した場合

イ　裁判所の命令なく，しようとした婚姻が無効となり，同棲終了後285日以内に子が出生した場合（州法126.051①c）

④ 子が未成年のときに，子を自宅に引き取り，実子として公然と扶養していた場合（州法126.051①d）

⑤ 血液検査又は遺伝子の検査により，男性が99％以上実の父親と推定される場合（州法126.051②）

⑵　推定の否定

⑴の推定事由による認定は，明確かつ信用できる証拠により無効となる。

複数の認定の間に矛盾が生じた場合，事実による認定が書面として，あるいは，論理的根拠として最も考慮される。また，この認定は，別の男性が子の父親であるとする裁判所の判決により無効となる（州法126.051③）。

2　出生証明書

ネバダ州南ネバダ地区衛生局発行の出生証明書は，資料5－32－2（本文586頁）参照。

〔根拠法条〕

修正州法（2014 Nevada Revised Statutes）
第11編　家族関係
第126章　親子関係
親子関係一般
126.051

① 男性は，以下の場合に，子の実の父と推定される。

a　男性と子の実の母が婚姻しているか，又は婚姻していた間に出生したか，若しくは，死亡，婚姻の無効，無

効の宣言又は離婚による婚姻の終了後又は法廷において別居の判決が下された後285日以内に出生した場合

b　男性と実の母親が，妊娠の期間前に少なくとも6か月同居していたか，妊娠期間を通して同居が継続していた場合

c　子の出生以前に男性と子の実の母親が無効又は無効とされる可能性があったにもかかわらず，法律に基づいた婚姻に基づいた婚姻の儀式により婚姻を試み，かつ，次のア又はイに該当する場合

ア　婚姻の企てが裁判所においてのみ無効とされ，それを試みた婚姻の間に，又は死亡，取消し，無効の申告若しくは離婚しようとした婚姻が終了した後285日以内に子が出生した場合

イ　裁判所の命令なく，しようとした婚姻が無効になり，同棲終了後285日以内に子が出生した場合

d　子が未成年のときに，男性が子を自宅に引き取り，実子として公然と扶養した場合

②　126.121に従って行われた血液検査又は遺伝子の同一性の検査により，男性が99％以上実の父親とされる決定的な推定がされる。ただし，推定は，父であることができる一卵性の兄弟がいることを証明することで覆すことができる。

③　第1項に基づく推定は，適切な訴訟において，明確かつ信用できる証拠により覆すことができる。2つ又はそれ以上の推定に矛盾が生じた場合，事実による推定は政策又は論理的根拠により重きをおいて考慮して根拠とされる。また，この推定は，別の男性が子の父親であるとする裁判所の判決により覆される。

（1979年付加，1995年，1997年，2007年改正）

第4　養子縁組

1　実質的成立要件

⑴　養親の要件

年齢要件等については特に規定がなく，成人であれば婚姻している者だけでなく単身者も養親となることができる（州法127.030・127.190）。

⑵　養子の要件

未成年の子だけでなく，成人も養子となることができる（州法127.020・127.190）。

⑶　夫婦共同縁組

未成年の子を養子とする場合は，配偶者がいる者は，配偶者と共に養子縁組をしなければならない（州法127.030）。

⑷　養親と養子の年齢差

未成年の子を養子とする場合は，養親は，養子より少なくとも10歳以上年長でなければならない（州法127.020）。

成人を養子とする場合は，養親は，養子より年長でなければならない（州法127.190①）。

⑸　配偶者の同意

成人を養子にする場合は，養親又は養子に配偶者がいるときは，配偶者の同意を得なければならない（州法127.200①・②）。

２　保護要件

⑴　裁判所の決定

養子縁組については，裁判所の審理手続を経なければならない。

⑵　実親，後見人の同意

ア　同意の要否

未成年の子を養子とする場合は，実親等の書面による同意を要する（州法127.040）。

成人を養子とする場合は，実親等の同意は要しない（州法127.200③）。

イ　同意の免除

親が２年間精神疾患であると宣告され，裁判所が治癒の見込みがないと判断したとき，あるいは親権が管轄権のある裁判所の命令により終了しているときは，養子縁組に対する親の同意は要しない（州法127.040・127.090）。

ウ　同意時期の制限

母の同意については，子の出生前又は子の出生後72時間以内にした同意は，無効である（州法127.070①）。

父の同意については，母と婚姻していないときは，子の出生前に同意をすることができる（州法127.070②）。

⑶　養子の同意

養子が14歳以上である場合は，その者の同意を要する（州法127.020・127.

190)。

3　養子縁組の効力

⑴　実親との関係

実親との関係は断絶し，養親は，実子に対する全ての義務を免れるとともに，権利を失う（州法127.160)。

⑵　養親との関係

養子は，養親の嫡出子になるとともに，養親を相続する（州法127.160)。

〔根拠法条〕

修正州法（2014 Nevada Revised Statutes)

第127章　子及び成人の養子縁組

総則

127.003（定義)

本章において使用されるときは，文脈上，別段の解釈を要する場合を除き，

1・2　(略)

3　「部（division)」は，衛生及びヒューマンサービス省の児童及びファミリーサービス部を意味する。

4　(略)

(1993年追加，1995年，2001年改正)

子の養子縁組

127.010（地方裁判所の管轄権)

関係する子がインディアン児童福祉法（the Indian Child Welfare Act）に従ってインディアンの種族の裁判管轄に服する場合を除き，ネバダ州の地方裁判所は，養子縁組手続について管轄権を有する。

(1953年，1995年改正)

127.020（未成年の子の養子縁組；年齢及び同意)

未成年の子は，本章で定める規定に従って成人の養子となることができる。子を養子とする者は，養子となる者より少なくとも10歳以上年長でなければならず，子が14歳以上の場合は，養子縁組に対する子の同意を要する。

(1953年)

127.030（申請をすることができる者)

単身の成人又は婚姻している者は，ネバダ州の郡の地方裁判所に子を養子とすることの許可を申請することができる。夫又は妻がいる者は，夫又は妻がそれに同意し，一緒にしなければ，申請は認められない。

(1953年)

127.040（養子縁組又は権限ある機関への放棄に対する書面による同意：承認：同意が必要とされるとき)

①　127.090に規定される場合を除き，申請人からの申請された養子縁組又は同意をする者により認められた放棄を受け入れる権限ある機関に対する放棄には以下の者からの書面による同意を要する。

a　両親が生存しているときは，両親の同意
b　一方が死亡しているときは，他方の親の同意
c　管轄権のある裁判所により指定された子の後見人の同意

②　親が2年間精神疾患であると宣告され，裁判所が治癒の見込みがないと証拠により判断したときは，その者の同意は要しない。

(1953年，1957年，1971年，1979年改正)

127.060（申請者の居住：2人又はそれ以上の子の養子縁組：例外）

①　第3項に規定する場合を除き，申請者が申請の許可の前に6か月間ネバダ州に居住していないときは，養子縁組に対する申請は，許可されない。

②　子が兄弟，姉妹又は兄弟と姉妹のときは，申請者は2人又はそれ以上の子の養子縁組を一回の申請ですることができる。

③　第1項の規定は，養子縁組の申請者が児童福祉サービスを提供する機関に又は本章に従って部門が許可した児童託置機関に監護されている子の養子縁組を申請する場合には適用されない。

(1953年，2011年改正)

127.070（養子縁組のための放棄及び養子縁組に対する同意の有効性）

①　子の出生前又は子の出生後72時間以内に母がネバダ州で行った養子縁組のための放棄及び養子縁組に対する同意は，無効である。

②　(略)

(1953年，1979年，1987年，1989年改正)

127.090（同意が不要の場合）

親権が管轄権のある裁判所の命令により終了しているときは，養子縁組に対する親の同意は要しない。

(1953年，1955年改正)

127.160（養子及び養親の権利及び義務）

養子縁組命令の登録により，子は養親の法律上の子となり，養親は実親と嫡出子間の全ての権利と義務を有する養子の法律上の親となる。養子縁組により，養子は養親の嫡出子と同様に養親又はその親族を相続し，養子の無遺言死亡の場合は，養親及びその親族は，実際に，その者が実親及び親族であるように養子の財産を相続する。養子縁組命令が登録された後に，養子の実親は，その子に対する全ての親の責任を免れ，養子となった子又はその子の財産に対する権利を実行することもできず，また権利を有しない。子は，実親又はその親族に対しいかなる法律上の義務を負わないだけでなく，実親又はその親族を相続しない。本節に反する他の規定にもかかわらず，継親による子の養子縁組は，子と申請人の継親の配偶者である実親の関係を変更しない。

(1953年)

成人の養子縁組

127.190（成人の養子縁組；年齢；養子縁組の同意）

①　法の他の規定にかかわらず，成人は，養親となる者又は養子となる者の居住している郡の地方裁判所の養子縁組命令により，自分より若い成人を養子とすることができる。ただし，養親となる者の配偶者を除く。

②　養子縁組の同意は，書面で，養子縁組をする者及び養子となる者によって行われる。また，当事者がお互いに親と子の

法的関係になり，また，その関係の全ての権利を有し，義務を負うことに同意することを明らかにする。

（1959年追加）

127.200（成人の養子縁組；必要とされる同意）

①　婚姻し，配偶者と法定別居をしていない者は，配偶者が同意をすることができるときは，配偶者の同意がなければ，成人を養子とすることはできない。

②　婚姻し，配偶者と法定別居していない者は，配偶者が同意をすることができるときは，配偶者の同意がなければ，養子となることができない。

③　養子となる者の実親の同意だけでなく，部局，他の者の同意は要しない。

（1959年追加，1963年，1973年，1993年改正）

資料5－32－1〔婚姻証明書〕

CERTIFICATION OF VITAL RECORDS

CLARK COUNTY RECORDER

婚姻証明書

Inst #: 2013 ※ ※ ※ ※
Fees: $10.00
07/29/2013 04:51:09 PM
Receipt #: ※ ※ ※
Requestor:
RECORDER CLARK COUNTY
Recorded By: CORTA　Pgs: 1
※ ※ ※ ※ ※ ※
CLARK COUNTY RECORDER

※/※/2013

STATE OF NEVADA
MARRIAGE CERTIFICATE
No. 2013 ※ ※ ※ ※

STATE OF NEVADA
COUNTY OF CLARK } ss:

This is to certify that the undersigned, ※ ※ ※ ※ ※ ※
(print name and title of official performing marriage)

did on the ※ day of the month of July of the year 20 13
at ※ ※ ※ ※ ※ ※ (address or church) LAS VEGAS (city) Nevada,
join in lawful wedlock □□□□ (groom)
of LAS VEGAS (city), State/Country of NEVADA
date of birth 10/※/1982
and △△△△ (bride)
of LAS VEGAS (city), State/Country of NEVADA
date of birth 10/※/1980
with their mutual consent, in the presence of ※ ※ ※ ※ (witness)

※ ※ ※ ※ ※
Signature of Official Performing Marriage (Black Ink Only)
※ ※ ※ ※ ※
Print Name and Title of Official
※ ※ ※ ※ ※
Address of Official Performing Marriage
※ ※ ※ ※ ※
City, State and Zip Code

SEAL — UNITED STATES OF AMERICA — OF THE — COUNTY OF CLARK — STATE OF NEVADA

（署名）
※ ※ ※ ※, COUNTY CLERK

Bride/Groom Mailing Address: ※ ※ ※ ※ ※ ※
LAS VEGAS, NV ※ ※

This Certificate must be typewritten or printed in black ink and presented within 10 days to the Clark County Recorder, 500 S. Grand Central Parkway, Las Vegas, Nevada 89155-1510.

（署名）
RECORDER

Patent #5,636,874

※ ※ ※ ※

This copy is not valid unless prepared on SafeImage™ paper, impressed with the raised seal of the Clark County Recorder

CERTIFIED COPY, THIS DOCUMENT IS A TRUE AND CORRECT COPY OF THE RECORDED DOCUMENT MINUS ANY REDACTED PORTIONS

TouchSafe®

KEEP DOCUMENT IN A SAFE PLACE
ANY ALTERATION OR ERASURE VOIDS THIS CERTIFICATE

資料５－32－１

在サンフランシスコ日本国総領事館

婚　姻　証　明　書（要約）

婚姻当事者の氏名：

夫　□□　□□

妻　△△　△△

婚　姻　年　月　日　：　平成　25　年　7　月　※　日

婚　姻　場　所：　アメリカ合衆国　ネバダ　州

ラスベガス　市

証明者の職名：判事、　（牧師）、　開教師

婚姻コミッショナー

郡登録官

その他（　　　　　　　　　　）

翻訳者氏名：　△　△　△　△　印

資料5－32－2〔出生証明書〕

出生証明書
State of Nevada　Division of Health
Section of Vital Statistics

CASE FILE NO.　※※※※

CERTIFICATE OF LIVE BIRTH

BIRTH NO.　2013※※

CHILD	1. CHILD NAME (First, Middle, Last, Suffix) ○○○○	2. DATE OF BIRTH (Mo, Day, Yr) August ※, 2013	3. TIME OF BIRTH 15:20 (24Hr)	4. SEX F
	5. FACILITY NAME (If not institution, give street and number) ※※※※	6. CITY, VILLAGE, OR LOCATION OF BIRTH Las Vegas	7. COUNTY OF BIRTH Clark	
MOTHER	8a. MOTHER/PARENT CURRENT LEGAL NAME (First, Middle, Last) △△△△	8b. DATE OF BIRTH (Mo/Day/Yr) August ※, 1976	8c. AGE ※	
	9. MOTHER'S NAME PRIOR TO FIRST MARRIAGE (Last, Suffix) △△	10. BIRTHPLACE (State, Territory, or Foreign Country) Japan		
	11a. RESIDENCE OF MOTHER-STATE Nevada	11b. COUNTY Clark	11c. CITY, TOWN, OR LOCATION Henderson	
	11d. STREET AND NUMBER ※※※※	11e. APT. NO.	11f. ZIP CODE ※※	11g. INSIDE CITY LIMITS? [X] Yes [ ] No
FATHER	12a. FATHER/PARENT CURRENT LEGAL NAME (First, Middle, Last, Suffix) □□□□	12b. DATE OF BIRTH (Mo/Day/Yr) August ※, 1976	12c. AGE	12d. BIRTHPLACE (State, Territory, or Foreign Country) Japan
CERTIFIER & ATTENDANT	13a. CERTIFIER'S NAME: ※※※※ TITLE [ ] MD [ ] DO [ ] HOSPITAL ADMIN. [ ] CNM/CM [ ] OTHER MIDWIFE [X] MEDICAL RECORDS TECHNICIAN [ ] OTHER (Specify)	14a. ATTENDANT'S NAME ※※※※ ATTENDANT'S ADDRESS ※※※※ ※※※※ TITLE [X] MD [ ] DO [ ] CNM/CM [ ] OTHER MIDWIFE [ ] OTHER (Specify)		
	15a. CERTIFIER OR ATTENDANT'S SIGNATURE SIGNATURE AUTHENTICATED	15b. DATE CERTIFIED 09 / 05 / 2013 MM DD YYYY		
REGISTRAR	16a. REGISTRAR'S SIGNATURE ※※※※ SIGNATURE AUTHENTICATED	16b. DATE FILED BY REGISTRAR 09 / 05 / 2013 MM DD YYYY		

※※※※

"CERTIFIED TO BE A TRUE AND CORRECT COPY OF THE DOCUMENT ON FILE WITH THE REGISTRAR OF VITAL STATISTICS, STATE OF NEVADA." This copy was issued by the Southern Nevada Health District from State certified documents as authorized by the State Board of Health pursuant to NRS 440.175.

NOT VALID WITHOUT THE RAISED SEAL OF THE SOUTHERN NEVADA HEALTH DISTRICT

※※※※, M.D.
Registrar of Vital Statistics
By: ※※※

SEP 09 2013
Date Issued

SOUTHERN NEVADA HEALTH DISTRICT ♦ P.O. Box 3902 ♦ Las Vegas, NV 89127 ♦ 702-759-1010 ♦ Tax ID#88-0151573

資料５－32－２

下記の全ての事項は日本語で記入して下さい。

在サンフランシスコ日本国総領事館

出　生　証　明　書（訳）

1．出生子の氏名：　○○（氏）　○○（ファーストネーム）　（ミドルネーム）

2．性別：　男　（女）

3．出生年月日
　及び時間：　平成 25 年 8 月 ※ 日
　午前　（午後） 3 時 20 分

4．出生場所：　アメリカ合衆国　ネバダ　州
　ラスベガス　市　※※※※（通り名）　（番地）

5．父の氏名：　（氏）　□□　（名）　□□（ファーストネーム）（ミドルネーム）

　母の旧氏名：　（氏）　△△　（名）　△△（ファーストネーム）（ミドルネーム）

6．証明者の氏名：(1)アメリカ合衆国　ネバダ　州
　南ネバダ地区衛生局
　（又は）
　(2)（医師）・助産婦・その他（　　　　）
　翻訳者氏名　※※※※

翻訳者氏名：　（署名）

「子の氏名が証明書の記載と届書で異なる場合の申出事項」
（ラストネーム、ファーストネーム、ミドルネームの有無等相違がある場合）

英文の証明書上は子の名前は＿＿＿＿＿　＿＿＿＿＿　＿＿＿＿＿
ラストネーム　ファーストネーム　ミドルネーム
（Birth Certificate上に登録されている氏名）

　となっているが、届書の事件本人と同一人に相違なく、戸籍には＿＿＿＿＿＿＿＿＿＿と届け出る。
（出生届に記載した氏名）

申請人署名：＿＿＿＿＿＿＿＿印

5－33 アメリカ合衆国／ネブラスカ州

第1 婚 姻

1 実質的成立要件

⑴ 婚姻適齢

男女とも17歳である（州法42－102）。

ただし，一方の当事者が未成年者であるときは，親の宣誓に基づく書面による同意がないときは，婚姻をすることができない（州法42－105）。

⑵ 近親婚の禁止

親子，祖父母と孫，兄弟姉妹間（異父・異母を含む。），おじと姪，おばと甥，いとこ間の婚姻は，禁止されている（州法42－103）。

⑶ 重婚の禁止

婚姻時に，一方の当事者に生存している夫又は妻がいる場合は，婚姻をすることができない（州法42－103）。

⑷ 禁止事由

意思能力がない者又は性病に罹患している者の婚姻は，禁止されている（州法42－102・42－103）。

⑸ 同性婚

アメリカ合衆国では，同性婚を認める州と認めない州が存在していたが，連邦最高裁判所は，平成27年（2015年）6月26日に，同性婚は合衆国憲法の下での権利であり，州は同性婚を認めなければならないとの判断を下した。これにより，全米で同性婚が合法となることから，同性婚を禁止している各州の法律は今後改正される。

2 婚姻許可証

⑴ 発給権者

郡書記が婚姻許可証を発行する（州法42－104）。

(2) 申請者

申請は，一方の当事者の出頭で可能である（署名，公証が必要である。）。

(3) 有効期間

発行日から１年である（州法42－104）。

(4) 医師検査証

従前は婚姻許可証の申請前30日以内に発行されたもの（調書を添付）を提出することとされていたが，現行法では規定がない。

3　婚姻の無効

重婚の禁止，重婚，近親婚の禁止及び権限を有する者以外の者が結婚式を挙行した等の場合は，婚姻は無効である（州法42－103・42－104・42－374）。

〔根拠法条〕

ネブラスカ修正州法（2014 Nebraska Revised Statutes）

第42章　夫及び妻

42－102（最低年齢；性病の罹患；欠格条項）

婚姻時に，男性は17歳以上，女性は17歳以上でなければならない。性病に罹患している者は，ネブラスカ州で婚姻してはならない。

42－103（婚姻：無効の場合）

婚姻は，以下の場合に無効である。

1　婚姻時に，一方の当事者に生存している夫又は妻がいる場合

2　婚姻時に，一方の当事者が意思能力がなく，婚姻関係に入ることができない場合

3　当事者が，親子，祖父母と孫，全血又は半血の兄弟姉妹，全血のいとこ，おじと姪，おばと甥の関係にある場合　本サブセクションは，嫡出で出生した子，親族と同様に嫡出でない子，親族に及ぶ。

42－104（挙式，許可証，申請，要件）

ネブラスカ州において挙行する前に，そのために州の郡の書記から許可証を取得するものとする。（略）許可証が婚姻前に取得され，発行日から１年以内に使用され，法によって権限を与えられた者が婚姻を挙行するのでなければ，締結された婚姻は無効である。（以下，略）

42－105（未成年者の婚姻：許可証発行の条件）

一方の当事者が未成年者であるときは，以下の者の宣誓に基づく書面による同意がないときは，許可証は認められない。

1　両親が共に生存しているときは，その未成年者の一方の親

2　両親が分かれて，生計を別にしているときは，その未成年者の法定監護権

を有する親

3　未成年者の両親の一方が死亡しているときは，生存している親

4　（略）

（以下，略）

42－106（郡の書記の発行する許可証；内容；婚姻記録；形式）（略）

42－107（許可証；発行の禁止されるとき）

必要な証拠が提出されなかったとき，一方の当事者が法的無能力で契約をすることができない，又は障害があると判断されるか，一方の当事者が未成年で，42－105に定める同意が得られていないときは，郡の書記は，許可証を与えることを拒否するものとする。

42－374（無効；要件）

婚姻は，以下の事由により無効とすることができる。

1　当事者間の婚姻が，法律により禁止されていること。

2　婚姻時に，一方の当事者が性的不能であること。

3　婚姻時に，一方の当事者に生存している配偶者がいること。

4　強迫又は詐欺。

第2　離　　婚

1　離婚原因

ネブラスカ州では，180日以上の別居に基づく離婚の訴えを提起してから60日を経過しないと，審理が始まらないことになっており，さらに，離婚判決が下され，その言渡期日から6か月が経過しないと，判決は効力を持たない。その間，撤回を申し出ることにより離婚の効果が発生することを回避できる（坂本正光「アメリカ家族法入門(9)」時報527－5）。

第3　出　　生

1　出生証明書

ネブラスカ州ダグラス郡衛生局発行の出生証明書は，資料5－33－1（本文594頁）参照。

第４　養子縁組

１　実質的成立要件

(1)　養親の要件

年齢要件等については特に規定がなく，婚姻している者だけでなく，単身者も養親となることができる（州法43－101）。

(2)　養子の要件

未成年者だけでなく，成人も養子となることができるが，成人は原則として，実親の配偶者の養子となる場合に限られる。なお，継親でない者と養子縁組をするには，成人に達する前に，６か月以上親と子の関係を有していることが必要である（州法43－101）。

(3)　夫婦共同縁組

配偶者がいる者は，配偶者とともに養子縁組をしなければならない（州法43－101）

２　保護要件

(1)　裁判所の決定

養子縁組については，裁判所の審理手続を経なければならない。

(2)　実親，後見人の同意

ア　同意の要否

実親等の書面による同意を要する（州法43－104①）。

イ　同意の免除

法律文書で子を放棄している場合，登録前少なくとも６か月の間，親が子を遺棄している場合，子に対する親の権利を放棄している場合，裁判所の命令で親権が奪われている場合及び親が同意できない場合は，同意が免除される（州法43－104③）。

(3)　養子の同意

養子が14歳以上である場合は，その者の同意を要する（州法43－104①）。

3　養子縁組の効力

⑴　実親との関係

実親は，実子に対する全ての義務を免れるとともに，権利を失う（州法43－110）。

⑵　養親との関係

養子と実親との関係は，養子と養親との関係に存在することになる（州法43－111）。

〔根拠法条〕

ネブラスカ修正州法（2014 Nebraska Revised Statutes）

第43章　幼児及び少年（infants and juveniles）

43－101（養子縁組の資格を有する子）

① ネブラスカ州アメリカインディアン児童福祉法（Indian Child Welfare Act）に規定される場合を除き，未成年者は成人の養子となり，成人の子は43－101から43－115の規定に従って，子の親の配偶者の養子となることができる。ただし，夫又は妻がいる者は，夫又は妻が申請者とともにしなければ未成年の子を養子とすることができない。夫又は妻が申請に加わるときは，養子縁組は共同でなされる。ただし，成人の夫又は妻は単独で，嫡出又は嫡出でない配偶者の子を養子とすることができる。

② 成人の子は，43－101から43－115の規定に従って養子となることができる。ただし，夫又は妻がいる者は，夫又は妻が申請者とともにしなければ成人の子を養子とすることができない。夫又は妻が申請に加わるときは，養子縁組は共同でなされる。成人の子が成人に達する前の少なくとも6か月間，養親となる者と親と子の関係を有し，かつ，以下の場合は，成人の子の継親でない他の成人による成人の子の養子縁組は許可される。

a　成人の子に生存する親がいない場合

b　成人の子の親又は両親が，管轄裁判所の命令により，その子に対する親権が剥奪されている場合

c　親又は両親が生存しているときは，文書で養子縁組のために成人の子に対する権利を放棄した場合

d　親又は両親が，成人の子が成人に達する前の少なくとも6か月間，子を遺棄していた場合

e　親又は両親が同意をすることができない場合

本節においては，43－105の代理人の同意の規定は，養子縁組に対して適用されない。

43－104（養子縁組；必要とされる同意；例外）

ネブラスカ州アメリカインディアン児童福祉法に規定される場合を除き，書面による同意が養子縁組を希望する者が居住する郡の裁判所に提出され，書面による同意が，以下の者によりなされないときは，養子縁組は命じられない。

1　14歳以上である未成年者又は成人の子

2　（略）

3　生存しているときは嫡出子の両親，嫡出子の生存している親，嫡出でない子の母，43－104.08から43－104.25に従って決定された嫡出でない子の母及び父。ただし，a書面による文書により養子縁組のために子に対する権利を放棄し，b養子縁組の登録前に少なくとも6か月の期間，子を遺棄した者の同意は必要ない。

43－110（判決；当事者間の効力）

養子縁組判決の登録後，親と子の通常の関係及び親子の実の関係から生ずる権利，義務及び他の法的効力は，その後は養子となった子とその子を養子とした者とその親族との間に存在することになる。

43－111（判決；実親に関する効力）

43－106.01に規定されている場合及びネブラスカ州アメリカインディアン児童福祉法を除き，養子縁組判決が登録された後は，養子の実親は，養子に対する全ての親としての義務を免れ，養子又は相続及び分配による財産に対する権利を有しない。

資料5－33－1〔出生証明書〕

WHEN THIS COPY CARRIES THE RAISED SEAL OF THE DOUGLAS COUNTY HEALTH DEPARTMENT VITAL STATISTICS SECTION, IT CERTIFIES THE BELOW TO BE A TRUE COPY OF THE ORIGINAL RECORD ON FILE WITH THE DOUGLAS COUNTY HEALTH DEPARTMENT VITAL STATISTICS SECTION, WHICH IS THE LEGAL DEPOSITORY FOR VITAL RECORDS

（署名）

DATE ISSUED
09/17/2013

DOUGLAS COUNTY

※※※※
DOUGLAS COUNTY REGISTRAR
DOUGLAS COUNTY HEALTH DEPARTMENT

STATE OF NEBRASKA-DEPARTMENT OF HEALTH AND HUMAN SERVICES FINANCE AND SUPPORT

CERTIFICATE OF LIVE BIRTH　126　　13※※

1. CHILD'S NAME (First, ○○	Middle, ○○	Last, ○○	Suffix)
2. SEX Female	3a. DATE OF BIRTH (Mo.,Day, Yr.) September※, 2013	3b. TIME OF BIRTH 08:16 AM	4. COUNTY OF BIRTH Douglas
5a. FACILITY NAME (If not institution, give street & number) ※※※※		5b. CITY, TOWN, OR LOCATION OF BIRTH Omaha	5c. Zip Code ※※
6a. NAME OF ATTENDANT/CERTIFIER ※※※※		6b. NPI	6c. TITLE MD
7. MAILING ADDRESS OF ATTENDANT/CERTIFIER (STREET and NUMBER, CITY, OR TOWN, STATE, ZIP) ※※※※			
8a. REGISTRAR (Signature)　（署名）		8b. DATE FILED BY REGISTRAR (Mo., Day, Yr.) September 11, 2013	
9. MOTHER'S MAIDEN NAME (First, △△	Middle,	Last, △△	Suffix)
10.MOTHER'S CURRENT LEGAL NAME (First, △△	Middle,	Last, △△	Suffix)
11a. MOTHER'S DATE OF BIRTH (Mo.,Day,Yr.) June※, 1970	11b. MOTHER'S BIRTHPLACE (City & State Territory or Foreign Country) Japan		
12a. RESIDENCE OF MOTHER-STATE Nebraska	12b. COUNTY Douglas	12c. CITY,TOWN,or LOCATION Omaha	
12d. STREET AND NUMBER OF RESIDENCE ※※※※	12e. APT.NO.	12f. ZIP CODE ※※	12g. INSIDE CITY? Y
13. FATHER'S NAME (First, □□	Middle,	Last, □□	Suffix)
14a. FATHER'S DATE OF BIRTH (M D,Y) December※ , 1960	14b. FATHER'S BIRTHPLACE (City & State Territory of Foreign Country) Poland		
15a. The personal information provided on the certificate is correct to the best of my knowledge and belief. □□□□			15b. RELATION TO CHILD Father

資料５－33－１

英文出生証明書訳文

（英文出生証明書に記載されている内容のみを日本語で記入してください）

出生子の氏名：○　○（氏）　○　○（ファーストネーム）　○　○（ミドルネーム）

性別：男・(女)

出生日と時間：平成 25 年 9 月 ※ 日　(午前)・午後 8 時 16 分

出生場所：アメリカ合衆国 ネブラスカ 州 オマハ (市)・町・村

※※※※（通り名）　~~通り~~　※※ (番地)・番

父の氏名：□　□（氏）　□　□（ファーストネーム）　（ミドルネーム）

母の氏名：△　△（氏）　△　△（ファーストネーム）　（ミドルネーム）

母の旧姓：△　△（氏）　△　△（ファーストネーム）　（ミドルネーム）

証明書発行機関：アメリカ合衆国　ネブラスカ　州

証明書発行年月日：平成　25　年　9　月　17　日

訳者氏名：△　△　△　△

申述書

（子の出生した住所について）

英文出生証明書に＿＿＿＿＿＿＿＿（出生届に記載した子の氏名を日本語で記入）の出生した住所が記載されていませんが、子の出生した住所はアメリカ合衆国＿＿＿＿＿＿州＿＿＿＿＿＿市・町・村＿＿＿＿＿＿通り＿＿＿＿＿＿番地・番に間違いありません。

届出人署名：＿＿＿＿＿＿＿＿
（日本語で記入）

子の氏名が英文出生証明書の記載と届出書で異なる場合の申出事項

英文出生証明書には、○○（氏）　○○（ファーストネーム）　○○（ミドルネーム）

と記載されているが、戸籍には、○　○　○　○（出生届に記載した氏名）と届け出る。

届出人署名：△　△　△　△
（日本語で記入）

5－34　アメリカ合衆国／ノースカロライナ州

第1　婚　姻

1　婚姻証明書

ノースカロライナ州オンズロー郡婚姻登録官作成の婚姻証明書は，資料5－34－1（本文605頁）参照。

2　実質的成立要件

(1)　婚姻適齢

男女とも18歳以上である。

16歳以上で18歳未満の者は，未成年について，法定監護権を有している親等の同意がある場合は，婚姻をすることができる。

また，14歳以上で16歳未満の女性の場合は，女性が妊娠しているか，又は子を出生し，その女性と推定される父が婚姻に同意しているとき，14歳以上で16歳未満の男性の場合は，男性が出生した子又は胎児の推定される父であり，その男性と子の母が婚姻に同意したときは，婚姻許可証の発行が許可され，地方裁判所の裁判官は，婚姻を許可する命令をすることができる。

14歳未満の場合は，婚姻をすることができない（州法51－2・51－2.1）。

(2)　近親婚の禁止

いとこより近親の者間又は，いとこ同士の婚姻は，無効である（州法51－3）。

(3)　重婚の禁止

婚姻時に生存している夫又は妻がいる者との婚姻は，禁止されている（州法51－3）。

(4)　身体的な障害のないこと

この要件に反する婚姻は，無効である（州法51－3）。

(5)　同性婚の禁止

同性者間の婚姻は，禁止されている（州法51－1.2）。

なお，アメリカ合衆国では，同性婚を認める州と認めない州が存在していたが，連邦最高裁判所は，平成27年（2015年）６月26日に，同性婚は合衆国憲法の下での権利であり，州は同性婚を認めなければならないとの判断を下した。これにより，全米で同性婚が合法となることから，同性婚を禁止している各州の法律は今後改正される。

３　婚姻の無効

近親者との婚姻，重婚，身体的な障害がある場合，女性と16歳未満の男性との婚姻，男性と16歳未満の女性との婚姻（２⑴の女性が妊娠している等の場合を除く。）は，無効である（州法51－３）。

〔根拠法条〕

一般州法（2014 North Carolina General Statutes）

第51章　婚姻

第１条　総則

51－１．２（有効でない同性間の婚姻）

コモンローによるか，契約されたものか，ノースカロライナ以外で行われたかにかかわらず，同性者間の婚姻は，ノースカロライナでは有効でない。

（1995年改正）

51－２（婚姻する能力）

a　18歳以上の未婚の者は，以下に禁止されている場合を除き，正式に婚姻をすることができる。

a１　16歳以上で18歳未満の者は，婚姻をすることができる。そして，婚姻に対する書面による同意が証書登録官に登録された後は，証書登録官は，婚姻証明書を発行することができる。上記の同意は，以下の者によって署名される。

１　未成年の当事者について完全又は共同の法的監護権を有している親，又は，

２　法的な監護権を有するか，又は未成年の当事者の後見人となっている者，機関又は協会。

一般州法（the General Statutes）第７Ｂ章第35条に従って発行された監護権を免れていることの証明書，確定判決の証明された写し若しくは他の裁判管轄からの監護権を免れていることの証明書が証書登録官に提出されたときは，監護権を免れた未成年者に対する書面による同意は要しない。

b　14歳以上で16歳未満の者は，51－２．１の規定により，婚姻をすることができる。

b１　14歳未満の者の婚姻は，違法である。

c　詐欺又は虚偽の陳述により，18歳未満の者が婚姻許可証を取得したときは，未成年の親，未成年者，法的監護権を有する機関又は協会，未成年者の後見人となっている者又は51－２．１⒝の規定に

従って未成年の当事者を代理するために指名されている訴訟後見人は，婚姻を無効とするために訴訟を提起することができる当事者である。

(1923年，1933年，1939年，1947年，1961年，1967年，1969年，1985年，1998年，2001年改正)

51－2．1（未成年の当事者の婚姻）

a　14歳以上で16歳未満の未婚の女性が，妊娠しているか，又は子を出生し，その女性及び推定される父が婚姻に同意しているとき，又は14歳以上で16歳未満の未婚の男性が，出生した子又は胎児の推定される父である男性であり，その男性及び子の母が婚姻に同意したときは，証書登録官は当事者に婚姻許可証を発行することを許可される。地方裁判所の裁判官は，未成年の当事者が婚姻の責任を全うすることができ，婚姻が未成年者の最善の利益であることを事実として判定し，法律の問題と結論したときは，本項に基づき婚姻を許可する命令をすることができる。(以下，略)

(2001年改正)

b～f　(略)

51－3（能力の欠如；無効婚及び無効とすることができる婚姻）

いとこより近親の者の間又はいとこ同士の間，女性と16歳未満の男性の間，男性と16歳未満の女性の間，一方が婚姻の時に生存している夫又は妻がいる者との間，一方が婚姻時に身体的な障害のある者との間，婚姻の時に一方が意思又は理解力がなく契約をすることができない者との間の婚姻は，無効である。重婚の場合を除き，本節のいかなる理由によっても当事者の一方が死亡した後は，同棲及び子の出生に続く婚姻は無効と宣言されない。当事者の一方が16歳未満で，他方が婚姻をすることができる場合は，女性が妊娠をしているか，又は当事者に子がいるときは，その子が婚姻を無効とする訴訟時に死亡しているのでなければ，婚姻は無効とされない。女性の配偶者が妊娠しているということを陳述し，信じて契約した婚姻は，子が別居の日から10月以内に出生したときでなければ，婚姻から45日以内に別居し，別居が１年以上継続しているときは，婚姻は無効とすることができる。

(1887年，1911年，1913年，1917年，1947年，1949年，1953年，1961年，1977年)

第2　出　　生

1　出生証明書

ノースカロライナ州ウェイク郡保健局発行の出生証明書は，資料５－34－２(本文607頁）参照。

第３　認　　知

１　胎児認知

ノースカロライナ州においては，胎児認知は認められていない（昭和54．６．４民二3297号回答（戸籍411-66））。

第４　養子縁組

１　実質的成立要件

⑴　養子の要件

未成年者だけでなく，成人も養子とすることができる（州法48－１－104）。

⑵　養親の要件

夫婦だけでなく，単身者も養親となることができる（州法48－１－103）。

ただし，夫婦は配偶者を養子とすることはできない。

２　保護要件

⑴　裁判所の許可

養子縁組には，裁判所の許可を得なければならない。

⑵　養子の同意

ア　同意の要否

養子が12歳以上である場合は，その者の同意を要する（州法48－３－601）。

イ　同意の免除

同意を求めることがその者の最善の利益とならないと裁判所が判断した場合は，同意が免除される（州法48－３－603）。

ウ　同意の時期

養子の同意は，いつでもすることができる（州法48－３－604）。

⑶　実親等の同意

ア　同意の要否

実親又は後見人若しくは未成年者を託置する機関の同意を要する（州法

48－３－601)。

また，親が，行為能力がないと言い渡されたときは，裁判所は，その親のために訴訟後見人を指名し，子に既に後見人がいるときを除き，子のために養子縁組が進められるべきか否かに関して完全な調査をする訴訟後見人を指名する（州法48－３－602)。

イ　同意の免除

親の権利及び義務が終了されている場合は，親の同意を要しない（州法48－３－603)。

ウ　同意の時期

実の父等の男性は，子の出生前か出生後にかかわらず養子縁組に対する同意をすることができる。

子の母は，子の出生後（出生後すぐでない）に養子縁組に対して同意をすることができる。

また，養子となる未成年者の後見人は，いつでも養子縁組に対する同意をすることができる（州法48－３－604)。

エ　同意の撤回

胎児又は未成年者の養子縁組に対する同意は，週末及び休日を含めた７日以内に撤回することができる（州法48－３－608)。

3　養子縁組の効力

(1)　養親との関係

申請者と養子となる者の間に親子関係を創設する。

また，養子は養親の不動産及び動産を相続する資格が与えられ，養親の嫡出子としての子としてあらゆる種類の全ての法的な権利及び義務を含めた同様の法的地位を有する（州法48－１－106)。

(2)　実親との関係

養子縁組により，養子となった者とその者の実親又は前の養親間の親子関係を断ち，以前の親は養子への全ての法的な義務を免れ，養子に関する全ての権利を喪失する。

ただし，過去の子の扶養のための支払義務は終了しない（州法48－１－106)。

(3)　養子の氏名

養子の氏名は，判決で定めた氏名になる（州法48－１－105)。

〔根拠法条〕

一般州法（2014 North Carolina General Statutes）

第48章　養子縁組

第１条　総則

48－１－103（養子縁組をすることができる者）

いかなる成人も，本章で規定されているように，他の者を養子とすることができる。ただし，夫婦はお互いを養子とすることができない。

（1949年，1963年，1967年，1969年，1971年，1973年，1975年，1979年，1981年，1983年，1989年，1993年，1995年改正）

48－１－104（養子になることができる者）

いかなる者も，本章に定めるところにより，養子になることができる。

（1949年，1957年，1967年，1969年，1971年，1973年，1975年，1981年，1987年，1989年，1993年，1994年，1995年改正）

48－１－105（養子縁組後の養子の氏名）

養子縁組の判決が確定したときに，養子の氏名は，判決で定めた氏名になる。

（1949年，1951年，1957年，1967年，1969年，1971年，1973年，1975年，1981年，1983年，1989年，1993年，1995年改正）

48－１－106（養子縁組判決の法的効力）

a　養子縁組判決は，判決の登録後全ての法律上の目的において，完全に家族を代理する効力を有する。

b　養子縁組判決は，申請者と養子となる者の間に親子関係を創設する。判決に署名した日から，養子は無遺言相続に関する州法に従って養親の不動産及び動産を相続する資格が与えられ，養親の嫡出子としての子としてあらゆる種類の全ての法的な権利及び義務を含めた同様の法的地位を有する。

c　養子縁組判決は，養子となった者とその者の実親又は前の養親間の親子関係を断つ。養子縁組判決の登録後は，以前の親は養子への全ての法的な義務を免れる。ただし，子の扶養のために過去の支払われるべき前の親の義務は終了せず，前の親は，養子に関する全ての権利を喪失する。

d　本節の他の規定にかかわらず，継親による養子縁組も48－６－102に従った再養子縁組も，子と継親の配偶者の親間の関係には影響を及ぼさない。

e・f　（略）

（1949年，1953年，1955年，1957年，1963年，1967年，1969年，1971年，1973年，1975年，1981年，1983年，1985年，1989年，1993年，1995年改正）

第３条　未成年者の養子縁組

第１部　総則

48－３－100（条の適用）

本条は，継親でない成人による未成年者の養子縁組に適用される。
(1995年)

第２部　養子縁組のための未成年者の託置

48－３－201（養子縁組のために未成年者を託置することができる者）

a　以下の者のみが養子縁組のために未成年者を託置することができる。
　1　機関
　2　後見人
　3　以下の場合は，両親が共同して，
　　(a)　両親が婚姻し，同居しているとき。
　　(b)　一方の親が未成年者の法定監護権を有し，他方が身体的監護権を有し，双方とも両方の監護権を有していないとき。
　4　未成年者の法定及び身体的監護権を有している親。ただし，本サブセクション３に規定されている場合を除く。
b～d　(略)

第６部　養子縁組に対する同意

48－３－601（定義）

48－３－603に基づき同意を要しないときを除き，未成年者を養子とする申請は，以下の者が養子縁組に対する同意をすることによってのみ認めることができる。
(1)　養子となる者が12歳以上である未成年者
(2)　直接託置（a direct placement）において，
　a　未成年者の母
　b　未成年者の実親又は実親でないが，以下の男性
　　1　未成年者の母と婚姻しているか，婚姻していた男性で，未成年者が婚姻中若しくは婚姻の終了後又は当事者が書面による別居合意，一般州法第50章又は第50B章に基づき登録された別居命令，他の管轄の裁判所が登録した同様の別居命令に従って別居した後，280日以内に出生したとき。
　　2～5　(略)
　　6　未成年者の養父
　c　未成年者の後見人
(3)　機関の託置において，
　a　養子縁組のために未成年者を託置する機関
　b　本章の第３条第７部に従って未成年者を放棄しない本節サブセクション２に規定する者
(1949年，1953年，1957年，1961年，1969年，1971年，1973年，1975年，1977年，1979年，1983年，1985年，1987年，1995年，1997年改正)

48－３－602（行為能力がない両親の同意）

48－３－601に規定する親が，行為能力がないと言い渡されたときは，裁判所は，その親のために訴訟後見人を指名し，子に既に後見人がいるときを除き，子のために養子縁組が進められるべきか否かに関して完全な調査をする訴訟後見人を指名する。
(1949年，1953年，1961年，1969年，1975年，1977年，1985年，1995年，1997年，2012年改正)

48－３－603（同意を要しない者）

a　48－３－601に基づき同意を要しない者又は機関若しくは以下の未成年者の養子縁組に対する同意は要しない。
　1　一般州法第７章Ｂ第11条又は他の州

の管轄権を有している裁判所により，親の権利及び義務が終了させられている者

2　i男性が，裁判上養子となる未成年者の父でないと決定しているか，ii他の男性が裁判上養子となる者の父であると決定しているときは，養父以外の，48－3－601(2)に規定される男性

3　（1997年削除）

4～9　（略）

b　裁判所は以下の場合は，同意を免除する命令をすることができる。

1　同意が未成年者の最善の利益に反して留保されていると判断される未成年者を託置している後見人又は機関

2　同意を求めることが未成年者の最善の利益にならないと判断される12歳以上の未成年者

（1949年，1957年，1969年，1971年，1975年，1977年，1979年，1983年，1985年，1987年，1995年，1997年，1998年，2004年，2013年改正）

48－3－604（同意の実行：時期）

a　48－3－601に基づき同意を要する男性は，子の出生前又は出生後のいずれにも養子縁組に対する同意をすることができる。

b　子の母は，子の出生後（出生後すぐでない）に養子縁組に対して同意をすることができる。

c　養子となる未成年者の後見人は，いつでも養子縁組に対する同意をすることができる。

d　（略）

e　12歳以上の養子となる未成年者は，いつでも同意をすることができる。

（1995年）

48－3－608（同意の撤回）

a　胎児又は未成年者の養子縁組に対する同意は，週末及び休日を含めた7日以内に撤回することができる。（以下，略）

b～e　（略）

（1949年，1957年，1961年，1969年，1983年，1985年，1987年，1991年，1995年，1997年，2001年，2009年，2012年改正）

第4条　継親による未成年者の継子の養子縁組

48－4－100（条の適用）

本条は，継親による未成年者の継子の養子縁組に適用される。

（1995年）

48－4－101（未成年の継子を養子とする申請をすることができる者）

継親は，以下の場合に，継親の配偶者の子である未成年者を第4条に基づき養子とする申請をすることができる。

1　子の法定及び身体的監護権を有する配偶者である親と子が，申請の直前の6か月間，子の親と継親と一緒に居住している場合

2　配偶者が死亡しているか，行為能力がないが，死亡又は行為能力がないことが言い渡される前に子の法定又は身体的監護権を有しており，子が申請の直前の6か月間，継親と一緒に居住している場合

3　十分な理由があり，裁判所が申請をするために本節第1号及び第2号の要件を満たさない継親を認めた場合

（1995年）

48－4－102（継子を養子縁組に対する同

意）

48－３－603に規定される状況にある場合を除き，未成年である継子を養子とする申請は，養子が12歳以上である場合は，その養子及び以下の者が養子縁組に対して同意したときにのみ認められる。

1　48－３－601に規定する養子の両親

2　養子の後見人

能力がない親の同意は，48－３－602の手続に従って行われる。

（1949年，1957年，1969年，1971年，1973年，1983年，1995年，1997年改正）

第５条　成人の養子縁組

48－５－100（条の適用）

本条は，婚姻し，放棄された未成年者を含む成人の養子縁組に適用される。

（1995年）

48－５－101（成人を養子とする申請をすることができる者）

a　成人は，本節に従って別の成人を養子とすることができる。ただし，成人を養子縁組する配偶者を除く。

b　養親になる者が婚姻しているときは，養親が養子の継親であるか，裁判所が正当な理由がありこの要件を撤回しない限り，夫婦は申請に加わらなければならない。

（1967年，1969年，1971年，1973年，1975年，1981年，1989年，1993年，1995年改正）

48－５－102（養子縁組に対する同意）

a　成人の養子縁組に対する同意は，以下の者のみ要する。

1　養子となる成人

2　成人の継親による養子縁組においては，申請者の配偶者。ただし，正当な理由があるときは，この要件を撤回することができる。

b～d　（略）

（1967年，1969年，1971年，1973年，1975年，1981年，1989年，1993年，1995年改正）

48－５－103（行為能力がない成人の養子縁組）

a　養子となる成人が行為能力がないことが言い渡されているときは，成人の後見人は，その成人の代わりに同意をする権限を有する。

b　（略）

c　行為能力がないことが言い渡されている養子縁組においては，裁判所は養子縁組に関し，調査し，裁判所に報告する後見人以外の訴訟後見人を指名する。

（1995年）

資料５－34－１〔婚姻証明書〕

CERTIFICATION OF VITAL RECORD

STATE OF NORTH CAROLINA

ONSLOW COUNTY

OFFICE OF REGISTER OF DEEDS

APPLICATION, LICENSE AND CERTIFICATE OF MARRIAGE

STATE OF NORTH CAROLINA
DEPARTMENT OF HEALTH AND HUMAN SERVICES - NC VITAL RECORDS

2013- ※※ LICENSE NUMBER　　Onslow COUNTY

1. NAME FIRST □□ MIDDLE □□ LAST □□

2a. RESIDENCE-STATE: NORTH CAROLINA　2b. COUNTY: ONSLOW　2c. CITY, TOWN, OR LOCATION: JACKSONVILLE　2d. INSIDE CITY LIMIT (Specify Yes or No): Yes

2e. STREET AND NUMBER: ※※※※※※　3. BIRTHPLACE (COUNTY & STATE): SAINT PETERSBURG, FL　4a. DATE OF BIRTH (Month, Day, Year): 12/※/1991　4b. AGE: ※

5a. FATHER-NAME: ※※※※　5b. STATE OF BIRTH: PA　5c. ADDRESS (If Living): ※※※※※※

6a. MOTHER-MAIDEN NAME: ※※※※　6b. STATE OF BIRTH: PA　6c. ADDRESS (If Living): ※※※※※※

7. RACE (Optional)　8. NUMBER OF THIS MARRIAGE - FIRST, SECOND, ETC. (Specify): FIRST　IF PREVIOUSLY MARRIED 9a. LAST MARRIAGE ENDED BY: Death, Divorce, or Annulment (Specify)　9b. DATE MONTH YEAR　10. EDUCATION-SPECIFY HIGHEST GRADE COMPLETED ELEMENTARY (0,1,2,3,4, .. OR 8)　HIGH SCHOOL (1, 2, 3, OR 4): 4　COLLEGE (1, 2, 3, 4, OR 5)

11a. NAME FIRST △△ MIDDLE LAST △△　11b. MAIDEN SURNAME (If Different)

12a. RESIDENCE-STATE: NORTH CAROLINA　12b. COUNTY: ONSLOW　12c. CITY, TOWN, OR LOCATION: JACKSONVILLE　12d. INSIDE CITY LIMITS (Specify Yes or No): Yes

12e. STREET AND NUMBER: ※※※※　13. BIRTHPLACE (COUNTY & STATE): FUKUSHIMA, JAPAN　14a. DATE OF BIRTH (Month, Day, Year): 4/※/1986　14b. AGE: ※

15a. FATHER-NAME: ※※※※　15b. STATE OF BIRTH: TOKYO, JAPAN　15c. ADDRESS (If Living): ※※※※ TOKYO, JAPAN

16a. MOTHER-MAIDEN NAME: ※※※※　16b. STATE OF BIRTH: MIYAGI, JAPAN　16c. ADDRESS (If Living): ※※※※ TOKYO, JAPAN

17. RACE (Optional)　18. NUMBER OF THIS MARRIAGE - FIRST, SECOND, ETC. (Specify): FIRST　IF PREVIOUSLY MARRIED 19a. LAST MARRIAGE ENDED BY: Death, Divorce, or Annulment (Specify)　19b. DATE MONTH YEAR　20. EDUCATION-SPECIFY HIGHEST GRADE COMPLETED ELEMENTARY (0,1,2,3,4, .. OR 8)　HIGH SCHOOL (1, 2, 3, OR 4)　COLLEGE (1, 2, 3, 4, OR 5): 4

WE HEREBY MAKE APPLICATION TO THE REGISTER OF DEEDS FOR A MARRIAGE LICENSE AND SOLEMNLY SWEAR THAT ALL OF THE STATEMENTS CONTAINED IN THE ABOVE APPLICATION ARE TRUE. WE FURTHER MAKE OATH THAT THERE IS NO LEGAL IMPEDIMENT TO SUCH MARRIAGE.

（署名）
SIGNATURE OF MALE APPLICANT

（署名）
SIGNATURE OF FEMALE APPLICANT

Doc ID - ※※※※

To any ordained minister of any religious denomination, minister authorized by a church, federally or state recognized Indian nation or tribe, magistrate, or any other person authorized to solemnize a marriage under the laws of this State, you are hereby authorized, at any time within 60 days from the date hereof, to celebrate the proposed marriage at any place within this State. The minister or other person celebrating this marriage is required within 10 days to return this license to the Register of Deeds who issued the license. Failure to do so subjects person celebrating marriage to a forfeiture of $200.00 to anyone who sues for the same.

SWORN TO AND SUBSCRIBED BEFORE ME THIS October 08, 2013　※※※※※※ REGISTER OF DEEDS　（署名） DEPUTY ASSISTANT

21a. I CERTIFY THAT THE ABOVE NAMED PERSONS WERE MARRIED ON: MONTH Oct DAY ※ YEAR 2013　21b. PLACE OF MARRIAGE - COUNTY: Onslow

21c. SIGNATURE OF OFFICIANT: （署名）　21d. TITLE: Magistrate

21e. NAME OF OFFICIANT (PRINT/TYPE): ※※※※　21f. ADDRESS: Jacksonville

22a. SIGNATURE OF WITNESS: （署名）　23a. SIGNATURE OF WITNESS: （署名）

22b. NAME OF WITNESS (PRINT/TYPE): ※※※※　23b. NAME OF WITNESS (PRINT/TYPE): ※※※※

22c. ADDRESS OF WITNESS: ※※※※※※　23c. ADDRESS OF WITNESS: ※※※※※※

DATE RETURNED TO REGISTER OF DEEDS 10-9-13　RECEIVED BY ※※※※

DHHS 2132 (substitute ROD-067)
VITAL RECORDS VS-60 (Revised 8/04)

REGISTER OF DEEDS COPY

Volume 2013 Page ※※※※

This is to certify that this is a true and correct reproduction or abstract of the official record filed in this office.

※※※※※※
Register of Deeds
Onslow County

※※※※

Witness my hand and official seal
this the 9th day of October 2013　By （署名） Deputy/Assistant Register of Deeds

DHHS 3914 (REVISED 5/09) NC VITAL RECORDS

Any alteration or erasure voids this certificate. Do not accept unless on security paper with Register of Deeds seal clearly embossed in left corner.

ANY ALTERATION OR ERASURE VOIDS THIS CERTIFICATE

資料５－34－１

婚姻証明書（要約文）

1．夫の氏名：（氏）□□　（名）□□ □□

2．妻の氏名：（氏）△△　（名）△△

3．婚姻年月日：2013 年 10 月 ※ 日

4．婚姻地：米国 ノースカロライナ 州 オンズロー 郡 ― 市町

5．婚姻証明書発行元：

米国 ノースカロライナ 州 オンズロー 郡　婚姻登録官

要約者氏名 △ △ △ △

資料５－34－２〔出生証明書〕

CERTIFICATION OF VITAL RECORD

STATE OF NORTH CAROLINA
WAKE COUNTY
OFFICE OF REGISTER OF DEEDS

NORTH CAROLINA DEPARTMENT OF HEALTH AND HUMAN SERVICES
NC-VITAL RECORDS
CERTIFICATE OF LIVE BIRTH

Registration District No. ※ ※ Local No. 2013 ※ ※ BIRTH NO. ※ ※ ※

CHILD
1. CHILD'S NAME (First, Middle, Last, Suffix): "○○○○○○○○○○"
2. DATE OF BIRTH (Month, Day, Year): October ※, 2013
3. TIME OF BIRTH: 11:06 AM
4. SEX: Female
5. FACILITY NAME (If not institution, give street and number): ※ ※ ※ ※
6. CITY, TOWN, OR LOCATION OF BIRTH: Raleigh
7. COUNTY OF BIRTH: Wake

FATHER
8a. FATHER'S CURRENT LEGAL NAME (First, Middle, Last, Suffix): "□□ □□"
8b. DATE OF BIRTH (Month, Day, Year): June ※, 1974
8c. BIRTHPLACE (State, Territory, or Foreign Country): Japan

MOTHER
9a. MOTHER'S CURRENT LEGAL NAME (First, Middle, Last, Suffix): "△△△△△△△"
9b. DATE OF BIRTH (Month, Day, Year): April ※, 1979
9c. MOTHER'S NAME PRIOR TO FIRST MARRIAGE (First, Middle, Last, Suffix): "△△ △△"
9d. BIRTHPLACE (State, Territory, or Foreign Country): Japan
10a. RESIDENCE OF MOTHER - STATE: North Carolina
10b. COUNTY: Wake
10c. CITY, TOWN, OR LOCATION: Cary
10d. STREET AND NUMBER: ※ ※ ※ ※ ※
10e. ZIP CODE: ※ ※
10f. INSIDE CITY LIMITS? ☒ Yes ☐ No
11. MOTHER'S MAILING ADDRESS: ☒ Same as residence, or: State City, Town, or Location
Street and Number Zip Code

CERTIFIER
12. CERTIFIER'S NAME: ※ ※ ※ ※ ※ (Electronically Certified)
TITLE: ☐ MD ☐ DO ☐ HOSPITAL ADMIN. ☐ CNM/CM ☐ OTHER MIDWIFE ☒ OTHER (Specify) Facility Birth Registrar
13. DATE CERTIFIED: 10 05 2013 (MM DD YYYY)
14. DATE REC'D BY LOCAL REGISTRAR: 10 08 2013 (MM DD YYYY)
15. DATE NAME ADDED: MM DD YYYY
16. DATE AMENDED: MM DD YYYY

RACE
17. FATHER'S RACE (Race(s) father considers himself to be): Japanese
18. MOTHER'S RACE (Race(s) mother considers herself to be): Japanese

Volume 2013 Page ※ ※ ※
This is to certify that this is a true and correct reproduction or abstract of the official record filed in this office.

※ ※ ※ ※ ※ ※
Register of Deeds
Wake County

※ - ※ ※ ※
Witness my hand and official seal
this the 28 day of Oct 2013

By: （署名）
Deputy/Assistant Register of Deeds

DHHS 3914 (REVISED 3/09) NC VITAL RECORDS

Any alteration or erasure voids this certificate. Do not accept unless on security paper with Register of Deeds seal clearly embossed in left corner.

American Bank Note Company ANY ALTERATION OR ERASURE VOIDS THIS CERTIFICATE

資料５－34－２

出生証明書（要約文）

　　　　　　　　　　　　（氏）　　　　　　　（名）　　　（性別）
1．出生子の氏名：　　　　　　　　　　　　　　　　　　男
　　　　　　　　　○○　　　　　○○　○○　　㊛

2．出生場所：米国　ノースカロライナ　州　ウェイク　郡
　　　　　　ローリー　　市

3．出生年月日：平成　25　年　10　月　※　日

　　　時刻　：（午前）・午後　11　時　6　分

　　　　　　　　　　　　　　（氏）　　　　　　（名）
4．母親の氏名（旧姓）：
　　　　　　　　　　　　　△△　　　　　　△△

　　　　　　　　　　　（氏）　　　　　　　（名）
5．父親の氏名：
　　　　　　　　　□□　　　　　□□　□□

6．発給元　：　米国　　ノースカロライナ　　州保健局

要約者氏名　□　□　□　□

5－35　アメリカ合衆国／ノースダコタ州

第1　婚　　姻

1　実質的成立要件

(1)　婚姻適齢

男女とも18歳以上である。

16歳及び17歳の者については，両親の同意を要する。

また，16歳未満の者については，両親の同意があっても婚姻をすることができない（州法14－03－02）。

(2)　近親婚の禁止

祖父母及び孫を含め，親子間，全血又は半血の兄弟及び姉妹間，おじと姪，おばと甥及びいとこ間の婚姻は，禁止される（州法14－03－03）。

(3)　重婚の禁止

重婚は禁止されている。

ただし，婚姻前の５年間の期間，前婚の夫又は妻が不在であり，死亡したと信じていたときを除く（州法14－03－06・14－04－01）。

(4)　同性婚

アメリカ合衆国では，同性婚を認める州と認めない州が存在していたが，連邦最高裁判所は，平成27年（2015年）６月26日に，同性婚は合衆国憲法の下での権利であり，州は同性婚を認めなければならないとの判断を下した。これにより，全米で同性婚が合法となることから，同性婚を禁止している各州の法律は今後改正される。

2　婚姻許可証

有効期間は，60日間である。

3　婚姻による姓の変更

姓は婚姻により自動的には変更しないが，姓を変更することを選択することができる（州法14－03－20. 1）。

4　婚姻の無効

(1)　無効事由（州法14－04－01）

ア　婚姻適齢に反する場合

婚姻適齢に満たず婚姻の無効を求めるとき又は当事者の親又は後見人の同意を要する年齢にある当事者で，その同意なく婚姻が締結されたときは婚姻は無効である。ただし，婚姻適齢に達した後に，当事者が自由な意思で夫又は妻として同棲している場合を除く。

イ　重婚の場合

一方の当事者の前夫又は前妻が生存し，その前夫又は前妻との婚姻が効力を有しているときは，婚姻は無効である。

ウ　精神疾患である場合

一方の当事者が精神疾患である場合。ただし，正気に戻った後に当事者が自由な意思で夫又は妻として同棲している場合を除く。

エ　当事者の同意が，詐欺による場合

一方の当事者の同意が詐欺による場合。ただし，当事者が，詐欺を構成する事実を完全に知った後に，自由な意思で夫又は妻として他方と同棲している場合を除く。

オ　当事者の同意が，強迫による場合

一方の当事者の同意が強迫による場合。ただし，当事者が，その後に，自由な意思で夫又は妻として他方と同棲している場合を除く。

カ　身体的な障害の場合

一方の当事者が，婚姻時に身体的に婚姻状態に入ることができず，その状態が継続し，治癒できないと判断されるときは，婚姻は無効である。

キ　近親婚の場合

婚姻が，近親婚であるときは，婚姻は無効である。

(2)　**無効訴訟の当事者及び提訴期間**（州法14－04－02）

ア　婚姻適齢に反する場合

法定の同意年齢未満で婚姻した当事者が，同意の年齢に達した後，４年以内に，又は当事者の両親又は後見人が当事者が法定の同意年齢に達する前にいつでも提訴することができる。

イ　重婚の場合

他方の生存中に一方の当事者が，若しくは前夫又は前妻が提訴をすることができる。

ウ　精神疾患である場合

被害当事者又は精神疾患の当事者の親族又は後見人が，一方の当事者の死亡前にいつでも提訴することができる。

エ　同意が詐欺による場合

被害当事者が，詐欺を構成する事実を知った後，４年以内に提訴することができる。

オ　同意が強迫による場合，身体的な障害の場合

被害当事者が，婚姻後４年以内に提訴することができる。

カ　近親婚の場合

一方の当事者が，いつでも提訴することができる。

〔**根拠法条**〕

州法（2015 North Dakota Century Code）

第14編　家族関係及び人

第14－03章　婚姻契約

14－03－02（婚姻適齢）

18歳以上で，他に不適格と判定されていない未婚者は，婚姻に同意し，結婚を完了することができる。16歳及び17歳の者は，親又は後見人の同意がなければ婚姻許可証は発行されない。16歳未満の場合は，その者の両親又は後見人の同意があっても婚姻許可証は発行されない。

14－03－03（無効婚）

次の婚姻は，近親婚であり，無効である。

1　祖父母及び孫を含めた親子間の婚姻

2　全血又は半血の兄弟及び姉妹間の婚

姻

3　全血又は半血のおじと姪の婚姻

4　全血又は半血のおばと甥の婚姻

5　全血又は半血のいとこ間の婚姻

本節は，嫡出子又は嫡出でない子及び親族に適用される。

14－03－06（夫又は妻のいる者の婚姻の無効－例外）

前婚が無効とされるか，又は解消されないときに，前の生存している夫又は妻がいる者が締結した婚姻は，違法であり，最初から無効である。ただし，婚姻前の5年間の期間，前婚の夫又は妻が不在であり，死亡したと信じていたときを除く。

14－03－20.1（サーネーム（姓）の選択）

①　（略）

②　姓は，婚姻により自動的には変更しない。婚姻当事者は，いずれも当事者の姓を変更しない。婚姻当事者は，同一の姓にする必要はない。

③　婚姻当事者の一方又は双方は，婚姻許可証の申請書の空欄に新しい姓を登録することで，婚姻の挙式後の当事者の希望する姓に変更することを選択することができる。

申請書の登録は，以下の姓の一つでなければならない。

a　他方の配偶者の姓

b　一方の配偶者の以前の姓

c　一つの姓に前婚の姓の全部又は一部若しくは一方の配偶者の以前の姓を結合した名

d　結合姓の一部が前婚又は当事者の一方の前の姓であることを条件として，ハイフン又はスペースで分かれた結合の名

④～⑥　（略）

第14－04章　婚姻の無効

14－04－01（婚姻無効事由）

婚姻時に以下に掲げる事由が存在するときは，それを理由として無効判決を地方裁判所における訴訟で無効とすることができる。

1　当事者が，14－03－02に規定されている婚姻適齢に満たず婚姻の無効を求めるとき若しくは当事者の親又は後見人の同意を要する年齢にある当事者で，その同意なく婚姻が締結されたとき。ただし，婚姻適齢に達した後に，当事者が自由な意思で夫又は妻として同棲している場合を除く。

2　一方の当事者の前夫又は前妻が生存し，その前夫又は前妻との婚姻が効力を有しているとき。

3　一方の当事者が精神疾患であるとき。ただし，正気に戻った後に当事者が自由な意思で夫又は妻として同棲している場合を除く。

4　一方の当事者の同意が，詐欺によるとき。ただし，当事者が，詐欺を構成する事実を完全に知った後に，自由な意思で夫又は妻として他方と同棲している場合を除く。

5　一方の当事者の同意が，強迫によるとき。ただし，当事者が，その後に，自由な意思で夫又は妻として他方と同棲している場合を除く。

6　一方の当事者が，婚姻時に身体的に婚姻状態に入ることができず，その状態が継続し，治癒できないと判断されるとき。

7　婚姻が，近親婚であるとき。

14－04－02（無効訴訟－時期の制限）

14－04－01に規定する事由により婚姻の無効判決を得る訴訟は，以下に掲げる事由が存在するときは，次の当事者が，その期間内に訴訟を開始しなければならない。

1　第1号に規定する事由は，法定の同意年齢未満で婚姻した当事者が，同意の年齢に達した後，4年以内に，又は当事者の両親又は後見人が当事者が法定の同意年齢に達する前にいつでも。

2　第2号に規定する事由は，他方の生存中に一方の当事者若しくは前夫又は前妻が。

3　第3号に規定する事由は，被害当事者又は精神疾患の当事者の親族又は後見人が，一方の当事者の死亡前にいつでも。

4　第4号に規定する事由は，被害当事者が，詐欺を構成する事実を知った後，4年以内に。

5　第5号及び第6号に規定する事由は，被害当事者が，婚姻後4年以内に。

6　第7号に規定する事由は，一方の当事者がいつでも。

第2　離　　婚

1　離婚原因

離婚は，姦通，極度の虐待，悪意の遺棄，悪意の放置，アルコール又は規制薬物の乱用，重罪の判決又は和解し難い不和のいずれかの原因により認められる（州法14－05－03）。

〔根拠法条〕

州法（2015 North Dakota Century Code）

第14編　家族関係及び人

第14－05章　離婚

14－05－03（離婚原因）

離婚は，以下のいずれかの原因により認められる。

1　姦通

2　極度の虐待

3　悪意の遺棄

4　悪意の放置

5　アルコール又は規制薬物の乱用

6　重罪の判決

7　和解し難い不和

第3　出　　生

1　父の推定

婚姻中及び婚姻が配偶者の死亡，無効又は離婚により終了した後，300日以内に子が出生したときは，男性は子の父であると推定される（州法14－20－10）。

2　出生証明書

ノースダコタ州ビスマルク郡登録官発行の出生証明書は，資料５－35－１（本文619頁）参照。

〔根拠法条〕

州法（2015 North Dakota Century Code）
第14編　家族関係
第14－20章　修正家族関係法
14－20－10（父の推定）
①　男性は，以下の場合には，子の父であると推定される。
　a　男性と子の母が婚姻し，子が婚姻中に出生した場合
　b　男性と子の母が婚姻し，死亡，無効，無効の宣言，離婚による婚姻の終了後又は別居命令の後，300日以内に出生した場合
　c～e　（略）
②　本節に基づく父の推定は，14－20－36から14－20－58に基づく判決によってのみ覆すことができる。

第4　養子縁組

1　実質的成立要件

(1)　養親の要件

夫婦だけでなく，単身の成人も養親になることができる。

また，成人だけでなく，一方又は双方が未成年者である場合でも，共同して養親となることができる（州法14－15－01）。

(2)　養子の要件

いかなる者も養子となることができる（州法14－15－02）。

(3)　夫婦共同縁組

夫婦が養親となる場合は，共同して養子縁組をしなければならない。

ただし，申請人が，養子となる者の継親で，養子となる者の実親又は法律上の親が同意をしているとき，申請人と他方の配偶者が法定別居しているときは，夫婦の一方のみが養親となることができる。

なお，夫婦の一方又は双方が未成年者である場合も同様である（州法14－15－01）。

(4)　配偶者の同意

養子が婚姻している場合は，養子が成人でも未成年者であっても配偶者の同意を要する（州法14－15－05）。

(5)　試験養育期間

養子となる未成年者が，申請者の継子でないときは，機関による託置の後，少なくとも6か月間養親の家庭で生活していないときは，養子縁組の最終判決は行われず，養子縁組の中間判決は確定しない（州法14－15－12）。

2　保護要件

(1)　裁判所の決定

養子縁組には，裁判所が関与する。

(2)　実親，後見人等の同意

ア　同意の要否

実親，後見人等の同意を要する（州法14－15－05）。

イ　同意の免除

子を遺棄した親，同意する親権を放棄した親，親権が裁判所の命令で終了した親，裁判所が同意を免除した親，行為能力がないか，又は知的障害であることが裁判上宣告された親，養子となる者が成人であるときは，その親については，同意を要しない（州法14－15－06）。

ウ　同意の撤回（州法14－15－08）

(ア)　養子縁組命令の登録後

同意は，養子縁組命令が登録された後は，撤回することができない。

(イ)　養子縁組命令の登録前

同意は，養子縁組命令が登録される前は，裁判所が，申請者，撤回を求める者と養子縁組のために子を託置している機関に聴聞の通知及び機会が与えられた後に，裁判所が撤回が養子となる者の最善の利益になると判断したしたときは，裁判所は撤回の命令をする。

(3)　養子の同意

養子が10歳以上である場合は，その者の同意を要する（州法14－15－05)。

3　養子縁組の効力

(1)　養親との関係

養子は，養親の嫡出子としての関係が創設される（州法14－15－14)。

(2)　実親との関係

養親の配偶者が実親である場合を除き，実親と養子との関係は完全に断絶する（州法14－15－14)。

〔根拠法条〕

州法（2015 North Dakota Century Code）

第14編　家族関係及び人

第14－15章　修正統一養子縁組法

14－15－01（定義）

本章において，文脈上，別段の解釈を要する場合を除き，

1　（略）

2　「成人」は，未成年者でない者を意味する。

3　（略）

4　「子」は，出生又は養子縁組にかかわらず，娘又は息子を意味する。

5～10　（略）

11　「未成年者」は，18歳未満の者を意味する。

12～14　（略）

14－15－02（養子となることができる者）

いかなる者も養子となることができる。

14－15－03（養子縁組をすることができる者）

以下に掲げる者は，養子縁組をすることができる。

1　一方又は双方が未成年者である場合でも，夫と妻が共同して。

2　未婚の成人

3　養子となる者の未婚の父又は母

4　養子となる者が養親となる者の配偶者でなく，以下に掲げるときは，他方の配偶者が共同して申請しない既婚者

a　申請人が，養子となる者の継親で，養子となる者の実の，又は法律上の親が同意をしているとき。

b　申請人と他方の配偶者が法定別居しているとき，又は

c　（略）

14－15－05（養子縁組に対する同意を要する者）

① 14－15－06に基づき同意を要しない場合を除き，以下の者による個々の養子縁組に対する書面による同意が行われたときにのみ，未成年者を養子とする申請は認められる。

a　出生又は養子縁組にかかわらず，未成年者の母

b　以下の場合は，未成年者の父

1　未成年者が養子縁組による父の子であるか，父が養子縁組手続が行われた地の法律に従って未成年者を嫡出子とするか，又は

2　14－20－10第1項に基づき，未成年者の実の父と推定される者であるとき。ただし，父子間の関係の不存在が裁判上決定する場合を除く。

c　未成年者の監護権を法律上有するか，同意権を付与された者

d　未成年者の法定後見人又は監護人が養子縁組に対する同意権を付与されていないときは，未成年者の監護を決定する管轄を有する裁判所

e　10歳以上である未成年者。ただし，裁判所が未成年者の最善の利益のため，同意を免除する場合を除く。

f　養子となる未成年者の配偶者

② 成人を養子とする申請は，成人及び成人の配偶者が養子縁組に対する書面による同意をしたときにのみ認められる。

14－15－06（同意を要しない者－ヒヤリングの通知）

① 以下の者の養子縁組に対する同意は要しない。

a　身元証明の方法を与えずに子を放棄したか，子を遺棄した親

b　（略）

c　父の同意が14－05－05第1項により要しないときは，未成年者の父

d　14－15－19に基づき，同意する親権を放棄した親

e　14－15－19に基づき，親権が裁判所の命令で終了した親

f　裁判所が同意を免除した親，行為能力がないか，又は知的障害であることが裁判上宣告された親

g　養子となる者が成人であるときは，その親

h～j　（略）

② （略）

14－15－08（同意の撤回）

① 養子縁組に対する同意は，養子縁組命令が登録された後は，撤回することができない。

② 養子縁組に対する同意は，養子縁組命令が登録される前は，裁判所が，申請者，撤回を求める者と養子縁組のために子を託置している機関に聴聞の通知及び機会が与えられた後に，裁判所が撤回が養子となる者の最善の利益になると判断したときは，裁判所は撤回の命令をする。

14－15－12（未成年者の居住要件）

① 養子となる未成年者が，申請者の継子でないときは，以下の期間，養親の家庭で生活していないときは，養子縁組の最終判決は行われず，養子縁組の中間判決は確定しない。

a　機関による託置の後，少なくとも6

か月間

b～d　(略)

②　(略)

14－15－14 (申請及び養子縁組の判決の効力)

①　養子縁組の最終判決及び確定した養子縁組の中間判決は，ノースダコタ州の裁判所又は他の地の裁判所が言い渡したかにかかわらず，ノースダコタ州の管轄又は裁判所の前で，以下の効力を生ずる。

a　申請者の配偶者及び配偶者の親族を除き，養子となる者の実親の全ての親権及び責任を喪失させ，養子と養子の実親を含めた親族間の全ての法的な関係を終了させる。(以下，略)

b　申請者と養子となる者の間に，養子となる者が申請者の嫡出子としての関係を創設する。(以下，略)

②・③　(略)

資料５－35－１〔出生証明書〕

CERTIFICATION OF VITAL RECORD

North Dakota Department of Health

Bismarck, North Dakota

Certification of Birth

THIS IS TO CERTIFY THAT THERE IS ON RECORD IN THE DIVISION OF VITAL RECORDS, NORTH DAKOTA DEPARTMENT OF HEALTH, BISMARCK ND, THE FOLLOWING ENTRY OF BIRTH:

NAME:	○○○○○○
BIRTH PLACE:	FARGO, NORTH DAKOTA
DATE OF BIRTH:	JULY ※, 2013
SEX:	MALE
FATHER'S NAME:	□□□□
MOTHER'S MAIDEN NAME:	△△△△
FILING DATE:	JULY 11, 2013
CERTIFICATE NUMBER:	133-13-※※
DATE ISSUED:	JULY 16, 2013

※※※※

（署名）

※※※※※※

State Registrar of Vital Statistics

This certificate is issued in compliance with the laws of the State of North Dakota

(NOT VALID without raised impression seal of the North Dakota Department of Health)

ANY ALTERATION OR ERASURE VOIDS THIS CERTIFICATE

資料５－35－１

英文出生証明書訳文

（英文出生証明書に記載されている内容のみを日本語で記入してください）

出生子の氏名：　○　○　　○　○　　○　○
（氏）　（ファーストネーム）　（ミドルネーム）

性別：　㊚　・　女

出生日と時間：平成 25 年 7 月 ※ 日　午前・午後　時　分

出生場所：アメリカ合衆国 ノースダコタ 州 ファーゴ ㊫・町・村　通り　番地・番
（通り名）

父の氏名：　□□　□□
（氏）　（ファーストネーム）　（ミドルネーム）

母の氏名：
（氏）　（ファーストネーム）　（ミドルネーム）

母の旧姓：　△△　△△
（氏）　（ファーストネーム）　（ミドルネーム）

証明書発行機関：アメリカ合衆国　ノースダコタ　州

証明書発行年月日：平成　25　年　7　月　16　日

訳者氏名：　□　□　□　□

申述書

（子の出生した住所について）

英文出生証明書に　○○　○○　○○　の出生した住所が記載され
（出生届に記載した子の氏名を日本語で記入）

ていませんが、子の出生した住所はアメリカ合衆国 ノースダコタ 州
ファーゴ　㊫・町・村　※※　通り　※※　番地・番
に間違いありません。

届出人署名：　□　□　□　□
（日本語で記入）

子の氏名が英文出生証明書の記載と届出書で異なる場合の申出事項

英文出生証明書には、
（氏）　（ファーストネーム）　（ミドルネーム）

と記載されているが、戸籍には、　　　と届け出る。
（出生届に記載した氏名）

届出人署名：
（日本語で記入）

5－36　アメリカ合衆国／バージニア州

第1　婚　　姻

1　実質的成立要件

(1)　婚姻適齢

男女とも16歳以上である（州法20－48）（戸籍622-56）（**注**）。

ただし，18歳未満の者は，父母又は指定後見人の同意が必要である。この同意は，婚姻許可証を発行する巡回裁判所の書記の面前で両親又は後見人が行うか，又は公証人の面前で適法に宣誓した書面によって行う。

バージニア州の特則により，妊娠している未成年女子又は両親，法定代理人のいない未成年者の婚姻についても認められている（州法20－49）。

（**注**）　下記の戸籍誌においては，婚姻適齢は18歳で男女の差はなく，男女とも16歳以上であれば，父母又は後見人等の同意を得たときは婚姻が可能であるが，更に妊娠中の女性は16歳未満でも婚姻が可能とされている（永井紀昭「婚姻適齢及び待婚期間に関する覚書（上）」戸籍486-19）。

(2)　障害事由

ア　重婚の禁止

当事者の一方の前婚が解消される前の婚姻は，禁止されている（州法20－38．1ａ）。

イ　近親婚の禁止

尊属卑属間，兄弟姉妹間，叔父と姪，叔母と甥の婚姻（血統が半血全血を問わず，又養子も同様である。）は，禁止されている（州法20－38．1ａ）。

ウ　精神的な疾患

妻又は夫の一方が，精神疾患，病弱のため婚姻承諾の能力を欠く場合，挙行された婚姻は無効となる（州法20－45．1ｂ）。

エ　同性婚の禁止

同性者間の婚姻は，禁止される（州法20－45．２）。

なお，アメリカ合衆国では，同性婚を認める州と認めない州が存在していたが，連邦最高裁判所は，平成27年（2015年）６月26日に，同性婚は合衆国憲法の下での権利であり，州は同性婚を認めなければならないとの判断を下した。これにより，全米で同性婚が合法となることから，同性婚を禁止している各州の法律は今後改正される。

２　婚姻許可証

⑴　発給権者

郡又は独立市の巡回裁判所の書記が発給する（州法20－14)。

⑵　有効期間

発行から60日間有効である（州法20－14.１)。

３　婚姻の無効

重婚の禁止，近親婚の禁止及び婚姻適齢に達せず，親の同意等を得ないでした婚姻は無効である（州法20－45.１)。

〔根拠法条〕

州法（2014 Code of Virginia）

第20編　家族関係

第２章　婚姻一般

20－14（許可証を発行する者）

婚姻許可証は，郡又は市の巡回裁判所の書記又は代理書記が発行する。(以下，略)

20－14.１（許可証の期間，付加の許可証の発行）

20－14に基づいて発行された全ての婚姻許可証は，発行日から60日の期間のみ許可を受けた者の婚姻の挙行のための権限を与える。許可を受けた者が挙行せずこの60日間の期間が経過したときは，許可証は期間満了となる。(以下，略)

第３章　違法婚一般

20－38.１（禁止婚）

a　以下の婚姻は，禁止される。

１　当事者の一方の前婚が解消される前になされた婚姻

２　その間子が半血であるか全血であるか，若しくは養子縁組によるかにかかわらず，先祖と子孫間又は兄弟姉妹間の婚姻

３　半血であるか全血であるかにかかわらず，おじと姪，おばと甥の婚姻

b　（削除）

20－45.１（無効婚）

a　20－38.１により禁止されているか，又は当事者の一方又は双方が婚姻の挙式時に18歳未満であり，20－48，20－49の規

定に従わないときは，婚姻は無効である。

b　当事者の一方が，意思能力がないか，又は精神疾患で，婚姻が挙行された時に婚姻に対する同意をする能力がないときは，挙行された婚姻は，離婚又は無効判決が宣告されたときから無効となる。

20－45. 2（同性者間の婚姻）

同性者間の婚姻は，禁止される。

20－48（親の同意を伴う婚姻の最低年齢）

親又は後見人の同意で婚姻することができる最低年齢は，16歳である。

当事者の一方が16歳未満で，妊娠しているときは，その女性が居住している郡又は市で婚姻許可証を発行する権限を有する書記は，親又はその者の後見人の同意があるとき，若しくは医師が女性を診察し，その者が妊娠しているか，診察の前に9か月間妊娠していたという証明書が書記に登録されたときは，その医師の証明書を提出した16歳未満の者の同意で婚姻許可証を発行する。このような状況において完了した婚姻は有効である。（以下，略）

20－49（同意が必要とされるとき及び同意の与え方）

婚姻を希望する者が18歳未満で，前婚歴がないときは，その者の父又は母若しくはその者の後見人の同意は，書記又は裁判官に，又は証人によって署名された書面で提出される。その者は，書記又は裁判官の面前で，父，後見人又は場合によっては母が，面前で署名，宣誓するものであることを宣誓するか，若しくは，書面が公証人又はバージニア州の法に従う行為を承認する権限を与えられている者の面前で宣誓されたもので，宣誓がその役人により証明されたものでなければならない。（以下，略）

第2　離　　婚

1　判決確定日

ノーフォーク裁判所の回答によると，「判事が離婚判決にサインした日」をもって離婚成立日とする。

なお，正式な判決文を入手したいときは，本人氏名，相手方氏名，離婚日を記載した上，返信用封筒，切手及び14ドルのマネーオーダーを同封して申請すると正式の判決文を裁判所は送付する。

第3　出　　生

1　父の推定

婚姻中又は法定別居の日から300日以内若しくは婚姻が死亡又は離婚等によ

り終了した日から300日以内に子が出生したときは，男性は子の父と推定される（州法63. 2 －1202）。

2　出生証明書

バージニア州衛生局発行の出生証明書は，資料5 －36－ 1（本文631頁）参照。

〔根拠法条〕

州法（2014 Code of Virginia）

第63. 2編　福祉

第12章　養子縁組

63. 2 －1202（親又は機関，必要な同意，例外）

A～C　（略）

D　男性は，以下の場合は，子の父と推定される。

1　男性と子の母が婚姻し，子が婚姻中に出生した場合

2　男性と子の母が婚姻し，子が書面による合意が立証されるか，又は別居判決の日から300日以内若しくは死亡，無効の宣告又は離婚による婚姻の終了後300日以内に出生した場合

3　（略）

E～K　（略）

第4　認　　知

1　保護要件

日本人男がアメリカ人（バージニア州）女の子を認知する創設的認知届について，母の承諾を保護要件として受理して差し支えないとされている（平成17. 3 . 28民一802号回答）。

第5　養子縁組

1　実質的成立要件

(1)　夫婦共同縁組

配偶者のある者が養親となる場合は，共同で縁組をしなければならない（州法63. 2 －1201）。

⑵　養親と養子の年齢差

養子が18歳未満である場合は規定はないが，養子が18歳以上である場合は，養親は，養子より15歳以上年長でなければならない（州法63．２－1243）。

⑶　養子に関する要件

原則として，養子は未成年者でなければならない。

ただし，成人（18歳以上）でも養子縁組をすることができる場合がある（州法63．２－1243）。

⑷　無子要件

特に規定はない。

⑸　転縁組

特に規定はない。

２　保護要件

⑴　養子の同意

養子が14歳以上であるときは，裁判所が子供の最善の利益の観点から同意を必要ないと認めた場合を除き，その者の同意を要する（州法63．２－1202）。

⑵　実親又は法定代理人の同意

原則として，実父母等の同意を要する（州法63．２－1202）。

ただし，養子が18歳以上であるときは，親の同意は不要である（州法63．２－1243）。

⑶　裁判所の関与

養子縁組に裁判所が関与する。

３　手続及び申請権者

バージニア州の養子縁組は，契約型でなく，官庁宣言型であり，縁組の申請権者は，養親となる者である。

4　養子縁組の効力

⑴　養親との関係

バージニア州の養子縁組は，断絶型であり，縁組の効果として，養子と養親の間に嫡出子としての親子関係が創設される（州法63．２－1215)。

⑵　実親との関係

養子縁組の最終判決により，申請者の一方の夫又は妻以外の実親及び以前の養子縁組の親は，子に対する全ての権利・義務がなくなる（州法63．２－1215)。

⑶　養子の名前の変更

養親は，養子の名の変更を裁判所に対して申請することができる（州法63．２－1201)。

5　養子縁組の手続

バージニア州では，機関養子縁組，親託置養子縁組，継親養子縁組及び近親養子縁組等の制度があり，それぞれ管轄裁判所や手続が異なっている。

〔**根拠法条**〕

州法（2014 Code of Virginia）
第63．２編　福祉（社会福祉）
サブタイトル３　社会福祉プログラム
第12章　養子縁組
第１条　総則
63．２－1201（養子縁組の申請書，裁判地，管轄及び手続）
　未成年者の養子縁組及び養子の名前の変更の手続は，申請者が居住している郡か市か，又は養子縁組あっせん機関が存在する郡か市か，若しくは実親が63．２－1233に従って同意を行った郡か市の巡回裁判所に対する申請によってのみ開始される。（略）婚姻している者又は63．２－1201．１に基づき子を養子とすることが認められていた以前婚姻していた者の場合は，夫と妻又は前の夫婦が共同して申請をするものとする。（以下，略）
63．２－1202（親又は機関，必要とされる同意，例外）
A　申請された養子縁組に対する書面による同意が提出されないときは，本節の以下に規定されたときを除き，養子縁組の申請は認められない。
B　18歳に達していない実親は，養子縁組に対して同意し，養子縁組に関する全ての行為を行う能力を有す。（以下，略）
C　同意は，以下の者が行う。

1　実母及び以下の男性

a　20－49. 1に基づき認知をした者

b　20－49. 8に基づき判決を言い渡された者

c　サブセクションDに基づき父と推定される者

d　（略）

2　（略）

3　巡回裁判所が，その者の同意を要しないことが子の最善の利益になると判断した場合を除き，14歳以上の子

D　男性は，以下の場合は，子の父と推定される。

1　その者と子の母が婚姻し，子が婚姻中に出生した場合

2　男性と子の母が婚姻し，子が書面による合意が立証されるか，又は別居判決の日から300日以内若しくは死亡，無効の宣告又は離婚による婚姻の終了後300日以内に出生した場合

3　（略）

E～K　（略）

63. 2－1215（養子縁組の法的効力）

養子縁組の最終判決により，申請者の一方の夫又は妻以外の実親及び以前の養子縁組の親は，裁判所に子の訪問を申請する権利を含めた子に対する全ての権利・義務がなくなる。（略）養子となった子は，養親の子である。（以下，略）

第2条　機関養子縁組（略）

第3条　親託置養子縁組（parental placement adoption）

63. 2－1230（親又は後見人による子の託置）

子の実親，法定後見人又は養親は，養子縁組のために子を自らの選択で養親に託置することができる。養子縁組に対する同意は，少年及び家族関係地方裁判所（the juvenile and domestic relations district court）の面前で，（略）本章の規定に従って行われる。（以下，略）

第4条　継親養子縁組

63. 2－1241（実親又は養親の配偶者による子の養子縁組）

A　実親又は子の実親でない養子縁組による親の配偶者が子を養子とすることを希望する場合は，実親及びその配偶者は，実親及びその配偶者が居住しているか，子が居住している郡か市の巡回裁判所に養子縁組の申請をすることができる。（略）申請には，申請者が子の姓名に変更を求めるか否かを述べる。

B～D　（略）

第4．1条　近親養子縁組

63. 2－1242. 1（近親養子縁組）

A　本章において，「近親」は，子の祖父母，曾祖父母，成人の甥又は姪，成人の兄弟姉妹，成人のおじ又はおば，成人の大おじ（great uncle）又は大おば（great aunt）による養子縁組である。

B　（略）

63. 2－1242. 2（近親養子縁組；3年未満，家庭にある子）

A　3年未満の期間，養親になる近親の家庭に子が継続して居住しているか，又は身体的監護の下にあるときは，裁判所の身元調査（home study）の承認を含めた養子縁組手続は，以下を例外として，本章の家族託置養子縁組に従って，少年及び家族関係地方裁判所で開始される。

1　実親の同意は，少年及び家族関係地方裁判所で，養親となる者の面前で行

われる必要はない。

2　63. 2 －1231に規定される模擬面会は，求められない。

3　本手続に関するヒヤリングは求められない。

B・C　(略)

63. 2 －1242. 3（近親養子縁組；3年以上，家庭にある子）

3年未満の期間，養親になる近親の家庭に子が継続して居住しているか，又は身体的監護の下にあるときは，本章の親託置の規定は適用されず，養子縁組手続は巡回裁判所で開始される。(以下，略)

第5条　成人養子縁組

63. 2 －1243（18歳以上の者の養子縁組）

本州の居住者である自然人は，次の養子縁組を申請することができる。

1　少なくとも3か月以上事実上親たる立場にあった者の18歳以上の継子の養子縁組

2　63. 2 －1242. 1に規定する18歳以上の近親者の養子縁組

3　申請者の実子又は18歳になる前に申請者の家に少なくとも3か月以上一緒に生活した18歳以上の者との養子縁組

4　相当な理由がある場合の18歳以上の者の養子縁組

ただし，申請者より少なくとも15歳若く，かつ申請者と養子になる者が申請前の少なくとも1年間知っていたこと。

上記の養子縁組手続は，本章における未成年者の養子縁組手続に準じる。ただし，

a　親の同意は不要である。

b　養子となる者の同意は，全ての場合に必要である。

(以下，略)

63. 2 －1244（巡回裁判所の裁量による調査及び報告；例外）

本条における養子縁組において，巡回裁判所が裁量で必要としないときは，調査及び報告は行わない。ただし，63. 2 －1243第4号に基づく18歳以上の者の養子縁組が申請されたときは，巡回裁判所は調査及び報告を行うことを要する。(以下，略)

〔参考〕

州法（養子縁組に関する規定，1950年，1995年改正）

第11章

63. 1 －220（定義）

養子受入れ家庭（adoptive home）：親，地方社会福祉委員会，認可された養子縁組あっせん機関により選定・承認された養子受入れ家庭。

直接縁組（direct placement）：子供の親又は保護者が，里子養育又は養子縁組のため特定の家族の家の下に養子縁組させること。

者（person）：自然人，協会，組合又は会社を指す。

63. 1 －220. 1（養子縁組手続を開始することができる者）

認可された養子縁組あっせん機関，地方社会福祉委員会又は子供の親若しくは保護者(legal guardian)。

63. 1 －221（管轄及び手続）

未成年者の養子縁組及び養子の名前の変更は，原則として，申請者が居住又は養子縁組あっせん機関が存在する地域を管轄する裁判

所に対して申請（petition）をしなければならない。申請は，バージニア州に居住するいかなる自然人又はバージニア州の養子縁組あっせん機関により養子のための子供を保護している者がすることができる。夫婦による申請の場合には，夫と妻が共同して申請をしなければならない。夫婦の一方が既に養子とする子供の親となっている場合には，他の配偶者のみが養子とすることに同意する手続をとるものとする。

63. 1－221. 1（出生証明書）

養子となる者の出生証明書は，32. 1－262の手続に従って確保する。

63. 1－222（18歳以上の者の養子）

バージニア州に居住する自然人は，次の養子縁組を申請することができる。

1　18歳以上の継子につき，少なくとも３か月以上事実上親たる立場にあった者の継子との養子縁組

2　生存する親がいない18歳以上の甥又は姪で，申請者の家に少なくとも３か月以上一緒に生活をした者との養子縁組

3　18歳以上の者で，申請者の実子又は申請者の家に少なくとも３か月以上一緒に生活をした者との養子縁組

4　18歳以上の者で，申請者よりも少なくとも15歳若く，かつ申請前の最低５年間申請者を知っていた者につき，相当な理由がある場合の養子縁組

上記の養子縁組手続は，基本的に未成年者の養子縁組手続に準じて行われる。ただし，親の同意は不要である。養子となる者の同意は，全ての場合に必要である。63. 1－223及び63. 1－228に定める調査及び訪問は，裁判所が裁量により求める場合を除き不要である。本セクションの下での養子となる者については，本章の他のセクションで子供（child）と表記されている部分の内容が適用される。

63. 1－223（予備調査（preliminary investigation）；裁判所への報告）

A　裁判所は，申請がなされた場合には，申請書の写しを関連書類とともに社会福祉長官（Commissioner of Social Services，以下「長官」とする。）及び養子縁組あっせん機関等に送付する。養子縁組機関等は，申請書の写しを受領してから60日以内に関連案件の調査を行い，結果を文書で裁判所に報告する。報告書の写しは，長官に送付する。裁判所は，報告書受領後21日間は申請内容につき検討をすることができない。この間，長官は，報告書の写しを受領してから21日以内に裁判所に対し，異議を申し立てることができる。

B　長官は，養子縁組が州外の機関によりなされた場合，申請者が申請後州外に移転した場合，申請者が申請の際に州外に居住していた場合には，前項Aの調査報告書を90日以内に裁判所に提出する。予備調査により，養子となる者が認可された機関によりあっせんされたものではなかったと認められた場合には，長官はその旨を裁判所に通報する。

C　裁判所は，上記A又はBに規定された期間内に報告書を受領しない場合には，申請内容を検討し，適当と考える命令を下すことができる。

D　裁判所の要求する調査の中には，以下の情報に関する調査を含めるよう長官等に求めることができる。

(i)申請者の経済力，(ii)子供の身体的，精神的状況，(iii)肉親が生存している場合には，なぜ肉親が子供を擁護することを求めないのか，また肉親の養子縁組に対する考え，(iv)肉親が子供を放棄したのか，又は道徳上子供を擁護するのにふさわしくないのか，(v)子供が申請者と一緒に住むようになった経緯，(vi)子供が申請者の養子となる適性及び(vii)申請者が養子を得るに際し，関係者に支払った手数料。裁判所に提出される報告書には，養子縁組の申請に対する裁判所の決定に関する勧告が含まれていなければならない。未認可の養子縁組あっせん機関により養子縁組の手続がとられた場合には，かかる違法行為につき裁判所に通知をしなければならない。裁判所に対しなされた報告書については，その写しを養子を

受け入れる親側の弁護士にも送付しなければならない。

E　報告者が肉親の身体的，精神的背景について承知している場合には，報告書に係る背景を含めるものとする。

63. 1 −224（報告書の返還）

養子を受け入れる親を代理する弁護士に提供された報告書等は，養子縁組手続等の終了後，裁判所に返還されなければならない。

63. 1 −225（親等の同意）

A　申請とともに書面による関係者の同意が提出されなければ，養子縁組の申請は認められない。肉親により提出された子の養子縁組に関する肉親の同意は，子供が同意書署名時に少なくとも生後10日を経過していなければ，無効とする。18歳未満の肉親の同意は，18歳以上の者と同様の法的拘束力を持つものとする。

B　子供が14歳以上の場合には，裁判所が子供の最善の利益の観点から不必要と認めた場合を除き，子供の同意も必要とする。

C　裁判所は，関係者から事情聴取を行った結果，子供の最善の利益に反し，同意を行うべき者が同意を行わないでいるか，又は同意を得ることが不可能であると認めたときは，関係者の同意なしで養子縁組を認めることができる。

63. 1 −226（裁判所の中間判決）

裁判所は，63. 1 −223で規定された報告書を検討した後，本章に定める全ての要件が満たされ，申請者が経済力を有し，子供を擁護教育するのに適した人物であり，子供が申請者の養子になるのに適しており，養子縁組により子供の最善の利益がかなうものであると認める場合には，一定の猶予期間を定め，申請のあった養子縁組につき（また氏名変更の申請があった場合にはかかる申請も含め）中間判決を下すものとする。

裁判所が養子縁組の申請を認めない場合において，子供が適当な保護の下に置かれなくなると判断する場合には，裁判所は裁量により保護者を指名し，あるいは別途規定する保護機関の保護の下に置くことができる。

63. 1 −226. 1（州際子供縁組協定の下での送り出し機関としての裁判所）

養子縁組機関による手配によらない養子に関する中間判決が下された後，最終判決が下される前に申請者が州外に移転した場合には，裁判所は，州際子供縁組協定（Interstate Compact on the Placement of Children）の下における送り出し機関（sending agency）とみなされる。

63. 1 −233（養子縁組の法的効力）

養子縁組の最終判決により，養子縁組前の肉親又はそれ以前の養親は，養子となった子供に対する全ての権利・義務がなくなる。また，養子となった子供も，それ以前の親に対するあらゆる義務がなくなる。本章に基づき養子となった子供は，中間判決以降（中間判決が省略された場合には，最終判決以降），判決が取り消されない限り，養親との関係において，養親の嫡出子と同様の諸権利，義務を有する。

資料５－36－１〔出生証明書〕

CERTIFICATE OF VITAL RECORD

VERIFY PRESENCE OF WATERMARK　HOLD TO LIGHT TO VIEW

※※※　COMMONWEALTH OF VIRGINIA

DEPARTMENT OF HEALTH – DIVISION OF VITAL RECORDS

CERTIFICATE OF LIVE BIRTH

STATE FILE NUMBER: 145-13-※※

NAME OF REGISTRANT: ○○○○○○

DATE OF BIRTH: SEPTEMBER ※, 2013　SEX: MALE

PLACE OF BIRTH: ALEXANDRIA, VIRGINIA

MAIDEN NAME OF MOTHER: △△△△

AGE OF MOTHER: ※

MOTHER'S PLACE OF BIRTH: JAPAN

NAME OF FATHER: □□□□□□

AGE OF FATHER: ※

FATHER'S PLACE OF BIRTH: CONNECTICUT

DATE RECORD FILED: OCTOBER 4, 2013

This is to certify that this is a true and correct reproduction or abstract of the official record filed with the Virginia Department Of Health, Richmond, Virginia

DATE ISSUED　October 26, 2013　（署名）

※※※※※ State Registrar

Do not accept unless on security paper with the seal of Virginia Department of Health, Vital Statistics in the lower left hand corner. Section 32.1-272, Code of Virginia, as amended.　VS 15B

VOID IF ALTERED OR ERASED

VOID WITHOUT WATERMARK OR IF ALTERED OR ERASED

資料5－36－1

②
REMOVE SIDE EDGES FIRST,
THEN FOLD, CREASE AND TEAR THIS STUB ALONG PERFORATION
VIRGINIA
SIC SEMPER TYRANNIS
①
REMOVE THESE EDGES FIRST
FOLD, CREASE AND TEAR ALONG PERFORATION

資料５－36－１

全て日本語（漢字、ひらがな、カタカナ）で記入してください。

出生証明書抄訳文

1．子の氏名：[氏]　○○　[名]　○○　○○
（ファーストネーム）（ミドルネーム）

2．性別：　☑男　□女

3．生まれたとき：平成　25　年　9　月　※　日

時刻：□午前　／　□午後　時　分

4．生まれたところ：(病院名：　病院)

住所：アメリカ合衆国　バージニア　特別区・(州)

アレグザンドリア　郡・(市)・町

（通り名）　（番地）

5．母の氏名：　[氏]　△△　[名]　△△
（旧姓：　）（ファーストネーム、あれば次にミドルネームの順）

6．父の氏名：　[氏]　□□　[名]　□□　□□
（ファーストネーム、あれば次にミドルネームの順）

証明書の発行者：①☑登録機関：アメリカ合衆国

バージニア　特別区・(州)　衛生局

②□医師　□助産師

氏名：〔氏〕　〔名〕

証明書発行年月日：平成 25 年 10 月 26 日

翻訳者氏名：　△　△　△　△

【子の氏名が出生証明書と出生届の記載とで異なる場合の申し出事項】

出生証明書（英文）によると、子の氏名は、[氏]　○○　[名]　○○○○
（カナ表記）　（カナ表記）

となっているが、出生届書の事件本人と同一人物に相違なく、戸籍には、

[氏]　○　○　[名]　○　○　と届出する。

申出人署名：　△　△　△　△　㊞

出生証明書抄訳文様式
在アメリカ合衆国日本国大使館

5－37　アメリカ合衆国／バーモント州

第１　婚　　姻

１　実質的成立要件

⑴　婚姻適齢

男女とも18歳以上である。

18歳未満の者については，一方の親又は後見人からの同意を要する（州法15－１－513・18－105－5142）。

⑵　近親婚の禁止

親，祖父母，子，孫，兄弟，兄弟の子又は親の兄弟と婚姻してはならない（州法15－１－１ａ）。

⑶　重婚の禁止

前夫又は前妻等の生存中に，その者以外の者との婚姻はできない（州法15－１－４）。

⑷　同性婚

アメリカ合衆国では，同性婚を認める州と認めない州が存在していたが，連邦最高裁判所は，平成27年（2015年）６月26日に，同性婚は合衆国憲法の下での権利であり，州は同性婚を認めなければならないとの判断を下した。これにより，全米で同性婚が合法となることから，同性婚を禁止している各州の法律は今後改正される。

２　婚姻の無効

⑴　無効婚

近親婚及び重婚の禁止に反するときは，婚姻は無効である（州法15－11－511）。

⑵　取り消すことのできる婚姻

16歳未満の婚姻，当事者が意思能力がないか，身体的な障害で民事婚の状態に入ることができないとき，又は当事者の一方の同意が詐欺・強迫によって得られたときは，婚姻を取り消すことができる（州法15－11－512）。

ただし，16歳未満の場合は，当事者が同意の年齢に達した後に自由意思で夫又は妻として同居しているときは，婚姻を取り消すことができない（州法15－11－513）。

〔根拠法条〕

州法（2014 Vermont Statutes）

第15編　家族関係

第１章　民事婚

１ａ（親族と婚姻を禁止される者）

いかなる者も，親，祖父母，子，孫，兄弟，兄弟の子又は親の兄弟と婚姻してはならない。

（2009年追加，2009年９月１日施行）

４（一方の当事者の婚姻が効力を有する間に契約された民事婚）

一方の当事者が法的に婚姻しているか，婚姻当事者以外の生存しているシビル・ユニオンの関係にある間に締結された婚姻は，無効である。

（1999年改正，2009年改正，2009年９月１日施行）

第11章　無効及び離婚

サブチャプター１　無効

511（無効婚；親族，姻戚関係又は生存配偶者）

ａ　バーモント州で挙行された，当事者間の親族又は姻戚関係を理由として，又は当事者の一方が生存している夫又は妻がいることを理由として法律で禁止される民事婚は，離婚判決又は他の法的な手続を要せず無効である。

ｂ　本節第ａ項に記載されている理由により，婚姻が有効か不明であるときは，当事者の一方は，同一のことを無効とする申立てをすることができる。婚姻無効の証拠に基づき，無効判決により無効を宣告する。

（2009年改正，2009年９月１日施行）

512（取り消すことができる婚姻――一般的な取消原因）

婚姻時に，当事者の一方が16歳に達していないか，意思能力がないか又は身体的な障害で民事婚の状態に入ることができないとき，若しくは当事者の一方の同意が強迫又は詐欺によって得られたときは，締結された民事婚を取り消すことができる。

（2009年改正，2009年９月１日施行）

513（16歳未満の当事者）

当事者の一方が16歳未満であることを理由とする民事婚の取消しの申立ては，親又はこの未成年者の監護権を付与された後見人若しくは裁判所がこの未成年者の近友として告訴することが認められている者が行う。ただし，この婚姻は，締結時に法定年齢である当事者の申立てによっては無効とされず，当事者が同意の年齢に達した後に自由意思で夫及び妻として同棲しているときも，取り消されない。

（2009年改正，2009年９月１日施行）

第18編　保健

第105章　民事婚の記録及び許可証

5142（未成年者及び能力のない者に関する制限）

書記は，婚姻しようとする一方の当事者が，以下の場合には，民事婚許可証を発行してはならない。

１　一方が行為能力を有するときは，両

親の一方又はその未成年者の後見人の書面による同意がない成人に達していない者
2～4　（略）
5　（削除）
（1965年改正，1967年改正，1971年改正，1973年改正，2009年改正，2009年9月1日施行）

〔参考〕

州法
第15編　家族関係
第1章　婚姻
第1条（男性の近親婚の禁止）
　男性は，母，祖母，娘，孫娘，姉妹，兄弟の娘，姉妹の娘，父の姉妹又は母の姉妹と婚姻をすることができない。（2009年廃止）
第2条（女性の近親婚の禁止）
　女性は，父，祖父，息子，孫息子，兄弟，兄弟の息子，姉妹の息子，父の兄弟又は母の兄弟と婚姻をすることができない。（2009年廃止）
第4条（一方の当事者の婚姻が効力を有する間に契約された婚姻）
　一方の当事者に生存している配偶者又は民事婚の当事者がいるときに契約された婚姻は，無効である。

第2　養子縁組

1　実質的成立要件

⑴　養親の要件

夫婦だけでなく，単身者も養親となることができる（州法15A－1－102）。

⑵　養子の要件

未成年者だけでなく，成人も養子となることができる（州法15A－1－102）。ただし，配偶者を養子とすることはできない（州法15A－5－101）。

⑶　配偶者の同意

成人又は独立した未成年者の養子縁組は，養親の配偶者のみ必要である。

ただし，法定別居しているか，若しくは裁判所が配偶者が同意をすることができないか，又は養子及び養親の最善の利益に反して同意をしないと判断するときを除く（州法15A－5－103）。

2　保護要件

⑴　裁判所の許可

養子縁組は，裁判所が判決を下すことによって成立する。

(2) 養子の同意

養子が14歳以上である場合は，その者の同意を要する（州法15Ａ－２－401 c・15Ａ－４－103）。

ただし，裁判所が同意を求めることが子の最善の利益とならないと判断したときは，同意は免除される（州法15Ａ－２－402）。

(3) 実父母の同意

ア　同意の要否

実父母の同意を要する（州法15Ａ－２－401・15Ａ－４－103）。

ただし，裁判所によって，養子に関する権利が終了させられている父母の同意は必要がない（州法15Ａ－２－402）。

イ　同意の時期の制限

子の出生後36時間を経過するまでは，親は同意をすることができない（州法15Ａ－２－404）。

ウ　同意の免除

養子縁組に対する同意権を含めた，親権又は後見を機関に放棄した者及び未成年者に対する親権が，裁判上終了したか，又は存在しないことが確定した者については，同意が免除される（州法15Ａ－２－402）。

エ　同意の取消し

同意の登録後21日間は,同意を取り消すことができる(州法15Ａ－２－404)。

(4) 機関の同意

機関の同意を要する（州法15Ａ－２－401・15Ａ－４－103）。

ただし，未成年者の最善の利益に反し，同意を不合理に行わないと判断されるときは，同意は免除される（州法15Ａ－２－402）。

3　養子縁組の効力

(1) 実親との関係

バーモント州の養子縁組は，断絶型の養子縁組であり，実親との関係は切断し，養子に対する全ての義務を免れ，権利を有しないことになる（州法15Ａ－１－105・15Ａ－５－102）。

(2)　養親との関係

養子縁組により，養子は養親の子として，親と子の法的な関係を創設する（州法15A－1－104・15A－5－102）。

また，継親による継子の養子縁組の法的効力も同様である。ただし，養子と養親となる継親の配偶者又は死亡した配偶者である養子の親間の法的関係には影響を及ぼさない（州法15A－4－102）。

〔根拠法条〕

州法（2014 Vermont Statutes）

第15A編　養子縁組法

第1章　総則

1－101（定義）

本編において，

1　（略）

2　「成人」は，18歳に達した者を意味する。

3　「機関」は，部局又はバーモント州で，養子縁組のために未成年者を託置する認可を受けている公共団体又は民間団体を意味する。

4　「子」は，出生又は養子縁組による未成年者若しくは成人の息子又は娘を意味する。

5～11　（略）

12　「未成年者」は，18歳に達していない者を意味する。

13～22　（略）

（1995年追加，2009年改正，2011年2月1日施行）

1－102（養子縁組をすることができる者又は養子になることができる者）

a　本編に従うことを条件として，いかなる者もその者の間に親子の関係を創設することを目的として，養子縁組をすることができ，又は養子になることができる。

b　家族の単位が親と親の配偶者から構成され，養子縁組が子の最善の利益となるときは，親の配偶者は親の子を養子とすることができる。親の権利が終了していることは，本項における養子縁組に必要ではない。

（1995年追加）

1－104（養子縁組後の養子と養親間の法的関係）

養子縁組命令が確定したときは，

1　養親と養子は，親及び子の法的な関係を有し，互いに及び養親の親族を相続する権利を含め，親子の全ての権利及び義務を有する。

2　（略）

1－105（養子縁組後の養子と以前の親との間の法的関係）

a　養子縁組命令が確定したときは，

1　養子との相続及び無遺言相続の権利を含め，養子の以前の親の全ての親としての権利及び義務は終了する。（以下，略）

2　以前の親及び親族との養子の無遺言相続の権利は終了する。

3　（略）

b　(略)

第2章　未成年者の養子縁組

第4部　養子縁組に対する同意及び放棄

2－401（養子縁組に対する同意が必要な者）

a　本編において，未成年者を託置する権限を有する親又は後見人によって養子縁組をするために未成年者を直接託置する場合は，本編2－402の規定によって，同意を要しないか，又は免除されないときは，未成年者を養子とする申請は，以下の者の養子縁組に対する同意により認められる。

1　未成年者を出生した女

2　母が特定したか，又は裁判所に知られている実父

3　未成年者が婚姻中又は婚姻が終了又は裁判所が別居の命令をしてから300日以内に出生したときは，女と婚姻しているか，又は婚姻していた男子

4　(略)

5　裁判所が未成年者の養子縁組に同意する権限を与えていることが明らかな後見人

6　未成年者の現在の養父母又は他に法的に認められている未成年者の父母

b　本編において，未成年者を託置する権限を有する機関が養子縁組をするために未成年者を託置する場合は，本編2－402の規定によって，同意を要しないときは，未成年者を養子とする申請は，以下の者が養子縁組に対し同意することにより認められる。

1　養子縁組のために未成年者を託置する機関，及び

2　未成年者を放棄せず，又は親としての権利が終了した第a項に規定された者

c　裁判所が未成年者の同意を免除しない場合は，14歳に達した未成年者を養子とする申請は，本節第a項及び第b項により必要とされる同意に加えて，未成年者が養子縁組に対する告知に基づく同意をしたときに，認められる。

2－402（同意を要しない者）

a　未成年者の養子縁組に対する以下の者の同意は要しない。

1　養子縁組に対する同意権を含めた，親権又は後見を本項の本部に従って機関に放棄した者

2　未成年者に対する親権が，裁判上，終了したか，又は存在しないことが確定した者

3～5　(略)

b　裁判所は，以下の者の同意を免除することができる。

1　未成年者の最善の利益に反し，同意を不合理に行わないと判断される同意を要する後見人又は機関の同意

2　同意を要求することが未成年者の最善の利益にならないと判断される14歳に達した未成年者の養子

(1995年追加)

2－404（同意又は放棄の実行時期及び必要条件）

a　本編2－401において必要とされる養子縁組に対する親の同意は，未成年者が出生後36時間を経過するまで同意又は放棄することができない。同意又は放棄を行った親は，同意が実行され裁判所において書面による通知が登録された後21日以内に同意又は放棄を取り消すことがで

きる。

b　後見人は，裁判所が権限を認めた後，いつでも未成年者に対する養子縁組の同意又は放棄を行うことができる。

c　養子縁組のために未成年者を託置している機関は，養子縁組に対する聴聞の前又は聴聞中にいつでも同意することができる。

d　同意を要する未成年者は，養子縁組に対する聴聞の前又は聴聞中にいつでも同意することができる。

e　（略）

（1995年追加）

第4章　継親による未成年者の継子の養子縁組

4－102（継子の養子縁組の法的効力）

a　本節第b項及び第c項に他に定める場合を除き，継親による継子の養子縁組の法的効力は，本編1－103から1－106に基づくものと同様である。

b　継親による養子縁組は，以下の効力には影響を与えない。

1　養子と養親となる継親の配偶者又は死亡した配偶者である養子の親間の法的関係

2～4　（略）

c　（略）

（1995年追加，1997年改正，1997年6月26日施行）

4－103（養子縁組に対する同意）

本編2－402に基づき，同意を要しない場合を除き，14歳に達した継子及び，以下の者が同意をしたときは，未成年者の継子を養子とする申請は認めることができる。

1　本編2－401第a項に規定する未成年者の親

2　未成年者の養子縁組に対し同意する権限を与えていることが明らかな未成年者の後見人

3　継親による養子縁組のために未成年者を託置している機関

（1995年追加）

第5章　成人又は独立した未成年者の養子縁組

5－101（成人又は独立した未成年者を養子縁組することができる者）

成人は，本節に従って，成人又は独立した未成年者（emancipated minor）を養子とすることができる。ただし，成人は，配偶者を養子とすることができない。

（1995年追加）

5－102（養子縁組の法的効力）

成人又は独立した未成年者の養子縁組の法的効力は，本編1－103から1－106に基づくものと同様である。ただし，成人の継親による成人の継子の養子縁組の法的効力は，本編4－102と同様である。

（1995年追加）

5－103（配偶者の同意）

a　成人又は独立した未成年者の養子縁組は，養親の配偶者の同意のみが必要である。ただし，法定別居しているか，若しくは裁判所が配偶者が同意をすることができないか，又は同意をせず養子及び養親の最善の利益に反すると判断したときを除く。

b　（略）

（1995年追加）

5－38　アメリカ合衆国／ハワイ州

第１　姓名制度

１　氏　　名

州法第574章に氏名に関する規定が置かれている。

氏名は，「GIVEN　NAME（FIRST　NAME)」（名)，「SURNAME」（氏）の順に記載され，「MIDDLE　NAME」がある場合は，「名」，「MIDDLE　NAME」，「氏」の順に表記される（南野聡「諸外国における氏制度の調査結果について」戸籍584－９）。

２　子の氏

親の選択した氏名（注）を称する（州法574－２）。

（注）従前は，夫婦間に出生した子の氏は，州法574－２の規定により，父の氏と定められているので，夫婦別氏の場合も父の氏を称することになる（南野・前掲-10）とされていたが，変更されている。

〔根拠法条〕

州法（2014 Hawaii Revised Statutes）
第31編　家族
第574章　氏名
574－２（嫡出子）

出生登録吏は，子の親の一方が選択した姓名を称する嫡出子を登録する。両親が，氏名について同意をしないときは，管轄権を有する裁判所が子の最善の利益となるよう定めた氏名を登録する。（以下，略）

（1860年，1925年，1935年，1945年，1955年，1967年，1975年，1980年，1989年，1991年改正）

第2　婚　　姻

1　婚姻証明書

ハワイ州衛生局発行の婚姻証明書は，資料5－38－1（本文663頁）参照。

2　実質的成立要件

⑴　婚姻適齢

男女とも18歳である（州法572－2）。

なお，婚姻締結時に，それぞれの当事者が少なくとも16歳でなければならないが，未成年者が居住する巡回裁判区の家庭裁判所の書面による承認があるときは，16歳未満の者の婚姻は合法となる。

しかし，15歳未満の者はいかなる場合も合法とならない（州法572－1）。

（注）　従前は，婚姻適齢は，男子18歳，女子16歳とされていた（旧婚姻1）。

⑵　親又は後見人の同意

18歳未満の者が婚姻するときは，両親又は後見人若しくはその者を監護する他の者の書面による同意を，婚姻許可の申請書に添付しなければならない。家庭裁判所の管轄にある未成年者については，その裁判所の裁判官の書面による同意がないときは，許可証は発行されない（州法572－2）。

（注）　従前は，20歳未満の男子，18歳未満の女子については，親又は後見人又はその者の監護に当たっている者の同意書を，婚姻許可申請書に添付しなければならないとされていた（旧婚姻2）。

⑶　近親婚の禁止

それぞれの当事者が，その関係が婚姻している両親又は婚姻していない両親の子であるかにかかわらず，お互いに尊属及び卑属の関係，全血又は半血の兄弟，姉妹，おじと姪，おばと甥の関係にある者の間では，婚姻をすることができない（州法572－1）。

⑷　重婚の禁止

男性にその時に生存している妻が，女性にその時に生存している夫がいてはならない（州法572－1）。

⑸　婚姻に対する自由な同意

婚姻当事者の同意が，暴力，強迫又は詐欺により得られたものではあってはならない（州法572－１）。

⑹　忌まわしい病気に罹患していないこと

いずれの当事者も，他方の当事者に秘匿し，知られていない忌まわしい病気に罹患していないことが要件とされている（州法572－１）。

⑺　再婚禁止期間

再婚禁止期間は存在せず，婚姻が解消されたときは，離婚の当事者はいつでも再婚をすることができる（州法580－52）。

⑻　同性婚

アメリカ合衆国では，同性婚を認める州と認めない州が存在していたが，連邦最高裁判所は，平成27年（2015年）６月26日に，同性婚は合衆国憲法の下での権利であり，州は同性婚を認めなければならないとの判断を下した。これにより，全米で同性婚が合法となることから，同性婚を禁止している各州の法律は今後改正される。

3　形式的成立要件

⑴　婚姻許可証の取得

いかなる者も婚姻を執行するために，これに先立ち，婚姻を挙行するライセンスを保健庁から取得しなければ，州内において婚姻を挙行することは合法でない（州法572－１・572－11）。

LICENSE AND CERTIFICATE OF MARRIAGE STATE OF HAWAII DEPARTMENT OF HEALTH OFFICE OF HEALTH STATUS MONITORING	STATE FILE No.__ LICENSE No.
項目１～６　新郎の氏名・生年月日等	
項目７～12　新婦の氏名・生年月日等	
項目13　新郎の署名	
項目15　LICENSEとしての有効性を示す記述（日付，担当官の署名等）	
これより上がLICENSEの部分（上記①）	
項目17～21　挙式に係る記述（日付，場所，当事者・司祭・証人の署名等）(上記②)	
項目22～24　州衛生局での登録に係る記述（上記③）	

4　婚姻の効果

(1)　氏名について

婚姻時に，ミドルネーム及びラストネームを既婚者又はシビルユニオンパートナーとして使用することを宣言する。

ラストネーム及びミドルネームについては，過去及び現在のいかなる時に合法的に使用されていた一方の配偶者又はパートナーのミドルネーム又はラストネームを，ハイフンで分離する必要はないその結合したミドルネーム又はラストネームを選択することができる（州法574－１）。

5　婚姻の無効

(1)　無効事由

家庭裁判所は，婚姻の時に，①当事者が，その関係が婚姻している親又は婚姻していない親の子であるかにかかわらず，いかなる親等の尊属と卑属，全血又は半血の兄弟姉妹，おじと姪，おばと甥の関係にあったとき，②当事者が，又は当事者の一方が，婚姻適齢に達していなかったとき，③夫に離婚していない妻がいるか，妻に離婚していない夫がいたとき，④当事者の一方が，婚姻に対して同意する意思能力を欠いていたとき，⑤無効を申し立てる当事者の婚姻に対する同意が，強制，強迫又は詐欺によって得られたものであり，かつ，その後同居しなかったとき，⑥当事者の一方が忌まわしい病気に罹患し，その事実が無効を申し立てる当事者に秘匿されるか，又は知らされていなかったときは，無効判決により，婚姻契約の無効を宣告することができる（州法580－21）。

(2)　申立権者

ア　婚姻適齢に反する場合

当事者の一方が法定年齢に達していなかったことを理由として婚姻の無効を請求する訴えは，当該未成年者の親又はその未成年者を監護する資格を有する後見人若しくは裁判所からその未成年者の友人として訴訟をする権限を与えられた者が提起することができる（州法580－22）。

イ　重婚の場合

他方が生存中に当事者のいずれか一方からの申立てにより，若しくは従前の夫又は妻からの申立てにより，無効を言い渡すことができる（州法580－23）。

ウ　意思能力の欠如の場合

婚姻に対する同意をする意思能力を欠く者の婚姻は，当事者の申立て又はその意思能力を欠く当事者の後見人の申立てにより無効とすることができる（州法580－26）。

エ　身体的障害の場合

婚姻時の当事者の一方の身体的障害を理由とする婚姻無効訴訟は，障害が主張されている当事者に対して被害者のみが主張しなければならない（州法580－28）。

(3)　申立て又は無効判決の制限

ア　婚姻適齢に反する場合

いかなる場合においても，婚姻はその契約締結時において法定年齢にあった当事者の申立てに基づいて無効とされず，当事者の双方が法定年齢に達した後においては，その期間を問わず，夫婦として自由意思により同棲していたと認められる場合においても無効とされない（州法580－22)。

イ　意思能力の欠如の場合

意思能力を欠いていた当事者が，婚姻に対する同意に必要な意思能力に達した後に，当事者が自由な意思で夫及び妻として同棲したと判断されるときは，無効判決を宣告してはならない（州法580－26)。

ウ　身体的障害の場合

婚姻の挙行から2年以内に提起されなければならない（州法580－28)。

〔**根拠法条**〕

州法（2014 Hawaii Revised Statutes）

第31編　家族

第572章　婚姻

第1部　要件，手続

572－1（有効な婚姻締結の要件）

男女間でのみの婚姻締結を有効となるためには，以下の要件が必要とされる。

1　それぞれの当事者が，その関係が婚姻している両親又は婚姻していない両親の子であるか否かにかかわらず，お互いに尊属及び卑属の関係，全血又は半血の兄弟，姉妹，おじと姪，おばと甥の関係にないこと。

2　婚姻締結時に，それぞれの当事者が少なくとも16歳であること。ただし，572－2に従うことを条件として未成年者が居住する巡回裁判区の家庭裁判所の書面による承認があるときは，16歳未満の者の婚姻は合法となる。しかし，15歳未満の者はいかなる場合も合法とならない。

3　男性が，その時に生存している妻がいないこと，女性が，その時に生存している夫がいないこと。

4　婚姻当事者の同意が，暴力，強迫又は詐欺により得られたものではないこと。

5　いずれの当事者も，他方の当事者に秘匿し，知られていない忌まわしい病気（loathsome disease）に罹患していないこと。

6　ハワイ州において婚姻した男女が，その目的のため，婚姻許可証を付与するために指名された事務官から正式に許可証を取得したこと。

7　（略）

（1872年，1903年，1907年，1913年，1925年，1935年，1937年，1939年，1945年，1949年，1953年，1955年，1965年，1969年，1970年，1972年，1978年，1981年，1984年，1994年，1997年，2012年，2013年改正）

572－2（親又は後見人の同意）

18歳未満の者が婚姻するときは，両親又は後見人若しくはその者を監護する他の者の書面による同意を，婚姻許可の申請書に添付しなければならない。家庭裁判所の管轄にある未成年者については，その裁判所の裁判官の書面による同意がないときは，許可証は発行されない。
（1859年，1925年，1929年，1935年，1945年，1947年，1955年，1965年，1969年，1972年改正）

572－3（州外での締結）

性にかかわらず，締結された国において適法な二人の婚姻は，ハワイ州の裁判所においても適法とされる。
（1859年，1925年，1935年，1945年，1955年，1994年，2013年改正）

572－11（婚姻の挙式；挙行ライセンス）

いかなる者も婚姻を執行するために，これに先立ち，婚姻を挙行するライセンスを衛生局（the department of health）から取得しなければ，州内において婚姻を挙行することは合法でない。
（1859年，1925年，1929年，1935年，1945年，1955年，1959年，1969年改正）

第574章　氏名

574－1（既婚者：シビルユニオンパートナー）

婚姻及びシビルユニオンパートナーに基づき，それぞれの婚姻当事者又はシビルユニオンのパートナーは，ミドルネーム及びラストネームを既婚者又はシビルユニオンパートナーとして使用することを宣言する。ラストネームは，過去及び現在のいかなる時に合法的に使用されていた一方の配偶者又はパートナーのミドルネーム又はラストネームを，ハイフンで分離する必要はないその結合したミドルネーム又はラストネームを選択することができる。ミドルネームは，過去及び現在のいかなる時に合法的に使用されていた一方の配偶者又はパートナーのミドルネーム又はラストネームを，ハイフンで分離する必要はないその結合したミドルネーム又はラストネームを選択することができる。
（1860年，1925年，1935年，1945年，1955年，1975年，1991年，1993年，2012年改正）

第580章　無効，離婚及び別居

第2部　無効

580－21（無効事由）

家庭裁判所は，婚姻の時に，次の事由が存在するときは，無効判決により，婚姻契約の無効を宣告することができる。

1　当事者が，その関係が婚姻している親又は婚姻していない親の子であるかにかかわらず，いかなる親等の尊属と卑属，全血又は半血の兄弟姉妹，おじと姪，おばと甥の関係にあったとき。

2　当事者が，又は当事者の一方が，婚姻適齢に達していなかったとき。

3　夫に離婚していない妻がいるか，妻に離婚していない夫がいたとき。

4　当事者の一方が，婚姻に対して同意する意思能力を欠いていたとき。

5　無効を申し立てる当事者の婚姻に対する同意が，強制，強迫又は詐欺によって得られたものであり，かつ，その後同居しなかったとき。

6　当事者の一方が忌まわしい病気に罹患し，その事実が無効を申し立てる当事者に秘匿されるか，又は知らされていなかったとき。

（1859年，1866年，1870年，1872年，1876年，1903年，1925年，1935年，1945

年，1949年，1955年，1957年，1965年，1980年，1984年，1997年改正）

580－22（未成年）

当事者の一方が法定年齢に達していなかったことを理由として婚姻の無効を請求する訴えは，当該未成年者の親又はその未成年者を監護する資格を有する後見人若しくは裁判所からその未成年者の友人として訴訟をする権限を与えられた者が提起することができる。いかなる場合においても，婚姻はその契約締結時において法定年齢にあった当事者の申立てに基づいて無効とされず，当事者の双方が法定年齢に達した後においては，その期間を問わず，夫婦として自由意思により同棲していたと認められる場合においても同様とする。

（1859年，1903年，1925年，1935年，1945年，1949年，1955年，1973年改正）

580－23（現に生存する夫又は妻）

婚姻は，当事者の一方が現に生存し，かつ，離婚していない夫又は妻がいることを理由として，他方が生存中に当事者のいずれか一方からの申立てにより，若しくは従前の夫又は妻からの申立てにより，無効を言い渡すことができる。

（1859年，1925年，1935年，1945年，1955年改正）

580－26（意思能力の欠如）

婚姻に対する同意をする意思能力を欠く者の婚姻は，当事者の申立て又はその意思能力を欠く当事者の後見人の申立てで無効とすることができる。ただし，意思能力を欠いていた当事者が，婚姻に対する同意に必要な意思能力に達した後に，当事者が自由な意思で夫及び妻として同棲したと判断されるときは，無効判決を言い渡してはならない。

（1859年，1903年，1925年，1935年，1945年，1955年，1973年，1980年改正）

580－28（身体的障害）

婚姻時の当事者の一方の身体的障害を理由とする婚姻無効訴訟は，障害が主張されている当事者に対して被害者のみが主張しなければならず，全ての場合において，婚姻の挙行から2年以内に提起されなければならない。

（1859年，1925年，1935年，1945年，1955年，1973年改正）

第3部　離婚

580－52（離婚後の婚姻）

婚姻が解消されたときは，離婚の当事者はいつでも再婚をすることができる。

（1859年，1866年，1870年，1876年，1925年，1935年，1945年，1955年改正）

〔参考〕

家族法—婚姻（1976年）

1（婚姻の要件）

有効な婚姻をするには，当事者は次の要件を必要とする。

(a)　相互に尊属と卑属（親等を問わない），両親若しくは親の一方を共にする兄弟姉妹，伯叔父母と甥，姪の関係にないこと。

(b)　婚姻契約時において，男はその年齢が少なくとも18歳，女は少なくとも16歳であること。

(c) 生存する法律上の配偶者を有しないこと。
(d) 性的不能，又は婚姻生活に入るについて肉体的に不能でないこと。
(e) 婚姻についての合意が，強制，強迫又は詐欺によるものでないこと。
(f) 相手方に知らされていないハンセン病その他これに類する病気にかかっていないこと。
(g) 婚姻許可証を得ないで婚姻をすることは，違法である。

未成年者の居住する巡回裁判区の家庭裁判所の文書による承認があるときは，男が17歳以上18歳未満であっても，又は女が15歳以上16歳未満であっても，２の規定に従って婚姻することができる。

2（婚姻の同意）

20歳未満の男又は18歳未満の女が婚姻しようとするときは，その者の両親，後見人又はその者を監護する者の同意書を，婚姻許可申請書に添付しなければならない。

家庭裁判所の監督下にある未成年者については，その裁判所の裁判官の文書による同意がないときは，許可証を発給することができない。

3（州外の婚姻）

挙行された国において適法な婚姻は，この州の裁判所においても適法とする。

6（申請，許可，制限）

婚姻の許可を受けようとするときは，その申請人は，婚姻許可を与える権限を有する代理人の前に自ら出頭して申請書を提出しなければならない。申請書には，各当事者の氏名，年齢，人種，住所，職業，２人の関係，両親の氏名，その生存又は死亡の事実，結婚の経験の有無，もしあればその解消の態様その他保健庁で定める事項を記載し両当事者によって署名された供述書を添えなければならない。代理人は，その署名の上方に申請書受理の日付を記入して申請書を確認し，発給の日付を記入した許可証を発給するものとする。この許可証はその発給の日から起算して30日間有効のものとする。30日の期間経過後は，その許可証は効力を失い，それに基づいて婚姻の挙式は執行されてはならない。

申請書及び許可証はすべて保健庁により支給される書式より作成され，発給されるものとする。

11（婚姻の挙式，挙式許可）

州内において婚姻の挙式を執行する者は，これに先立ち，保健庁から婚姻の挙式を執行する許可を受けなければならない。

12（婚姻の挙式）

婚姻の挙式を執行する許可証は，次の者に対して発給され，婚姻の儀式は，それらの者又は団体によって遂行される。
(a) 牧師又は司祭
(b) 宗教団体の慣例に従って婚姻の挙式を執行する権限を与えられた者
(c) 牧師を有しない宗教団体であって，団体の規則，慣例に従って挙式の執行をすることを定める者
(d) 現職若しくは退職した州裁判所若しくは州内の連邦裁判所の判事，治安判事

13（挙式の記録，証明書交付，罰則）

婚姻の挙式を執行する権限を与えられている者は，その挙式を執行した婚姻につき，結婚した男女の氏名，住所，婚姻の日付を記載した記録を作成，保存し，かつ，その記録の写しに署名してこれをその婚姻の当事者に交付しなければならない。この証明書は，裁判所における訴訟事件においてその婚姻の事実に関する表見上の証拠とする。

婚姻の挙式執行の権限を与えられている者が，その挙式した婚姻の記録を保存することを怠り，又はその証明書を婚姻当事者に交付することを怠ったときは，その者は50ドルの罰金刑に処せられるものとする。

（外国身分関係法規集（Ⅲ）１頁）

第２節　無効

21（無効の事由）

家庭裁判所は，婚姻の時に次の事由があるときは，無効判決をもって，婚姻契約の無効を宣告することができる。

1　各当事者が，適法な関係であると否とにかかわらず，相互に尊属と卑属（親等を問わない。），両親又は親の一方を共にする兄

弟姉妹，叔父と姪，又は叔母と甥の関係にあったこと。

2　当事者の双方又は一方が婚姻の法定年齢に達していなかったこと。

3　夫に現に生存する離婚していない妻があったこと，又は妻に現に生存する離婚していない夫があったこと。

4　当事者の一方が白痴又は精神病者であったこと。

5　当事者の一方が性的不能又は婚姻の状態に入ることにつき肉体的に不可であったこと。

6　無効を請求する当事者の婚姻に対する同意が強制，強迫又は詐欺によって得られたものであり，かつ，その後の同居がないこと。

7　当事者の一方が忌まわしい病気にかかっており，かつ，その事実が無効を請求する当事者に秘匿され，又は知られていなかったこと。

22（未成年）

当事者の一方が法定年齢に達していなかったことを理由に婚姻の無効を請求する訴えは，当該未成年者の親若しくはその未成年者を監護する資格を有する後見人又は裁判所からその未成年者の友人として訴訟をする権限を与えられた者が提起することができる。いかなる場合においても，婚姻はその契約締結時において法定年齢にあった当事者の申立てに基づき無効とされない。当事者の双方が法定年齢に達した後においては，その期間の長短を問わず，夫婦として自由意思により同棲していたと認められる場合においても，同様とする。

23（現に生存する従前の夫又は妻）

婚姻は，当事者の一方が現に生存し，かつ，離婚していない夫又は妻を有していることを理由として，当事者のいずれか一方から他方の生存の申立てにより，又は従前の夫若しくは妻からの申立てにより，無効を宣告することができる。

〔**先判例要旨**〕

◎　ハワイ在住の日本人がその地の方式により婚姻し，同国衛生局の婚姻証明書を提出したときは，戸籍法第41条の婚姻証書とみなす。

（昭和６.11.25民事632号回答）

◎　ハワイ在住日本人男女が同地の方式によって婚姻し，同地官公署の発行した婚姻証明書に基づき夫の氏を称して新戸籍を編製する旨の婚姻届を在外事務所から本籍地市町村長に送付された場合の戸籍記載例

（昭和27．９．５民事甲183号回答）

◎　日本人男とハワイ州女との婚姻届について，添付されているアメリカ合衆国ハワイ州衛生局州登録官発行の証書が，当該ハワイ州女の婚姻要件を具備していることを証明するものとしては不十分であるとして，婚姻届は受理すべきではないとされた事例　　　（昭和60．９.10民二5637号回答）

（**注**）ハワイ州衛生局州登録官発行の証書では，1975年１月から1985年３月まで

の間，ハワイ州では婚姻の記録がない旨の証明はあるが，ハワイ以外の地又はその期間以外に婚姻したことがないことが明らかにされておらず，ハワイ人女が独身であることが不明であり，婚姻適齢以外の他の婚姻要件を具備しているかが不明であることから，婚姻要件具備証明書若しくはこれに代わるものとはいえない。

ハワイ婚姻法に定める婚姻許可証は，婚姻要件具備証明書と取り扱って差し支えないが，上記の証書は，婚姻法第６条に規定する証書ではなく，単なる一定期間ハワイ州での婚姻登録がない旨の証明にすぎない。

第３　離婚及び別居

１　離婚原因

家庭裁判所は，①婚姻が回復不可能な程度に破綻しているとき，②当事者が，寝食を分けることを命じた管轄裁判所の登録された判決に従い，別居して生活し，別居期間が満了し，和解が成立しなかったとき，③当事者が，管轄裁判所の登録された別居手当判決に基づき２年以上の期間別居し，和解が成立しなかったとき，④申立ての直前に，継続して２年以上，当事者が別居して，同居が再開する可能性がなく，当該事件に特有の事情に鑑み，原告の訴えに基づく別居を理由とする離婚が，被告に対し苛酷又は抑圧的でなく，また，公益に反するものではないと裁判所が確信したときは，離婚の判決をしなければならない（州法580－41）。

２　報告的届出（親権について）

ハワイ州の家庭裁判所において離婚判決が確定したが，添付の判決書には，未成年の子について共同親権（Joint legal custody）と定められている場合，ハワイ州では，1980年の立法により，州法第571章（家庭裁判所）の一部が改正され，州法571－46. １により，父母離婚後の子の親権者について，父母共同親権が認められるようになった。

したがって，離婚判決中に，父母離婚後の親権を共同親権としている場合は，子の戸籍に親権事項の記載を要する（昭和58. ３. ７民二1797号回答（戸籍466-

71))。

なお，届書に妻が親権を行うとして記載があるときは，届書中妻が親権を行う子の欄を消除させ，「その他」欄に「未成年の子何某は，父母共同親権である。」旨届出人に補正させた上で受理することになる（時報424-81）。

3　別居事由

家庭裁判所は，別居の申立てに基づき，裁判所が婚姻が一時的に崩壊していると判断したときは，婚姻訴訟において，２年を超えない期間の別居を命ずることができる（州法580－71）。

4　裁判管轄

離婚及び別居に関する専属的第１審裁判権は，申立人が申請の直前に少なくとも３か月間継続して，住所を有していたか，又は現実に居住していた巡回裁判区の家庭裁判所に付与される。夫婦の絆の完全離婚は，当事者の一方が申請の直前に少なくとも６か月（**注**）継続して，住所を有していたか，又は現実に居住していなければ，認められない（州法580－１）。

（**注**）　従前は，１年とされていた。

5　判決確定日

判決書が書記官によって「ファイルされた日」が判決確定日となる（昭和39.11.21民事甲3762号回答）。

〔根拠法条〕

州法（2014 Hawaii Revised Statutes）
第31編　家族
第５部　手続及び判決
第571章　家庭裁判所
571－46.1（共同監護）
a　一方の親の申請に基づき，裁判所の裁量で，共同監護の裁定をすることができる。（以下，略）
b～d　（略）
（1980年，2002年，2005年，2008年改正）
第580章　無効，離婚及び別居
第１部　総則
580－１（裁判管轄，聴聞）
裁判地の変更に関する603－37及び法

に従った上訴を条件とし，無効，離婚及び別居に関する専属的第１審裁判権は，申立人が申請の直前に少なくとも３か月間継続して，住所を有していたか，又は現実に居住していた巡回裁判区の家庭裁判所に付与される。夫婦の絆の完全離婚は，当事者の一方が申請の直前に少なくとも６か月継続して，住所を有していたか，又は現実に居住していなければ，認められない。（略）それぞれの巡回裁判区の家庭裁判所は，婚姻と同様に，ハワイ州で登録されたシビルユニオン又はハワイ州においてシビルユニオンとして承認された結合の無効，離婚及び別居に関する全ての手続について管轄権を有する。
（1870年，1878年，1903年，1919年，1925年，1927年，1935年，1945年，1949年，1955年，1957年，1961年，1965年，1967年，1973年，1977年，2011年，2012年改正）

第３部　離婚

580－41（離婚）

家庭裁判所は，以下の事由があると判定したときは，夫婦の絆からの離婚を判決しなければならない。

1　婚姻が回復不可能な程度に破綻していること。

2　当事者が，寝食を分けることを命じた管轄裁判所の登録された判決に従い，別居して生活し，別居期間が満了し，和解が成立しなかったこと。

3　当事者が，管轄裁判所の登録された別居手当判決（a decree of separate maintenance）に基づき２年以上の期間別居し，和解が成立しなかったこと。

4　申立ての直前に，継続して２年以上，当事者が別居して，同居が再開する可能性がなく，当該事件に特有の事情に鑑み，原告の訴えに基づく別居を理由とする離婚が，被告に対し苛酷又は抑圧的でなく，また，公益に反するものではないと裁判所が確信したとき。

（1870年，1903年，1909年，1915年，1919年，1925年，1931年，1935年，1945年，1949年，1951年，1955年，1957年，1965年，1966年，1967年，1970年，1972年改正）

第４部　別居

580－71（別居事由）

家庭裁判所は，別居の申立てに基づき，裁判所が婚姻が一時的に崩壊していると判断したときは，婚姻訴訟において，２年を超えない期間の別居を命ずることができる。
（1859年，1903年，1925年，1935年，1941年，1945年，1955年，1973年，1976年改正）

〔先判例要旨〕

◎　ハワイ在住の日本人間において同地の裁判所がした離婚判決の離婚原因である「扶養義務の不履行」は，旧民法第813条第６号（悪意の遺棄）に該当するものと解し，さらに，判決確定の日は，判決綴込の日と解して戸籍の処理を認めた事例　（昭和31．３．26民事甲656号回答）

◎　米国人夫（ハワイ州）と日本人妻との調停離婚において，家庭裁判所が，申立人及び相手方代理人の陳述並びに相手方の当裁判所に管轄権のあることを認めた陳述書に基づき，管轄権のあることを認め，法例第16条（改正前）により夫の本国法である米合衆国ハワイ州法の離婚原因に関する規定並びに家事審判法（改正前）を適用して離婚の調停条項を決定した事例

（昭和31．6．18東京地裁調停・成立）

◎　妻から提起した離婚の訴えについて，アメリカ合衆国ハワイ准州第１巡回裁判所において離婚判決があり，その判決の謄本を添えて夫から離婚の届出をした場合において，同判決書が書記官によってファイルされた日を判決確定の日とし，夫からの離婚届書を資料として監督局（管轄局）の長の許可を得て，職権で離婚事項を記載するのが相当であるとされた事例

（昭和39．11．21民事甲3762号回答）

◎　米国在住の日本人夫婦について，米国の裁判所において離婚の判決がされ，原告である妻が日本に帰国して離婚の届出をする際，離婚判決謄本を所持していない場合は，離婚判決証明書を添付した届出を受理して差し支えない。

なお，未成年者の子の親権者がその証明書により明らかでないときは，それを明らかにする裁判の謄本を添えて追完届があるまで，親権に関する戸籍記載は留保するほかはない。　（昭和40．３．１民事甲480号回答）

◎　日本に在住する米国人（ハワイ州出身）夫婦の夫婦関係調整調停申立事件について，離婚の要件及び方式についての準拠法を夫婦の法定住所であるハワイ州法と認定した上，同州法によれば離婚は全て裁判所の裁判によるものとされており，我が国で実質的にこの方式に沿うのは家事審判法第23条（改正前）による審判であるとして，同条の審判により離婚を認めた事例　（平成３．５．14横浜家裁審判・認容）

第4　出　　生

1　父の推定

男性と子の母が婚姻しているか，又は婚姻していて，子が婚姻中又は婚姻が死亡，無効，無効宣言，又は離婚による婚姻の終了後300日以内若しくは別居判決が裁判所に登録された後300日以内に出生した場合には，男性は子の父と推定される（州法584－４）。

2　出生証明書

ハワイ州衛生局発行の出生証明書は，資料５－38－２，資料５－38－３（本文665頁以下）参照。

〔根拠法条〕

州法（2014 Hawaii Revised Statutes）
第31編　家族
第584章　統一親子法
584－４（父の推定）
a　男性は，以下の場合は，子の実の父と推定される。
　１　男性と子の実の母が婚姻しているか，又は婚姻していて，子が婚姻中又は死亡，無効，無効宣言又は離婚による婚姻の終了後若しくは別居判決が裁判所に登録された後300日以内に出生した場合
　２～６　（略）
b　（略）

第5　養子縁組

1　実質的成立要件

⑴　養親の要件

婚姻関係にない成年者，未成年の子の法律上の父若しくは母と婚姻している者又は夫婦は，養子縁組を裁判所に申し立てることができる（州法578－１）。

⑵　夫婦共同縁組

養親が夫婦の場合は，共同で縁組をしなければならない（州法578－１）。

⑶　養子の要件

養子は，未成年者だけでなく，成人も養子となることができる（州法578－1・578－2）。

⑷　配偶者の同意

養子となる者が婚姻している場合は，配偶者の同意を要する（州法578－2）。

2　保護要件

⑴　裁判所等の許可

未成年者の養子縁組には，裁判所の養子決定が必要である（州法578－2）。

⑵　養子の同意

養子が10歳以上（注）である場合は，その者の同意を要する。ただし，裁判所は，子の最善の利益のために，子の同意を免除することができる（州法578－2・578－1.5）。

（注）　従前は，養子が「12歳以上」であるときに同意が必要であるとされていた（旧州法578－2）。

⑶　実親等の同意

養子の実親等の同意を要する（州法578－2）。

3　形式的成立要件

⑴　管轄裁判所

その者が居住又は兵役に服している巡回裁判区の家庭裁判所若しくは養子となる者が居住しているか，出生したか，子の法定監護権を有する福祉事業部門が承認した子が託置された機関が位置する巡回裁判区の家庭裁判所に養子縁組を申し立てる（州法578－1）。

⑵　審　理

申立人，養子となるべき者及び同人の親権者が出廷した上で行われる（州法578－8）。

⑶　申立人死亡の場合における措置

養子縁組の申立て係属中に申立人が死亡した場合，裁判官は，子の利益に役立つものと認めたときは，当該申立ての提起の日をもって養子縁組を許可する決定をすることができる（州法578－11）。

なお，養子が成年の場合は，日本法によって成立する創設的養子縁組であるときは，ハワイ州の家族法には成年養子に関する規定がないこと等から，法定代理人による同意は必要ないと考えられる。

4　養子縁組の効力

⑴　養親との関係

養子は，養親の全血の実子とみなされる。

養子となる者とその者の養親は，お互いに法律上の親子関係を維持し，その者が養親の実子のように，お互いの及び養親の親族の相続権を含めた全ての権利を有し，その関係の全ての義務に服する（州法578－16）。

⑵　実親との関係

養子と実親との間の全ての法律上の権利及び義務は養子縁組の時に終了する。

ただし，その者がその者の法律上の親と婚姻した者の養子となったときは，法律上の親とその者の間に存在する完全に相互な権利及び義務，その者と法律上の親及び親の法律上の親族の間の相続権は，継続する（州法578－16）。

⑶　養子の氏名

裁判所は，未成年者及び成人の養子の姓及び名を養親が定める姓名又は子又は成人の最善の利益となる姓名に決定又は変更することができる（州法578－13）。

⑷　養子縁組の成立日及び効力発生日

ア　養子縁組成立日

「ファイル（登録）された日」が，成立日となる。

イ　効力発生日

巡回家庭裁判所としては，同決定の効力の発生する日として，縁組申立ての日から同決定の登録後６か月を経過するまでの一定の日を指定することになり，その指定日が養子決定の効力発生日となる（昭和54．８．１民二4255号回答（戸籍413－71））。

ハワイ修正法578－８第４項において，一定の制限はあるものの，裁判官の判断でファイル日（登録日）より遡及して養子縁組発行日を決定できることとされた。

((4)につき，平成15年調査)

〔根拠法条〕

州法（2014 Hawaii Revised Statutes）

第31編　家族

第578章　養子縁組

578－１（養子縁組をすることができる者，管轄，裁判地）

未婚の成人又は未成年の子の法律上の父又は母若しくは夫と妻が共同して，その者が居住又は兵役に服している巡回裁判区の家庭裁判所若しくは養子となる者が居住しているか，出生したか，（571－２に規定されているように）子の法定監護権を有する346－17の規定により福祉事業部門（the department of human services）が承認した子が託置された機関が位置する巡回裁判区の家庭裁判所に，親と子の法的関係が維持されていない者を養子とする許可及びその者の姓を変更することを申し立てることができる。（以下，略）

（1947年，1953年，1955年，1965年，1969年，1973年，1976年，1992年，2010年改正）

578－１．５（養子縁組）

本章において，いかなる者も養子となることができる。ただし，養子となる成人は，養子縁組に対して書面による同意をしなければならない。

（1976年，1985年，1986年改正）

578－２（養子縁組に対する同意）

a　養子縁組に対する同意を要する者。第ｃ項に基づいて同意を要しないか，又は免除されるときを除き，申し込まれた養子縁組に対する書面による同意を以下の者が行ったときは，子を養子縁組する申立てを認めることができる。

1　子の母

2　嫡出子である子の法的な父

3　裁判所が子との関係を決定した父

4　578－２第ｄ項に基づき推定された父

5　（父として）法的でなく，宣告されていないか，又は推定されていないが，合理的な範囲の子の福祉に関する利害関係又は責任を証明し，以下のいずれかの場合で，関係する実の父

A　子の出生後，最初の30日間，又は

B　子の母によって有効な同意が行われる前，又は

C　養親に子が託置される前のいずれかの期間で最大のもの

6　子の法定監護権を有するか，又は法的な同意権限が付与された者又は機関

7　子の法定後見人が同意権限を付与されていないときは，子の監護について管轄権を有する裁判所

8　10歳以上である養子。ただし，子の

最善の利益のため裁判所が子の同意を免除したときを除く。

b　養子縁組に対する同意を成人及び成人が婚姻しているときは，成人の配偶者が養子縁組に対する書面による同意を行ったときは，成人を養子縁組する申立ては認められる。

c　同意を要しないか，又は裁判所の命令で同意が免除される者（以下，略）

d～g　（略）

（1951年，1953年，1955年，1959年，1965年，1969年，1970年，1973年，1975年，1976年，1980年，1986年，1987年，1992年，1993年，2010年，2011年改正）

578－8（聴取，調査，決定）

a　裁判官が明白に出廷免除を許可しない限り，申立人，申立人のうちいずれかと婚姻している法律上の父母及び縁組に当たりその同意を必要とする子の全部が裁判官の面前に出頭して聴取が行われない限り，養子縁組判決（decree of adoption）をすることができない。

裁判官は，申立書並びに申立人及び財産に利害関係を有するその他の者が提出を望む証拠を検討した後，次の点につき十分納得したときに，養子縁組判決を登録することができる。

1　養子縁組の対象である子が578－1及び578－2の規定に基づいて養子となる資格があること。

2　当該子が申立人の養子となるについて，身体的，精神的及びその他の点において適当であること。

3　申立人が養父母としてふさわしく，適当であり，かつ，財政的に当該子に適当な過程と教育を与える能力を有していること。

4　当該養子縁組が，将来当該子の利益に最も役立つものであること。

b・c　（略）

（1953年，1955年，1959年，1973年，1976年，1979年，1985年，1987年，1990年，1995年，2005年改正）

578－11（申立人の死亡の場合の処置）

縁組の申立ての継続中に申立人が死亡したときは，裁判官は，当該子の利益に役立つものであり，また，存命中の申立人の一部が縁組成立を希望しているものと認めるときは，申立中の縁組に対して，当該申立ての日をもって発効するものとして縁組許可の判決をすることができる。

（1953年，1955年，1973年，1976年改正）

578－13（姓の変更）

裁判所は，未成年者の養子の姓（the family name）及び名（the given name）を養親が定める姓名又は子の最善の利益となる姓名に決定又は変更することができる。

裁判所は，養子縁組の申請時に成人である養子となる者の姓及び名を養親が定める姓名又はその成人の最善の利益となる姓名に決定又は変更することができる。

（1953年，1955年，1973年，1976年，1987年改正）

578－16（養子縁組の効力）

a　法的に養子となった者は，財産の相続に関する統一検認法典（the Uniform Probate Code）に規定されている養親の全血の実子とみなされる。

b　養子の以前の法律上の親及びその他の法律上の親族は，本節に規定されるものを除き統一検認法典に規定される者に関係しないとみなされる。

c　養子となる者とその者の養親は，お互いに法律上の親子関係を維持し，その者が養親の実子のように，お互いの及び養親の親族の相続権を含めた全ての権利を有し，その関係の全ての義務に服する。

d　第e項に規定される場合を除き，その者とその者の以前の法律上の親の間の全ての法律上の権利及び義務は養子縁組の時に終了する。ただし，その者がその者の法律上の親と婚姻した者の養子となったときは，法律上の親とその者の間に存在する完全に相互な権利及び義務，その者と法律上の親及び親の法律上の親族の間の相続権は，第560章に規定されるように継続する。（以下，略）

e～h　（略）

（1905年，1915年，1919年，1925年，1935年，1945年，1953年，1955年，1976年，1985年，1992年改正）

〔参考〕

家族法－養子縁組（ハワイ法規集　1959年版）

578－1（縁組）

次の者は，その者が居住する巡回裁判区の家庭裁判所又は養子となる者が居住する巡回裁判区の家庭裁判所の裁判官に対して，その者と法律上の親子関係を有しない未成年の子を養子にする許可及び未成年の子の氏名を変更する許可の申立てをすることができる。

(a)　婚姻関係にない成年者

(b)　未成年の子の法律上の父若しくは法律上の母と婚姻している者

(c)　夫婦（この場合は共同で）

578－2（縁組に対する同意）

子が12歳以上であるときは，当該子の文書による同意を要する。

全ての縁組において，生存中の父母双方の文書による同意を必要とする。ただし，父母が次に掲げる場合に該当することを要する。

(a)　特殊施設による世話を必要とする程度に精神的に異常若しくは精神的に無能力等の事由により同意を与える能力を欠くものとして法律的に宣告を受けていない場合

(b)　6か月の期間当該子を遺棄したことがない場合

(c)　2年以上の期間にわたって当該子の世話及び監護の義務を他人に自発的に譲渡したことがない場合

(d)　第571章若しくは他の州等の法律の規定に基づいて権限を有する裁判所その他の機関によって法律的に親権終了の宣告を受けたことがない場合

裁判官は，申立ての聴取（hearing）に当たり，上記のような精神障害等若しくはその他の事由により同意能力を欠き，又は親権の放棄，譲渡若しくは法的終了の事実につき認定し，かつ，右認定を養子縁組決定書に述べるものとする。

子の法律上の父母が未成年者であっても，そのことが当該子の養子縁組に対し有効かつ拘束的同意を与える父母としての権利の障害とはならない。ただし，裁判官はそのような未成年者である親の利益を代表し，擁護する後見人を任命することができる。

次の場合は父母の同意に代えて，当該子の法的後見人又は親権終了の認定に基づいて署名を許された者が，縁組同意書に署名をする。

(a)　不同意の法律上の父母の居住が不明であるとき。

(b)　親権を放棄又は譲渡したとき。

(c)　不同意の法律上の父母の親権が終了の宣告を受けたとき。

法的後見人又は上記の許可のある者を欠く

場合に，裁判所はその必要があると認めるときは，当該子の最も近い友（the next friend）として養子縁組裁判手続において代行する適当な人物を任命することができる。ただし，生存中の法律上の父母のそれぞれの同意を得ることができなかったときは，不同意の当該父母に対して聴取実施の日時及び場所について，事実又は推定上の正当な通告がなされない限り，養子縁組申立ての聴取を行ってはならない。

また，上記の法律的に親権終了宣告を受けた不同意の父母に対しては，右の通告を行う必要はない。

上記に基づき要求される父母の同意は，当該同意がある特定の養親を指定していない場合でも，上記の同意が社会事業局，346－17に基づいて同局が認可した子の養子縁組をあっせんする機関又は子の養子縁組をあっせんすることを法律によって禁止されていないある適当な人物に対して当該子のために養親を選び，かつ是認する権限を与える旨を明瞭に示してあるときは，同意は有効であり，かつ，拘束力をもつ。

以下の養子縁組同意書について，当該子が養子縁組のため仲介依頼された後にする撤回又は否認は，それが当該子の利益のため最もよい旨の認定に基づく裁判官の文書による明白な許可がない限り，認められない。

(a) 養子縁組裁判手続において提出され，又は証拠として受領された同意書

(b) 社会事業局，346－17により同局が許可した子の養子縁組あっせん機関若しくは養子縁組のため子をあっせんすることを法律により禁止されていない適当な者に与えられた同意書

次の者は，申立人又は養親を選びそれを養親と認める権限を父母の承諾により許された者又は機関の許可を得て，当該子に施される内科又は外科的手当て・処置に関して訴訟を行うことは許されない。

(a) 養子縁組に同意する者

(b) 上記同意者に代わって同意書に署名する者

(c) 承諾がこの法律によって要求されていない不同意の父母

この法律に述べるいかなることも，内科，又は外科的手当て・処置の結果として被る身体的障害に対して当該子に生ずる訴訟原因を無視し，又は害しないものとする。

578－8（聴取，調査，決定）

裁判官が明白に出廷免除を許可しない限り，申立人，申立人のうちいずれかと婚姻をしている法律上の父母及び縁組に当たりその同意を必要とする子の全部が裁判官の面前に出頭して聴取が行われない限り，養子縁組決定（decree of adoption）をすることができない。

裁判官は，申立書並びに申立人及び財産に利害関係を有するその他の者が提出を望む証拠を検討した後，次の点につき十分納得したときに，養子縁組許可決定を行うことができる。

(a) 養子縁組の対象である子が578－1及び578－2の規定に基づいて養子となる資格があること。

(b) 当該子が申立人の養子となるについて身体的，精神的及びその他の点において適当であること。

(c) 申立人が養父母としてふさわしく，適当であり，かつ，財政的に当該子に適当な過程と教育を与える能力を有していること。

(d) 当該養子縁組が将来当該子の利益に最も役立つものであること。

上記決定は，裁判官が決定書において指定する日に効力を生ずる。決定の発効日は申立てを提起した日より前であってはならず，かつ，決定の下された日の翌日から6か月の期間内でなければならない。

（以下，略）

578－11（申立人の死亡）

縁組の申立継続中において，申立人が死亡したときは，裁判官は，当該子の利益に役立つものであり，また，存命中の申立人の一部が縁組成立を希望しているものと認めるときは，申立中の縁組に対して，当該申立ての日をもって発効するものとして縁組許可の決定

をすることができる。

578－13（養子の氏）

養子の氏は，養親の氏に変更しなければならない。同時に，当該子の名が決定又は変更され得る。

578－16（縁組の効力）

縁組により養子は養親との間に次の効果が生ずる。

(a)　養子は，相続に関して養親の本来の子とみなし，縁組成立前の当該子の法律上の父母，及びその他の血縁者又は近親者は，いずれも相続に関して当該子に関係を有しないものとみなす。

(b)　養子は，養親の実子と同様の権利と義務を有し，縁組成立前の法律上の父母との間の全ての権利と義務は，縁組成立のときから終了する。

(c)　ただし，当該子が法律上の父母のいずれかと婚姻している者の養子となる場合は，その法律上の父又は母との間の権利と義務，並びに当該父又は母の法的血縁者の相続権は，養親が縁組によって取得した権利及び縁組によって課せられることとなった義務と同様の範囲で存続する。

合衆国のいずれかの州又はいずれかの国の法律に基づいて縁組した養子は，全ての点に関し，この章に基づいて縁組した養子の場合と同様の権利と恩恵が与えられる。

〔**先判例要旨**〕

◎　米国人たる夫が，日本人たる妻の嫡出でない子を養子とする縁組がハワイ州法の方式により有効に成立しているものと認められるとして，報告的届出を受理して差し支えないとされた事例

（昭和54．8．1民二4255号回答）

資料５－38－１〔婚姻証明書〕

□□□□□□
△△△△
※※※※※※※
Honolulu, Hawaii ※※

原本確認済
平成25年9月10日
在ホノルル［illegible］
［illegible］※※※※印

CERTIFICATE OF MARRIAGE

STATE OF HAWAI'I
DEPARTMENT OF HEALTH

CERTIFICATE NUMBER
151 2013-※※

NAME OF GROOM □□□□□□	DATE OF BIRTH MAY ※, 1984	GROOM'S PLACE OF BIRTH ROBBINSDALE, MINNESOTA
GROOM'S DECLARED MIDDLE NAME(S) □□	FATHER'S FULL NAME ※※※※※※	FATHER'S STATE OR COUNTRY OF BIRTH MINNESOTA
GROOM'S DECLARED SURNAME □□	MOTHER'S MAIDEN NAME ※※※※※※	MOTHER'S STATE OR COUNTRY OF BIRTH MINNESOTA
NAME OF BRIDE △△△△	DATE OF BIRTH APRIL ※, 1984	BRIDE'S PLACE OF BIRTH ※※※※, JAPAN
	FATHER'S FULL NAME ※※※※	FATHER'S STATE OR COUNTRY OF BIRTH JAPAN
BRIDE'S DECLARED SURNAME △△	MOTHER'S MAIDEN NAME ※※※※	MOTHER'S STATE OR COUNTRY OF BIRTH JAPAN
DATE OF MARRIAGE AUGUST ※, 2013	PLACE OF CEREMONY ※※※※※※	COUNTY HONOLULU / ISLAND OAHU
DATE ACCEPTED BY STATE REGISTRAR 08/05/2013	PERFORMER UALE, BODE	

OHSM 5.3 (Rev.2/13)　This copy serves as prima facie evidence of the fact of marriage in any court proceeding.　[HRS 572-13(c), 338-13(b)]

ANY ALTERATIONS INVALIDATE THIS CERTIFICATE

資料５－38－１

婚姻証明書　訳文要旨

		ラストネーム		ファーストネーム　ミドルネーム
夫の氏名	(氏)	□□	(名)	□□　□□
生年月日	西暦　1984　年　5　月　※　日			
婚姻後の氏名	(氏)	□□	(名)	□□　□□

		ラストネーム		ファーストネーム　ミドルネーム
妻の氏名	(氏)	△△	(名)	△△
生年月日	西暦　1984　年　4　月　※　日			
婚姻後の氏名	(氏)	△△	(名)	△△

婚姻年月日	西暦　2013　年　8　月　※　日
婚姻場所	アメリカ合衆国　ハワイ　州　ホノルル　(市)・郡
証明者(登録機関)	アメリカ合衆国　ハワイ　州　衛生　局
証明書発行日	西暦　2013　年　8　月　19　日

翻訳者氏名　△　△　△　△

資料５－38－２〔出生証明書〕

原本確認済
平成 25 年 10 月 3 日
在ホノルル総領事館
副領事※※※※ 印

CERTIFICATE OF LIVE BIRTH

STATE OF HAWAII
DEPARTMENT OF HEALTH

CERTIFICATE NO. **151 2013 -** ※※

CHILD'S NAME
○○ ○○　○○

DATE OF BIRTH	HOUR OF BIRTH	SEX
August ※, 2013	2:06 PM	MALE
CITY, TOWN OR LOCATION OF BIRTH	ISLAND OF BIRTH	COUNTY OF BIRTH
HONOLULU	OAHU	HONOLULU

MOTHER'S MAIDEN NAME
△△ △△

MOTHER'S RACE
JAPANESE

MOTHER'S STATE/COUNTRY OF BIRTH
JAPAN

FATHER'S NAME
□□ □□□□

FATHER'S RACE
JAPANESE/IRISH/FRENCH/OKINAWAN

FATHER'S STATE/COUNTRY OF BIRTH
HAWAII

DATE FILED BY REGISTRAR
August 21, 2013

OHSM 1.1 (Rev 10/08) LASER　This copy serves as prima facie evidence of the fact of birth in any court proceeding. [HRS 338-13(b), 338-19]　※※

ANY ALTERATIONS INVALIDATE THIS CERTIFICATE

資料5－38－2

SEP 19 [2013]

I CERTIFY THIS IS A TRUE COPY OR
ABSTRACT OF THE RECORD ON FILE IN
THE HAWAII STATE DEPARTMENT OF HEALTH

（署名）

STATE REGISTRAR

資料5－38－2

出生証明書 訳文要旨

アメリカ合衆国ハワイ州衛生局

子の氏名 (氏) ○○ (名) ○○

(中間名) ○○

生年月日 西暦 2013 年 8 月 ※ 日/

出生時刻 午前・(午後) 2 時 6 分/性別 (男)・女

出生地 ホノルル 出生島 オアフ

出生市郡 ホノルル

母の婚姻前の氏名 (氏) △△ (名) △△

父の氏名 (氏) □□ (名) □□ □□

州登録日 西暦 2013 年 8 月 21 日

証明書発行日 西暦 2013 年 9 月 19 日

翻訳者氏名 △ △ △ △

申し出事項

証明書上の出生子の氏名は、 ○○ ○○ ○○ となっているが

戸籍には (氏) ○○ (名) ○○ と届出する。

証明書上では出生子の母の氏名は、 ＿＿＿＿ となっているが

戸籍上の (氏) ＿＿＿＿ (名) ＿＿＿＿ と同一人物である。

申し出人署名 △ △ △ △ ㊞

資料5－38－3〔出生証明書〕

CERTIFICATION OF LIVE BIRTH

STATE OF HAWAII
HONOLULU

DEPARTMENT OF HEALTH
HAWAII U.S.A.

CERTIFICATE NO. **151 2001 - ※※**

CHILD'S NAME
○○○ ○○○ ○

DATE OF BIRTH
September ○ 2001

HOUR OF BIRTH
7:00 PM

SEX
MALE

CITY, TOWN OR LOCATION OF BIRTH
HONOLULU

ISLAND OF BIRTH
OAHU

COUNTY OF BIRTH
HONOLULU

MOTHER'S MAIDEN NAME
○○ ○○

MOTHER'S RACE
JAPANESE

FATHER'S NAME
○○○ ○

FATHER'S RACE
CHINESE, JAPANESE

DATE RECEIVED BY LOCAL REGISTRAR
September ○, 2001

DATE COPY WAS ISSUED
September ○, 2001

OHSM 1.1 (Rev.2/97) LASER

This copy serves as prima facie evidence of the fact of birth in any court proceeding. [HRS 338-13(b), 338-19]

ANY ALTERATIONS INVALIDATE THIS CERTIFICATE

5－39　アメリカ合衆国／プエルトリコ

第１　プエルトリコの制度

プエルトリコは，アメリカ合衆国の施政権下にあるが，アメリカは領土権を有しておらず（したがって，領土権は住民に帰属），施政権を住民と共有する形態を採っており，その配分は，外交，軍事はアメリカが担当し，内政は住民が担当している。したがって，独立国とはいえないが，アメリカの属領とも異なる特殊な地域（自治領と呼ばれることもある。）であり，独自の婚姻法が制定されている。

第２　婚　　姻

１　実質的成立要件

(1)　婚姻適齢

男女とも21歳である。

男子は18歳以上，女子は16歳以上であるときは，両親の同意を得て婚姻をすることができる。

(2)　重婚の禁止

既に婚姻している者は，婚姻をすることができない（法A 232）。

(3)　近親婚の禁止

一定の範囲の親族間の婚姻は禁止される。

ただし，利害関係人の申請により，正当な事由があるときは，第１審裁判所は４親等の親族の婚姻を認めることができる（法A 234）。

(4)　同性婚

アメリカ合衆国では，同性婚を認める州と認めない州が存在していたが，連邦最高裁判所は，平成27年（2015年）６月26日に，同性婚は合衆国憲法の下での権利であり，州は同性婚を認めなければならないとの判断を下した。これにより，全米で同性婚が合法となることから，同性婚を禁止している各州の法律は今後改正される。

(5) その他

正気でない者，精神遅滞等で同意をすることができない者は，婚姻をすることができない（法A232）。

2　婚姻の方式

婚姻の方式は，婚姻許可証の交付を受け，教会又は裁判所において挙式を行うものとされ，その結果は，婚姻執行者から挙式後10日以内に人口動態統計局に報告され，そこに保管登録される。

したがって，婚姻登録官が発行した婚姻証明書（資料５－39－１（本文672頁）戸籍506-79参照）は，その様式，内容から，権限ある者によって，真正に作成された証明書とみて差し支えない。

3　効力発生日

婚姻の効力は，挙式の日から生じる。

（２・３につき，昭和61．３．12民二1808号回答（戸籍506-77））

4　戸籍の記載

プエルトリコは独自の婚姻法も制定されていることから，婚姻の記載は，「プエルトリコの方式」（【婚姻の方式】プエルトリコの方式）と記載する（戸籍525-28）。

〔**根拠法条**〕

プエルトリコ法（Laws of Puerto Rico）

第31編　民法

サブタイトル１　人

第３部　婚姻

第31章　婚姻締結するための要件

A232（婚姻締結の能力の有無）

以下に掲げる者は，婚姻を締結する能力を有しない。

1　既に法律上の婚姻をしている者

2　正気の者でない者

3　精神遅滞（mental retardation）及び(又は)発達不全(some developmental deficiency）で，同意をすることができない状態である者

4　18歳未満の男性及び16歳未満の女性。(以下，略)

5　法律で求める同意を得ていない未成年者

6　身体的勃起不全で，生殖のできない者

7　（略）

A234（能力―血縁関係の免除）

利害関係人の申請に基づき，第１審裁判所は，正当な事由があるときは，４親等の親族関係を適用しないことができる。

資料5－39－1〔婚姻証明書〕

Vol ※※

ESTADO LIBRE ASOCIADO DE PUERTO RICO
DEPARTAMENTO DE SALUD
DIVISION DE REGISTRO DEMOGRAFICO Y ESTADISTICAS VITALES

DEPARTAMENTO DE SALUD
REGISTRO DEMOGRAFICO
DISTRITO NUM. ※※
RIO PIEDRAS, P.R.

CERTIFICADO NUM. ※※

Por la presente certifico: que en el Registro Demográfico de Rio Piedras *, P. R., a mi cargo, se ha inscrito el*

CERTIFICADO DE MATRIMONIO

de □□□□
Nombre del contrayente

y de △△△△
Nombre de la contrayente

efectuado el ※ (día) *de* Noviembre (mes) *de 19*84 (año)*, e inscrito el* 3 (día)
de Diciembre (mes) *de 19*84 (año).

12-4-84
Fecha de expedición de este Certificado.

（署名）
Firma del Registrador

Modelo RD 73 (Rev. 3-61)
Núm. Ant. VS 15

資料５－39－１

Vol　※※

自由連合の州　プエルトリコ
厚生省
人口統計課

婚 姻 証 明 書

証明番号　※※　　　　　　　　　　地域番号　※※

この証明を通し、プエルトリコ、リオピエドラスの人口統計において、私の責任により

1984年11月※日におこなわれ

1984年12月３日に手続きをうけた

□□□□　　と

△△△△　　の

結婚は登録された。

1984 年 12 月 4 日

この証明書が発行された日　　　　　※※※※※

登録者の署名

訳者　横浜市※※※※※

△△△△　㊞

5－40　アメリカ合衆国／フロリダ州

第1　婚　　姻

1　婚姻証明書

フロリダ州ヒルズボロウ郡登録官作成の婚姻証明書は，資料5－40－1（本文681頁）参照。

2　実質的成立要件

(1)　婚姻適齢

男女とも18歳である。

ただし，当事者の一方が少なくとも16歳以上で18歳未満であるときは，未成年者の婚姻に対する両親又は後見人の同意が提出され，婚姻許可証が発行されたとき，あるいは，女性が妊娠しているときは，婚姻をすることができる。

当事者が16歳未満のときは，郡の裁判官が婚姻許可証を発行したときを除き，婚姻をすることができない（州法741.0405）。

(2)　婚姻障害事由

重婚・近親婚は，禁止されている（州法741.21，昭和61．3．12民二1808号回答（戸籍506－77））。

（注）　回答時は，州法741.10であったが，現行法は，近親婚について，州法741.21で規定している。

(3)　同性婚

アメリカ合衆国では，同性婚を認める州と認めない州が存在していたが，連邦最高裁判所は，平成27年（2015年）6月26日に，同性婚は合衆国憲法の下での権利であり，州は同性婚を認めなければならないとの判断を下した。これにより，全米で同性婚が合法となることから，同性婚を禁止している各州の法律は今後改正される。

2　形式的成立要件

⑴　婚姻許可証

ア　発給権者

郡の裁判官又は巡回裁判所の書記が発給する（州法741.01①）。

イ　有効期間

発行された日から60日有効である（州法741.041）。

⑵　婚姻の挙行

正式に任命された福音伝道の牧師，同じ教会の宗派に属している長老又は任命された書記，裁判所の職員（退職した者を含む），巡回裁判所の書記，フロリダ州の公証人は，法に規定された規則に従い，婚姻契約を挙行することができる（州法741.07）。

〔根拠法条〕

州法（2014 Florida Statutes）

第43編　家族関係

第741章　婚姻及び家庭内暴力

741.01（婚姻許可証を発行する郡の裁判官又は巡回裁判所の書記；手数料）

①　（略）郡の裁判官又は巡回裁判所の書記は，婚姻障害がないことが判明したときは，許可証の申請に基づき，許可証を発行する。（以下，略）

②～⑤　（略）

741.0405（18歳未満の者に婚姻許可証が発行されるとき）

①　当事者の一方が少なくとも16歳以上で18歳未満であるときは，郡の裁判官又は巡回裁判所の書記は，未成年者の婚姻に対する両親又は後見人の書面による同意が提出され，承認を受け，宣誓をさせる権限を法により与えられた役人の前で認められたときは，婚姻許可証を発行する。しかしながら，未成年者の両親が申請の時に死亡していたか，又は未成年者が過去に婚姻していたときは，親の同意がなくても許可証は発行される。

②　州の郡の裁判官は，裁量により，子の両親であることを宣誓した両当事者の申請に基づき，18歳未満の者が婚姻するために許可証を発行する。

③　妊娠していることが，資格を有する医師が証明したときは，州の郡裁判所の裁判官は，裁量により，以下の者に婚姻許可証を発行することができる。

a　18歳未満の男子又は女子については，子を妊娠している両親であることを宣誓した両当事者の申請により，又は，

b　18歳未満の女子と18歳以上の男子に

ついては，妊娠している親であることを宣誓した女子の申請による。

④　16歳未満の者については，第２項又は第３項に規定される場合を除いて，親の同意の有無にかかわらず，婚姻許可証は認められない。

741.041（60日間有効の婚姻許可証の申請）

婚姻許可証は，発行後60日間のみ有効である。その許可証の有効期間が満了した後は，いかなる者も婚姻を挙行してはならない。郡裁判官又は巡回裁判所の書記は，許可証が有効である最終日時を説明する。

741.07（婚姻を挙行する権限を有する者）

①　正式に任命された福音伝道の牧師，同じ教会の宗派に属している長老又は任命された書記，退職した者を含んだ裁判所の役人，巡回裁判所の書記，フロリダ州の公証人は法に規定された規則に従い，婚姻契約の権利を執り行うことができる。（以下，略）

②　（略）

741.08（許可証なく挙行されない婚姻）

741.07に掲げられた者が婚姻を挙行する前に，741.01の要件に従って発行された当事者の婚姻許可証が必要である。そして，婚姻挙行後10日以内に，許可証に証明を行い，それを発行した郡裁判官又は巡回裁判所の書記の事務所に送付する。

741.21（近親婚の禁止）

男性は直系の親族である姉妹，おば，姪と婚姻できない。女性は直系の親族である兄弟，おじ，甥と婚姻できない。

第２　出　　生

1　出生証明書

フロリダ州登録官発行の出生証明書は，資料５－40－２（本文683頁）参照。

第３　養子縁組

1　実質的成立要件

⑴　養子の要件

18歳未満の未成年者だけでなく，18歳以上の成人についても，養子になることができる（州法63.042①）。

⑵　養親の要件

ア　夫婦共同縁組

配偶者のいない者も養親となることができるが，配偶者のある者は，他方の配偶者が養子となる者の親で養子縁組に同意しているか，又は裁判所が認めた場合を除き，夫婦は共同して縁組をしなければならない（州法63.042②）。

イ　養親の年齢

養親は，18歳以上でなければならない（州法63.042②）。

⑶　養親と養子の年齢差

養親と養子の年齢差については，法律上の定めはない。

⑷　配偶者の同意

ア　養親が夫婦の場合

養親が夫婦で，共同で養子縁組をしない場合は，養子となる者が配偶者でなく，かつ他方の配偶者が，養子となる者の親で，養子縁組に同意をしなければならない（州法63.042②）。

イ　養子が婚姻している場合

配偶者の同意を得なければならない（州法63.062⑧）。

2　保護要件

⑴　裁判所の許可

養子縁組には，裁判所の許可を得なければならない。

⑵　養子の同意

養子が12歳以上であるときは,その者の同意を要する（州法63.062①ｃ・⑧）。

⑶　実父母の同意

ア　同意の要否

母及び父の同意を要する（州法63.062①ａ・ｂ）。

イ　同意の免除

子を遺棄した親，親権が裁判所によって終了された等の場合は，裁判所は，その者の同意を免除することができる（州法63.064）。

3　養子縁組の効力

(1)　実親との関係

実親が申請者であるか，又は申請者と婚姻している場合を除き，養子の実親は，全ての親の権利及び義務から免れる（州法63. 172①ａ）。

また，実親が申請者であるか，又は申請者と婚姻している場合を除き，実親を含め，全ての法的な関係は終了し，養子はそれ以降全ての目的において以前の親戚とは無関係になる（州法63. 172①ｂ）。

(2)　養親との関係

相続の権利を除いて，養子が養親の嫡出子であるときに存在する養子と申請者及び申請者の親族との間の関係が創設される（州法63. 172①ｃ）。

〔**根拠法条**〕

州法（2014 Florida Statutes）

第６編　民事法務及び手続（Civil practice and procedure）

第63章　養子縁組

63. 012（略称）

本章は，「フロリダ養子縁組法」と称する。

63. 032（定義）

本章において使用されている用語は，以下のとおりである。

１～６　（略）

７　未成年者は，18歳未満の者を意味する。

８～19　（略）

63. 042（養子になることができる者，養子縁組をすることができる者）

①　未成年者でも成人でも，養子になることができる。

②　以下の者は，養子縁組をすることができる。

ａ　夫と妻が共同して，

ｂ　未婚の成人，

ｃ　婚姻している者。配偶者が共同で申請しないときは，養子となる者が配偶者でなく，以下に該当するとき，

１　他方の配偶者が，養子となる者の親で，養子縁組に同意をしているとき。

２　他方の配偶者が申請に加わらないか，又は，養子縁組への同意をしないことを裁判所がしかるべき理由を示すか，又は子の最善の利益のために認めたとき。

③　その者が同性愛者であるときは，フロリダ州法において，養子縁組をする資格を有しない。

④　本節において，身体的な障害を有している者が，裁判所又は養子縁組機関がこのような身体的な障害が実際の親としての役目を果たすことができないと決定す

るのでなければ，１人で養子縁組をすることを禁止されない。

63.062（養子縁組に対する同意を必要とする者；父性のないことの宣誓口供書；裁判地の放棄）

①　63.089第３項に列挙された１つ又は複数の根拠によるのでない限り，未成年者の出生後に63.082に従って書面による同意が行われるか，又は63.088の規定により，以下の者に通知が送達されさえすれば，養子縁組前に親権を終了させる申請は，認められる。

a　未成年者の母

b　以下の場合には，未成年者の父

1　父が母と婚姻している間に，未成年者を妊娠していたか、出生した場合。

2　未成年者が養子縁組による父の子である場合。

3　親権の終了の申請が登録される日の前に，裁判所が未成年者が父の子であると宣告した場合。

4　その者が，382.013第２項ｃ号に従って父であることの宣誓供述書が提出された場合，又は，

5　婚姻していないが生物学的な父であり，資格ある証人の面前で署名した書面により，未成年者の父であることを認め，必要な時間内に厚生省の人口動態統計事務所にその承諾が提出され，第２項の要件が満たされた場合。

c　12歳以上の未成年者。ただし，裁判所が子の利益のために，未成年者の同意を免除した場合を除く。

d・e　（略）

②～⑦　（略）

⑧　以下の場合には，成人を養子とする申請を認めることができる。

a　成人及び配偶者がいるときは，裁判所が正当な事由で配偶者の同意を免除したときを除き，成人の配偶者が養子縁組に対する書面による同意をした場合。

b　（略）

⑨・⑩　（略）

（以下，略）

63.064（養子縁組に対する同意が免除される者）

裁判所は，以下の者の養子縁組に対する同意を免除することができる。

1　身元確認の方法なく子を捨て，又は遺棄した親

2　親権が管轄裁判所の命令によって終了させられた親

3　裁判により行為能力がないことが宣告され，医学的に回復の見込みがない親

4　養子の法定後見人又は監護人。60日の期間に同意に対する請求に書面で回答しないか，同意をしないことに対する書面による理由を調査した後，同意をしないことについて裁判所が合理的な理由がないと判断したとき。

5　養子の配偶者。養子縁組に対する同意がされないことが，長期の説明できない不在，役に立たない者であること，行為能力がないこと，裁判所が同意をしない合理的な理由がないと判断された事情によって免除されたとき。

63.172（養子縁組の判決の効力）

①　フロリダ州，他の州又は他のいかなる

場所の裁判所に提起されたかにかかわらず，養子縁組の判決は，次の効力を生ずる。

a　実親が申請者であるか，又は申請者と婚姻している場合を除き，養子の実親は全ての親の権利及び義務から免れる。

b　実親が申請者であるか，又は申請者と婚姻している場合を除き，実親を含め，養子と養子の親族との間の書面，法令及び手段の解釈を含んだ全ての法的な関係は，終了し，養子はそれ以降全ての目的において以前の親族とは無関係になる。（以下，略）

c　相続の権利を除いて，養子が養親の嫡出子であるときに存在する養子と申請者及び申請者の親族との間の関係が創設される。

②　（略）

資料５－40－１〔婚姻証明書〕

STATE OF FLORIDA

THIS DOCUMENT HAS A LIGHT BACKGROUND ON TRUE WATERMARKED PAPER. HOLD TO LIGHT TO VERIFY FLORIDA WATERMARK.

BUREAU of VITAL STATISTICS

CERTIFICATION OF MARRIAGE

STATE FILE NUMBER: **2012- ※ ※**　　DATE ISSUED: **OCTOBER 14, 2013**

DATE OF MARRIAGE: **MARCH ※, 2012**　　COUNTY ISSUING LICENSE: **HILLSBOROUGH**

PLACE OF MARRIAGE: **TAMPA, FLORIDA**

GROOM:

NAME: □□□□□□

RESIDENCE: **FLORIDA, UNITED STATES**

DATE OF BIRTH: **FEBRUARY※, 1989**

BIRTHPLACE: **VIRGINIA, UNITED STATES**

BRIDE:

NAME: △△△△

MAIDEN SURNAME: △△

RESIDENCE: **FLORIDA, UNITED STATES**

DATE OF BIRTH: **MARCH※, 1990**

BIRTHPLACE: **JAPAN**

****If asterisks appear, that data item was either not on the certificate for that year or not keyed into the database at that time.*

（署名）　, State Registrar　　REQ: 2014 ※ ※

THE ABOVE SIGNATURE CERTIFIES THAT THIS IS A TRUE AND CORRECT COPY OF THE OFFICIAL RECORD ON FILE IN THIS OFFICE.

WARNING: THIS DOCUMENT IS PRINTED OR PHOTOCOPIED ON SECURITY PAPER WITH WATERMARKS OF THE GREAT SEAL OF THE STATE OF FLORIDA. DO NOT ACCEPT WITHOUT VERIFYING THE PRESENCE OF THE WATERMARKS. THE DOCUMENT FACE CONTAINS A MULTICOLORED BACKGROUND, GOLD EMBOSSED SEAL, AND THERMOCHROMIC FL. THE BACK CONTAINS SPECIAL LINES WITH TEXT. THE DOCUMENT WILL NOT PRODUCE A COLOR COPY.

DH FORM 1946 (03-13)

* ※※※※ *

CERTIFICATION OF VITAL RECORD

Florida HEALTH

VOID IF ALTERED OR ERASED

資料５−40−１

婚姻証明書（要訳文）

１．夫の氏名　□□（氏）　□□　□□（名（ファースト　ミドル））

２．夫の生年月日　1989　年　2　月　※　日

３．妻の氏名　△△（氏）　△△（名（ファースト　ミドル））

４．妻の生年月日　1990　年　3　月　※　日

５．婚姻成立年月日　2012　年　3　月　※　日

及び婚姻挙式方式　米　国　フロリダ　州の方式により

６．婚姻証明書作成者の職名　フロリダ　州

ヒルズボロウ　郡登録官

要訳者　△　△　△　△

在マイアミ日本国総領事館

資料５－40－２〔出生証明書〕

STATE OF FLORIDA

THIS DOCUMENT HAS A LIGHT BACKGROUND ON TRUE WATERMARKED PAPER. HOLD TO LIGHT TO VERIFY FLORIDA WATERMARK.

OFFICE of VITAL STATISTICS

VOID IF ALTERED OR ERASED

CERTIFICATION OF BIRTH

STATE FILE NUMBER: **109-2013-※※**　　DATE FILED: **March 16, 2013**

CHILD'S INFORMATION

NAME: ○○○○

DATE OF BIRTH: **March ※, 2013**　　TIME OF BIRTH (24 HOUR): **0402**

SEX: **FEMALE**　　BIRTH WEIGHT: **9** LBS **9** OZ

PLACE OF BIRTH: **HOSPITAL**
※※※※※※

CITY, COUNTY OF BIRTH: **ORLANDO, ORANGE COUNTY**

MOTHER'S INFORMATION

MAIDEN NAME: △△△△

DATE OF BIRTH: **April ※, 1980**

BIRTHPLACE: **JAPAN**

FATHER'S INFORMATION

NAME: □□□□

DATE OF BIRTH: **October ※, 1977**

BIRTHPLACE: **JAPAN**

DATE ISSUED: **March 18, 2013**

（署名）

, State Registrar　　REQ: **2013※※**

THE ABOVE SIGNATURE CERTIFIES THAT THIS IS A TRUE AND CORRECT COPY OF THE OFFICIAL RECORD ON FILE IN THIS OFFICE.

WARNING: THIS DOCUMENT IS PRINTED OR PHOTOCOPIED ON SECURITY PAPER WITH WATERMARKS OF THE GREAT SEAL OF THE STATE OF FLORIDA. DO NOT ACCEPT WITHOUT VERIFYING THE PRESENCE OF THE WATERMARKS. THE DOCUMENT FACE CONTAINS A MULTICOLORED BACKGROUND, GOLD EMBOSSED SEAL, AND THERMOCHROMIC FL. THE BACK CONTAINS SPECIAL LINES WITH TEXT. THE DOCUMENT WILL NOT PRODUCE A COLOR COPY.

DH FORM 1946 (04-10)

※※※※

CERTIFICATION OF VITAL RECORD

HEALTH

資料５－40－２

出生証明書（要訳文）

1．出生子の氏名　○○（氏）　○○（名（ファースト　ミドル））

2．出生子の性別　男　／　㊛

3．生年月日時分　平成 25 年 3 月 ※ 日
（午前）
午後 4 時 2 分

4．出 生 場 所　米 国 フロリダ 州 オレンジ 郡
オーランド 市

5．出生子の母の氏名　旧姓　△△（氏）　△△（名（ファースト　ミドル））

6．出生子の父の氏名　□□（氏）　□□（名（ファースト　ミドル））

7．証　明　者　フロリダ州登録官

要訳者　□　□　□　□

在マイアミ日本国総領事館

5－41　アメリカ合衆国／ペンシルバニア州

第1　婚　　姻

1　実質的成立要件

(1)　婚姻適齢

男女とも18歳である。

16歳以上で18歳未満の者については，親又は後見人の同意を要する。

また，16歳未満の者については，裁判所が申請者の最善の利益になると判断した場合は，許可証が発行される（州法23－13－1304 b）。

(2)　重婚の禁止

重婚は禁止されている（州法23－33－3304）。

(3)　近親婚の禁止

自分の子，兄弟姉妹等の一定範囲の親族との婚姻が禁止されている（州法23－13－1304 e）。

(4)　行為能力のない者の婚姻の禁止

精神薄弱等の場合は，裁判所が許可証を発行しなければ，婚姻をすることができない（州法23－13－1304 c）。

(5)　同性婚

アメリカ合衆国では，同性婚を認める州と認めない州が存在していたが，連邦最高裁判所は，平成27年（2015年）6月26日に，同性婚は合衆国憲法の下での権利であり，州は同性婚を認めなければならないとの判断を下した。これにより，全米で同性婚が合法となることから，同性婚を禁止している各州の法律は今後改正される。

2　婚姻許可証

(1)　有効期間

発行後60日間である（州法23－13－1310）。

⑵　発行の待機期間

申請の3日後に発行される（州法23－13－1303）。

3　事　　例

アメリカ合衆国ペンシルバニア州の市長発給の婚姻証明書を，戸籍法第41条の規定に基づく婚姻証書として取り扱って差し支えないとされた事例（昭和58.2.25民二1282号回答）がある。

婚姻証明書において，ペンシルバニア州民事裁判所検認部の書記官から，事前に婚姻許可証の発給を受け，婚姻許可に従い，市長によって挙式されたことが明白であり，4に記載する手続により有効に成立していると認められる。

4　形式的成立要件

ペンシルバニア州婚姻法によれば，婚姻をしようとする者は，事前に検認裁判所の書記官（the clerk of the Orphan's Court）から婚姻許可証の発給を受け（旧婚姻2），婚姻を挙式する資格を有する者（the Supreme Court等の裁判官や市長，牧師等に権限が与えられている。（旧婚姻13））の下で挙式をすることによって婚姻が成立する。挙式後，婚姻当事者に対して，挙式者が署名した婚姻証明書の原本が交付され，かつ，婚姻許可証を発給した検認裁判所の書記官に対しても，婚姻証明書の副本をもって挙式が報告される（旧婚姻14）（民月38－8－107，戸籍467－77）。

5　婚姻の無効及び取消し

⑴　婚姻の無効

重婚の禁止，近親婚の禁止及び婚姻の一方の当事者が，精神異常であるか，重大な精神障害であるか，他に同意する能力を欠くか，婚姻に同意しようとしない場合には，婚姻は無効であるとみなされる（州法23－33－3304）。

⑵　婚姻の取消し

①婚姻の一方の当事者が16歳未満で，裁判所が婚姻を明確に認めなかった場合，②一方の当事者が16歳又は17歳で，親又は後見人の同意がないか，裁判所

の明確な承認がなく，その後18歳に達した後に婚姻を承認せず，無効を求める訴訟を挙式後60日以内に行った場合，③一方の当事者がアルコール又は薬物の影響下にあり，無効を求める訴訟を挙式後60日以内に行った場合，④婚姻の一方の当事者が婚姻時かつ現在も，生来の治癒できない性交できない者である場合。ただし，その状態であることを他方の当事者が婚姻前に知っていたときを除く。⑤一方の当事者が，他方の当事者に起因する詐欺，強迫，強制又は暴力により婚姻し，詐欺であることを知り，又は詐欺，強迫，強制又は暴力の効果から脱した後に自発的に同棲していない場合には，婚姻は取り消され，無効とみなされる（州法23－33－3305）。

〔**根拠法条**〕

州統合法（2014 Pennsylvania Consolidated Statutes）

第23編　家族関係

第２部　婚姻

第13章　婚姻許可証

1301（婚姻許可証の要求）

a　一般規定

婚姻証明書が取得されるまでは，ペンシルバニア州において婚姻をすることができない。

b　挙式の場所

本部に基づく許可証により，ペンシルバニア州のいかなる郡において行われた挙式も認められる。

c　申請者の同一性

許可証を発行する前に，許可証を発行する者は，両当事者が本人であるか確認しなければならない。

1303（申請後の待機期間）

a　一般規則

婚姻許可証は，申請の後３日を経過する前には発行されない。

b　（略）

1304（許可証の発行の制限）

a　（削除）

b　未成年者は，

1　許可証の申請者の一方が16歳未満であるときは，裁判所が申請者の最善の利益になると決定し，許可証の発行を認めた場合でなければ，婚姻許可証を発行することができない。

2　申請者の一方が18歳未満のときは，申請者の監護権を有する親又は後見人の同意が，許可証を発行する者の面前で，又は２人の成人の証人によって証明された監護権を有する親又は後見人が署名して証明されなければ，婚姻許可証を発行されない。（以下，略）

c　行為能力がない者

許可証の申請者の一方が，精神薄弱（weak minded）又は精神異常者（insane, of unsound mind）であるか，精神異常者として後見下にあるときは，裁判所が許可証を発行することが申請者及び一般公衆の最善の利益になり，許可証の発行を認めなければ，婚姻許可証を発行することができない。

d　アルコール又は薬物の影響を受けている者

申請時に，申請者の一方がアルコール又は薬物の影響を受けているときは，婚姻許可証を発行することができない。

e　親族との婚姻

婚姻許可証は，以下の近親婚の範囲にある申請者には発行することができない。

男性は，母と婚姻をすることができない。

男性は，父の姉妹と婚姻をすることができない。

男性は，母の姉妹と婚姻をすることができない。

男性は，姉妹と婚姻をすることができない。

男性は，自分の娘と婚姻をすることができない。

男性は，自分の娘の娘又は息子の娘と婚姻をすることができない。

男性は，いとこと婚姻をすることができない。

女性は，父と婚姻をすることができない。

女性は，父の兄弟と婚姻をすることができない。

女性は，母の兄弟と婚姻をすることができない。

女性は，兄弟と婚姻をすることができない。

女性は，自分の息子と婚姻をすることができない。

女性は，自分の息子の息子又は娘の息子と婚姻をすることができない。

女性は，いとこと婚姻をすることができない。

1310（許可証の存続期間又は形式）

婚姻許可証は，発行日から60日以上の期間は有効でない。（以下，略）

第17章　婚姻に関する雑則

1703（近親婚）

本部において示された近親婚に反する婚姻は，取り消すことができる。（以下，略）

第4部　離婚

第33章　婚姻状態の解消

サブチャプターA　一般原則

3304（無効婚の無効事由）

a　一般規則

障害事由がなくなった後に，同棲が確認されなかったときは，次の場合には，婚姻は無効とみなされる。

1　婚姻時に，一方の当事者に生存する配偶者が存在し，当事者が前の配偶者の推定死亡の判決を得ている場合を除き，前婚が無効でなく，離婚もなかった場合

2　婚姻当事者が，1304第e項で禁止されている近親婚の関係にある場合

3　婚姻の一方の当事者が，精神異常（insanity）であるか，重大な精神障害であるか，他に同意する能力を欠くか，婚姻に同意しようとしない場合

4　（略）

b　手続（略）

3305（取消しできる婚姻の無効事由）

a　一般規則

次の場合には，婚姻は取り消され，無効とみなされる。

1　婚姻の一方の当事者が16歳未満で，裁判所が婚姻を明確に認めなかった場合
2　一方の当事者が16歳又は17歳で，親又は後見人の同意がないか，裁判所の明確な承認がなく，その後18歳に達した後に婚姻を承認せず，無効を求める訴訟を挙式後60日以内に行った場合
3　一方の当事者がアルコール又は薬物の影響下にあり，無効を求める訴訟を挙式後60日以内に行った場合
4　婚姻の一方の当事者が婚姻時かつ現在も，生来の治癒できない性交できない者である場合。ただし，その状態であることを他方の当事者が婚姻前に知っていたときを除く。
5　一方の当事者が，他方の当事者に起因する詐欺，強迫，強制又は暴力により婚姻し，詐欺であることを知り，又は詐欺，強迫，強制又は暴力の効果から脱した後に自発的に同棲していない場合

b　（略）

第２　出　　生

１　出生証明書

ペンシルバニア州衛生局発行の出生証明書は，資料５－41－１（本文693頁）参照。

第３　養子縁組

１　実質的成立要件

⑴　配偶者に関する要件

夫婦による共同縁組は必要的なものとしていないが，配偶者の同意を要する（州法23－23－2711）。

⑵　養親の要件

養親について，特に制限はなく，いかなる者も養親になることができる（州法23－23－2312）。

⑶　養子の要件

未成年者だけでなく，成人も養子となることができる（州法23－23－2311）。

2　保護要件

⑴　養子の同意

養子が12歳以上の場合は，その者の同意を要する（州法23－27－2711ａ１）。

⑵　実父母又は法定代理人の同意

ア　同意の要否

未成年者（18歳未満）を養子とする場合は，実父母の同意を要する（州法23－27－2711ａ３）。

イ　同意の時期の制限

子の出生前又は出生後72時間以内に行われた同意は，有効ではない（州法23－27－2711ｃ）。

ウ　同意の免除

成人を養子とする場合は，裁判所の判断で同意を免除することができる（州法23－27－2713）。

エ　白紙同意

父母は，白紙同意として，養親の氏名を知らなくとも，養子縁組そのものに同意を与えることもできる（州法23－27－2712）。

3　養子縁組の効力

⑴　実親及びその親族との関係

子と実親の親族関係を断絶し，養子と実親との関係は消滅する。

ただし，養子となる者が実親の配偶者と養子縁組をするときは，この限りでない（州法23－29－2903）。

⑵　養子の姓名

養親の申請により，養子は，養親の姓及び養親が示した名を称することになる（州法23－29－2904）。

4　具体例

アメリカ合衆国ペンシルバニア州在住のアメリカ人夫婦と日本人未成年者間の養子縁組につき，ペンシルバニア州養子法2901が養子決定の時期を制限していること，養子となるべき者の住所が日本にあることなどを理由にペンシルバニア州法に関し反致を認め，養親についても日本法を適用して，縁組を許可した事例（昭和61. 12. 17熊本家裁審判（家月39－5－59））がある。

〔根拠法条〕

州統合法（2014 Pennsylvania Consolidated Statutes）

第23編　家族関係

第3部　養子縁組

第23章　裁判管轄及び当事者

サブチャプターB　当事者

2311（養子になることができる者）

年齢又は居住地にかかわらず，誰でも養子となることができる。

2312（養親になることができる者）

いかなる者も養親となることができる。

第27章　養子縁組の申請

サブチャプターB　同意

2711（養子縁組に必要な同意）

a　一般原則

本部において他に規定される場合を除き，以下の者の養子縁組に対する同意を要する。

1　養子となる者が12歳以上であるときは，その者の同意

2　夫婦共同申請の場合でないときは，養親の配偶者の同意

3　18歳に達していない養子の両親又は生存している親の同意

4　能力がない養子の後見人の同意

5　（略）

b　実母の夫

母の夫の同意は，夫への通知の後に，実母の証言等の証拠により，裁判所が実母の夫が子の実父でないと判断したときは，母の夫の同意は要しない。このような証拠がないときは，前夫が子の出生前1年以内の時期に実母の夫であったときは，実母の前夫の同意を要する。

c　同意の有効性

子の出生前又は出生後72時間以内に行われた同意は，有効ではない。（以下，略）

d　同意の内容（以下，略）

2712（養親の名を示さない同意）

本部の要件を満たしているが，養親の名を示さないか，又は養親の身元を明らかにせずに申請された養子縁組に対する同意は，養親の名又は他の身分を証明するものを開示せず，自発的にされたものであることが陳述書の中に含まれているときは，その同意は有効である。

2713（他の同意が必要ない場合）

裁判所は，自由裁量で，以下の場合は養子縁組に対する養子以外の者の同意を

免除することができる。

1　養子が18歳以上である場合，又は

2　養子が18歳未満で，同意を要する生存している親がいない場合。

第29章　命令及び記録

2903（親の地位の保持）

親が配偶者による子の養子縁組に同意したときは，養子縁組手続の申請者であるか否かにかかわらず，親子間の関係は従前のままである。.

2904（養子の姓名）

申請者の請求があったときは，命令により，養子は養親の姓及び選択したファーストネーム又はミドルネームを称する。

資料５－41－１〔出生証明書〕

COMMONWEALTH OF PENNSYLVANIA • DEPARTMENT OF HEALTH

VITAL RECORDS

WARNING: IT IS ILLEGAL TO DUPLICATE THIS COPY BY PHOTOSTAT OR PHOTOGRAPH

Certification of Birth

Date of Birth: **AUGUST ※, 2013**

State File Number: **※ ※-2013**

Date Issued: **AUGUST 20, 2013**

Date Filed: **AUGUST 19, 2013**

Name: ○○○○○○

Sex: **FEMALE**

Time of Birth: **12:35 AM**

Place of Birth: **CHESTER COUNTY**

Mother's Maiden Name: △△△△

Father's Name: □□□□□□

This is to certify that this is a true copy of the record which is on file in the Pennsylvania Department of Health, in accordance with the Vital Statistics Law of 1953, as amended.

（署名）

※※※※※※

State Registrar

COMMONWEALTH OF PENNSYLVANIA ★ DEPARTMENT OF HEALTH ★

WARNING: THIS DOCUMENT IS PRINTED ON SECURITY WATERMARKED PAPER DO NOT ACCEPT WITHOUT VERIFYING THE PRESENCE OF THE WATERMARK.

※※※※

原本確認済
在ニューヨーク日本国総領事館

副領事　※※※※　印

資料5－41－1

出生証明書（抄訳文）

1．子の氏名　○○　○○　○○

2．男女の別　男　(女)

3．出生年月日　平成　25　年　8　月　※　日

時　分　(午前)　午後　0　時　35　分

4．出生の場所　アメリカ合衆国　ペンシルベニア　州

チェスター　郡

5．父の氏名　□□　□□　□□

6．母の氏名　△　△　△　△

（旧姓）　（　△　△　△　△　）

7．証明書作成者
又は発給者職名

登記官

8．翻訳者

△　△　△　△

申し出：当出生証明書によると、出生地は郡までしか記載されていないが、ペオリ　市・(町)・村に相違なく、戸籍上はペンシルベニア州チェスター　郡　ペオリ　市・(町)・村と届出する。

申し出人　△　△　△　△　印
（日本語署名）

5－42　アメリカ合衆国／マサチューセッツ州

第１　婚　　姻

１　婚姻証明書

マサチューセッツ州ボストン市公衆衛生局発行の婚姻証明書は，資料５－42－１（本文702頁）参照。

２　実質的成立要件

⑴　婚姻適齢

男女とも18歳である（州法207－７・207－24）。

18歳未満の場合は，検認裁判所又は裁判地区内の地方裁判所は，聴聞の後に，その者の婚姻を許可する（州法207－25）。

⑵　近親婚の禁止

一定範囲の者間の婚姻は，禁止されている（州法207－１・207－２）。

⑶　重婚の禁止

生存している妻又は夫がいる間に締結された婚姻は，無効である（州法207－４）。

⑷　同性婚

アメリカ合衆国では，同性婚を認める州と認めない州が存在していたが，連邦最高裁判所は，平成27年（2015年）６月26日に，同性婚は合衆国憲法の下での権利であり，州は同性婚を認めなければならないとの判断を下した。これにより，全米で同性婚が合法となることから，同性婚を禁止している各州の法律は今後改正される。

３　婚姻許可証

⑴　発行者

書記又は登録吏が発行する（州法207－28）。

⑵ 待機期間

婚姻意思の通知の登録後３日以後に発行される（州法207-28）。

4　婚姻の無効

重婚，近親婚の禁止に違反する場合は，離婚判決又は他の法的な手続なく無効とされる（州法207－８）。

〔根拠法条〕

州法（2014 Massachusetts General Laws）
第２部　不動産及び動産並びに家族関係
第３編　家族関係
第207章　婚姻
1（特定の親族との男性の婚姻）
男性は，その者の母，祖母，娘，孫娘，姉妹，継母，祖父の妻，孫息子の妻，妻の母，妻の祖母，妻の娘，妻の孫娘，兄弟の娘，姉妹の娘，父の姉妹又は母の姉妹と婚姻をすることができない。
2（特定の親族との女性の婚姻）
女性は，その者の父，祖父，息子，孫息子，兄弟，継父，祖母の夫，娘の夫，孫娘の夫，夫の祖父，夫の息子，夫の孫息子，兄弟の息子，姉妹の息子，父の兄弟又は母の兄弟と婚姻をすることができない。
3（１及び２の適用）
婚姻が当初から違法又は無効であり，離婚が認められた場合でなければ，婚姻関係が死亡又は離婚により解消された場合でも，前２節の禁止は継続する。
4（重婚）
６節及び第208章に規定されている場合を除き，当事者が生存している妻又は夫がいる間に締結された婚姻は，無効である。
5（1986年廃止）
6（前婚が存在している間の婚姻，有効性）
婚姻が有効である間に，適法な法的儀式により後婚の契約を登録し，妻及び夫として同居しているときは，前夫又は妻が死亡したか，当事者の一方が前婚が離婚により取り消されたと誠実に，完全に信じていたか，又は前婚を知らずに，後婚の契約が登録されたときは，前婚の他方当事者の死亡又は離婚により婚姻障害がなくなったときは，当事者が誠実に妻及び夫として同居を継続している場合は，婚姻障害事由がなくなったときから法律上に適法な婚姻をしていたとされ，後婚の子は，両親の嫡出子とみなされる。
7（未成年者：婚姻の挙行）
24節及び25節の規定が満たされているのでなければ，婚姻をしようとする当事者が18歳未満であると判断する合理的な理由があるときは，治安判事又は牧師は，婚姻を挙行してはならない。
8（裁判のない婚姻の無効）
当事者間の近親婚又は当事者の一方に生存している前夫又は前妻がいることを理由として婚姻が禁止されているマサ

チューセッツ州内で挙行された婚姻は，離婚判決又は他の法的な手続をすることなく無効である。

9（1977年廃止）

24（未成年；通知の受領；禁止）

次節に規定されている場合を除き，18歳未満の者の婚姻の意思の通知を受領してはならない。

25（未成年；婚姻の許可）

前節に規定する年齢未満の未成年者の居住する地の郡の検認裁判所又は裁判地区内の地方裁判所は，聴聞の後に，その未成年者の婚姻を許可する命令をすることができる。（以下，略）

28（婚姻意思の証明書；送達；時）

他に規定される場合を除き，婚姻意思の通知の登録後３日以後で，その登録から60日より前に，書記又は登録吏は，当事者に署名した証明書を送達する。（以下，略）

第２　出　　生

１　父の推定

男性が母と婚姻しているか，婚姻していたときで，子が婚姻中又は死亡，婚姻の無効，離婚による婚姻の終了後300日以内に出生したときは，その者は子の父と推定される（州法209Ｃ－６）。

２　出生証明書

マサチューセッツ州ケンブリッジ市登記官発行の出生証明書は，資料５－42－２（本文704頁）参照。

〔**根拠法条**〕

州法（2014 Massachusetts General Laws）

第２部　不動産及び動産並びに家族関係

第３編　家族関係

第209Ｃ章　嫡出でない子

６（父性の推定，義務的併合）

a　本章に基づく全ての訴訟において，以下の場合は，男性は子の父と推定され，当事者として参加しなければならない。

1　その者が母と婚姻しているか，していたときで，子が婚姻中又は死亡，（婚姻の）無効，離婚による婚姻の終了後300日以内に出生したとき。

2～6　（略）

b・c　（略）

第3　養子縁組

1　実質的成立要件

⑴　養親の要件

成人であり，養子よりも年長であること（州法210－１）。

単身者でも養親となることができる。

⑵　養子の要件

未成年者だけでなく，成人も養子となることができる（州法210－１・210－３）。

⑶　夫婦共同縁組

夫婦は，共同で養子縁組をしなければならない。

ただし，裁判所は，夫婦の一方が申請しない場合でも，①説明することのできない長期の不在，法定別居，行為能力がなく又は合理性なく同意をしない状況により配偶者が申請に参加せず，又は養子縁組に対する同意ができないこと，②夫及び妻の離婚手続が進行中ではないこと，③申請を認めることが子の最善の利益になると判断したときは，養子縁組を認めることができる（州法210－１）。

⑷　配偶者の同意

養子となる者が婚姻しているときは，配偶者の同意を要する（州法210－２）。

⑸　養子の託置

養子となる者は，養親になる者に託置されていなければならない。

ただし，養親になる者が，養子になろうとする子の血族であるときや，養継親であるときを除く（州法210－２Ａ）。

2　保護要件

⑴　裁判所の決定

養子縁組については，裁判所の審理手続を経なければならない（州法210－１）。

⑵　実親等の同意

ア　同意の要否

実親等の書面による同意を要する（州法210−２）。

ただし，養子が18歳以上である場合は，実親等の同意は要しない（州法210−３）。

イ　同意の時期の制限

養子となる者の出生から４日を経過する前に同意をすることができない（州法210−２）。

⑶　養子の同意

養子が12歳以上である場合は，その者の同意を要する（州法210−２）。

３　養子縁組の効力

⑴　実親との関係

実親と養子間の全ての関係は終了する（州法210−６）。

⑵　養親との関係

養子と実親との関係は，養子と養親との関係に存在することになる（州法210−６）。

⑶　養子の氏

申請者の要求により，養子縁組判決において，養子の氏名を変更することができる（州法210−６・210−12）。

４　養子縁組の取消し

養子縁組は，取り消すことができない（州法210−６）。

〔根拠法条〕

州法（2014 Massachusetts General Laws）
第２部　不動産及び動産並びに家族関係
第３編　家族関係
第210章　子の養子縁組及び名の変更

１（養子縁組の本質；地方又は少年裁判所）
成年は，自分よりも年少の者が自分の妻又は夫，全血又は半血の兄弟，姉妹，おじ，おばでなければ，自己の子として養子縁組をすることを居住地の郡の検認裁判所に申請することができる。未成年者も同様に申請又は当事者の一方の実子の養子縁組の妻又は夫の申請に参加する。もし，申請者に生存している妻又は夫がいて，申請に参加することができるときは，共同して，養子縁組により双方の法律上の子となる。ただし，申請者の配偶者が申請の当事者にならないときでも，…裁判所は，(i)説明することのできない長期の不在，法定別居，行為能力がなく又は合理性なく同意をしない状況により配偶者が申請に参加せず，又は養子縁組に対する同意ができないこと，(ii)夫及び妻の離婚手続が進行中ではないこと，(iii)申請を認めることが子の最善の利益になると判断したときは，申請を認めることができる。(以下，略)

2（書面による同意，同意の形式，父の身分証明）

本章の規定を除き，養子とされる者が12歳以上であるときは，その者，もし配偶者がいるときはその配偶者，以前の養親又は生存している親又は子が嫡出でない子で養子となったことがない場合は，子の母の書面による同意がないときは，養子縁組の判決はなされない。ここで同意を要する者が養親になることを妨げない。このような書面による同意は，養子となる子の出生の日から4日以前にはなされない。

(以下，略)

2A（養子縁組判決，登録，前提条件）

養子縁組判決は，以下の条件の1つを満たすまで，14歳以下の子の養子縁組については登録されない。

A　養子になろうとする子が，児童及び家庭局又はその目的のためにその局により権限を与えられた代理人によって，養子縁組のために申請人に託置されていたとき。

B　申請人が，養子になろうとする子の血族であるとき。

C　申請人が，養子になろうとする子の継親であるとき。

D　申請人が，後見人又は養親として，子の死亡した実親の意思で指名された者であるとき。

E　(略)

3（必要とされる同意を免除する場合）

a　養子縁組に対する申請を，子を世話し，監護している者が提出するときは，以下のときは，子の同意以外に，2に挙げられている者の同意を要しない。

i　養子となる者が18歳以上であるとき，又は

ii　申請を審問した裁判所が，第c号に従って申請を許可することが，子の最善の利益になると裁判所が判断したとき。

b～d（略）(2012年改正)

6（裁判所の判決，効力，公聴会）

(略)，財産の相続に関するものを除き，子と親の生来の関係から生ずる全ての権利，義務及び他の法的責任は，子と申立人及びその親族との間に存在し，そのような権利，義務及び法的責任は，婚姻，近親婚又は同居に関するものを除き，養子と実親と親族又は以前の養親との関係は終了する。(略) 裁判所は，申立人の申請するように名の変更について命令することができる。

裁判所が登録する全ての養子縁組命令には，“養子縁組は確定し，取り消すことができない”という語を含む。（以下，略）

12（名の変更の申立て）

名の変更の申請は，申請人が居住する郡の検認裁判所が審理することができる。変更が公共の利益に反しないときは，名の変更は認められる。

資料5－42－1〔婚姻証明書〕

REGISTRY DIVISION OF THE CITY OF BOSTON

COUNTY OF SUFFOLK, COMMONWEALTH OF MASSACHUSETTS, UNITED STATES OF AMERICA

Certificate Number
№ ※※※

I, the undersigned, hereby certify that I hold the office of _____________ City Registrar of the City of Boston and I certify the following facts appear on the records of Births, Marriages and Deaths kept in said City as required by law.

The Commonwealth of Massachusetts
DEPARTMENT OF PUBLIC HEALTH
REGISTRY OF VITAL RECORDS AND STATISTICS
CERTIFICATE OF MARRIAGE

(State file number)
BOSTON
(City or town making return)
Registered No. ※※
Intention No. ※※

1 Place of Marriage City or Town BOSTON (Do not enter name of village or section of city or town)
2 Date of Marriage AUGUST ※ 2013 (Month) (Day) (Year)

3 FULL NAME PARTY A △△△△△△	11 FULL NAME PARTY B □□□□□□
3A SURNAME AFTER MARRIAGE △△	11A SURNAME AFTER MARRIAGE □□
4 DATE OF BIRTH Dec ※ 1976 / 5 OCCUPATION ※※※※	12 DATE OF BIRTH Mar ※ 1974 / 13 OCCUPATION ※※※※
6 RESIDENCE NO. & ST. ※※※※ CITY/TOWN CAMBRIDGE ST. MA ZIP CODE ※※	14 RESIDENCE NO. & ST. ※※※※ CITY/TOWN CAMBRIDGE ST. MA ZIP CODE ※※
7 NUMBER OF MARRIAGE (1st, 2nd, 3rd, etc.) 2ND / 7A WIDOWED OR DIVORCED DIV	15 NUMBER OF MARRIAGE (1st, 2nd, 3rd, etc.) 1ST / 15A WIDOWED OR DIVORCED ---
8 BIRTHPLACE CHIBA CITY JAPAN (City or town) (State or country)	16 BIRTHPLACE FAIRFAX VA (City or town) (State or country)
9 NAME OF MOTHER/PARENT ※※※※※※	17 NAME OF MOTHER/PARENT ※※※※※※
10 NAME OF FATHER/PARENT ※※※※	18 NAME OF FATHER/PARENT ※※※※

19 THE INTENTION OF MARRIAGE by the above-mentioned persons was duly entered by me in the records of the Community of BOSTON according to law, this 2 day of August 20 13
☐ COURT WAIVER Issued AUG 05 2013 (Community) by (署名)
☐ AGE ORDER (Month) (Day) (Year) (City or Town Clerk or Registrar)

SOLEMNIZER
20 I HEREBY CERTIFY that I solemnized the marriage of the above-named persons at No. 69 Beacon Street St. (If marriage was solemnized in a church, give its NAME instead of street and number)
Boston (Name of city or town) on August ※ 2013 (Month) (Day) (Year)
Signature (署名) SPECIAL DESIGNATION
※※※※ (Print or type name) (Member of the Clergy, Priest, Rabbi, Imam, or Justice of the Peace, etc.)
Address ※※※※※※ MA ※※

21 Certificate recorded by city or town clerk SEP 06 2013 (Month) (Day) (Year) (署名) CLERK OR REGISTRAR

22 PARTY A SEX: ☐MALE ☒FEMALE	23 PARTY B SEX: ☒MALE ☐FEMALE

WITNESS my hand and the SEAL of the CITY REGISTRAR

on this ____ Day of SEP 06 2013 A.D. ____

（署名）

________________ *City Registrar*

By Chapter 314 of the Acts of 1892, "the certificates or attestations of the Assistant City Registrars shall have the same force and effect as that of City Registrar."

I further hereby certify that by annexation, the records of the following cities and towns are in the custody of the City Registrar of Boston:

	Annexed
East Boston	1637
South Boston	1804
Roxbury	1868
Dorchester	1870
Charlestown	1874
Brighton	1874
West Roxbury	1874
Hyde Park	1912

資料５－42－１

婚姻証明書
〔日本語要訳〕

1．婚姻の当事者の氏名

夫になる人：　□□（氏）　□□（名）　□□（ミドルネーム）

妻になる人：　△△（氏）　△△（名）　△△（ミドルネーム）

2．婚姻の当事者の生年月日

夫：　1974　年　3　月　※　日生

妻：　1976　年　12　月　※　日生

3．婚姻成立の年月日

平成　25　年　8　月　※　日

4．婚姻の方式

アメリカ合衆国　マサチューセッツ　州の方式

5．証明書の作成者

アメリカ合衆国　マサチューセッツ　州

ボストン　郡・(市)・町登記官

6．証明書の発行年月日

2013　年　9　月　6　日

翻訳者の氏名（届出人による翻訳も可能です）

△△（氏）　△△（名）

翻訳年月日：　2013　年　9　月　11　日

※　この用紙は、婚姻届に添付する婚姻証明書の日本語翻訳文を作成する際にご使用になれます。

資料５－42－２〔出生証明書〕

City of Cambridge

Commonwealth of Massachusetts
Registry of Vital Records and Statistics
CERTIFICATE OF LIVE BIRTH

State File #	2013 ※ ※
Registered #	※ ※

BIRTHPLACE	※ ※ ※ HOSPITAL ※ ※ ※ ※ ※ ※ CAMBRIDGE, MA ※ ※	Date of Birth Time of Birth Plurality Birth Order	AUGUST※, 2013　Sex FEMALE 04:49 PM SINGLE ---
CHILD	First Name ○○ Middle --- Surname ○○		
MOTHER/PARENT	First Name △△ Middle --- Surname △△ Surname at Birth or Adoption △△ Birthplace ※ ※ ※ ,FUKUOKA, JAPAN	Date of Birth	AUGUST※, 1981
FATHER/PARENT	First Name □□ Middle --- Surname □□ Surname at Birth or Adoption □□ Birthplace ※ ※ ※ ,FUKUOKA, JAPAN	Date of Birth	MAY※, 1981
Residence	※ ※ ※ ※ ※ ※ , CAMBRIDGE, MA ※ ※		
Certifier Name/Title ※ ※ ※ ※ ※ ※ CNM	Type AT-BIRTH Lic.# ※ ※	（署名） CLERK, CITY OF CAMBRIDGE	
Date of Record Amendment Date	AUGUST 09, 2013		

DATE ISSUED: **AUGUST 26, 2013**

I, the undersigned, hereby certify that I am the Clerk of the City of Cambridge; that as such I have custody of the records of birth, marriage, and death required by law to be kept in my office; and I do hereby certify that the above is a true copy from said records, as held in the Commonwealth's central vital records information repository.

（署名）

Clerk
City of Cambridge

資料５−42−２

出生証明書（要訳）

子の氏名：〔氏〕　○○　〔名〕　○○
（ミドルネーム）

性別：　□男　☑女

生年月日：(西暦) 2013 年　8　月　※　日　午前・(午後)　4　時　49　分

出生場所：アメリカ合衆国　マサチューセッツ　州

ケンブリッジ　(市)・町　※※※※

※出生証明書の原文に「通り名」と「番地」の記載がある場合は、こちらに日本語訳を記入して下さい。

（病院名）　※※※病院

※出生証明書の原文に病院名の記載がある場合は、こちらに日本語訳を記入して下さい。

母の氏名：〔氏〕　△△　〔名〕　△△
（ミドルネーム）

父の氏名：〔氏〕　□□　〔名〕　□□
（ミドルネーム）

証明者（発行機関）（どちらかに✓印をつけてください。）：

☑発行機関：アメリカ合衆国　マサチューセッツ　州

ケンブリッジ　(市)・町　登記官

□病院（出生証明記録係）　□医師　□助産婦

□その他（資格）

（氏名）

翻訳者氏名：　□　□　□　□
（日本語で記名して下さい）

※子の氏名が出生証明書と出生届で異なる場合（ミドルネームがある場合等）の申し出事項

出生証明書においては子の氏名が〔氏〕　〔名〕

と記載されているが、出生届の者と同一人物に相違なく、戸籍上の日本語は

〔氏〕　〔名〕　と命名・記載する。

申出人署名：
（日本語で署名して下さい）

5－43　アメリカ合衆国／ミシガン州

第1　婚　姻

1　婚姻証明書

ミシガン州マコーム郡書記官発行の婚姻証明書（婚姻許可証及び婚姻証明書）は，資料5－43－1（本文717頁）参照。

2　実質的成立要件

⑴　婚姻適齢及び同意を要する婚姻

男女とも18歳である（州法551.103）。

16歳未満の者は，婚姻をすることができない（州法551.51）。

16歳以上で18歳未満の者は，その者の両親の一人又はその者の後見人の書面による同意があれば，婚姻を締結することができる（州法551.103）。

⑵　近親婚の禁止

一定の範囲の者との婚姻が禁止されている（州法551.3・551.4）。

⑶　重婚の禁止

前夫又は前妻との婚姻が解消されていない場合は，当事者の一方に前妻又は前夫がいる間に婚姻を締結してはならない（州法551.5）。

⑷　同性婚の禁止

同性者間の婚姻は，禁止されている（州法551.1）。

なお，アメリカ合衆国では，同性婚を認める州と認めない州が存在していたが，連邦最高裁判所は，平成27年（2015年）6月26日に，同性婚は合衆国憲法の下での権利であり，州は同性婚を認めなければならないとの判断を下した。これにより，全米で同性婚が合法となることから，同性婚を禁止している各州の法律は今後改正される。

3　婚姻許可証

婚姻をしようとする全ての当事者は，一方の男性又は女性が居住する郡の書記から婚姻許可証を取得し，上記許可証を婚姻が挙行される前に，式を司る聖職者又は治安判事に送付する必要がある。

婚姻する両当事者が州の居住者でないときは，婚姻が挙行される郡の書記からその許可証を取得する必要がある（州法551.101）。

4　婚姻の挙行

⑴　婚姻挙行者

婚姻は，①地方裁判所の裁判官，②地方裁判所の治安判事，③地域裁判所の郡区の地域裁判官，④検認裁判官，⑤連邦裁判所の裁判官，⑥都市の市長，⑦郡の書記，⑧人口が200万人を超える郡においては，郡の書記によって指名された郡の書記の事務所の職員等が挙行することができる（州法551．７）。

⑵　挙式の形式，当事者の宣言

婚姻の挙式においては，当事者が婚姻を挙式する者及び出席した証人の面前で，お互い妻又は夫とすることを宣言することを除き，特別な形式を必要としない（州法551．９）。

⑶　証　人

全ての場合において，式には婚姻を挙行する者のほかに，少なくとも２名の証人が必要である（州法551．９）。

5　婚姻の無効

⑴　婚姻適齢

16歳未満の者の婚姻は，無効である（州法551.51）。

⑵　近親婚の禁止

近親婚の禁止に反した婚姻は，絶対的無効である（州法552．１）。

⑶　重婚の禁止

重婚の禁止に反した婚姻は，絶対的無効である（州法552．１）。

(4)　法定同意年齢未満の場合

当事者の一方が，法定同意年齢未満であるときに婚姻が挙行された場合は，当事者がその年齢の間に別居し，その後同棲しなかったとき，又は当事者の一方の同意が強迫又は詐欺により得られた場合で，その後，当事者が自発的に同棲しなかったときは，婚姻は，離婚命令又は他の法的手続なく，無効とみなされる（州法552. 2）。

〔根拠法条〕

2014年ミシガン州編集法（2014 Michigan Compiled Laws）

第551章　婚姻

551. 1（無効契約としての同性者間の婚姻）

婚姻は，本質的に唯一の男女間の関係である。（略）同性者間で締結された婚姻は，ミシガン州では無効である。

（1996年追加）

551. 3（無資格；婚姻が禁止される男性）

男性は，その者の母，姉妹，祖母，娘，孫娘，継母，祖父の妻，息子の妻，孫息子の妻，妻の母，妻の祖母，妻の娘，妻の孫娘，兄弟の娘，姉妹の娘，父の姉妹，母の姉妹又は１親等のいとこ若しくは他の男性と婚姻することができない。

（1857年，1871年，1897年，1903年，1915年，1929年，1948年，1996年改正）

551. 4（無資格；婚姻が禁止される女性）

女性は，その者の父，兄弟，祖父，息子，孫息子，継父，祖母の夫，娘の夫，孫娘の夫，夫の父，夫の祖父，夫の息子，夫の孫息子，兄弟の息子，姉妹の息子，父の兄弟，母の兄弟又は１親等のいとこ若しくは他の女性と婚姻することができない。

（1857年，1871年，1897年，1903年，1915年，1929年，1948年，1996年改正）

551. 5（重婚の禁止）

前夫又は前妻との婚姻が解消されていない限り，当事者の一方に前妻又は前夫がいる間に婚姻を締結してはならない。

（1857年，1871年，1897年，1915年，1929年，1948年改正）

551. 6（2001年削除）

551. 7（婚姻の挙行権者，記録，許可証及び証明書の返還，市長又は郡の書記が請求する手数料）

①　婚姻は，以下に掲げる者が挙行することができる。

a　地方裁判所の裁判官－ミシガン州のいかなる場所においても

b　地方裁判所の治安判事－ミシガン州のいかなる場所においても

c　裁判官が勤務する市又は1961年改正裁判所法1961PA 236. MCL 600. 9928に基づき管轄権を有する地域裁判所の郡区の地域裁判官（a municipal judge）

d　検認裁判官（a judge of probate）－ミシガン州のいかなる場所においても

e　連邦裁判所の裁判官

f 都市の市長－その都市が位置する郡のいかなる場所においても

g 書記が勤務する郡又は他の郡の書記の書面による権限のある他の郡における郡の書記

h 人口が200万人を超える郡においては，郡の書記によって指名された郡の書記の事務所の職員－書記の勤務する郡において

i・j （略）

②～④ （略）

（2012年法律第265号最終改正，2012年7月3日施行）

551.8（1983年削除）

551.9（婚姻の挙式，形式，当事者の宣言，証人）

婚姻の挙式においては，当事者が婚姻を挙式する者及び出席した証人の面前で，お互い妻又は夫とすることを宣言することを除き，特別な形式を必要としない。全ての場合において，式には婚姻を挙行する者のほかに，少なくとも2名の証人が必要である。

（1857年，1871年，1897年，1915年，1929年，1948年，1972年改正）

1921年法律第352号（16歳未満の婚姻）

16歳未満の者の婚姻を禁止し，婚姻の無効を宣言する法律

1921年法律第352号（16歳未満の婚姻）

551.51（同意の年齢，検認裁判官の権限に関する法律の効力）

ミシガン州において，16歳未満の者は婚姻を締結してはならない。もし，婚姻が登録された場合でも，婚姻は無効である。本法は，検認裁判官がミシガン州編集法551.201から551.204の1897年公共法第180号に規定されている婚姻を執行する権限を行使することを妨げるものではない。

（1921年，1929年，1948年，1983年改正）

1987年法律第128号（婚姻許可証）

551.101（婚姻許可証，必要要件，取得場所，式を司る者へ交付）

婚姻をしようとする全ての当事者は，一方の男性又は女性が居住する郡の書記から婚姻許可証を取得し，上記許可証を婚姻が挙行される前に，式を司る聖職者又は治安判事に送付する必要がある。もし，婚姻する両当事者が州の居住者でないときは，婚姻が挙行される郡の書記からその許可証を取得する必要がある。

（1887年，1889年，1915年，1929年，1948年改正）

551.103（婚姻を締結できる者，年齢要件，年齢の証拠，（略））

① 18歳以上の者は，婚姻を締結することができる。16歳に達し，18歳未満の者は，その者の両親の一人又は本節で規定するその者の後見人の書面による同意があれば，婚姻を締結することができる。年齢の証拠として，婚姻をしようとする者は，申請書の記載に加えて，郡の書記が求めたときは，出生証明書又は他の年齢の証拠を提出しなければならない。（以下，略）

②・③ （略）

（1887年，1895年，1897年，1915年，1917年，1948年，1951年，1953年，1963年，1967年，1968年，1978年，1980年，1981年，1984年，2006年改正，2007年1月3日施行）

1946年改正州法（離婚）

552. 1（婚姻の無効，（略））
ミシガン州内において，挙行されたときは，当事者間の血族又は姻族関係を理由に，一方の当事者が挙行時に妻又は夫がいることを理由に，一方の当事者が挙行時に契約法で能力がなかったときは，絶対的に無効である。（以下，略）
（1857年，1871年，1883年，1897年，1915年，1929年，1948年，1967年，2001年改正，2001年9月30日施行）

552. 2（婚姻の無効，同意年齢未満の婚姻，詐欺による婚姻，同棲の欠如）
当事者の一方が，法定同意年齢未満であるときに婚姻が挙行された場合は，当事者がその年齢の間に別居し，その後同棲しなかったとき，又は当事者の一方の同意が強迫又は詐欺により得られた場合で，その後，当事者が自発的に同棲しなかったときは，婚姻は，離婚命令又は他の法的手続なく，無効とみなされる。
（1857年，1871年，1897年，1915年，1929年，1948年改正）

第2　離　婚

1　離婚原因

ミシガン州における離婚原因は，「婚姻の目的が破壊され，婚姻が保持される合理的な見込みが残っていない程度に婚姻関係が破綻していること」のみである（州法552. 6）。しかも，判例上，「一方当事者が他方当事者と生活したくなければ，婚姻の目的は破壊されている。」，「一方当事者が結婚は保持されうるという可能性を主張するだけでは，離婚を否定する理由としては十分ではない。」とされていることから，実際には離婚を望みながら離婚が認められないということは考えにくく，そのため離婚についてほとんど争われないようである（金子修「米国における家族関係訴訟の実情について（上）」家月53-11-20)。

2　判決確定日

「判決の登録に関する規則」，「判決執行手続の停止に関する規則」が根拠規定である。

効力発生日は，判事が判決書に署名の上，「登録された日」である。

〔根拠法条〕

2014年ミシガン州編集法（2014 Michigan Compiled Laws）

第552章　離婚

552.6（離婚の訴え，登録，事由，回答，判決）

a　離婚の訴えは，婚姻の目的が破壊され，婚姻が保持される合理的な見込みが残っていない程度に婚姻関係が破綻していることを巡回裁判所に申し立てることができる。（以下，略）

b・c　（略）

第3　出　　生

1　出生証明書

ミシガン州地域保健局（department of community health）発行の出生登録証明書は，資料5－43－2（本文719頁）参照。

第4　認　　知

1　制　　度

ミシガン州では，事実主義ではなく，認知制度を採用している。

2　父の記載のある出生証明書

ミシガン州編集法（M.C.L.A）（333.2824）において，①子の母が出生証明にその父の名を記載することに同意していること，②父親の名が記載された父子関係認知（Acknowledgement of Paternity）書類をM.C.L.A（700.111第4項(a)）に規定された方法で，検認裁判所（Probate court）に提出した場合は，嫡出でない子の出生証明書に父の氏名が記載され，子が父の氏を称しているときは，父の氏名が記載された出生証明書を戸籍法第41条の認知を証する書面として取り扱うことができると思われる。

なお，M.C.L.A（333.21532）は，子が生まれた病院に対して，以下の義務を課している。子を嫡出子とするため，①母親に父性認知についての情報に富んだ冊子を与えること（その冊子は，ミシガン州公衆衛生局発行の公式書物である。)，②母親に実際の父性認知書類を渡し，子の父親と共にそれに記入できるように計ること，③記名捺印された父性認知書を裁判所に提出すること，④記名捺印された父性認知書のコピーを出生証明書を発行する政府機関であるミシガン州公衆衛生局に提出すること（これにより，公衆衛生局は，M.C.L.A (333. 2824第２項）に基づき，その父の氏名を記載した出生証明書を発行することが正当であるかを判断することができることになる。)（平成７年調査)。

第５　養子縁組

１　実質的成立要件

⑴　養親の要件

養親は，夫婦だけでなく，単身者も養親となることができる。

また，夫婦の場合は共同縁組が原則であるが，裁判所は，①全ての利害関係者が同意するときは，配偶者が申請に加わらず，婚姻した者が成人を養子とすること，②正当な理由又は子の利益のために，他方の配偶者が申請に加わることができないか，養子縁組に対して同意することができないことを裁判所が認めたときは，配偶者が申請に加わらず，婚姻した者が養子縁組をすることを認めることができる（州法710. 24)。

⑵　養子の要件

未成年者だけでなく，成人も養子となることができる（州法710. 24)。

⑶　託　置

裁判所が養子縁組が望ましくないとする事情が生じたと決定しないときは，６か月の託置の後に，裁判所は養子縁組命令を登録することができる（州法710. 56)。

２　保護要件

⑴　実親の同意

実親の同意を要する。

ただし，①親の権利が，管轄裁判所によって終了しているとき，②子の後見人が指名されたとき，③親の後見人が指名されたとき，④子の法定監護権を有する親が申立人と婚姻したとき等の場合は，同意を要しない（州法710.43①）。

⑵　養子の同意

養子が14歳以上である場合は，その者の同意を要する（州法710.43②）。

なお，養子が成人である場合は，養子の同意だけで足り，実親等の同意を要しない（710.43③）。

⑶　裁判所等の同意

子の永続的な監護権を有する裁判所又は部族裁判所の同意を要する（州法710.43①）。

⑷　後見人の同意

後見人が指名されているときは，子の後見人あるいは親の後見人の同意を要する（州法710.43①）。

3　管轄裁判所

申請者が居住しているか，養子がいる地の郡の裁判所に，申請者が州外に居住しているときは，子の両親の親権が終了したか，又は終了している地の郡の裁判所に申請する（州法710.24）。

4　養子の姓の変更

両親又は生存している親が養子縁組に対する同意をし，申立人が養子の姓の変更を希望するときは，裁判所は変更することができる（州法710.59）。

5　事　　例

日本在住の米国人（ミシガン州出身）と日本人未成年間の養子縁組につき，準拠法上反致を認めて養親についても日本法を適用して，申立てを認容した事例がある。

アメリカ合衆国ミシガン州法には反致に関する直接の規定は見いだせないが（なお，ミシガン養子縁組法典710.24第１項は，「申立人が居住し，又は養子が存在する郡の検認裁判所に養子縁組の申立てをすることができる」旨規定する），養子縁組の決定について，米国国際私法に関する判例は，おおむね(a)その州が養子又は養親のいずれかの住所地法であり，かつ，(b)養親及び養子若しくは子の法律上監護権を有する者が，その州の対人管轄権に服するとき，その州は裁判管轄権を行使することができると解されているから，少なくとも養子及び養親となろうとする者の同国法上の住所（ドミサイル）の存する州（国を含むものと解する。）に同国法上の裁判管轄権があることは明らかであり，しかもその決定は当該管轄権を有する法廷地法に準拠してなされるべきものと解されている（アメリカ法律協会作成の抵触法第２リステイメント第78条とそのコメント参照)。この法理は，ミシガン州法の関係規定の趣旨とも基本的な矛盾はないから，同州においても妥当するものと解される。

そうすると，未成年者はもとより，申立人の住所（ドミサイル）もともに日本に存することが明らかであり，日本法を適用することが本国の公序に反するとも認められないことから，申立人の本国法上日本法への反致が成立すると解するのが相当である（昭和60．８．５徳島家裁審判（家月38－１－146))。

〔**根拠法条**〕

2014年ミシガン州編集法（2014 Michigan Compiled Laws）

第701章－第713章　検認法

1939年検認法（1939年法律第288号）

710．24（養子縁組の申請；(略))

①　本節に他に規定されている場合を除き，養子を自己の相続人とすることを目的として，子又は成人を養子とし，養子に自己の姓を付与するか，又は姓名を変更せずに子又は成人を養子とすることを希望する者は，婚姻をしているときは妻又は夫と一緒に，申請者が居住しているか，養子がいる地の郡の裁判所に，申請者が州外に居住しているときは，子の両親の親権が終了したか，又は終了している地の郡の裁判所に申請する。(以下，略)

②　本節における他の規定にかかわらず，裁判所は，以下のいずれかを認めることができる。

a　全ての利害関係者が同意するときは，配偶者が申請に加わらず，婚姻した者が成人を養子とすること。

b　正当な理由又は子の利益のために，他方の配偶者が申請に加わることができないか，養子縁組に対して同意することができないことを裁判所が認めたときは，配偶者が申請に加わらず，婚姻した者が養子縁組をすること。

③～⑧　(略)

(1974年追加，1975年１月１日施行，1994年法律第222号，1994年法律第373号改正，1995年１月１日施行，1996年法律第409号改正，1998年１月１日施行，2004年法律第487号改正，2004年12月28日施行，2012年法律第614号改正，2013年１月９日施行）

710.41（養子縁組のための家庭での託置の条件；里親又は法的監護権を有する親と婚姻した申立人による養子縁組）

①　本章23ｄ節に規定されている場合を除き，本章又は第12Ａ章に従って，親権を終了させる命令が登録され，裁判所が本章51節に基づき託置を正式に認めるまでは，子を養子縁組の目的のために家庭に託置してはならない。親権を終了させる命令が登録された後，裁判所は本章45節，46節及び51節に従って適切な命令を登録する。（以下，略）

②・③　（略）

④　本節は，子の法定監護権を有する親と婚姻している養子縁組の申立人には適用されない。

（1974年追加，1975年１月１日施行，1980年法律第116号，1980年９月12日施行，1982年法律第72号，1982年４月14日施行，1994年法律第222号，1995年１月１日施行）

710.43（養子縁組に対する同意；実行権者）

①　本章44節及び51節の規定を条件として，子の養子縁組に対する同意は，以下に掲げる者が行う。

a　養子となる子のそれぞれの親又は生存している親，ただし，以下に掲げる事情にある場合を除く。

i　親の権利が，管轄裁判所によって終了しているとき。

ii　子が養子縁組のために，児童託置機関又は省に対して放棄されたとき。

iii　子の後見人が指名されたとき。

iv　親の後見人が指名されたとき。

v　子の法定監護権を有する親が申立人と婚姻したとき。

b　（略）

c　子の永続的な監護権を有する裁判所又はトライバルコート（a tribal court）

d　（略）

e　後見人が指名されているときは，第５項を条件として，子の後見人

f　後見人が指名されているときは，第６項を条件として，親の後見人

g　（略）

②　養子となる子が14歳以上であるときは，裁判所が養子縁組の命令を記録する前に，子の同意を要する。

③　養子となる者が成人であるときは，裁判所が養子縁組の命令を記録する前に，その者の同意を要するが，その他の者の同意は要しない。

④～⑦　（略）

（1974年追加，1975年１月１日施行，1980年法律第116号，1980年９月12日施行，1980年法律第509号，1981年１月26日施行，1982年法律第72号，1982年４月14日施行，1990年法律第175号，1990年７月２日施行，1994年法律第222号，1995年１月１日施行，1996年法律第409号，1998年１月１日施行，2011年法律第32号，2011年５月24日施行）

710.56（養子縁組命令，放棄，期間の延長，聴取，再聴取の申立て又は親権終了命令の訴え，要件，成人の養子縁組）

①　裁判所が養子縁組が望ましくないとする事情が生じたと決定しないときは，51

節に基づく正式な6か月の託置の後に，裁判所は養子縁組命令を登録することができる。（略）聴取の後に，養子の最善の利益になると裁判所が判断したときは，6か月の期間を正式な養子縁組の託置の時から18か月を超えない範囲で延長することができる。（以下，略）

②～④（略）

⑤　養子となる者が成人であるときは，次に掲げる次の全てが生じたときは，裁判所は，養子縁組命令を登録することができる。

a　養子となる者が本章43節に従い，養子縁組に対して同意したとき。

b　本章46節第2項で要求された書面による調査報告書が提出されたとき。

c　本章24a節に規定される利害関係者への通知が送達されたとき。

（1974年追加，1975年1月1日施行，1980年法律第288号，1980年10月17日施行，1982年法律第72号，1982年4月14日施行，1992年法律第247号，1992年11月19日施行，1994年法律第240号，1994年7月5日施行，2004年法律第487号，2004年12月28日施行）

710.59（養子の姓の変更，養子縁組命令の効力及び記録の謄本）

両親又は生存している親が養子縁組に対する同意をし，申立人が養子の姓の変更を希望するときは，養子縁組命令及び記録の謄本は，子の実親の姓及び養子縁組前に子に付与された姓を記載してはならない。

（1974年法律第296号追加，1975年1月1日施行）

資料５−43−１〔婚姻証明書〕

STATE OF MICHIGAN - COUNTY OF MACOMB
CERTIFICATION OF VITAL RECORD

UNITED STATES OF AMERICA

NOVEMBER 26, 2012
DATE OF APPLICATION

DEC 20 2012
DATE CERTIFICATE FILED

STATE FILE NO. 2012-※※※

LOCAL FILE NO. ※※※

Marriage License

State of Michigan

To any person legally authorized to solemnize marriage in the State of Michigan, marriage must be solemnized *In The State Of Michigan* on or before DECEMBER 29, 2012 (DATE)

Except for signature, spaces left blank must be completed by typewriter or printed legibly.

between □□□□ (FULL NAME OF MALE (First, Middle, Last)) and △△△△△△ (FULL NAME OF FEMALE (First, Middle, Last))

LAST NAME BEFORE FIRST MARRIED, IF DIFFERENT

	MALE	FEMALE
PRESENT AGE	※※	※※
DATE OF BIRTH	DECEMBER ※, 1987	JANUARY ※, 1990
RESIDENCE NO. / STREET	※※※※	※※※※
CITY, STATE, AND ZIP CODE	SHELBY TOWNSHIP, MICHIGAN	SHELBY TOWNSHIP, MICHIGAN
RESIDENCE COUNTY	MACOMB	MACOMB
NUMBER OF TIMES PREVIOUSLY MARRIED	0	0
BIRTHPLACE - CITY AND STATE	KYOTO, JAPAN	PORT HURON, MICHIGAN
FATHER'S FULL NAME	※※※※	※※※※
MOTHER'S FULL NAME BEFORE FIRST MARRIED	※※※※	※※※※
FATHER'S BIRTHPLACE	JAPAN	MICHIGAN
MOTHER'S BIRTHPLACE	JAPAN	MICHIGAN

By Authority of MCL 333.2813

An affidavit has been filed in this office by which it appears that said statements are true. This marriage license authorizes the marriage of the parties named above within the State of Michigan by any person authorized to perform a marriage ceremony under the laws of the State of Michigan.

In witness whereof,
I have signed and sealed these presents, this 29th day of NOVEMBER 20 12 ;

CARMELLA SABAUGH （署名） COUNTY CLERK MACOMB COUNTY

（署名） DEPUTY CLERK

Certificate of Marriage

This Space Reserved for Binding

I hereby certify that, in accordance with the above license, the persons herein mentioned were joined in marriage by me, in EAST LANSING (CITY, VILLAGE, OR TOWNSHIP), county of INGHAM MICHIGAN, on the ※ day of DECEMBER A.D. 20 12 , in the presence of

（署名） SIGNATURE OF OFFICIANT

※※※※※※ NAME AND TITLE OF OFFICIANT (TYPE OR PRINT)

※※※※※※ POST OFFICE ADDRESS OF OFFICIANT

（署名） SIGNATURE OF WITNESS　（署名） SIGNATURE OF WITNESS

※※※※※※ NAME OF WITNESS (TYPE OR PRINT)　※※※※※※ NAME OF WITNESS (TYPE OR PRINT)

（署名） SIGNATURE OF GROOM　（署名） SIGNATURE OF BRIDE

DCH-0482L (10/01/07)

Printed On ※※-2012 at 13:56:29

"THIS CERTIFIES THAT the above is a true copy of the facts recorded on the certificate of the person named hereon, as filed in the MACOMB COUNTY CLERK'S OFFICE."

（署名）
County Clerk and Register of Deeds

※※※※

WARNING: THIS DOCUMENT IS PRINTED ON SECURITY WATERMARKED PAPER AND CONTAINS SECURITY FIBERS. DO NOT ACCEPT WITHOUT VERIFYING THE PRESENCE OF THE WATERMARK. THIS DOCUMENT CONTAINS A SECURITY BACKGROUND, EMBOSSED SEALS AND THERMOCHROMIC INK

COUNTY OF MACOMB STATE OF MICHIGAN

VOID WITHOUT WATERMARK OR IF ALTERED OR ERASED

資料5－43－1

婚姻証明書（和訳文）

	氏	名（First Name, Middle Nameの順）
1．夫の氏名：	□□	□□

例：Steven John Rogers, II→氏：ロジャース、名：スティーブン　ジョン　セカンド

	氏	名
妻の氏名：	△△	△△　△△

例：Shigeko Kawamura→氏：川村、名：滋子（日本国籍者は、戸籍上の文字で記入）

2．婚姻成立年月日：2012　年 12 月 ※ 日

婚姻方式：アメリカ合衆国　ミシガン　州の方式

3．婚姻証明書作成者

職　名：同州マコーム郡書記官

氏　名：※※※※　印

翻訳者

氏名　□　□　□　□

（日本語、かい書で記入のこと）

（婚姻当事者の場合は、婚姻前の氏名を記入）

Consulate General of Japan in Detroit
Rev. on 10/16/2007

資料５－43－２〔出生登録証明書〕

STATE OF MICHIGAN

STATE OF MICHIGAN
DEPARTMENT OF COMMUNITY HEALTH

LF

CF

CERTIFICATE OF LIVE BIRTH

121 - ※※※
State File Number

1. CHILD'S NAME (First, Middle, Last, Suffix)				
○○○○○○				
2. SEX Male	3a. PLURALITY - Single, Twin, Triplet, etc. (Specify) Single	3b. IF NOT SINGLE BIRTH - First, Second, Third, etc. (Specify)	4a. DATE OF BIRTH (Month, Day, Year) August※, 2013	4b. TIME OF BIRTH 3:24 am
5a. CHILD'S BIRTHPLACE(Hospital or Address if other) ※※※※				5b. COUNTY Macomb

6a. MOTHER'S CURRENT LEGAL NAME (First, Middle, Last)		6b. MOTHER'S FULL NAME BEFORE FIRST MARRIED (First, Middle, Last)	
△△△△△△		△△△△	
7a. STATE OF BIRTH - Name Country if not USA Japan	7b. DATE OF BIRTH OR AGE June ※, 1981	7c. COUNTY OF RESIDENCE St. Clair	7g. STATE OF RESIDENCE Michigan

8a. FATHER'S CURRENT LEGAL NAME (First, Middle, Last)	8b. STATE OF BIRTH - Name Country if not USA	8c. DATE OF BIRTH OR AGE
□□□□□□	Ohio	April ※, 1981

9a. REGISTRAR'S SIGNATURE	9b. DATE FILED BY LOCAL REGISTRAR - (Month, Day, Year)
※※※※※	August 20, 2013

I hereby certify that the above is a true and correct representation of the birth facts on file with the State of Michigan, issued from the Michigan Centralized Birth Certification System.

Certified by: （署名）
※※※※
State Registrar

Date Issued: **September 3, 2013**
AFS: ※※※

DIVISION FOR VITAL RECORDS

※※※※※※

VOID WITHOUT WATERMARK OR IF ALTERED OR ERASED

資料5－43－2

出生登録証明書（和訳文）

	氏（ラストネーム）	名（ファーストネーム、ミドルネームの順で記入）	性別
1．氏　　名：	○○	○○　○○	(男)・女

（Certificate of Birth記載通りの氏名を日本の文字で。アルファベット不可。例：田中　正マイケル）

2．生年月日：2013 年　8　月　※　日　(午前)・午後　3　時　24　分

3．出生地：（病院名）　※※※※　病院

（病院の住所）アメリカ合衆国ミシガン州クリントン市・(町)・村

※※　通り　※※　番地

	氏（ラストネーム）	名（ファーストネーム、ミドルネーム）	出生時の年齢
4．父の氏名：	□□	□□　□□	※※
5．母の氏名：	△△	△　△	※※

6．出生登録日：2013 年　8　月　20　日

7．登録役所：アメリカ合衆国　ミシガン　州　出生証明書　郡・市

(登録所)

翻訳者氏名：△　△　△　△

（日本語、かい書で記入のこと）

※新生児の名（Given Name）に関し、「Certificate of Birthに記載の名」と「戸籍に届け出る名」が完全には一致しない場合（ミドルネームを省略する場合など）は、以下も記入。

英文出生証明書には＿＿＿＿＿＿＿＿＿＿＿＿＿＿と記載

アルファベットで記載。（LAST NAME, First name Middle name）

されているが、戸籍には＿＿＿＿＿＿＿＿と届け出る。

戸籍に載せる日本文字で記載。

申出人名＿＿＿＿＿＿＿＿＿＿印

（日本語、かい書で記入のこと）

Consulate General of Japan at Detroit
出生届用　Rev. on 8/14/2007

5－44　アメリカ合衆国／ミシシッピ州

第1　婚　　姻

1　実質的成立要件

(1)　婚姻適齢

男子は17歳，女子は15歳である。

書記は，男性が少なくとも17歳，女性が少なくとも15歳でないときは，婚姻許可証を発行してはならない。

しかしながら，十分な理由が存在し，当事者がお互いに婚姻することを希望し，年齢未満の親又は親に代わる者が同意したという十分な証拠が巡回裁判所，衡平裁判所又は郡の裁判所の裁判官に示された場合は，当事者が婚姻適齢以外について，法的に婚姻する資格があるときは，当事者の一方が居住する郡の裁判所が婚姻適齢の要件を放棄し，書面で当事者に婚姻許可証を発行する権限を裁判所の書記に与える（州法93－１－５）。

(2)　近親婚の禁止

息子は，祖母，母又は継母，兄弟の姉妹，父の娘又は法的に養子となった娘，孫娘，継母の父の娘，おば，父又は母の姉妹と婚姻することができないだけでなく，兄弟又は姉妹の子，血統によるいとこと婚姻した兄弟及び姉妹とも婚姻をすることができない。

父は，息子の未亡人と婚姻することができない。男性は，妻の娘，妻の娘の娘，妻の息子の娘，兄弟又は姉妹の娘と婚姻をすることができない。

女性についても，同様の範囲の親族との婚姻が禁止されている（州法93－１－１・93－７－１）。

(3)　重婚の禁止

重婚は禁止され，無効とされる（州法93－７－１）。

(4)　婚姻の意思の存在，精神障害でないこと

当事者の一方又は双方の精神疾患又は行為能力がない場合は，婚姻は取り消

すことができる（州法93－７－３）。

(5)　同性婚

アメリカ合衆国では，同性婚を認める州と認めない州が存在していたが，連邦最高裁判所は，平成27年（2015年）６月26日に，同性婚は合衆国憲法の下での権利であり，州は同性婚を認めなければならないとの判断を下した。これにより，全米で同性婚が合法となることから，同性婚を禁止している各州の法律は今後改正される。

２　婚姻許可証

(1)　発行の前提条件

ア　少なくとも17歳の全ての男性及び少なくとも15歳の全ての女性は，法律上，婚姻を締結することができるが，21歳未満の男性及び女性は，巡回裁判所の書記に当事者の両親又は後見人の婚姻に対する十分な証拠を提出しなければならない。

イ　次の前提条件が満たされる前に，巡回裁判所の書記が婚姻許可証を発行することは，違法である。

①　許可証の申請は，ミシシッピ州の任意の郡の巡回裁判所の書記に書面で申請すること。

②　男性の申請者が17歳未満であるか，又は女性が15歳未満である場合で，十分な理由が存在し，当事者がお互いに婚姻することを希望し，年齢未満の親又は親に代わる者が同意したという十分な証拠が巡回裁判所，衡平裁判所又は郡の裁判所の裁判官に示されたときは，一方の当事者が居住する郡のその裁判官は，婚姻適齢の要件を放棄し，当事者が他に法律上の要件を具備しているときは，書面で郡の書記に当事者に婚姻許可証を発行する権限を与える。

③　いかなる場合でも，巡回裁判所の書記は，申請者が，又は申請者の一方が，中毒になっているか，又は巡回裁判所の書記が，その者が婚姻許可証の申請の本質及びその重要性を理解することができないと思う程度の精神疾患であるか，又は知的障害であると判断したときは，許可証を

発行してはならない。

（注）　従前は，申請人が州の健康委員会の承認した試験所において行われた血液検査によってほぼ梅毒に罹患していないという申請の30日以内の健康証明書を巡回裁判所の書記に提出しなければならないとされていたが（州法93－１－５ｅ），2013年の改正で，血液検査の規定は削除された。

⑵　婚姻許可証の発行

書記が，午後６時から午前８時までの間に，婚姻許可証を発行するのは違法である。書記が許可証を発行したときは，許可証の発行時間を証明しなければならない（州法93－１－11）。

⑶　婚姻許可証の必要性

婚姻を締結する当事者は，婚姻許可証を取得しなければ，また，正式に許可証を取得した後，婚姻を挙行するために法によって権限が認められた者，宗教組織，組織又は機関により，若しくはその面前で婚姻が挙行されないときは，婚姻は有効とされない（州法93－１－15）。

⑷　有効期限

有効期限については，特に規定がない。

３　婚姻の無効・取消し

⑴　婚姻の無効

近親婚及び重婚の禁止に反する婚姻は，無効である。

無効の宣言は，当事者に一方の提訴により得ることができる（州法93－１－１・93－７－１）。

⑵　取消しできる婚姻

婚姻は，挙式の時に以下に掲げる原因の一つが存在しているときに取り消すことができる。

①治癒できない性的不能，②当事者の一方又は双方の精神疾患又は行為能力がないこと（婚姻後６か月以内に提起しなければならない。），③93－１－５から93－１－９の婚姻許可証の条件等を満たさず，その後同棲しなかったとき，又は追認がないとき，④婚姻当事者の一方が，年齢又は理解力が不足し，婚姻

に対する同意をすることができず，身体的な理由から婚姻状態に入ることができないか，当事者の一方の同意が強迫又は詐欺により得られたときは，婚姻はその無効を管轄裁判所が宣告した時から無効である，⑤夫がその妊娠を知らなかったときは，妻が他の者の子を妊娠していること。

また，④及び⑤に基づく無効訴訟は，その事由が発見されたか，発見されるべきである時から6か月以内に提起されなければならない（州法93－7－3）。

〔根拠法条〕

州法（2014 Mississippi Code）

第93編　家族関係

第1章　婚姻

93－1－1（近親婚及び無効）

① 息子は，祖母，母又は継母，兄弟の姉妹，父の娘又は法的に養子となった娘，孫娘と婚姻することができない。息子は，継母の父の娘，おば，父又は母の姉妹と婚姻することができないだけでなく，兄弟又は姉妹の子，血統によるいとこと婚姻した兄弟及び姉妹とも婚姻することができない。父は，息子の未亡人と婚姻することができない。男性は，妻の娘，妻の娘の娘，妻の息子の娘，兄弟又は姉妹の娘と婚姻をすることができない。女性についても同様の親等の婚姻が禁止されている。本節により禁止されている婚姻は近親婚であり，無効である。

② 同性者間の婚姻は禁止され，当初から無効である。他の管轄地域で有効である同性者間の婚姻は，ミシシッピでは法律上の，又は有効な婚姻にはならない。

（1922年，1946年，1997年2月12日改正）

93－1－5（前提条件，違反に対する罰則）

① 少なくとも17歳の全ての男性及び少なくとも15歳の全ての女性は，法律上，婚姻を締結することができる。ただし，21歳未満の男性及び女性は，巡回裁判所の書記に当事者の両親又は後見人の婚姻に対する十分な証拠を提出しなければならない。次の前提条件が満たされる前に，巡回裁判所の書記が婚姻許可証を発行することは，違法である。

a　許可証の申請は，ミシシッピ州の任意の郡の巡回裁判所の書記に書面で申請しなければならない。（以下，略）

b・c　（略）

d　男性の申請者が17歳未満であるか，又は女性が15歳未満である場合で，十分な理由が存在し，当事者がお互いに婚姻することを希望し，年齢未満の親又は親に代わる者が同意したという十分な証拠が巡回裁判所，衡平裁判所又は郡の裁判所の裁判官に示された場合は，一方の当事者が居住する郡のその裁判官は，婚姻適齢の要件を放棄し，当事者が他に法律上の要件を具備しているときは，書面で郡の書記に当事者に婚姻許可証を発行する権限を与える。（以下，略）

e　いかなる場合でも，巡回裁判所の書記は，申請者が，又は申請者の一方が，以下であると判断したときは，許可証を発行してはならない。

i　中毒になっているか，又は

ii　巡回裁判所の書記が，その者が婚姻許可証の申請の本質及びその重要性を理解することができないと思う程度の精神疾患があるか，又は知的障害があるとき。

②・③　（略）

（1930年，1957年，1983年，2008年，2013年改正）

93－１－11（許可証の発行時）

①　午後６時から午前８時までの間に，書記が婚姻許可証を発行するのは違法である。書記が許可証を発行したときは，上記許可証の発行時間を証明しなければならない。

②　（略）

（1942年，1950年改正）

93－１－15（有効な婚姻のための許可証及び挙式）

①　婚姻を締結する当事者が，法律で求められる婚姻許可証を取得しなければ，また，正式に許可証を取得した後，婚姻を挙行するために93－１－17及び93－１－19によって権限が認められた者，宗教組織（religious society），組織（institution）又は機関（organization）により，若しくはその面前で婚姻が挙行されないときは，1956年４月５日以降に締結される婚姻は有効ではない。（以下，略）

②　（略）

（1942年，1956年改正）

第７章　婚姻の無効

93－７－１（無効婚の無効）

全ての重婚又は近親婚は無効であり，無効の宣言は，当事者に一方の提訴により得ることができる。

（1942年，1962年改正）

93－７－３（婚姻の無効原因）

婚姻は，挙式の時に以下に掲げる原因の一つが存在しているときに取り消すことができる。

a　治癒できない性的不能

b　当事者の一方又は双方の精神疾患又は行為能力がないこと。裁判上，精神疾患又は行為能力がないことが宣告されている配偶者の訴訟は，後見人が，後見人がいないときは，近友（next friend）が提起することができる。ただし，婚姻後６か月以内に提起しなければならない。

c　93－１－５から93－１－９の規定を満たさず，その後同棲しなかったとき，又は追認がないとき。

d　婚姻当事者の一方が，年齢又は理解力が不足し，婚姻に対する同意をすることができず，身体的な理由から婚姻状態に入ることができないか，当事者の一方の同意が強迫又は詐欺により得られたときは，婚姻はその無効を管轄裁判所が宣告した時から無効である。

e　夫がその妊娠を知らなかったときは，妻が他の者の（子を）妊娠していること。

第ｄ号及び第ｅ号に基づく無効訴訟は，その事由が発見されたか，発見されるべきである時から６か月以内に提起されなければならない。（以下，略）

（1942年，1962年，2008年改正，2008年７月１日施行）

第2　離　婚

1　離婚事由

次の12の事由の１つ又は複数がある場合は，離婚が認められる。

①生来の性的不能，②姦通，③刑務所入りに相当する刑が宣告され，送致される前に赦免されないとき，④１年間の故意の，継続した遺棄，⑤常習酩酊，⑥アヘン，モルヒネ又は他の薬剤を常習かつ過度に使用すること，⑦常習的な残虐な，非人道的な仕打ち，⑧原告の当事者がその疾病を知らなかったときは，婚姻時の精神疾患又は知的障害，⑨当事者間の仮装婚の時における他人との婚姻，⑩夫が婚姻時に，妻が他の者により妊娠していたことを知らなかったこと，⑪法律により婚姻が禁止されている近親婚の関係であるときは，一方の当事者は離婚をすることができる，⑫治癒し難い精神疾患（州法93－５－１）。

2　相いれない相違を理由とする離婚

夫及び妻の共同申立てであるか，又は被告本人が手続に関与しているときは，離婚は，相いれない相違を理由として認められる。

また，相いれない相違は，離婚の唯一の事由として主張することも，前記１の離婚事由に規定されている離婚の他の事由の代わりの事由として主張することができる。

なお，当事者（双方）がその子の監護及び扶養について，又は当事者（双方）の財産権について，適切かつ十分な条項に合意することができなかったときは，当事者（双方）は，相いれない相違を理由に離婚に同意することができ，当事者が合意できなかった問題について裁判所が決定することを認めることができる（州法93－５－２）。

〔根拠法条〕

州法（2014 Mississippi Code）

第93編　家族関係

第５章　離婚及び扶養料

93－５－１（離婚事由）

婚姻のきずなからの離婚は，以下に掲げる12の事由の一つ又は複数を理由として被害者に命ずることができる。

1　生来の性的不能

2　姦通。ただし，離婚をする目的で共謀して犯したと思われるとき，又は当事者が姦通の申立てによりそれを知った後に同居したときを除く。

3　刑務所入りに相当する刑が宣告され，送致される前に赦免されないとき。

4　１年間の故意の，継続した遺棄

5　常習酩酊

6　アヘン，モルヒネ又は他の薬剤を常習かつ過度に使用すること。

7　常習的な残虐な，非人道的な仕打ち

8　原告の当事者がその疾病を知らなかったときは，婚姻時の精神疾患又は知的障害（idiocy）

9　当事者間の仮装婚の時における他人との婚姻

10　夫が婚姻時に，妻が他の者との妊娠を知らなかったこと。

11　法律により婚姻が禁止されている近親婚の関係であるときは，一方の当事者は離婚をすることができる。

12　治癒し難い精神疾患（以下，略）

（1932年，1938年，1956年，2008年，2013年改正）

93－５－２（相いれない相違を理由とする離婚）

①　夫及び妻の共同申立てであるか，又は被告本人が手続に関与しているときは，（略）婚姻夫婦のきずなからの離婚は，相いれない相違(irreconciable differences)を理由として認められる。

②　（略）

③　当事者（双方）がその子の監護及び扶養について，又は当事者（双方）の財産権について，適切かつ十分な条項に合意することができなかったときは，当事者（双方）は，相いれない相違を理由に離婚に同意することができ，当事者が合意できなかった問題について裁判所が決定することを認めることができる。（以下，略）

④・⑤　（略）

⑥　相いれない相違は，離婚の唯一の事由として主張することも，93－５－１に規定されている離婚の他の事由の代わりの事由として主張することができる。

⑦　（略）

（1976年，1978年，1990年，2008年改正，2008年７月１日施行）

第３　準　　正

実父が，実母と婚姻し，子を認知したときは，嫡出でない子は嫡出子となる（州法93－17－１）。

〔**根拠法条**〕

州法（2014 Mississippi Code）
第93編　家族関係
第17章　養子縁組，名の変更及び子の準正
93－17－1（名の変更及び子の準正についての管轄権；その後の婚姻による準正）
①　（略）
②　実父が婚姻し，子を認知したときは，嫡出でない子は嫡出子となる。
（1955年，1981年改正，1981年7月1日施行）

第4　養子縁組

1　実質的成立要件

⑴　養親の要件

養親は，成人でなければならない。

婚姻していない者も養親となることができるが，同性のカップルによる養子縁組は，禁止される（州法93－17－3）。

⑵　養子の要件

年齢要件等については特に規定がなく，申請者が申請前に90日以上，ミシシッピ州に居住しているときは，養子となることができる。

ただし，申請者が，又は申請者の一人が民法の3親等内の親族であるか，又は養子縁組がミシシッピ州の許可を受けた養子縁組機関により裁判所に提出されたときは，居住制限は，適用されない。

2　保護要件

⑴　養子の同意

養子が14歳以上である場合は，その者の同意を要する（州法93－17－5）。

⑵　実親等の同意

ア　同意の要否

両親又は親の同意を要する。

両親が死亡しているときは，民法に従って計算された3親等内の子の2人の成人の親族の同意を要する（州法93－17－5）。

イ　同意の時期の制限

同意は，子の出生後72時間を経過していなければならない（州法93－17－5）。

(3)　その他の同意

①養子となる者の身体的な監護権を有する者（ただし，ミシシッピ州の公共福祉省による託置の結果としての里親を除く。），②その子の監護権が，ミシシッピ州の管轄裁判所によって与えられた者，③合意又は裁判所の命令により，里親制度で子を託置しているミシシッピ州の郡の福祉局の代表者の同意を要する（州法93－17－5）。

3　養子縁組の効力

(1)　養子と養親との関係

養子は，養親から，又は養親を通じて相続をし，ミシシッピ州相続分配法による全血の兄弟及び姉妹との間の相続に規定されているのと同じ条件で，同じ範囲で養親を相続をする。

また，養子，養親及び養子関係の親族は，全ての権利を含め，子が養親の嫡出子であるかのように，全ての権利，権限及び義務が付与される（州法93－17－13）。

(2)　養子と実親との関係

養子の実親及び親族は，養親の配偶者となった実親を除き，子により，又は子を通じて相続されない。

また，実親の全ての親としての権利は，養親の配偶者となった実親を除き，消滅する（州法93－17－5）。

(3)　養子の姓名の変更

養子の姓名の変更を希望するときは，裁判所は変更を許可することができる（州法93－17－13）。

〔**根拠法条**〕

州法（2014 Mississippi Code）
第93編　家族関係
第17章　養子縁組，名の変更及び子の準正
第1条　総則

93-17-3（養子縁組手続の裁判管轄，養子になることができる者，養子縁組をすることができる者，養子縁組手続の裁判地，子の条件の証明書，名の変更，同性のカップルによる養子縁組の禁止，ホームスタディの完了）

①　第2項及び第3項に規定される場合を除き，ミシシッピ州の裁判所は，以下の場合には，本章に基づき開始される未成年者の養子縁組手続に関して管轄権を有する。

a　手続開始の直前に，未成年者が一時的に不在の期間を除き，少なくとも6か月間継続して，親，後見人，養親となる者又は親として行動する他者とミシシッピ州で生活しているか，又は，未成年者が生後6か月未満の場合は，出生後直ちにこれらの者とミシシッピ州で生活し，未成年者の現在又は将来の監護に関して実質的な証拠があるとき。

b　手続開始の直前に，養親となる者が一時的に不在の期間を除き，少なくとも6か月間継続してミシシッピ州で生活し，未成年者の現在又は将来の監護に関して実質的な証拠があるとき。

c　（略）

②～④　（略）

⑤　同性のカップルによる養子縁組は，禁止される。

⑥　（略）

（1942年，1955年，1973年，1994年，2000年，2004年，2006年，2007年改正，2007年7月1日施行）

93-17-5（養子縁組手続の当事者，子の同意，婚姻していない父の権利）

①　（略）同意は，以下の者が正式に宣誓するか，承認するか，又は行うものとする。ただし，子の出生後72時間より前であってはならない。

a　両親又は親，一人の親の場合は，一方が21歳未満であっても，

b　両親が死亡しているときは，民法に従って計算された3親等内の子の2人の成人の親族。（以下，略）

c　（略）

上記に加えて，手続又は申請された養子縁組に対する同意の登録により，子の養子縁組をする手続当事者がするものとする。当事者は，以下の者である。

i　その子の身体的な監護権を有する者。ただし，ミシシッピ州の福祉局（the Department of Human Services）（**注**）により託置の結果として子の里親となった者を除く。

ii　ミシシッピ州の管轄裁判所が子の監護権を付与した者

iii　合意により，又は裁判所の命令により，里親制度で子を託置しているミシシッピ州の郡の公共福祉省の代表者

②・③　（略）

④　（略）いずれにしても，子が14歳以上であるときは，宣誓されるか，又は子が承認するかによる養子縁組に対する同意

を要する。（以下，略）

(注)　従前は，公共福祉局（the department of public welfare）とされていた。

（1942年，1955年，1964年，1998年，1999年，2002年改正，2002年7月1日施行）

93－17－13（最終命令及びその効力）

（略）最終判決は，裁判所が子の利益の保護のために適当と判断する他の規定を加えて宣告する。その効力は，他に特に規定がなければ，以下のとおりである。

a　子は，養親から，又は養親を通じて相続をし，ミシシッピ州相続分配法（the laws of descent and distribution）による全血の兄弟及び姉妹との間の相続に規定されているのと同じ条件で，同じ範囲で養親を相続をする。養親とその他の子は，この子が養親の嫡出子であるように子を相続する。

b　養子とされた子から，又は子による相続が上記第a号により決定されることを条件として，子，養親及び養子関係の親族は，ミシシッピ州1972年法11－7－13によって存在する全ての権利を含め，子が養親の嫡出子であるかのように，全ての権利，権限及び義務が付与される。

c　子の姓名は，希望するときは変更される。

d　子の実親及び親族は，養親の配偶者となった実親を除き，子により，又は子を通じて相続されない。実親の全ての親としての権利は，養親の配偶者となった実親を除き，消滅する。（以下，略）

（1942年，1955年，1958年，1971年，1998年，2007年改正，2007年7月1日施行）

5－45　アメリカ合衆国／ミズーリ州

第1　婚　　姻

1　実質的成立要件

⑴　婚姻適齢

男女とも18歳である。

15歳以上で18歳未満の者については，監護権を有する親，後見人等の同意を要する。

15歳未満の者は，婚姻をすることができない。ただし，郡の巡回裁判所又は陪席巡回裁判官の命令に基づき，記録吏は婚姻許可証を発行することができる（州法451.090）。

⑵　近親婚の禁止

祖父母及び孫を含めた親子間，半血又は全血の兄弟姉妹間，おじと姪，おばと甥，いとこ間の婚姻はすることができない（州法451.020）。

⑶　重婚の禁止

当事者の一方に生存している前の妻又は夫がいるときは，前婚が解消されていないときは，婚姻をすることができない（州法451.030）。

⑷　婚姻契約を締結する能力を欠く者

婚姻契約を締結する能力を欠く者は，婚姻をすることができない（州法451.020）。

⑸　同性婚の禁止

ミズーリ州では，男女間の婚姻のみが認められる（州法451.022）。

なお，アメリカ合衆国では，同性婚を認める州と認めない州が存在していたが，連邦最高裁判所は，平成27年（2015年）6月26日に，同性婚は合衆国憲法の下での権利であり，州は同性婚を認めなければならないとの判断を下した。これにより，全米で同性婚が合法となることから，同性婚を禁止している各州の法律は今後改正される。

2 婚姻許可証

(1) 婚姻許可証の必要性

ミズーリ州における婚姻の前に，権限を有する役人から許可証を取得しなければならず，許可証が婚姻の前に取得されず，婚姻を挙行するため法律により権限を認められた者が婚姻を挙行をしないときは，締結された婚姻は有効とはみなされない（州法451.040）。

(2) 有効期間

発行日から30日を経過したときは，無効である（州法451.040）。

3 婚姻の報告

儀式主催者は，婚姻証明書を発行し，婚姻許可証を発送者に返送する。

4 婚姻の無効

近親婚の禁止，重婚，婚姻契約を締結する能力を欠く者の婚姻は，無効である（州法451.020・451.030）。

また，コモンローによる婚姻も無効である（州法451.040）。

〔根拠法条〕

修正州法（2014 Missouri Revised Statutes）

第30編 家族関係

第451章 婚姻，婚姻契約及び婚姻した女性の権利

451.020（禁止婚（略））

あらゆる親等の祖父母及び孫を含めた親子間，半血又は全血の兄弟姉妹間，おじと姪，おばと甥，いとこ間及び婚姻契約を締結する能力を欠く者間の全ての婚姻は無効と推定される。（以下，略）

（1939年，1961年，1969年，1983年改正）

451.022（公共政策，同性婚の禁止—発行することができない許可証）

① 男女間の婚姻のみを認めるのがミズーリ州の公共政策である。

② 男女間でないいかなる婚姻も無効である。

③ 記録吏は，男子と女子に対する場合を除き，婚姻許可証を発行してはならない。

④ 同性間の婚姻は，締結地で有効であった場合でも，ミズーリ州ではいかなる目的において認められない。

（1996年，2001年改正）

451.030（重婚の無効）

当事者の一方に生存している前の妻又は夫がいるときは，前婚が解消されていないときは，全ての婚姻は無効である。(1939年)

451.040（必要な婚姻許可証，待機期間，申請，内容，許可証が無効なとき，コモンローの婚姻の無効，婚姻挙行権限の欠如，効力）

①　ミズーリ州における婚姻の前に，そのための許可証を発行する権限を有する役人から取得しなければならず，許可証がその前に取得されず，婚姻を挙行するため法律により権限を認められた者が婚姻を挙行をしないときは，締結された婚姻は有効とはみなされない。

②（略）許可証は，発行日から30日を経過したときは，無効である。

③　(略)

④　コモンローの婚姻は，無効である。

⑤　(略)

(1939年，1943年，1974年，1978年，1981年，1986年，1997年，1998年，2001年，2007年改正)

451.090（許可証の発行の禁止，親の同意が必要なとき）

①　記録吏は，ここで規定される場合を除き，いかなる場合も15歳未満の者の婚姻を認める許可証を発行してはならない。ただし，正当な事由が示され，婚姻が望ましいとされるそのような通常とは異なる状態であることを理由として，許可証が申立てられた郡の巡回裁判所又は陪席巡回裁判官（associate circuit judge）の命令に基づき，婚姻許可証を発行することができる。

②　記録吏は，監護権を有する親又は後見人の同意で，その時点で書面で与えられ，同意を与えた者の居住地を記載し，宣誓を執行する役人の面前で署名，宣誓した同意がなければ，18歳未満の男性又は18歳未満の女性の婚姻を認める許可証を発行してはならない。

③　(略)

(1939年，1974年，1978年，1993年改正)

第2　離　　婚

1　事　　例

〔事例1〕

ミズーリ州クレイ郡巡回裁判所においてなされた日本人男と米国人女との離婚判決の判決書謄本を添付した離婚届

(1)　被告である日本人の不出頭と民事訴訟法第118条第2号について

判決書（資料5－45－1）（本文742頁）によると，被告である日本人男が出頭しないまま離婚判決が言い渡されていることから，民事訴訟法第118条第2

号に規定する「敗訴の被告が訴訟の開始に必要な呼出し若しくは命令の送達（公示送達その他これに類する送達を除く。）を受けたこと，又はこれを受けなかったが応訴したこと」の要件を満たしているか否かという点が問題となるが，判決書中に，「相手方は，先に出頭登録をしたが，不出頭」（Respondent, appeared not, having previously entered his appearance）との記述があることから，日本人男は訴訟の開始に必要な呼出し送達を受けているものと推定されるので，離婚判決は，民事訴訟法第118条第２号の要件を満たしていると考える。

⑵　判決確定日

ミズーリ州の離婚判決の確定日等の法令及び同州クレイ郡巡回裁判所における実務上の取扱い等については，

①　判決は，判決の登録後30日以内に上訴の手続が行われない場合には，同期間が満了した時点で確定する（ミズーリ州民事訴訟規則81条05項⒜）。

②　上訴期間の起算日は，判決言渡しの翌日であり，上訴期間の最終日（終期）が土曜日，日曜日又は法律上の休日に当たる場合には，最終日がこれらの日以外の日となるまで延長される（ミズーリ州民事訴訟規則44条01項⒜）。

③　判決は，裁判官が署名したときに登録され，その登録がされた時点で言い渡される（ミズーリ州民事訴訟規則74条01項⒜）。判決は，上訴されていない限り，判決の登録時にその効力が生ずる（ミズーリ現行制定法452章360条）。

④　ミズーリ州クレイ郡巡回裁判所では，判決確定証明書を発行する取扱いをしていない。

⑤　本件では，上訴されていない旨及び離婚の効力発生日は平成10年10月22日である旨のミズーリ州クレイ郡巡回裁判所書記官作成の平成11年３月15日書簡によって，離婚の効力発生日が平成10年10月22日であることが認められる。

ミズーリ州の法制によると，判決は上訴期間内に上訴がされていない場合に確定するが，判決の効力が生ずるのは，判決の確定日ではなく，「判決の登録がされた日」である。

離婚事項の記載は，「平成10年10月22日妻国籍アメリカ合衆国○○と同国ミズーリ州クレイ郡巡回裁判所の離婚の裁判確定年月日届出」とするのが相当である。

(3)　子の親権者について

離婚判決による共同親権の定めが公序良俗に反するものでないと認められるので，これを有効なものとみて，子の身分事項欄に「親権者を父及び母と定められる。」との振り合いで記載するのが相当である。

（1につき，平成11．4．23民二872号回答（戸籍688-69））

〔事例2〕

未成年の子を有するアメリカ人男と韓国人女の夫婦の協議離婚に関して，重国籍である未成年の子の親権の準拠法は，アメリカ合衆国ミズーリ州法と認められるところ，同州法上，離婚の際に父母の一方の親権とするためには，判決によらなければならないとされていることから，親権者指定の記載がある離婚届については，親権者指定の記載を消除させ，共同親権とした場合は，受理して差し支えないとされた事例

親権に関するミズーリ州法には，協議離婚に係る規定がなく，子の親権は，裁判所が決定するとされている。

したがって，当事者の協議によって，一方の親を親権者と定めることはできない。

（2につき，平成25．3．18民一266号回答（民月68-5-141，戸籍910-85））

〔根拠法条〕

民事訴訟規則

第74条

1　判決

(a)　対象事項

本法における「判決」とは，離婚判決及び訴訟によりなされたその他の命令を含んでいる。判決は，登録された時点で言い渡される。判決は，判事により署名がなされた時点で登録され，いわゆる判決と称するものが記録される。判決文には，訴訟の裁判記録を含むものとそうでないものがある。

第81条

⑤　判決，上訴の時期，期間の算定

(a)　上訴がなされる期間を確定するため，判決は，判決の登録後30日間に上訴の手続が行われない場合には，同期間を満了した時点で確定する。上訴期

間内に上訴の手続がなされた場合には，判決は同手続後90日間を満了した時点で確定する。前述の手続が早期に規定されている場合には，前述の上訴の日あるいは上訴判決の登録後30日のどちらか遅い日をもって確定する。判決後の諸手続は，上訴がなされる時期を確定するために，上訴審の手続あるいはその一部として取り扱われ，判決後の全ての諸手続は同時に処理される。上訴審のための手続の時期が規定されている場合においては，規定されていないいかなる諸手続も，同日現在において無効であるとみなされる。これらの諸手続の記録及び処理は，同手続が予審における法律上の救済を得るか否かにかかわらず，上訴の時期に関して同じ効力を持つ。

州法

第30編　家族関係

第452章　婚姻の解消，離婚，離婚扶助手当及び別居手当

375（親権：決定要因）

① （略）

② 子の親権については，当該子の最善の利益に基づき，裁判所が決定する。

720（国外事案の適用）

① ミズーリ州の裁判所は，子の親権を定める目的において，外国を米国の１州として取り扱うものとする。

② 外国において事実に基づく環境の下，ミズーリ州法で定めた法的基準に準拠し下された子の親権に係る決定については，これを認めることとし，ミズーリ州法の定めるところにより執行する。（以下，略）

（民月68−５−155，戸籍910−91）

第３　出　　生

１　父の推定

男性と子の実母が婚姻しているか，又は婚姻していて，子が婚姻中又は死亡，無効又は無効の宣言若しくは解消による婚姻の終了後300日以内又は別居判決が裁判所に登録された後300日以内に出生した場合には，男性は子の父と推定される（州法210．822）。

２　出生証明書

ミズーリ州衛生及びシニアサービス局（the department of health and senior services）発行の出生証明書は，資料５−45−２（本文743頁）参照。

〔**根拠法条**〕

修正州法（2014 Missouri Revised Statutes）
第12編　公衆衛生及び福祉
第210章　子の保護及び矯正
210.822（父の推定―推定の反証，証明の基準）
① 男性は，以下の場合には，子の実の父と推定される。
1　男性と子の実母が婚姻しているか，又は婚姻していて，子が婚姻中又は死亡，無効又は無効の宣言若しくは解消による婚姻の終了後又は別居判決が裁判所に登録された後300日以内に出生した場合
2～4（略）
②（略）
（1987年，1994年，1998年改正）

第4　認　　知

1　認知主義

ミズーリ州における法律上の父子関係の成立は，事実主義ではなく，認知主義による。

2　父の記載のある出生証明書

ミズーリ州修正州法第193章193.085第7項において，婚外子の出生証明書に父親の氏名を記載できる場合としては，①当該男性の認知があった場合，②裁判所において，当該男性が父親であることを認定する裁決があった場合，③州児童援護部局により当該男性が父親であることを決定する行政命令が下された場合のみが認められている。

したがって，ミズーリ州発行の出生証明書に父親の氏名が記載されているという事実は，上記①から③のいずれかの方法により，出生証明書に父親として記載された者が，法的に子供の父親である旨認定されていることを意味する。

3　強制認知

ミズーリ州の法律には，日本の強制認知に相当する規定はなく（ただし，嫡出でない子を現に監護している父が，その扶養義務を怠った場合には，遺棄罪として刑事処分を受けるにとどまる。），また，認知の法律関係について反致の

規定も存在しない（昭和32. 2.20東京地裁判決，昭和32.11.28東京高裁判決（時報362-36））。

〔根拠法条〕

修正州法（2014 Missouri Revised Statutes）
第12編　公衆衛生及び福祉
第193章　人口統計
193.085
⑦　本条文に反対するその他いかなる法律の存在にかかわらず，婚姻していない両親から子供が生まれた場合，父親の名前及びその他の必要な情報は，193.215に基づいて実父としての認知を完了した場合，管轄権を有する裁判所の裁判官が実父であることを裁決した場合若しくは児童援護部局が行政命令として実父であることを決定した場合に限り，出生証明書に記載しなければならない。

第5　養子縁組

1　実質的成立要件

(1)　養親の要件

夫婦だけでなく，単身者も養親となることができる。

(2)　養子の要件

未成年者だけでなく，成人も養子となることができる。

2　保護要件

(1)　裁判所の決定

養子縁組には，裁判所の許可を得なければならない。

(2)　実親等の同意

ア　同意の要否

実親等の書面による同意を要する（州法453.030③）。

ただし，子が18歳以上である場合は，親等の同意は要しない（州法453.030⑩）。

イ　同意の免除

子に関する親の権利が消滅している場合，子の親が子の将来の養子縁組に法的に同意している場合及び申請が提出されたときに，親が知れず，確認することができない等の場合には，親の同意は要しない（州法453.040）。

ウ　同意の時期の制限

養子となる者の出生から48時間を経過する前に同意をすることができない（州法453.030⑤）。

エ　同意の撤回

裁判官が調査，承認するまではいつでも同意を撤回することができる（州法453.030⑦）。

⑶　養子の同意

養子が14歳以上である場合は，その者の同意を要する（州法453.030②）。

3　養子縁組の効力

⑴　実親との関係

実親と養子間の全ての関係は終了する（州法453.090）。

⑵　養親との関係

養子と養親の嫡出子とみなされる（州法453.090）。

〔根拠法条〕

修正州法（2014 Missouri Revised Statutes）
第30編　家族関係
第453章　養子縁組及び里親
453.015（定義）

453.010から453.400において使用されているときは，次の用語は，以下を意味する。

1　「未成年者」又は「子」は，18歳に達していない者又は21歳に達していない家族サービス部門（the division of family services）の監護下にある者を意味する。

2・3　（略）

4　「継親」は，実親又は養親の配偶者を意味する。（以下，略）

（1982年，1985年，1998年改正）

453.030（必要とされる裁判所の承認―取得方法，必要とされる子及び親の同意，同意の有効（略））

①　（略）

②　裁判所がその子が同意をする十分な意思能力がないと判断したときを除き，養子となる者が14歳以上である全ての場合において，その者の同意を要する。（以下，略）

③　453.040で列挙されている例外を除き，

養子となる者が18歳未満のときは，次の者の書面による同意が必要とされ，登録され，ファイル及び手続記録の一部となる。

1 子の母，及び

2 以下の男性，

a 210.822第１項第１号，第２号又は第３号に従って父と推定されている者，又は，

b・c （略）

3 子の現在の養親又は他の法律上の母及び父と認められている者，（以下，略）

④ （略）

⑤ 実親による本節第３項第１号の要求する書面による同意は，子の出生後48時間が経過するまではできない。この書面による同意は，裁判官又は公証人の面前でしなければならない。（以下，略）

⑥～⑨ （略）

⑩ 養子となる者が18歳以上である場合は，本人の書面による同意のみがあれば足りる。

⑪・⑫ （略）

（1939年，1947年，1959年，1982年，1985年，1997年，1998年，2002年，2004年，2009年，2013年改正）

453.040（必要とされない親の同意）

以下の場合は，子の養子縁組に対する同意を要しない。

1 211.444又は211.447若しくは他の州の類似の法を含んだ法によって，子に関する親の権利が消滅している場合。

2 子の親が子の将来の養子縁組に法的に同意している場合。

3 申請が提出されたときに，親が知れず，確認することができない場合。

4～8 （略）

（1939年，1947年，1959年，1982年，1985年，1986年，1997年，1998年改正）

453.090（養子縁組の結果―子の定義）

① 子が本章の規定に従って養子となったときは，子と実の両親（453.010に規定されている養子縁組を申請に参加する実の親を除く。）との間の法律上の関係及び全ての権利及び義務は終了する。その子は，それ以降は，全てにおいて養子縁組による親の嫡出子とみなされる。

②～⑤ （略）

（1939年，1947年，1982年改正）

資料5－45－1〔離婚判決書〕

Office of the Clay County Circuit Clerk

RITA FULLER, Circuit Clerk Seventh Judicial Circuit.

Clay County Courthouse, 11 South Water, P.O. Box 218, Liberty, Missouri 64068

As of today, there is no appeal to this Judgment Decree of Dissolution of Marriage:

Case No. : CV○○−○○○DR
Petitioner : ○○ ○○○○○
Respondent: ○○ ○○

Therefore, the following matters are certified by the Clay County Circuit Court:

The date of the Divorce Judgment : October※, 1998
The appeal period : Thirty days —Need to contact an attorney
The effective date of the divorce : October※, 1998

Date March 15, 1999
Signature ○○ ○○○ Circuit Clerk
~~Title~~ by ○.○. ○○○ d.c.

（仮訳）

本日現在、（次の）離婚判決に関して如何なる上訴もありません。

訴訟番号：ＣＶ　○○−○○○ＤＲ
申立人（原告）：○○　○○○○○
相手方（被告）：○○　○○

従いまして、クレイ郡巡回裁判所により次の事項が確認されました。

離婚判決の日　　：１９９８年１０月※日
上訴期間　　　　：３０日（弁護士に確認のこと）
離婚の効力発生日：１９９８年１０月※日

日付：１９９９年３月１５日
署名：○○　○○○
巡回裁判所書記官
（○．○．○○○代筆）

資料5−45−2〔出生証明書〕

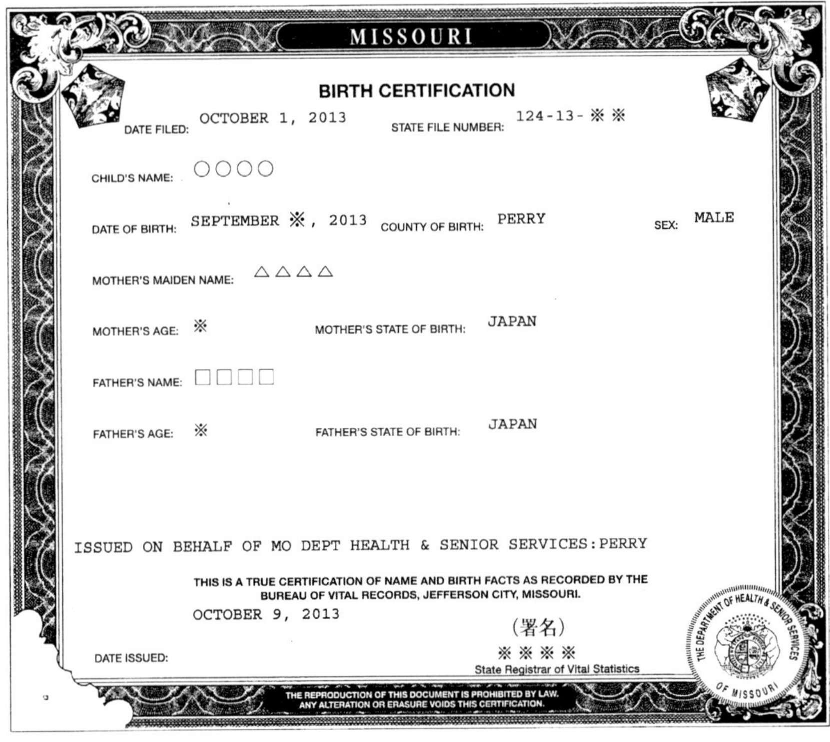

MISSOURI

BIRTH CERTIFICATION

DATE FILED: OCTOBER 1, 2013　　STATE FILE NUMBER: 124-13-※※

CHILD'S NAME: ○○○○

DATE OF BIRTH: SEPTEMBER ※, 2013　　COUNTY OF BIRTH: PERRY　　SEX: MALE

MOTHER'S MAIDEN NAME: △△△△

MOTHER'S AGE: ※　　MOTHER'S STATE OF BIRTH: JAPAN

FATHER'S NAME: □□□□

FATHER'S AGE: ※　　FATHER'S STATE OF BIRTH: JAPAN

ISSUED ON BEHALF OF MO DEPT HEALTH & SENIOR SERVICES:PERRY

THIS IS A TRUE CERTIFICATION OF NAME AND BIRTH FACTS AS RECORDED BY THE BUREAU OF VITAL RECORDS, JEFFERSON CITY, MISSOURI.

DATE ISSUED: OCTOBER 9, 2013

（署名）
※※※※
State Registrar of Vital Statistics

THE DEPARTMENT OF HEALTH & SENIOR SERVICES OF MISSOURI

THE REPRODUCTION OF THIS DOCUMENT IS PROHIBITED BY LAW.
ANY ALTERATION OR ERASURE VOIDS THIS CERTIFICATION.

資料５－45－２

英文出生証明書訳文

（英文出生証明書に記載されている内容のみを日本語で記入してください）

出生子の氏名：　○ ○（氏）　○ ○（ファーストネーム）　（ミドルネーム）

性別：　㊚・女

出生日と時間：平成 25 年 9 月 ※ 日　午前・㊝午後 10 時 32 分

出生場所：アメリカ合衆国 ミズーリ 州 ペリヴィル ㊖市・町・村
※※（通り名）　通り　※※　番地・番

父の氏名：　□ □（氏）　□ □（ファーストネーム）　（ミドルネーム）

母の氏名：　~~△△~~（氏）　~~△△~~（ファーストネーム）　（ミドルネーム）

母の旧姓：　△ △（氏）　△ △（ファーストネーム）　（ミドルネーム）

証明書発行機関：アメリカ合衆国　ミズーリ　州

証明書発行年月日：平成　25　年　10　月　1　日

訳者氏名：　□ □ □ □

申述書

（子の出生した住所について）

英文出生証明書に　○○　○○　（出生届に記載した子の氏名を日本語で記入）の出生した住所が記載されていませんが、子の出生した住所はアメリカ合衆国　ミズーリ　州　ペリヴィル　(市)・町・村　※※　通り　※※　(番地)・番に間違いありません。

届出人署名：　□ □ □ □
（日本語で記入）

子の氏名が英文出生証明書の記載と届出書で異なる場合の申出事項

英文出生証明書には、＿＿＿＿＿＿（氏）（ファーストネーム）（ミドルネーム）

と記載されているが、戸籍には、＿＿＿＿＿＿（出生届に記載した氏名）と届け出る。

届出人署名：＿＿＿＿＿＿
（日本語で記入）

5－46　アメリカ合衆国／ミネソタ州

第1　婚　　姻

1　婚姻証明書

ミネソタ州オルムステッド郡（Olmsted）人口動態記録及び許可証局（Department of Vital Records and Licensing）発行の婚姻証明書は，資料5－46－1（本文756頁）参照。

2　実質的成立要件

(1)　婚姻適齢

男女とも18歳である。

満16歳以上で18歳未満の者は，その者の法律上の親権を有する親，後見人又は裁判所の同意を得て，事実及び周囲の状況を注意深く調査した後，許可証の申請及び未成年の形式の民事婚の同意が申請者の居住している郡の地方裁判所の裁判官に許可された後に，婚姻をすることができる（州法517.02）。

（注）戸籍誌においては，婚姻適齢は18歳で男女の差はなく，男女とも16歳以上であれば，父母又は後見人等の同意を得たときは婚姻が可能であるが，更に妊娠中の女性は，16歳未満でも婚姻が可能とされている（永井紀昭「婚姻適齢及び待婚期間に関する覚書（上）」戸籍486-19）。

(2)　近親婚の禁止

その関係が半血であるか，全血であるか，養子縁組によるかにかかわらず，尊属と卑属又は兄弟姉妹間の民事婚は禁止される（州法517.03①2）。

また，その関係が半血であるか，全血であるかにかかわらず，おじ又はおばと姪又は甥又はいとこ間の民事婚は禁止される。

ただし，その民事婚が原住民の文化の確立した慣習で認められている場合を除く（州法517.03①3）。

⑶　重婚の禁止

当事者の一方の前婚の解消が確定する前に締結された民事婚は，禁止される（州法517.03①１）。

⑷　同性婚

アメリカ合衆国では，同性婚を認める州と認めない州が存在していたが，連邦最高裁判所は，平成27年（2015年）６月26日に，同性婚は合衆国憲法の下での権利であり，州は同性婚を認めなければならないとの判断を下した。これにより，全米で同性婚が合法となることから，同性婚を禁止している各州の法律は今後改正される。

３　婚姻許可証

⑴　発給権者

郡の地区登録官が発給する（州法517.07)。

⑵　申請者

各婚姻当事者が出頭して申請する（州法517.08)。

⑶　有効期間

６か月間有効である（州法517.08)。

４　挙　　式

⑴　挙行地

民事婚は許可証を取得した郡で行う必要はないが，ミネソタの地理的境界内で行わなければならない（州法517.07)。

⑵　証人及び署名

民事婚を挙行する者は，証明書を用意し，署名する。

証明書には，民事婚以前及び以後の当事者のフルネーム，当事者の出生日，当事者の居住している郡及び州及び民事婚の日時を記載する。

証明書には，民事婚に出席した少なくとも16歳以上の２人以上の証人が署名する（州法517.10)。

5　婚姻の無効及び取消し

(1)　婚姻の無効

重婚の禁止のほかに，近親婚の禁止に反する婚姻は，無効である（州法518.01）。

(2)　婚姻の取消し

一方の当事者が，婚姻適齢に達していない場合又は婚姻を認識できない場合，あるいは，詐欺・強迫による婚姻の場合は，取り消すことができる（州法518.02）。

ただし，当事者の一方が婚姻適齢未満で，両当事者が婚姻適齢に達した後に自発的に夫及び妻として同棲しているとき，及び意思能力を欠いた者が，正気になった後に両当事者が自由に夫及び妻として同棲しているときは，そのことを根拠として婚姻が無効とされない（州法518.04）。

〔根拠法条〕

州法（2014 Minnesota Statutes）

第517章　婚姻

517.01（民事婚契約）

（略）許可証が法の規定により取得され，民事婚が証人の面前で締結され，権限を有する者により挙行されたとき（略）は，法律上の民事婚を締結することができる。1941年4月26日後の婚姻は，そのように締結されなかったときは，無効である。

（1941年，1977年，1978年，1997年，2013年改正）

517.02（婚姻を締結することができる者）

満18歳に達している全ての者は，他に適格であるときは，法律上，民事婚を締結することができる。満16歳に達している者は，517.08に規定されているその者の法律上の親権を有する親，後見人又は裁判所の同意を得て，事実及び周囲の状況を注意深く調査した後，許可証の申請及び未成年の形式の民事婚の同意が申請者の居住している郡の地方裁判所の裁判官に許可された後に，婚姻許可証を受領することができる。（以下，略）

（1927年，1949年，1963年，1967年，1973年，1995年，1996年，2009年，2013年改正）

517.03（民事婚の禁止）

①　一般

以下に掲げる民事婚は，禁止される。

1　518.145又は（婚姻の）解消が認められる管轄地の法律により，当事者の一方の前婚の解消が確定する前に締結された民事婚

2　その関係が半血であるか，全血であるか，養子縁組によるかにかかわらず，尊属と卑属又は兄弟姉妹間の民事婚

3　その関係が半血であるか，全血であるかにかかわらず，おじ又はおばと姪又は甥又はいとこ間の民事婚。ただし，その民事婚が原住民の文化の確立した慣習で認められている場合を除く。

②　(略)

(1911年，1937年，1945年，1947年，1959年，1963年，1974年，1975年，1978年，1979年，1984年，1985年，1986年，1997年，2005年，2009年，2013年改正)

517.07 (許可証)

ミネソタ州で民事婚をする前に，ミネソタ州内の郡の地区登録官から許可証を取得しなければならない。民事婚は許可証を取得した郡で行う必要はないが，ミネソタの地理的境界内で行わなければならない。

(1957年，1978年，1986年，2004年，2009年，2013年改正)

517.08 (許可証の申請)

①a (形式)

民事上の婚姻許可証は，その目的のために規定された形式に基づき，当事者双方によって申請されなければならない。(以下，略)

①b (許可証の期間，手数料，婚前教育)

a　(略) 許可証は，6か月間有効である。(以下，略)

b～e　(略)

①c　(略)

②・③　(1978年削除)

④　(略)

(1931年，1939年，1949年，1951年，1955年，1957年，1963年，1969年，1973年，1975年，1977年，1978年，1981年，1983年，1984年，1985年，1986年，1989年，1992年，1995年，1997年，1998年，2000年，2001年，2003年，2004年，2005年，2007年，2009年，2010年，2011年，2013年改正)

517.10 (証明書；証人)

民事婚を挙行する者は，証明書を用意し，署名するものとする。証明書には，民事婚以前及び以後の当事者のフルネーム，当事者の出生日，当事者の居住している郡及び州及び民事婚の日時を記載するものとする。証明書には，民事婚に出席した少なくとも16歳以上の2人以上の証人が署名するものとする。(以下，略)

(1949年，1951年，1977年，1986年，2004年，2009年，2013年改正)

第518章　婚姻の解消

518.01 (無効婚)

517.03で禁止されている全ての婚姻は，いかなる解消判決又は他の法律上の手続なく絶対的に無効である。(以下，略)

(1937年，1963年，1974年，1978年，2012年改正)

518.02 (取り消すことができる婚姻)

婚姻は，以下の事情にある場合は，無効を宣言するものとする。

a　婚姻時に，意思能力がないか又は精神疾患で，他方の当事者が婚姻時にその障害を知らなかったか，アルコール，薬物又は行為能力をなくす物質の影響によるか，又は一方の同意が強迫，詐欺によるもので，その後当事者

が自発的に同棲しなかったときで，当事者が，婚姻に対する同意能力を欠いていた場合

b　当事者が性交により婚姻を完成させる身体的能力を欠き，他方の当事者が婚姻が挙行された時に，その能力を欠くことを知らなかった場合

c　当事者が517.02で規定する婚姻適齢に満たない場合

（1978年改正）

518.04（無効の不十分な根拠）

当事者の一方が婚姻適齢未満で，両当事者が婚姻適齢に達した後に自発的に夫及び妻として同棲しているとき，意思能力を欠いた者が，正気になった後に両当事者が自由に夫及び妻として同棲しているときは，そのことを根拠として婚姻が無効であると判決されない。

（1986年，2013年改正）

第2　離　　婚

1　判決確定日

ミネソタ州における離婚判決確定日は，判決日（the date of judgement）ではなく，判決文に係官が署名し，「登録したとき（判決文でDecree entered)」から，離婚判決の効力が発生する（平成15年調査）。

第3　出　　生

1　父の推定

男性と子の実の母が婚姻しているか，又は婚姻していて，子が婚姻中又は死亡，無効，無効の宣言，解消又は離婚による婚姻の終了後280日以内若しくは法定別居の判決が裁判所に登録された後280日以内に出生した場合には，男性は子の父と推定される（州法257.55）。

2　出生証明書

ミネソタ州ヘネピン郡ミネアポリス市登録官発行の出生証明書は，資料５－46－２（本文758頁）参照。

〔**根拠法条**〕

州法（2014 Minnesota Statutes）
第257章　子，監護，準正
257.55（父の推定）
①　推定
　男性は，以下の場合には，子の実の父と推定される。
　a　男性と子の実の母が婚姻しているか，又は婚姻していて，子が婚姻中又は死亡，無効，無効の宣言，解消又は離婚による婚姻の終了後若しくは法定別居の判決が裁判所に登録された後280日以内に出生した場合。（以下，略）
　b～h　（略）
②　反証（略）
（1980年，1983年，1987年，1989年，1993年，1995年，2001年，2006年改正）

第４　養子縁組

１　実質的成立要件

⑴　養親の要件

年齢要件等については，特に規定がなく，原則として，ミネソタ州に１年以上居住している者は，養子縁組の申請をすることができる（州法259.22）。

夫婦だけでなく，単身者も養親となることができる。

⑵　養子の要件

未成年者（18歳未満）だけでなく，成人も養子となることができる（州法259.21）。

また，養子となる者は，許可を受けた児童託置機関に託置されていないときは，養子縁組の申請は登録されない。

ただし，養子が14歳以上である等の場合は，適用されない（州法259.22②）。

⑶　試験養育期間

養子となる者が養親となる者の家庭で12か月以上託置されていなければならない（州法259.22④）。

2　保護要件

(1)　実親，後見人の同意

ア　同意の要否

実親等の書面による同意を要する。ただし，養子が成人である場合を除く（州法259.24①・④）。

イ　同意の時期の制限

生後72時間を経過するまでは，実親等は同意をすることができない（州法259.24②a）。

ウ　同意の撤回

実親の同意は，同意をした後10仕事日（月曜日から金曜日）以内に撤回をすることができる（州法259.24⑥a）。

エ　同意の免除

実親が，手続の通知をする権限を与えられていない場合，子を遺棄している場合，親権が少年裁判所によって終了させられているか，又は少年裁判所の最終委託により子の監護権を喪失している等の場合には，同意は要しない（州法259.24①）。

(2)　養子の同意

養子が14歳以上である場合は，その者の同意を要する（州法259.24③）。

(3)　裁判所の決定

養子縁組については，裁判所の審理手続を経なければならない。

3　裁判管轄

少年裁判所が，全ての養子縁組の手続について，第１審の管轄権を有する（州法259.23）。

4　養子縁組の効力

(1)　実親との関係

養子の実親は子の親としての全ての責任を免れ，養子又は養子の財産についていかなる権利も有せず，また権利を行使することができない。

子は，実親又は親族にいかなる法的な義務も負わず，原則として，子は実親又は親族を相続しない。

ただし，継親による子の養子縁組は，申請者の継親の配偶者である子の実親と子の間の関係を変更しない（州法259.59）。

⑵　養親との関係

養子縁組により，子は養親の法律上の子となり，養親は子の法律上の親になる。

養子縁組により，子は親の実子と同様に養親及びその親族を相続し，子の無遺言死亡のときは，養親及びその親族は，子の財産を相続する（州法259.59）。

〔根拠法条〕

州法（2014 Minnesota Statutes）

第259章　名の変更，養子縁組

259.21（定義）

①（略）

②　子

「子」は，18歳未満の者を意味する。

(2a)　成人養子縁組

「成人養子縁組」は，少なくとも18歳に達した者の養子縁組を意味する。

③　親

「親」は，子の実親又は養親を意味する。

④～⑫（略）

（1951年，1953年，1973年，1984年，1986年，1987年，1994年，1997年，2003年，2005年，2008年改正）

259.22（申請）

①　申請することができる者

ミネソタ州に１年以上居住する者は，子又は成人を養子とすることを，また，１度の申請で２人以上の者の養子縁組をすることを申請することができる。州に居住する期間に関する規定については，裁判所が子の最善の利益になると判断したときは，30日に短縮することができる。

申請者が，245A.02第13項に規定する関係者である者か，又は子が居住又は重大な接触のある子の大家族又は重要な友人の一員であるときは，裁判所は本節の居住要件を撤回することができる。

②　養子となることができる者

養子となることを希望する子が許可を受けた児童託置機関に託置されていないときは，養子縁組の申請は登録されない。本項の規定は，以下に掲げる場合には適用されない。

1　養子となる者が14歳以上である場合

2　子が245A.02第13項に規定する子に関する者の養子となることが求められている場合

3　子と申請者が他の州に居住しているときに，子が他の州の法律により適法

に託置されている場合

4　裁判所が子又は申請者の最善の利益のため，本項の要件を撤回した場合，ただし，養子縁組は259.21第８項に規定されている託置を必要としない。又は

5　子が259.47に基づき適法に託置されている場合

③　1974年８月１日以前の託置（略）

④　申請の登録時期

養親となる者の家庭に託置された後12か月を経過するまでは，申請は登録されない。（以下，略）

（1951年，1974年，1984年，1986年，1994年，1997年，1998年，2008年，2012年，2013年改正）

259.23（少年裁判所，管轄）

①　裁判地

a　少年裁判所は，全ての養子縁組の手続について，第１審管轄権を有する。（以下，略）

b　（略）

②　申請の内容（略）

③　裁判所規則（略）

（1951年，1959年，1965年，1967年，1984年，1986年，1999年，2005年，2008年，2012年改正）

259.24（同意）

①　（例外）

a　以下の親の同意を要しない場合を除き，子の親及び子の後見人の同意がなければ，子は養子とされない。

1　手続の通知をする権限を与えられていない場合

2　子を遺棄し，259.49により必要とされている通知がされた場合

3　子に対する親権が少年裁判所によって終了させられているか，又は少年裁判所の最終委託により子の監護権を喪失しているか，若しくは養子縁組手続に先立つ命令がされている場合

b　養子縁組に対して同意をする資格のある親又は後見人がいないときは，259.25第１項に従って養子縁組のために子を託置する権限を有する機関は，子の養子縁組に対して同意をする排他的な権利を有する。機関は，養子縁組のために兄弟姉妹を一緒に託置する全ての努力をしなければならない。

②　（親，後見人）

子の養子縁組に対して同意をする未婚の親が18歳未満であるときは，未成年の親又は後見人がいるときは，同意を要する。もし，両親の一方又は双方が第１項に列挙された事由により同意をする資格がないときは，その親の同意は放棄され，後見人の同意のみで足りる。もし，同意をする資格を有する親も後見人もいないときは，長官（commissioner）が同意をすることができる。（以下，略）

②a（同意の時期，養子縁組に対する同意の意思の通知）

a　子の出生後72時間後で，養親となる者の家庭に託置されてから60日前に，本節に基づき同意を要する者が同意を行う。

b・c　（略）

③　（子）

養子が14歳以上である場合は，特定の者の養子縁組に対する子の書面による同意も要する。

④ （成人の養子）

成人の養子縁組においては，成人の書面による同意のみが要求される。

⑤ （実行）

養子縁組に対する全ての同意は，書面で，２人の能力のある証人の面前で行われ，同意をする当事者が認めるものとする。本章に基づく，養子縁組に対する親の全ての同意は，以下のものでなければならない。（以下，略）

⑥ （削除，1980年 c 561 s 14）

⑥a （同意の撤回）

本章に基づく養子縁組に対する親の同意は，いかなる理由であれ，同意が行われ，承認された後10仕事日（working days）以内に撤回することができる。（以下，略）

⑦ （同意の留保，理由）

子の親でない後見人又は機関は，合理的な理由なく養子縁組に対する同意を留保してはならない。

⑧ （略）

（1951年，1953年，1959年，1969年，1974年，1975年，1977年，1979年，1980年，1986年，1987年，1991年，1994年，1997年，1998年，2005年，2006年，2007年，2012年改正）

259.241（成人養子縁組）

a　成人の居住地にかかわらず，いかなる成人も養子となることができる。ミネソタ州の居住者は，18歳以上に達した者を養子とすることを養子縁組手続の管轄権を有する記録裁判所（the court of record）に申請することができる。

b　259.24に従い，養子となる者の同意のみを要する。成人が626.5572第21項に基づき脆弱な成人であるとみなされているか，又は養子縁組に対する同意をする者が同意をする能力がないとされたときは，成人自身の養子縁組における成人の同意は無効である。

c　養子縁組の判決により，259.59に従い，養親と養子の間に，相続権を含めた親子関係を創設し，養子と養子の実親及びその兄弟間の親権及び兄弟関係を終了する。

d　養子が姓の変更を請求したときは，養子縁組の判決で姓の変更を命ずる。

（2008年改正）

259.59（養子縁組の効力）

①　法的効力

養子縁組により，実親と嫡出子の間の全ての権利及び義務を伴って，子は養親の法律上の子となり，養親は子の法律上の親になる。養子縁組により，子は親の実子と同様に養親及びその親族を相続し，子の無遺言死亡のときは，養親及びその親族は，子の実親及びその親族であるかのように子の財産を相続する。養子縁組命令が登録された後，養子の実親は子の親としての全ての責任を免れ，養子又は養子の財産についていかなる権利も有せず，また権利を行使することができない。子は，実親又は親族にいかなる法的な義務も負わず，第１ａ項及び257C.08第６項に規定される場合を除き，子は実親又は親族を相続しない。

①a　継親による養子縁組

本節において反対の規定にかかわらず，継親による子の養子縁組は，申請者の継親の配偶者である子の実親と子の間の関係を変更しない。（以下，略）

②・③（略）

（1951年，1978年，1979年，1980年，1994年，1997年，2002年，2008年改正）

資料5－46－1〔婚姻証明書〕

Certificate of Marriage

Olmsted County, Minnesota

Marriage Certificate
Department of Vital Records and Licensing

STATE OF MINNESOTA
COUNTY OF OLMSTED

Pursuant to MS 517.01, this is to certify the official record in the Department of Vital Records/Licensing in Olmsted County shows:

□□□□□□　　07/※/1970

△△△△　　09/※/1975

I certify this to be a true document registered in the custody of Olmsted County, Minnesota
Dated: 07/03/13
W. Mark Krupski
Property Records/Licensing
By: （署名）
(Deputy)

Date of Marriage:　Sunday, August※, 2010

COUNTY OF Olmsted

The names of the parties after their marriage, shall be:

□□□□□□

△△△△

VITAL RECORDS & LICENSING

Date Recorded:
Wednesday, August 11, 2010

※※※※※※

Warning: This certificate is not valid if it has been altered in any way whatsoever.

Rev: 6/10/2013

資料５－46－１

婚　姻　証　明　書（要訳文）

1）夫の氏名：　□□（氏）　□□□□（名）

　　妻の氏名：　△△（氏）　△△（名）

2）婚姻成立年月日：　2010　年　8　月　※　日

　　婚　姻　挙　行　方　式：アメリカ合衆国　ミネソタ　州の

　　法律により挙式

3）婚姻証明書発行機関：アメリカ合衆国　ミネソタ　州発行

要訳者氏名：　△　△　△　△

資料5－46－2〔出生証明書〕

STATE OF MINNESOTA
CERTIFICATION OF VITAL RECORD

CERTIFICATE OF BIRTH

STATE FILE NUMBER　2013-MN- ※※

FULL NAME	○○○○○○
DATE OF BIRTH	SEPTEMBER ※, 2013
TIME	01:36 AM
PLURALITY	SINGLE (1)
SEX	MALE
PLACE OF BIRTH	※※※※※ MEDICAL CENTER,FAIRVIEW MINNEAPOLIS　HENNEPIN　MINNESOTA
PARENT	△△△△
NAME AT BIRTH	△△△△
DATE OF BIRTH	NOVEMBER ※, 1983
PLACE OF BIRTH	NANTONG, CHINA
PARENT	□□□□
DATE OF BIRTH	DECEMBER ※, 1976
PLACE OF BIRTH	TOKYO, JAPAN

THIS RECORD HAS NOT BEEN AMENDED

THIS IS A TRUE AND CORRECT RECORD OF BIRTH REGISTERED IN THE MINNESOTA OFFICE OF THE STATE REGISTRAR.

MR&C Certificate ID
※※※

※※※※
※※※※※※

FILED: SEPTEMBER 18, 2013

（署名）
※※※※
STATE REGISTRAR

ISSUED: OCTOBER 02, 2013　HENNEPIN COUNTY SERVICE CENTER-GC

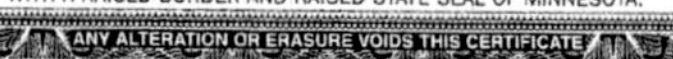

THIS CERTIFICATION IS VALID ONLY WHEN REPRODUCED ON WATERMARKED SECURITY PAPER WITH A RAISED BORDER AND RAISED STATE SEAL OF MINNESOTA.

ANY ALTERATION OR ERASURE VOIDS THIS CERTIFICATE

THE GREAT SEAL OF THE STATE OF MINNESOTA 1858

MINNESOTA DEPARTMENT OF HEALTH OFFICE OF THE STATE REGISTRAR

資料５－46－２

英文出生証明書訳文

(英文出生証明書に記載されている内容のみを日本語で記入してください)

出生子の氏名：　○　○　　　　○　○　　　　○　○
　　　　　　　(氏)　　　(ファーストネーム)　(ミドルネーム)

性別：　(男)　・　女

出生日と時間：平成 25 年 9 月 ※ 日　(午前)・午後 1 時 36 分

出生場所：アメリカ合衆国 ミネソタ 州 ミネアポリス (市)・町・村　　　　通り　　　番地・番
　　　　　(通り名)

父の氏名：　□　□　　　　□　□
　　　　　(氏)　　　(ファーストネーム)　(ミドルネーム)

母の氏名：　△　△　　　　△　△
　　　　　(氏)　　　(ファーストネーム)　(ミドルネーム)

母の旧姓：　△　△　　　　△　△
　　　　　(氏)　　　(ファーストネーム)　(ミドルネーム)

証明書発行機関：アメリカ合衆国　ミネソタ　州

証明書発行年月日：平成　25　年　10　月　2　日

訳者氏名：　□　□　□　□

申述書

(子の出生した住所について)

英文出生証明書に　○○　○○　の出生した住所が記載され
(出生届に記載した子の氏名を日本語で記入)

ていませんが、子の出生した住所はアメリカ合衆国　ミネソタ　州
ミネアポリス (市)・町・村　※※　通り　※※　番地・~~番~~
に間違いありません。

届出人署名：　□　□　□　□
(日本語で記入)

子の氏名が英文出生証明書の記載と届出書で異なる場合の申出事項

英文出生証明書には、＿＿＿＿＿＿＿＿＿＿＿＿＿＿
(氏)　(ファーストネーム)　(ミドルネーム)

と記載されているが、戸籍には、＿＿＿＿＿＿＿＿と届け出る。
(出生届に記載した氏名)

届出人署名：＿＿＿＿＿＿＿＿
(日本語で記入)

5－47　アメリカ合衆国／メイン州

第1　婚　姻

1　実質的成立要件

(1)　婚姻適齢

ア　原　則

男女とも18歳である（州法652⑦・⑧）。

イ　16歳以上で18歳未満の者

両親，後見人又は裁判所が監護権を付した者の書面による同意がないときは，18歳未満の者に対しては，婚姻許可証を発行することができない。

同意を与える資格を有する者がいないときは，それぞれの未成年者が居住する郡の検認裁判所の裁判官は，通知し，聴聞の機会の後に，同意を認めることができる（州法652⑦）。

ウ　16歳未満の者

書記は，①未成年者の両親，後見人又は裁判所が監護権を付した者の書面による同意がないとき，②未成年者の居住する郡の検認裁判官に，その意思を登録することを通知しなかったとき，③許可証を発行する検認裁判官に書面による同意を受領しないときは，16歳未満の者に対して婚姻許可証を発行することができない（州法652⑧）。

(2)　近親婚の禁止

原則として，一定範囲の直系又は傍系血族の者との婚姻は，禁止されている（州法701②）。

(3)　重婚の禁止

離婚をしていない生存している夫又は妻がいる場合は，重ねて婚姻をすることができない（州法701④）。

(4)　行為能力

管轄裁判所によって，後見人又は制限後見人が指名され行為能力がないとされた者は，指名された後見人の同意がなければ婚姻を締結することができない（州法701③）。

（注）　従前は，合理的な決定をする十分な理解力，能力が欠けている精神疾患又は精神遅滞の者は，婚姻の契約をすることができないとされていた（旧州法701③）。

⑸　同性婚

アメリカ合衆国では，同性婚を認める州と認めない州が存在していたが，連邦最高裁判所は，平成27年（2015年）６月26日に，同性婚は合衆国憲法の下での権利であり，州は同性婚を認めなければならないとの判断を下した。これにより，全米で同性婚が合法となることから，同性婚を禁止している各州の法律は今後改正される。

２　形式的成立要件

⑴　婚姻許可証

ア　発給権者

郡の書記が，許可証を発給する（州法652①）。

イ　有効期限

自治体の事務所に登録された日から90日以内に使用されなかったときは，許可証は無効となる（州法652③）。

ウ　発給の制限

当事者から医師の遺伝相談の証明書を受領しないときは，婚姻許可証を発行することができない（州法652⑥）。

⑵　婚姻を挙行する権限を有する者

治安判事又は裁判官，メイン州の弁護団が認めた弁護士，公証人等が婚姻を挙行する権限を有する（州法655①）。

⑶　婚姻の挙行

挙式を司る者を除いた少なくとも２人の証人の面前で挙行され，挙式が完了したときは，挙式を司る者及び２人の証人は，婚姻証明書として知られている許可証に署名を行う（州法656）。

3　婚姻の無効

近親婚の禁止，及び重婚の禁止等に反する場合は，婚姻は無効である（州法701・751）。

〔根拠法条〕

州法（2014 Maine Revised Statutes）
第19－A編　家族関係
第2部　既婚者
第23章　婚姻
サブチャプター1　総則
652（婚姻許可証の発行）

① （婚姻許可証の発行）他に規定がある場合を除き，婚姻の意思の通知が登録された後，書記は，その意思が登録された時を明記した婚姻許可証を当事者に交付する。（2001年改正）
② （居住者でない者に対する婚姻許可証）（2001年削除）
③ （90日後の無効）婚姻の意思が651節に規定されている自治体の事務所に登録された日から90日以内に使用されなかったときは，許可証は無効となる。（1995年新規）
④ （即決手続）（2001年削除）
⑤ （情報パンフレット）（略）
⑥ （当事者）書記は，当事者から651節で要求する医師の遺伝相談（genetic counseling）の証明書を受領しないときは，701節第2項に規定する当事者に婚姻許可証を発行することができない。（1995年新規）
⑦ （18歳未満の当事者）両親，後見人又は裁判所が監護権を付した者の書面による同意がないときは，18歳未満の者に対しては，婚姻許可証を発行することができない。同意を与える資格を有する者がいないときは，それぞれの未成年者が居住する郡の検認裁判所の裁判官は，通知し，聴聞の機会の後に，同意を認めることができる。（以下，略）（1995年新規）
⑧ （16歳未満の当事者）書記は，以下の場合には，16歳未満の者に対して婚姻許可証を発行することができない。
　A　未成年者の両親，後見人又は裁判所が監護権を付した者の書面による同意がない場合（1995年新規）
　B　未成年者の居住する郡の検認裁判官に，その意思を登録することを通知しなかった場合（1995年新規）
　C　許可証を発行する検認裁判官に書面による同意を受領しない場合。検認裁判官は，16歳未満の当事者の最善の利益になるかを同意をするか否かの決定の基礎に置き，両当事者の年齢及び18歳以上の当事者の犯歴を考慮する。検認裁判官は，公共の福祉のため，通知及び聴聞の機会を与えた後，許可証を発行しない命令をすることができる。検認裁判官は，第B号に規定する通知を受領してから30日以内に決定をしなければならない。（1997年改正）

655（権限；罰則）
①（婚姻を挙行する権限を有する者）次に掲げる者は，本州において，婚姻を挙式することができる。
A　メイン州の居住者
1　治安判事（justice）又は裁判官
2　メイン州の弁護団（the Maine Bar）が認めた弁護士
3　第4編第19章に基づく公証人（2011年改正）
B・C　（略）
②・③（略）
656（許可証）
①（許可証の内容）（略）
②（完成された許可証，挙式の挙行）それぞれの発行された婚姻許可証は，婚姻をしようとする両当事者が署名した完成された証明書でなければならない。完成された許可証は，当事者が婚姻を挙行する者に送達しなければならない。挙式を司る者を除いた少なくとも2人の証人の面前で挙行され，挙式が完了したときは，挙式を司る者及び2人の証人は，婚姻証明書として知られている許可証に署名を行う。（1995年新規）
サブチャプター2　制限
701（禁止された婚姻；例外）
①（法律の目をかいくぐる州外での婚姻）（略）
①－A　（本州において承認されない他の州で行われた婚姻）
他の州において，メイン州で婚姻が行われると第2項から第4項の規定に反して行われた婚姻は，メイン州で認められず，当事者がメイン州に居を定めたときは，無効とみなされる。（2011年改正）
②（親等に基づく禁止；例外）
本項は，親族間の婚姻を規律する。
A　男性は，母，祖母，娘，孫娘，姉妹，兄弟の娘，姉妹の娘，父の姉妹，母の姉妹，父の兄弟又は姉妹の娘，母の兄弟又は姉妹の娘と婚姻をすることができない。女性は，父，祖父，息子，孫息子，兄弟，兄弟の息子，姉妹の息子，父の兄弟，母の兄弟，父の兄弟又は姉妹の息子，母の兄弟又は姉妹の息子と婚姻をすることができない。その者の親，祖父母，子，孫，兄弟，甥，姪，おば又はおじと婚姻することができない。（2011年改正）
B　第A号にかかわらず，651節及び652節の規定に従って，男性又は女性が遺伝子カウンセリングに医師の証明書を提出したときは，男性は，父の兄弟又は姉妹の娘若しくは母の兄弟又は姉妹の娘と婚姻することができ，女性は，父の兄弟又は姉妹の息子若しくは母の兄弟姉妹の息子と婚姻することができる。（1995年新規，2011年改正）
③（法に基づき行為能力がないと決定された者）第18A編5－101第1項に規定され，管轄裁判所によって，後見人又は制限後見人が指名され行為能力がないとされた者は，指名された後見人の同意がなければ婚姻を締結することができない。制限後見人の下にある者については，裁判所が後見人に婚姻を締結する特別な権限を認められる場合にのみ，本項は適用される。
A　（2011年廃止）
B　（2011年廃止，改正）
④（重婚）一方の当事者が，離婚してい

ない，生存している妻又は夫がいるときに締結された婚姻は，無効である。

⑤　(同性婚の禁止)（2011年廃止）

751（手続がない婚姻の無効）

次に掲げる婚姻は無効であり，法的手続を要せず解消される。(1995年新規)

1　メイン州における挙行－メイン州において，701で禁止されている婚姻が挙行されたとき（2009年改正）

2　確定判決（2009年削除）

第2　離　　婚

1　離婚事由

離婚事由としては，①姦通，②性的不能，③極度の虐待，④訴訟提起前の3年間継続して遺棄していたこと，⑤酒及び薬物の常習的な中毒，⑥一方の配偶者が他方の配偶者を扶養する十分な能力があるときに，申立配偶者に適切な扶養を拒否するか，又は行わなかった扶養不履行，⑦ひどい虐待，⑧相いれない夫婦間の相違等が挙げられている（州法902)。

2　姓名の変更

一方の配偶者の請求に基づき，離婚判決を登録するときに，裁判所は，その配偶者の姓名を要求された以前の姓名に変更する。

また，請求により，裁判所は，配偶者の姓名を他の姓名に変更することができる（州法1051)。

〔根拠法条〕

州法（2014 Maine Revised Statutes）

第19－A編　家族関係

第2部　既婚者

第29章　離婚

サブチャプター1　事由及び手続

902（事由及び抗弁）

①（事由）離婚は，以下に掲げる事由の一つで認められる。

A　姦通（1995年新規）

B　性的不能（1995年新規）

C　極度の虐待（1995年新規）

D　訴訟提起前の3年間継続して遺棄していたこと（1995年新規）

E　酒及び薬物の常習的な中毒（1995年新規）

F　一方の配偶者が他方の配偶者を扶養する十分な能力があるときに，申立配偶者に適切な扶養を拒否するか，又は

行わなかった扶養不履行（1995年新規）

G　ひどい虐待（1995年新規）

H　相いれない夫婦間の相違

I　（2005年削除）

J　第18－A編5－101に規定される当事者の一方が能力がなく，第18－A編5－310－Aに従って指名された仮後見人以外の完全な権限を有する後見人が裁判上決定されたとき（2005年新規）

②～④（略）

サブチャプター4　姓名の変更

1051（姓名の変更）

その者の姓名を変更する一方の配偶者の請求に基づき，離婚判決を登録するときに，

1（以前の姓名）裁判所は，その配偶者の姓名を要求された以前の姓名に変更する。

2（他の要求する姓名）裁判所は，配偶者の姓名を他の要求する姓名に変更することができる。

（1995年新規）

第3　養子縁組

1　実質的成立要件

⑴　養親の要件

ア　単身者の可否

夫婦だけでなく，婚姻していない単身者も養親となることができる（州法9－301）。

イ　夫婦共同縁組

夫婦は，共同で養子縁組をしなければならない（州法9－301）。

ウ　年齢要件

年齢等の制限はない。

⑵　養子の要件

年齢等の要件はない。子（18歳未満）だけでなく，成人も養子となることができる（州法9－102）。

2　保護要件

⑴　裁判所の決定

養子縁組については，裁判所の審理手続を経なければならない。

⑵　実親の同意

親権が終了している場合を除き，実親の同意を要する。

養子となる者が子であり，同意をすることができる子の生存している親，後見人又は法定監護人がいないときは，裁判所によって任命された後見人の同意を要する（州法９－302ａ）。

ただし，養子が18歳以上である場合は，親の同意を要しない（州法９－302ｂ）。

⑶　養子の同意

養子が14歳以上である場合は，その者の同意を要する（州法９－302ａ１）。

３　養子縁組の効力

⑴　実親との関係

実親との全ての法的権利義務関係は終了する。

⑵　養親との関係

養子は，養親の子が養親に対して有するのと同じ権利を有する（州法９－105）。

４　養子縁組の無効

検認裁判所は，①養子縁組が詐欺，強迫又は違法な手続の結果としてなされたと判断したとき，②子の最善の利益と一致する他の正当な理由であると判断したときは，養子縁組を無効とすることができる（州法９－315）。

〔**根拠法条**〕

州法（2014 Maine Revised Statutes）
第18－Ａ編　検認法（Probate Code）
第９条　養子縁組
第１部　総則
９－101（略称）
本条は，「養子縁組法」として知られ，引用することができる。（1995年新規）

９－102（定義）
本条において，特に別段の指示がないときは，以下の用語は，次を意味する。
ａ「養子」は，その者が子又は成人を問わず，養子となる者又は養子である者を意味する。（1995年新規）
ｂ（略）

c　「成人」は，18歳以上の者を意味する。(1995年新規)

d　「子」は，18歳未満の者を意味する。(1995年新規)

e～k　(略)

9－105（養子の権利）

法律に規定されている場合を除き，養子は，相続権を含め，養親の子が養親に対して有するのと同じ権利を有する。養子は，また，2－109第1項で定められているように，養子縁組命令が規定したときは，養子の実親の相続権を維持する。(1995年新規)

第2部　親の権利の創設及び終了

9－202（引渡し，放棄；同意）

a　州内の郡の検認裁判所の裁判官が承認し，引渡し及び放棄又は同意が子の最善の利益になると裁判官が決定した後に，子の両親又は生存している親は，子の出生の後，いつでも，

1　認可を受けた児童託置機関（a licensed child-placing agency）又は部局が適当な人物の養子となる子を迎えるために，子に対する親権，子の監護権及び監督権を引き渡し，放棄することができる。(1995年新規)

2　特定された申請者が養子となることについて，同意をすることができる。(1995年新規)

両親又は生存している親は，裁判官の面前で，引渡し及び放棄又は同意を実行しなければならない。養子となる者が14歳以上であるときは，裁判官の面前で同意をしなければならない。(以下，略)(1997年改正)

b～h　(略)

第3部　養子縁組手続

9－301（養子縁組の申請及び氏名の変更；申請手数料）

夫及び妻が共同して，又は婚姻していない者は，メイン州の居住者か，又は非居住者であるか（にかかわらず），検認裁判所に，年齢にかかわらず養子縁組をすること，及びその者の氏名を変更することを申請することができる。(以下，略)(1995年新規，1997年，2001年，2005年改正)

a・b　(略)

9－302（養子縁組に対する同意）

a　養子縁組が認められる前に，以下の者が書面による養子縁組に対する同意をしなければならない。

1　養子が14歳以上であるときは，養子の同意（1995年新規）

2　第b項に規定されている場合を除き，養子の生存している実のそれぞれの親（1995年新規）

3　子の法定監護権又は後見を有するか，又は子が引き渡され，親権が放棄された者又は機関。ただし，その者の同意がないことは，もし検認裁判官が，合理性がないと判断したときは，裁判官が棄却する。その者又は機関が合理的な理由なく同意しないと裁判官が判断するために，申請人は，証拠の優越により，その者又は機関が合理的に行動していないことを証明しなければならない。(以下，略)(1995年新規)

4　養子となる者が子であり，同意をすることができる子の生存している親，後見人又は法定監護人がいないときは，裁判所によって任命された後見人

（1995年新規）

同意がされるまでは，養子縁組の申立ては保留されなければならない。（1997年改正）

b　以下の場合は，養子縁組に対する同意を要しない。

1　（略）

2　第22編，第1071章，サブチャプター6に基づき，親権が終了している親（1995年改正）

3・4　（略）

5　18歳以上である養子の親（1995年新規）

（1999年改正）

c　（略）

9－315（養子縁組命令の無効）

a　2人又はそれ以上の申立てによって，検認裁判所は，通知及び聴聞の後に，以下の理由の1つにより検認裁判所の命令を破棄し，無効とする。

1　裁判所が，養子縁組が詐欺，強迫又は違法な手続の結果としてなされたと判断したとき。（1995年新規）

2　裁判所が子の最善の利益と一致する他の正当な理由であると判断したとき。（1995年新規）

b・c　（略）

〔参考〕

第18－A　PROBATE CODE（1995年 c 第694）

第9条　養子縁組

第1部　総則

102（定義）

本条において，他に規定がなければ，次の用語は，次の意味を有する。

a～c　（略）

d　子は，18歳未満の者を意味する。

（以下，略）

105（養親の権利）

法に規定されている場合を除き，養子は，相続権を含め，養親の子が養親に対して有するのと同じ権利を有する。養子は，養子縁組命令が第2－109第1項で明記されているところを規定したときは，養子の実親の相続権を保留する。

第2部　親の権利の創設及び終了

202（引渡し，放棄；同意）

a　州内の郡の検認裁判所の裁判官の承認及び引渡し及び放棄又は同意が子の最善の利益になると裁判官が決定した後，子の両親又は生存している親は，子の出生の後，いつでも，

Ⅰ　認可を受けた児童託置機関又は福祉人的サービス局（the Department of Health and Human Services）が適当な人物の養子となる子を迎えるために，子に対する親の権利，子の監護権及び監督権を引き渡し，放棄することができる。

Ⅱ　明記された申請者が養子となることについて同意をすることができる。

両親又は生存している親は，裁判官の面前で引渡し及び放棄又は同意を実行しなければならない。養子となる者が14歳以上であるときは，裁判官の面前で同意をしなければならない。（以下，略）

b～h　（略）

第3部　養子縁組手続

301（養子縁組の申請及び氏名の変更；登録手数料）

州に居住しているか，又は居住していない夫及び妻は共同して，又は婚姻していない者は，年齢にかかわらず，子を養子とすることを検認裁判所に申請し，その者の氏名を変更することができる。（以下，略）

302（養子縁組に対する同意）

a　養子縁組が許可される前に，以下の者からの養子縁組に対する書面による同意を要する。

Ⅰ　養子となる者が14歳以上であるときは，その者の同意

Ⅱ　bに規定されている場合を除き，養子となる者の生存している実親

Ⅲ　子の法的監護権又は後見を有するか，又は子が引き渡され，親権が放棄された者又は機関。ただし，その者の同意がないことは，もし検認裁判官によって，合理性がないと宣告されたときは，裁判官によって，破棄される。その者又は機関が合理的な理由なく同意をしないと裁判官が判断するために，申請人は，多くの証拠により，その者又は期間が合理的に行動していないことを証明しなければならない。（以下，略）

Ⅳ　養子となる者が子であるときは，同意を与えることができる子の生存している親，後見人又は法的な監護人がいないときは，裁判所によって任命された後見人

同意がなされるまでは，養子縁組に対する申請は，決定されない。

b　以下の場合は，養子縁組に対する同意は不要である。

Ⅰ～Ⅳ　（略）

Ⅴ　18歳以上である養子の親

c　（略）

304（調査）

a・b　（略）

c　裁判所は，申請を許可する前に，保護観察期間中又はその期間の一部に，当該子を局又は認可を受けた養子縁組機関の保護下に置きながら，申請者の家庭で1年間生活させることを要求することがある。

d～g　（略）

MAINE REVISED ANNOTATED（旧・参考）

531（養親となれる者）

夫婦連帯して，あるいは未婚の者は，メイン州の居住者，非居住者にかかわらず，検認裁判所に対し，人をその年齢に関係なく養子とすること，及びその名前の変更を申請することができる。この申請にかかる手数料は5ドルである。こうした養子縁組と氏名変更を許可する司法管轄は，養子となる子（以下，「当該子」とする。）が生活する郡，申請者又は申請者たちが住む郡，当該子の後見権をもつあっせん機関の所在地の郡である。

532（養子縁組の同意）

1　同意が必要な者

養子縁組が許可される前に，以下の書面による同意がなされなければならない。

A　当該子（14歳以上の場合）

B　当該子の生存している両親（サブセクション2の場合を除く。）

C　当該子の親権又は後見権を有する機関又は個人，あるいは，当該子を引き渡され，譲渡された者

D　当該子に同意を与えることのできる法的後見人，親権者，生存している両親が存在しない場合，裁判所により任命された保護者

2　同意が不要な者

養子縁組について，以下の者の同意は必要ではない。

A　子の法の施行前に，既に告知及び公聴会により以下の判決を得ている親

1　当該子を自発的に放棄すること。

2　親としての責任を引き受けることができないか，又はその意思がないこと。

A－1　タイトル22，セクション4051によりその親権を停止された親

B　セクション532－Cにより同意を必要としないとされる父親

C　廃止

D　セクション532－Aにより子の放棄と釈放を実行した者

E　他の州又は国の法律により，その親権を自発的又は司法により終了させられ，公的あっせん機関又は正当に認可を受けた個人的機関に移譲したもの

F　当該子が18歳以上である場合の両親

3　廃止

4　検認裁判官の面前での同意

サブセクション5の場合を除き，同意は検

認裁判官の面前でなされなければならない。同意が与えられる際に裁判官はその同意の効果を十分に説明し，その同意が自由意思に基づき，かつ十分な知識をもってなされたことを判定しなければならない。

5　治安判事又は公証人の前での同意

同意は，以下の者からなされる場合，養親となる者の弁護士，そのパートナー，あるいはその雇用する者でない治安判事又は公証人により公証されることができる。

A　廃止

B　福祉課又はメイン州内で適法に認可を受けた養子縁組あっせん業者

C　廃止

D　他の州又は国の法律により，親権の移譲を受けた公的機関又は適法に認可を受けた養子縁組あっせん業者

533（手続）

養子縁組の申請者が，当該子の血族である場合及び申請者が当該子を福祉課又は認可を受けた養子縁組機関から引き取った場合を除き，未成年の子の養子縁組の申請の際には，裁判所は福祉課に連絡をしなければならない。福祉課は独自の職員により，又は認可を受けた養子縁組機関を通して当該子の状況や経緯を調査し，当該子が養子縁組の適切な主体たり得るか，及び申請者の家庭が当該子にとって適切であるかを判断する。当該子の血族による養子縁組申請の場合，裁判所は福祉課に照会する。この情報は，45日以内又は裁判所が許可する合理的期間内に文書により裁判所に提出され，法的記録照会所にて入手可能としなければならない。

その上で，裁判官が身元や両者の関係，養親たる者の子を適切に育て教育する能力，当該子の両親の程度，状況又は当該養子縁組の適性さと妥当性を参照し満足ゆくものであれば，裁判官は判決により事実を述べ，その日から当該子は申請者の子であり，それ故その氏名は公示を必要とせず，変更される旨を宣告する。

裁判所は，申請を許可する前に，保護観察期間中当該子を福祉課又は認可を受けた養子縁組機関の保護下に置きながら，申請者の家庭で1年間生活させることを要求することがある。

裁判所は，手続の期間中当該子に親権者を指名することができる。

養子縁組の申請の際は，養子とされる子の認証された出生記録を提示しなければならない。この書類は遅滞した出生届を作成することにより入手可能である。養子縁組の判決の後，登記官は直ちに養子縁組の証書を所定の様式により州の出生登録登記官にファイルしなければならない。

請願者は，州の登記官により用意された用紙で要求される所定の情報を請願書と共に用意し，そうした情報が真実であることを保証しなければならない。

登記官は，州登記官の要求によりこれら情報を公式裁判記録から準備し，判決については自分の印章にて証明をしなければならない。

州の登記官が，州外で出生した個人についての養子縁組の成立，無効，取消し，修正を裁判所から受理した場合，登記官はそれらにつき，当該州の適切な登記官憲に送付する。

535（法的効果：財産の相続）

当該判決により，実両親は当該子に関してのすべての法的権利を剥奪され，当該子は彼らに関し，服従，扶養のすべての法的義務から解放される。

当該子は，個人の親権，服従と扶養の権利について，事実上養親の子であり，タイトル18－Aセクション２－109，第１段落に規定される相続の権利を有する。

他州でその州の法律により成立した養子縁組は，当州においては，相続やその他の権利，義務に関し，当州内でこの法律により成立した養子縁組と同様の強制力と効果を有する。

5－48　アメリカ合衆国／メリーランド州

第１　婚　　姻

１　実質的成立要件

⑴　婚姻適齢（家族２－301）

ア　男女とも18歳以上（**注**）である（なお，前婚歴があるときは，申請書にその死別・離婚の別及び年月日を記入する）。

イ　16歳以上で18歳未満の未成年者

その両親又は後見人が，当人が16歳以上であることを宣誓し，かつ同意することを要する。

ただし，16歳以上の男女は，資格ある医師（Licensed physician）が，「女子を診察し，妊娠しているか，子を既に産んでいると明確に確認」して，その証明書を提出したときは，両親又は後見人の同意を必要としない。

なお，医師の証明書に代えて，「出生証明書」の写しでも差し支えないとされている。

ウ　15歳の者

15歳の者は，親又は後見人の同意がある場合又は女子が妊娠しているか，子を出生した医師の証明書の提出した場合は，婚姻をすることができる。

エ　15歳未満の者

15歳未満の者は，婚姻をすることができない。

（**注**）　民法改正中間報告の資料では，16歳とされている（戸籍622-56）。

⑵　重婚の禁止

「５　アメリカ合衆国」（本文136頁）参照。

⑶　近親婚の禁止

一定の範囲の親族との婚姻が，禁止されている（家族２－202）。

⑷　同性婚

アメリカ合衆国では，同性婚を認める州と認めない州が存在していたが，連邦最高裁判所は，平成27年（2015年）６月26日に，同性婚は合衆国憲法の下での権利であり，州は同性婚を認めなければならないとの判断を下した。これにより，全米で同性婚が合法となることから，同性婚を禁止している各州の法律は今後改正される。

２　形式的成立要件

⑴　婚姻許可証の取得

婚姻が執り行われる郡の書記が発行した婚姻許可証がなければ，婚姻をすることができない（家族２－401）。

⑵　婚姻許可証の申請及び許可

ア　許可証の申請

許可証は，書記に対して，通常の勤務時間内に書記の事務所においてのみ申請することができる（家族２－402）。

イ　許可証の発行

婚姻が挙行される郡の書記は，申請がされた時に許可証を発行し，交付することができ，通常の勤務時間内に書記の事務所においてのみ発行することができる（家族２－405）。

⑶　挙　式

挙式は，指定牧師又は宗教団体の職員，巡回裁判所書記又はその指定者が列席し，２人の保証人が必要である。

３　婚姻の無効

近親婚の禁止（家族２－202）及び重婚の禁止に反する婚姻は，無効である。

〔根拠法条〕

州法（2013 Maryland Code）
家族法
第２編　婚姻
サブタイトル２　有効婚：無効婚

２－201（有効な婚姻）
a　（略）
b　他に婚姻を禁じられていない２人の間での婚姻のみが，メリーランド州で有効である。

2－202（特定の親等間の婚姻の禁止，罰則）

a　本節で禁止されているメリーランドで行われる婚姻は，無効である。

b①　その者は，その者の以下に掲げる者と婚姻をすることができない。

1　祖父母

2　親

3　子

4　兄弟姉妹，又は

5　孫

②　（略）

c①　その者は，その者の以下に掲げる者と婚姻をすることができない。

1　祖父母の配偶者

2　配偶者の祖父母

3　親の兄弟

4　継親

5　配偶者の親

6　配偶者の子

7　子の配偶者

8　孫の配偶者

9　配偶者の孫，又は

10　兄弟姉妹の子

②　（略）

サブタイトル３　未成年者の婚姻

2－301（16歳又は17歳の者の婚姻；16歳未満の者の婚姻）

a　16歳又は17歳の者は，以下の場合でなければ，婚姻をすることができない。

Ⅰ　親又は後見人が同意し，かつ，その者が少なくとも16歳以上であることを宣誓した場合

Ⅱ　親又は後見人の同意がないときは，資格ある医師が，女子を診察し，妊娠しているか，子を出生したことを明言した医師の証明書を当事者の一方が書記に提出した場合

b　15歳の者は，以下の場合でなければ，婚姻をすることができない。

Ⅰ　親又は後見人の同意がある場合

Ⅱ　資格ある医師が婚姻した女子を診察し，その者が妊娠しているか，又は子を出生したことを明言した医師の証明書を当事者の一方が書記に提出した場合

c　15歳未満の者は，婚姻をすることができない。

（1984年，1999年，2008年改正）

2－302（罰則）（略）

サブタイトル４　許可証及び実行

2－401（必要な許可証，罰則）

a　必要な許可証

婚姻が執り行われる郡の書記が発行した許可証がなければ，メリーランド州において婚姻をすることができない。

b　罰則（略）

2－402（許可申請）

a　場所及び時間

許可証の申請は，書記に対して，通常の勤務時間内に書記の事務所においてのみ申請することができる。

b～e　（略）

2－405（許可証の発行）

a　婚姻が挙行される郡の書記は，申請がされた時に許可証を発行し，交付することができる。

b　許可証は，通常の勤務時間内に書記の事務所においてのみ発行することができる。

c～h　（略）

第2　離　婚

1　離婚判決の確定日

メリーランド州における離婚判決の確定日は，判決日（the date of judgement）ではなく，「判決がファイルされた日（the date of entry)」である（平成16年調査)。

（注）メリーランド州モンゴメリー郡巡回裁判所からの書簡及びその添付書類（メリーランド規則2－601のテキスト）において，「判決は，ファイルされたときに効力を生じる（Rule　2－601(a))」，「裁判所書記官は，実際に判決をファイルした日を記録しなければならない（Rule　2－601(b))」とされている。

第3　養子縁組

1　実質的成立要件

(1)　養親の要件

いかなる成人も養親となることができる（家族5－331・5－345)。

(2)　養子の要件

年齢等の要件はなく，未成年者だけでなく，成人も養子となることができる(家族5－341・5－352)。

(3)　夫婦共同縁組

養親が婚姻している場合は，原則として夫婦共同縁組をしなければならない。

ただし，申請人に無効又は離婚の事由を与える事情に基づいて，申請人と別居している場合あるいは申請に参加する能力がない場合を除く（家族5－331・5－345)。

(4)　時期の制限

子の出生後30日を経過するまでは，養子縁組を登録することができない（家族5－336・5－348)。

2　保護要件

⑴　裁判所の決定

養子縁組については，裁判所の審理手続を経なければならない。

⑵　養親等の同意

養子となる者が18歳未満である場合は，その者の後見人の同意を要する（家族5－350）。

⑶　養子の同意

養子が10歳以上である場合は，その者の同意を要する（家族5－338・5－350）。

3　養子縁組の効力

⑴　養親との関係

養子は養親の子となり，養親の子として出生した子の全ての権利及び特権を付与され，全ての義務に服する（家族5－341・5－352）。

⑵　実親との関係

実親は，養子に対する全ての親としての義務を免れ，養子に対する全ての親権が奪われる（家族5－341・5－352）。

〔根拠法条〕

州法（2013 Maryland Code）
家族法
第5編　子
サブタイトル3　地方機関による後見及び養子縁組
第3部　親権の事前の終了のない養子縁組
5－331（申請）
a　（権限）子に関する親権の終了前には，子の養子縁組の申請は，本サブタイトルの第3部の規定によってのみ登録することができる。
b　（申請人）
1　子を監護する地方機関の同意を得て，いかなる成人も本サブタイトルの第3部に基づき，少年裁判所に養子縁組を申請することができる。
2　本節に基づく申請人が婚姻しているときは，申請人の夫婦は，以下に掲げる場合でなければ，共同して申請しなければならない。
(i)　申請人に無効又は離婚の事由を与える事情に基づいて，申請人と別居

している場合
(ii)　申請に参加する能力がない場合
c　(同意)(略)
(2005年改正)
5－336（期限）
a　(略)
b　少年裁判所（A juvenile court）は，以下の期間の前に，本サブタイトル第3部に基づき，養子縁組命令を登録してはならない。
1　子の出生後30日後
2　本サブタイトル5－339に基づく同意の撤回のために定められた期間が満了し，撤回されなかった場合
3　(略)
(2005年，2006年改正)
5－338（養子縁組を承認する権限）
a　少年裁判所は，以下に掲げる場合においてのみ，本サブタイトル第3部に基づき子の養子縁組の命令を登録することができる。
1　(略)
2　子を監護する地方機関の長官の同意
3　子が，
(i)　弁護によって代理され，
(ii) 1　少なくとも10歳であるときは，その者の同意，又は
2　10歳未満であるときは，拒否しない場合。
b　(略)
5－341（養子縁組命令）
a
1　(略)
2　不動産条項（the Real Property Article）の2－123に規定されている場合を除き，少年裁判所が，本サブタイトル第3部に基づく養子縁組命令を登録した後に，
i　養子は，
1　事実上，養親の子であり，
2　養親の子として出生した子の全ての権利及び特権を付与され，全ての義務に服する。
ii　養子の生存している両親のそれぞれは，
1　養子に対する全ての親としての義務を免れ，
2　養子に対する全ての親権が奪われる。
iii　(略)
b　(略)
c　成人の養子縁組は，未成年者の養子縁組と同じ法的効力を有する。
d　(略)
(2005年，2006年改正)
第4部　親権終了後の養子縁組
5－345（申請）
a　子に関する親権の終了後，オープンガーディアンシップの場合は，子の養子縁組の申請は，本サブタイトルの第4部の規定によってのみ登録することができる。
b
1　いかなる成人も本サブタイトルの第4部に基づき，少年裁判所に養子縁組を申請することができる。
2　本節に基づく申請人が婚姻しているときは，申請人の夫婦は，以下に掲げる場合でなければ，共同して申請しなければならない。
(i)　申請人に無効又は離婚の事由を与える事情に基づいて，申請人と別居

している場合

(ii)　申請に参加する能力がない場合

c　(略)

(2005年改正)

5－348（期限）

a　(略)

b　少年裁判所は，以下の期間の前に，本サブタイトル第4部に基づき，養子縁組命令を登録してはならない。

1　子の出生後30日後

2　本サブタイトル5－346に基づき通知が行われた後の10日後

(2005年改正)

5－350（養子縁組を承認する権限）

a　少年裁判所は，以下に掲げる場合においてのみ，本サブタイトル第4部に基づき子の養子縁組の命令を登録することができる。

1　18歳未満の個人については，その個人の後見人の同意，かつ，

2　個人が少なくとも10歳であるときは，その者が同意した場合。

b　(略)

5－352（養子縁組命令）

a 1　(略)

2　不動産条項の2－123に規定されている場合を除き，少年裁判所が，本サブタイトル第4部に基づく養子縁組命令を登録した後に，

i　養子は，

1　事実上，養親の子であり，

2　養親の子として出生した子の全ての権利及び特権を付与され，全ての義務に服する。

ii　養子の生存している両親のそれぞれは，

1　養子に対する全ての親としての義務を免れ，

2　養子に対する全ての親権が奪われる。

iii　(略)

b　(略)

c　成人の養子縁組は，未成年者の養子縁組と同じ法的効力を有する。

d　(略)

(2005年，2006年改正)

5－353（無効申請）

管轄又は手続上の不備の基準による本サブタイトルの第4部に基づく養子縁組の命令を無効の申請が命令の登録後1年を経過したときに提出されたときは，少年裁判所は申請を却下する。

5－49　アメリカ合衆国／モンタナ州

第1　婚　姻

1　実質的成立要件

(1)　婚姻適齢

男女とも18歳以上の場合は，両親等の同意を要せず婚姻をすることができる。

男女とも16歳以上で18歳未満の場合は，両親，後見人等の同意を要する（州法40－1－202・40－1－402①）。

(2)　近親婚の禁止

直系の者，兄弟と姉妹，いとこ間，おじと姪，おばと甥の婚姻は，禁止されている（州法40－1－401①）。

(3)　重婚の禁止

重婚は禁止されている（州法40－1－401・40－1－402①・③）。

(4)　同性婚の禁止

モンタナ州では，同性者間の婚姻は禁止されている（州法40－1－401）。

なお，アメリカ合衆国では，同性婚を認める州と認めない州が存在していたが，連邦最高裁判所は，平成27年（2015年）6月26日に，同性婚は合衆国憲法の下での権利であり，州は同性婚を認めなければならないとの判断を下した。これにより，全米で同性婚が合法となることから，同性婚を禁止している各州の法律は今後改正される。

2　婚姻許可証

(1)　発給権者

地方裁判所の書記が許可証を発給する（州法40－1－202）。

(2)　有効期間

許可証が発行されてから，180日間有効である（州法40－1－212）。

⑶　医師検査証

州法が要求する健康診断の証明書を提出しなければならない（州法40－１－202）。

３　婚姻の挙行

婚姻は，記録裁判所の裁判官，婚姻をする権限を含めた公務員，市長，都市の裁判官又は治安判事，部族の裁判官，あるいは，宗教の宗派，アメリカインディアン民族又は部族，原住民のグループによって認められた儀式の方法に従って挙行される（州法40－１－301）。

４　婚姻の無効

⑴　無効原因

ア　当事者の一方が，意思能力がないか又は疾患若しくはアルコール，薬物等によって，当事者が婚姻の登録された時に婚姻に対し同意する能力がなかったか，又は婚姻が当事者の強迫又は詐欺による場合

イ　当事者が性交により婚姻を完了する身体的な能力がなく，婚姻が登録された時に，他方の当事者がそのことを知らなかった場合

ウ　当事者が16歳又は17歳で，親又は後見人の同意若しくは裁判所の許可を得ていない場合

エ　州法40－１－401に規定されている禁止婚の場合（州法40－１－402①）

⑵　無効の宣言

⑴のアからウまでの原因については，無効の宣言を求める期間に制限があるが，エについては，当事者の一方が死亡するまでいつでも請求をすることができる（州法40－１－402②・③）。

〔**根拠法条**〕

州法（2014 Montana Code Annotated）
第40編　家族法
第1章　婚姻
第2部　許可者の規定
40－1－202（許可証の発行）

婚姻する両当事者によって，婚姻の申請が完了し，署名され，少なくとも当事者の一方が地方裁判所の書記の面前に出頭し，婚姻許可証の手数料53ドルを支払ったときは，地方裁判所の書記は，婚姻許可証及び以下の要件を備えた婚姻証明書の書式を発行する。

1　婚姻する当事者が，婚姻許可証が有効であるときに，18歳に達しているか，又は，16歳に達し，40－1－213に規定した裁判所の承認を得ているという十分な証拠

2　婚姻が禁止されていないという十分な証拠；及び，

3　モンタナ州の法律により必要とされている健康診断の結果証明書

40－1－212（許可証の有効期間）

婚姻許可証は，発行日から180日間有効である。

第3部　挙式
40－1－301（挙行及び登録）

①　婚姻は，記録裁判所の裁判官，婚姻をする権限を有する公務員，市長，都市の裁判官又は治安判事，部族の裁判官，あるいは，宗教の宗派，アメリカインディアン民族又は部族，原住民のグループによって認められた儀式の方法に従って挙行される。（以下，略）

②　（略）

③　婚姻を挙式する者が法的に資格を有していないときでも，婚姻の当事者の一方がその者が挙式を行う資格を有していたと信じていたときは，婚姻の挙式は，その事実により無効とされない。

第4部　婚姻の有効性・無効の申立て
40－1－401（禁止婚－契約）

①　以下の婚姻は，禁止される。

a　当事者の一方の前婚が解消される前に登録された婚姻

b　その関係が全血であるか半血であるかにかかわらず，直系の間又は兄弟と姉妹の間若しくはいとこ間の婚姻

c　その関係が全血であるか半血であるかにかかわらず，おじと姪，おばと甥

d　同性者間の婚姻

②　婚姻障害がなくなった後に同居している本節による禁止婚の当事者については，婚姻障害がなくなった日に法的に婚姻したとされる。

③　禁止された婚姻から出生した子は，嫡出子である。

④　本節第1項で禁止されている民事上の関係を創設する目的で登録された契約上の関係は，公共政策に反し無効である。

40－1－402（無効の宣言）

①　地方裁判所は，以下の事情において登録された婚姻の無効を宣言した判決を登録する。

a　当事者の一方が意思能力がないか又は疾患，若しくはアルコール，薬物又は他の無能力にする物質の影響によって，当事者が婚姻が登録された時に婚姻に対し同意する能力がなかったか，又は当事者が強制，強迫又は婚姻の本質的な要素含んだ詐欺によって婚姻を

登録するようになったとき。

b　当事者が性交により婚姻を完了する身体的な能力がなく，婚姻が登録された時に，他方の当事者がそのことを知らなかったとき。

c　当事者が16歳又は17歳で，親又は後見人の同意若しくは裁判所の許可を得ていないとき。

d　婚姻が禁止されているとき。

②　以下の者が第1項第a号から第c号の無効の宣言を求めるときは，規定した期間内に開始されなければならない。しかし，無効の宣言は，婚姻の当事者の一方が死亡したときは，することができない。（以下，略）

③　当事者の一方，重婚の場合は法律上の配偶者，郡の弁護士又は当事者の一方の子は，当事者の一方が死亡するまでいつでも第1項第d号の理由による婚姻の無効の宣言を求めることができる。

④　無効と宣言された婚姻から出生した子は，嫡出子である。

⑤・⑥　（略）

40－1－403（コモンロー婚姻の合法性）

コモンロー婚姻は，本章において無効とはされない。40－1－311から40－1－313，40－1－323及び40－1－324の規定に従った婚姻の宣言は，本章によって無効とはならない。

第2　出　生

1　出生証明書

モンタナ州シルバーボウ郡書記及び登録官発行の出生証明書は，資料5－49－1（本文785頁）参照。

第3　養子縁組

1　実質的成立要件

(1)　養親の要件

成人であれば，単身者も養親となることができる（州法42－1－106）。

(2)　養子の要件

未成年者だけでなく，成人も養子となることができる（州法42－1－105・42－4－402）。

(3)　夫婦共同縁組

子を養子とする場合は，養親となる者が夫婦のときは，養親が養子の実親であるとき，又は配偶者と法定別居をしている等の場合を除き，共同で養子縁組をしなければならない（州法42－１－106）。

２　保護要件

⑴　養子となる者が未成年者の場合

ア　裁判所の決定

養子縁組については，裁判所の審理手続を経なければならない。

イ　実親等の同意

母，父と推定される者等の同意を要する（州法42－３－301）。

ウ　養子の同意

養子となる者が12歳以上である場合は，その者の同意を要する（州法42－３－301）。

⑵　養子となる者が成人又は親権から解放された未成年者の場合

ア　裁判所の決定

養子縁組については，裁判所の審理手続を経なければならない。

イ　養親等の同意

将来の養親の同意を要する（州法42－４－403①ｂ・ｃ）。

ウ　養子の同意

養子となる者の同意を要する（州法42－４－403①ａ）。

３　養子縁組の効力

⑴　実親との関係

養親の配偶者が実親である場合等を除き，実親の実子に対する全ての関係は終了する（州法42－５－202①）。

⑵　養親との関係

これまでの養子と実親との関係は，養子と養親及び養親の親族との関係に存在することになる（州法42－５－202①）。

〔**根拠法条**〕

州法（2014 Montana Code Annotated）

第42編　養子縁組

第１章　養子縁組の一般規定

第１部　養子縁組の政策及び手続

42－１－103（定義）

１～５　（略）

６　「子」は，18歳未満の者を意味する。

７～18　（略）

42－１－105（養子になることができる者）

①　以下の場合は，子は法的に自由に養子縁組ができる。

a　子に生存している親がいない場合

b　子の生存している親の権利が，モンタナ州又は他の管轄権ある法律により終了している場合，又は，

c　生存している親，裁判所によって権限を与えられた後見人又は子を監護している機関が養子縁組に対して同意している場合

②　成人は，42－４－401から42－４－405の規定により養子になることができる。

③　継子は，42－４－301から42－４－304の規定及び42－４－309から42－４－312の規定により養子になることができる。

42－１－106（養子をすることができる者）

本編の要件を満たした以下の者は，子を養子とする資格がある。

１　夫と妻が共同して，又は一方が子の親であるときは，他の夫又は妻の一方

２　少なくとも18歳以上の婚姻していない者，又は，

３　配偶者と法定別居をしているか，又は配偶者が裁判上行為能力がないことが宣告された少なくとも18歳以上の婚姻している者

第２章　子の養子縁組

第３部　養子縁組に対する同意

42－２－301（必要とされる同意）

以下の者による養子縁組に対する書面による同意がされたときは，子の養子縁組を決定することができる。

１　実母

２　夫が40－６－105により父と推定される，実母の夫

３　親の権利が裁判所によって成立した者

４　子の監護権を有する機関及び養子縁組のために子を託置する権限を有する者

５　両親が死亡しているか，又は両親の権利が裁判上終了させられ，裁判所が養子縁組に同意するため指名され権限を有する後見人

６　子が同意する意思能力を有しないときを除き，書面又は裁判所において同意が実行された，12歳以上の子

第４章　養子縁組の託置

第４部　成人及び親権から解放された未成年者の養子縁組

42－４－401（成人の養子縁組）

法律上の成人に達した者は，その者の親の同意なしに養子になることができる。

42－４－402（成人又は親権から解放された未成年者を養子とすることができる者）

①　成人は，本節に従って，成人及び親権から解放された未成年者を養子とすることができる。ただし，成人は，配偶者を養子とすることはできない。年齢にかかわらず，行為能力のない者の養子縁組

は，子の養子縁組に関する法によって定められた全ての要件に従わなければならない。

② 成人及び親権から解放された未成年者を養子とする者は，養子となる者がその者の兄弟でないときは，１年以内に他の成人及び親権から解放された未成年者を養子とすることはできない。

42－４－403（養子縁組に対する同意）

① 成人及び親権から解放された未成年者の養子縁組に対する以下の者の同意を要する。

a 養子

b 将来の養親

c 以下の場合でないときは，将来の養親の配偶者

i 配偶者と将来の養親が法定別居している場合

ii 配偶者が同意をすることができないか，又は養子と将来の養親の最善の利益に反し，同意を要しないと裁判所が判断した場合

②・③ （略）

第５章　法的手続

第２部　法的効力

42－５－202（決定の効力）

① 養子縁組の決定が登録された後，

a 子と親の関係，子と親の関係の全ての権利，義務及び他の法的効力は，養子と養親及びその親族との間に存在する。

b 養子の従前の親及び親族は，その者が養親又は養親の配偶者でないときは，従前の親の子の養育のための延滞金の支払義務を除き，養子に対する全ての親の責任を免れ，養子に対する全ての権利を失う。

②・③ （略）

資料５－49－１〔出生証明書〕

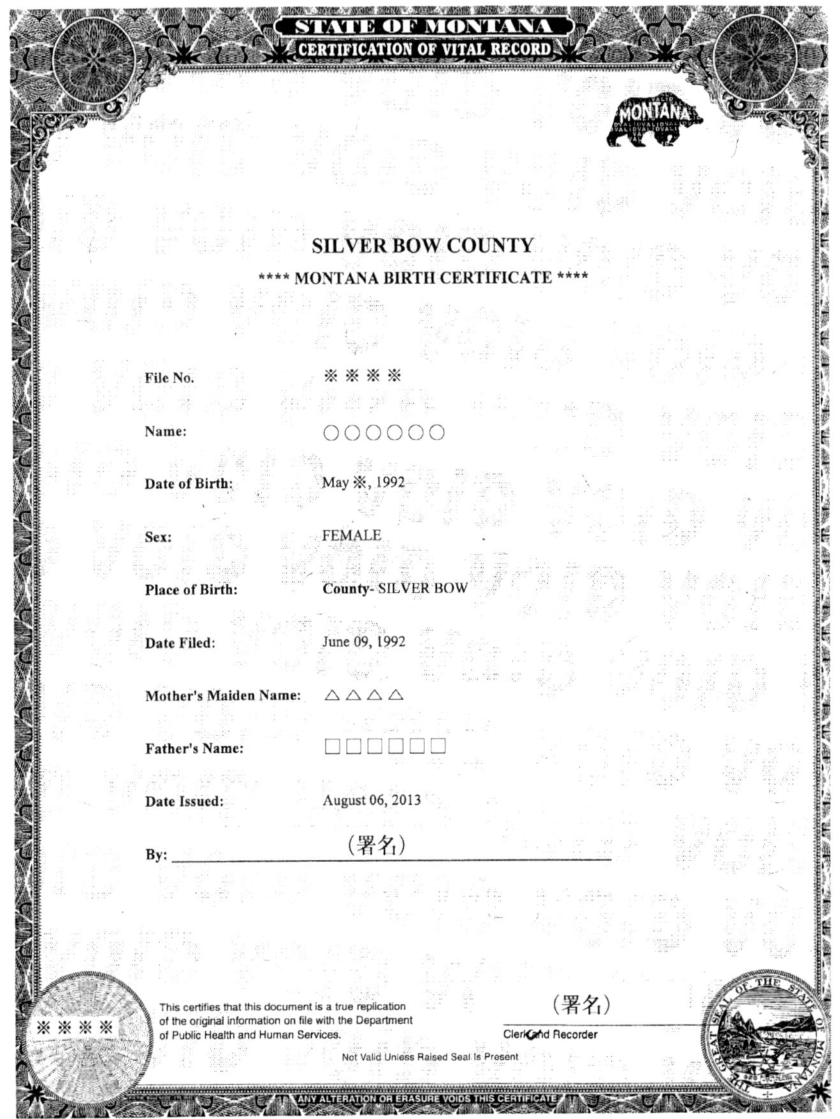

STATE OF MONTANA
CERTIFICATION OF VITAL RECORD

SILVER BOW COUNTY

**** MONTANA BIRTH CERTIFICATE ****

File No.　※※※※

Name:　○○○○○○

Date of Birth:　May ※, 1992

Sex:　FEMALE

Place of Birth:　County- SILVER BOW

Date Filed:　June 09, 1992

Mother's Maiden Name:　△△△△

Father's Name:　□□□□□□

Date Issued:　August 06, 2013

By: (署名)

※※※※

This certifies that this document is a true replication of the original information on file with the Department of Public Health and Human Services.

(署名)
Clerk and Recorder

Not Valid Unless Raised Seal Is Present

ANY ALTERATION OR ERASURE VOIDS THIS CERTIFICATE

資料５－49－１

出　生　証　明　書（訳）

１．出生子の氏名：　○○　・　○○　・　○○
（ラストネーム）（ファーストネーム）（ミドルネーム）

２．性別：　男　・　㊛

３．出生年月日（時間）：平成（西暦）４（1992）年５月※日
~~（午前・午後　時　分）出生~~

４．出生場所：アメリカ合衆国 モンタナ 州 シルバーボウ 郡
~~市~~

５．父の氏名：　□□□　・　□□□　・　□□□
（ラストネーム）（ファーストネーム）（ミドルネーム）

６．母の婚姻前氏名：　△△△　・　△△△
（ラストネーム）（ファーストネーム）

７．証明発行官庁：アメリカ合衆国モンタナ州シルバーボウ郡

翻訳者氏名　※　※　※　※

８．申出事項（子の氏名が証明書と届出書で異なる場合に記載）

出生証明書上の子の名前は、＿＿＿・＿＿＿・＿＿＿
（ラスト）（ファースト）（ミドル）

となっているが、届出の事件本人と同一人に相違なく、戸籍には

（氏）　　　（名）＿＿＿＿＿＿と届出する。
（出生届に記載した氏名）

申出人署名＿＿＿＿＿＿

5－50　アメリカ合衆国／ユタ州

第１　婚　　姻

１　婚姻証明書

ユタ州ウェーバ郡登録官作成の婚姻証明書は，資料５－50－１（本文794頁）参照。

２　実質的成立要件

(1)　婚姻適齢

男女とも18歳である。

16歳以上で18歳未満の者については，一方の親又は法定後見人からの同意を要する。

また，15歳の者は，裁判所等の許可がある場合は，婚姻をすることができる（州法30－１－２・30－１－９）。

(2)　近親婚の禁止

当事者が，直系の関係，兄弟又は姉妹の関係，親の兄弟又は姉妹の関係若しくは兄弟又は姉妹の息子又は娘，いとこ間等の関係にあるときは，婚姻は認められない（州法30－１－１）。

(3)　重婚の禁止

夫又は妻の生存中に，その者以外の者との婚姻はできない（州法30－１－２）。

(4)　同性婚の禁止

ユタ州では，同性者間の婚姻は禁止されている（州法30－１－２）。

なお，アメリカ合衆国では，同性婚を認める州と認めない州が存在していたが，連邦最高裁判所は，平成27年（2015年）６月26日に，同性婚は合衆国憲法の下での権利であり，州は同性婚を認めなければならないとの判断を下した。これにより，全米で同性婚が合法となることから，同性婚を禁止している各州の法律は今後改正される。

3　婚姻許可証

⑴　発給権者

郡の書記が発給する（州法30－１－７）。

⑵　有効期間

許可証は，発行後30日間有効である（州法30－１－７③）。

4　婚姻の無効

２の実質的成立要件に違反する婚姻は，無効とすることができる（州法30－１－17）。

〔根拠法条〕

州法（2014 Utah Code）
第30編　夫と妻
第１章　婚姻
30－１－１（近親婚の無効）
①　その関係が嫡出であるか嫡出でないかにかかわらず，以下の婚姻は，近親婚であり，当初から無効である。
a　親子間の婚姻
b　親等にかかわらず，尊属と卑属間の婚姻
c　全血又は半血にかかわらず，兄弟と姉妹間の婚姻
d　おじと姪，おばと甥の婚姻
e　第２項に規定される場合を除き，いとこ間の婚姻，又は，
f　第２項に規定される場合を除き，民法の規則に従って計算される５親等内の血族関係にある者間の婚姻
②　いとこは，以下の場合は，婚姻をすることができる。
a　両当事者が65歳以上である場合，又は，
b　両当事者が55歳以上で，一方が居住する地方裁判所で，一方の当事者が子を生むことができないと判定された場合。
30－１－２（禁止婚及び無効）
以下の婚姻は禁止され，無効を宣言される。
1　婚姻している者に，離婚をしていない生存をしている夫又は妻がいるとき。
2　18歳未満の男女で，30－１－９に規定されている同意を得ていないとき。
3　14歳未満の男女又は1999年５月３日から，当事者が婚姻をしようとするときに16歳未満の男女。ただし，30－１－９に従って定められた条件において，15歳の者については，例外である。
4　（略）
5　同性の者間の婚姻
30－１－７（婚姻許可証－州内での使用－期間の満了）

① ユタ州の郡の書記が発行した許可証がないときは，ユタ州において婚姻は挙行することができない。

② 郡の書記によってユタ州内で発行された許可証は，ユタ州においてのみ使用することができる。

③ 発行の日から30日以内に使用されなかった許可証は，無効である。

30－1－9（未成年者の婚姻－親又は後見人の同意－少年裁判所の権限）

① 本節において，未成年者は18歳未満の男性又は女性を意味する。

②a　許可証の申請時に，申請人が未成年者で，婚姻歴がない場合は，書記に提出する未成年者の父，母又は後見人の書面による同意がないときは，許可証は発行されない。（以下，略）

b　男性又は女性が15歳の場合は，未成年者及び未成年者の親又は後見人は，以下の者から書面による婚姻の許可を取得しなければならない。

i　婚姻の一方の当事者が居住する郡の少年裁判を管轄する裁判所の裁判官

ii　裁判評議会（the Judical Council）の規則によって許可された裁判所のコミッショナー

c　（略）

③・④　（略）

30－1－17．1（婚姻の無効－理由）

婚姻は，婚姻時に存在する以下の理由により，無効とすることができる。

1　第30編第1章により，婚姻が禁じられているか，又は無効とされているとき。

2　（略）

第2　出　　生

1　父の推定

男性は，男性と子の母が婚姻しているか，又は婚姻していた間に出生した場合若しくは死亡，無効，無効宣告又は離婚による婚姻の終了後若しくは別居判決後300日以内に子が出生した場合に，子の父と推定される（州法78B－15－204）。

2　出生証明書

ユタ州衛生局発行の出生証明書は，資料5－50－2（本文796頁）参照。

〔**根拠法条**〕

州法（2014 Utah Code）
第78B編　裁判所法
第15章　ユタ州統一親子法
第2部　親子関係
78B－15－204（父の推定）
①　男性は，以下の場合には，子の父と推定される。
a　男性と子の母が婚姻し，子が婚姻中に出生した場合
b　男性と子の母が婚姻し，死亡，無効，無効宣告又は離婚による婚姻の終了後若しくは別居判決後300日以内に子が出生した場合
c・d　（略）
②・③　（略）
（2008年改正）

第3　養子縁組

1　実質的成立要件

⑴　養親の要件

夫婦だけでなく，単身者も養親となることができる。

養親は，成人でなければならない（州法78B－6－117）。

⑵　養子の要件

未成年者だけでなく，成人も養子となることができる（州法78B－6－117・78B－6－120）。

⑶　配偶者の同意

夫婦共同縁組は要求されていないが，配偶者の同意を得なければならない（州法78B－6－114）。

⑷　養親と養子の年齢差

養親は，養子より少なくとも10歳以上年長でなければならない。養親が婚姻をしている場合は，一方が少なくとも10歳以上年長であればよい（州法78B－6－118）。

2　保護要件

(1)　裁判所の許可

養子縁組は，裁判所が判決を下すことによって成立する。

(2)　養子の同意

養子となる者が12歳以上である場合は，その者の同意を要する（州法78B－6－120）。

(3)　実父母の同意

ア　同意の要否

未成年者（18歳未満）の養子の場合は，実父母の同意を要する。ただし，裁判所によって，養子に関する権利が終了させられている父母の同意は要しない（州法78B－6－120・78B－6－127）。

成人（18歳以上）の場合は，原則として，本人の同意のみが必要であり，親の同意は必要ない（州法78B－6－120）。

イ　同意の時期の制限

子の出生後24時間を経過するまでは，母は同意をすることができない（州法78B－6－125）。

3　養子縁組の効力

(1)　実親との関係

断絶型の養子縁組であり，実親との関係は切断し，養子に対する全ての義務を免れ，権利を有しないことになる（州法78B－6－138）。

(2)　養親との関係

養子縁組により，養子は養親の子として，親と子の法的な関係を有する（州法78B－6－138）。

(3)　養子の氏名

養子は，養親のファミリーネーム（姓）を称する（州法78B－6－139）。

〔**根拠法条**〕

州法（2014 Utah Code）
第78Ｂ編　裁判所法（Judical Code）
第6章　特別手続
第1部　ユタ州養子縁組
78B－6－114（婚姻者による養子縁組－同意）
①　妻が同意をする能力があるときは，妻と法定別居をしていない婚姻している男性は，妻の同意がなければ，子を養子とすることができない。
②　夫が同意をする能力があるときは，夫と法定別居をしていない婚姻している女性は，夫の同意がなければ，子を養子とすることができない。
（2008年改正）
78B－6－117（養子縁組をすることができる者－未成年者の養子縁組）
①　未成年の子は，本節及び本部の規定及び要件に従って，成人の養子となることができる。
②　子は，以下の者の養子になることができる。
　a　継親の養子縁組を含め，ユタ州の法律に従って，法的に婚姻した成人
　b　第4項に従い，第3項に規定される場合を除いた，単身の成人
③　子はユタ州の法律において法的に有効に結ばれていない婚姻関係で同棲している者の養子となることはできない。
④　（略）
（2008年施行）
78B－6－118（相関的年齢(Relative ages)）
　養子縁組の申請者が婚姻しているときで，一方が少なくとも10歳以上年長であるときを除き，子を養子とする者は，養子よりも少なくとも10歳以上年長でなければならない。
（2008年改正）
78B－6－120（養子縁組に要する同意又は養子縁組に対する放棄）
①　第2項に規定する場合を除き，以下の者の子の養子縁組に対する同意又は養子縁組のための子の放棄を要する。
　a　養子が同意をする意思能力がないときを除き，12歳以上であるときは，養子
　b　以下の男性
　　i　78B－15－204に基づき法の適用によって，養子となる父と認められる者。ただし，以下の者を除く。
　　　A　78B－15－607に基づき反証されているか，又は
　　　B　母が養子の養子縁組に対して同意をするか，又は養子縁組のために放棄をしたときまでに，養子となる者の母と婚姻していない男性
　　ii　前の法律上の養子縁組による養子の父
　c　養子の母
　d～g　（略）
②a　第1項第b号から第g号に規定する者の同意は，養子が18歳以上である場合は要しない。
　b　第1項第b号から第g号に規定する者の同意は，養子に関するその者の親権が終了している場合は，要しない。
③　（略）
（2013年改正）
78B－6－123（同意又は放棄する未成年者の権限）

① 未成年者の親は，以下の権限を有する。
a 未成年者の子の養子縁組に対し，同意をすること。
b 養子縁組のために，未成年者の子の監督又は監護を放棄すること。
② 第１項に規定する同意又は放棄は，有効であり，成人の親が同意又は放棄したのと同様の効力を有する。
③ （略）
（2008年改正）

78Ｂ－６－125（出生した母の同意までの時間）
① （子を）出生した母は，子の出生後少なくとも24時間を経過する前に子の養子縁組に対する同意をすること，若しくは子の監督又は監護を放棄することができない。
② 78Ｂ－６－120及び78Ｂ－６－121で求められる以外の者の同意又は放棄は，子の出生前を含め，いつでもすることができる。
（2008年改正）

78Ｂ－６－127（権利が消滅した両親）
裁判所によって養子に関する権利が終了させられた親からの養子縁組に対する通知又は同意も，養子縁組に対する放棄も要しない。
（2008年改正）

78Ｂ－６－138（存在する親の権利及び義務の解消）
① 養子の存在する親は，居住の権利を含め，養子に対する全ての親としての義務及び権利を免れ，以下の時よりも前のその子に関するそれ以上の権利を有しない。
a 存在する親権が終了した時，又は
b 第２項に規定する場合を除き，第３項に従い，養子縁組の最終判決が登録された時
② 子が養子となった時に，子を養子とした者と法律上婚姻をしていた第１項に規定する存在する親の権利義務は，第１項第ｂ号に基づき免除又は終了しない。
③ 子が養子となった時に，子を養子とした者と法律上婚姻をしていない第１項に規定する存在する親の権利義務は，第１項第ｂ号のように終了する。
（2010年改正）

78Ｂ－６－139（養子の名及び地位）
78Ｂ－６－137に基づき最終の養子縁組判決が登録されたときは，子は養親のファミリーネーム（姓）を称する。養子縁組判決が登録された後，養親と子は親と子の法的な関係を維持し，全ての権利を有するとともにその関係の義務に服する。
（2008年改正）

資料5－50－1〔婚姻証明書〕

State of Utah

Marriage License

County of Weber

※※

To any person legally authorized to solemnize marriage, you are hereby authorized to join in Holy Matrimony

Groom □□□□□□ HOOPER, WEBER, UT ※

(Name) (City, County, State) (Age)

Bride △△△△△△ COLUMBUS, FRANKLIN, OH ※

(Name) (City, County, State) (Age)

In Witness whereof, I have hereunto set my hand and affixed my official seal at my office in Ogden City, Weber County, State of Utah

Date of Issuance 02-SEP-2010

※※※※※

Weber County Clerk

（署名）

Deputy County Clerk

I, the undersigned, did join in the bonds of Holy Matrimony according to the State of Utah and caused their signatures to be signed below.

（署名）

Signature of Groom

（署名）

Signature of Bride

（署名）

Signature of Officiator Elder of The Church of Jesus Christ of Latter-day Saints

※※※※※

Printed Name and Title of Officiator

（署名）

Signature of First Witness

（署名）

Signature of Second Witness

※ SEP '10 SLAKE

Date of Ceremony

SALT LAKE CITY, SALT LAKE COUNTY

City and County of Ceremony

FOR OFFICE USE ONLY

Filed Sept 16, 2010 By （署名）

Clerk or Deputy

I HEREBY CERTIFY THAT THIS IS A TRUE COPY OF THE ORIGINAL ON FILE IN MY OFFICE.

DATED THIS 7th DAY OF MAY 20 13

※※※ County Clerk/Auditor

BY （署名） DEPUTY

NOTICE: This Marriage License MUST BE USED WITHIN 30 DAYS from date of issue. The person performing the Marriage has the responsibility to fill out and sign the above license and return the same to the Weber County Clerk within 30 days after the marriage is solemnized. It is a misdemeanor for failure to comply. All signatures must be legible.

資料５－50－１

婚姻証明書（和訳文）

	氏	名（First Name, Middle Nameの順）
1．夫の氏名：	□□	□□□□

例：Steven John Rogers, II→氏：ロジャース、名：スティーブン　ジョン　セカンド

	氏	名
妻の氏名：	△△	△△

例：Shigeko Kawamura→氏：川村、名：滋子（日本国籍者は、戸籍上の文字で記入）

2．婚姻成立年月日：2010　年　9　月　※　日

婚姻方式：アメリカ合衆国　ユタ　州の方式

3．婚姻証明書作成者

職　名：同州ウェーバー郡登録官

氏　名：※※※※※

翻訳者

氏名　△　△　△　△

（日本語、かい書で記入のこと）

（婚姻当事者の場合は、婚姻前の氏名を記入）

Consulate General of Japan in Detroit
Rev. on 10/16/2007

資料5－50－2〔出生証明書〕

CERTIFICATION OF VITAL RECORD

STATE OF UTAH

UTAH CERTIFICATION OF LIVE BIRTH

○○○○○○○

Sex of Child: **Female**　　Date of Birth: **September※, 2013**

Birth Weight: **07 lbs 10 oz**　　Time of Birth: **12:42**

City of Birth: **West Jordan**　　County of Birth: **Salt Lake**

Birth Attendant: **※※※※※ M.D.**　　Place of Birth: **※※※※ Hospital**

△△△△
Mother's Maiden Name

Mother's Date of Birth: **September※, 1984**　　Mother's Place of Birth: **Japan**

Resident City: **Kearns**　　Resident State/Country: **Utah**

□□□□
Father's Name

Father's Date of Birth: **September※, 1981**　　Father's Place of Birth: **Laos**

Date of Registration: **September 13, 2013**　　SSA Card Requested: **Yes**

Date of Amendment:　　State File Number: **2013※※**

DATE ISSUED: **September 20, 2013**

This is an exact reproduction of the facts registered in the Utah State Office of Vital Records and Statistics.
Security features of this official document include: Intaglio Border, V & R images in top cycloids, and intaglio microtext.
This document displays the date, seal and signature of the Utah State Registrar of Vital Record and Statistics.

（署名）

※※※※※
State Registrar
Rev. 6/13

* ※※※※※ *

UTAH DEPARTMENT OF HEALTH
Office of Vital Records & Statistics
Salt Lake City, Utah

ANY ALTERATION OR ERASURE VOIDS THIS CERTIFICATE

資料５－50－２

在デンバー日本国総領事館

出　生　証　明　書（抄訳文）

証明書発行日(date issued)：西暦 2013 年 9 月 20 日

1．出生子の氏名：○○（姓）　○○（名）　○○（ミドルネーム）

2．性別：□男　☑女

3．出生年月日/時刻：西暦 2013 年 9 月 ※ 日

午前/(午後) 0 時 42 分

4．出生場所：アメリカ合衆国 ユタ 州 ソルトレイク 郡

ウェストジョーダン 市

5．父の氏名：□□（姓）　□□（名）　＿＿（ミドルネーム）

母の婚姻前の氏名：△△（姓）　△△（名）　＿＿（ミドルネーム）

6．証明者(登録機関)：☑アメリカ合衆国 ユタ 州衛生局

□その他（　　　　　　　　　　）

翻訳者氏名：△ △ △ △　印

(注) 子の父、母による翻訳で結構です。Birth Certificate（英文）を見ながら、該当する日本語を、漢字、カタカナ、ひらがなを使って書いてください。
翻訳者氏名欄に戸籍通りにお名前をお書きください。

5－51　アメリカ合衆国／ルイジアナ州

第1　姓名制度

1　氏　名

ルイジアナの法制度は，COMMON LAW（慣習法）ではなく，CIVIL LAWを基礎としており，アメリカの中でも独特な制度である。

氏名は，「FIRST NAME」（名），「MIDDLE NAME」，「SURNAME」（氏）の順に記載されるが，「MIDDLE NAME」については，必ずしも必要とされていない。

2　子の氏

夫婦間に出生した子は，母の夫の氏を称するとされているが，母とその夫が合意をすれば，子の氏を母の出生時の氏又は結合氏とすることもできる。

法律上の夫婦でない者の間に出生した子は，母の氏を称する。父母の婚姻，父の認知によって子が嫡出子とされた場合は，母が同意すれば，子の氏を父の氏とすることができ，また，父母が合意すれば，結合氏とすることができる（南野聡「諸外国における氏制度の調査結果について」戸籍584－10）。

3　氏名の登録

出生時に両親によって付与された氏名が出生証明書に記載される。この氏名が個人の法律上の氏名であり，これが変更されるのは，準正により氏を変更する場合，養子縁組により氏を変更する場合（児童1219条・1241条・1257条参照）及び氏名変更に関する裁判所の許可があった場合に限られる。

第２　婚　　姻

１　実質的成立要件

⑴　婚姻締結の要件

婚姻を締結するには，法的な障害がないこと，挙式，挙式でお互いを夫及び妻とする当事者の自由な意思が表明されなければならない（民法87条）。

⑵　婚姻適齢

男女とも18歳である（注）。

未成年者であるときは，両親の同意等がなければ，挙式を行うことができない。

また，16歳の者が婚姻をするには，両親等の同意に加えて，未成年者が居住するか，又は挙式が行われる郡の裁判官から婚姻の書面による許可を取得しなければならない（児童1545条）。

（注）　従前は，男子は満18歳以上，女子は満16歳以上であるとされていた（旧婚姻・離婚92条）（戸籍622－56）。

　また，婚姻できる年齢に達した未成年者は，父母又はそのいずれかの生存者の同意を要し，もし，両親の双方が死亡しているときは，後見人の同意を必要であった（旧婚姻・離婚97条）。

　戸籍誌においては，男女とも婚姻適齢に差はないが，女子については，16歳以上の場合は，父母又は後見人等の同意を得たときは，婚姻が可能になるとされていた（永井紀昭「婚姻適齢及び待婚期間に関する覚書（上）」戸籍486－19）。

⑶　重婚の禁止

婚姻している者は，他の婚姻の契約をすることができない（民法88条）。

⑷　同性婚の禁止

同性者間で婚姻を締結することができない（民法89条）。

なお，アメリカ合衆国では，同性婚を認める州と認めない州が存在していたが，連邦最高裁判所は，平成27年（2015年）６月26日に，同性婚は合衆国憲法の下での権利であり，州は同性婚を認めなければならないとの判断を下した。これにより，全米で同性婚が合法となることから，同性婚を禁止している各州の法律は今後改正される。

⑸　近親婚の禁止

直系尊属と直系卑属間，全血又は半血にかかわらず，4親等以内の傍系親族間の婚姻は禁止される。

また，この婚姻障害は，血族又は養子縁組の関係であるかにかかわらず，存在する。ただし，4親等内の親族関係にあるが，養子縁組の関係による者で，血族でない者は，裁判所の書面の許可を得たときは，婚姻することができる（民法90条）。

2　形式的成立要件

当事者は，挙式を執り行う資格を有するか，又は当事者が合理的に資格を有すると思う第三者が執り行う婚姻の挙式に参加しなければならない。当事者は，執り行われたときに，挙式に出席していなければならない（民法91条）。

3　夫婦の氏

婚姻によっては，いずれの配偶者の氏も変更されない（民法100条）が，他方配偶者の氏又は双方の氏を結合した氏を使用することも可能である。

妻が夫の氏を使用するのが慣行とされてきたが，妻が出生時の氏を使用する場合が多くなっている。妻が出生時の氏を使用する場合は，通常，夫の氏と結合する方法（妻の氏，夫の氏の順にハイフンでつなぐ）がとられている。

なお，個人の法律上の氏名は，出生時に両親によって付与され，出生証明書に記録された氏名を指し，この法律上の氏名は，婚姻によって変更されない。

そして，妻が夫の氏又は結合氏を使用する場合も，個人の氏名に法的な変更はないものと解されているので，一般の文書には，妻が実際に使用している夫の氏又は結合氏で署名することができるが，公正証書には，妻の氏名は出生時の氏で記載しなければならない（南野・前掲(798)）。

4　婚姻の無効

(1)　絶対的な婚姻無効

婚姻は，挙式がなく，代理人によって契約された場合又は婚姻障害に反した場合は，絶対的な無効である。

無効の裁判上の宣告は必要がないが，無効を承認する訴訟は利害関係者が提起することができる（民法94条）。

(2)　相対的な婚姻無効

ア　無効事由

婚姻は，当事者の一方の同意が自由に与えられたものでないときは，相対的無効である。

このような婚姻は，同意が自由に与えられたものでない当事者の申請により無効を宣告することができる（民法95条）。

イ　追　認

婚姻は，当事者が自由を回復し，判断することができるようになった後に，婚姻を追認したときは，無効であることを宣告することができない（民法95条）。

ウ　相対的な無効婚の民事上の効力

相対的な無効婚は，無効が宣告されるまでは，民事上の効力を生ずる（民法97条）。

〔根拠法条〕

2014ルイジアナ法（2014 Louisiana Laws）
民法典（Louisiana Civil Code）
第４編　夫及び妻
第１章　婚姻：総則
第87条（婚姻の締結：要件）
　婚姻締結の要件は，
　　法的な障害がないこと
　　挙式
　挙式で表明される，お互いを夫及び妻とする当事者の自由な意思である。
（1987年法（1988年１月１日施行））
第88条（現存する婚姻の障害）
　婚姻している者は，他の婚姻の契約をすることができない。
（1987年法（1988年１月１日施行））
第89条（同性の障害）

同性の者は，お互いに婚姻を締結することができない。（以下，略）

（1987年法（1988年1月1日施行），1999年改正）

第90条（関係の障害）

A　以下に掲げる者は，お互いに婚姻を締結することができない。

1　直系尊属と直系卑属間

2　全血又は半血にかかわらず，4親等以内の傍系親族

B　婚姻障害は，血族又は養子縁組の関係であるかにかかわらず，存在する。ただし，4親等内の親族関係にあるが，養子縁組の関係による者で，血族でない者は，婚姻することに裁判所の書面の許可を得たときは，婚姻することができる。

（1987年法（1988年1月1日施行），2004年改正）

第91条（必要とされる結婚式）

当事者は，挙式を執り行う資格を有するか，又は当事者が合理的に資格を有すると思う第三者が執り行う婚姻の挙式に参加しなければならない。当事者は，執り行われたときに，挙式に出席していなければならない。

（1987年法（1988年1月1日施行））

第92条（代理人による婚姻の禁止）

代理人によって婚姻を締結することはできない。

（1987年法（1988年1月1日施行））

第2章　婚姻の無効

第94条（絶対的な婚姻無効）

婚姻は，挙式がなく，代理人によって契約された場合又は婚姻障害に反した場合は絶対的な無効である。無効の裁判上の宣告は必要がないが，無効を承認する訴訟は利害関係者が提起することができる。

（1987年法（1988年1月1日施行））

第95条（相対的な婚姻の無効，追認）

婚姻は，当事者の一方の同意が自由に与えられたものでないときは，相対的無効である。このような婚姻は，同意が自由に与えられたものでない当事者の申請により無効を宣告することができる。婚姻は，当事者が自由を回復し，判断することができるようになった後に，婚姻を追認したときは，無効であることを宣告することができない。

（1987年法（1988年1月1日施行））

第96条（略）

第97条（相対的な無効婚の民事上の効力）

相対的な無効婚は，無効が宣告されるまでは，民事上の効力を生ずる。

（1987年法（1988年1月1日施行））

第3章　婚姻の付帯条件及び効力

第100条（婚姻した者の姓）

婚姻により，配偶者の姓は変更しない。しかしながら，婚姻した者は，配偶者の姓を使用することができる。

（1987年法（1988年1月1日施行））

2014ルイジアナ法（2014 Louisiana Laws）

児童法（Children's Code）

第6章　未成年者の婚姻の権限

第1545条（必要な同意，親，司法機関）

A　司祭者（an officiant）は，未成年者が以下の一方のいずれかの者の書面による同意がなければ，未成年者が当事者となる挙式を行うことができない。

1　両親

2　その者の後見人

3　未成年者の監護権が付与された者

4　第1547条に規定されている少年裁判所

B　16歳未満の未成年者は，未成年者が居住するか，又は挙式が行われる郡の少年管轄権を行使する裁判所の裁判官から婚姻するための書面による許可も得なければならない。

（1991年法（1992年1月1日施行））

第3　離　　婚

1　離婚事由

離婚は，①一定期間の別居（**注1**），②他方の配偶者が姦通を犯すか，③他方の配偶者が重罪を犯し，死刑又は懲役刑を宣告されたことを理由に，離婚を申請することができる（民法103条）（**注2**）。

（**注1**）①　婚姻の未成年の子がいないこと，又は理由を示す規則に従い，他方の配偶者が離婚を求めている配偶者又は夫婦の一方の子を身体的又は性的に虐待したとする裁判所の判断に基づくときは，180日間

②　申立てが提出された時に，婚姻の未成年の子がいるときは，365日間（民法103. 1条）

（**注2**）従前の婚姻・離婚関係法では，離婚原因として，配偶者の一方が姦通した場合及び重罪により有罪とされ，死刑若しくは重労働による投獄刑の判決を受けたときは，相互に離婚を主張することができる（旧婚姻・離婚139条）とされ，また，絶対離婚として，夫婦が2年以上別居生活をしている場合，ルイジアナ州に2年間継続して居住している者は，自分の居住地の裁判所に絶対離婚の訴えを提起することができるとされていた。

2　離婚原因の終了

離婚訴訟の原因は，当事者の和解により終了する（民法104条）。

3　離婚後の監護権

離婚又はその後の手続において，裁判所は子の最善の利益を考慮して，子の監護権を裁定する（民法131条）。

4　離婚した場合の夫婦の氏

夫婦の一方（通常は妻）が他方の氏を使用する権利は存続する。言い換えると，離婚した妻（又は夫）が夫（又は妻）の氏を使い続けることに関して，何ら制限はない。実際にも，離婚した妻が再婚するまで前夫の氏を使い続けるのが一般的である。

婚姻中，夫の氏を使用していた妻が，離婚後は出生時の氏を使用したい場合，妻の氏は婚姻によって法的に変更していないので，そのための裁判所の命令を得る必要はない。ただし，種々の記録（雇用，銀行等）の変更を容易にするため，離婚手続の中で，裁判所に対し，出生時の氏の使用の承認を求めることもできる（南野・前掲(798)-11)。

〔根拠法条〕

2014ルイジアナ法（2014 Louisiana Laws）
民法典
第4編　夫及び妻
第4章　婚姻の終了
第101条（婚姻の終了）
婚姻は，以下に基づき終了する。
一方の配偶者の死亡
離婚
婚姻が相対的な無効であるときの無効の裁判上の宣告，（以下，略）
(1987年法（1988年1月1日施行)，1990年法（1991年1月1日施行))
第5編　離婚
第1章　離婚訴訟
第103条（離婚判決，他の事由）
契約婚姻（a covenant marriage）の場合を除いて，離婚は以下の証拠に基づく配偶者の申請により認められる。
1　夫婦が申立日において，第103．1条に従って必要期間又はそれ以上の期間継続して別居するか，
2　他方の配偶者が姦通を犯すか，
3　他方の配偶者が重罪を犯し，死刑又は懲役刑を宣告されたこと。
(1990年法（1991年1月1日施行)，1997年法，2006年法（2007年1月1日施行))
第103．1条（離婚判決；期限）
第102条及び第103条に従った必要な期間は，次のとおりである。
1　180日間
A　婚姻の未成年の子がいないこと，又は
B　理由を示す規則に従い，他方の配偶者が離婚を求めている配偶者又は夫婦の一方の子を身体的又は性的に虐待したとする裁判所の判断に基づき，
C　（略）
2　第102条に従って理由を示す規則が提出されたか，第103条に従って申立

てが提出された時に，婚姻の未成年の子がいるときは，365日間
(2006年法（2007年１月１日施行），2010年法（2010年１月25日施行））
第104条（和解）
離婚訴訟の原因は，当事者の和解により終了する。
(1979年法，1980年法，1990年法（1991年１月１日施行））

第３節　子の監護
第131条（裁判所の監護決定）
離婚又はその後の手続において，裁判所は子の最善の利益を考慮して，子の監護権を裁定する。
(1979年法，1981年法，1982年法（1983年１月１日施行），1983年法，1984年法，1986年法（1986年７月14日施行），1989年法，1993年法（1994年１月１日施行））

第４　親子関係

１　父の推定

(1)　原　則

母の夫は，婚姻中又は婚姻の解消の日から300日以内に出生した子の父と推定される（民法185条）。

(2)　母が再婚している場合

子が婚姻の終了の日から300日以内に出生し，子の出生前に再婚したときは，最初の夫が父と推定される。

ただし，最初の夫又はその相続人が子の父であることを否認する判決を得たときは，後婚の夫が父と推定される（民法186条）。

(3)　嫡出否認の訴え

父性の否認訴訟は，１年間の除斥期間に服する。この期間は，夫が子の出生を知ったか，又は知るべき日から開始する。

ただし，夫が別居し，子の出生前300日の期間継続して母と別々であったときは，夫が利害関係者が夫が子の父であると主張することを書面で通知するまでは，この期間は開始しない（民法189条）。

２　認　　知

(1)　認知の方法

本人の行為又は出生証明書への署名により，男性は，他の男性の父性が決定

されていない子を認知することができる（民法196条）。

⑵　認知の効力

認知は，子を認知した男性が父であることを推定する（民法196条）。

〔根拠法条〕

2014ルイジアナ法（2014 Louisiana Laws）

民法典

第２節　父の証拠

サブセクションＡ　夫の父の推定，父の否認，係争，父子関係の創設

第185条（夫の父の推定）

母の夫は，婚姻中又は婚姻の解消の日から300日以内に出生した子の父と推定される。

（1976年法，2005年法（2005年６月29日施行），2009年法（2009年６月９日施行））

第186条（子が離婚後又は親の死亡後に出生したときの推定；否認の効力）

子が婚姻の終了の日から300日以内に出生し，子の出生前に再婚したときは，最初の夫が父と推定される。

最初の夫又はその相続人が子の父であることを否認する判決を得たときは，後婚の夫が父と推定される。（以下，略）

（1976年法，2005年法（2005年６月29日施行））

第187条（否認訴訟；証拠）

夫は，自分が父でないことを明確で，説得力ある証拠で，子の父であることを否認することができる。夫の証明は，他の証拠によって裏付けられる。

（1976年法，1989年法，2005年法（2005年６月29日施行））

第189条（夫による否認の期限）

父性の否認訴訟は，１年間の除斥期間に服する。この期間は，夫が子の出生を知ったか，又は知るべき日から開始する。

ただし，夫が別居し，子の出生前300日の期間継続して母と別々であったときは，夫の利害関係者が夫が子の父であると主張することを書面で通知するまでは，この期間は開始しない。

（1976年法，1999年法，2005年法（2005年６月29日施行））

サブセクションＣ　父性の創設の他の方法

第196条（正式な認知；推定）

本人の行為又は出生証明書への署名により，男性は，他の男性の父性が決定されていない子を認知することができる。認知は，子を認知した男性が父であることを推定する。（以下，略）

（2005年法（2005年６月29日施行），2006年法（2006年１月13日施行），2009年法（2009年１月９日施行））

第５　養子縁組

１　概　　説

ルイジアナ州の養子縁組は，養子が成人（18歳以上）である場合については民法が，未成年（18歳未満）である場合については児童法がそれぞれ規定している。

２　未成年養子縁組

(1)　制　度

未成年の子の養子縁組としては，①機関養子縁組，②個人養子縁組，③家族内養子縁組の３つの類型がある。

(2)　機関養子縁組

ア　養子縁組の申請をすることができる者

18歳以上の独身者又は婚姻している夫婦は共同して，機関による子を養子縁組する申請をすることができる。

また，申請後に一方の共同申請者が死亡したときは，生存者が唯一の元の申請人として養子縁組手続を継続することができる（児童1198条）。

イ　最終判決の申請

子は少なくとも１年間，申請者と共に生活し，申請者が機関養子縁組の最終判決を申請することができる前に，中間判決が認められた後，６か月が経過していなければならない（児童1216条）。

ウ　最終判決の効果

(ア)　養親との関係

機関養子縁組の最終判決に基づき，子の親の権利が子の引渡し又は判決によって終了していない親及び子の他の家族は，全ての法的な義務を免れ，養子及びその法的卑属の相続権を含め，養子になった子に関する法的権利を失い，養子は，実親に対する子として法的義務を免れるとともに権利を失う。

なお，親又は他の親族から相続する権利は，養子縁組によって影響を受けない（児童1218条）。

⑴　名の変更

養子のフルネームは，機関養子縁組の最終判決により変更することができる。変更するときは，養親と同じ姓を称する（児童1219条）。

⑶　個人養子縁組

ア　養子縁組の申請をすることができる者

18歳以上の独身者又は婚姻している夫婦は共同して，個人的に子を養子縁組する申請をすることができる。申請後に共同申請者の一人が死亡したときは，養子縁組手続は，生存者が唯一の元の申請人として養子縁組手続を継続することができる（児童1221条）。

イ　最終判決の効力

㈠　親及び子の親族との関係

親及び子の他の親族は，全ての法的な義務を免れ，養子及びその卑属の相続権を含め，養子になった子に関する法的な権利を失い，養子は実親に対する法的な義務を免れるとともに権利を失う。

また，親又は他の親族から相続する子の権利は，養子縁組によって影響を受けない（児童1240条）。

⑴　名の変更

養子のフルネームは，個人養子縁組の最終判決により変更することができる。変更するときは，姓は養親と同じになる（児童1241条）。

⑷　家族内養子縁組

ア　家族内養子縁組の申請をすることができる者

①申立人が，血縁，養子縁組又は親権を有すると認められる親の姻戚関係にあるとき，②申立人が，18歳以上の単身者であるか，又は配偶者が共同申立人である婚姻している者であるとき，③申立人が，養子縁組の申立てをする前に少なくとも6か月間，子の法的又は身体的監護権を有するときという全ての要素が満たされるときは，継親，継祖父母，曾祖父母又は12親等内の傍系親族は，子を養子とすることができる（児童1243条）。

イ　最終判決の効力

(ア)　親及び子の親族との関係

子に対する親の権利が子の引渡し又は終了の判決によって終了していない親及び子の他の親族は，全ての法的な義務を免れ，養子及びその卑属の相続権を含め，養子になった子に関する法的な権利を失い，養子及びその卑属は，実親及び他の親族に対する法的な義務を免れるとともに権利を失う。

また，親又は他の親族から相続する子の権利は，養子縁組によって影響を受けない。

なお，養親が養子の血族と婚姻したときは，養子に対する実親とその親族との関係は変更されず，養子縁組によって影響を受けない（児童1256条）。

(イ)　名の変更

養子のフルネームは，家族内養子縁組の最終判決により変更することができる。変更するときは，姓は養親と同じになる（児童1257条）。

3　成人養子縁組

(1)　実質的成立要件

ア　養子の要件

成人に達した者は，養親が養子となる者の親の配偶者又は生存している配偶者であるときは，裁判上の許可なく養子となることができる。

その他の成人の養子縁組のときは，養親と養子となる者の共同申請に基づき，裁判所は，聴聞の後に，養子縁組が両当事者の最善の利益になると判断したときは，成人に達した者の養子縁組を許可することができる（民法212条）。

イ　配偶者の同意

養親の配偶者及び養子の配偶者は，養子縁組の同意のために養子縁組の行為に署名しなければならない（民法213条）。

⑵　保護要件

養親及び養子は，養子縁組の真正な行為で養子縁組に対する同意をしなければならない（民法213条）。

4　養子縁組の効力

⑴　養親と養子の関係

養子縁組に基づき，養親は子の親となる（民法199条）。

⑵　実親と養子の関係

子と法律上の親との間の親子関係は終了する。

また，養子とその子孫は，従前の法律上の親及びその親の親族を相続する権利を保持する（民法199条）。

5　養子縁組の無効

養親及び養子の同意のない養子縁組の行為は，絶対的無効である（民法213条）。

〔根拠法条〕

2014ルイジアナ法（2014 Louisiana Laws）
民法典
第３章　養子縁組による親子関係
第１節　養子縁組の効力
第199条（養子縁組の効力）

法律に他に規定する場合を除き，養子縁組に基づき，養親は全ての目的のため，子の親となり，子と法律上の親との間の親子関係は終了する。

養子とその子孫は，従前の法律上の親及びその親の親族を相続する権利を保持する。

（2009年法（2009年６月９日施行））
第２節　未成年の養子縁組
第200条（未成年の養子縁組）

未成年の養子縁組もまた少年法の規定により決定される。

（2009年法（2009年６月９日施行））
第３節　成人の養子縁組
第212条（成人養子縁組の要件）

成人に達した者は，養親が養子となる者の親の配偶者又は生存している配偶者であるときは，裁判上の許可なく養子となることができる。

その他の成人の養子縁組のときは，養親と養子となる者の共同申請に基づき，裁判所は，聴聞の後に，養子縁組が両当事者の最善の利益になると判断したときは，成人に達した者の養子縁組を許可することができる。

(2008年法（2009年1月1日施行），2009年法（2009年6月9日施行））

第213条（成人養子縁組；形式）

養親及び養子は，養子縁組の真正な行為で養子縁組に対する同意をしなければならない。

養親の配偶者及び養子の配偶者は，養子縁組の同意のために養子縁組の行為に署名しなければならない。この同意のない養子縁組の行為は，絶対的無効である。同意は，親と子の法律関係を創設するものではない。

成人の養子縁組の当事者も，同意する配偶者も代理又は委任で同意することができない。

(2008年法（2009年1月1日施行））

2014ルイジアナ法（2014 Louisiana Laws）

児童法

第12編　子の養子縁組

第1章　序論，定義

第1167条（目的）

本法の目的は，以下に規定する手続により，子供がふさわしい家庭に永続的に置かれることを促進することにある。

(1991年法律第235号（1992年1月1日施行））

第1169条（定義）

本編において，以下のように使用される。

1・2・2．1　（略）

3　「子」は，18歳未満で，婚姻により親権から解放されていない者を意味する。

4　「部門」とは，ルイジアナ児童及び家庭サービス部門（the Louisiana Department of Children and Family Services）を意味する。

5　（略）

(1991年法律第235号（1992年1月1日施行），1992年法律第705号（1992年7月6日施行），1999年法律第1062号（2000年1月1日施行），2006年法律第288号）

第1170条（養子縁組の類型）

A　本編は，ルイジアナで未成年の子の養子縁組をする限定的な手続を説明する。ルイジアナでは，未成年の子の養子縁組に3つの類型がある。

1　機関養子縁組（Agency adoption）

2　個人養子縁組（Private adoption）

3　家族内養子縁組（Intrafamily adoption）

B　それぞれの類型の養子縁組を定める手続は，次条で説明する。

(1991年法律第235号（1992年1月1日施行））

第2章　個人養子縁組における養親の家庭の託置の承認

第1171条（個人養子託置の事前の承認；例外）

子が養親の一方の継子，孫，兄弟，姪又は甥であるときを除き，個人養子縁組の対象となる子は，第1171条から第1173条に規定されている養子縁組の現行の証明書を取得するか，又は，第1175条から第1177条に規定されている養子託置を承認する管轄裁判所の現行の命令を取得する前に，養親の家庭に託置されない。

(1991年法律第235号（1992年1月1日施行），2003年法律第567号）

第6章　親の権利；同意，必要条件

第1193条（同意又は放棄が必要とされる者）

権利が第10編又は第11編に従って消滅しないときは，以下の者の子の養子縁組に対する同意又は親の権利の放棄が必要である。

1　子の母

2　以下の規定が適用される場合は，子の現実の父であるかにかかわらず，子の父

a　子がルイジアナ民法典又は他の州の同等な法律に従った婚姻により出生した子である場合

b　父がルイジアナ民法典又は他の州の同等な法律に従って子の父とみなされている場合。

3～5　（略）

（1991年法律第235号（1992年1月1日施行），1993年法律第634号（1993年6月15日施行），1995年法律第1095号，2000年法律第109号（2000年4月17日施行），2003年法律第609号，2004年法律第26号）

第9章　機関養子縁組

第1198条（養子縁組の申請をすることができる者）

18歳以上の独身者又は婚姻している夫婦は共同して，機関による子を養子縁組する申請をすることができる。申請後に一方の共同申請者が死亡したときは，生存者が唯一の元の申請人として養子縁組手続を継続することができる。

（1991年法律第235号（1992年1月1日施行））

第1216条（最終判決の申請）

A　子は少なくとも1年間，申請者と共に生活し，申請者が機関養子縁組の最終判決を申請することができる前に，中間判決（an interlocutory decree）が認められた後，6か月が経過していなければならない。

B　裁判所は，最終判決の申請を聴取するするための時間及び場所を決定する。（以下，略）

（1991年法律第235号（1992年1月1日施行））

第1218条（最終判決の効果）

A　本編の定めるものを除き，機関養子縁組の最終判決に基づき，子の親の権利が子の引渡し又は判決によって終了していない親及び子の他の家族は，全ての法的な義務を免れ，養子及びその法的卑属の相続権を含め，養子になった子に関する法的権利を失い，養子は，Bに規定する場合を除き，実親に対する子として法的義務を免れるとともに権利を失う。

B　親又は他の親族から相続する子の権利は，養子縁組によって影響を受けない。

C・D　（略）

（1991年法律第235号（1992年1月1日施行），2001年法律第568号（2002年1月1日施行），2003年法律第567号）

第1219条（名の変更）

養子のフルネームは，機関養子縁組の最終判決により変更することができる。もし，変更するときは，養親と同じ姓を称する。

（1991年法律第235号（1992年1月1日施行））

第10章　個人養子縁組

第1221条（養子縁組の申請をすることができる者）

18歳以上の独身者又は婚姻している夫

婦は共同して，個人的に子を養子縁組する申請をすることができる。申請後に共同申請者の一人が死亡したときは，養子縁組手続は，生存者が唯一の元の申請人として養子縁組手続を継続することができる。

(1991年法律第235号（1992年１月１日施行))

第1240条（最終判決の効力）

A　本編で別に定められているものを除き，個人養子縁組の最終判決に基づき，親の権利が子の引渡し又は終了の判決によって終了しない親及び子の他の親族は，全ての法的な義務を免れ，養子及びその卑属の相続権を含め，養子になった子に関する法的な権利を失い，養子はBに規定される場合を除き，実親に対する法的な義務を免れるとともに権利を失う。

B　親又は他の親族から相続する子の権利は，養子縁組によって影響を受けない。

C　（略）

(1991年法律第235号（1992年１月１日施行)，2001年法律第568号（2002年１月１日施行))

第1241条（名の変更）

養子のフルネームは，個人養子縁組の最終判決により変更することができる。もし，変更するときは，姓は養親と同じになる。

(1991年法律第235号（1992年１月１日施行))

第11章　家族内養子縁組

第1243条（家族内養子縁組の申請をすることができる者）

A　以下の全ての要素が満たされるときは，継親，継祖父母，曾祖父母又は12親等内の傍系親族は，子を養子とすることができる。

1　申立人が，血縁，養子縁組又は親権を有すると認められる親の姻戚関係にあるとき。

2　申立人が，18歳以上の単身者であるか，又は配偶者が共同申立人である婚姻している者であるとき。

3　申立人が，養子縁組の申立てをする前に少なくとも６か月間，子の法的又は身体的監護権を有するとき。

B　継親の配偶者又は一方の共同申立人が申立ての後に死亡したときは，生存者が始めから単身の申立人であるとして，養子縁組の手続は，継続することができる。

C　（略）

(1991年法律第235号（1992年１月１日施行)，1992年法律第733号（1992年７月６日施行)，1993年法律第634号（1993年６月15日施行)，1997年法律第256号，1999年法律第695号，1999年法律第1062号（2000年１月１日施行)，2001年法律第567号，2002年法律第65号（2002年４月18日施行)，2007年法律第111号，2010年法律第190号)

第1244条（親の同意）

A　ここに規定されている場合を除き，その後の手続のサービス又は通知の撤回を含め，家庭内養子縁組における子の養子縁組に対する本人の行為を行うことができる。

B・C　（略）

D　（1999年法律第1062号廃止）

(1991年法律第235号（1992年１月１日施行)，1992年法律第705号（1992年７月６日施行)，1993年法律第634号（1993年６

月15日施行)，1997年法律第256号，1999年法律第695号，1999年法律第1062号(2000年１月１日施行)，2004年法律第26号，2010年法律第738号)

第1255条（最終判決；標準）

A　裁判所は聴取の後，家族内養子縁組に関する全ての情報を勘案した後に，最終養子縁組判決を登録すること，又は却下するができる。基本的に子の最善の利益が考慮される。

B　(略)

(1991年法律第235号（1992年１月１日施行))

第1256条（最終判決の効力）

A　本条第C項に別段に規定される場合を除き，養子縁組の最終判決に基づき，子に対する親の権利が子の引渡し又は終了の判決によって終了していない親及び子の他の親族は，全ての法的な義務を免れ，養子及びその卑属の相続権を含め，養子になった子に関する法的な権利を失い，養子及びその卑属は，実親及び他の親族に対する法的な義務を免れるとともに権利を失う。

B　親又は他の親族から相続する子の権利は，養子縁組によって影響を受けない。

C　養親が養子の血族と婚姻したときは，養子に対する実親とその親族との関係は，変更されずに残り，養子縁組によって影響を受けない。

D　(略)

(1991年法律第235号（1992年１月１日施行))

第1257条（名の変更）

養子のフルネームは，家族内養子縁組の最終判決により変更することができる。もし，変更するときは，姓は養親と同じになる。

5－52　アメリカ合衆国／ロードアイランド州

第1　婚　　姻

1　実質的成立要件

(1)　婚姻適齢

男女とも18歳以上である。

16歳以上で18歳未満の未成年者については，両親の同意を要する。

また，16歳未満の未成年者については，家庭裁判所の命令で婚姻許可証が発行されなければ，婚姻をすることができない（州法15－２－11ｂ）。

（注）　従前は，女子は，16歳以上で18歳未満のときは，両親の同意を要し，16歳以上で18歳未満の男子及び16歳未満の女子については，家庭裁判所の命令で婚姻許可証が発行されなければ，婚姻をすることができないとされていた。

(2)　近親婚の禁止

一定範囲の親族との婚姻は，禁止される（州法15－１－１・15－１－２）。

(3)　重婚の禁止

婚姻時に，当事者の一方に最終判決により当事者と離婚していない前夫又は前妻がいるときは，婚姻は無効である（州法15－１－５）。

(4)　同性婚

アメリカ合衆国では，同性婚を認める州と認めない州が存在していたが，連邦最高裁判所は，平成27年（2015年）６月26日に，同性婚は合衆国憲法の下での権利であり，州は同性婚を認めなければならないとの判断を下した。これにより，全米で同性婚が合法となることから，同性婚を禁止している各州の法律は今後改正される。

2　婚姻許可証

(1)　発給権者

町・市の書記が発給する（州法15－２－１）。

⑵　有効期間

発行の日から３か月間有効である（州法15－２－８）。

3　婚姻の無効

近親婚及び重婚の禁止に反する婚姻は，無効である（州法15－１－３・15－１－５）。

〔根拠法条〕

州法（2014 Rhode Island General Laws）

第15編　家族関係

第15－１章　婚姻適格者

15－１－１（婚姻への平等参加）

第15－１章及び第15－２章の適格要件を満たす者は，性にかかわらず，他の適格者と婚姻をすることができる。

（注，2013年改正前）15－１－１（親族との婚姻が禁止される男）

男性は，母，祖母，娘，息子の娘，娘の娘，継母，祖父の妻，息子の妻，息子の息子の妻，娘の息子の妻，妻の母，妻の祖母，妻の娘，妻の息子の娘，妻の娘の娘，姉妹，兄弟の娘，姉妹の娘，父の姉妹又は母の姉妹と婚姻をすることができない。

15－１－２（親族との婚姻の禁止）

いかなる者も，その者の兄弟，親，祖父母，子，孫，継親，祖父母の配偶者，配偶者の子，配偶者の孫，兄弟の子又は親の兄弟と婚姻してはならない。

（注，2013年改正前）15－１－２（親族との婚姻が禁止される女）

女性は，父，祖父，息子，息子の息子，娘の息子，継父，祖母の夫，娘の夫，息子の娘の夫，娘の娘の夫，夫の父，夫の祖父，夫の息子，夫の息子の息子，夫の娘の息子，兄弟，兄弟の息子，姉妹の息子，父の兄弟又は母の兄弟と婚姻をすることができない。

15－１－３（近親婚の禁止）

15－１－２に規定する親等内の近親婚は，無効である。

（注，2013年改正前）15－１－３（近親婚の無効）

15－１－１又は15－１－２に述べている親等内の近親婚は，無効である。

15－１－４（ユダヤ教により認められた親族の婚姻）

15－１－１から15－１－３の規定は，ユダヤ教が認める姻戚関係又は親族の親等内で，ユダヤ人によって挙行された婚姻には及ばず，又は影響しない。

15－１－５（重婚の禁止－意思能力のない者の婚姻）

その者が，以下の場合には，婚姻は禁止される。

1　他の婚姻の当事者である場合

2　（略）

（注，2013年改正前）15－１－５（重婚の禁止－意思能力のない者の婚姻）

婚姻の時に，当事者の一方に最終判決

により当事者と離婚していない前夫又は前妻がいるとき，当事者の一方が意思能力がないときは，婚姻は絶対的な無効である。（以下，略）

第15－２章　婚姻許可証

15－２－１（必要とされる許可証）

a　ロードアイランド州で婚姻しようとする者は，最初に以下の市又は町の書記から許可証を取得しなければならない。

1　婚姻を申請する当事者の女性の居住する所，又は，

2　女性がロードアイランド州の居住者でないときは，当事者の男性の居住する所，又は

3　両当事者がロードアイランド州の居住者でないときは，申請された婚姻が挙行される所

b　前婚歴があり，離婚している者に許可証が発行される前に，その者の離婚を認めることを証明する判決の写しを町又は市の書記に提出しなければならない。

15－２－８（許可証の有効期間－使用されなかった場合の返還）

15－２－１で要求される許可証は，発行の日から３か月有効である。３か月の満了時点で使用されていないときは，許可証を有している当事者は，直ちに許可証を発行した町又は市の書記に返還しなければならない。

15－２－11（未成年者及び後見の下にある者の許可証に必要な同意及び手続）

a　町又は市の書記若しくはその事務所で雇用されている書記の面前で，親又は後見人の書面による同意が得られなければ，未成年者又は親又は後見人の監督下にある者には，15－２－１から15－２－10に規定する情報を与え，署名することを認めてはならないか，これらの条文に規定する許可証を受領してはならない。ただし，その情報が，16歳に達した未成年者に与えられ，署名することができるという条件において，（以下，略）。

b　本節第ａ項の要件に加え，以下の要件が満たされ，町又は市の書記が家庭裁判所によって許可証を書面で発行することを命じられていないときは，16歳未満の未成年者に対して許可証は発行されない。

１～４　（略）

第15－３章　婚姻の挙式

15－３－７（婚姻許可証の提示）

聖職者，教会の長老，治安判事，教会委員又は他の者は，婚姻をする者が本編第２章の許可証が示されるまでは，婚姻に加わることはできない。そして，許可書に付加されている証明書に署名を行う。

15－３－８（挙式の証人）

婚姻の挙式は，司祭を務める聖職者，教会の長老，治安判事又は教会委員の他に，少なくとも２人の証人の立会いを要する。

第2　出　生

1　父の推定

男性と子の実の母が婚姻しているか，又は婚姻していた間若しくは死亡，無効，無効の宣言又は離婚による婚姻の終了後，又は，別居判決が裁判所で登録された後300日以内に子が出生した場合には，男性は子の父と推定される（州法15－8－3）。

2　出生証明書

ロードアイランド州クランストン市衛生局登録官発行の出生証明書は，資料5－52－1（本文821頁）参照。

〔根拠法条〕

州法（2014 Rhode Island General Laws）
第15編　家族関係
第15－8章　父に関する統一法
15－8－3（父の推定）
a　男性は，以下の場合に，子の実の父と推定される。
　1　男性と子の実の母が婚姻し，子が婚姻中若しくは死亡，無効，無効の宣言又は離婚による婚姻の終了後，又は，別居判決が裁判所で登録された後300日以内に出生した場合
　2～6　（略）
b　（略）

第3　養子縁組

1　実質的成立要件

(1)　養親の要件

夫婦だけでなく，単身者も養親となることができる。

また，養親は，養子よりも年長であることを要する（州法15－7－4）。

(2)　養子の要件

未成年者（18歳未満）だけでなく，成人も養子となることができる（州法15－7－4・15－7－5）。

⑶　夫婦共同縁組

原則として，夫婦は，共同で養子縁組をしなければならない。

ただし，裁判所が養子縁組の申請を認めることが未成年者の最善の利益になると判断したときは，夫婦の一方のみが養子縁組をすることができる（州法15－7－4）。

⑷　試験養育期間

原則として，養親となる者と子が少なくとも6か月間生活を共にしなければ縁組命令は発せられない（州法15－7－12）。

2　保護要件

⑴　裁判所の許可

養子縁組は，裁判所が判決を下すことによって成立する。

⑵　養子の同意

養子となる者が14歳以上である場合は，その者の同意を要する（州法15－7－5①a）。

⑶　実父母の同意

実父母の同意を要する。

ただし，子が18歳以上である場合は，父母の同意は不要であり，子の同意のみを要する（州法15－7－5①a）。

3　養子縁組の効力

⑴　実親との関係

実親との関係は切断し，実親は全ての義務と責任を免れる。

ただし，子が実親の配偶者と養子縁組をする場合は，実親との関係は切断されない（州法15－7－17）。

⑵　養子の氏

養親となる者から申請があったときは，裁判所は養子の氏を変更することができる（州法15－7－15）。

〔**根拠法条**〕

州法（2014 Rhode Island General Laws）
第15編　家族関係
第15－7章　子の養子縁組
15－7－4（養子縁組の申請—管轄裁判所）
a　ロードアイランドに居住する者は，家庭裁判所に自分より年少の者で，18歳未満の者を自己の子とする養子縁組の許可を申請することができる。もし，希望するときは子の氏名の変更を求める申請をすることができるが，夫又は妻がいる者が申請する場合は，夫又は妻が申請に参加しないときは，認められない。ただし，しかるべき理由により，養子縁組の申請を認めることが未成年者の最善の利益になることが示されたときは，配偶者の一方が申請の当事者にならない場合でも，申請は認められる。
b～e　（略）
15－7－5（必要とされる同意）
①a　子の両親又は生存している親は，本節に規定されている場合を除き，書面により養子縁組に同意をしなければならず，そうでない場合は，申請は却下される。親が生存していないときは，子の後見人，後見人がいないときは，最も近い親族は同意をすることができる。近い親族がいないときは，裁判所は子の最も近い友人として手続を行う者を指定し，同意を与えるか，又は同意を保留することができる。子が14歳以上の場合は，養子縁組は，子の同意なしにすることができない。子が18歳以上の場合は，両親又は他の者の同意又はその者に対する通知は要しない。
b　（略）
②　（略）
15－7－12（居住の試験期間）
子が申請者の家庭に6か月間居住していないときは，申請は許可されない。（以下，略）
15－7－15（氏の変更命令）
子の養子縁組の申請において，子の氏の変更の申請がされたときは，裁判所は，養子縁組命令において，氏の変更を命令し，氏の変更の証明書を付与することができる。
15－7－17（実親の権利の終了—子の実親の相続）
子の両親は，命令により子に関する全ての法的権利を奪われ，子は実親に関する扶養及び服従の全ての義務から免れる。ただし，嫡出でない子の養子の実親から，又は実親を通して相続する権利は，33－1－8に規定されており，さらに，実親が養子縁組命令の時に，養親と婚姻しており，子に関する実親としての全ての法的権利並びに扶養及び服従に関する子の養子縁組に対する全ての義務について全く影響を与えないときは，養子縁組が承認されても，実子は他の実子と同様に実親から，又は実親を通して相続する権利を奪われない。

資料５－52－１〔出生証明書〕

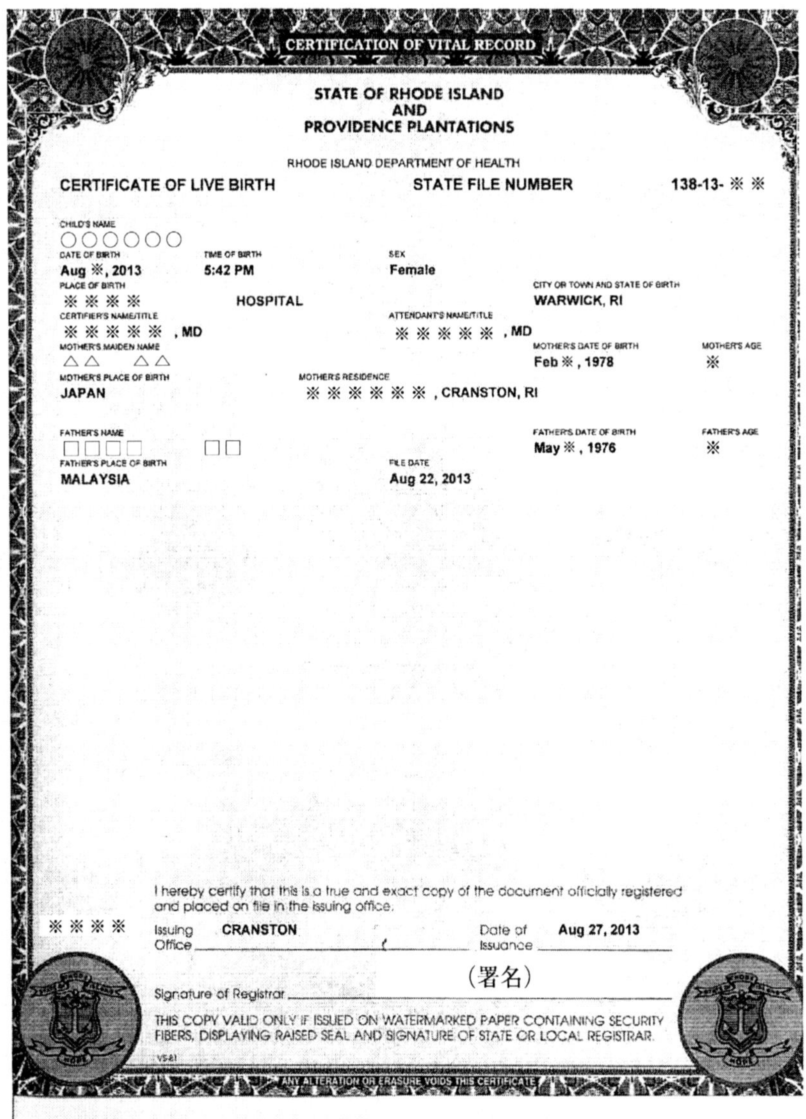

CERTIFICATION OF VITAL RECORD

STATE OF RHODE ISLAND
AND
PROVIDENCE PLANTATIONS

RHODE ISLAND DEPARTMENT OF HEALTH

CERTIFICATE OF LIVE BIRTH　　STATE FILE NUMBER　　138-13-※※

CHILD'S NAME
○○○○○○

DATE OF BIRTH
Aug ※, 2013

TIME OF BIRTH
5:42 PM

SEX
Female

PLACE OF BIRTH
※※※※ HOSPITAL

CITY OR TOWN AND STATE OF BIRTH
WARWICK, RI

CERTIFIER'S NAME/TITLE
※※※※※, MD

ATTENDANT'S NAME/TITLE
※※※※※, MD

MOTHER'S MAIDEN NAME
△△ △△

MOTHER'S DATE OF BIRTH
Feb ※, 1978

MOTHER'S AGE
※

MOTHER'S PLACE OF BIRTH
JAPAN

MOTHER'S RESIDENCE
※※※※※※, CRANSTON, RI

FATHER'S NAME
□□□□ □□

FATHER'S DATE OF BIRTH
May ※, 1976

FATHER'S AGE
※

FATHER'S PLACE OF BIRTH
MALAYSIA

FILE DATE
Aug 22, 2013

I hereby certify that this is a true and exact copy of the document officially registered and placed on file in the issuing office.

※※※※

Issuing Office CRANSTON　　Date of Issuance Aug 27, 2013

Signature of Registrar （署名）

THIS COPY VALID ONLY IF ISSUED ON WATERMARKED PAPER CONTAINING SECURITY FIBERS, DISPLAYING RAISED SEAL AND SIGNATURE OF STATE OR LOCAL REGISTRAR.

VS-61

ANY ALTERATION OR ERASURE VOIDS THIS CERTIFICATE

資料５－52－１

出生証明書（要訳）

子の氏名：〔氏〕　○○　〔名〕　○○　○○
（ミドルネーム）

性別：　□男　☑女

生年月日：（西暦）2013 年　8 月　※ 日　午前・(午後)　5 時 42 分

出生場所：アメリカ合衆国ロードアイランド州ワーウィック(市)・町

※出生証明書の原文に「通り名」と「番地」の記載がある場合は、こちらに日本語訳を記入して下さい。

（病院名）　※※※※ホスピタル

※　出生証明書の原文に病院名の記載がある場合は、こちらに日本語訳を記入して下さい。

母の氏名：〔氏〕　△△　〔名〕　△△
（ミドルネーム）

父の氏名：〔氏〕　□□　〔名〕　□□　□□
（ミドルネーム）

証明者（発行機関）（どちらかに✓印をつけてください。）：

☑発行機関：アメリカ合衆国　ロードアイランド　州
クランストン　(市)・町　登記官

□病院（出生証明記録係）　□医師　□助産婦

□その他（資格）

（氏名）

翻訳者氏名：　△　△　△　△
（日本語で記名して下さい）

※子の氏名が出生証明書と出生届で異なる場合（ミドルネームがある場合等）の申し出事項

出生証明書においては子の氏名が〔氏〕　○○　〔名〕　○○　○○
と記載されているが、出生届の者と同一人物に相違なく、戸籍上の日本語は
〔氏〕　○○　〔名〕　○○　と命名・記載する。

申出人署名：　△　△　△　△
（日本語で署名して下さい）

5－53　アメリカ合衆国／ワイオミング州

第１　婚　　姻

１　実質的成立要件

⑴　婚姻適齢

男女とも18歳以上である（注）。

また，16歳以上で18歳未満の場合は，父母の同意，16歳未満の場合は，裁判官の許可が必要とされている（州法20－１－102）。

（注）　戸籍誌では16歳とされているが，現行は，18歳である。また，男女ともに，父母又は後見人の同意と裁判所の許可により，婚姻最低年齢での婚姻が認められており，この許可を与え得る最低年齢については制限がないとされているが，この点についても改正されている（戸籍622-56）。

⑵　重婚の禁止

婚姻締結時に，当事者の一方に生存している夫又は妻がいる場合は，婚姻をすることができない（州法20－２－101ａ⒤）。

⑶　近親婚の禁止

当事者が，親子，祖父母と孫，全血又は半血の兄弟姉妹，おじと姪，おばと甥若しくは当事者の一方が嫡出でない子であるかにかかわらず，いとこの関係にある場合には，婚姻をすることができない。ただし，血族関係にない者には適用されない（州法20－２－101ａ(iii)）。

⑷　同性婚

アメリカ合衆国では，同性婚を認める州と認めない州が存在していたが，連邦最高裁判所は，平成27年（2015年）６月26日に，同性婚は合衆国憲法の下での権利であり，州は同性婚を認めなければならないとの判断を下した。これにより，全米で同性婚が合法となることから，同性婚を禁止している各州の法律は今後改正される。

2　形式的成立要件

⑴　婚姻許可証

ア　発給権者

郡の書記が，婚姻許可証を発給する（州法20－1－103a）。

イ　申請者

当事者の一方が出頭して申請する（州法20－1－103b）。

ウ　有効期間

婚姻許可証が発行された日から1年間有効である（州法20－1－103d）。

⑵　挙　式

ア　方　式

方式については，特別の形式を必要としない（州法20－1－106b）。

イ　証　人

2名以上の証人が必要である（州法20－1－106b）。

ウ　挙式の権限を有する者

地方又は巡回裁判所の判事，地方裁判所長官，最高裁判所判事，治安判事又は権限ある宗教団体の聖職者が権限を有する（州法20－1－106a）。

⑶　婚姻証明書及び登録手続等

婚姻の挙式を行う権限を有する者は，挙式後，婚姻証明書を作成し，婚姻当事者に手交する。郡の書記は，婚姻証明書の受領後1か月以内に登録をしなければならない（州法20－1－107）。

3　婚姻の無効及び取消し

⑴　無効事由

重婚の禁止に反する場合，婚姻締結時に，一方の当事者の意思能力がない場合，近親婚の禁止に反する場合は，婚姻は無効である。

ただし，意思能力がない場合は，能力を回復した者は，無効を申し立てることができるが，当事者が能力を回復した後に夫及び妻として自由に同棲しているときは，判決は認められない（州法20－2－101e）。

⑵　取消事由

一方の当事者が，同意年齢未満で，裁判官の同意なく婚姻が挙行された場合及び当事者の一方の同意が強迫又は詐欺によるものである場合は，婚姻を取り消すことができる。

ただし，同意年齢未満の場合は，未成年の間に別居し，その後同棲しなかったときは取消しが認められるが，当事者が同意年齢に達した後に夫及び妻として自由に同棲していると判断されるときは，婚姻を無効とすることができない。

また，同意が詐欺による場合は，婚姻後，自発的に同棲している場合は，取り消すことができない（州法20－２－101ｂ）。

⑶　無効及び取消の申立て（州法20－２－101）

ア　申立て裁判所

当事者の一方は，上記の無効事由及び取消事由があるときは，当事者又は当事者の一方が居住する郡の地方裁判所に申請することができる。

イ　申立人

㈠　当事者の一方の法定同意年齢未満の場合

未成年者の監護する権利を有する親又は後見人がする。

㈡　意思能力がない場合

意思能力のない者に代わって，その者の後見人又は近友が開始することができる。

㈢　身体的障害の場合

被害当事者が障害を申し立てられた当事者に対してのみ主張することができる。ただし，訴訟は，婚姻の挙行から２年以内に限られる。

〔**根拠法条**〕

州法（2014 Wyoming Statutes）

第20編　家族関係

第１章　夫婦

第１条　婚姻の成立

20－１－101（民事契約としての婚姻）

婚姻は，婚姻要件を満たす両当事者の同意が不可欠である男女間の民事契約である。

20－１－102（婚姻適齢・例外・親の同意）

a　婚姻当事者は，婚姻時に，例外として他に認められる場合を除き，少なくとも16歳でなければならない。

b 16歳未満の者の婚姻は禁止され，無効とすることができる。ただし，婚姻前にワイオミング州の登録裁判所（a court of record）の判事が婚姻を承認し，郡の書記に許可証の発行を許可したときは，この限りでない。

c 婚姻当事者の一方が未成年者の場合，婚姻許可証は未成年者の父母又は後見人若しくは保護者の口頭の同意（出席の場合），若しくは書面による同意（欠席の場合）がなければ発給されない。書面による同意は，少なくとも1名の権限ある証人の証言によって証明されたものでなければならない。

20－1－103（必要とされる許可証）

a ワイオミング州において挙式する前に，ワイオミング州の郡の書記から婚姻許可証の発給を受けなければならない。

b 婚姻許可証の申請は，許可証の発行前に，婚姻当事者の一方がしなければならない。申請の受理に基づき，郡の書記は権限ある証人の証言及び婚姻当事者の証言により，両当事者の氏名，住所，年齢及び住所地の州の法律により婚姻障害があるか否かを確かめなければならない。郡の書記は，保管する帳簿に確認事実を記入し，婚姻許可証を発給し，かつ例外として規定されている場合を除き，許可証には発給日の日付を記入しなければならない。

c ワイオミング州法20－1－105により，当該郡の登録裁判所の判事による本条の要件を免除する命令がない場合で，次に該当する場合は，郡の書記は婚姻許可証の発給を拒否しなければならない。

(i) 婚姻当事者の一方が，ワイオミング州法により婚姻する能力を有しない場合

(ii) 法律上の婚姻障害がある場合

(iii) 一方の当事者が未成年者で，父母又は後見人の同意がない場合

d ワイオミング州の郡の書記から取得した婚姻許可証は，当事者が挙式をしなかったときは，許可証が発行された日から1年間で満了する。満了日は，婚姻許可証に表示される。婚姻許可証の満了により，当事者はワイオミング州において，挙式の前に新たな婚姻許可証を申請し，取得するものとする。

20－1－104（婚姻前に提出されるべき医療診断書－その内容，血清試験，診断書に代わる医師の陳述（1985年法で削除）

20－1－105（判事による許可証の発給命令）

a 郡の書記が婚姻許可証の発給を拒否する場合又はワイオミング州法20－1－102及び20－1－103b及びcの要件の一あるいはそれ以上の免除を必要とする場合若しくは許可証を請求する婚姻当事者の一方が，これらの要件を満たさない場合であっても，許可証の発行を郡の地方裁判所に申請することができる。判事は，許可証の発給を相当と認め，あるいは要件の一又はそれ以上が免除されるべきであると認定した場合は，許可証の発給を文書で命令することができる。郡の書記が登録した判事の命令に基づき，郡の書記は命令書に特定された時間内に許可証を発給しなければならない。この命令のために，手数料の徴収はされず，また，課税もされない。

b 婚姻当事者の一方が16歳未満の場合，

父母又は後見人は，未成年者の住所地の郡登録裁判所の判事に婚姻を許可し，婚姻許可証の発給を指示する命令を求めることができる。判事は相当と認めるときは，婚姻許可証の発給を郡の書記に命じなければならない。郡の書記は，認証された命令書謄本を綴り込み，許可証に命令書の発給の事実を裏書して許可証を発給しなければならない。ワイオミング州において婚姻の挙式をする権限のある者は，婚姻当事者が本サブセクションに規定する年齢に満たない者で，許可証に必要とされる裏書がされていないときは，挙式を行ってはならない。

c　本節に規定された命令をする前に，判事は命令を相当とするために必要とされる，又は相当とする命令をするために宣誓口供書若しくは婚姻当事者の能力又はその他の事実に関する証拠の提出を要求することができる。命令は，実質的に次の様式でされる。

私こと，ワイオミング州・・郡登録裁判所判事……は，ここに・年・月・日，（住所）……と（住所）……とに対し，婚姻許可証が発給されるように命ずる。

20−１−106（婚姻を挙行する権限を有する者：挙式の形式）

a　地方又は巡回裁判所の判事，地方裁判所長官（district court commissioner），最高裁判所判事，治安判事又は権限ある宗教団体の聖職者は，ワイオミング州において婚姻の挙式を行うことができる。

b　婚姻の挙式は，特別の形式を必要としない。ただし，婚姻当事者の双方は，夫婦となることを２人以上の証人及び挙式の権限を有する者の面前で，厳粛に宣誓しなければならない。

20−１−107（婚姻証明書）

a　婚姻が挙行されたときは，挙式を行った者は，婚姻当事者の氏名，年齢及び居住地，２人の証人の氏名，年齢及び居住地，挙式の日及び場所を記入し，挙式を行った者及び婚姻の証人が署名した証明書を婚姻当事者に手交しなければならない。

b　州の各郡の書記は，婚姻証明書の受領後１か月以内に，婚姻登録簿に婚姻の全ての申告を記録しなければならない。

c　挙式を行った者が作成した証明書及び婚姻記録及びそれらの認証された謄本は，婚姻事実の推定証拠として全ての裁判所において認容される。

20−１−108（婚姻に関する違反一般）（略）

20−１−109（無権限者による挙式の有効性）

20−１−106により認められた方法で挙行された婚姻は，挙行者が管轄権又は権限を有しなかった場合でも，婚姻当事者又はその一方が，挙行者が法律的に権限を有していると信じてその婚姻が完了したときは，その婚姻は無効とはみなされず，また，効力に影響を及ぼさない。

20−１−110（宗教団体又は宗派の儀式又は慣習に基づく婚姻の挙式）

宗教団体又は宗派は，ワイオミング州において，宗教団体又は宗派の儀式及び慣習に基づき，婚姻の挙式をすることができる。婚姻が行われた所の書記若しくは団体又は宗派の議事録又は他の帳簿の保管者は，もしその者がいないときは，団体又は宗派の議長（moderator）又は主宰する者は，婚姻証明書を作成し，郡の書記に送付しなければならない。

20－１－111（外国の婚姻）

婚姻が締結された国の法律により有効に締結された全ての婚姻は，ワイオミング州において有効である。

20－１－112（1995年法により廃止）

第２章　婚姻の解消

第１条　総則

20－２－101（無効及び取り消すことができる婚姻の定義，無効）

a　ワイオミング州で締結された婚姻は，以下の場合には，離婚の判決なく無効である。

(i)　婚姻締結時に，当事者の一方に生存している夫又は妻がいる場合

(ii)　婚姻締結時に，一方の当事者が意思能力がない場合

(iii)　当事者が，親子，祖父母と孫，全血又は半血の兄弟姉妹，おじと姪，おばと甥若しくは当事者の一方が嫡出でない子であるかにかかわらず，いとこの関係にある場合。本号は，血族関係にない者には適用されない。

b　一方の当事者が，同意年齢未満で，裁判官の同意なく婚姻が挙行されたとき，未成年の間に別居し，その後同棲しなかったとき，当事者の一方の同意が強迫又は詐欺によるものであり，その後当事者が自発的に同棲しなかったときは，婚姻を取り消すことができる。

c　当事者の一方は，本節ａ及びｂに記載されている理由により婚姻を無効とすることを当事者又は当事者の一方が居住する郡の地方裁判所に申請することができ，手続は他に規定する場合を除き，離婚の申請として適用される。正当な証拠に基づき，婚姻は無効判決により，無効を言い渡される。

d　当事者の一方が20－１－102ａに規定されている法定同意年齢未満であることを理由として婚姻を無効とする訴訟は，未成年者の監護する権利を有する親又は後見人がする。婚姻時に法定同意年齢であった当事者による申請も，当事者が同意年齢に達した後に夫及び妻として自由に同棲していると判断されるときも，婚姻を無効とすることができない。

e　意思能力がないことを理由として婚姻を無効とする訴訟は，意思能力がない者に代わって，その者の後見人又は近友(next friend)が開始することができる。能力を回復した意思能力がない者は，無効訴訟を主張することができるが，当事者が能力を回復した後に夫及び妻として自由に同棲しているときは，判決は認められない。

f　身体的障害を理由として婚姻を無効とする訴訟は，被害当事者が障害を申し立てられた当事者に対してのみ主張することができ，婚姻挙行から２年以内にのみ開始することができる。

g　無効の全ての判決には，本節，20－２－201から20－２－204及び201－２－301から20－２－315及び20－２－114に従った財産分割の規定が含まれる。

第２　離　　婚

１　離婚原因

婚姻関係の和解できない不和の場合，一方の当事者が治癒できない精神障害であり，障害離婚訴訟の開始される直前の少なくとも２年間，ワイオミング州又は他の州，領土の精神病院に監禁されている場合は，離婚を申し立てることができる（州法20－２－104・20－２－105）。

〔根拠法条〕

州法（2014 Wyoming Statutes）

第20編　家族関係

第２章　婚姻の解消

第１条　総則

20－２－104（一般的な離婚原因；一般的な裁判地）

離婚は，婚姻関係の和解できない不和を理由する被害当事者の申立てについて，一方の当事者が居住する郡の地方裁判所で，言い渡すことができる。

20－２－105（精神障害による離婚訴訟；認められるとき；訴訟提起の要件；扶助の責任）

a　一方の当事者が治癒できない精神障害であり，精神異常である者が離婚訴訟の開始される直前の少なくとも２年間，ワイオミング州又は他の州，領土の精神病院に監禁されているときは，離婚は認められる。

b～e　（略）

20－２－107（原告の一般的な居住要件）

a　原告が訴訟申立て時の直前に60日間，ワイオミング州に居住しているか，婚姻がワイオミング州で挙行され，原告が婚姻時から訴訟申立て時までワイオミング州に居住していないときは，離婚は認められない。

b　離婚を求める訴訟申立てを提出した時に，ワイオミング州に居住している婚姻した者は，その配偶者が他のいかなる場所に居住している場合でも，居住者である。

第３　出　　生

１　父の推定

男性と子の実の母が婚姻しているか，又は婚姻していた間に，若しくは，死亡，無効，婚姻の無効宣告，離婚による婚姻の終了後又は別居の判決が登録した後，300日以内に子が出生した場合には，男性は子の父と推定される（州法

14－２－504)。

2　出生証明書

ワイオミング州衛生局登録官発行の出生証明書は，資料５－53－１（本文834頁）参照。

〔根拠法条〕

州法（2014 Wyoming Statutes）
第14編　子
第２章　親
第５条　親子関係
14－２－504（婚姻関係における父の推定）
a　以下の場合には，男性は子の父と推定される。
(i)　男性と子の母が婚姻し，子が婚姻中に出生した場合
(ii)　男性と子の母が婚姻し，死亡，無効，無効宣告，離婚による婚姻の終了後又は別居判決の登録後300日以内に子が出生した場合
(iii)～(v)（略）
b　本項に基づく父の推定は，本法第８条に基づく判決によってのみ否認することができる。

第４　養子縁組

1　実質的成立要件

(1)　養親の要件

夫婦だけでなく，単身の成人も養親となることができる。

養子縁組の申請の提出直前の60日間，ワイオミング州に居住し，裁判所が親として適当であると決定した成人は，養子縁組をすることができる（州法１－22－103・１－22－104)。

(2)　養子の要件

未成年者だけでなく，成人も養子となることができる（州法１－22－102・１－22－113)。

ただし，成人については，養親が継親，祖父母又は他の血族，その成人が子であった時に成人になるのに関与した里親又は法定後見人の養子になる場合に限られる（州法１－22－102・１－22－113)。

⑶　夫婦共同縁組

養親が夫婦の場合は，配偶者が養子の実親でない限り，夫婦共同縁組をしなければならない（州法１－22－104ｂ）。

⑷　試験養育

子が申請者の家庭で６か月間居住し，必要とされる申請に関する審理の後に，申請者は養子縁組の最終命令を申請することができる（州法１－22－111・１－22－112）。

２　保護要件

⑴　裁判所の許可

養子縁組は，裁判所が判決を下すことによって成立する。

⑵　養子の同意

養子が14歳以上である場合は，その者の同意を要する（州法１－22－109ｂ・１－22－102）。

⑶　実親等の同意

ア　同意の要否

両親等の同意を要する（州法１－22－109ａ）。

イ　同意の時期

子の出生後に，いつでもすることができる（州法１－22－109ｃ）。

ウ　同意の免除

聴取の通知が行われ，その聴取に応答しないか，出廷しない場合，裁判上，子の親権を奪われている場合又は子を悪意で遺棄している場合には，実親等の同意を要しない（州法１－22－110）。

３　養子縁組の効力

⑴　実親との関係

養子縁組の最終命令の登録により，子の監督又は監護の権利を有しなくなる（州法１－22－114ａ）。

⑵　養親との関係

養親となる者は，実親のように子に関する全ての権利及び義務を有することになる（州法１－22－114ａ）。

⑶　養子の姓

養子となった者は，養親の姓を称することができる（州法１－22－114ｂ）。

〔根拠法条〕

州法（2014 Wyoming Statutes）
第１編　民事手続法
第22章　養子縁組
第１条　一般
１－22－101（定義）
ａ　本法において，以下のように使用される。
（ⅰ）（略）
（ⅱ）「子」は，養子となる未成年の者を意味する。
（ⅲ）～（ⅴ）（略）
１－22－102（養子縁組の対象となる者）
ａ　養子縁組の申請が提出された時に，ワイオミング州にいる子は養子となることができる。
ｂ　成人は，養子縁組の申請が提出された時に，ワイオミング州又はワイオミング州外に居住しているか否かにかかわらず，養子となることができる。
ただし，以下に掲げる場合でなければならない。
（ⅰ）養親が継親，祖父母又は他の血族，その成人が子であった時に成人になるのに関与した里親又は法定後見人で，
（ⅱ）成人が裁判所に養子縁組に対する同意を提出した場合
１－22－103（養子縁組当事者）
養子縁組の申請の提出直前の60日間，ワイオミング州に居住し，裁判所が親として適当であると決定した成人は，本法に従って養子縁組をすることができる。
１－22－104（未成年者の養子縁組の申請，提出者，必要条件，秘密保持（confidential nature），閲覧，記録の保管）
ａ　養子縁組手続は，地方裁判所に提出された申請により開始する。（以下，略）
ｂ　単身の成人又は家族を一緒に扶養している夫と妻が共同して，若しくは，他方の配偶者が子の親であるときは，妻又は夫が申請を提出することができる。
ｃ　以下に掲げる書面が子を養子縁組する全ての申請に合わせて提出される。（以下，略）
１－22－109（養子縁組に対する同意）
ａ　養子になる子の監護及び書面による養子縁組に対する同意は，養子縁組の申請と一緒に提出され，その書面は，以下の者が署名する。
（ⅰ）生存しているときは，両親，又は
（ⅱ）生存している親
（ⅲ）推定上の父の氏名が知れているときは，母及び推定上の父，又は
（ⅳ）（略）
（ⅴ）両親がともに生存せず，又は親権が

裁判上終了しているときは，子の法定後見人

(vi)　子が養子縁組のために放棄されている機関の長官

(vii)　裁判所の命令により子の排他的な法定監護権を有する者

(viii)　意思能力がないことを言い渡された親又は推定上の法律上指名された後見人

b　養子となる子が14歳以上であるときは，養子縁組に対する書面による同意が養子縁組の申請とともに提出される。

c　養子縁組に対する同意は，子の出生後いつでも署名される。（以下，略）

d・e　（略）

1－22－110（同意なく養子縁組が認められるとき）

a　1－22－108に含まれる例外に加え，裁判所が同意をしない親又は推定上の父が知れず，推定上の父が1－22－117に基づき登録されていないと裁判所が判断し，1－22－109 a 項iv号で求められる宣誓供述書が養子縁組の申請と一緒に提出されているか，又は推定上の父若しくは同意をしない親又は両親が，以下の場合であると裁判所が判断したときは，親又は推定上の父の同意なく，子の養子縁組を命ずることができる。

(i)　1－22－107に規定される聴取の通知が行われ，その聴取に応答しないか，出廷しない場合

(ii)　裁判上のいかなる理由により，子の親権を奪われている場合

(iii)　子を悪意で遺棄している場合

(iv)～(ix)　（略）

b　（略）

1－22－111（命令，調査，養子縁組の否認）

a　養子縁組の申請が提出され，審査が行われた後，子の最善の利益及び福祉のために裁判所は，以下の命令をすることができる。

(i)・(ii)　（略）

(iii)　子が6か月間，申請者の家庭に居住するときは，養子縁組の最終命令を登録すること。

(iv)　養子縁組を否認することが，子の最善の利益及び福祉になると裁判所が判断したときは，養子縁組を否認すること。

b　（略）

1－22－112（最終判決の申請）

a　中間判決が登録されたときは，子が申請者の家庭で6か月間居住し，必要とされる申請に関する審理の後に，申請者は養子縁組の最終判決を申請することができる。

b　（略）

1－22－113（成人の養子縁組の申請；必要とされる同意）

（略）成人が同意したときは，申請は認められ，養子縁組の確定判決は登録される。判決で，養子となる者の氏名を変更することができる。

1－22－114（養子縁組の効力）

a　養子縁組の最終判決の登録により，子の以前の親，後見人又は父と推定される者は，何ら子の監督又は監護の権利を有しない。養親となる者は，実親のように子に関する全ての権利及び義務を有する。

b　養子となった者は，養親の姓を称することができる。法律に従って，養子は，養親の子及び相続人と同様の権利及び財産を付与される。

資料5－53－1〔出生証明書〕

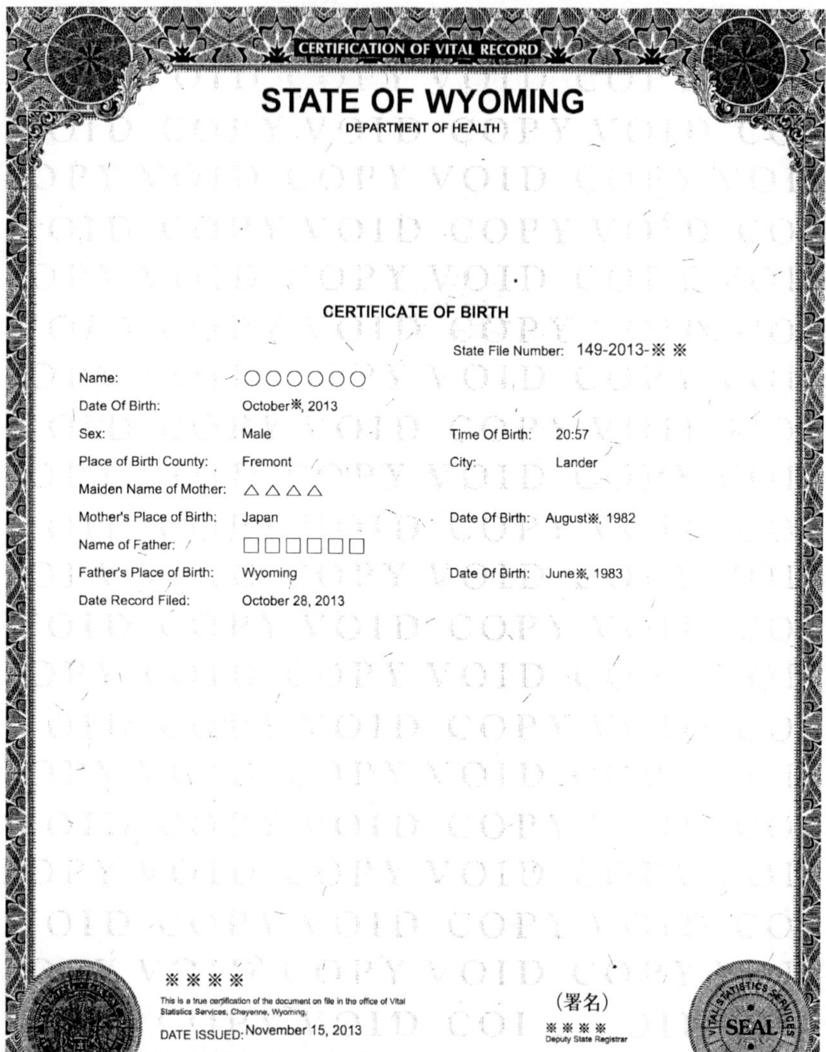

CERTIFICATION OF VITAL RECORD

STATE OF WYOMING

DEPARTMENT OF HEALTH

CERTIFICATE OF BIRTH

State File Number: 149-2013-※※

Name:	○○○○○○		
Date Of Birth:	October※, 2013		
Sex:	Male	Time Of Birth:	20:57
Place of Birth County:	Fremont	City:	Lander
Maiden Name of Mother:	△△△△		
Mother's Place of Birth:	Japan	Date Of Birth:	August※, 1982
Name of Father:	□□□□□□		
Father's Place of Birth:	Wyoming	Date Of Birth:	June※, 1983
Date Record Filed:	October 28, 2013		

※※※※

This is a true certification of the document on file in the office of Vital Statistics Services, Cheyenne, Wyoming.

DATE ISSUED: November 15, 2013

This copy is not valid unless prepared on paper with an engraved border.

（署名）

※※※※

Deputy State Registrar

SEAL VITAL STATISTICS SERVICES WYOMING

American Bank Note Company

ANY ALTERATION OR ERASURE VOIDS THIS CERTIFICATE

資料5－53－1

在デンバー日本国総領事館

出　生　証　明　書（抄訳文）

証明書発行日(date issued)：西暦 2013 年 11 月 15 日

1．出生子の氏名：　○○（姓）　○○（名）　○○（ミドルネーム）

2．性別：☑男　□女

3．出生年月日/時刻：西暦 2013 年 10 月 ※ 日

午前/(午後) 8 時 57 分

4．出生場所：アメリカ合衆国ワイオミング州フレモント郡

ランダー市

5．父の氏名：　□□（姓）　□□（名）　□□（ミドルネーム）

母の婚姻前の氏名：　△△（姓）　△△（名）　（ミドルネーム）

6．証明者(登録機関)：☑アメリカ合衆国ワイオミング州衛生局

□その他（　　　　　　　　　）

翻訳者氏名：△　△　△　△　印

(注) 子の父、母による翻訳で結構です。Birth Certificate（英文）を見ながら、該当する日本語を、漢字、カタカナ、ひらがなを使って書いてください。

翻訳者氏名欄に戸籍通りにお名前をお書きください。

5－54　アメリカ合衆国／ワシントン州

第1　婚　姻

1　婚姻証明書

ワシントン州キング郡発行の婚姻証明書は，資料5－54－1（本文849頁）参照。

2　実質的成立要件

(1)　婚姻適齢

男女とも18歳以上である。

ただし，郡の高等裁判所の裁判官が許可した場合は，17歳に達しない者も婚姻をすることができる（州法26.04.010）。

(2)　障害事由

ア　重婚の禁止

当事者の一方に生存している夫又は妻がいるときは，婚姻は禁止される（州法26.04.020①a）。

イ　近親婚の禁止

夫及び妻が，全血又は半血にかかわらず，またいとこより近親であるときは，婚姻は禁止される（州法26.04.020①b・②）。

ウ　精神的な障害

妻又は夫の一方が，十分な理解力がなく同意をすることができないときは，婚姻は無効とされる（州法26.04.130）。

(3)　同性婚

アメリカ合衆国では，同性婚を認める州と認めない州が存在していたが，連邦最高裁判所は，平成27年（2015年）6月26日に，同性婚は合衆国憲法の下での権利であり，州は同性婚を認めなければならないとの判断を下した。これにより，全米で同性婚が合法となることから，同性婚を禁止している各州の法律は今後改正される。

3　婚姻許可証

⑴　発給権者

郡の監査役が発給する（州法26.04.140）。

⑵　待機期間

申請日から３日間は使用することができない（州法26.04.180）。

⑶　有効期間

発行後60日間である（州法26.04.180）。

4　婚姻の無効

重婚又は近親婚の禁止に反する婚姻，17歳未満で裁判所の許可がない場合の婚姻は，無効である。

また，十分な理解力がなく同意をすることができないとき，若しくは，当事者の同意が強迫又は詐欺によって得られたときは，婚姻を無効とすることができる（州法26.04.010②・26.04.020・26.04.130）。

〔根拠法条〕

州法（2014 Revised Code of Washington）
第26編　家族関係
26.04章　婚姻
26.04.010（婚姻契約－無効婚－(略)）
①　婚姻は，18歳に達し，その他の点で能力を有する２人の間の民事上の契約である。
②　一方が17歳に達しない者が結んだ婚姻は，無効である。ただし，本項は，当事者の一方が居住する郡の高等裁判所の裁判官が放棄した場合を除く。
③～⑦　（略）
（1854年，1866年，1881年，1963年，1970年，1973年，1998年，2012年改正）
26.04.020（無効婚）
①　以下の場合の婚姻は，禁止される。
a　婚姻時に，生存している配偶者又は登録された家族パートナーがいる場合。ただし，登録された家族パートナーは，他方の婚姻当事者であるときを除く。
b　夫婦が，全血であるか，半血であるかにかかわらず，民法の規則により，またいとこよりも近親と計算された場合
②　その者の兄弟，子，孫，おば，おじ，

姪又は甥と婚姻することは違法である。

③　他の管轄で有効と認められている２人の婚姻は，婚姻が本節１項ａ号又は２項に基づき禁止されないか，又は違法とされないときはワシントン州でも有効である。

④～⑥　（略）

（1854年，1866年，1881年，1927年，1998年，2012年改正）

26.04.050（挙式者）

以下の現役又は退職した役人又は人々は，結婚式を挙げる権限を与えられている。すなわち，最高裁判所の裁判官，控訴裁判所の裁判官，高等裁判所の裁判官，最高裁判所コミッショナー，控訴裁判所コミッショナー，高等裁判所コミッショナー，正式に許可を受け，任命された牧師，聖職者，司式僧（imam），ラビ又は宗教上の同様の役人及び３.02.010に規定されている管轄が限定された裁判所の裁判官である。

（1854年，1866年，1881年，1883年，1890年，1913年，1971年，1983年，1984年，1987年，2007年，2012年改正）

26.04.130（無効とすることができる婚姻）

一方の婚姻当事者が，法定年齢でなく，又は十分な理解力がなく，同意をすることができないとき，若しくは一方の当事者が詐欺又は強迫により同意したときは，行為能力のない当事者若しくは詐欺又は強迫にあっている当事者の訴訟においてのみ，婚姻を取り消すことができる。

（1866年，1881年改正）

26.04.140（婚姻許可証）

婚姻する前に，26.04.150から26.04.190の規定により，郡の監査役（a county auditor）から許可証を取得するものとする。

（1866年，1881年，1939年，1985年改正）

26.04.180（発行及び使用に関する期限－通知）

郡の監査役は，申請時に，婚姻許可証を発行することができ，遅くとも３完全日までにその許可証を発行するものとする。本章の規定に従って発行された婚姻許可証は，申請日から３日間は使用することができず，婚姻が許可証発行後60日以内に行われないときは，無効となり，郡の監査役は，許可証の発行時にこの要件を書面で申請者に通知するものとする。

（1953年，1963年，1979年，1985年改正）

第２　離　　婚

１　離婚手続

離婚については，「略式手続」が採用され，アリモニー（alimony）などのほか，未成熟児がいても経済的扶養義務について合意している証拠を提出すると，書面審査だけで，離婚が認められる。

つまり，事前に合意しているカップルについては，完全に判決手続を代替する簡易手続が実現化している（坂本正光「アメリカ家族法入門⑼」時報527－７）。

2　判決確定日

離婚判決が「FILE（登録）された日」が，判決確定日となる。

第３　出　　生

１　嫡出子の身分

⑴　父親の推定

男性と母親の婚姻中に，また，男性と母親は婚姻していたが，死亡，婚姻取消し，離婚，法定別居，婚姻無効宣言により婚姻が解消され，解消後300日以内に子が生まれた等の場合は，その男性は子の親として推定される（州法26.26.116）。

⑵　父親推定の否認

①州法26.26.320に基づく認知書が，別の男性によって署名されており，②否認書は，偽証すれば罪に問われることを理解した上で署名され，登録されており，③該当の男性は過去に認知しておらず，子の実父であるとの判決を受けていない場合には，父親と推定される男性は，それを否認する書類を提出することができる（州法26.26.310）。

２　出生証明書

ワシントン州衛生局発行の出生証明書は，資料５－54－２（本文852頁）参照。

〔根拠法条〕

州法（2014 Revised Code of Washington）
第26編　家族関係
26.26章　統一親子関係
26.26.116（婚姻又はドメステック・パートナーシップ関係における父の推定）
①　婚姻又はドメステック・パートナーシップ（domestic partnership）の関係において，以下の場合は，子の親と推定される。
(a)　その者と子の母又は父が婚姻しているか，又はドメステック・パートナーシップの関係にあり，子が婚姻又はド

メステック・パートナーシップの間に子が出生した場合

(b)　その者と子の父又は母が婚姻しているか，又はドメステック・パートナーシップの関係にあり，死亡，無効，離婚，法定別居，無効宣言により婚姻又はドメステック・パートナーシップが解消された後300日以内に子が生まれた場合

(c)　子の出生前に，その者と子の母又は父は，その試みが無効であるか，無効を言い渡される可能性がある場合でも，外見上，法に従って，婚姻し，又はドメステック・パートナーシップの関係に入り，子が，死亡，婚姻取消し，離婚，法定別居，婚姻無効宣言の後300日以内に生まれた場合

(d)　子の出生後，婚姻又はドメステック・パートナーシップが無効であるか，又は無効を言い渡される可能性があるか否かにかかわらず，その者と子の母又は父が婚姻するか，又はドメステック・パートナーシップの関係に入り，その者が子の親であることを主張し，

(i)　その主張が州人口統計局に記録されている場合

(ii)　その者が同意し，子の出生証明書に親として名前が記録されている場合

(iii)　子を我が子として育てるとの約束が記録されている場合

②　(略)

③　本節に基づいて創設された親の推定は，改訂ワシントン州法26.26.500から26.26.630に基づく判決によってのみ覆すことができる。

(2002年，2011年改正)

26.26.310　実父であることの否認

父親と推定される男性は，それを否定する書類を提出することができる。

以下の条件を満たすこと：

1　改訂ワシントン州法26.26.320に基づく認知書が，別の男性によって署名されており，

2　否認書は，偽証すれば罪に問われることを理解した上で署名され，登録されており，

3　該当の男性は過去に

(a)　認知していない，ただし，その認知が改訂ワシントン州法26.26.330に基づき撤回されているか，改訂ワシントン州法26.26.335に基づき反証されている場合を除く。

(b)　子の実父であるとの判決を受けていない。

(2002年，2011年改正)

第4　認　　知

1　認知主義

ワシントン州は，事実主義ではなく，認知主義を採用している（州法26.26.300）。

2　認知の手続

子の母と男性は，その子が二人の性交の結果生まれたことを示し，男性が実父であることを確立するために，認知書を作成することができる（州法26.26.300）。

3　保護要件

ワシントン州の認知に関する法制には，保護要件に関する規定は存在しないため，受理して差し支えないとした事例（平成23．9．15民一2181号回答（戸籍863-68））がある。

4　異議申立て

父が認知をした場合，異議があれば，母親は異議申立てをすることができる。

5　効力発生日

認知は，州に登録されてから60日後に効力を生じる。

〔根拠法条〕

州法（2014 Revised Code of Washington）
第26編　家族関係
26.26章　統一親子関係
26.26.300（認知）

子の母と子の実の父であることを主張する男性は，男性が実父であることを確立することを目的として，認知書に署名することができる。

（2002年，2011年改正）

26.26.305（認知の執行）

① 認知書は，以下の条件を満たすこと：

(a) 記録されている。

(b) 偽証すれば罪に問われることを理解した上で，母親と，認知を希望する男性により署名されている。

(c) 認知される子につき，以下のことが述べられていること。

(i) 他に推定される父がいないか，フルネームが記載された推定される父がいること。

(ii) 他に認知した父又は裁判所から父であると判決を受けている父がいないこと。

(d) 遺伝子検査が行われたか否か，行われた場合はその結果と男性の主張が一致しているかが述べられていること。

(e) 認知書は，裁判所が定める実父決定判決と同じ効果を持ち，限られた場合にしか異議を唱えることができない。また，２年経過後には異議を唱えることはできないことを署名者は理解しているという内容が明記されていること。

② 認知書は，以下の場合は無効になる：

(a) 別の男性が父親である可能性が記載されている場合。ただし，州の人口統計局にその男性から実子であることを否認する署名付き書類が提出されている場合を除く。

(b) 別の男性が認知したり，裁判所から実父指定の判決を受けていることが記載されている場合

(c) 別の男性が認知したり，裁判所から実父指定の判決を受けていることを隠して偽証する場合

③ 父親と推定される者は，認知書に署名することができる。

(2002年，2011年改正)

26.26.315（認知と実父否認に関する規則）

① 認知書及び実父否認書は，一つの書類にまとめても分けても作成してよく，登録も単独でも同時でもよい。

② 認知書及び実父否認書は，子の出生前に署名することができる。

③ 本節第１項に従い，認知書と実父否認書は，子の出生又は州人口動態統計局への書類の登録の後に起こった日から有効である。

④ 未成年者が署名した認知書あるいは実父否認書は，この章に述べられている内容に沿っていれば有効である。未成年者が署名した認知書又は実父否認書は，26.26.330に基づき無効とすることができる。

(2002年，2011年改正)

26.26.320（認知や実父否認することの効力）

① 修正ワシントン州法26.26.330及び26.26.335に規定される場合を除き，州人口動態統計局に登録された正式な認知書は，裁判所から実父指定の判決を受けたことと同等で，認知した父親に親としての全ての権利と義務を与えることになる。

② 修正ワシントン州法26.26.330及び26.26.335に該当する場合を除き，州人口動態統計局に認知書と共に登録された正式な実父否認書は，裁判所から実父の推定排除判決を受けたことと同等で，推定された男性は親としての全ての権利を失い，義務から解放されることになる。

(2002年，2011年改正)

26.26.330（認知撤回又は実父否認撤回の手続）

① 本節第２項に規定される場合を除き，署名者は，以下に述べる期間の早いほうであれば，認知の撤回又は実父否認撤回の裁判手続を開始することができる：

1 修正ワシントン州法26.26.315に規定する認知又は否認の有効開始日からより60日か，

2 養育費を定める訴訟手続を含め，署名者が当事者である子に関する争点について裁判所が判決を下す前の手続の最初の審問日

② 認知又は実父否認の署名者が，認知書又は実父否認書を署名した時に未成年であった場合は，署名者は，19歳の誕生日以前にそれを撤回する裁判手続を開始することで，認知書又は実父否認書を撤回

することができる。

（2002年，2004年，2011年改正）

26.26.335（認知又は実父否認の撤回の期間経過後の異議）

① 改訂ワシントン州法26.26.330に基づく撤回期間を経過した後に，認知又は実父否認の署名者は，以下の条件を満たす場合のみ，異議の手続を開始することができる。

(a) 不正，強迫，重大なる不実があった場合で，

(b) 州の人口統計局に書類が登録されて4年以内である場合。子の出生後10年を経過したした後に，開始される訴訟は，子が訴訟当事者にならなければならない。

② 認知撤回又は実父否認撤回を訴える者に証明責任がある。

（2002年，2011年改正）

（変更前は，戸籍863-68参照）

第５　養子縁組

１　実質的成立要件

⑴　養子の要件

未成年者（18歳未満）だけでなく，成人でも養子になることができる（州法26.33.140①）。

⑵　養親の要件

養親は，行為能力者で，18歳以上でなければならない（州法26.33.140②）。

２　保護要件

⑴　養子の同意

養子が14歳以上である場合は，その者の承諾書が必要である（平成７.10.11横浜家裁横須賀支部審判（家月48-12-66））（州法26.33.160①ａ）。

⑵　父母又は法定後見人の同意

原則として，父母の同意を要する。

ただし，養子が18歳以上である場合は，親の同意は要しない（州法26.33.160①ｂ）。

⑶　機関，部局の同意

養子が放棄された場合は，その機関，部局の同意を要する（州法26.33.160①ｃ）。

また，法定後見人がいる場合は，その旨の同意を要する（州法26. 33. 160①d）。

⑷　**裁判所の関与**

養子縁組に裁判所が関与する。

⑸　**同意の取消し**

裁判所の承認があるまでは，同意を取り消すことができる（州法26. 33. 160②）。

⑹　**同意の免除**

ア　機関，部局又は法定後見人の同意

明白な説得力ある証拠により，申請された養子縁組が養子の最善の利益であると裁判所が決定したときは，同意を免除することができる（州法26. 33. 170①）。

イ　実親等の同意

裁判所が，申請された養子縁組が養子の最善の利益になると決定し，養子が，強姦又は近親相姦の被害者であり，父とされる者，実親又は親が強姦又は近親相姦で有罪とされた等の場合には，同意を免除することができる（州法26. 33. 170②）。

3　報告的届出

アメリカ合衆国ワシントン州の上級裁判所において成立した米国人男・日本人女夫婦が日本人を養子とする縁組の報告的届出について，我が国の特別養子縁組が成立したものとして処理するのが相当とされた事例及びその場合の戸籍記載例については，以下のようになる。

⑴　**日本民法とワシントン州養子法の比較**

日本民法第817条の８に規定する試験養育期間の要件を除き，民法第817条の２以下に定める特別養子縁組の成立要件を満たしている。

日本民法	ワシントン州養子法
817条の２（決定方法） 家庭裁判所の審判による	上級裁判所の判決
817条の３（共同縁組） 夫婦共同縁組	
817条の４（養親の年齢） 25歳以上	18歳以上
817条の５（養子の年齢） 原則６歳未満	18歳未満（注）
817条の６（実親の同意） 必要	必要
817条の７（判断基準） 要保護性が必要	子の福祉の観点から判断
817条の８（試験養育期間） ６か月	期間の定めはない。 ただし，調査官は，裁判所から調査を命じられてから60日以内に報告書を裁判所に提出しなければならない。
817条の９（効果） 実親との親族関係終了	実親との親族関係終了

（注）　戸籍誌では，養子の年齢は18歳未満とされているが，法律上は成人も養子となることができる（２⑴参照）。

⑵　試験養育期間の規定について

ワシントン州の養子縁組においても，上級裁判所の養子縁組の判決に当たっては，必ず養親による監護養育状況を観察した調査官による報告書をもとに判決がなされるから，日本の要件と何ら変わるところがない。異なるとすれば，

①　日本では，養親となる者が養子となる者の監護をいかなる方法で開始するかについては，当事者に委ねられており，その開始に当たっては家庭裁判所の決定等の特別な手続を経ることを要しないが，ワシントン州の養子法においては，養親となる者が養子となる者と同居を開始するためには，何らかの裁判所の関与（決定等）が必要となっていること

② 日本の場合は，養育状況の観察期間が最低６か月以上の期間を必要とする旨法定されているのに対し，ワシントン州では，その期間が法定されていない（調査官が裁判所から指示を受けてから報告書を提出するまでの期間は法定されており，裁判所によって延長されない限り，命令のあった日から60日以内に報告書を提出することとされている）こと

の２点である。

この期間の要件は，裁判所において養親による相当期間の監護状況が裁判に反映されるかどうかの問題であり，民法第817条の８の期間よりも短い期間内に判決がなされているからといって，直ちに一概に日本の特別養子縁組の要件を満たさないとすることは適当でない。たとえ，実母の同意の日から約４か月後に判決がなされており，約２か月の期間が足りない場合でも，ワシントン州の養子縁組手続が実父母の権利喪失手続，同居を認める手続，監護状況の裁判所への報告手続等，厳格に行われるシステムになっていることを考えれば，期間が２か月足りないことのみをもって日本の特別養子縁組を否定する必要はない。

また，米国において６か月以上の監護期間を法定している州においても，裁判所の裁量でその期間の短縮，伸長ができるようになっているところが多い。日本の特別養子の実質的成立要件を充足している養子縁組がこうした州で成立した場合を例にとれば，民法第817条の８に定める期間が特別養子縁組の絶対的成立要件であるとした場合，監護期間について裁判所の裁量による期間の短縮があったかどうかで，日本における養子縁組の類型が異なるという事態が生ずる。つまり，同じ州の方式による養子縁組でありながら，一方は特別養子縁組として認め，他方は普通養子縁組としてのみ認めるということになるのであって，本来同じ法的効果を持つ養子縁組が，裁判所の裁量による期間の短縮があったか否かという一点で日本における認容の類型が異なるというのは合理的でない。

以上から，民法第817条の８に該当する６か月の期間は，あくまでも日本において特別養子の審判をする場合の必須条件であり，裁判制度，養子縁組の制度が異なる国において成立した養子縁組については，民法が試験養育期間を要

求している趣旨が無視されるような結果となる場合は別として，この期間の要件を満たさない場合であっても特別養子縁組の成立を認める余地があると考えられる。

本件においては，一定の養育期間を経た上で，裁判所が子の福祉にかなうものと判断して養子縁組を成立させているものであり，期間は６か月には満たないが特別養子縁組の成立を認めて差し支えない。

なお，記載例については，平成６．４．28民二2996号通達（戸籍619-78）参照。

（３につき，平成４．３．26民二1504号回答（戸籍591-61））

〔**根拠法条**〕

州法（2014 Revised Code of Washington）

第26編　家族関係

第26.33章　養子縁組

26.33.020（定義）

文脈上，他に明らかに必要がないときは，本節における定義は，本章を通じて適用される。

1　（略）

2　「子」は，18歳未満の者を意味する。

3・4　（略）

5　「裁判所」は，高等裁判所を意味する。

6～14　（略）

（1984年，1990年，1993年改正）

26.33.130（終結命令－効力）

①　（略）

②　親子関係を終了させる命令により，親が負っている子の扶助を除き，お互いに関する親と子から全ての法的な権利，権限，特権，義務は奪われる。

③　一方の親との親子関係の終了は，子と他の親間の親子関係に影響を与えない。

④　（略）

（1984年）

26.33.140（養子縁組をすることができる者又は養子になることができる者）

①　年齢又は居住地にかかわらず，いかなる者も養子となることができる。

②　法的に行為能力者で，18歳以上であるいかなる者も，養親となることができる。

（1984年）

26.33.160（養子縁組に対する同意－取り消しできるとき－手続）

①　26.33.170で他に規定されているときを除き，当てはまるときは，養子縁組に対する以下の同意は必要とされる。

a　養子となる者が14歳以上であるときは，養子の同意

b　18歳未満の養子の親及び父とされている者の同意

c　26.33.080に従って養子が放棄された機関又は部局の同意

d　養子の法定後見人の同意

②　第４項ｈに規定される場合を除き，同意した当事者は，同意が裁判所で承認されるまではいつでも取り消すことができ

る。取消しは，次のいずれかの方法で行うことができる。(以下，略)

③ 本節第２項ｂ及び第４項ｈ並びに本項に規定される場合を除き，養子縁組に対する同意は，裁判所が承認した後は取り消すことができない。承認後１年以内に，養子縁組を請求した者，機関又は部局による詐欺又は強迫，同意をした時に同意をした一部の者が意思能力を欠いていたことを理由として，同意を取り消すことができる。養子縁組に対する書面による同意は，裁判所が承認した後１年を経過したときは，取り消すことができない。

④～⑥ (略)

(1984年，1985年，1987年，1990年，1991年改正)

26.33.170 (養子縁組に対する同意－必要としないとき)

① 明白な説得力ある証拠により，申請された養子縁組が養子の最善の利益であると裁判所が決定したときは，養子縁組に対する機関，部局又は法定後見人の同意を免除することができる。

② 裁判所が，申請された養子縁組が養子の最善の利益になると決定し，かつ，以下の場合には，養子縁組に対する父とされる者，実親又は親の同意を免除することができる。

a 養子が，強姦又は近親相姦の被害者であり，父とされる者，実親又は親が９Ａ.44章に基づく強姦又は９Ａ.64.020に基づく近親相姦で有罪とされた場合

b 養子の他方の親が強姦又は近親相姦の被害者であり，養子がその強姦又は近親相姦の結果として妊娠し，父とされる者，実親又は親が９Ａ.44章に基づく強姦又は９Ａ.64.020に基づく近親相姦で有罪とされた場合

③ (略)

(1984年，1988年，1999年改正)

26.33.260 (養子縁組判決－効力 (略))

① 養子縁組判決の登録により，過去に扶養義務を除き，養親を婚姻していないか，又は養子縁組の申請に加わらない親又は父とされている者から，養子に関する全ての法的な権利及び義務がなくなる。養子は，親に関する法的な服従及び扶養の義務を免れる。(以下，略)

②～④ (略)

(1984年，1995年改正)

26.33.900 (効力発生日－適用)

本法は，1985年１月１日から効力を生ずる。(以下，略)

(1984年)

資料５－54－１〔婚姻証明書〕

Washington State
CERTIFICATE OF MARRIAGE

COUNTY OF LICENSE: King	
DATE VALID 08 |29 |2013	NOT VALID AFTER 10 |27 | 2013

Marriage ceremony must be performed in the State of Washington.

Please type or print clearly in permanent black ink.　State File Number 2013※※※※※

COUNTY AUDITOR

COUNTY AUDITOR'S SIGNATURE X （署名）	DATE RECEIVED (MM|DD|YYYY) SEP|16|2013

PERSON A CHECK ONE ☐ BRIDE ☒ GROOM ☐ SPOUSE		PERSON B CHECK ONE ☒ BRIDE ☐ GROOM ☐ SPOUSE	
LEGAL NAME BEFORE MARRIAGE (FIRST/MIDDLE/LAST) □□□□□□		LEGAL NAME BEFORE MARRIAGE (FIRST/MIDDLE/LAST) △△△△	
BIRTH NAME (IF DIFFERENT)	☒ MALE ☐ FEMALE	BIRTH NAME (IF DIFFERENT)	☐ MALE ☒ FEMALE
CURRENT RESIDENCE – STREET, CITY/TOWN ※※※※※※ Seattle		CURRENT RESIDENCE – STREET, CITY/TOWN ※※※※※※ Seattle	
COUNTY OF RESIDENCE USA /King	STATE OF RESIDENCE WA	COUNTY OF RESIDENCE U.S.A /King	STATE OF RESIDENCE WA
DATE OF BIRTH (MM|DD|YYYY) 04 | ※ |1985	BIRTH STATE (IF NOT USA, PROVIDE COUNTRY) CA	DATE OF BIRTH (MM|DD|YYYY) 09 | ※ |1982	BIRTH STATE (IF NOT USA, PROVIDE COUNTRY) NAGASAKI|JAPAN
MOTHER/PARENT BIRTH NAME ※※※※※※		MOTHER/PARENT BIRTH NAME ※※※※	
FATHER/PARENT BIRTH NAME ※※※※※※		FATHER/PARENT BIRTH NAME ※※※※	
MOTHER/PARENT BIRTH STATE (OR COUNTRY) WA	FATHER/PARENT BIRTH STATE (OR COUNTRY) MI	MOTHER/PARENT BIRTH STATE (OR COUNTRY) NaGasaki	FATHER/PARENT BIRTH STATE (OR COUNTRY) Nagasaki

OFFICIANT

I certify that the undersigned, by authority of license issued by the County noted above, did on this day join in lawful wedlock with their mutual consent in the presence of witnesses. In testimony whereof, witness our signatures:

DATE OF MARRIAGE (MM|DD|YYYY) 09 | ※ |2013	COUNTY OF CEREMONY King	TYPE OF CEREMONY (CHECK ONE) ☐ RELIGIOUS ☒ CIVIL	DATE SIGNED (MM|DD|YYYY) 09 | ※ |2013
OFFICIANT'S ADDRESS (STREET, CITY, STATE AND ZIP CODE) PLEASE PRINT ※※※※※※			OFFICIANT'S DAYTIME PHONE ※※※※
OFFICIANT'S NAME (PRINT) ※※※※※※		OFFICIANT'S SIGNATURE X （署名）	
WITNESS SIGNATURE X （署名）		WITNESS SIGNATURE X （署名）	
PERSON A SIGNATURE X （署名）			DATE SIGNED (MM|DD|YYYY) 09 | ※ |2013
PERSON B SIGNATURE X （署名）			DATE SIGNED (MM|DD|YYYY) 09 | ※ |2013

DOH/CHS 005 (REV 12/2012)　FORM VALID ON DECEMBER 6, 2012

2013 ※※※※
VARIOUS　MARCERT　0.00
PAGE-001 OF 001
09/※/2013 14:39
KING COUNTY, WA
P1:□□□□　P2:△△△△

資料5－54－1

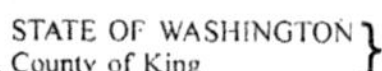

STATE OF WASHINGTON }
County of King

The Director of Records & Licensing, King County, State of Washington and exofficio Recorder of Deeds and other instruments, do hereby certify the foregoing copy has been compared with the original instrument as the same appears on file and of record in the office and that the same is a true and perfect transcript of said original and of the whole thereof,

Witness my hand and official seal this ______ day of SEP 1 7 2013 20____

Director of Records & Licensing

By　（署名）
Deputy

※ ※ ※ ※ ※ ※

資料５－54－１

（訳文）

婚姻証明書

１．夫の氏名：□□
（ラストネーム）

□□（ファーストネーム）　□□（ミドルネーム）

２．妻の氏名：△△
（ラストネーム）

△△（ファーストネーム）　（ミドルネーム）

３．婚姻成立年月日：2013年 9 月 ※ 日

４．婚姻挙行方式：アメリカ合衆国 ワシントン 州の方式

（翻訳者：　△　△　△　△　）

資料５－54－２〔出生証明書〕

STATE OF WASHINGTON
DEPARTMENT OF HEALTH

CERTIFICATE OF LIVE BIRTH

CERTIFICATE NUMBER: 146-2013-※※　　DATE ISSUED: 09/25/2013

GIVEN NAMES: ○○**
LAST NAME: ○○　**

DATE OF BIRTH: AUGUST ※,2013**
FACILITY: ※※※※※　MEDICAL CENTER
PLACE OF BIRTH: BELLEVUE, KING COUNTY, WASHINGTON
TIME OF BIRTH: 12:01 A.M.
SEX: MALE

MOTHER'S MAIDEN NAME: △△△△
PLACE OF BIRTH: JAPAN
DATE OF BIRTH: 04/※/1986

FATHER'S NAME: □□□□
PLACE OF BIRTH: JAPAN
DATE OF BIRTH: 04/※/1984

FILING DATE: 09/02/2013

FEE NUMBER: ※※※

THE SEAL OF THE STATE OF WASHINGTON 1889

DOH 01-003 (1/13)

THIS IS A CERTIFIED COPY OF THE RECORD ON FILE WITH CENTER FOR HEALTH STATISTICS. CERTIFIED COPIES MUST HAVE THE OFFICIAL SEAL

資料５－54－２

ワシントン州衛生局

出生証明書（訳文）

証明書番号：146-2013-※※　　発行日：2013 年 9 月 25 日

子の氏名：〇〇（氏・ラスト）　〇〇（名・ファーストネーム）　＿＿（ミドルネーム）

誕 生 日：2013 年 8 月 ※ 日

病 院 名：※※※※メディカルセンター

出生場所：アメリカ合衆国　ワシントン 州 キング 郡 ベルビュー 市

出生時刻：（午前）・ 午後　12 時 01 分

性　　別：☑ 男　・　□ 女

母の婚姻前の氏名：△△（氏・ラスト）　△△（名・ファーストネーム）　＿＿（ミドルネーム）

出生場所：日本

誕 生 日：1986 年 4 月 ※ 日

父の氏名：□□（氏・ラスト）　□□（名・ファーストネーム）　＿＿（ミドルネーム）

出生場所：日本

誕 生 日：1984 年 4 月 ※ 日

登 録 日：2013 年 9 月 2 日

手数料番号：※※※

翻訳者氏名　□ □ □ □

〔証明書の記載と届出書の記載で、子の氏名が異なる場合の申出事項〕

出生証明書（英文）によると、子の氏名は

＿＿＿＿（氏・ラスト）　＿＿＿＿（名・ファーストネーム）　＿＿＿＿（ミドルネーム）

となっているが、届書の事件本人と同一人物に相違なく、戸籍には

(氏)＿＿＿＿　(名)＿＿＿＿と届出する。

申出人署名＿＿＿＿＿＿＿＿印

6　アラブ首長国連邦（アラブ首長国連邦）

第1　婚　　姻

1　婚姻証明書

アラブ首長国連邦ドバイ裁判所発行の婚姻届は，資料6－1（本文857頁）参照。

2　婚姻に関する規定

アラブ首長国連邦には，婚姻についての成文法は存在しない。

3　アラブ首長国連邦における婚姻

アラブ首長国連邦において，外国人の非イスラム教徒が婚姻を成立させるためには，一般的合意事項として宗教裁判所（シャリーア・コート），法務省に公式に認可された教会又は在アラブ首長国連邦各大使館において婚姻の宗教的儀式を行い，実施した機関から婚姻証明書の発行を受け，同証明書にアラブ首長国連邦法務省及び外務省の認証を得た場合は，有効となる（平成4年調査）。

4　アラブ首長国市民権の取得

アラブ首長国連邦の市民と婚姻した外国人の女性は，婚姻により当然にはアラブ首長国連邦の市民権を取得しない（国籍3条）。

〔根拠法条〕

国籍，旅券及びその改正に関する連邦法（Federal Law No（17）for 1972 Concerning Nationality, Passports and Amendments thereof）（1972年法律第17号，1975年法律第10号改正）

第1部　国籍（市民権）

第1章　国籍（市民権）の取得

第3条

外国人の女性は，内務省に国民になる意思を通知し，元の国籍を喪失することを条件として，自己の意思を表明した日から3年間，婚姻関係が継続していないときは，アラブ首長国連邦市民との外国人女性の婚姻は，女性に夫の国籍を取得する権利を付与しない。

第2　出　　生

1　国籍留保届

アラブ首長国連邦は，父系血統主義国であり，アラブ首長国連邦国内で出生した事実だけでは，同国の国籍を取得しない（国籍２条）。

したがって，日本人夫婦の子がアラブ首長国連邦国内で出生した場合は，国籍留保の届出を要しないが，父がアラブ首長国連邦の国籍を有する者で，母が日本人の子がアラブ首長国連邦国内（又はその他の外国）で出生した場合は，出生の日から３か月以内に日本国籍を留保する意思を表示しなければ，子は日本国籍を喪失する（日国12条）。

2　出生場所の記載

「アラブ首長国連邦ドバイ市で出生」（【出生地】アラブ首長国連邦ドバイ市），「アラブ首長国連邦アブダビ市で出生」（【出生地】アラブ首長国連邦アブダビ市）と記載する。

3　出生証明書

アラブ首長国連邦保健省発行の出生証明書は，資料６－２（本文860頁）参照。

〔根拠法条〕

国籍，旅券及びその改正に関する連邦法（1972年法律第17号，1975年法律第10号改正）

第１部　国籍（市民権）

第１章　国籍（市民権）の取得

第２条　次の者は，国民とする。

a　1925年又はそれ以前から本法律が施行される日まで連邦首長国に居住するアラブ人。先祖の居住期間は，その子孫の居住期間に算入されるものとする。

b　我が国民を父として，国内又は国外で出生した者。

c　我が国民を母として，国内又は国外で出生した者で，法律上の父子関係がないもの。

d　我が国民を母として国内又は国外で出

生した者で，父が知れないか，又は我が国の国籍を有しないもの。

e　国内で出生した者で，父母がともに知れないもの。棄児は，反証のない限り，国内で出生したものとみなされる。

（総覧１－504ノ20）

第３　養子縁組

アラブ首長国連邦では，養子縁組は認められていない。

第４　国　　籍

１　二重国籍

アラブ首長国連邦では，二重国籍は，認められていない（国籍12条）。

２　アラブ首長国連邦市民権の喪失

許可なく外国の軍隊に従事し，その兵役をやめることを求められたときに拒否した場合，その者が敵国の利益のために働いた場合又は自発的に外国の国籍を受け入れた場合に，アラブ首長国連邦の国籍を喪失する（国籍15条）。

〔根拠法条〕

国籍，旅券及びその改正に関する連邦法

（1972年法律第17号，1975年法律第10号改正）

第１部　国籍（市民権）

第１章　国籍（市民権）の取得

第12条

国籍は，一度に一つのみが認められる。

第２章　国籍の喪失，終了，撤回及び回復

第15条

次に掲げる場合で，その国籍を有する者は，国の国籍を喪失する。

A　その者が，許可なく外国の軍隊に従事し，その兵役をやめることを求められたときに拒否した場合

B　その者が敵国の利益のために働いた場合

C　その者が，自発的に外国の国籍を受け入れた場合

資料６－１〔婚姻届〕

حكومة دبي
GOVERNMENT OF DUBAI

بسم الله الرحمن الرحيم

محاكم دبي
DUBAI COURTS

Personal Status Court محكمة الأحوال الشخصية

وثيقة زواج رقم ※ /م/٢٠١٣

إنه في يوم الخميس ٠٦ من شهر رجب سنة ١٤٣٤ هـ الموافق ١٦ من شهر مايو سنة ٢٠١٣ م قد تم بمحكمة دبي الشرعية على يد القاضي الشرعي سليمان عطيه ابراهيم إجراء عقد الزواج الواقع بالرضا والاختيار على كتاب الله وسنة رسوله صلى الله عليه وسلم بالإيجاب والقبول الشرعيين بين كل من :

	الزوج		الزوجة	
الاسم	□□□□□□ □□□□□□□□□□		△△△△ △△△△	
الجنسية	:الإمارات		اليابان	
إثبات الشخصية	:هوية	رقم : ※ ※ ※	جواز سفر	رقم : ※ ※ ※
الديانة	:الإسلام		الإسلام	
بيان الولادة	:دبى	بتاريخ : ※-١١-١٩٨٣	اليابان	بتاريخ : ※-١٠-١٩٨٣
الحالة السابقة	:أعزب		بكر	

الصداق : المعجل منه : عشرون ألف درهم إماراتي.　　مقبوض بيد : غير مقبوض.

والمؤجل : عشرون ألف درهم إماراتي.　　يحل أجله : عند أقرب الأجلين.

توابع المهر : لا توجد.

شروط أخرى : لا توجد.

وقد باشر العقد من قبل الزوج : الزوج بنفسه

ومن قبل الزوجة : ولاية القاضي

الحاضر عن الزوجة : الزوجة بنفسها

وتم التحقق من استكمال شروط الزواج وخلو الطرفين من الموانع الشرعية والقانونية بحضرة وشهادة كل من الشاهدين:

	الشاهد الأول	الشاهد الثاني
الاسم :	※ ※ ※ ※	※ ※ ※ ※

سائلين الله تعالى أن يبارك لهما وعليهما وأن يجمع بينهما في خير

صدرت هذه الوثيقة بتاريخ ١٦-٠٥-٢٠١٣ استناداً إلى عقد الزواج المبرم على الطلب رقم ※ /م/٢٠١٣ الموقع من ذوي الشأن والشهود والمحفوظ لدى المحكمة.

التوقيع وختم المحكمة

（署名）

القاضي / سليمان
Judge / Suleiman El Dur

原本と照合済み。
平成25年5月27日
在ドバイ日本国総領事館
領　事　※※※※印

رقم الايصال : ١٨ / ٢٠١٣ / ١٧٠٣٠٣

資料6－1

In the name of Allah the most gracious the most merciful

Personal Status Court

Marriage Certificate Number ※ ※/M/2013

It is on 06th Rajab 1434 Hijri, on ※ May 2013 a marriage contract was held in Dubai Courts. By judge ※※※※※, the marriage contract was based on agreement and choice on the basis of book of Allah and the method of his messenger may Allah bless him and grant him peace, upon the legal offer and acceptance between each of:

	Husband	**wife**
Name:	□□□□□□□□□	△△△△
Nationality:	U.A.E	Japan
Identity Proof:	ID **Number:** ※※※	Passport **Number:** ※※※
Religion:	Islam	Islam
Birth place:	Dubai **Date of birth:** ※/11/1983	Japan **Date of birth:** ※/10/1983
Previous Marital status:	bachelor	bachelorette

The Dowry: Paid Dowry: twenty thousand Emirati Dirham **Received by hand:** Not received

Deferred Dowry: twenty thousand Emirati Dirham **Deadline:** on the death or divorce

Extensions of Dowry: None

Other Conditions: None

The conduct of the agreement from the husband side: the husband himself

And from the wife side: the judge

The attendance on behalf of the wife: the wife herself

An assurance was made in fulfillment of the conditions of marriage and both parties were free from any legal and judicial barriers in the presence of both witnesses:

	The First Witness	**The Second Witness**
Name:	※※※※※※※※※※	※※※※※※※

Asking Allah to bless them and send blessings on them and he gather both of them in the good

This certificate was issued on ※/05/2013 based on the marriage certificate request number ※ ※/M/2013 which was signed by the parties and the witnesses and it is saved in the court.

Receipt Number: 18/2013/ ※※

Translated from Arabic to English by: ※※※※※　　**Date: 22/05/2013**

原本と照合済み。
平成25年5月27日
在ドバイ日本国総領事館
領　事　※※※※印

資料6－1

ドバイ裁判所
ドバイ裁判所第一法廷　シャリア

婚姻届 No.※※/M/2013

イスラム教の神聖なるコーランと、スンナに従い、ドバイ裁判所第一法廷※※※※　※※※※裁判官の監督のもと、ドバイ裁判所シャリア法に基づき両者同意の上、婚姻届の受理がイスラム暦　　月　　年（西暦2013年5月※日木曜日）に行われたことを認める。

	夫	妻
氏　名：	□□□□□□	△△△△
国　籍：	アラブ首長国連邦	日本
ID（パスポート）：	※※※	※※※
発行年月日：	2010年8月2日	2013年3月9日
発　行　地：	ドバイ	※※※
宗　教：	イスラム教	イスラム教
生　年　月　日：	1983年11月※日	1983年10月※日
出　生　地：	ドバイ　アラブ首長国連邦	愛知県※※市　日本
住　所：	ドバイ※※※※	岐阜県※※市※※※※
初婚・再婚の別：	初婚	初婚
持　参　金：	20,000デルハム　⇨	受け取り人：△△△△
離婚の際の慰謝料：	20,000デルハム　⇨	支払い条件：死別・離婚
夫側の届出人：	※※※※	
妻側の立会人：	※※※※裁判官	
妻側の届出人：	△△△△	
婚姻に関するすべての過程を終了し、アラブ首長国連邦の方式により、法律上婚姻成立。		

証　人（2名）		
氏　名：	※※※※	※※※※
国　籍：	アラブ首長国連邦	インド
ID　：	※※※※	※※※※
発行地：	アラブ首長国連邦	アラブ首長国連邦
新郎新婦双方に、神のお恵みと幸福が訪れますように。		

この婚姻証明書は、西暦2013年5月※日、婚姻者、および証人2名の署名がされた婚姻届（No.※※/M/2013）に従い発行。

裁判官　署名・印
※※※※

翻訳者：△△△△
25 年 5 月 27 日

資料6－2〔出生証明書〕

DU/N/ ※ /2013 رقم القيد:

الجنس: ذكر

الاسم: ○○○○

اسم الأب: □□□□

جنسيته: اليابان

ديانته: XXX

اسم الأم: △△△△

جنسيتها: اليابان

ديانتها: XXX

تاريخ الولادة الميلادي (رقميا): ※ /2013/09

تاريخ الولادة الميلادي (كتابة): الثامن و العشرون من سبتمبر سنة الفين و ثلاثة عشر

تاريخ الولادة الهجري (رقميا): 23/ذو القعدة /1434

مكان الولادة: مستشفى ويلكير - دبي - الامارات العربية المتحدة

تاريخ الاصدار: 2013/10/24

نوع الاصدار: إصدار

مكان الإصدار: دبي

الختم

توقيع المسجل:

توقيع مدير الطب الوقائي:

اي تغيير في هذه الشهادة يلغيها.

U.A.E.

MINISTRY OF HEALTH

BIRTH

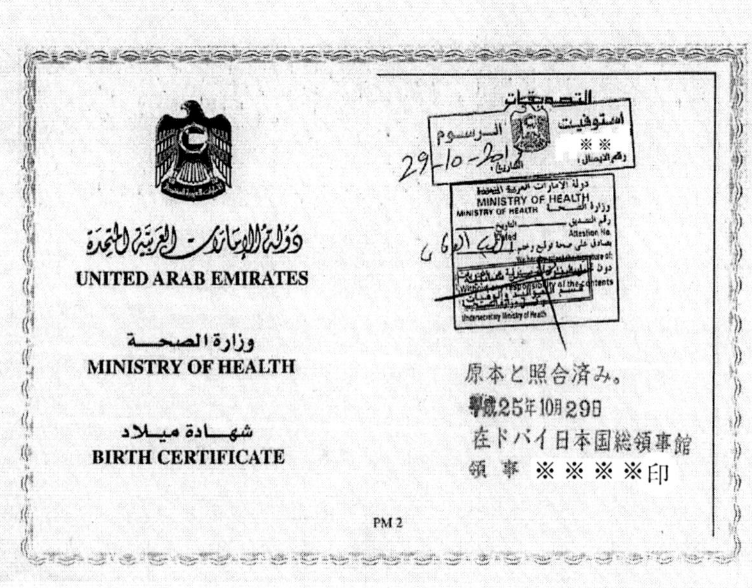

دولة الإمارات العربية المتحدة

UNITED ARAB EMIRATES

وزارة الصحة

MINISTRY OF HEALTH

شهادة ميلاد

BIRTH CERTIFICATE

PM 2

التصديقات

الرسوم

رقم الايصال: ※※

29-10-2013

دولة الإمارات العربية المتحدة

MINISTRY OF HEALTH

وزارة الصحة

Attestion No.

Dated

原本と照合済み。

平成25年10月29日

在ドバイ日本国総領事館

領事　※※※※印

資料6－2

UNITED ARAB EMIRATES
MINISTRY OF HEALTH
Department of Preventive Medicine

دولة الإمارات العربية المتحدة
وزارة الصحة
ادارة الطب الوقائي

District DUBAI　　　　منطقة

BIRTH CERTIFICATE　شهادة ميلاد

Name :	○○　○○		
Sex :	MALE		
Father's Name :	□□　□□		
Religion :	xxxx (OTHER)	Nationality :	JAPANESE
Mother's Name :	△△　△△		
Religion :	xxxx (OTHER)	Nationality :	JAPANESE
Date of Birth (in figures)	※ ※ 0 9 2 0 1 3		
Date of Birth (in letters)	TWENTY EIGHTH SEPTEMBER TWO THOUSAND THIRTEEN		
Place of Birth :	※ ※ HOSPITAL / DUBAI/ U.A.E.		
Date of Issue	29-Oct-2013	Registration No :	DU/N/ ※ ※ /2013

Registration Officer ____________

Director of Prev. Medicine ____________

THIS CERTIFICATE IS ISSUED FOR 50 Dhs.

原本と照合済み。
平成25年10月29日
在ドバイ日本国総領事館
領　事 ※ ※ ※ ※ 印

資料6－2

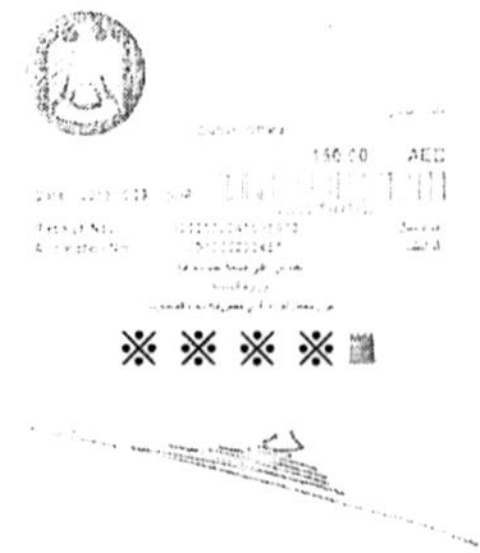

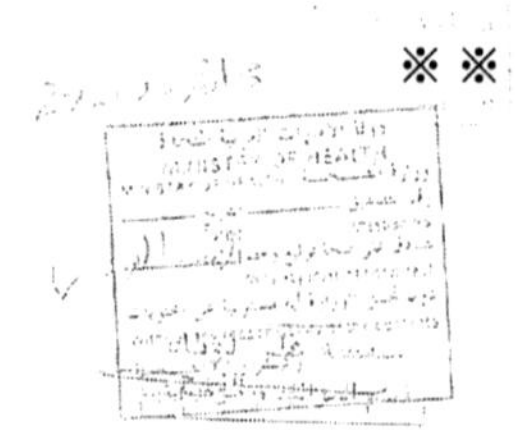

資料6－2

アラブ首長国連邦

保健省（MINISTRY OF HEALTH）
DEPARTMENT OF PREVENTIVE MEDICINE
首長国　ドバイ

出生証明書

名前：《姓》　○○　《名》　○○

性別：　男

父親：　□□□□

宗教：　その他　｜　国籍：　日本

母親：　△△△△

宗教：　その他　｜　国籍：　日本

誕生日：　※（dd）/　9　（mm）/ 2013（yy）

誕生日：西暦 2013 年　9　月　※　日

出生地：アラブ首長国連邦　ドバイ/　※※ホスピタル

発効日：29（dd）/ 10（mm）/ 2013（yy）　｜　登録番号：DU/N/※※/2013

翻訳者：　□□□□

2013 年　10　月　29　日

7　アルジェリア（アルジェリア民主人民共和国）

第1　国際私法

1　総　説

アルジェリア抵触法は，基本的にイスラム法の伝統に根付いている。イスラム教徒と非イスラム教徒が関わる法律関係の場合には，いずれの場合にも，最も広汎にイスラム当事者の優位を顧慮して当事者の法を適用する。

夫の本国法を保証して，それを優先する祖国法への可及的な連結を図っている。

2　立法の全体的特徴

管轄権及び手続規則に関する準拠法に関する民法第21ａ条の規定が新設され，同条は，「管轄権規則及び手続規則は，訴えが提起されたか，又は，手続が開始された国家の法に服する。」と定めている。

次に，住所及び居所に関する民法第36条第１項は，「いずれのアルジェリア人の住所も，その者の主たる居所が所在する場所とする。補助的に，常居所地がそれに代わる。」と定め，同条第２項は，「いずれの者も同時に多数の住所を有することはできない。」と定めている。

民法第38条は，「未成年者，禁治産者，浪費者又は不在者は，その法定代理人の住所をその住所として有する。」とし（１項），ただし，「親権解放された未成年者は，その者が法律上実行のための行為能力を有する法律行為と関連する全てにつき，固有の住所を有する。」と定めている。

3　各個規定の内容

(1)　法律関係の性質関係

アルジェリア法によるとする法廷地説の立場を採用している（民法９条）。

⑵ 婚姻の実質的要件

婚姻の有効な成立のための実質的要件は，婚姻当事者双方のそれぞれの本国法による（民法11条）。

なお，婚姻挙行の際の当事者の一方がアルジェリア人であるときは，婚姻締結能力に関しない限り，アルジェリア法のみを適用することができる（民法13条）。

⑶ 婚姻の身分的効力

婚姻挙行の当時における夫の本国法による（民法12条）。

なお，婚姻挙行の際の当事者の一方がアルジェリア人であるときは，婚姻締結能力に関しない限り，アルジェリア法のみを適用することができる（民法13条）。

⑷ 親子関係，父性の認知及び父性の否認

子の出生時における父の本国法に服する。

父が子の出生前に死亡したときは，父はその死亡時の本国法が適用される（民法13 a 条）。

⑸ 多重国籍及び無国籍の場合

重国籍の場合に，実効的国籍の優先的適用を顧慮している（民法22条）。

⑹ 地域的及び社会的（人的）不統一国法の適用

民法第23条第１項は，間接指定主義を採用し，同条第２項は，直接指定の場合に，人的不統一法国法については，「支配的な法規」により，また，地域的不統一国法については，「首都の法」によるとする規定を新規に導入している。

⑺ 外国法の証明

外国法が証明されない場合の補充法については，アルジェリア法によるとする内国法適用説の立場である（民法23 a 条）。

⑻ 外国法の指定の意義及び狭義の反致

外国法が適用されるときは，領域的抵触法を除く国内規定のみが適用される。この規定は，基本的に反致を否定するエジプト民法典第27条に倣っている（民法23 b 条）。

(9) 準拠法選定規則を欠く場合

エジプト民法典第24条に倣い，抵触規定が欠缺している場合には，「国際私法の一般原則」に依拠すべきと定めている（民法23 c 条，笠原俊宏「アラブ諸国国際私法立法の現代化」東洋法学第55巻第1号（2011年7月））。

〔根拠法条〕

民法典（1975年9月26日法律第75－58号，2005年6月20日法律第05－10号改正）

第1編　総則

第1章　法律の効力及び適用

第1節　時間的法律抵触

第6条～第8条（略）

第2節　空間的法律抵触

第9条

法律の抵触の場合には，準拠法を決定するため，権利関係又は係争物がいかなる種類に属するかの性質決定について，アルジェリア法が適用されるものとする。

第10条

① 人の身分及び行為は，その者が保有する国籍が帰属する国家の法に従って規律される。

② ただし，アルジェリアにおいて行われ，かつ，そこにおいてその効力をもたらすべき金銭的取引の際に，当事者の一方が行為無能力の外国人であり，かつ，その制限に他方にとって見いだすことが容易でない隠された理由があったことが判明したとき，当該原因は，行為能力及び取引の有効性へ影響を及ぼさない。

③ 法人，会社，団体，財団法人及び類似の法人は，その会社の本拠，主たる本拠又は活動上の本拠が所在する国家の法によって規律される。

④ 活動がアルジェリアにおいて行われる外国法人は，アルジェリア法に服する。

第11条

婚姻の有効な成立のための実質的要件は，婚姻当事者双方のそれぞれの本国法によって規律される。

第12条

① 婚姻の身分的及び財産上の効力は，婚姻挙行の当時における夫の本国法に服する。

② 解消及び卓床の別居は，訴え提起の当時における夫の本国法によって規律される。

第13条

第11条及び第12条に定められた場合において，婚姻挙行の際の当事者の一方がアルジェリア人であるときは，婚姻締結能力に関しない限り，アルジェリア法のみが適用されることができる。

第13 a 条

① 親子関係，父性の認知及び父性の否認は，子の出生時における父の本国法に服する。

② 父が子の出生前に死亡したときは，父はその死亡時の本国法が適用される。

第13 b 条

① 法律上の里子（カファラ）の有効性は，その創設の当時における里親資格の

保有者（カフィル）の本国法と里子（マクフォウル）のそれとへ同時に服する。法律上の里子の効力は，里親資格者の本国法によって規律される。
② 養子縁組は，同一の規律に服する。
第14条～第21条（略）
第21 a 条
管轄権規則及び手続規則は，訴えが提起されたか，又は，手続が開始された国家の法に服する。
第22条
① 多重国籍の場合には，裁判官が実効的な国籍を適用する。
② ただし，いずれかの者が，アルジェリアにつき，アルジェリア国籍を呈示し，かつ，いずれかの外国又は多数の外国につき，他のいずれかの国籍を呈示するときは，アルジェリア国籍が適用される。
③ 無国籍の場合には，裁判官が適用すべき法を決定する。
第23条
① 前諸規定が，異なる法規が施行されている国家の法へ送致するとき，いずれかの法規が適用されるべきであるかは，当該国家の国内法が決定する。
② これに関する法が規則を定めていないときは，種々の共同体の場合には，支配的な法規が適用され，また，地域的な法の分断の場合には，首都の法が適用される。
第23 a 条
外国法が証明されることができないときは，アルジェリア法が適用されることができる。
第23 b 条
① 外国法が適用されるときは，領域的抵触法を除くその国内規定のみが適用される。
② ただし，当該外国法の抵触規則がアルジェリア法を管轄権を有するものと宣言するときは，それが適用される。
第23 c 条
法文がないときは，国際私法の一般原則が依拠される。
第24条
① 前諸条に従って関連する外国法は，それがアルジェリアにおける公の秩序若しくは善良の風俗に違反するか，又は，それが単に詐欺的な法律回避に基づいて適用されたことが判明したとき，適用されることができない。
② 外国法が公の秩序若しくは善良の風俗に違反して適用されるときは，アルジェリア法が適用される。
第25条
① 権利主体は，生存する子の完全な出生をもって開始し，かつ，その死亡をもって終了する。
② 胎児は，それが生きて生まれることを条件として，法定された権利を享受する。
（以下，略）
第２章　自然人及び法人
第36条
① いずれのアルジェリア人の住所も，その者の主たる居所が所在する場所とする。補助的に，常居所地がそれに代わる。
② いずれの者も同時に多数の住所を有することはできない。
第37条（略）
第38条
① 未成年者，禁治産者，浪費者又は不在者は，その法定代理人の住所をその住所

として有する。

② ただし，親権解放された未成年者は，その者が法律上実行するための行為能力を有する法律行為と関連する全てにつき，固有の住所を有する。

第39条（略）

（笠原俊宏「アラブ諸国国際私法立法の現代化」東洋法学第55巻第1号（2011年7月））

第2　婚　　姻

1　実質的成立要件

⑴　婚姻適齢

男女とも19歳である（注）。

ただし，2人の当事者の婚姻の能力が証明されたときは，重要な理由があるか，やむを得ない場合には，裁判官は，年齢要件の免除を認めることができる（家族7条）。

（注）　従前は，男子は満21歳，女子は満18歳であったが，2005年2月27日に男女とも19歳に改正されている。

⑵　近親婚の禁止

一定の範囲の血族及び親族間の婚姻は，禁じられている（家族24条～30条）。

⑶　イスラム教徒の女性と非イスラム教徒の男性の婚姻の禁止

イスラム教徒の女性と非イスラム教徒の男性の婚姻は，一時的禁止とされる（家族30条）。

⑷　再婚禁止期間

離婚又は夫の死亡後の法的な再婚禁止期間にある女性との婚姻は，一時的禁止とされる（家族30条）。

⑸　重婚の禁止

女性については，重婚が禁止されている（家族30条）。

⑹　一夫多妻

動機が正当化され，条件及び公平の意思が結び付いているときは，シャリアの制限内で1人以上の妻と婚姻を締結することができる（家族8条）。

(7) 持参金

持参金は，法定価格又は合法的に認められた他の全ての財産でもって将来の妻に贈られる（家族14条）。

持参金は，その払込みが直ちに，又は期限までであるか婚姻契約で定められる。持参金の総額が定まっていないときは，等価の持参金は配偶者に払い込まれる（家族15条）。

婚姻の成立又は配偶者の死亡には，持参金の全てを妻に正しく与えられる。彼女は，婚姻が成立する前に離婚する場合には，持参金の半分を得る権利がある（家族16条）。

(8) ３回離縁した場合

同じ配偶者に対し，同じ配偶者が３回離縁した女性との婚姻は，一時的禁止とされる（家族30条）。

２ 形式的成立要件

(1) 婚姻の方式

婚姻の方法として，以下の３つの方式がある。

① Fatha（ファトゥハ）方式

求婚者が，親族を伴って相手方の家に赴き，両親族の間で話合いが行われ，合意をみた場合は，そのまま同居を始め婚姻したとみなされる（この場合，当人の意思はほとんど無視される。）。

この方式は，地方農村部に存在する慣習的なもので，法律上は，正式な婚姻とは認められない。

② 宗教婚（イスラム婚）

当事者両名が，イスラム教徒であることが絶対の条件であるが，宗教省判事（各地方にいる。）により手続が行われ，同判事によって婚姻証明書が発給される。これを市町村役場に届ける。

この方式が，法律上正式に婚姻として認められる。

③ 市民婚

日本と同様に市町村役場に婚姻届を提出することにより行われる。

この方式も法律上正式な婚姻として認められる。

⑵　婚姻締結手続

成人の女性は，父又は近親の親の１人又は自分で選んだ他の者であるワリ（新婦の保証人）の面前で，婚姻の締結を終えることができる（家族11条）。

婚姻は，公証人又は法的な資格が与えられている公務員の前で締結される（家族18条）。

3　婚姻の証明

婚姻は，身分登録簿の抄本を交付することにより証明される。登録がない場合には，裁判により有効となる（家族22条）。

4　婚姻の無効

同意が無効であるときは，婚姻は無効が宣言される（家族33条）。

禁止された女性の一人と締結した全ての婚姻は，性的関係の成就の前又は後に無効が宣告される（家族34条）。

5　その他

⑴　婚姻の手続

２⑵に記載したとおりの手続を行う必要があるが，日本人男性が当事者の一方である場合は，日本の方式により婚姻した後，婚姻証明書をアルジェリア国の市町村役場に提出する方法をとることができる。

⑵　重婚について

アルジェリア国においては，男性は４人まで妻を持つことは認められており，重婚罪とはならない。

⑶　婚姻によるアルジェリア国籍の取得

アルジェリア人と婚姻した者は，当然にはアルジェリア国籍を取得せず，帰化の申請時に婚姻から３年間以上，また，アルジェリアに２年以上居住している等のときは，アルジェリア国籍を取得する（国籍９条bis）。

〔**根拠法条**〕

家族法（Loi n°84-11 du 09 juin 1984 portant code de la famille）（1984年6月9日制定，2005年2月27日改正）

第1巻　婚姻及び離婚

第1編　婚姻

第1章　婚姻及び婚約

第4条

婚姻は，合法的に男女間に受け入れられた契約である。それは，配偶者を精神的に保護し，家族関係を保持するため，愛情，寛容さ及び相互扶助に基づき，家族を形成する他の目的がある。（2005年2月27日改正）

第2節　婚姻

第7条

婚姻能力は，男性及び女性も満19歳で有効であるとみなされる。ただし，2人の当事者の婚姻の能力が証明されたときは，重要な理由があるか，やむを得ない場合には，裁判官は，年齢の免除を認めることができる。

未成年の配偶者は，婚姻の締結から生じる権利及び義務に関して出廷する能力を取得する。（2005年2月27日改正）

第8条

動機が正当化され，条件及び公平の意思が結び付いているときは，シャリアの制限内で1人以上の妻と婚姻を締結することができる。（以下，略）（2005年2月27日改正）

第8条bis

詐欺の場合は，それぞれの配偶者は，配偶者に対して離婚の訴訟を提起することができる。（2005年2月27日追加）

婚姻の構成要素

第9条

婚姻の契約は，2人の配偶者の同意の交換により完結する。（2005年2月27日改正）

第9条bis

婚姻の契約には，以下に掲げる条件を満たさなければならない。

—婚姻能力

—持参金（la dot）

—新婦の保証人（El wali）

—2人の証人

—婚姻の法定の障害の免除（2005年2月27日追加）

第10条

同意は，当事者のうちの一方の要請と合法的結婚を意味する全ての言葉で示された他の一方の受理から生ずる。

全ての記述形式，言葉又は慣用的に婚姻を意味する身振りそぶりにより表現されたハンディキャップ者の要請及び同意は有効なものである。

第11条

成人の女性は，父又は近親の親の1人又は自分で選んだ他の者であるワリ（新婦の保証人）の面前で婚姻の締結を終えることができる。

本法第7条の規定を損なうことなく，未成年者の婚姻は，父，次に近親の1人であるワリ（新婦の保証人）という間接的な方法で締結することができる。裁判官は，上記の該当者がいない場合の後見人である。（2005年2月27日改正）

第12条（廃止）（2005年2月27日廃止）

第13条

同意なしで結婚することができない後

見の下に置かれた未成年者の婚姻を拘束するため父親や他の者がすることをワリ（新婦の保証人）に禁止される。(2005年２月27日改正)

第14条

持参金は，法定価格又は合法的に認められた他の全ての財産でもって将来の妻に贈られるものである。この持参金は，全ての所有物のものとみなされ，彼女は自由に処分することができる。

第15条

持参金は，その払込みが直ちに，又は期限までであるかについて，婚姻契約で定められる。持参金の総額が定まっていないときは，等価の持参金は配偶者に払い込まれる。(2005年２月27日改正)

第16条

婚姻の成立又は配偶者の死亡には，持参金の全てが妻に正しく与えられる。彼女は，婚姻が成立する前に離婚する場合には，持参金の半分を得る権利がある。

第17条

婚姻の成立前に持参金がいかなる証拠も提出されず，配偶者又は相続人の間の係争の原因となるならば，誓約の下で妻又は相続人のものとなることが規定されている。もし，この係争が成立後に起こるときは，誓約の下で夫又は相続人のものとなることが規定される。

第３節　婚姻の証書及び証拠

第18条

婚姻は，本法第９条及び第９条bisの規定を条件として，公証人又は法的な資格が与えられている公務員の前で締結される。(2005年２月27日改正)

第19条

夫婦は，条件が現行法の規定に反しないときは有効であり，取り分け，一夫多妻及び配偶者の仕事に関して有効と判断された全ての条項について，婚姻の契約又は後に認証された婚姻の契約で規定することができる。(2005年２月27日改正)

第20条（廃止）(2005年２月27日廃止)

第21条

民法の規定は，婚姻証書を登録する手続に関して適用できる。

第22条

婚姻は，身分登録簿の抄本(d'un extrait du registre de l'etat civil) を交付することにより証明される。登録がない場合には，裁判により有効となる。

婚姻の有効の判決は，検察官が転写をしなければならない。(2005年２月27日改正)

第２章　婚姻の障害

第23条

夫婦は，合法的な婚姻においては，絶対的又は一時的障害があってはならない。

第24条

合法的な婚姻における絶対的な障害は，次に掲げる者である。

—血族

—姻戚関係

—乳母関係

第25条

血族により婚姻が禁じられた女性は，母親，娘，姉妹，父方及び母方のおば，兄弟姉妹の娘である。

第26条

姻戚関係により婚姻が禁じられた女性は，次に掲げるものである。

1　婚姻の成立した配偶者の尊属

2　婚姻の完遂（consommation du mariage）後の配偶者の卑属
3　（親等が）無限の配偶者の尊属である配偶者を失うか，又は離婚した女性
4　（親等が）無限の配偶者の卑属である配偶者を失うか，又は離婚した女性

第27条

乳母関係は，全ての女性に対して血族との婚姻が禁止される。

第28条

兄弟姉妹を除き，乳児は，乳母，その配偶者及びその子たちの兄弟姉妹に加わったものとみなされる。

禁止は，その卑属にも適用される。

第29条

乳母関係による禁止は，乳離れ前又は初めの多くの乳から独立した乳児の最初の２年間のみ効力を有する。

第30条

一時的禁止となる女性は，次のとおりである。

—既に婚姻している女性
—離婚又は夫の死亡後の法定再婚禁止期間にある女性
—同じ配偶者に対し，同じ配偶者が３回離縁した女性

男性は，次の場合には，同様に一時的禁止となる。

—姉妹が，同父母，異母腹，同母異父又は乳母関係であるときは，同時に２人の姉妹を配偶者とするか，又は同時に一人の女性と父方又は母方のおばを配偶者とすること。
—イスラム教徒の女性と非イスラム教徒の男性の婚姻（2005年２月27日改正）

第31条

外国人の男女とアルジェリア人男女の婚姻については，法律の規定に従う。（2005年２月27日改正）

第３章　無効

第32条

婚姻障害があるか，又は契約の目的に反した条項が含まれているときは，婚姻は無効が宣言される。（2005年２月27日改正）

第33条

同意が無効であるときは，婚姻は無効が宣言される。

義務としての２人の証人又は持参金又は新郎の保証人のない契約をしたときは，婚姻は性的関係成立前に取り消され，持参金を払い込む権利はない。性的関係成立後に，同等な持参金（“sadaq el mithl”）により，確認される。（2005年２月27日改正）

第34条

禁止された女性の一人と締結した全ての婚姻は，性的関係の成就の前又は後に無効が宣告される。

第35条

婚姻証書が目的に反した条項を含んでいるときは，婚姻が無効と宣言されても証書は有効なものとして残る。

〔**参考**〕

旧婚姻法

第1編　婚姻

第1章　婚姻及び婚約

第4条（家族法と同じ）

第5条　婚約は，婚姻の約束を設定するものであり，婚約者それぞれがこれを破棄することができる。

万一，婚約者の一方に物質的又は精神的な損失を婚約破棄により生じるならば，その賠償を請求することができる。

万一，婚約の破棄が求婚者からの行為によるものであるならば，彼はいかなる現在の損害賠償を要求することができない。

万一，婚約破棄が許嫁からの行為であるならば，彼女は床入りされなかったことを賠償請求しなければならない。

第6条　婚約者は，ファティハ（コーランの婚姻規則）又は未決定の期間の以前に共同生活をすることができる。婚約者及びファティハは，上記第5条の規定により決められている。

第7条　婚姻資格は，男は満21歳，女は満18歳を適齢とみなす。

しかしながら，裁判官は，利害関係人による理由により，若しくは必要な場合には，特例を認めることができる。

第8条　動機が以前及び将来の妻に関する予備的情報の後の平等な共同生活の意思と条件で正当化されているものであるならば，シャリア（イスラム法）の制限内で1人以上の妻と婚姻することが認められている。1人の妻と他の妻は，詐欺の場合には配偶者に対し法的行動を提起したり，同意がない場合には，離婚を請求することができる。

婚姻の構成要素

第9条　婚姻は，将来の配偶者の同意，婚姻後見人及び持参金の保護者と同様に2人の証人の立会いにより契約される。

第10条（家族法と同じ）

第11条　女性に対する婚姻の締結は，彼女の父親若しくは近親の1人である婚姻後見人に帰する。裁判官は，上記の該当者がいない人の婚姻後見人である。

第12条　婚姻後見人（ワリ）は，保護者が希望し，有利なものであるならば，婚姻を契約するための保護下に置かれた人を妨げることはできない。反対がある場合には，裁判官は第9条の規定の下で婚姻を認めることができる。

しかしながら，父親は未成年の娘の婚姻が，その娘の利害関係となるものならば，その婚姻に反対することができる。

第13条～第17条（家族法と同じ）

婚姻の証し及び証書

第18条　婚姻の認定は，第9条の規定のもとで，公証人又は法的に適格者と認められた公務員によって執り行われる。

第19条　夫婦は，法の規定に不適でなければ有効なものと判定される全ての条項で婚姻の契約がなくとも約定することができる。

第20条　将来の配偶者は，婚姻認定の既決に，代理の逆の代理人により有効に代理を行うことができる。

第21条（家族法と同じ）

第22条　婚姻は，戸籍謄本の交付により立証される。記入がない場合には，婚姻の構成要件は法の規定に従って結び付けられるが裁判により有効となる。この手続が，役所に登録され完了する。

第2章　婚姻の障害

第23条～第25条（家族法と同じ）

第26条　親族で婚姻が禁じられている女性は，次のとおりである。

1　婚姻が成立した妻の直系尊属

2　婚姻の性的関係成就後の妻の卑属

3　連れ合いを失った女性又は無限の妻の直系尊属で，離婚した女性

4　連れ合いを失った女性又は無限の夫の卑属で，離婚した女性

第27条～第29条（家族法と同じ）

第30条　一時的禁止となる女性は，次のとおりである。

―既に婚姻している女性

―離婚又は夫の死亡に続き合法的再婚禁止期

間にある女性
—同じ配偶者に対し同じ配偶者と３回離婚した女性
—法的に認められた数に達した女性
姉妹が，同父母，異母腹，同母異父又は乳母関係の姉妹である場合，妻として同時に姉妹２人を持つこと，又は同時に一女性と父方又は母方のおばを持つことは禁止されている。
第31条　イスラム教徒の女性は，非イスラム教徒の男性と婚姻することはできない。
外国人男女とアルジェリア人男性及び同女性との婚姻は，法律の規定に従う。
第３章　悪化した婚姻及び無効な婚姻
第32条　構成要素の１つが悪化するか，又は契約の目的に反した条項の中の障害が含まれている場合又は配偶者から離れることが定められているならば，婚姻は無効であると宣告される。
第33条　婚姻後見人の立会い，２人の証人又は持参金なしで契約した場合，婚姻は性的関係成立前に無効を宣告され，持参金を払い込む権利はない。性的関係の成就の後，構成要素の１つが悪化すれば，同等な持参金により確認される。多くの要素が悪化すれば無効が宣告される。
第34条　禁止された女性の１人と契約した全ての婚姻は，性的関係成就の前後に無効が宣告される。しかしながら，それにより生ずる親子関係が確認され，女性は法定再婚禁止の束縛となる。
第35条（家族法と同じ）

第３　婚姻の解消

１　婚姻の解消事由

婚姻の解消は，離婚又は配偶者の一方の死亡により生ずる（家族47条）。

２　離　　婚

⑴　再婚の制限

続けて３回配偶者と離婚した者は，配偶者が別の者と婚姻し，離婚したか，又は同居後に死亡した後でなければ，その配偶者と再び婚姻することができない（家族51条）。

⑵　法律上の待婚期間（イッダ）

ア　婚姻の成就後に離婚した妊娠していない女性

３回の月経期間の待婚期間を遵守する義務がある。

月経のない者の待婚期間は，離婚の宣言の日から３か月である（家族58条）。

イ　死亡した夫の配偶者

４か月と10日の待婚期間を遵守する義務がある。

夫が失踪宣告された配偶者も同様であり，失踪が確認された裁判の宣告日から計算される（家族59条）。

ウ　妊娠している女性

出産するまで，待婚期間が継続する。

妊娠の最長期間は，離婚の日又は夫の死亡の日から10か月である（家族60条）。

〔根拠法条〕

家族法（1984年6月9日制定，2005年2月27日改正）

第1巻　婚姻及び離婚

第2編　婚姻の解消

第47条

婚姻の解消は，離婚又は配偶者の一方の死亡により生ずる。

第1章　離婚

第48条

離婚は，以下の第49条の規定を条件とする婚姻の解消である。離婚は，配偶者の意思，夫婦の相互の同意又は本法第53条及び第54条に規定された場合の限度で配偶者の請求により生じる。（2005年2月27日改正）

第49条・第50条（略）

第51条

続けて3回配偶者と離婚した者は，配偶者が別の者と婚姻し，離婚したか，又は同居後に死亡した後でなければ，その配偶者と再び婚姻することができない。

第2章　離婚の効力　法律上の待婚期間（イッダ（'Idda））

第58条

婚姻の成就後に離婚した妊娠していない女性は，3回の月経期間の待婚期間を遵守する義務がある。月経のない者の離婚の待婚期間は，離婚の宣言の日から3か月である。

第59条

死亡した夫の配偶者は，4か月と10日の待婚期間を遵守する義務がある。夫が失踪宣告された配偶者も同様であり，失踪が確認された裁判の宣告日から計算される。

第60条

妊娠している女性は，出産するまで，待婚期間が継続する。妊娠の最長期間は，離婚の日又は夫の死亡の日から10か月である。

第4　出　　生

1　出生証明書

アルジェリア国アルジェ県ヒドラ市発行の出生証明書は，資料7－1（本文

880頁）参照。

2 出生子の身分

妊娠期間は，６か月から最大で10か月であるとされ（家族42条），また，別居又は死亡の日から10か月内に出生したときは，子は父の子であるとされる（家族43条）。

3 国籍留保届

アルジェリアは，父母両系血統主義国（**注**）であり，アルジェリア国内で出生した事実だけでは，同国の国籍を取得しない（国籍６条・７条）。

したがって，日本人夫婦の子がアルジェリア国内で出生した場合は，国籍留保の届出を要しないが，夫婦の一方が日本人で，他方がアルジェリア人の子がアルジェリア国内（又はその他の外国）で出生した場合は，出生の日から３か月以内に日本国籍を留保する意思を表示しなければ，子は日本国籍を喪失する（日国12条）。

（**注**）アルジェリアは，1970年12月15日付け国籍に関する政令の施行時は父系血統主義（国籍に関する政令６条）であったが，2005年国籍法で父母両系血統主義に変更している。

4 出生場所の記載

「アルジェリア国アルジェ県アルジェ市で出生」（【出生地】アルジェリア国アルジェ県アルジェ市）と記載する。

（**注**）資料では，48の州があると記載している資料もあるが，外務省では，県になっている。

〔根拠法条〕

アルジェリア国籍法（Ordonnance n° 05-01 du 18 Moharram 1426 correspondant au 27 fevrier 2005 modifiant et completant l'ordonnance n° 70-86 du 15 decembre 1970 portant Code de la nationalité Algérinne）（2005年２月27日）

出生による国籍
第6条
　父又は母がアルジェリア人である子は，アルジェリア人とみなす。
第7条
　アルジェリアで出生した以下の者は，アルジェリア人である：
1　親が知れず，アルジェリアで出生した子
(略)
　アルジェリアで見つかった新生児は，反証があるまで，アルジェリアで出生したものと推定される。
2　アルジェリアで出生し，父が知れず，子の出生時に母しかいなく，母の国籍の証明のない子

家族法（1984年6月9日制定，2005年2月27日改正）
第1巻　婚姻及び離婚
第1編　婚姻
第4章　親子関係
第42条
　妊娠期間は，6か月から最大で10か月である。
第43条
　別居又は死亡の日から10月内に出生したときは，子は父の子である。

〔**参考**〕

国籍に関する政令（1970年12月15日付政令第70－86号）
第2章　原国籍
第6条　次の者は，血統に基づきアルジェリア国籍を有する。
1　アルジェリア人を父とする子
2　アルジェリア人を母として出生した父の知れない子
3　アルジェリア人の母と無国籍者の父との間に生まれた子
第7条　次の者は，アルジェリアにおいて出生した事実に基づきアルジェリア国籍を有する。
1　アルジェリアにおいて出生した子で父母がともに知れない場合。
　ただし，アルジェリアにおいて出生した子で父母がともに知れない場合であっても，同人が未成年である間に外国人との親子関係が証明され，当該外国人の国の法律に従い当該国の国籍を有する場合には，いかなる時点においてもアルジェリア人ではなかったものとみなされる。
　アルジェリアにおいて発見された新生児は，その逆の証拠が発見されない限り，アルジェリアで出生したものとみなされる。
2　アルジェリア人の母とアルジェリアで出生した外国人の父との間にアルジェリアで出生した子。ただし，その子が成人に達する前の1年間にアルジェリア国籍を放棄する場合は，この限りでない。
(総覧1－512)

第5　養子縁組

アルジェリアでは，養子縁組は法律で禁止されている（家族46条）。

〔根拠法条〕

家族法（1984年6月9日制定，2005年2月27日改正）

第1巻 婚姻及び離婚

第1編 婚姻

第5章（親子関係）

第46条

養子縁組（Tabanni）は，shari'aと法により禁止される。

第6 国 籍

1 二重国籍

アルジェリアでは，二重国籍は認められない（国籍18条）。

2 アルジェリア国籍の喪失

①外国において，外国の国籍を自発的に取得し，アルジェリア国籍の放棄を命令により認められたアルジェリア人，②出生による外国の国籍を有し，アルジェリア国籍の放棄を命令により認められたアルジェリア人，未成年者，③外国人の配偶者で，婚姻により夫の国籍を実際に取得し，アルジェリア国籍の放棄を命令により認められたアルジェリア人の女性等は，アルジェリア国籍を喪失する（国籍18条）。

〔根拠法条〕

アルジェリア国籍法（2005年2月27日）

第4章 喪失及び失効

喪失

第18条

以下に掲げる者は，アルジェリア国籍を喪失する。

1 外国において，外国の国籍を自発的に取得し，アルジェリア国籍の放棄を命令により認められたアルジェリア人

2 出生による外国の国籍を有し，アルジェリア国籍の放棄を命令により認められたアルジェリア人，同様に未成年者

3 外国人の配偶者で，婚姻により夫の国籍を実際に取得し，アルジェリア国籍の放棄を命令により認められたアルジェリア人の女性

4 前条第2段落を目的とした場合で，アルジェリア国籍の放棄を宣言するアルジェリア人

資料7－1〔出生証明書〕

本写しは、原本と相違ないことを確認した。　在アルジェリア日本国大使館
2008年11月18日　三等書記官 ※※※※ 印

REPUBLIQUE ALGERIENNE DEMOCRATIQUE ET POPULAIRE

WILAYA
d Alger

DAIRA
de Bir Mourad Raïs

COMMUNE
de Hydra

ETAT CIVIL

N° ※※

ACTE DE NAISSANCE

Copie Intégrale

Le (1) ※ novembre deux mille huit
à neuf heures trente, est né à Hydra
(2) ○○ ○○
du sexe Masculin, fils de □□ □□

et de △△ △△

domiciliés

Dressé le (1) 10 Novembre 2008
à quatorze heure sur la déclaration
faite (3) Par Le Pere
Nous ※※※※ President de
l'assemblée populaire Communale de Hydra

suivent les signatures :

Pour copie conforme :
Hydra le 10 Novembre 2008

Cachet de la Commune

(署名)

(1) En toutes lettres.
(2) Nom et prénoms de l'enfant.
(3) Par le père, le médecin, la sage-femme ou toute autre personne ayant assisté à l'accouchement.

Marié le
avec
Fait le

EC 12 - Imp. Officielle, Alger

資料７－１

アルジェ県
ビル・ムラド・ライス郡
ヒドラ市

出生証明書

2008 年 11 月 ※ 日 午前９時30分
ヒドラ市にて出生
○○○○（男）
父・□□□□
母・(旧姓・△△）△△

申請日　2008 年 11 月 10 日 午後２時
申請者　父

※※※※・ヒドラ市長
ヒドラ市
2008 年 11 月 10 日

翻訳者　□□□□

8　アルゼンチン（アルゼンチン共和国）

第1　姓名制度

1　名と姓に関するアルゼンチンの法律

姓名に関するアルゼンチンの法律（自然人の名に関する1969年法律第18248号第3条第5項）は，1969年6月24日から施行されている。

2　氏　　名

氏名は，「氏」と個人名である「名」から構成され，「名」は3つまで付けることができる。

通常は，「名」，「氏」の順で使用されるが，名簿等には逆に「氏」，「名」の順で記載されることもある（南野聡「諸外国における氏制度の調査結果について」戸籍584-22)。

第2　婚　　姻

1　概　　説

婚姻について規定しているアルゼンチンの民法は，1987年6月12日付け官報で公示された婚姻法第23号・第515号（通称離婚法）により一部差し替えられた。

2　婚姻証明書

アルゼンチン国ブエノスアイレス市戸籍係登録官発行の婚姻証明書（婚姻登録書）は，資料8－1（本文899頁）参照。

3　実質的成立要件

(1)　婚姻適齢

男子は18歳，女子は16歳である（2003年時点）。

ただし，未成年者及び親権者の意見を徴し，裁判官は例外を認めることができる。

(2)　婚姻阻害条件

婚姻阻害条件として，養子縁組関係事項が明記された。

完全養子の場合は，血族間の婚姻の場合と同じであるが，単純養子の場合は，養親と養子，養親と養子の卑属及び配偶者，養子と養親の配偶者，同じ養親を持つ養子相互間，養子と養親の子の間等の婚姻は認められず，単純養子に係る婚姻阻害条件は，単純養子縁組が撤回又は取り消されるまで存続する（民法166条３項）。

(3)　再婚禁止期間

従来は，10か月の再婚禁止期間が規定されていたが（法律第17号・第771号にて改正された法律第2393号の第93条），1987年に再婚禁止の規定は廃止された（千藤洋三「Ⅱ　再婚禁止期間について」時報688-22参照）。

4　形式的成立要件

各州においては，州政府身分登録局，市町村支部（あるいは出張所）において，婚姻当事者が出頭の上，当該権限を有する官吏が定めた形式に基づき儀式を行い，当事者の意思を確認した上で，婚姻の成立を宣言し，当事者双方及び証人２人，それに身分登録局官吏が婚姻登録原簿に署名して婚姻が成立する。

なお，ブエノスアイレス市については，連邦政府の直轄地であるため，ブエノスアイレス市身分登録局及び同支部において行う。

5　婚姻証明書の発給権者

婚姻が行われた地区の州政府（ブエノスアイレス市においては，市），身分登録局又は同支部長が婚姻証明書の発給権限を有し，これを身分登録局，内務省，外務省の認証を得て，対外的に有効な婚姻証明書となる。

（注）　先例では，アルゼンチンで成立した婚姻は，原則として挙式証書又はその謄本により証明されるものの，通常は身分登録所長の交付する証明書で済まされているようであるとされているが（昭和57．5．10民二3302号回答（戸籍455-79）），本文の取扱いは，外務省の調査によるものであり，その取扱いによるのが適当と思われる。

6　妻の姓の変動

従来は，妻の氏の後に夫の姓を付すことが義務付けられていた（注）が，民法改正後は，夫の姓を付すか否かは妻の選択にゆだねられることになった。

身分登録局の婚姻登録簿に登録される。

（注）　婚姻によって夫の氏は変わらないが，妻は，その氏の後に夫の氏を「デ」（de）を付して追加する。例えば，カルロス・メネンとスレマ・ヨマが婚姻した場合，妻の氏名がスレマ・ヨマ・デ・メネンとなるとされていた（南野・前掲(882)）。

（1・3～6につき，平成7年5月調査）

〔根拠法条〕

民法（1869年法律第340号，1987年法律第2351号最近改正）

第1編　人

第2部　家族関係における人的権利

第14章　婚姻無効

第219条

第166条第1号，第2号，第3号，第4号，第6号及び第7号に定める障害事由のいずれかに該当する婚姻は，絶対無効とする。その無効については，各配偶者及び婚姻の挙行に異議を述べることができた者が申立権を有する。

第220条

以下に掲げる場合には，婚姻は相対無効とする。

1　第166条第5号に定める障害事由に該当する婚姻がなされた場合。その無効については，無能力である配偶者及びその配偶者を代理して婚姻の挙行に異議を述べることができた者が申立権を有する。ただし，同居が継続しており，夫婦の一方又は双方が成人年齢に達した場合，あるいは年齢を問わず，妻が妊娠した場合には，婚姻の無効を申し立てることができない。

2　第166条第8号に定める障害事由に

該当する婚姻がなされた場合。その無効については，婚姻の挙行に異議を述べることができた者が申立権を有する。当該無能力者が事理弁識能力を回復した場合に，同居が継続しておらず，しかも他方配偶者が婚姻挙行時にその者が事理弁識能力を欠いていることを知らず，無能力であることを知った後に婚姻生活を営んでいなかったときには，婚姻の無効を申し立てることができる。

3 夫婦の一方又は双方が生殖能力を欠いており，両者間の性的関係が完全に不可能である場合。訴訟手続は，他方配偶者又は夫婦双方の生殖能力の欠如を主張する配偶者が行う。

4 第175条に定める瑕疵のある同意に基づいて婚姻がなされた場合。その無効については，錯誤，詐欺又は暴力による合意の瑕疵の被害者である配偶者だけが申立権を有し，当該錯誤を知った，又は暴力が止んだ後30日以内に同居を解消していることが要件となる。

第15章 婚姻無効の効果

第221条

無効とされた婚姻について，両配偶者が善意であった場合には，当該婚姻は，無効が申し渡される日まで，有効な婚姻がもつ全ての効果をもつ。ただし，婚姻の無効によって，以下の効果が生ずる。

1 両配偶者については，婚姻から生ずる全ての権利及び義務が消滅する。ただし，第209条に定める生活費の全てに関する扶養義務だけはその限りでない。

2 財産については，本法第1306条に定める夫婦財産関係が妥当する。

第222条

夫婦の一方だけが善意であった場合には，当該婚姻は，無効判決の日までに，善意の配偶者についてのみ，有効な婚姻がもつ全ての効果をもつ。その場合には，無効によって，以下の効果が生ずる。

1 悪意の配偶者は，善意の配偶者に対して扶養料の支払を求めることができない。

2 善意の配偶者は，婚姻の際に悪意の配偶者に対して行った贈与を撤回することができる。

3 善意の配偶者は，各配偶者が婚姻前及び婚姻後に自己のために取得又は形成した財産を保持するか，第1315条の適用によって悪意の配偶者との共有財産制を解消するか，あるいは各配偶者の所有する財産を開示させ，事実上の夫婦財産制であるかのように，応分の財産分割を求めるかを選択することができる。

第223条

無効とされた婚姻について，両配偶者とも悪意であった場合には，民事上の効果は一切発生しない。ただし，無効によって，以下の効果が生ずる。

1 当該婚姻関係は，事実婚とみなされる。

2 財産については，いかなる夫婦財産契約の効果も認められず，両配偶者の持分が証明される場合には，事実上の夫婦財産関係の解消の場合と同様に扱われる。

第224条

夫婦が悪意であることとは，婚姻挙行

時に，婚姻障害又は婚姻を無効とする事情が存在することを知っていたことを指す。法の不知又は誤認によって，善意とされることはない。事実の不知又は誤認で免責され得ないものについても同様であるが，その誤認が詐欺によって惹起された場合には，その限りでない。

第225条

善意の配偶者は，悪意の配偶者，そして錯誤を惹起し，詐欺を行い，あるいは暴力を振るった第三者に対して，損害賠償を請求することができる。

第226条

上記の全ての場合において，善意によって当該夫婦と取引した第三者が取得した権利は，婚姻無効によって害されない。

第16章 訴訟手続

第227条

法定別居，離婚，婚姻無効及び婚姻の効果に関する訴訟は，最後の実効的な婚姻住所地の裁判官又は被告配偶者の住所地の裁判官に対して提起しなければならない。

第228条

扶養請求権については，以下の裁判官に管轄が認められる。

1 法定別居，離婚又は婚姻無効に関する訴訟手続を行う裁判官

2 扶養請求が主位的請求である場合は，原告の選択に基づいて，婚姻住所地の裁判官，被告の住所地の裁判官，扶養権利者の常居所地の裁判官，あるいは扶養義務の履行地又は扶養に関する合意がなされた地が被告の居所と一致する場合には，その地の裁判官

第229条

法定別居及び離婚は，それを命ずる判決が下されない限り存在しない。

第230条

いずれかの配偶者による，権限のある裁判官に対して法定別居又は離婚を申し立てる権利の放棄，そして法定別居又は離婚を求める原因となる事由を制限又は拡大する条項又は合意は，全て無効とする。

第231条

① 裁判官は，法定別居又は離婚に関する訴訟手続の開始後，緊急時にはその開始前に，いずれかの配偶者が婚姻住居を立ち去らねばならないこと，又は婚姻住居に戻らねばならないことを決定し，本法に従っていずれの配偶者に子の監護権が帰属するかを決定し，扶養権利者である配偶者及び子に対して支払われるべき扶養料の額及び訴訟手続に要する費用の額を確定することができる。

② 夫婦間での暫定的な扶養料の請求においては，援用されている扶養請求権又は扶養義務の法的有効性について事前審査はなされない。

第232条

法定別居又は離婚の訴訟手続においては，自白又は黙認は十分な証拠とはみなされない。ただし，第204条及び第214条第2号に規定する場合については，この限りでない。

第233条

裁判官は，法定別居又は離婚の訴訟手続中に，緊急時にはその開始前に，当事者の申立てに基づいて，一方配偶者による財産の管理又は処分によって他方配偶

者の財産権が危うくなり，特定できなくなり，又は他方配偶者の財産権が詐取されるのを防ぐために仮処分を命ずるものとする。同様に，裁判官は，夫婦双方に帰属している財産又は権利の存在を明確にするための処分を命ずることができる。

第234条

① 当該訴訟の基礎となる事実が発生した後に夫婦が和睦した場合には，法定別居又は離婚の訴訟手続は中止され，法定別居判決の効力は失われる。夫婦の和睦によって，完全に提訴前の状態が回復する。夫婦が同居したものと推定される。

② 離婚判決が確定した後の夫婦の和睦は，新たな婚姻をすることによってのみ効果をもつ。

第235条

法定別居及び離婚に関する争訟性の訴訟手続においては，その判決に理由を付すものとする。裁判官は，夫婦の一方又は双方が有責であることを申し渡す。ただし，第203条，第204条第１文及び第214条第２号に定める場合は，この限りでない。

第236条

① 第205条及び第215条に定める場合において，夫婦共同の申立ては，以下の事項に関する合意を含み得る。

1　子に対する面接権及びその行使方法

2　婚姻住居の割当て

3　夫婦及び未成年又は無能力の子に対する扶養及びその実行方法

② 同様に，当事者は，夫婦財産関係の対象財産について適切な合意をすることができる。合意がない場合には，夫婦財産の清算は，略式手続によって行われる。

③ 裁判官は，夫婦が作成した合意条項の一又は複数が，一方当事者の利益又は子の福祉に重大な影響を与えると判断する場合には，それを無効とすることができる。当事者による申立てがなされると，裁判官は，当事者を尋問するために開廷し，両者の調停に努めるものとする。法廷において当事者が表明した内容は非公開とし，記録には記載されない。夫婦双方とも出頭しない場合には，調停の試みは何ら効果をもたない。

④ 調停が直ちに成立しない場合には，裁判官は，当事者に対して和睦を促し，２か月以上３か月未満の期間に再度開廷するものとし，夫婦の和睦が成立した場合には，当事者は自ら，又は特別に授権された代理人を通じてその旨を表明しなければならない。調停が不調に終わった場合には，裁判官は，当事者が主張した事由が十分に基礎づけられていれば，法定別居又は離婚を言い渡す。判決においては，当該事由によって道徳的に婚姻生活の継続が不可能になったことだけを述べ，当該判決の基礎となった理由には言及しないものとする。

第237条

夫婦の一方が法定別居を申し立てた場合には，反訴として離婚を，夫婦の一方が離婚を申し立てた場合には，反訴として法定別居を請求することができる。法定別居の請求又は反訴の請求の基礎となる事実が証明された場合であっても，離婚原因に該当する事実が証明されていれば，離婚を言い渡すものとする。

第238条

① 夫婦は，法定別居判決が確定してから

1年以上を経過した後，第202条，第204条及び第205条に定める場合に該当するときには，法定別居の離婚への転換を求めることができる。

② いずれの配偶者も，法定別居判決が確定してから3年以上経過した後，第202条，第203条，第204条及び第205条に定める要件が満たされる場合には，法定別居の離婚への転換を求めることができる。

第239条

① 婚姻無効確認訴訟は，夫婦双方が生存しているのでなければ，提起することができない。

② ただし，夫婦の一方は，いかなるときにも，他方配偶者がした後婚について，婚姻無効確認訴訟を提起することができる。抗弁として前婚の無効が主張された場合には，まず第一にその抗弁について判断がなされる。

③ 既存の婚姻関係による障害事由があるにもかかわらず，後婚をした配偶者の遺族は，従前の婚姻による拘束を無視して行われた婚姻の無効確認を申し立てることができる。

④ 第1項に定める禁止規定は，原告の権利について判断するために婚姻の有効性を審査する必要があり，しかも当該婚姻の絶対無効が直系卑属又は尊属によって援用されている場合には適用されない。

⑤ 婚姻無効確認訴訟は，夫婦双方が生存しているのでなければ，検察庁が提起することはできない。

⑥ いかなる婚姻も，正当な申立権者によって提起された訴訟において，当該婚姻を無効とする判決が下されたのでない限り，無効とされることはない。

第3　離　　婚

1　概　　説

民法は，1987年6月12日付け官報で公示された婚姻法第23515号により，離婚制度が導入されたため，通称離婚法と呼ばれている。

2　離婚制度

従来は，法律上の別居しか認められなかった（**注**）が，1の婚姻法により離婚が認められることになった。

本法律によれば，離婚，別居に関して次の制度が導入された。しかし，法定別居，離婚及び協議による離婚を含め，判決がない限り成立しない（民法229条)。

① 裁判に基づく別居（民法201条～204条)

② 協議による別居（民法205条)

③　裁判に基づく離婚（民法214条）

④　協議離婚（民法215条）

別居が宣告され，３年を経過した後は，当事者の一方からの申請により，又は１年を経過した後は，当事者双方の合意に基づく申請により別居を離婚に切り替えることが認められており，この別居及び離婚制度の併用は，過渡的な措置と考えられている。

（注）　先例では，離婚は認められないとされていた（昭和57．５．10民二3302号回答）が，現在は上記のとおり離婚が認められており，日本法では離婚が成立するが，アルゼンチン法では離婚が成立しないというは（跛）行離婚とはならなくなった。

（１・２につき，平成７年調査）

３　離婚による氏の変動

離婚した場合，妻には夫の氏を維持するか，又は削除するかを選択する権利が認められている。ただし，重大な理由がある場合は，夫からの申請により，裁判所は妻に対し，夫の氏の使用を禁ずることができる。

離婚は，身分登録局の婚姻登録簿の該当欄（左脇）に記入される（南野・前掲(882)）。

〔根拠法条〕

民法（1869年法律第340号，1987年法律第2351号最近改正）

第１編　人

第２部　家族関係における人的権利

第９章　法定別居

第201条

法定別居は，婚姻関係を解消しない。

第202条

法定別居原因は，以下に掲げる事由とする。

1　不貞行為

2　夫婦の一方が，主犯，共犯又は教唆犯として，他方配偶者又は子－両者の子であるか否かを問わない－を殺害しようとしたこと。

3　一方の配偶者が他方配偶者に対して犯罪を犯すよう教唆したこと。

4　重大な傷害。裁判官は，その評価を行う際に，教育，社会的地位，その他の事情を考慮に入れるものとする。

5　意図的かつ悪意による遺棄

第203条

夫婦の一方は，他方配偶者の恒常的な重大な精神障害，アルコール依存症又は麻薬中毒の症状が，婚姻生活又は病気の配偶者と子との共同生活を困難とするような異常な行動を惹起する場合には，それを理由に法定別居を求めることができる。

第204条

夫婦が2年以上同居を回復する意思なくして同居を中断している場合には，夫婦いずれかの申立てに基づいて，法定別居を命ずることができる。夫婦の一方が別居について有責でなかったことを主張かつ証明した場合には，判決は，無責配偶者に認められる権利を留保した上で，法定別居を命ずる。

第205条

婚姻成立後2年以上経過した場合には，夫婦は共同の申立てによって，権限のある裁判官に対して道徳的に婚姻生活の継続を不可能とする十分な事由が存することを示すことで，第236条の規定に従って法定別居を求めることができる。

第10章　法定別居の効果

第206条

① 確定判決によって法定別居が成立した場合には，各配偶者は，自由に自己の住所又は居所を決定することができる。両配偶者が子に対して監護義務を負う場合には，親権に関する規定が適用される。

② 5歳未満の子は，母の監護の下に置かれる。ただし，未成年者の福祉に関わる重大な事由が存する場合は，その限りでない。5歳以上の子は，夫婦の合意がない場合には，裁判官がより適格であると判断する配偶者の監護の下に置かれる。両親はともに子に対する全ての責任及び義務を負う。

第207条

第202条に定める場合において，法定別居について有責であった配偶者は，他方配偶者も同様に，法定別居について有責であったのでない限り，両者の財産状態を考慮した上で，他方配偶者が婚姻生活中の経済状態を維持できるようにする義務を負う。扶養料の決定においては，以下の事情を考慮する。

1　夫婦の年齢及び健康状態

2　子に対する監護権を持つ親の子に対する養育及び教育への貢献度

3　扶養権利者の稼働能力及び就労可能性

4　該当する場合には，年金請求権の喪失

5　夫婦財産関係（sociedad conyugal）の解消以後の各配偶者の資力及び生活費。裁判官は，判決において扶養料を変更するための基準を確定する。

第208条

法定別居が，第203条に定めるいずれかの原因に基づいて命じられる場合には，前条に定める規定は，適切な範囲で病気の配偶者に有利となるように適用されるほか，病気の配偶者には，夫婦双方の生活費及び資力を考慮した上で，その治療及び回復に必要な費用が支払われなければならない。以上の義務を負っている配偶者が死亡した場合には，既に離婚によって婚姻関係が終了していても，その給付は相続財産の負担となり，相続人は遺産分割の際に，当該給付を継続して行うよう配慮しなければならない。

第209条

夫婦のいずれも，法定別居判決において有責であると申し渡されたか否かにかかわらず，十分な資力がなく，資力を得る合理的な見込みもない場合には，他方配偶者に対して，その生活保持に必要な費用を支払うよう求める権利を有する。その生活費及び扶養料を決定する際には，第207条第１号，第２号及び第３号に定められた基準を考慮する。

第210条

扶養請求権をもつ配偶者が事実婚状態に入った場合又は他方配偶者に重大な傷害を与えた場合には，扶養請求権は全て消滅する。

第211条

法定別居判決が言い渡された後，訴訟手続中に住居を割り当てられた，又は婚姻住居に引き続き居住している配偶者は，以下の場合には，当該住居が夫婦財産関係の解消において清算又は分割の対象となったものではないことを主張できる。すなわち，夫婦財産の清算又は分割へと算入することで大きな損害を被る場合であって，しかも自らは法定別居について有責でなかった場合，あるいは法定別居が第203条に基づいて言い渡されており，かつ当該住居が病気の配偶者によって利用されている場合である。同様の事情の下で，他方配偶者が当該住居を所有している場合には，裁判官は，その者のために，夫婦双方の経済状態及び家族の利益を考慮した上で，用益賃貸借（locacion）を期限付きで設定し，その家賃を定めることができる。以上の居住権は，第210条に定める場合には消滅する。同様に，以上の居住権を付与する原因となった事情が消滅した場合にも，裁判官は，用益賃貸借又は住居に関する財産の不分割の終了を言い渡すことができる。

第212条

夫が法定別居について有責でなく，第203条及び第204条に定める要件の下に別居を申し立てたのでもない場合には，夫婦財産契約に基づいて妻に対して行った贈与を撤回することができる。

第11章　婚姻関係の解消

第213条

婚姻関係は，以下のいずれかの事由によって解消される。

1　夫婦の一方の死亡

2　死亡の推定を伴う不在宣告を受けた配偶者がしていた婚姻

3　離婚判決

第12章　離婚

第214条

離婚原因は，以下に掲げる事由とする。

1　第202条に定める事由

2　夫婦が３年以上同居を回復する意思なくして事実上別居しており，第204条に定める要件が満たされていること。

第215条

婚姻成立後３年以上経過した場合には，夫婦は共同の申立てによって，権限をもつ裁判官に対して道徳的に婚姻生活の継続を不可能とする十分な事由が存することを示すことで，第236条の規定に従って離婚を求めることができる。

第216条

離婚は，第238条に定める期間及び要件に基づいて，確定した法定別居判決を離婚に転換することで言い渡すことができきる。

第13章　離婚の効果

第217条

離婚判決は，第206条，第207条，第208条，第209条，第210条，第211条及び第212条に定める法定別居の効果と同じ効果をもつ。両配偶者は，婚姻能力を回復し，第3574条最終項に定めるとおり，相互の相続権は消滅する。

第218条

第207条，第208条及び第209条に定める扶養請求権及び扶助請求権は，当該権利者が新たな婚姻をした場合，事実婚状態に入った場合又は他方配偶者に重大な傷害を与えた場合には，終了する。

第4　出　　生

1　国籍留保届

アルゼンチンは，生地主義国であり，アルゼンチン国内で出生した事実によって，同国の国籍を取得するので（国籍３条ａ），日本人夫婦又は一方が日本人で他方が外国人の夫婦の子がアルゼンチン国内で出生したときは，出生の日から３か月以内に日本国籍を留保する意思を表示しなければ，子は日本国籍を喪失する（日国12条）。

ただし，父又は母が外交使節である場合は，子はアルゼンチン人とならない（**注１**）（国籍３条ａただし書）。

また，子がアルゼンチン以外の外国で出生した場合でも，その父母の一方が国，州又は市政府の公務で当該外国に在る場合も，アルゼンチン人となる（国籍３条ｄ）（**注２**）。

（**注１**）　アルゼンチンでは，派遣職員の子は，1869年の同国国籍法第１条第１項ただし書の「公使館員の子」に当たり，アルゼンチンの国籍を取得しないとの解釈がされている（樋口健児「渉外戸籍届出事件における若干の問題点の検討（上）」戸籍558-15）。

（**注２**）　アルゼンチン国籍法の条文では，子が外国で出生したときにアルゼンチン市民となるのは，「アルゼンチンの市民権を取得できる生来のアルゼンチン人の子」と規定されているが，両親が共にアルゼンチン市民のときに限る旨記載されている文献もあり，留意する必要がある。

2 出生場所の記載

⑴ 行政区画

アルゼンチンは，23の州（provincia）（**注**）及び連邦首都区（連邦首府）から構成されている。また，州はさらに市郡に分割されている。

（**注**） 州は，ブエノスアイレス州，カタマルカ州，コルドバ州，コリエンテス州，チャコ州，チュブト州，エントレリオス州，フォルモサ州，フフイ州，ラパンパ州，ラリオハ州，メンドサ州，ミシオネス州，ネウケン州，リオネグロ州，サルタ州，サンファン州，サンルイス州，サンタクルス州，サンタフェ州，サンティアゴデルエステロ州，トゥクマン州，ティエラデルフェ州である。

⑵ 戸籍の記載

「アルゼンチン国ブエノスアイレス州ブエノスアイレス市で出生」（【出生地】アルゼンチン国ブエノスアイレス州ブエノスアイレス市），「アルゼンチン国ミシオネス州ポサーダス市で出生」（【出生地】アルゼンチン国ミシオネス州ポサーダス市）と記載する。

3 子の氏

⑴ 夫婦間に出生した子

父の氏（父が結合氏を使用している場合は，第１氏）を称する。子は，父母の申請により，父の結合氏を使用することもでき，また，父の第１氏に母の氏を追加して結合氏とすることも認められている。子が父の結合氏の使用又は母の氏の結合を希望する場合は，18歳に達した後に申請することができる。いったん追加された氏は，その後削除することができない。

⑵ 未婚の状態で出生した子の姓

その子が両親から認知されている場合は，同時に，又は引き続き父の姓を与えられる。もし，父の認知が母の認知より後である場合は，母親の姓を保持することができる。

（平成16年調査，南野・前掲(882)）

4　出生証明書

アルゼンチン国ブエノスアイレス市戸籍係登録官作成の出生証明書は，資料8－2（本文901頁）参照。

〔根拠法条〕

国籍及び市民権法（1978年5月18日法律第21795号）

序　編

第1編　アルゼンチン国籍

第1章　生来のアルゼンチン人

第3条　次の者は，生来のアルゼンチン人とする。

a）アルゼンチン共和国の領土，領海又は領空内で生まれた者。ただし，外国人の子であって，父母の一方が，アルゼンチン共和国によって承認された外国の在外勤務の代理人若しくは公的職務として，又は国際機関の代表として当国内におり，その両親が当該外国の法令に従ってその国の国籍を有し，アルゼンチン国籍を有しない者は，この限りでない。

b）アルゼンチンの公使館，外交代表部，飛行船又は軍艦内で生まれた者

c）アルゼンチン国旗の下に，公海又は国際地域内及びそれぞれの上空で生まれた者

d）父又は母がアルゼンチン人で外国で生まれた子で，その父母の一方が国，州又は市政府の公務で当該外国にいる場合

e）（略）

第2編　アルゼンチン市民権

第1章　アルゼンチン市民

第10条　次の者は，アルゼンチン市民とする。

a）18歳に達した生来のアルゼンチン人

b）国籍取得後3年を経過し，共和国の領土に引き続き5年間適法に居住し，正当な裁判所に手続をした帰化アルゼンチン人。

（総覧1－521）

第5　認　　知

1　任意認知

(1)　認知の方法

アルゼンチンでは，以下の方法で，認知をすることができる。

①　身分登録所に出生届を行う時又はその後に届出をする。

②　公証書又は私文書による。

③　遺言による（嫡出子２条）。

⑵　保護要件

認知をするには子の承諾を要しない（嫡出子２条）。

2　裁判認知

認知を求める訴えを提起することができる。ただし，婚姻している女性に対し認知の訴えをすることはできず，また，認知により従来の親子関係に変更をもたらす場合は，認知の訴えと同時又はそれ以前に従前の親子関係を否定する訴えを提起しなければならない（嫡出子３条）。

3　胎児認知

民法により，「認知は，身分登録所に出生届をする時点又は後日その旨を身分登録所に届け出る時点で成立する」ことになっていることから，胎児を認知することができない。

したがって，出生以前に胎児認知をしても法律的に何ら効力を有さず，身分登録所でも受け付けられない（平成８年調査）。

4　認知証書

出生の届出に添付されている「登録地方代理人が証明した戸籍台帳への子の出生登録」は，父の申告書によって登録した旨の記載があることから，戸籍法第41条の認知証書と認められている（昭和49．８．20民二4766号回答（戸籍474-65））。

〔根拠法条〕

嫡出子，婚外子に関する法律第17号，711号及び第28号，248号において改定された1954年９月30日付け法律第14号，367号

第２条　子の認知は，取り消すことができず，そのもたらす法律的効力を変更するごとき条件を付すことはできず，また，子の承諾を必要としない。

認知は，父又は母により，別個に又は一緒に次の方法により認知をすることができる。

1　身分登録所に出生届を行う時又はそ

の後，届出をすることにより。

2　公証書又は私文書により，それを認めることにより。

3　遺言により，たとえそれが偶発的に認知と了解される表現が行われた場合でも認知と認める。

第3条　認知を求める訴えは，民法第325条の規定に従う。ただし，婚姻している女性に対し，その子であるとしての認知の訴えはすることはできない。

認知をすることにより，従来存在していた親子関係に変更をもたらす場合には，認知の訴えと同時又はそれ以前に従前の親子関係を否定する訴えを行わなければならない。

第4条（廃止）

第5条　身分登録所は，子が婚内子であるか，婚外子であるか判明しない表現にて作成された出生証明書のみを発給するものとする。

出生証明書は，本人，直系尊属，法定代理人，裁判所命令又は正当な理由を有することを立証した者からの申請のみにより，発給されるものとする。

第6条（廃止）

（以下，略）

民法（1869年法律第340号，1987年法律第2351号最近改正）

第255条（1985年9月25日付け法律第23,264号第2条において改定）

父母不明の出生届が行われた場合，身分登録所は，その旨未成年保護官に通告するものとし，同官は父親の決定及び推定される父親から認知されるよう対策を講ずるものとする。それが功をそうしない場合で，母親の同意があれば，同官が父親決定に関する訴訟を開始するものとする。

以上のごとく，認知は，出生届をする時点又は後日その旨を身分登録所に届け出ることで成立する（2条）。

裁判認知であるか，任意認知であるかは，第5条の規定に鑑み（子の人権擁護の見地より）出生届あるいはその他の証明書を見ただけでは判明しない制度になっている。

第6　養子縁組

1　根拠法

根拠法は，民法（1997年2月28日法律第24.779）（Civil Code：Act24.779 of 28 February 1997）である。

2　制　度

単純養子縁組と完全養子縁組の制度がある。

また，アルゼンチンでは，養子縁組はアルゼンチン市民又はアルゼンチンに少なくとも５年以上居住している外国人に限定されている。

3　実質的成立要件

⑴　養親の年齢

単身である場合は，30歳以上でなければならない。

また，婚姻している者については，３年以上婚姻しているときは，30歳未満でも養子縁組が許可される。

養親が婚姻している場合は，年齢制限はない。

⑵　養子と養親の年齢差

養親の少なくとも一方は，養子よりも18歳以上年長でなければならない。

⑶　養親の婚姻期間及び無子

身体的に子ができない場合等を除き，養親は婚姻後３年を経過していなければならず，また，子がいないことが要件とされている。

⑷　夫婦共同縁組

法的な別居宣言の場合等を除き，夫婦共同縁組をしなければならない。

⑸　試験養育

養親となる者は，養子縁組命令日の前に少なくとも６か月間，子を監護していなければならない。

4　保護要件

⑴　実親の同意

ア　同意の要否

実親の同意を要する。

イ　実母の同意期間の制限

実母の同意は，子の出生の時から60日以降でなければならない。

⑵　裁判所の関与

養子縁組に裁判所が関与する。

5　養子の氏

養子については，養父の氏（第１氏）を使用するが，養父の結合氏を使用することもでき，また，養母の氏を結合して使用することも可能である。

妻のみの養子となった場合で，夫が養父とならなかった場合は，養親（妻）の婚姻後の氏を使用すべき正当な理由がない限り，養親（妻）の婚姻前の氏を使用することとなる（南野・前掲(882)-23)。

6　ハーグ国際養子縁組条約

未批准（2009年（平成21年現在））

（１・３・４・６につき，子の養子縁組：傾向と政策（国連2009年報告））

資料8－1〔婚姻登録書〕

※※

GOBIERNO DE LA CIUDAD AUTONOMA DE BUENOS AIRES

REGISTRO DEL ESTADO CIVIL Y CAPACIDAD DE LAS PERSONAS

CIRCUNSCRIPCION ※※ TOMO ※※ NUMERO ※※ AÑO 2013

En la Ciudad Autónoma de Buenos Aires de la República Argentina, a 25 de Junio de 2013 Yo, Funcionario del Registro del Estado Civil y Capacidad de las Personas, inscribo el MATRIMONIO de:

□□□□□□

Edad ※ años, profesión ※※ estado soltero

nacionalidad Chilena nacido en Santiago-Chile

domiciliado en ※※※※ Doc. Ident ※※※※

Hijo de ※※※※

nacionalidad Chilena profesión ※※

y de ※※※※

nacionalidad Chilena profesión ※※

domiciliados en Santiago-Chile

△△△△

Edad ※ años, profesión ※※ estado soltera

nacionalidad Japonesa nacida en Osaka-Japon

domiciliada en ※※※※ Doc. Ident. Pas.jap. ※※※※

Hija de ※※※※

nacionalidad Japonesa profesión ※※

y de ※※※※

nacionalidad Japonesa profesión ※※

domiciliados en Osaka-Japon

Cumplidas las formalidades legales y recibido el consentimiento de los contrayentes en nombre de la Ley los declaré unidos en matrimonio ante los testigos:

※※※※※※ Doc. Ident. ※※※※ Edad 30 años

Estado Soltero Profesión ※※ Domicilio ※※※※※

※※※※※※ Doc. Ident. ※※※※ Edad 21 años

Estado Soltero Profesión ※※ Domicilio ※※※※※ Leida el acta, la firman conmigo los esposos y los testigos.

（署名）

（署名）

（署名）　　　　（署名）

（署名）

※※※※※※

JEFE DE ... DEL ESTADO CIVIL Y CAP. DE LAS PERSONAS

資料8－1

婚姻登録書要訳

Registro Civil donde fue registrado
登録の場所：アルゼンチン国ブエノスアイレス市第※※戸籍役場
Número de registro
登録番号：2013年度　　第※※巻　※※号
Fecha de registro
登録年月日：2013年06月25日

DEL ESPOSO（夫）
Nombre y Apellido/氏名：□□　　□□　　□□
Edad/年齢：※歳
Profesión/職業：※※
Estado civil/既婚の別：未婚
Nacionalidad/国籍：チリ　出生地：チリ国サンティアゴ市生れ
Domicilio/住所：ブエノスアイレス市※※※※
Doc. Ident./身分証明書：※※※※
Nombre de los padres/父母の氏名
Padre　父：※※※※
Madre 母：※※※※

DE LA ESPOSA（妻）
Nombre y Apellido/氏名：△△　△△
Edad/年齢：※歳
Profesión/職業：※※
Estado civil/既婚の別：未婚
Nacionalidad/国籍：日本　出生地：日本国大阪府生れ
Domicilio/住所：ブエノスアイレス市※※※※
Doc. Ident./身分証明書：日本国旅券※※※※
Nombre de los padres/父母の氏名
Padre父：※※※※
Madre母：※※※※

Jefe o encargado del Registro Civil
戸籍係登録官　又は　所長：　※※　※※　※※

要訳者　※　※　※　※

資料８－２〔出生証明書〕

GOBIERNO DE LA
CIUDAD DE BUENOS AIRES

D.N.I Nº ※ ※ ※

2

REGISTRO DEL ESTADO CIVIL Y CAPACIDAD DE LAS PERSONAS

CIRCUNSCRIPCION ※ TOMO ※ ※ NUMERO ※ ※ AÑO 2013

En la Ciudad Autónoma de Buenos Aires de la República Argentina, a 30 de Julio de 2013 Yo, Funcionario del Registro del Estado Civil y Capacidad de las Personas inscribo el NACIMIENTO de:

○○○○○○

Sexo Femenino — nacido el ※ -de Julio — de 2013 —

a las 14:50 — horas, en esta ciudad ※ ※ 21 ※ ※ ※ ※

Hijo de □□□□

Doc. Ident. ※ ※ ※ ※

y de △△△△

Doc. Ident. ※ ※ ※ ※

Según certificado de la obst. ※ ※ ※ ※

Interviniente los padres Doc. Ident

Domicilio Cuba 1909 - CABA Obra en virtud de

（署名）

（署名）

（署名）

※ ※ ※ ※ ※ ※

OFICIAL PUBLICO
REG. DEL ESTADO CIVIL Y CAP. DE LAS PERSONAS
GOBIERNO DE LA CIUDAD AUTONOMA DE BS. AS.

GOBIERNO DE LA CIUDAD DE BUENOS AIRES
Circunscripción
REGISTRO DEL ESTADO CIVIL Y CAPACIDAD DE LAS PERSONAS

資料8－2

出生証明書要訳

Registro Civil donde fue registrado
出生登録の場所：アルゼンチン国ブエノスアイレス市第※戸籍役場
Nûmero de registro
登録番号：　2013年度　　第※※巻　※※号
Fecha de registro
登録年月日：　2013年07月30日

Nombre y Apellido del nacido
出生児の氏名：　○○　　○○　　○○
身分証明書：　DNI.※※※※
Sexo
性別：　女
Fecha y hora de nacimiento
出生年月日時分：2013年07月※日14時50分
Lugar de nacimien to
出生の場所：アルゼンチン国ブエノスアイレス市※※※※※※

Nombre de los padres父母の氏名：
Padre 父：　※※　※※　DNI.※※※※
Madre 母：　※※　※※　DNI.※※※※

Certificado de medico
医者の証明：　助産師　※※　　※※
Interviniente届出人：　両親

Jefe o encargado del Registro Civil
戸籍係登録官又は所長：　※※　※※　※※

要訳者　※　※　※　※

9　アルバニア（アルバニア共和国）

第1　婚　　姻

1　婚姻証明書

アルバニア共和国登録事務所発行の婚姻証明書は，資料9－1（本文923頁）参照。

2　実質的成立要件

(1)　婚姻適齢

男女とも18歳以上である。

ただし，相当な理由がある場合は，地方裁判所は，18歳未満でも婚姻を許可することができる（家族7条）。

(2)　婚姻障害事由

ア　近親婚の禁止

兄弟姉妹，養子と養親間等一定の範囲の者間の婚姻は認められない。

ただし，裁判所は，相当な理由があるときは，いとこ間の婚姻を許可することができる（家族10条・11条・14条）。

イ　重婚の禁止

既に婚姻の登録をされている者の婚姻は，その婚姻が無効か解消されなければ認められない（家族9条）。

ウ　後見人との婚姻の禁止

後見人と被後見人は，後見が継続している間は，婚姻することができない（家族13条）。

エ　意思能力を有すること

精神疾患にかかっている者や意思能力がない者は，婚姻することができない（家族12条）。

3　報告的届出

日本人女がアルバニア共和国人男と同国の方式により婚姻した旨の同国官憲発行の婚姻証明書（資料９－２）（本文925頁）を添付して報告的婚姻届がなされた場合において，同証明書を戸籍法第41条に規定する証書として取り扱って差し支えないとされた事例がある（平成17．８．２民一1741号回答（戸籍776-68））。

4　夫婦の氏

婚姻締結時に，夫婦は夫婦の姓の一つを共通の姓として選択するか，又は自己の姓を保持するか選択する権利を有する。

姓は，婚姻登録簿に登録される（家族51条）。

5　婚姻の無効

(1)　無効原因

ア　合意の欠如（家族33条）

配偶者の一方又は双方の完全かつ自由な合意がなく締結された婚姻

イ　人違い（家族34条）

ただし，人違いに気づいた時から６か月継続して同居しているときは，無効請求をすることができない（家族38条）。

ウ　重大な精神疾患等（家族35条）

重大な精神疾患にかかるか，精神の発達が損なわれ，婚姻の範囲を理解することができなくなった者の締結した婚姻

エ　共同生活する意思の欠如（家族36条）

夫又は妻として共同生活する意思のない者の締結した婚姻

オ　強迫による婚姻

当事者の一方による強迫により締結された婚姻は，強迫がなければ婚姻が行われなかったときは，無効である（家族37条）。

ただし，配偶者が強迫から逃れた時から６か月継続して同居していると

きは，無効請求することができない（家族38条)。

カ 婚姻適齢違反（家族39条）

ただし，その者が婚姻適齢に達した後又は女性が子を出生したか妊娠しているときは，裁判所は無効を宣言することができない。

キ 近親婚（家族40条）

ただし，裁判所は，正当な理由があると判断したときは，いとこ間の婚姻を無効とする必要はない。

ク 重 婚（家族41条）

ただし，配偶者が前婚が無効又は解消されたと主張したときは，配偶者の一方の前婚継続中に締結された後婚は，その間に前婚が解消されたときは，無効と宣言されない。

ケ 方式違反（家族42条）

登録官の面前で公に締結されていない婚姻は，無効である。

無効の請求は，配偶者の一方，当事者の親，子孫，その他の利害関係人又は検察官がすることができる。

(2) 無効の効力

無効と宣言された婚姻は，締結されなかったものとみなされる。

また，無効と宣言された婚姻で出生した子は，婚姻で出生したとみなされ，子と親の関係は，婚姻が解消されたときと同様となる（家族49条)。

6 婚姻によるアルバニア市民権の取得

アルバニア市民と婚姻した外国人は，婚姻により当然にはアルバニア市民権を取得せず，婚姻成立から３年を経過後に，アルバニア領土に１年以上合法的にかつ継続して居住しているときは，帰化申請により，アルバニア市民権が認められる（市民10条)。

〔**根拠法条**〕

家族法（The Family Code）（2003年法律第9062号，2003年5月8日採択）
第2部　夫婦
第1編　婚姻
第1章　婚姻締結の必要条件
第7条（婚姻適齢）
①　婚姻は，18歳以上の男女間で締結される。
②　婚姻が締結される地方裁判所は，相当な理由があるときは，18歳未満の婚姻を許可することができる。
第8条（配偶者の同意）
婚姻は，登記官の面前における将来の配偶者の同意に基づき，締結される。
婚姻障害
第9条
以前婚姻していた者は，前婚が無効か，又は解消されていなければ，婚姻を締結することができない。
第10条
次の当事者は，婚姻することができない。尊属と卑属，兄弟と姉妹，おじと姪，おばと甥及びいとこ
裁判所は，相当な理由があるときは，いとこの婚姻を許可することができる。
第11条
次の当事者は関係が無効と宣言され，解消された場合でも婚姻することができない。夫の父と息子の妻，夫の母と娘の夫，継親と継子
第12条
精神疾患にかかっている者，婚姻の本質を理解できない意思能力がない者は，婚姻することができない。
第13条
後見人と被後見人は，後見が継続している間は，婚姻することができない。
第14条
婚姻は，養子と養親の子間で禁止されるのと同様に，養親と養子及びその子孫間，養子と養親の配偶者間，養親と養子の配偶者間，養子間で禁止される。
本条第10条の禁止は，養子と実親間にも適用される。
第3章　婚姻の無効
無効原因
第33条
配偶者の一方又は双方の完全かつ自由な合意がなく締結された婚姻は，無効である。
第34条
配偶者の一方の人違いで締結された婚姻は，無効である。
人違いは，配偶者の一方が婚姻しようと思わない者と婚姻を締結したときに，生じる。
配偶者が，配偶者の本質に関する錯誤を知っていれば，その者と婚姻しなかった場合には，婚姻の無効を宣言することができる。
第35条
重大な精神疾患にかかるか，精神の発達が損なわれ，婚姻の範囲を理解することができなくなった者の締結した婚姻は，無効である。
第36条
夫又は妻として共同生活する意思のない者の締結した婚姻は，無効である。
第37条
当事者の一方による強迫により締結さ

れた婚姻は，強迫がなければ婚姻が行われなかったときは，無効である。

第38条

配偶者が強迫から逃れた時又は人違いに気づいた時から6か月継続して同居しているときは，本法第34条から第37条に基づく婚姻の無効請求することができない。

第39条

本法の婚姻適齢に達していない者の締結した婚姻は，無効である。

その者が婚姻適齢に達した後又は女性が子を出生したか，妊娠しているときは，無効を宣言することができない。

第40条

本条第9条，第10条，第11条，第13条及び第14条に規定する者の間で締結された婚姻は，無効である。

裁判所は，正当な理由があると判断したときは，いとこ間の婚姻を無効とする必要はない。

第41条

配偶者の一方の前婚が継続している間に締結された婚姻は，無効である。

婚姻の無効の検討中に，配偶者が前婚が無効又は解消されたと主張したときは，配偶者の一方の前婚継続中に締結された後婚は，その間に前婚が解消されたときは，無効と宣言されない。

第42条

登録官の面前で公に締結されていない婚姻は，無効である。

婚姻の無効の請求は，配偶者の一方，その者の親，子孫，その他の利害関係者又は検察官がすることができる。

第43条～第48条　（略）

第49条　無効の結果

最終決定で無効と宣言された婚姻は，締結されなかったものとみなされる。

無効の結果は，決定が確定した時から婚姻の無効を知らなかった配偶者に関しても効力を生ずる。

無効と宣言された婚姻で出生した子は，婚姻で出生したとみなされ，子と親の関係は，婚姻が解消されたときと同様に規定される。

第2編　婚姻の権利義務

第1章　夫婦相互の権利義務

第51条（配偶者の姓）

婚姻締結時に，夫婦は夫婦の姓の一つを共通の姓として選択するか，又は自己の姓を保持するか選択する権利を有する。

姓は，婚姻登録簿に登録される。

アルバニア市民権法（Law on Albanian Citizenship）（1998年8月5日法律第8389号，1999年1月21日法律第8422号改正）

第2章　アルバニア市民権の取得

B帰化により

第10条

少なくとも3年以上アルバニア市民と婚姻している外国人は，希望するときは，第9条第2号及び第5号に規定する条件を満たさない場合でも，帰化によりアルバニア市民権を許可することができる。外国人は，少なくとも1年間合法にかつ継続してアルバニア共和国の領土に居住していなければならない。

〔参考〕

新家族法（1982年）
第26条　共通の氏として夫婦の氏の一方を選ぶこともできるし，各々自分の氏を称することもできる。

第2　婚姻の解消

1　婚姻の解消

婚姻は，夫婦の一方の死亡，一方の配偶者の死亡宣告又は婚姻の解消に基づき終了する（家族123条）。

ただし，死亡宣告された配偶者が生存していることが判明したときは，他方の配偶者が再婚していない場合は，宣告が再度有効になったときに，婚姻は終了する（家族124条）。

2　離　　婚

(1)　離婚事由及び離婚の申立て

ア　争いのない離婚

夫婦が離婚に合意したときは，裁判所に婚姻の解消の条件を規定した和解契約の承認を求め，共同して提訴する（家族125条）。

申立てがあった場合，裁判所は，最初に夫婦から別々に聴取し，その後代理人なしで夫婦を聴取し，代理人がいる場合は，最後に代理人を聴取して，申立てを調査する（家族126条）。

イ　別居期間に基づく婚姻の解消

夫婦が3年間別居しているときは，それぞれの配偶者は婚姻の解消を請求することができる（家族129条）。

ただし，他方の配偶者が，婚姻を解消することが子又は他方の配偶者に重大な有形無形の影響があることを証明したときは，裁判所は別居に基づく婚姻の解消の承認を棄却することができる（家族130条）。

ウ　一方の配偶者に基づく婚姻の解消

継続的な口論，虐待，ひどい侮辱，姦通，治癒できない精神疾患，配偶者の長期の刑罰又は夫婦の義務に繰り返し反する等の事由により，共同生活が不可能であり，夫婦の一方又は双方が婚姻の目的を失ったときは，一方の配偶者は婚姻の解消を請求することができる（家族132条）。

⑵　和解前置

婚姻解消の申請の決定に当たり，裁判所は最初に両当事者本人が出席した和解の聴取を行わなければならない。

裁判官は，代理人が出席せず，夫婦それぞれを聴取し，その後に一緒に聴取することができる（家族134条）。

⑶　判決の停止

配偶者が妊娠しているときは，その者の請求に基づき，裁判所は，子が出生した日から１年を超えない期間，婚姻解消の裁判を停止することができる（家族137条）。

⑷　婚姻解消を認める決定の効力発生日

婚姻解消に関する裁判所の決定は，命令が確定したときから効力を生ずる。

また，民事登録所で登録された日に，第三者に対して効力を生ずる（家族144条）。

⑸　婚姻の解消後の姓

婚姻時に姓を変更した配偶者は，婚姻の解消により婚姻前の姓に復氏する。

裁判所は，夫婦の請求に基づき，配偶者又は子のために，婚姻の挙行に伴い称する姓を保持することを認めることができる（家族146条）。

〔根拠法条〕

家族法（2003年法律第9062号，2003年５月８日採択）

第２部　夫婦

第４編　婚姻の終了

第１章　婚姻の終了の形態

第123条

婚姻は，夫婦の一方の死亡，一方の配偶者の死亡宣告又は婚姻の解消に基づき終了する。

第124条

死亡宣告された配偶者が生存していることが判明したときは，他方の配偶者が再婚していない場合は，宣告が再度有効になったときに，婚姻は終了する。

第２章　婚姻解消の形態

第125条（争いのない離婚）

夫婦が離婚に合意したときは，裁判所に婚姻の解消の条件を規定した和解契約（a settlement agreement）の承認を求め，共同して提訴する。

申立ては，夫婦が又はそれぞれの代理人が提出することができる。

第126条

裁判所は，最初に夫婦から別々に聴取し，その後代理人なしで夫婦を聴取し，代理人がいる場合は，最後に代理人を聴取して，申立てを調査する。

別居期間に基づく婚姻の解消

第129条

夫婦が3年間別居しているときは，それぞれの配偶者は婚姻の解消を請求することができる。（以下，略）

第130条

他方の配偶者が，婚姻を解消することが子又は他方の配偶者に重大な有形無形の影響があることを証明したときは，裁判所は別居に基づく婚姻の解消の承認を棄却することができる。

新しい事態が生じたときは，解消の申請は再提出することができる。

一方の配偶者に基づく婚姻の解消

第132条

継続的な口論，虐待，ひどい侮辱，姦通，治癒できない精神疾患，配偶者の長期の刑罰又は夫婦の義務に繰り返し反する等の事由により，共同生活が不可能であり，夫婦の一方又は双方が婚姻の目的を失ったときは，一方の配偶者は婚姻の解消を請求することができる。

和解の試み

第134条

婚姻解消の申請の決定に当たり，裁判所は最初に両当事者本人が出席した和解の聴取を行わなければならない。

裁判官は，代理人が出席せず，夫婦それぞれを聴取し，その後一緒に聴取することができる。

第137条（妊娠した配偶者の請求に基づく判決の停止）

妊娠した配偶者の請求に基づき，裁判所は，子が出生した日から1年を超えない期間，婚姻解消の裁判を停止することができる。

第144条（婚姻解消を認める決定の効力発生日）

婚姻解消に関する裁判所の決定は，命令が確定したときから効力を生ずる。

婚姻解消に関する裁判所の決定は，関連立法に従って，民事登録所（the civil registration office）で登録された日に，第三者に対して効力を生ずる。

第3章　婚姻の解消の結果

第146条（姓の使用）

婚姻時に姓を変更した配偶者は，婚姻前の姓に復氏する。

裁判所は，夫婦の請求に基づき，配偶者又は子のために，婚姻の挙行に伴い称する姓を保持することを認めることができる。

第３　出　　生

１　出生子の身分

⑴　婚姻中に出生した子

婚姻中に出生した子は，夫の子と推定される（家族180条）。

⑵　婚姻解消後又は婚姻無効の宣告後に出生した子

婚姻の解消又は婚姻無効の宣告から300日以内に出生した子は，前の夫の子と推定される（家族180条）。

⑶　母の再婚後に出生した子

子が母の再婚中に出生したときは，子が前婚の解消又は無効宣告から300日以内に出生した場合でも，再婚後の夫が子の父と推定される（家族180条）。

⑷　子の父及び母の証明

婚姻で出生した子の父及び母は，民事登録所に登録された出生証明書で証明される（家族165条）。

２　国籍留保届

アルバニアは，父母両系血統主義国であり，アルバニア国内で出生した事実だけでは同国の市民権を取得しない（憲19条，市民７条）。

したがって，日本人夫婦の子がアルバニア国内で出生した場合は，国籍留保の届出を要しないが，夫婦の一方が日本人で，他方がアルバニア市民の子がアルバニア国内（又はその他の外国）で出生した場合は，出生の日から３か月以内に日本国籍を留保する意思を表示しなければ，子は日本国籍を喪失する（日国12条）。

また，アルバニア国内に適法に居住し，他の市民権を保持する両親からアルバニア国内で出生した子は，両親の同意でアルバニア市民権を取得することができる（市民８条）。

3　出生場所の記載

(1)　行政区画

アルバニアは，県と市町村の２層制になっている。

(2)　戸籍の記載

「アルバニア国ティラナ県ティラナ市で出生」（【出生地】アルバニア国ティラナ県ティラナ市）と記載する。

4　子の姓

子は両親の共通の姓を称する。

両親の姓が異なるときは，全ての子は，両親の合意により特定された同じ姓を称する。合意に達することができなかったときは，子は父の姓を称する（家族52条）。

5　出生証明書

アルバニア共和国登録事務所発行の出生証明書は，資料９－３，資料９－４（本文930頁以下）参照。

〔根拠法条〕

憲法（1998年10月21日）

第２部　基本的人権及び自由

第１章　一般原則

第19条

①　少なくとも両親の一方がアルバニア市民である両親から生まれた子は，自動的にアルバニア市民権を取得する。アルバニア市民権は，法律に規定された他の事由によってもまた取得される。

②　（略）

アルバニア市民権法（1998年８月５日法律第8389号，1999年１月21日法律第8422号改正）

第２章　アルバニア市民権の取得

第６条

アルバニア市民権は，次の場合に取得される。

a　出生

b　帰化

c　養子縁組

第７条（出生によるアルバニア市民権の取得）

少なくとも両親の一方がアルバニア市民権を有する者から出生した者は，自動的にアルバニア市民権を取得する。

第８条

アルバニア共和国の領土内で出生したか，又は発見された子は，両親が知れないか，結果として市民権を有しないときは，アルバニア市民権を取得する。

子が14歳になるまでに両親が知れ，その両親が外国の市民権を保持するときは，両親の請求によりアルバニア市民権を放棄することができる。ただし，子が無国籍にならない場合に限る。

アルバニア共和国の領土に適法に居住し，他の市民権を保持する両親からアルバニア共和国の領土で出生した子は，両親の同意でアルバニア市民権を取得することができる。

家族法（2003年法律第9062号，2003年５月８日採択）

第２節　夫婦

第２編　婚姻の権利義務

第１章　夫婦相互の権利義務

第52条（子の姓）

子は両親の共通の姓を称する。両親の姓が異なるときは，全ての子は，両親の合意により特定された同じ姓を称する。合意に達することができなかったときは，子は父の姓を称する。

第３節　子

第１編　父及び母

第１章　総則

第165条

婚姻で出生した子の父及び母は，民事登録所に登録された出生証明書で証明される。

第３章　父性

第180条

婚姻中に出生した子は，夫の子と推定される。

婚姻の解消又は婚姻無効の宣告から300日以内に出生した子は，前の夫の子と推定される。

子が母の再婚中に出生したときは，子が前婚の解消又は無効宣告から300日以内に出生した場合でも，再婚後の夫が子の父と推定される。

第４　認　　知

１　認知の方式

嫡出でない子の父又は母であることは，自発的な認知又は裁判上の決定で成立する（家族170条）。

２　保護要件

母の同意を要する。民事登録所の書記からの通知後に，母が同意を表明したときは，父の認知は有効となる。

なお，通知受領後1か月以内に，母が認知に異議を申し立てるか，又は返答しないときは，子を認知した男性は，子の父として認知することを管轄裁判所に申し立てることができる（家族181条）。

3　認知の方法

18歳である父は，民事登録所書記の面前又は意思を通じて，いつでも嫡出でない子を認知することができる（家族182条）。

〔**根拠法条**〕

家族法（2003年法律第9062号，2003年5月8日採択）

第3節　子

第1編　父及び母

第1章　総則

第170条（嫡出でない子の父及び母の認知）

嫡出でない子の父又は母であることは，自発的な認知又は裁判上の決定で成立することができ，あたかも子が婚姻により出生したように遡及して親の同一の権利義務を生ずる。

第3章　父性

父の認知

第181条

嫡出でない子として出生した子の父は，自己の子として認知した成人の男性と推定される。

民事登録所（the civil registration office）の書記からの通知後に，母が同意を表明したときは，父の認知は有効である。通知受領後1か月以内に，母が認知に異議を申し立てるか，又は返答しないときは，子を認知した男性は，子の父として認知することを管轄裁判所に申し立てることができる。

訴えは，母の異議を民事登録所の書記から通知を受領した後1年以内に裁判所に申し立てしなければならない。

第182条

18歳である父は，民事登録所書記の面前又は意思を通じて，いつでも嫡出でない子を認知することができる。（以下，略）

第5　養子縁組

1　根拠法

養子法の法源は，2003年（平成15年）家族法であり，1965年家族法典は改正されている。

2　養子の種別

⑴　完全養子

アルバニアは，完全養子（**注1**）だけを認めており，不完全養子（**注2**）は認めていない。

（**注1**）　養子が実親や実方親族と親族関係を断絶し，養親及び養方親族に対して完全に嫡出子化される制度である。

（**注2**）　養子と養親の間に親子関係が発生するが，養子と養方親族の間には親族関係が発生せず，養子と「実方及び実方親族」の間の関係が断絶しない制度である。

⑵　特別養子・普通養子

アルバニアは，特別養子（**注1**）も普通養子（**注2**）も認めている。

アルバニアの普通養子は，完全養子である。

（**注1**）　養子の身分事項登録簿に，養親を実親として記載する制度である。

（**注2**）　養子の身分事項登録簿に，養親を養親として記載する制度である。

⑶　未成年養子

アルバニアの養子法は，未成年養子であるが，2003年家族法においても，養子となる者を未成年のときから養育していた場合に，成年養子が認められているか否かは条文上は明らかでない。

3　実質的成立要件

⑴　養親の要件

単身者も養親になることができる。

養親・養子について，夫婦共同縁組は必要なものとはしていない。

⑵　配偶者の同意

養親となる者に配偶者がいるときは，共同縁組をしない場合は，配偶者の同意を要する（家族246条）。

⑶　養親の要件

ア　養親の年齢

家族法上，明文の規定は存在しないが，養親は未成年の子より少なくとも18歳以上年長であること等の規定から，成年者（18歳）でなければならないことになる（家族241条）。

イ　障害事由（家族245条）

以下の場合は，養親となることができない。

① 裁判所によって，親としての権利が剥奪された場合

② 精神的な病気にかかるか，精神的な発達が遅れるか，養子の健康及び生命を危険にさらす病気に感染している場合

③ 養子の世話及び教育に親としての責任を履行することが保障できない場合

ウ　後見人の制限

後見人は，後見を行う未成年者の財産管理，未成年者の財産の移譲の管理に関する裁判所の承認，後見人の義務の履行の評価，これらの義務の履行に対する後見人の保証がなければ，被後見人を養子とすることができない（家族244条）。

⑷　養子の要件

養子は，未成年者（18歳未満）でなければならない（家族241条）。

⑸　養親と養子の年齢差

養親は，養子よりも少なくとも18歳以上年長でなければならない。

ただし，継親の場合は，年齢差が15歳以上であれば足りる（家族241条）。

⑹　一定の範囲の者との養子縁組の禁止

親は実子を，祖父母は孫を，兄弟姉妹はその兄弟姉妹を養子とすることができない（家族243条）。

⑺　複数の者による養子縁組の禁止

養親が夫婦である場合でなければ，数人の者が未成年者を養子とすることができない（家族242条）。

⑻ 試験養育

子と家族間の養子関係を確立するために３か月の試験期間が必要とされる（家族248条）。

⑼ 無子要件

特に規定はない。

⑽ 転縁組

特に規定はない。

４ 保護要件

⑴ 養子の同意

養子が12歳以上である場合は，その者の同意を要する（家族246条）。

（注） 養子が10歳に達している場合は，その者の意見は斟酌される。
　また，1965年家族法典では，養子が10歳以上の場合は，その者の同意を要すると規定されていた。

⑵ 実父母の同意

ア 同意の要否

未成年者の養子縁組には，両親の同意を要する（家族246条）。

イ 親の一方が病気で，その意思を表示することができないとき，又は親権が剝奪されているとき

他方の親の同意で足りる（家族246条）。

ウ 子の両親がともに病気であるか，行為能力が剝奪されているか，両親が知れないとき

子が養子となるか否かは，裁判所が決定する（家族246条）。

エ 同意の場所

同意は管轄権を有する裁判所で行う。その者の所在地が外国であるときは，アルバニア大使館又は領事館において外交官又は領事代理の面前で同意をすることができる（家族247条）。

オ 同意の撤回

実親は，養子縁組に対する同意を同意した日から３か月以内に撤回する

ことができる。なお，３か月の期間が経過した後でも，管轄権を有する裁判所が決定をするまでの間は，同意を撤回をすることができる（家族248条）。

⑶　裁判所の関与

養子縁組には，裁判所が関与する。

５　申請権者

縁組の申請権者は，養親となる者である。

６　養子縁組の効力

⑴　養親等との関係

アルバニアでは，全ての養子が完全養子であることから，縁組の効果として，養子と養親の間に親子関係が発生するだけでなく，「養子及びその卑属」と養方の親族間に親族関係が発生する（家族259条）。

⑵　実親等との関係

「養子及びその卑属」と「実親及び実方親族」の間の親族関係は断絶する。

ただし，夫婦の一方が他方の配偶者の子を養子にする場合は，例外的に適用されない（家族259条）。

⑶　養子の姓

２人の配偶者との養子縁組のときは，その共通の姓を名乗る。

ただし，養親の姓が異なるときは，養子が使用する姓に同意しなければならず，当事者が同意しないときは，養子は父の姓を名乗る（家族260条）。

⑷　効力発生時

養子縁組は，最終決定の時から効力を生ずる（家族258条）。

⑸　養親の再命名権

養親は，養子の名の変更を裁判所に申請することができる（家族260条）。

⑹　養子縁組の登録

裁判所は，最終決定を養親の登録している登記所に送付しなければならない。（家族258条）。

(7) アルバニア市民権の取得

養親の双方がアルバニア市民である場合又は両親の一方がアルバニア人で，かつ，両親が養子縁組の際にアルバニア共和国の領土に居住している場合は，養子はアルバニア市民権を取得する（市民12条）。

7 養子縁組の撤回

従来は，養子縁組の撤回を認めていたが，現行家族法では撤回することができないと規定されている（家族258条）。

（注） 1965年家族法典では，裁判手続による撤回が認められ，養子，養親及び検察官が撤回を請求することができ，重大な理由がある場合又は縁組の撤回が養子の利益となる場合に，撤回が認められていた。

8 ハーグ国際養子縁組条約

2000年（平成12年）批准

〔根拠法条〕

家族法（2003年法律第9062号，2003年5月8日採択）

第3節 子供

第4編 養子縁組

第240条（未成年者の利益）

養子縁組は，未成年者と引受人の基本的権利に関し，その者の利益になるときにのみ認められる。

（養子縁組の条件）

第241条

未成年者のみが養子となることができる。

養親は，未成年の子よりも少なくとも18歳以上年長でなければならない。

継親の場合は，年齢差が15歳未満であってはならない。

第242条

（養親が）夫婦である場合でなければ，数人の者が未成年者を養子とすることができない。

新しい養子縁組は，養親が死亡した後又は夫婦の養親の一方が死亡し，新しい配偶者が申請をした後に許可される。

（養子縁組の禁止）

第243条

親は実子を，祖父母は孫を，兄弟姉妹はその兄弟姉妹を養子とすることができない。

第244条

後見人は，後見を行う未成年者の財産管理，未成年者の財産の移譲の管理に関する裁判所の承認，後見人の義務の履行の評価，これらの義務の履行に対する後見人の保証がなければ，被後見人を養子とすることができない。

第245条

以下の場合は，養子縁組をすることができない。

a）裁判所によって，親としての権利が剥奪された場合

b）精神的な病気にかかるか，精神的な発達が遅れるか，養子の健康及び生命を危険にさらす病気に感染している場合

c）養子の世話及び教育に親としての責任を履行することが保障できない場合

（養子縁組の同意）

第246条

未成年者の養子縁組には，両親の同意を要する。

親の一方が病気で，その意思を表示することができないとき，親権が剥奪されているときは，他方の親の同意で足りる。

子の両親がともに病気であるか，行為能力が剥奪されているか，両親が知れないときは，子が養子となるかは裁判所が決定する。

養親が婚姻しているときは，配偶者の同意を要する。

養子が10歳に達しているときは，その者の意見は斟酌され，養子が12歳以上であるときは同意を要する。

第247条

同意は管轄権を有する裁判所で行う。その者の所在地が外国であるときは，アルバニア大使館又は領事館において外交官又は領事代理の面前で同意をすることができる。

第248条

実親は，養子縁組に対する同意を同意した日から3か月以内に撤回することができる。

この期間は，養親と養子間の試験期間とされている。

この試験期間は，子と家族間の養子関係を確立するために必要とされる。

両親は3か月の期間が経過した後でも，管轄権を有する裁判所が決定をするまでの間は撤回をすることができる。

裁判所は，決定を下す前に，上記の時間的な枠組みが履行され，子を実親に戻す全ての努力がなされ，養親の家族との試験期間がうまくいっていることを確かめなければならない。

子が試験期間中又はその後に，子を戻すことを拒否したときは，子の利益になるときは，両親は裁判所に子の返還を求めることができる。

第249条

同意後で，裁判所の決定があるまでの間に養親が死亡したときは，裁判所は養子縁組の完了のための裁判手続を継続することができる。

養親の相続人は，裁判所に養子縁組に対する異議を提出することができる。

裁判所が養子縁組を認めたときは，養子縁組は養親の同意があった時から有効となる。

第250条～第257条（略）

第258条（養子縁組の効力発生日）

養子縁組は，最終決定の時から効力を生じる。

養子縁組は，撤回することができない。

裁判所は，養親が登録している登記所

に登録するための最終決定を送付しなければならない。

（養親と養子間の関係）

第259条

　実親子間に存在するのと同様の権利義務が，養子，その子孫と養親の家族間に生じる。

　養子とその子孫との間の関係と実親との間の関係は，養子縁組の時に消滅する。

　継親の養子縁組の場合は，権利義務は養親と養子間で影響を与えない。

（養子の父性，母性及び姓）

第260条

　養子は，養親の姓を称し，夫婦との養子縁組のときは，その共通の姓を名乗る。養親の姓が異なるときは，養子が使用する姓に同意しなければならない。当事者が同意しないときは，養子は養父の姓を名乗る。

　養親の請求に基づき，裁判所は養子の名を変更することができる。（以下，略）

第261条・第262条（略）

アルバニア市民権法（1998年８月５日法律第8389号，1999年１月21日法律第8422号改正）

第２章　アルバニア市民権の取得

第12条（養子縁組による市民権の取得）

①　アルバニア市民である両親が，外国又は国籍のない未成年者を養子とする場合は，子はアルバニア市民権を取得する。

②　両親の一方がアルバニア人で，かつ，両親が養子縁組の際にアルバニア共和国の領土に居住しているときは，子は養子縁組の結果として無国籍となるときと同様に，アルバニア市民権を取得する。

第６　国　　籍

１　二重国籍

　アルバニアは，二重国籍を認めている（市民３条）。

２　アルバニア市民権の終了

⑴　市民権の放棄

　他の市民権を有しているか，他の市民権を取得した等のときは，アルバニア市民権を放棄する権利を有する（市民４条）。

⑵　市民権の終了

　18歳以上であり，その者が外国の市民であるか，外国の市民権を取得するか，外国の市民権を取得することが保証されており，アルバニア市民権の放棄により無国籍にならず，外国に居住していること等の条件を満たした場合は，当事者の申請でアルバニア市民権は終了する（市民15条）。

　また，未成年者は，外国人の養子となり，新しい市民権を取得したときは，アルバニア市民権を喪失する（市民16条）。

〔**根拠法条**〕

アルバニア市民権法（1998年８月５日法律第8389号，1999年１月21日法律第8422号改正）

第１章　総則

第３条

　アルバニア市民は，他国の市民であることもできる。

第４条

　何人も恣意的にアルバニア市民権を剥奪されない。

　アルバニア市民は，他の市民権を有しているか，他の市民権を取得したか，又は市民権を認める外国の関連機関により認められたときは，アルバニア市民権を放棄する権利を有する。

第３章　アルバニア市民権の終了

第15条

　以下の条件を満たしたときは，当事者の申請でアルバニア市民権は終了する。

1　18歳であること。

2　その者が外国の市民であるか，外国の市民権を取得するか，外国の市民権を取得することが保証されており，アルバニア市民権の放棄により無国籍にならないこと。

3　外国に居住していること。

4　刑法が懲役５年以上の刑であることが予想される刑法上の行為で，アルバニア共和国刑法で告発されていないこと。

5　（略）

第16条

　未成年者の場合は，アルバニア市民権を放棄した両親が，子も同様にアルバニア市民権を放棄することに同意したときに，アルバニア市民権は終了する。

　両親の一方が子が市民権を喪失することに同意しないときでも，それが子の利益となるとみなされ，子が他の市民権を取得するときは，子は市民権を放棄することができる。

　未成年者は，外国人の養子となり，新しい市民権を取得したときは，アルバニア市民権を喪失する。

資料9－1〔婚姻証明書〕

002※※

Shteti - State - Etat - Estado - Staat - Stato - Κρατος **REPUBLIKA E SHQIPËRISË** Republic of Albania République d'Albanie Republica de Albania Republik Albanien Repubblica d'Albania Αλβανικη Δημοκρατια	**Zyra e Gjendjes Civile** Civil Registry Office of Service de l'etat civil de Registro Civil de Standesamtsbehörde Servizio dello stato civile di Ληξιαρχική Άρχή τού	Njësia Bashkiake nr.5

ÇERTIFIKATË MARTESE

Marriage certificate - Certificat de mariage - Certificato de matrimonio
Heiratsurkunde - Certificato di matrimonio - Πιστοποιητικο γαμου

Emri - Name - Prènom - Nombre - Vorname - Nome - ονομα	□□	△△
Mbiemri - Surname - Nom - Apellido Familienname - Cognome - Επωνυμο	□□	△△
Atësia - Name of father - Prénom du père - nombre de pila del padre Vornamen des Vaters - Nome del padre - ονομα πατρως	※※	※※
Amësia - Name of mother - Prénom de la mère - Nombre de pila de la madre Mädchenname der Mutter - Nome della madre - ονομα μητρς	※※	※※
Datëlindja - Date of birth - Date de naissance - Fecha de nacimiento Geburtsdatum - Data di nascita - χρονολογια γεννησεως	※-09-1987	※-11-1987
Vendlindja - Place of birth - Lieu de naissance - Lugar de nacimiento Geburtsort - Luogo di nascita - τοπος γεννησεως	Tirane	Maebashi Japoni, Japan
Seksi - Sex - Sexe - Sexo - Geschlecht - Sesso - φυλο	M	F
Kombësia - Nationality - Nationalité - Nacionalidad Nationalität - Nazionalità - εθνηκοτητα	Shqipëri	E Papërshkruar
Shtetësia - Citizenship - Citoyenneté - Ciudadania Staatsangehörigkeit - Cittadinanza - υπηκοτητα	Shqipëri	Japani
Nr, data e aktit të martesës - No, date of marriage register N°, date de l'acte de mariage - Nr, fecha del registro del matrimonios Nr, Datum aus dem Heiratsregister - N°, data dell'atto di matrimonio Αριθμοσ εγγραφησ ημερομηνια συναψησ γαμου	※, 18-03-2011	※, 18-03-2011
Mbiemri pas martese - Surname after marriage - Nom après mariage Apellido despues de matrimonio - Familienname nach der Heirat Cognome dopo matrimonio - Επωνυμο μετα γαμο		□□
Vendbanimi - Place of registration - Lieu d'inscription Lugar de registracion - Eintragungsort - Luogo di registrazione - τοπος εγγραφης	※※※※※※ ※※※	※※※※※※ ※※※

Data e lëshimit - Date of issue - Date de délivrance - Fecha de expedición
Ausstellungsdatum - Data del rilascio - χρονολογια χορηγησης — 18-03-2011

Emri, mbiemri, firma e nëpunësit të gjendjes civile
Name, surname, signature and seal of keeper
Prénom, nom, signature et sceau du dépositaire
Nombre, apellido, firma y sello del depositario
Vorname, Familienname, Unterschrift und Dienstsiegel del Registerführers
Nome, Cognome, Firma e timbro dell'ufficiale
ονομα, επωνυμο, υπογραφη του υπαλληλου του Ληξιαρχειου, σφραγιδα

※※※※※

（署名）

Printed by Edlor

資料9－1

アルバニア共和国	登録事務所	
婚姻証明書		
名		
氏		
父の名		
母の名		
出生日		
出生場所		
性別		
国籍		
民族		
婚姻日		
婚姻後の氏		
登録場所		
発行日 署名・印		

資料９－２〔婚姻証明書〕

005 ※※

REPUBLIKA E SHQIPËRISË
BASHKIA/KOMUNA Mea Vajgurore

Zyra e Gjendjes Civile ―"―

Nëntë, më ○○ ○ 2005

ÇERTIFIKATË Martese

Në bazë të Regj. Gjendj. të M. Vajg. Nr. ○○/○, të vitit ○○ vërtetohen
të dhënat e mëposhtme:

Përbërës të Gjendjes Civile		
Emri e Mbiemri	○○○ ○○○	○○○ ○○○
Atësia	○○○○	○○○○
Amësia	○○○○	○○○○
Datëlindja	○○ ○○○○ ○○○	○○ ○○○○ ○○○
Vendlindja (fshati/qyteti,rrethi)	○○○○○ ○○○○○	○○○○○ ○○○○○
Seksi	Mashkull	Femër
Gjendja Civile	Beqar	Beqare
Kombësia	Shqiptar	Japoneze
Shtetësia	Shqiptare	Japoneze
Data e lidhjes së martesës	○○. ○○. 2005	Nr. ○○
Vendi i	/	/
Shkaku i		
Mbiemri para/pas martese	"○○○"	"○○○"

Printed by Edic

資料9－2

REPUBLIC OF ALBANIA
MUNICIPALITY OF URA VAJGURORE
Civil State Office

Ura, on○ .○.2005

MARRIAGE CERTIFICATE

Based on the fundamental register of "Ura Vajgurore" No.○/○ of ○○ , it is certified the following:

GENERALITIES:	The Groom	The Bride
Name and surname	○○○○○	○○○○○
Father's Name	○○○○	○○○○
Mother's Name	○○○○	○○○○
Date of birth	○○○○○○	○○○○○○
Place of birth	○○○○○○○	○○○○○○
Sex	Male	Female
Citizenship	Albanian	Japanese
Nationality	Albanian	Japanese
Civil Status	Single	Single
Marriage Date	○.○.2005 act no.○	○.○.2005 act no.○
Surname after marriage	"○○"	"○○"

This certification is issued for documentation purposes to be used abroad.

CIVIL STATUS CLERK
○○○　○○○
(signature, seal, stamp)

Translated by:○○○○

資料９－２

REPUBLIKA E SHQIPERISE
DHOMA E NOTEREVE TIRANE
NR. OOOO REP.

Tirane, me OO/O./2005

VERTETIM

Vertetohet firma e perkthyeses OOOO e njohur personalisht prej meje e cila me deklaron se ka perkthyer nga Shqip ne Anglisht sa me siper njesoj me origjinalin dhe ka nenshkruar rregullisht para meje.

NOTER
OOOOO

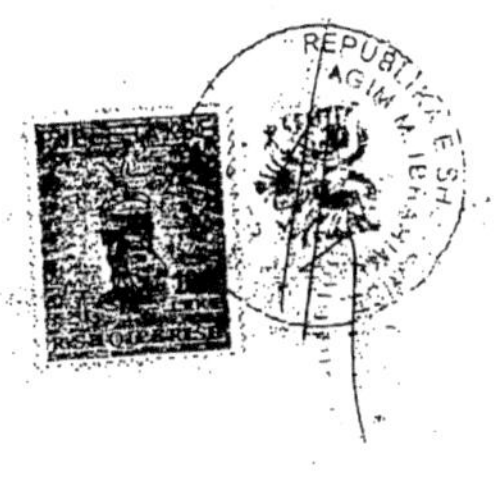

REPUBLIC OF ALBANIA
NOTARY CHAMBER OF TIRANA
No. Rep.

Tirana, on OO / O /2005

AUTHENTICATION OF SIGNATURE

I hereby attest the signature of the translator OOOO personally known by me, who declares to have authentically translated the above document same as the original, from Albanian into English and has duly signed in my presence.

NOTARY PUBLIC
OOOO

資料９－２

アルバニア共和国
ウラヴァイグロレ市役所
法務局

2005年○月○日

婚姻証明書

○○○年のウラヴァイグロレの法務局登記番号○／○に基づき以下の事項を証明する。

事項目	新郎	新婦
名前及び姓名	○○○○○	○○○○○
父親の名前	○○○	○○○
母親の名前	○○○	○○○
生年月日	○○年○月○日	○○年○月○日
出生地	○○○○○○○○○○	○○○○○
性別	男性	女性
市民権	アルバニア人	日本人
国籍	アルバニア	日本
未婚・既婚	独身	独身
婚姻年月日	2005年○月○日届け番号○	2005年○月○日届け番号○
婚姻後の姓名	○○○	○○○

本証明書は海外使用のため発行する。

法務局事務担当者
○○○○○
(署名、印、スタンプ)

翻訳者：○○○○○
日本語訳者：○○○○○

資料９－２

アルバニア共和国
ティラナ公証人
No.○○○

ティラナ、2005年○月○日

署名の認定

私は本署名が私の個人的な知り合いである翻訳者○○○○○によるものであり、私の面前にて署名され、本書が原本と相違なくアルバニア語から英語に翻訳されたことを認定します。

公証人
○○○○

資料９－３〔出生証明書〕

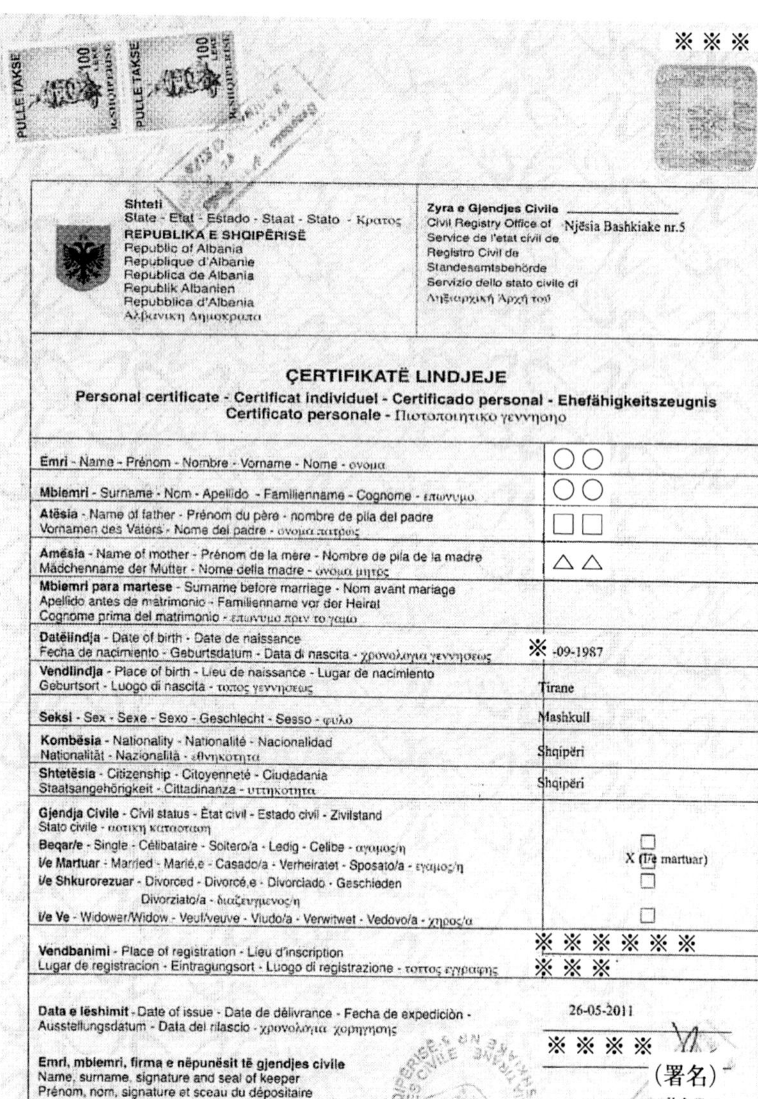

※※※

Shteti
State - Etat - Estado - Staat - Stato - Κρατος
REPUBLIKA E SHQIPËRISË
Republic of Albania
Republique d'Albanie
Republica de Albania
Republik Albanien
Repubblica d'Albania
Αλβανικη Δημοκρατια

Zyra e Gjendjes Civile
Civil Registry Office of　Njësia Bashkiake nr.5
Service de l'etat civil de
Registro Civil de
Standesamtsbehörde
Servizio dello stato civile di
Ληξιαρχική Άρχή τού

ÇERTIFIKATË LINDJEJE
Personal certificate - Certificat individuel - Certificado personal - Ehefähigkeitszeugnis
Certificato personale - Πιστοποιητικο γεννησηο

Emri - Name - Prénom - Nombre - Vorname - Nome - ονομα	○○
Mbiemri - Surname - Nom - Apellido - Familienname - Cognome - επωνυμο	○○
Atësia - Name of father - Prénom du père - nombre de pila del padre Vornamen des Vaters - Nome del padre - ονομα πατρος	□□
Amësia - Name of mother - Prénom de la mere - Nombre de pila de la madre Mädchenname der Mutter - Nome della madre - ονομα μητρς	△△
Mbiemri para martese - Surname before marriage - Nom avant mariage Apellido antes de matrimonio - Familienname vor der Heirat Cognome prima del matrimonio - επωνυμο πριν το γαμο	
Datëlindja - Date of birth - Date de naissance Fecha de nacimiento - Geburtsdatum - Data di nascita - χρονολογια γεννησεως	※-09-1987
Vendlindja - Place of birth - Lieu de naissance - Lugar de nacimiento Geburtsort - Luogo di nascita - τοπος γεννησεως	Tirane
Seksi - Sex - Sexe - Sexo - Geschlecht - Sesso - φυλο	Mashkull
Kombësia - Nationality - Nationalité - Nacionalidad Nationalität - Nazionalità - εθνηκοτητα	Shqipëri
Shtetësia - Citizenship - Citoyenneté - Ciudadania Staatsangehörigkeit - Cittadinanza - υπηκοτητα	Shqipëri
Gjendja Civile - Civil status - État civil - Estado civil - Zivilstand Stato civile - αστικη κατασταση Beqar/e - Single - Célibataire - Soltero/a - Ledig - Celibe - αγαμος/η I/e Martuar - Married - Marié,e - Casado/a - Verheiratet - Sposato/a - εγαμος/η I/e Shkurorezuar - Divorced - Divorcé,e - Divorciado - Geschieden Divorziato/a - διαζευγμενος/η I/e Ve - Widower/Widow - Veuf/veuve - Viudo/a - Verwitwet - Vedovo/a - χηρος/α	□ X (I/e martuar) □ □ □
Vendbanimi - Place of registration - Lieu d'inscription Lugar de registracion - Eintragungsort - Luogo di registrazione - τοπος εγγραφης	※※※※※※ ※※※
Data e lëshimit - Date of issue - Date de délivrance - Fecha de expedición - Ausstellungsdatum - Data del rilascio - χρονολογια χορηγησης	26-05-2011
Emri, mbiemri, firma e nëpunësit të gjendjes civile Name, surname, signature and seal of keeper Prénom, nom, signature et sceau du dépositaire Nombre, apellido, firma y sello del depositario Vorname, Familienname, Unterschrift und Dienstsiegel del Registerfuhrers Nome, Cognome, Firma e timbro dell'ufficiale ονομα, επωνυμο, υπογραφη του υπαλληλου του Ληξιαρχειου, σφραγιδα	※※※※ （署名）

Printed by Edlor

資料9－3

アルバニア共和国	登録事務所
出生証明書	
名	
氏	
父の名	
母の名	
婚姻前の氏	
出生日	
出生場所	
性別	
国籍	
民族	
状況 未婚 既婚 離婚 未亡人	
登録場所	
発行日 署名・印	

資料9－4〔出生証明書〕

※※※※

REPUBLIKA E SHQIPËRISË

State - Etat - Estado - Staat - Stato - Κράτος Republic of Albania République d'Albanie Republica de Albania Republik Albanien Repubblica d'Albania Δημοκρατία της Αλβανία	Zyra e Gjendjes Civile Njësia Bashkiake nr.5 Civil Registry Office Office de l'Etat Civil Servicio del Registro Civil Standesamtsbehörde Ufficio dello Stato Civile Ληξιαρχείο

ÇERTIFIKATE LINDJE

Birth Certificate - Certificat de Naissance - Certificado de Nacimiento - Geburtsurkunde

Certificato di Nascita - Πιστοποιητικό Γέννησης

Emri - Name - Prénom - Nombre - Vorname - Nome - Όνομα	○○○○
Mbiemri - Surname - Nom - Apellido - Familienname - Cognome - Επώνυμο	○○
Numri personal - Personal number - Numéro personnel - Número personal - Personal nummer - Numero personale - Προσωπικός αριθμός	※※※※
Emri i babait - Father's name - Prénom du père - Nombre del padre - Vorname des Vaters - Nome del padre - Όνομα Πατρός	□□
Emri i nënës - Mother's name - Prénom de la mère - Nombre de la madre - Vorname der Mutter - Nome della madre - Όνομα μητρός	△△
Datëlindja - Date of birth - Date de naissance - Fecha de nacimiento - Geburtsdatum - Data di nascita - Ημερομηνία γεννήσεως	※-10-2013
Vendlindja - Place of birth - Lieu de naissance - Lugar de nacimiento - Geburtsort - Luogo di nascita - γεννήσεως	※※※※
Vendbanimi - Place of domicile - Lieu de domicile - Domicilio - Wohnort - Luogo di domicilio - Τόπος κατοικίας	※※※※
Gjinia - Sex - Sexe - Sexo - Geschlecht - Sesso - Φύλο	M
Gjendja civile - Civil status - Etat civil - Estado civil - Zivilstand - Stato civile - Κατάσταση του πολίτη	
Beqar/e - Single - Celibataire - Soltero/a - Ledig - Celibe - Άγαμος/η	x
i/e Martuar - Married - Marié/e - Casado/a - Verheiratet - Coniugato/a - Έγγαμος/η	□
i/e Shkurorëzuar - Divorced - Divorcé/e - Divorciado/a - Geschieden - Divorziato/a - Διαζευγμένος/η	□
i/e Ve - Widower/Widow - Veuf/veuve - Viudo/a - Verwitwet - Vedovo/a - Χήρος/α	□
Shtetësia - Citizenship - Citoyenneté - Ciudadania - Staatsangehörigkeit - Cittadinanza - Υπηκοότητα	ALB
Mbiemri para martese - Surname before marriage - Nom avant le mariage - Apellido antes del matrimonio - Geburtsname - Cognome prima del matrimonio - Επώνυμο πριν/ μετά το γάμο	
Data e lëshimit - Date of issue - Date de délivrance - Fecha de expedición - Ausstellungsdatum - Data del rilascio - Ημερομηνία χορήγησης	06-11-2013
Emri Mbiemri, Nënshkrimi i Nëpunësit të Gjendjes Civile, Vula Na… Pr… Nc… Ve… N… Ονομα, επώνυμο…	※※※※ （署名）

資料９－４

アルバニア共和国	登録事務所
出生証明書	
名	
氏	
個人番号	
父の名	
母の名	
出生日	
出生場所	
住民登録	
性別	
状況 未婚 既婚 離婚 未亡人	
市民権	
婚姻前の氏	
発行日 署名・印	

10　アルメニア（アルメニア共和国）

第1　市民権の証明

アルメニアの市民権は，身分証明書及び旅券（パスポート）（**注**）で証明される。

また，16歳に達していない者については，出生証明書又はアルメニア共和国の市民権を証明する証明書による（市民4条）。

（**注**）　従前は旅券とされていた。

〔**根拠法条**〕

アルメニア市民権法（Law of The Republic of Armenia on citizenship of the Republic of Armenia）（1995年11月6日採択，2007年2月26日法律第75－N，2010年4月6日，2011年12月8日改正，2015年5月7日最終改正）

第1章　総則

第4条

アルメニア共和国の市民権を証明する書面は，身分証明書（the identification card）及びアルメニア共和国の市民の旅券であり，16歳に達する前は，出生証明書又はアルメニア共和国の市民権を証明する証明書である。（2007年2月26日追加）

第2　婚　　姻

1　婚姻証明書

アルメニア共和国戸籍登録機関発行の婚姻証明書は，資料10－1（本文948頁）参照。

2　実質的成立要件

(1)　婚姻適齢

男女ともに18歳以上である。

（**注**）　従来は，男子は18歳以上，女子は17歳以上（家族10条）であったが，2012

年に，女子の婚姻適齢は男子と同じく18歳に引き上げられた。なお，改正後の条文は入手できていないので，〔根拠法条〕は従来の規定を掲載した。

(2) 重婚の禁止

当事者の一方が，法律により定められた手続により婚姻が登録されているときは，婚姻をすることができない（家族11条）。

(3) 近親婚等の禁止

近親者間及び養親と養子間等の一定の範囲の親族間の婚姻は，禁止されている（家族11条）。

(4) 行為能力がないこと

少なくとも一方が裁判所から行為能力がないと判断された者は婚姻をすることができない（家族11条）。

2 婚姻によるアルメニア市民権の取得

アルメニア市民と婚姻した外国人は，アルメニア市民権を取得せず，申請により，アルメニア市民権が認められる（市民13条）。

3 婚姻の無効

(1) 無効原因

婚姻適齢，重婚の禁止及び近親婚の禁止のほかに，性的ウィルスの事実，薬物中毒，毒物中毒であることを隠していたときは無効とされる（家族20条・12条③）。

(2) 裁判所の手続

婚姻の無効は，裁判所で承認される（家族20条）。

(3) 無効の確定

婚姻は，登録された時に無効とみなされる（家族20条）。

〔**根拠法条**〕

家族法（Family Code）（2004年11月 9 日採択，2005年 4 月19日施行）

第 2 部　婚姻の締結及び取消し

第 3 章　婚姻の締結及び取消しの条件及び手続

第10条（婚姻締結の条件）

①　婚姻を締結するためには，男女の自発的な同意と婚姻適齢（女子は17歳，男子は18歳）を満たしていることが必要とされる。

②　本法第11条に規定された事情に基づく婚姻の締結は，禁止される。

第11条（婚姻締結の障害事由）

以下の婚姻の締結は，禁止される。

a）当事者の一方が，法律により定められた手続により婚姻が登録されているときの婚姻

b）近親者間（直系の親族：親と子，祖父母と孫，父又は母が共通の兄弟姉妹であるおじ，おば及びいとこ間の婚姻

c）養親と養子間の婚姻

d）少なくとも一方が裁判所から行為能力がないと判断された者の婚姻

第12条（婚姻を締結する者の健康調査）

①・②　（略）

③　婚姻した者が，国家登録の際に（HIVやAIDSを含めた）性的ウィルスの事実，薬物中毒，毒物中毒であることを隠していたときは，配偶者は裁判所に婚姻の無効の承認を申請する権利を有する。

第 5 章　婚姻の無効

第20条（婚姻の無効の承認）

①　婚姻は，裁判所で無効と承認される。

②　配偶者の双方又は一方が家庭を築く意図がなく登録された婚姻（虚偽の婚姻）と同様に，本法の第10条，第11条，第12条第 3 項で規定された婚姻障害で締結された婚姻は無効である。

③　婚姻を無効とする裁判所の判決が効力を生じた日から 3 日以内に，裁判所は国家の婚姻登録の身分国家登録部門（the Civic Status Registration Department）に判決の抄本を送付しなければならない。

④　婚姻は，国家登録の後に無効とみなされる。

アルメニア市民権法（1995年11月 6 日採択，2007年 2 月26日法律第75－N，2010年 4 月 6 日，2011年12月 8 日改正，2015年 5 月 7 日最終改正）

第 2 章　アルメニア市民権の取得

第13条（アルメニア共和国の市民権の承認）

1　（略）

2　アルメニア市民権を有していない者は，その者が次の場合は，本条第 1 項 1 号，2 号の要件を満たしていないときでも，アルメニア市民権を認めることができる。

1）アルメニア共和国市民と婚姻しているか，又はアルメニア市民権を有する子がいる者

2）～ 5）（略）

3 ～ 9　（略）

10　（削除）

第３　婚姻の解消

１　婚姻の解消

婚姻は，配偶者の一方の死亡，裁判所による死亡の認定又は離婚により解消される（家族13条）。

２　離　　婚

⑴　手　続

離婚は，裁判手続による場合と身分国家登録部門における手続の場合がある（家族14条）。

⑵　身分国家登録部門による離婚

離婚について，双方の同意がある場合は，身分国家登録部門による手続で離婚することができる（家族15条）。

⑶　裁判手続による離婚

①配偶者の一方が離婚に同意しないとき，②離婚に反対する留保がないにもかかわらず，配偶者の一方が登記部門において離婚の実行を回避するとき，③配偶者が双方の同意に基づき裁判手続による離婚を望むときは，裁判手続で離婚することができる（家族16条）。

３　離婚の制限

夫は妻の妊娠中は，妻の同意がない限り，離婚を申請請求する権利を有しない（家族13条）。

〔根拠法条〕

家族法（2004年11月９日採択，2005年４月19日施行）

第４章　婚姻の取消し

第13条（婚姻取消しの条件）

①　婚姻は，配偶者の一方の死亡又は裁判所による死亡の認定の結果として取り消される。

②　婚姻は，配偶者双方又は配偶者の一方の申請に基づく，また裁判所により行為能力がないと判断された配偶者の後見人の申請に基づく離婚で取り消される。

③　妻の同意がないときは，夫は妻が妊娠

している間は離婚を申請をすることができない。

第14条（離婚手続）

離婚は，裁判手続と同様に，本法で規定された場合においては身分国家登録部門において，また，法律により創設された手続より行われる。

第15条（身分国家登録部門における離婚）

①　離婚することに配偶者双方の同意がある場合は，離婚は身分国家登録部門で行われる。

②　（略）

第16条（裁判手続による離婚）

①　離婚は，次の場合に，裁判手続により行われる。

a）配偶者の一方が離婚に同意しない場合

b）離婚に反対する留保がないにもかかわらず，配偶者の一方が登記部門において離婚の実行を回避する場合

c）配偶者が双方の同意に基づき裁判手続による離婚を望む場合

②・③　（略）

第17条～第19条　（略）

第4　出　　生

1　国籍留保届

アルメニアは，血統主義国であり，アルメニア国内で出生した事実だけでは同国の市民権を取得しない（市民11条）。

また，両親がアルメニア市民であるときは，子はアルメニア国内又は同国以外の外国で出生してもアルメニア市民権を取得するが，子の父又は母がアルメニア市民で他方が日本人の場合は，子の市民権は両親の書面による合意により決定することになる。合意がないときは，子がアルメニアで出生した場合又は両親がアルメニアに永住している場合は，出生の日から３か月以内に日本国籍を留保する意思を表示しなければ，子は日本国籍を喪失する（日国12条）。

2　出生場所の記載

⑴　行政区画

アルメニアは，州に分かれている。

⑵　戸籍の記載

「アルメニア国○○州○○市で出生」（【出生地】アルメニア国○○州○○市）と記載する。

3　出生証明書

① アルメニア共和国発行の出生証明書（出生登録簿の写し）は，資料10－2（本文950頁）参照。

② アルメニア共和国戸籍登録機関発行の出生証明書は，資料10－3（本文952頁）参照。

〔根拠法条〕

アルメニア市民権法（1995年11月6日採択，2007年2月26日法律第75－N，2010年4月6日，2011年12月8日改正，2015年5月7日最終改正）

第2章　アルメニア市民権の取得

第9条（アルメニア市民権の取得の根拠）

アルメニア共和国市民権は，次の場合に取得される。

1　市民権の承認による。
2　出生による。
3　市民権の取得による。
4　市民権の回復による。
5　集団としての市民権の取得（集団帰化）による。
6　アルメニア共和国の国際条約で示された根拠による。
7　本法において示された他の場合

第11条（アルメニア共和国市民である子の市民権）

子の出生時において，両親がアルメニア共和国市民権を有するときは，子の出生場所にかかわらず，子はアルメニア共和国市民権を取得する。

子の出生時において，一方の親がアルメニア共和国市民権を有し，他方の親が知れないか，又は無国籍であるときは，子はアルメニア共和国市民権を取得する。

子の出生時において，一方の親がアルメニア共和国市民権を有し，他方の親が外国人である場合は，子の市民権は，両親の書面による合意により決まる。

そのような合意がない場合は，以下の場合に，子はアルメニア共和国の市民権を取得する。

1　アルメニア共和国の領土で出生した場合
2　アルメニア共和国の市民権を取得しないときは，市民権を有しない者になる場合
3　両親がアルメニア共和国の領土に永住していた場合

第12条（市民権を有しない者の子の市民権）

両親が市民権を有せず，アルメニア共和国で出生した子は，アルメニア共和国市民権を取得する。

第５　養子縁組

１　根拠法

根拠法は，家族法である。

２　実質的成立要件

⑴　養子となる者の要件

養子となる子は，未成年者でなければならない（家族112条②）。

⑵　養親となる者の要件

養親は，成人でなければならない。

また，親権を剝奪されている者，裁判所から行為能力がないとされた者等は養親となることはできない（家族116条）

⑶　養子と養親の年齢差

里親による養子縁組の場合を除き，未婚の養親と養子との年齢差は，18歳未満であってはならない（家族117条）。

⑷　夫婦共同縁組

法律上，夫婦共同縁組は要件とされていないが，夫婦共同縁組されないときは，他の配偶者の書面による同意を要する（家族122条①）。

⑸　複数の者による養子縁組の禁止

婚姻していない者は，共同して同じ子を養子とすることができない（家族116条②）。

３　保護要件

⑴　実親の同意

ア　同意の要否

親の書面による同意を要する（家族118条①）。

イ　同意の免除

親が知れないか，又は裁判所から行為能力がないとされた等の場合は，同意は要求されない（家族119条）。

ウ　同意の撤回

裁判所の決定が効力を生ずるまでは，親は子の養子縁組に対する同意を撤回することができる（家族118条②）。

(2)　養子の同意

養子が10歳以上である場合は，養子縁組の申請前に，養子が養親の家族と生活し，養親を親とみなしているときを除き，養子の同意を要する（家族121条）。

(3)　裁判所の関与

養子縁組に裁判所が関与する（家族113条①）。

4　養子縁組の効力

(1)　一般的効力

養子縁組により，養子は出生による養親の子としての財産的・非財産的な権利義務を取得し，養子と実親との関係は消滅する（家族126条）。

(2)　名，姓等の変更

養親の申請に基づき，養子は養親の姓が付与される。また，養親の配偶者の姓が異なるときは，養子は同意により配偶者の一方の姓が付与される。

ただし，養子が10歳以上の場合は，その者の同意を要する（家族123条）。

(3)　養子の出生日，出生場所の変更

３か月を超えない範囲で，養子の出生日及び出生地を養親の申請に基づき変更することができる。

ただし，出生日の変更は，１歳未満の養子の場合に限られる（家族124条）。

5　養子縁組の取消し

(1)　取消原因

養親が親として課せられた義務の履行を行わず，親権を濫用し，慢性的なアルコール，薬物，毒物中毒にかかったとき等の場合は，養子縁組は取り消される（家族130条）。

(2)　取消請求権者

18歳以上の養子，子の親，養親が養子縁組の取消しを請求することができる

（家族131条）。

(3)　取消しの効力

ア　一般的効力

養子と養親の相互の権利義務は解除され，子と実親の相互の権利義務は回復する（家族132条①）。

イ　名，姓及び出生場所・出生日の変更

裁判所は，出生場所及び出生日に関する変更された記録と同様に養子縁組時に養子に付与された名，姓及び父に由来する名について，変更することができる。養子が10歳以上の場合は，名，姓の変更は，子の同意があるときは可能である（家族132条③）。

ウ　取消しの制限

養子が成人に達したときは，原則として，養親，養子及び養子の実親間に相互の同意があるときを除き，養子縁組の取消しは禁止される（家族133条）。

6　ハーグ国際養子縁組条約

未批准（2009年（平成21年現在））

〔根拠法条〕

家族法（2004年11月9日採択，2005年4月19日施行）

第18章　子の養子縁組

第112条（養子縁組の対象となる子）

①　（略）

②　養子縁組は，子に関してのみ認められる。（以下，略）

③　異なる者が兄弟を養子縁組することは，その養子縁組が子の利益を生ずるものでなければ，禁止される。

④　（略）

（2005年7月8日改正）

第113条（子の養子縁組の手続）

①　養子縁組は，子を養子縁組することを希望する者からの申請に基づき，裁判所が行う。（以下，略）

②・③　（略）

第116条（養子縁組をする権利を有する者）

①　以下の者を除き，成人は養親になることができる。

a）裁判所から行為能力がない又は能力制限者とされた者

b）裁判所から行為能力がない又は能力制限者とされた配偶者の一方

c）裁判手続で親権が剥奪されたか，親権が制限されている者

d）法律により課された義務を適切に遂行できないことを理由に後見の義務が取り消された者

e）以前の養親で，その者の責任で養子縁組が終了した者

f）健康上の理由で親権を行うことができない者

g）養子縁組の時に，子の最低限度の生活に必要なものを提供する十分な収入のない者

h）衛生上及び法律上成立する必要条件に合致する収容施設と同様な永続的な居住地を有しない者

i）養子縁組の時に，人，公共命令及び道徳に対する特に重大な犯罪の罪で判決を受けたか，猶予された者

② 婚姻していない者は，共同して同じ子を養子とすることができない。

③ 数人の者が同時に同じ子を養子とすることを望むときは，優先権は本条第１項（第ｇ号及び第ｈ号を除く）及び第２項に示された必要条件を有する子の親族及び里親に与えられ，養子の利益は考慮される。

第117条（養親と養子の年齢差）

① 未婚の養親と養子との年齢差は，18歳未満であってはならない。

② 里親による子の養子縁組の場合は，本条第１項で規定される年齢差の規定は適用されない。

第118条（子の養子縁組に対する親の同意）

① 子の養子縁組に対し，親の同意を要する。子の養子縁組に対し，親又は未成年者の親の後見人の同意を要し，親又は後見人がいないときは，保護後見部門（the department of custody and guardianship）の同意を要する。（以下，略）

② 子の養子縁組に関する裁判所の決定が効力を生ずるまでは，親は子の養子縁組に対する同意を撤回することができる。

③ 親は，ある者による，又はある者の名をあげずに子の養子縁組に対し，同意をすることができる。子の養子縁組に対する同意は，子の出生後にのみすることができる。

第119条（親の同意のない子の養子縁組）

子の養子縁組に対する同意は，次の場合には要求されない。

a）親が知れないか，裁判所が親を行方不明と判断した場合

b）裁判所が親を行為能力がないと判断した場合

c）裁判所が親から親権を剥奪した場合

d）親が裁判所が正当と認めない理由で子と１年以上同居せず，子を育て，保護することをしなかった場合

第120条（親権を剥奪された子が居住する後見人及び里親の子の養子縁組に対する同意）

① 後見人の保護の下にある子の養子縁組には，後見人の同意を要する。

里親の家族と居住している子の養子縁組には，里親の家族の同意を要する。

② 裁判所は，子の利益のために，本条第１項の規定された者の同意なく子の養子縁組に対して決定をすることができる。

第121条（養子縁組に対する子の同意）

① 養子縁組には，10歳以上の子の同意を要する。

②　養子縁組の申請前に，子が養親の家族と生活し，養親を親とみなしているときは，例外的に，子の同意なく養子縁組は認められる。

第122条（養子縁組に対する養親の配偶者の同意）

①　子の養子縁組に対し，夫婦共同縁組されないときは，他の配偶者の書面による同意を要する。

②　配偶者が婚姻関係を終了し，１年以上共同して生活せず，居住地が知れないときは，書面による同意を要しない。

第123条（養子の名，姓及び父に由来する名）

①　養子となる子の名，姓及び父に由来する名は維持することができる。

②　養子の父に由来する名は，男性の養親の名に，養親が女性のときは，子の父としてあげる名に決定される。

③　養親の申請に基づき，養子は養親の姓が付与される。

④　養親の配偶者の姓が異なるときは，養子は同意により配偶者の一方の姓が付与される。

⑤　未婚者による子の養子縁組の場合は，その者の申請に基づき，子の名，姓及び父に由来する姓は，養親の指示により国家出生登録所に登録される。

⑥　10歳以上の養子の名，姓及び父に由来する名の変更は，本法第121条第２項に規定された場合を除き，養子の同意がある場合に限り，行うことができる。

⑦　養子の名，姓及び父に由来する名の変更の事実は，養子縁組に関する裁判所の決定に記載される。

第124条（養子の出生地及び出生日の変更）

①　養子縁組の秘密の規定の目的に関し，養子の出生日（３か月を超えない）及び出生地を養親の申請に基づき変更することができる。

養子の出生日の変更は，１歳未満の養子の場合に限られる。

②　養子の出生日と場所の変更の事実は，養子縁組に関する裁判所の決定に記載される。

第125条（養子の親としての養親の登録）

①　養親の申請に関して，裁判所は，国家出生登録に子の親として養親の登録の決定をすることができる。

②　本法第121条第２項の規定に規定された場合を除き，子が10歳以上のときは，登録するには子の同意を要する。

③　養子の親としての登録する必要性は，養子縁組に関する裁判所の決定に記載される。

第126条（養子縁組の法的効力）

①　養親と親族に関してする養子とその卑属の関係は，養子とその卑属に関する養親とその親族との関係と，個人的な財産的，非財産権利及び義務において出生による親族関係と等しい。

②　養子となった者は，実親（親族）に関する個人的な財産的，非財産的な権利を喪失し，義務を免れる。

③　１人の者の養子となった子の場合は，個人的な財産的，非財産的な権利は養親が男性のときは母の，養親が女性のときは，父の希望により，継続することができる。

④　養子の親の一方が死亡した場合は，死亡した親（子の祖母又は祖父）の申請により，個人の財産的，非財産的権利及び

義務は，子の利益に合致するときは，死亡した親の親族に関して継続することができる。

養子と連絡する死亡した親の親族の権利は，本法第56条で定められた手続に従って行われる。

⑤ 養子と死亡した親の一方の親又は親族との間の関係を継続する事実は，養子縁組に関する裁判所の決定に記載される。

⑥ （略）

⑦ 幼児を養子とした女性は，アルメニア労働法及び他の定められた権利により育児休暇の権利を有する。

第127条（養子の年金受給権の保持）

養子縁組の時に親の年金受給権を有する子は，養子縁組後もその権利を保持する。

第128条（子の養子縁組の秘密）

① 子の養子縁組の秘密は，法律により保護される。

子の養子縁組の決定を行う裁判官，身分国家登録部門の長及び職員は，養子縁組を知っている他の者と同様に子の養子縁組の秘密を保持する義務を負う。

② 養親の意思に反して，子の養子縁組の秘密を公表する本条第１項に記載されている者は，法律に定められている手続に従った責任を負う。

第129条（子の養子縁組の取消し）

① 子の養子縁組は，裁判手続により取り消される。

② 子の養子縁組の取消しの場合は，保護後見部門の義務的参加により検討される。

③ 養子縁組は，子の養子縁組の取消しに関する裁判所の決定が効力を生じた後に，終了する。

子の養子縁組の取消しに関する裁判所の決定が効力を生じてから３日以内に，裁判所は養子縁組の国家登録の地域の身分国家登録部門に決定の抄本を送付しなければならない。

第130条（子の養子縁組の取消原因）

養親が親として課せられた義務の履行を行わず，親権を濫用し，養子を残虐に扱い，慢性的なアルコール，薬物，毒物中毒にかかったとき，裁判所で親が死亡したか，行方不明と判断され，裁判所の決定と同様の再検討が行われ，申請により親の能力の回復が不可能と判断されたときは，子の養子縁組は取り消される。

第131条（養子縁組の取消の請求権者）

本法第133条に規定された場合において，18歳以上の養子と同様に，子の親，養親及び保護後見部門は，養子縁組の取消しを要求する権利を有する。

第132条（子の養子縁組の取消しの効力）

① 裁判手続による養子縁組の取消しの場合は，養子と養親（その親族）の相互の権利義務は解除され，子の利益が実親を必要とするときは，子と実親の相互の権利義務は回復する。

② 養子縁組の取消しの場合は，子は裁判上の決定で親に引き渡される。親が不在であるか，子の利益に親が反するときは，子は保護後見部門に引き渡される。

③ 養子縁組の取消しの場合は，同時に裁判所は，出生場所及び出生日に関する変更された記録と同様に養子縁組時に養子に付与された名，姓及び父に由来する名を維持に関する問題について検討する。

10歳以上の子の名，姓及び父に由来する名の変更は，子の同意で可能である。

第133条（養子が成人に達した時の養子縁組の取消しの不承認）
養子縁組を取り消す必要条件が提出された場合，養子が成人に達したときは，もし，親が存在し，親権を喪失していないとき，又は裁判所が実親が行為能力がないと判断しないときは，養親，養子及び養子の実親間に相互の同意があるときを除き，養子縁組の取消しは禁止される。

第6　国　　籍

1　二重国籍

アルメニア共和国の市民権に加えて他国の市民権を有する者は，アルメニア共和国の二重国籍者とみなされる。

アルメニア共和国の二重国籍者は，アルメニア市民とのみ認識される（市民13. 1条)。

（注）　市民権法改正前は，二重国籍を認めていなかった。

2　アルメニア市民権の喪失

アルメニア共和国の市民権の放棄又は外国の市民権の取得は，自動的にはアルメニア市民権の喪失にはならない（市民１条)。

アルメニア市民権は，アルメニア市民権の変更，アルメニア市民権の喪失等により停止する（市民23条)。

18歳以上のアルメニア共和国の市民は，アルメニア市民権を放棄して，他国の市民権を取得することでアルメニア市民権を変更することができる（市民24条)。

〔**根拠法条**〕

アルメニア市民権法（1995年11月６日採択，2007年２月26日法律第75－N，2010年４月６日，2011年12月８日改正，2015年５月７日最終改正）

第１章　総則

第１条（アルメニア共和国の市民権）

（略）

アルメニア共和国の市民権の放棄又は外国の市民権の取得は，自動的にはアルメニア市民権の喪失にはならない。

第２章　アルメニア市民権の取得

第13．１条（二重国籍）（2007年２月26日改正）

一つの国より多くの市民権を有する者は，二重市民とみなされる。

アルメニア共和国の市民権に加えて他国の市民権を有する者は，アルメニア共和国の二重市民とみなされる。

アルメニアにおいて，アルメニア共和国の二重市民はアルメニア市民とのみ認識される。この規定は，1995年１月１日以降に，一方的にアルメニア市民権を放棄したアルメニア市民と同様に法に要求されるアルメニア市民権を放棄せず他国の市民権を受け入れるか，又は認められた者についても及ぶ。（以下，略）

第４章　アルメニア市民権の停止

第23条（アルメニア市民権の停止の根拠）

アルメニア市民権は，以下の事由で停止する。

1　アルメニア市民権の変更の場合
2　アルメニア市民権の喪失の場合
3　アルメニア共和国の国際条約により規定されている場合
4　本法の規定により

第24条（アルメニア市民権の変更）

18歳のアルメニア共和国のいかなる市民も，アルメニア市民権を放棄して，他国の市民権を取得することでアルメニア市民権を変更することができる。

その者が，以下の場合で，市民権を放棄するときは，アルメニア市民権の放棄の申請は否定される。

1　告発されている場合
2　執行が猶予されている裁判所の決定又は宣告がされている場合
3　放棄がアルメニア共和国の国家安全保障に反する場合
4　（略）

第25条（アルメニア市民権の喪失）

以下の場合は，アルメニア市民権は取り消される。

1　本法第13条の規定に基づきアルメニア市民権を取得した者が，外国に常居し，合理的な理由なく７年間，領事への登録を怠った場合
2　アルメニア市民権を虚偽の情報又は書面により取得した場合
3　その者が市民権に関する法に反し，他国の市民権を取得した場合

資料10－1〔婚姻証明書〕

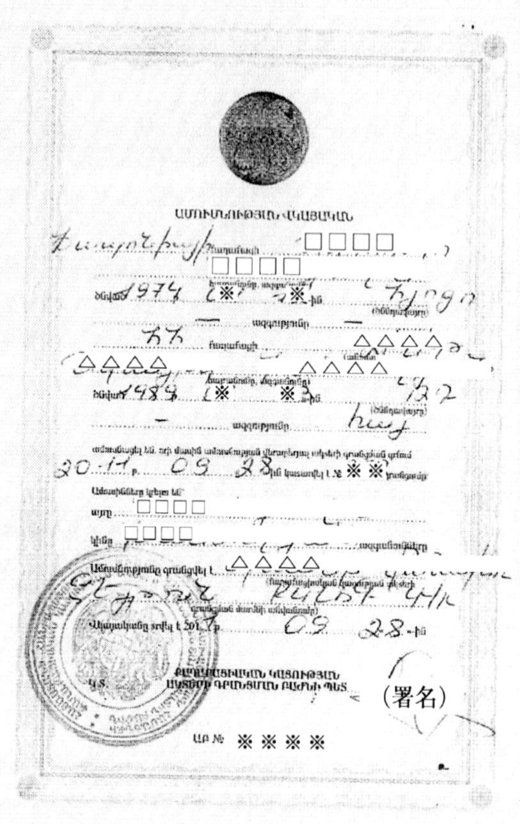

ԱՄՈՒՍՆՈՒԹՅԱՆ ՎԿԱՅԱԿԱՆ

(署名)

ԱԲ № ※※※※

在グルジア日本国大使館

平成23年11月17日　二等書記官

※※※※印

資料10－1

婚 姻 証 明 書

市民　　　　　　　　　　　　　氏

名と父称

生年月日　　　　　　　　　　　　　　　　出生地

市民権

市民　　　　　　　　　　　　　氏

名と父称

生年月日　　　　　　　　　　　　　　　　出生地

市民権

婚姻登録簿に登録された

登録日　　　　　　　　　　　　　　　　登録番号

婚姻後の氏

夫

妻

登録地

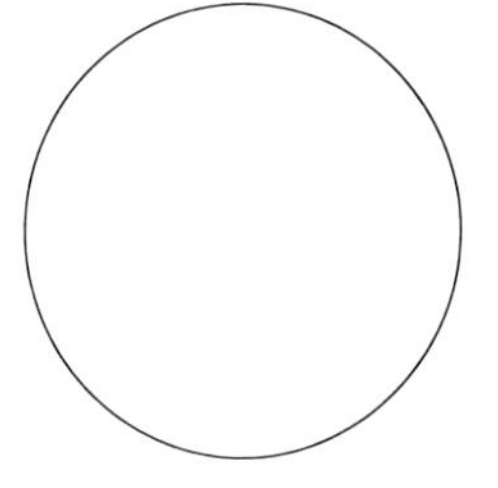

登録年月日

戸籍登録機関長

署名

資料10－2〔出生証明書〕

საქართველოს სსრ — Грузинская ССР
დაბადების მოწმობა
СВИДЕТЕЛЬСТВО
О РОЖДЕНИИ
Грузинский яз.
Гознак. 1957.

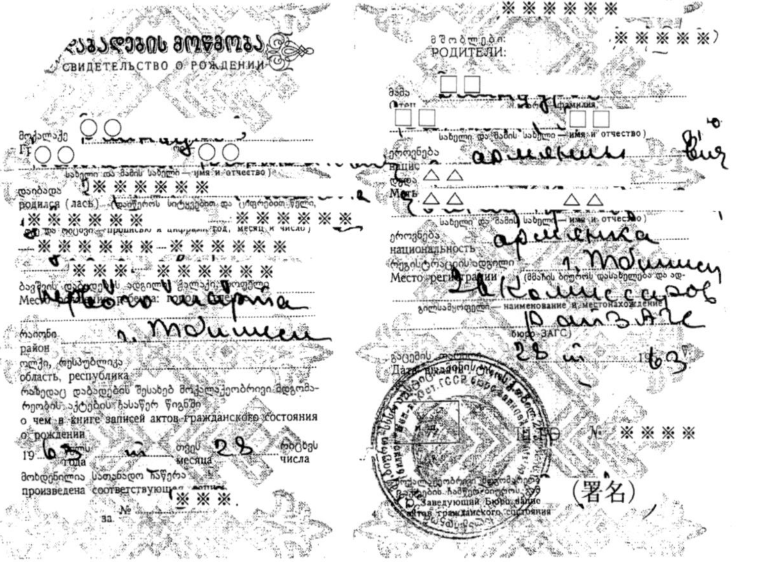
დაბადების მოწმობა
СВИДЕТЕЛЬСТВО О РОЖДЕНИИ
○○
○○　○○
родился (лась)
※※※※※
район
область, республика
о чем в книге записей актов гражданского состояния о рождении
19 63 года 28 числа
произведена соответствующая
※※※.
№
за.
※※※※※※
※※※※※
РОДИТЕЛИ:
□□
□□　□□
национальность
△△
△△　△△
национальность
Место регистрации
наименование и местонахождение бюро ЗАГС)
Дата выдачи
№ ※※※※
Заведующий Бюро записи актов гражданского состояния
(署名)

資料10－2

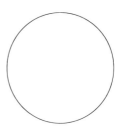

出生証明書

出生証明書　　番号

父　氏

市民　氏　名

名と父称　国籍

出生　日　母　氏

月　名

年　国籍

(算用数字表記と口語表記による年月日)　登録地

発行日

出生地：　州

共和国　署名

印

当出生に関して，国民出生記録簿には

年　月　日

付けにて下記記録番号を付して記録された

資料10－3〔出生証明書〕

ԾՆՆԴՅԱՆ ՎԿԱՅԱԿԱՆ

Քաղաքացի ○○

○○ ○○ (ազգանունը, անունը, հայրանունը)

ծնվել է 2013 թ. 10 «※»-ին ՀՀ ԵՐԵՎԱՆ (մարզ

ԷՐԵԲՈՒՆԻ

քաղաք, գյուղական համայնք)

որի մասին ծննդյան վերաբերյալ ակտերի գրանցման գրքում

2013 թ. 10 «16»-ին կատարվել է № ※ գրանցումը

Ծնողներ

Հայրը □□

անունը

□□

հայրանունը, ազգանունը)

Ազգությունը

Մայրը ԼԻԼԻԹ

△△ △△△△

հայրանունը, ազգանունը)

Ազգությունը ՀԱՅ

Ծնունդը գրանցվել է ՔԱՂԱՔԱՑԻ[illegible]

(քաղաքացիական կացության ակտերի

ՔԿԱԳ ՏԱՐԱԾՔԱ[illegible]

գրանցման մարմնի անվանումը)

Վկայականը տրվել է 2013 թ. 10 «16»-ին

ՔԱՂԱՔԱՑԻԱԿԱՆ ԿԱՑՈՒԹՅԱՆ ԱԿՏԵՐԻ ԳՐԱՆՑՄԱՆ ԲԱԺՆԻ ՊԵՏ

Կ.Տ.

(署名)

ԱԲ № ※ ※ ※

平成 25 年 11 月 18 日

在ロシア大使館

二等書記官 ※ ※ ※ ※ 印

資料10－3

出 生 証 明 書

市民　　　　　　　氏

名と父称

生年月日　　　　　　　　　　　　　　出生地

国　　州　　地域

上記について出生登録簿に登録された

登録日　　　　　　　　　　　　登録番号

両親

父　　　　　　　　　　氏

名と父称

市民権

母　　　　　　　　　　氏

名と父称

市民権

登録地

登録年月日

戸籍登録機関長

署名

11　アンゴラ（アンゴラ共和国）

第1　国籍証明

アンゴラ人の国籍証明については，アンゴラ人の両親からアンゴラで出生した者については，反対のことが記載されていない出生記録で示される（国籍24条）。

また，当事者の申請で登録吏が国籍証明書を発行することができる（国籍27条）。

〔根拠法条〕

国籍法（Nationality Law（Law N1/05 of July 1st））（1991年5月6日施行，2005年法律第1号，2005年7月1日改正）

第6章　登録及び国籍の証明

第24条（出生による国籍の証明）

① アンゴラで，アンゴラ人の両親から出生した者のアンゴラ国籍は，反対のことが記載されていない出生記録で示される。

② （略）

第27条（国籍証明）

① 登録の存在の他に，アンゴラ国籍の証明書は，当事者の要請により，登録吏が発行することができる。

② （略）

第2　婚　　姻

1　婚姻証明書

アンゴラ共和国法務省発行の婚姻証明書は，資料11－1（本文963頁）参照。

2　実質的成立要件

(1)　婚姻適齢

男女とも18歳以上である（家族24条）。

ただし，親の同意がある場合は，女子は15歳以上，男子は16歳以上であれば，婚姻をすることができる。

⑵　重婚の禁止

アンゴラ家族法は，重婚を認めていない。

3　婚姻によるアンゴラ国籍の取得

アンゴラ国民と婚姻した外国人は，当然にはアンゴラ国籍を取得しない（国籍12条）。

国籍を取得するには，５年以上婚姻をしていることを要する。

〔根拠法条〕

国籍法（1991年５月６日施行，2005年法律第１号，2005年７月１日改正）

第３章

第12条（婚姻による取得）

①　アンゴラ国民と婚姻した外国人は，希望するときは，アンゴラ国籍を取得することができる。

②　アンゴラ国民との婚姻により自国の国籍を喪失する外国人は，アンゴラ国籍を取得することができる。

③　（略）

第3　出　　生

1　国籍留保届

アンゴラは，父母両系血統主義国であり，アンゴラ国内で出生した事実だけでは同国の国籍を取得しない（国籍９条）。

したがって，日本人夫婦の子がアンゴラ国内で出生した場合は，国籍留保の届出は要しないが，夫婦の一方が日本人で，他方がアンゴラ国民の子がアンゴラ国内（又はその他の外国）で出生した場合は，出生の日から３か月以内に日本国籍を留保する意思を表示しなければ，子は日本国籍を喪失する（日国12条）。

2　出生場所の記載

⑴　行政区画

アンゴラは，18の州（注）から構成されている。

（**注**）州は，ウアンボ州，ウイジェ州，ウイラ州，ガビンダ州，クアンザスル州，

クアンザノルテ州，クアンドクバンゴ州，クネネ州，ザイーレ州，ナミベ州，ビエ州，ベンゴ州，ベンゲラ州，マランジェ州，モシコ州，ルアンダ州，ルンダスル州，ルンダノルテ州である。

⑵　戸籍の記載

「アンゴラ国ルアンダ州ルアンダ市で出生」（【出生地】アンゴラ国ルアンダ州ルアンダ市）と記載する。

〔根拠法条〕

国籍法（1991年5月6日施行，2005年法律第1号，2005年7月1日改正）

第1章　総則

第1条（目的）

本法律文書は，アンゴラ国籍の付与，取得，喪失及び再取得を決定する条件を示すものである。

第2条（種類）

本法の規定に基づき，アンゴラ国籍は，次の2つがある。

a）出生によるもの。

b）取得によるもの。

第2章　出生による国籍

第9条（出生による国籍）

①　出生によるアンゴラ市民は，次の者をいう。

a）父又は母がアンゴラ人で，アンゴラで出生した子

b）父又は母がアンゴラ人で，外国で出生した子

②　アンゴラの領域で発見された新生児は，反証がない限り，アンゴラ市民とみなす。

第3章　取得による国籍

第14条（他の取得事由）

次の範疇の者は，申請により，アンゴラ国籍を取得することができる。

a）他の国籍を有せず，アンゴラ領域で出生した者

b）親が知れないか，国籍が知れないか，国籍を有しない者でアンゴラ領域で出生した者

第4　養子縁組

1　根拠法

根拠法は，1980年8月27日アンゴラ養子縁組法（Angolan Adoption Act of 27 August 1980（Act No7/80））及び家族法（Family Code）である。

2　実質的成立要件

(1)　養親に関する要件

養親は25歳以上で，完全な市民権を享受し，家族関係において，完全な道徳上の地位を有し，善良な社会行為を行い，養子の世話と教育をする十分な経済的能力があり，精神的と肉体的に健全である者でなければならない（養子199条）。

(2)　養子に関する要件

養子となる者は，18歳未満で，親が知れないか，親が死亡している子か棄児とみなされること等が要件とされている（養子200条）。

(3)　養親と養子の年齢差

養親は，養子より16歳以上年長でなければならない。

ただし，養子が配偶者の子である場合は，養親と養子の年齢歳の規定は適用されない（養子199条）。

(4)　数次縁組の禁止

未成年者は，養親の遺棄，死亡又は養子縁組命令の修正や取消しの場合を除き，数次の縁組をすることができない（養子210条）。

3　保護要件

(1)　実親の同意

実親の同意が必要とされる（養子201条）。

実親が不在の場合は，裁判所の決定等が必要とされる（養子214条）。

(2)　養子の同意

養子となる者が10歳である場合は，その者の同意を要する（養子203条）。

(3)　裁判所の関与

養子縁組は，裁判所の決定による（養子212条）。

4　養子縁組の効力

⑴　実方との関係

婚姻障害の点を除き，養子と実親間の関係を消滅させる（養子206条）。

ただし，実親と婚姻関係にある者と養子縁組をする場合は，実親との関係は存続する（養子207条）。

⑵　養親との関係

養子は，養親の嫡出子となる（養子198条）。

⑶　養子の姓

夫婦共同縁組の場合は，子は実父母の姓の使用を止め，養親の姓を称する。

また，単独縁組の場合は，養子は実親関係を維持する者の姓に養親の姓を付け加えた姓を称する（養子208条）。

⑷　アンゴラ市民権の取得

アンゴラ国民の養子となった子は，アンゴラ国籍を取得する。

なお，養子縁組によって，実方との関係が完全に断絶することが要件とされている（国籍11条）。

5　養子縁組の取消し

①養親が自発的に未成年者を遺棄し，②養子又は養親の生命，名誉に対し攻撃をし，養子又は養親の直接の，又は代表者や法定相続人が請求したとき，③養子が成人になった時に，養親と養子の間に絶対的な不一致が証明されたときには，裁判所は養子縁組を取り消すことができる（養子218条）。

6　ハーグ国際養子縁組条約

未批准（2009年（平成21年現在））

（子の養子縁組：傾向と政策（国連））

〔根拠法条〕

アンゴラ養子縁組法

第１章　総則

第197条（養子縁組の目的）

養子縁組は，養子と養親間に嫡出の血縁関係と同様の関係を創設することにより，子の社会的，道徳的，感情的保護を目的とする。

第198条（養子縁組による血縁関係の内容）

① 養子縁組は，養親と養子の間に嫡出関係から生じるのと同様の権利義務を生じさせる。

② 養子縁組による創設された関係は，養子の子孫及び養親の親に及ぶ。

第199条（養子縁組の条件：養親）

① 養親は，次の要件を満たさなければならない。

a）25歳以上で，完全な市民権を享受していること。

b）特に，家族関係において，完全な道徳上の地位を有し，善良な社会行為を行うこと。

c）養子の世話と教育をする十分な経済的能力があること。

d）精神的と肉体的に健全であること。

e）養子よりも16歳以上年長であること。

② 配偶者の子の養子縁組である場合は，第１項のａ）号，ｂ）号及びｄ）号の条件のみが適用される。

第200条（養子縁組の条件：養子）

① 養子は，18歳未満で，次の要件を満たさなければならない。

a）親が知れないか，親が死亡している子

b）公共扶助協会（an institute of public assistance）にいるか否かにかかわらず，法的に棄児とみなされること。

② 親が明らかに無関心で，１年以上義務を履行しないときは，未成年の子は，棄児とみなされる。

第201条（親の同意による養子縁組）

実親が養子縁組に同意した未成年の子は，養子となることができる。

第202条（親子関係の宣言の禁止）

養子縁組は，実親の親子関係の宣言の効力により取り消すことも，無効にもされない。

第203条（養子の同意）

10歳の養子は，同意がなければ養子縁組されない。

第204条（外国人による養子縁組）

未成年のアンゴラ人は，人民議会（People's Assbmbly）の許可がなければ外国人の養子とならない。

第２章　養子縁組の形式

第205条（養子縁組の種類）

養子縁組は，次の者の申請による。

a）事実上別居しておらず，法的に認められている条件で共通法の婚姻の領域の下で婚姻している男女の場合は，２人の配偶者

b）配偶者又は他方の子に関して，共通法の婚姻の領域の下で婚姻している男子か女子

c）未婚の個人

第206条（共同縁組）

子の共同縁組は，婚姻障害の点を除き，養子と実親間の関係を消滅させる。

第207条（単独養子縁組）

① 養親が男子のときは，その者は養子の

実父に，女性のときは，実母に代わる。

② 養子と養親に代わらない実父又は実母との間の親子関係は，存続する。

第208条（姓（surname））

① 共同縁組の場合は，子は実父母の姓の使用を止め，養親の姓を名乗る。

② 単独縁組の場合は，養子は実親関係を維持する者の姓に養親の姓を付け加えた姓を使用する。

第209条（新しい出生証明書）

① それぞれの場合の特性に応じて，利害関係者の申請により，裁判所は養親が養子となる者の父又は母として表れる養子の新しい出生証明書の登録を命ずることができる。

② この場合において，前者の登録に法的効力があるとみなされる。

第210条（数次縁組の禁止）

未成年者は，養親の遺棄，死亡又は養子縁組命令の修正や取消しの場合を除き，数次の縁組をすることができない。

第211条（合意による取消不能）

養子縁組は，養子と養親間の合意により取り消すことができない。

第3章　養子縁組の手続

第212条（手続の形式）

① 養子縁組は，次の自発的な裁判手続による裁判所の命令により認められる。

② 裁判官による調査は，請求を正当化する事実を立証するために行われる。

③ 未成年者は，受託者又は法的機関により代理される。

④ 裁判では，その動機となる事実及び環境又は養子縁組及び養子の姓を決定した理由を詳述しなければならない。

⑤ 棄児の養子縁組の場合は，棄児の境遇が立証されたことを明記しなければならない。

第213条（同意の形式）

実親による養子縁組への同意は本人のものであり，裁判所の面前でなされるか，養親を確認する信頼すべき書面でなければならない。

第214条（親の不存在の場合の同意）

① 未成年者の親が存在しないときは，同意は裁判所又は祖父母，成人の兄弟又は叔父による優先者の命令，事情が同じであるときは，子を保護している親の命令により与えられる。

② 上記の親の同意は，未成年者の利益のためと考えるときは，裁判官は取り消すことができる。また，それを取得することが著しく困難なときは，裁判所は不要とすることができる。この場合において，同意の放棄は決定に明記されなければならない。

第215条（家族会議）

裁判所は，必要と考えるときは，未成年者の利益を保護するために家族会議の意見を聴くことができる。

第216条（裁判の再審理）

養子に関する重要な誤りがあったことが立証されたとき，又は同意が存在しないとき，強迫されたときは，養子縁組命令は変更することができる。

第217条（裁判再審理の時期）

① 養子縁組命令の再審理の申請は，養子縁組の誤り，強制又は日付の不明の場合，同意が存在しない場合は，その状態が止んだときから1年以内にされなければならない。

② 養子の一部の同意が存在しないとき

は，養子が成人になってから1年以内に裁判の再審理を要求することができる。

③　決定において，裁判官は，養子縁組の取消しにより未成年者の利益の保護が満たされるか否かを常に評価することができる。

第218条（養子縁組命令の取消し）

養子縁組は，以下の場合に裁判所で取り消される。

a）養親が自発的に未成年者を遺棄した場合

b）養子又は養親の生命，名誉に対する攻撃が証明された場合において，養子又は養親の直接の，又は代表者や法定相続人による請求

c）養子が成人になった時に，養親と養子の間に絶対的な不一致が証明された場合

第219条（養子縁組の再審理又は取消の効力）

養子縁組の再審理又は取消を命じた裁判所は，

a）可能であれば，実親に実親と養子間の関係の回復について聴かなければならない。

b）養子が未成年者であるときは，監護の方法を定めた決定の抄本を管轄を有する検察官に送付しなければならない。

c）裁判所は，常に養子の監護と運命に関する予備決定をしなければならない。

国籍法（1991年5月6日施行，2005年法律第1号，2005年7月1日改正）

第3章　取得による国籍

第11条（養子縁組による取得）

①　アンゴラ国民の養子となった者は，自動的にアンゴラ国籍を取得する。

②　この法律の適用上，養子縁組とは，縁組によって実方の家族との関係が完全に絶たれるものをいう。ただし，実方の家族との関係の断絶が婚姻又は認知の障害になる場合を除く。

第5　養子離縁

養親と養子の間の合意で養子縁組を撤回することはできない（養子211条）。

〔根拠法条〕

アンゴラ養子縁組法

第2章　養子縁組の形式

第211条（合意による取消不能）

養子縁組は，養子と養親間の合意により取り消すことができない。

第6　国　　籍

1　二重国籍

アンゴラ市民に認められた他の国籍は認められず，無効とみなされる（国籍30条）。

2　アンゴラ国籍の喪失

自己の意思で外国の国籍を取得し，アンゴラ市民であることを継続しないことを望んだ場合や外国市民の完全養子となり，成人に達するまでにアンゴラ人でない意思を表示した場合は，アンゴラ国籍を喪失する（国籍15条）。

〔根拠法条〕

国籍法（1991年5月6日施行，2005年法律第1号，2005年7月1日改正）

第4章　国籍の喪失及び再取得

第15条（国籍の喪失）

①　次に掲げる場合は，国籍を喪失する。

a　自己の意思で外国の国籍を取得し，アンゴラ市民であることを継続しないことを望んだ場合

b・c　（略）

d　外国市民の完全養子となり，成人に達するまでに，アンゴラ人でない意思を表示した場合

②　（略）

第6章　国籍に関する論点

第30条（アンゴラと外国籍の衝突）

アンゴラ市民に認められた他の国籍は，認められず，無効とみなされる。

資料11－1〔婚姻証明書〕

REPÚBLICA DE ANGOLA

MINISTÉRIO DA JUSTIÇA

1ª CONSERVATÓRIA DO REGISTO CIVIL DE LUANDA

DECLARAÇÃO

Para os devidos efeitos, confirmo que a Certidão de Cópia integral de casamento

Anexa, passada por esta Conservatória aos 22 / Agosto / 2008

Respeitante à □□　□□　△△△△ △△

está de conformidade com os elementos constantes do respectivo Assento.-

Luanda, aos 22 / Agosto / 2008

A CONSERVADORA Adjunta

（署名）

※※※※

資料11－1

ASSENTO DE CASAMENTO

FL.

Número duzentos e quarenta e sete

Às dezassete horas e ______ minutos do dia vinte e cinco de Julho de dois mil e oito perante numa residência sita na rua Clube marítimo ※※※※※ desta cidade de Luanda, município da Ingombota, perante mim ... conservador principal desta conservatória

compareceram os nubentes □□□□ e △△△△△△,

ele de sessenta e seis anos de idade, no estado de divorciado de profissão engenheiro natural de ※※※※※※ Tóquio de nacionalidade japonesa, residente em Luanda na rua Clube marítimo ※※※※, filho de ※ ※※※※※※ no estado de ______, natural d Tóquio e residente ______ e de ※※※※ no estado de ______, natural d Kyushu e residente ______

e ela de quarenta e oito anos de idade, no estado de solteira de profissão ______ natural de Cazengo - Ndalatando província do Kwanza Norte, e residente em Luanda rua Clube marítimo ※※※※※※ filha de ※※※※※※ no estado de ______, natural d Ndalatando e residente ______ e de ______ no estado de ______, natural d ______ e residente ______

Os quais nubentes, perante mim ______ acima mencionado e as testemunhas adiante nomeadas, celebraram o seu casamento civil ______ tendo declarado, prèviamente, que o celebravam por sua livre vontade e sob o regime ~~escritura antenupcial~~ de comunhão de adquiridos

A nubente declarou adoptar o ______ apelido □□□□, do marido.

Os nubentes ______ apresentaram, oportunamente, o certificado ______, passado na Conservatória do Registo Civil de ______ em ______

Assento n.º ※※※

□□□□ e △△△△ △△

Processo 30/08 Maço n.º

Averbamentos:

（署名）

MINISTÉRIO DA JUSTIÇA
1ª Conservatória do Registo Civil de Luanda
Cobrança por Selo de Verba
Decreto Executivo Conjunto n.º 8/08
de 1 de Fevereiro

資料11－1

2

Este assento lavrado com base no processo de casamento nº 90/08 [illegible] depois de lido em voz alta perante todos e conferido, vai ser assinado, pelos os nubentes e pelas testemunhas ※※※※※※※※※※※※※※※※※※※※※※, ※※※※※※※※※※※※※※※※※※※※, casados ambos residentes em Luanda [illegible] Lourenço ※※※※※※※※※※※ R/C, Ingombota ※※※※※※※※※※※※※※※※※※※※※※※※※ viúvo, residente em Luanda na rua São Sebastião ※※※※※※※※※※※※※, R/C

e por mim [illegible] Ajudante

aos vinte e cinco de Julho de dois mil oito

(署名)

(署名)

(署名)

(署名)

(署名)

(署名)

(署名)

SELO DE VERBA
Dec. n.º 8/08 de
1 de Fevereiro

Registado no «Diário» sob o n.º ※※※※ Averbado sob n.º .... aos

assento de nascimento n.º .... do .... ano ....

Boletins n.º .... ,remetidos à .... de ....

資料11－1

Fotocópia Extraída do Assento do Casamento
N.º 247 a folhas 57 do respectivo
Livro N.º 3 do ano de 2008
Está conforme o original, vai devidamente assinada e autenticada com sêlo branco.
1ª Conservatória do Registo Civil de Luanda, em 22 de Agosto de 2008
O Conservador Adjunto

(署名)

Rosa Adriana Rodrigues da Costa

Substitui a Certidão de Cópia integral de casamento

CONTA

Emol.	2120 ,00	Kzs
Art.º		Kzs
G.G.J.	686 ,00	Kzs
Reemb.	16 ,00	Kzs
Sêlo	10 ,00	Kzs
TOTAL	2782 ,00	Kzs

São Dois mil setecentos e oitenta e dois Kz
Registado no Diário
Sob o n.º 3384-B

MINISTÉRIO DA JUSTIÇA
1ª Conservatória do Registo Civil de Luanda
Cobrança por Sêlo de Verba
Decreto Executivo Conjunto n.º 6/08
de 1 de Fevereiro

資料11－1

アンゴラ共和国

法　務　省

ルアンダ第一戸籍登録所

宣　　　言

宣言書は添付婚姻証明コピーの証明で□□□□と△△　△△△△に関するもので2008年8月22日に当該戸籍登録所に於いて原本からの写しで原本（台帳）の記載内容と相違ない事を確認致します。

Luanda, 22／8月／2008

第一戸籍登録所所長補佐

署　　名

※　※　※　※（ゴム印）

資料11－1

両婚約者は私（ルアンダ市第一戸籍登録所所長補佐）と後に任命されている証人達の前にて結婚式は執り行なわれた。

財産の共有方法は自由意志に基ずき決められ、宣言された。

宣言者姓名　　□□

資料11－1

第※※ページ

婚 姻 記 録

<table>
<tr>
<td>
第※

2008年7月25日17時
ルアンダ市インゴンボッタ郡クルベマリチモ※※※※※※※番地の住居に於いて□□□□と△△　△△　△△が第一戸籍登録所ペンサメント補佐の前に出頭

新郎※※才、離婚者で東京都杉並区※※※※で出生、日本国籍でルアンダ市クルベマリチモ※※※※※※番地に居住

父親名：※※※※　　出生地　東京
母親名：※※※※　　出生地　九州

新婦※※才、未婚、出生地　クワンザノルテ州ダラタンド市※※※※
居住地　ルアンダ市クルベマリチモ※※※※※※番地
母親名　※※※※※※
出生地　ダラタンド市
</td>
<td>
記録 No.※
□□□□
及び
△△ △△△△

プロセス
No. 90/08

ゴム印
</td>
</tr>
</table>

資料11－1

此の記録は婚姻プロセス第90/08に基付いて行なわれ、総て読み上げられ照合された後で婚約者と証人達は台帳に署名された。

※※※※※※
既婚者
※※※※※※、既婚者
両者ともLuanda市在住でLuanda市インゴンボッタ郡Louren, co ※※※※※※番地一階。
※※※※※※寡婦
Luanda市居住。※※※※※※番地。
そして私、Luanda市第一戸籍登録所所長補佐。

2008年7月25日

新郎署名：＿＿＿＿＿＿＿＿＿＿＿＿＿＿
新婦署名：＿＿＿＿＿＿＿＿＿＿＿＿＿＿
証人署名：①＿＿＿＿＿＿＿＿＿＿＿＿＿
（4名）　②＿＿＿＿＿＿＿＿＿＿＿＿＿
　　　　　③＿＿＿＿＿＿＿＿＿＿＿＿＿
　　　　　④＿＿＿＿＿＿＿＿＿＿＿＿＿
戸籍登録所補佐署名＿＿＿＿＿＿＿＿＿＿＿

台帳（原本）第※※に登録。

12　アンティグア・バーブーダ（アンティグア・バーブーダ）

第1　婚　　姻

1　婚姻要件具備証明書

アンティグア・バーブーダ市民について，駐日英国大使館で発給されている婚姻要件具備証明書を添付した婚姻届を受理することができる。

なお，英連邦加盟国で日本に大使館がない国の場合，在日英国大使館で代行する取扱いをしている（時報特別増刊号№520照会・回答Ⅱ65頁）。

2　実質的成立要件

⑴　近親婚の禁止

婚姻の当事者が英国法において禁止する親族であるときは，婚姻は無効である（婚姻24条）。

⑵　婚姻適齢

15歳未満の者との婚姻は，無効である（婚姻25条）。

⑶　未成年者の婚姻に対する同意

原則として，18歳未満の者が婚姻する場合は，両親等の同意を要する（婚姻26条・第2表）。

3　形式的成立要件

婚姻の成立要件として，その予備行為として，婚姻予告の公示，婚姻許可証の付与を受け，マリッジオフィサーによる婚姻の挙行と，監督登録吏（Registrar-General）の証明書の付与を受け，監督登録吏による婚姻の挙行という手続を要する。

なお，婚姻許可証又は監督登録吏の証明書の有効期間は満3か月で，婚姻しない場合は無効となる。

4　婚姻の登録

マリッジオフィサー又は監督登録吏による婚姻の挙行後に，速やかに登記簿に登記される（資料12－1）（本文981頁）。

〔根拠法条〕

アンティグア・バーブーダ法（Laws of Antigua and Barbuda）

第261章　婚姻法

第1　前置

第1条　この法律は，「婚姻法」とする。

第3　婚姻の制限

第24条（近親婚の禁止）

婚姻の当事者が英国法において禁止する親族であるときは，婚姻は無効である。

第25条（15歳未満の者の婚姻）

15歳未満の者と行われた婚姻は，無効である。

第26条（未成年者の婚姻の制限）

① 当事者の一方が，配偶者を亡くした者でなく，18歳未満の者は，最初に本法が必要とする者の同意が得られるまで，婚姻をすることができない。

② 本項において未成年者に必要とされる同意は，法務担当大臣の許可証又は婚姻予告の公示によって行われることを予定している婚姻の場合で，第2表に規定する者についてである。

(a) マリッジオフィサーは，同意が必要とされる者の同意が，同意する者が不在又は分からないとき，又は行為能力がないことを理由として同意を得られないことを確信したときは，他の者の同意が必要とされるとき，又は他の者の同意を要しないときは，法務担当大臣同意を免除することができる。また，高等法院は申請により，婚姻に同意することができ，裁判所の同意は，同意を得ることができない者の同意を与えられたのと同様の効力を有する。

(b) 同意を要する者が同意しない場合は，高等法院は申請により，婚姻に同意することができ，裁判所の同意は同意をしなかった者が同意をしたのと同様の効力を有する。

第4　婚姻の予備行為

第34条（法務担当大臣の婚姻許可証の付与）

法務担当大臣は，本法における婚姻予告の発行又は公示がなくても，適当と認めるときは，婚姻許可証又は婚姻特別許可証を付与することができる。

第35条（未成年当事者の場合の制限）

当事者の一方が，配偶者を亡くした者でなく，18歳未満であるときは，第26条第2項の規定による者からの同意が得られるまで，許可証又は特別許可証は付与されない。

第2表（未成年者の婚姻に要する同意）

未成年者の婚姻に対する同意は，次の規定に従って得られなければならない。

(a) 両親が生存し，同居しているときは，両親の同意を要する。

(b) 両親が別居し，未成年者が親の一方と同居しているときは，同意は同居している親の同意を要する。

(c) 両親が別居し，未成年者がいずれの親とも同居していないときは，一方の親の同意が高等裁判所の判決で不要とされないときは，両親の同意を要する。

(d) 両親の一方が死亡しているときは，生存している親及び未成年者の法的監護の同意を要する。

(e) 両親が死亡しているときは，未成年者の監護人の同意を要する。

第2 離　　婚

1 制　　度

アンティグア・バーブーダにおいては，協議離婚あるいは調停離婚を認めず，裁判離婚によらなければならない。

高等法院が，管轄権を有する（離婚3条）。

2 離婚原因

手続の決定前の少なくとも直前1年間別居し，手続開始時においても別居している場合，不義を犯した場合，又は，他の配偶者を，配偶者の共同生活を継続することが耐えられないように肉体的又は精神的に虐待した場合が離婚原因とされている（離婚7条）。

3 効力発生日

原則として，離婚を認める判断がされてから31日後に，効力を生ずる（離婚11条）。

〔根拠法条〕

アンティグア・バーブーダ法

第248章 離婚法（Divorce Act 1997）（1997年法律第10号）

第3条（離婚手続における管轄）

配偶者の一方が手続開始の少なくとも直前1年間にアンティグア・バーブーダに常居しているときは，高等法院（The High Court）は離婚手続を聴取及び決定する管轄権を有する。

第7条（離婚－理由）

① 裁判所は，配偶者の一方又は双方の申請により，婚姻の破綻が生じた理由に基

づき配偶者に対する離婚を許可することができる。

② 婚姻の破綻は，次の場合に成立する。

(a) 離婚手続の決定前の少なくとも直前1年間別居し，手続開始時においても別居している場合

(b) 婚姻の挙式から，離婚手続がされた配偶者が，次の場合のとき，

(i) 不義を犯した場合，又は，

(ii) 他の配偶者を，配偶者の共同生活を継続することが耐えられないように肉体的又は精神的に虐待した場合

③ （略）

第11条（一般的な効力発生日）

① 本条により，離婚を認める判断がされた日から31日後に，離婚は効力を生ずる。

② 離婚を認める判断がされた日以降で，

(a) 裁判所は，特別な事情を理由として，判断がされた日以降31日前に離婚が効力を生ずると意見し，

(b) 配偶者が判断に控訴しないことに同意し，約束するか，控訴を放棄したときは，裁判所は，適当と判断したときに離婚が効力を生じたと命ずることができる。

③～⑧ （略）

第３　出　　生

１　国籍留保届

アンティグア・バーブーダは，生地主義国であり，アンティグア・バーブーダ国内で出生した事実によって，同国の市民権を取得するので（憲113条），日本人夫婦又は一方が日本人で他方が外国人の夫婦の子がアンティグア・バーブーダ国内で出生したときは，出生の日から３か月以内に日本国籍を留保する意思を表示しなければ，子は日本国籍を喪失する（日国12条）。

ただし，両親が共にアンティグア・バーブーダ市民でなく，かつ，父又は母が外交使節である場合は，子はアンティグア・バーブーダ市民とならない（憲113条(a)）。

また，補足的に血統主義を採用し，アンティグア・バーブーダ以外の国で出生した子は，父又は母がアンティグア・バーブーダ市民等の場合は，アンティグア・バーブーダ市民となる（憲113条(b)・(c)）。

２　出生証明書

アンティグア・バーブーダ登記所長発行の出生証明書は，資料12－２（本文982頁）参照。

〔**根拠法条**〕

憲法（1981年7月31日制定，1981年10月31日施行）

第8章 市民権

第112条（本憲法施行時に自動的に市民となる者）

以下の者は，1981年11月1日に市民となる。

(a) アンティグア国内で出生した者で，1981年10月31日の時点で英国及びその植民地の市民である者

(b) アンティグア国外で出生した者で，父母又は祖父母の一方が国内で生まれたか，アンティグア居住中に登録又は帰化した者

(c) 1981年10月31日の時点で英国及びその植民地の市民であった者で，

(i) 本法施行前に，英国の1948年国籍法によりアンティグア居住中に英国民として帰化して市民となった者，又は，

(ii) 同法によりアンティグア居住中に，帰化又は登録により市民となった者

(d) アンティグア国外で出生し，1981年10月31日の時点で英国及びその植民地の市民である者で，かつ，父又は母が本条(a)，(b)又は(c)号により市民となったか，父又は母が死亡するか，英国及びその植民地の市民権を放棄しなければ本条(a)，(b)又は(c)号により市民となっていたであろう者

(e) 本条(a)，(b)，(c)又は(d)号により市民となるか，又は，死亡するか，英国及びその植民地の市民権を放棄しなければ本条(a)，(b)，(c)又は(d)号により市民となっていたであろう者と婚姻した女で，1981年10月31日の時点で英国及びその植民地の市民であった者

(f) 1981年10月31日の時点で18歳以下で，本条(a)から(e)号のいずれかに該当する者の子，継子，又は適法な手続による養子

第113条（本憲法施行後に自動的に市民となる者）

以下の者は，1981年11月1日以後，出生の日から市民となる。

(a) アンティグア・バーブーダで出生した者，ただし，

(i) 父母のいずれも市民でなく，かつ，アンティグア・バーブーダの承認を得ている国の外交使節として，訴訟，法律の手続上の特権を有する者であるか，又は，

(ii) 父母のいずれかが，女王陛下と交戦中である国の市民であり，かつ，その国によって領有されているところで出生した者は，

本号の規定によっては，市民とならない。

(b) アンティグア・バーブーダ国外で出生した者で，その者の出生時において父母のいずれかが本憲法第112条又は本条(a)号により市民であるか，あるいは，父母のいずれかが死亡していなければ，本憲法第112条又は本条(a)号により市民であったであろう者

(c) アンティグア・バーブーダ国外で出生した者で，その者の出生時において，父母のいずれかが職務の適切な遂行のためにアンティグア・バーブーダ国外に居住することを命ぜられた政府

又は政府機関に雇用された市民であるか，あるいは，父母のいずれかが，死亡していなければ，職務の適切な遂行のためにアンティグア・バーブーダ国外に居住することを命ぜられた政府又は政府機関に雇用された市民であったであろう者

（総覧1－530ノ49ノ2）

アンティグア・バーブーダ法

第22章　アンティグア・バーブーダ市民権法（1982年法律第17号，1982年8月19日）

第1条（略称）

この法律は，アンティグア・バーブーダ市民権法とする。

第2部　市民権の取得

第3条（市民権の付加規定及びその者の市民としての登録）

①　憲法第113条(a)号の規定により，1981年10月31日以降にアンティグア・バーブーダで棄児として発見された新生児は，反証がない限り，アンティグア・バーブーダで出生したとみなし，出生の時にアンティグア・バーブーダ市民となる。

②～⑨　（略）

第4　養子縁組

1　根拠法

根拠法は，子の養子縁組法である。

2　実質的成立要件

(1)　養子となる者の要件

養子となる者は，未成年者（18歳未満）でなければならない（養子2条②）。

(2)　養親となる者の要件

養親は，原則として，25歳以上でなければならない。

ただし，25歳未満である場合でも，養親が未成年者の母であるときは，縁組は認められる（養子3条①）。

(3)　養親と養子の年齢差

養親と養子の年齢差が21歳以下でないこと。

ただし，この要件を満たさない場合でも，養親と養子が近親であるか，夫婦が共同し，妻が養子の母か，夫が養子の推定される父であるときは，裁判所が適当と判断したときは縁組は認められる（養子3条①）。

(4)　男性の単独申請の場合における縁組の制限

男性の単独申請の場合は，特別な事情がなければ女性を養子とすることができない（養子３条②)。

(5)　配偶者の同意

配偶者の一方が養親となる場合は，原則として，他の配偶者の同意を得なければならない（養子３条④)。

(6)　複数の者による養子縁組の禁止

夫婦で養子縁組をする場合を除き，複数の者が養子縁組をすることができない（養子２条)。

３　保護要件

(1)　養子の同意

養子縁組法においては，養子の同意については規定されていない。

(2)　実親等の同意

未成年者の親又は監護人である全ての者又は組織，又は現実に未成年者の監護をしているか，未成年者の世話する責任のある者の同意を要する。

ただし，未成年者を遺棄し，又は同意をする者を見つけることができないか，その者が同意を与えることができないとき，又は，配偶者が別居し，それが継続すると思われるときは，裁判所は同意を要しないとすることができる（養子３条③)。

(3)　裁判所による養子縁組の決定

養子縁組は，裁判所の決定により成立する。

管轄権を有する裁判所は，高等法院である（養子９条)。

４　養子縁組の効力

(1)　実方及び養親との関係

養子縁組の決定が下されると，親，監護人に帰属していた親としての権利義務は消滅し，子に関する親としての権利義務は，養親に帰属する。

養子は，養親の嫡出子とされる（養子６条①)。

(2) 養子登録

養子縁組命令が下されると，監督登録吏が養子登録（資料12－3）（本文984頁）を行う（養子12条①)。

(3) アンティグア・バーブーダ市民権の取得

アンティグア・バーブーダ市民でない未成年者に対し養子縁組命令が下されたときは，養親又は夫婦共同縁組の場合は男性の養親がアンティグア・バーブーダ市民であるときは，命令の日から養子である未成年者はアンティグア・バーブーダ市民となる（市民4条)。

5　ハーグ国際養子縁組条約

未批准（2009年（平成21年現在))

〔**根拠法条**〕

アンティグア・バーブーダ法

第9章　子の養子縁組法

第1条（略称)

この法律は,「子の養子縁組法」とする。

第2条（縁組命令の権限)

① 婚姻していない未成年者を養子縁組する権限を与えられることを望む者の規定された方法による申請に基づき，裁判所は本法の規定に基づき，未成年者の養子縁組をする候補者として権限を与える命令（本法において，養子縁組命令という。）を下すことができる。

② 本法において，未成年者を養子縁組する権限を与えられた者，養子縁組される権限を与えられた未成年者をそれぞれ養親，養子といい，未成年者は18歳未満の者をいう。

③ 配偶者の共同した養子縁組命令の申請がされたときは，裁判所は配偶者が共同して養子縁組をする権限を与える命令を下すことができる。しかし，前述の場合を除き，２人以上の者が未成年者を養子縁組する権限を与える命令は下されない。

第3条（養子縁組命令の制限)

① 養子縁組命令は，以下に該当するときは，いかなる場合にも下されない。

(a) 申請者が，25歳未満のとき，又は

(b) 申請者が，未成年者との年齢差が21歳以下のとき。

ただし，以下の場合は，裁判所が適当と認めるときは，命令を下すことは適法である。

(i) 申請者が25歳未満であるが，申請者が未成年者の母であるとき，又は

(ii) 申請者と未成年者の年齢差が21歳以下であるが，申請者と未成年者が禁止されている近親であるか，又は，夫婦が共同して申請し，妻が未成年者の母か，夫が未成年者の推定

される父により，又は代わって申請されたとき

② 男性の単独申請であり，申請が女性についてされるときは，裁判所が養子縁組命令を下す例外的な手段であることを正当化する特別な事情があると判断するのでなければ，養子縁組命令は発せされない。

③ 養子縁組命令は，未成年者の親又は監護人である全ての者又は組織若しくは現実に未成年者の監護をしているか，未成年者の世話する責任のある者の同意がないときは，下されない。

ただし，未成年者を遺棄し，又は同意をする者を見つけることができないか，その者が同意を与えることができないとき，又は，配偶者が別居し，それが継続すると思われるときは，裁判所は本項に規定する同意を要しないとすることができる。

④ 養子縁組命令は，配偶者の同意がないときは，配偶者の一方からの申請に対して下されない。

ただし，配偶者を見つけることができないか，その者が同意を与えることができないとき，又は，配偶者が別居し，永続すると思われるときは，裁判所は本項に規定する同意を要しないとすることができる。

⑤ 養子縁組命令は，アンティグア・バーブーダに居住しないか，住所を定めない申請者には，又はイギリス連邦の市民でなく，アンティグア・バーブーダに居住しない未成年者には下されない。

第９条（裁判管轄権と手続）

① 本法において，養子縁組命令を下す管轄権を有するのは，高等法院である。

②～④ （略）

第12条（養子登録）

① 監督登録吏（The Registrar-General）は，事務所において養子登録と称する登録を証明し，管掌する。養子登録は，専ら養子縁組命令による登録の指示に基づいてこれを行う。

② 全ての養子縁組命令は，監督登録吏に別表に示された形式で養子縁組を養子登録の登録記録する指示を含んでいる。

③～⑥ （略）

第22章　アンティグア・バーブーダ市民権法（1982年法律第17号，1982年８月19日）

第２部　市民権の取得

第４条（市民でない未成年者の養子の養子縁組命令の効力）

子の養子縁組に関する法令がアンティグア・バーブーダにおいて施行されているときに，アンティグア・バーブーダ市民でない未成年者に対し，養子縁組命令が下されたときは，養親又は夫婦共同縁組の場合は男性の養親がアンティグア・バーブーダ市民であるときは，命令の日から未成年者はアンティグア・バーブーダ市民となる。

第5　国　　籍

1　二重国籍

アンティグア・バーブーダでは，二重国籍は認められており，外国の国籍・市民権を取得したことを理由に市民権は剝奪されない。

2　アンティグア・バーブーダ国籍の喪失

18歳に達した，アンティグア・バーブーダ市民は，外国の市民であるか，又は国民であるとき，又は他国の市民又は国民になる意思があるときは，宣言することで，アンティグア・バーブーダ市民権を放棄する資格を有する。

ただし，放棄の宣言の登録日に他国の市民又は国民でない場合は，その者が登録日から6か月以内にその市民又は国民にならないときは，放棄の宣言の登録が行われたか否かにかかわらず，依然としてアンティグア・バーブーダ市民であるとみなされる（市民7条）。

〔根拠法条〕

アンティグア・バーブーダ法

第22章　アンティグア・バーブーダ市民権法（1982年法律第17号，1982年8月19日）

第3部　市民権の喪失

第7条（市民権の放棄）

① 18歳に達した，以下に掲げるアンティグア・バーブーダ市民は，規定された方法に基づき宣言することで，アンティグア・バーブーダ市民権を放棄する資格を有する。

(a) 外国の市民であるか，又は国民であること。

(b) 他国の市民又は国民になる意思があるとき。

ただし，放棄の宣言の登録日に他国の市民又は国民でない場合は，その者が登録日から6か月以内にその市民又は国民にならないときは，放棄の宣言の登録が行われたか否かにかかわらず，依然としてアンティグア・バーブーダ市民であるとみなされる。

②・③　（略）

資料12－1〔婚姻登記証〕

FORM E (S. 52.)

ORIGINAL REGISTER

19 . Marriages Solemnized or Celebrated at in Parish of 19 .

No.	When Married.	Names and Surnames.	Age.	Condition	**Rank** Profession or Occupation.	Residence at the time of Marriage.	After Banns or **Licence or** Registrar-General's Certificate.	Consent by whom given, or Judge's Order.

Married at in the Parish aforesaid, after , **by me**

(Signed) ....

Marriage Officer (*or* Registrar-General).

This Marriage was solemnized or celebrated between us { } in the presence of us { }

資料12－２〔出生証明書〕

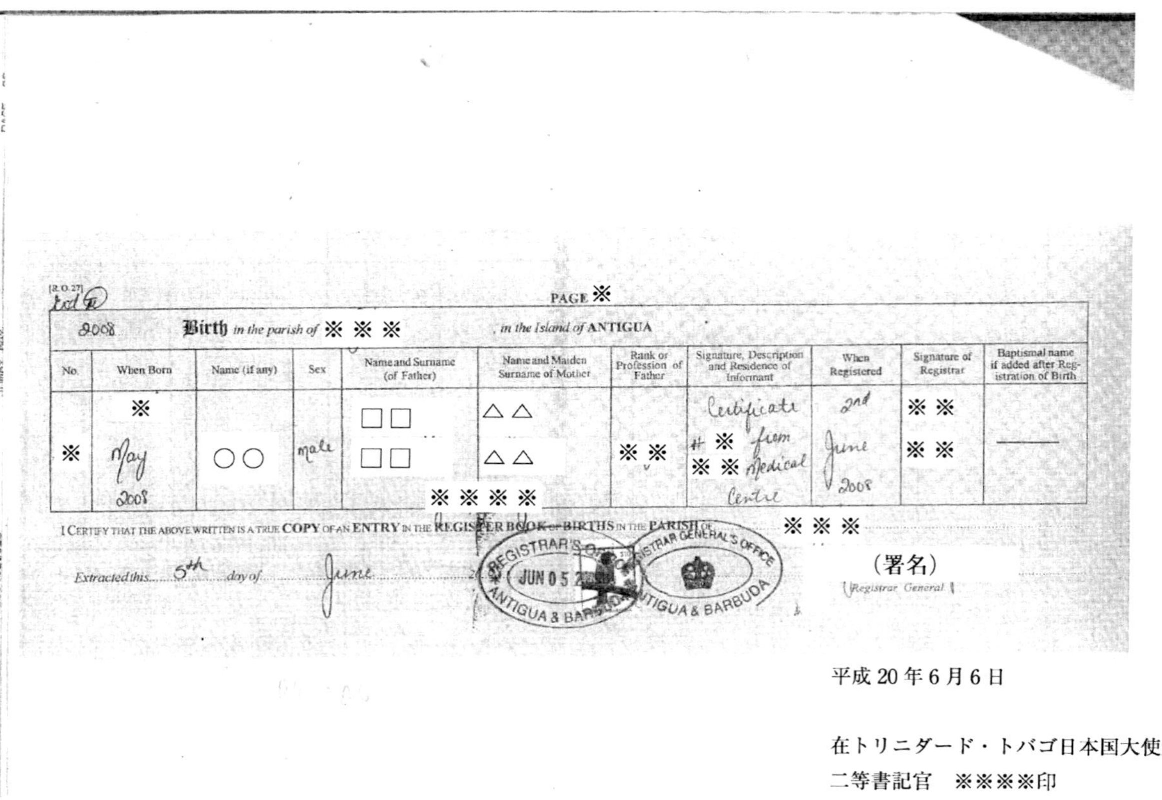

[R.O.27]

PAGE ※

2008　**Birth** *in the parish of* ※※※ *, in the Island of* ANTIGUA

No.	When Born	Name (if any)	Sex	Name and Surname (of Father)	Name and Maiden Surname of Mother	Rank or Profession of Father	Signature, Description and Residence of Informant	When Registered	Signature of Registrar	Baptismal name if added after Registration of Birth
※	※ May 2008	○○	male	□□ □□	△△ △△	※※	Certificate # ※ from ※※ Medical Centre	2nd June 2008	※※ ※※	——

※※※※

I CERTIFY THAT THE ABOVE WRITTEN IS A TRUE COPY OF AN ENTRY IN THE REGISTER BOOK OF BIRTHS IN THE PARISH OF ※※※

Extracted this 5th *day of* June

（署名）

Registrar General

平成20年6月6日

在トリニダード・トバゴ日本国大使館
二等書記官　※※※※印

06/11/2008 21:25 2684626028

資料12－2

邦訳文

ページ※※

2008 出生証明書 アンティグア島の※※教区で生まれました										
番号	生年月日	姓名（名前）	性別	姓名(父)	姓名(母)	父の職業	届出人の署名 関係 住所	登録日	記録係の署名	キリスト教の名前
※※	2008年 5月※日	○○	男性	□□ □□	△△ △△	※※	証明書 ※※番 ※※ メディカル センター	－ 2008年 6月2日	※※ ※※	——
				（※※※※居住）						

上方は確かに※※教区の出生登録表のコピーである事を証明致します。

2008年6月5日　　アンティグア・バブーダ 登記所の公印　　（署名） 登記所長

翻訳者　※　※　※　※

※※※※2008年6月5日

資料12－3〔養子登録書〕

S. 12 (2).

SCHEDULE

No. of Entry	Date of Entry	Name of Adopted Child. (Enter Name as stated in Adoption Order)	Sex of Adopted Child. (Enter Sex as stated in Adoption Order)	Name and Surname. Address and Occupation of Adopter or Adopters (Enter name, address and Occupation as stated in Adoption Order)	Date of Birth of Child. (Enter date of Birth (if any) directed by the Adoption Order to be entered, but otherwise no entry)	Date of Adoption Order. (Entry to be made as appearing in the Adoption Order)	Signature of Officer deputed by Registrar-General to attest the Entry
1	2	3	4	5	6	7	8

13　アンドラ（アンドラ公国）

第1　婚　　姻

1　婚姻適齢

男女とも16歳以上である（2001年現在）。

2　婚姻によるアンドラ市民権の取得

アンドラ市民と婚姻した外国人は，婚姻前及び婚姻後に継続して３年間アンドラに居住しているときは，アンドラ市民権が認められる。

第2　出　　生

1　国籍留保届

(1)　アンドラ国内で出生した場合

アンドラは，父母両系血統主義国であり，アンドラ国内で出生した事実だけでは，同国の国籍を取得しない（国籍資格１条）。

したがって，日本人夫婦の子がアンドラ国内で出生した場合は，国籍留保の届出を要しないが，夫婦の一方が日本人で，他方がアンドラ国民の子がアンドラ国内で出生した場合は，出生の日から３か月以内に日本国籍を留保する意思を表示しなければ，子は日本国籍を喪失する（日国12条）。

(2)　アンドラ国外で出生した場合

両親の一方がアンドラ国民で，かつ国内で出生した者であるときは，子はアンドラ国民となる（国籍資格１条）。

（注）　アンドラ国外で出生した場合は，父又は母がアンドラで出生したアンドラ人であり，子はアンドラ人となるか，又は父又は母がアンドラで出生していないアンドラ人で，子はアンドラ人にならないか，「その他」欄にその旨を記載するのが適当である。

〔根拠法条〕

国籍資格法（Llei qualificada de la nacionalitat）（1993年9月28日）

第1条

嫡出子であるか嫡出でない子であるかにかかわらず，父又は母がアンドラ人で，アンドラで出生したか，又は外国で出生し，父又は母がアンドラで出生したアンドラ人であるときは，子はアンドラ人である。

第3　養子縁組

1　根拠法

根拠法は，1996年3月21日の養子縁組の資格に関する法律（Qualified Law on Adoption of 21 March 1996）及び1998年6月10日の養子縁組規則（Regulations for Adoption of 10 June 1998）である。

2　実質的成立要件

⑴　養子の要件

養子は，18歳未満でなければならない。

⑵　養親の要件

単身者も養親となることができる。

3　保護要件

⑴　養子となる者の同意

養子が12歳以上である場合は，その者の同意を要する。

（注）　養子となる者が10歳以上である場合は，その者の意見を聴かなければならない。

⑵　裁判所の関与

養子縁組には，裁判所が関与する。

4 ハーグ国際養子縁組条約

1997年（平成９年批准）
（第３につき，子の養子縁組：傾向と政策（国連））

第４ 国 籍

１ 二重国籍

アンドラは，原則として二重国籍を禁止している。

外国の国籍を取得又は有する者は，法に規定されている期間内に，条件に従ってアンドラ国籍を喪失する。

２ 市民権の喪失

自己の意思で外国の国籍を取得した場合又は外国の軍隊に登録された等の場合には，アンドラ国籍を喪失する。

【先　例　索　引】

大８．６．26民事841号回答…………25, 57
大11．５．16民事3471号回答…………29, 56
大15．11．26民事8355号回答…………32, 51

昭２．５．６民事1145号回答…………29, 56
昭５．９．29民事890号回答…………51
昭６．11．25民事632号回答…………650
昭22．６．25民事甲595号回答…………25
昭24．５．30民事甲1264号回答…………57
昭24．11．22民事甲2726号(二)573号回答…………152
昭25．５．23民事甲1357号通達…………62
昭26．７．19民事甲1542号回答…………343
昭26．７．28民事甲1568号回答…………58
昭26．８．18民事甲1698号回答…………154
昭26．11．12民事甲2162号回答…………55
昭27．９．５民事甲183号回答…………650
昭28．４．18民事甲577号通達…………50
昭28．10．31民事甲1988号通達…………59
昭29．９．25民事甲1935号回答…………26
昭29．９．25民事甲1986号回答…………135
昭29．９．28民事甲1969号回答…………59
昭29．10．25民事甲2226号回答…………58, 135
昭30．２．９民事甲245号通達…………59, 60
昭30．２．24民事甲394号回答…………57, 58
昭30．４．13民事二発128号回答…………150
昭30．９．７民五952号回答…………145
昭30．９．７民事甲1879号回答…………155
昭30．12．15民事二発603号通知…………58
昭31．３．26民事甲656号回答…………653
昭31．４．25民事甲839号通達…………59
昭31．11．２民事甲2557号回答…………237
昭31．11．20民事甲2659号回答…………58
昭32．１．22民事甲100号回答…………58, 59
昭32．３．７民事甲463号回答…………151
昭32．３．27民事甲577号回答…………31
昭32．11．７民事甲2097号回答…………152
昭32．11．21民事甲2233号回答…………522
昭32．12．14民事甲2372号通達…………54
昭33．２．14民事二発60号回答…………351
昭33．２．21民事甲406号回答…………41
昭33．３．11民事甲543号回答…………143
昭33．12．10民事甲2541号回答…………143
昭34．１．14民事甲23号回答…………54, 151
昭35．９．26民事二発392号回答…………58
昭35．11．28民事甲2837号回答…………140
昭36．７．12民事甲1655号回答…………152
昭37．６．５民事甲1501号回答…………344, 351
昭38．２．28民事甲583号回答…………351
昭38．４．４民事甲942号回答…………351
昭39．４．30民事甲1636号回答…………155
昭39．７．27民事甲2683号通達…………27, 155
昭39．８．15民事甲2858号回答…………332
昭39．11．21民事甲3762号回答…………652, 654
昭40．３．１民事甲480号回答…………654
昭40．11．26民事甲3288号回答…………154
昭41．８．22民事甲2431号通達…………22
昭41．10．３民事二発840号回答…………343
昭42．８．21民事甲2414号通達…………27, 116
昭44．２．13民事甲208号回答…………51
昭44．４．21民事甲876号回答…………143
昭44．12．６民事甲2568号回答…………151

昭46．6．24民事二発158号通知…………54
昭47．11．28民事甲4946号回答…………49
昭49．8．20民二4766号回答…………895
昭51．1．14民二280号通達……51，52，143
昭51．7．17民二4123号回答…………18
昭52．1．19民二543号回答…………351
昭54．6．4民二3297号回答…………599
昭54．8．1民二4255号回答……657，662
昭55．8．27民二5218号通達……31，32
昭56．9．14民二5537号通達…………47
昭57．5．10民二3302号回答……884，889
昭57．7．20民二4609号回答…………386
昭58．2．25民二1282号回答…………686
昭58．3．7民二1797号回答…………651
昭58．8．4民二4384号回答…………28
昭58．9．7民二5328号回答…………365
昭58．10．24民二6115号通達…27，116，155
昭59．10．29民二5428号回答…………323
昭59．11．1民二5500号通達……24，26，48
昭59．11．1民二5502号通達……23，48
昭59．11．15民二5815号通達…………53
昭60．4．20民二2071号回答…………293
昭60．8．12民二4875号回答…………383
昭60．9．10民二5637号回答…………650
昭60．10．30民二6876号回答…………89
昭61．3．12民二1808号回答……670，674
昭62．10．2民二4974号回答…………136

平元．10．2民二3900号通達
………4，14，17，18，25，33，40，42，43，60
平元．12．14民二5476号通知…………4，17
平元．12．27民二5541号通達…………60
平2．1．12民二116号回答……344，352
平4．3．26民二1504号回答…………847
平4．9．28民二5673号回答…………135
平4．9．28民二5674号通知…………135
平5．4．5民二2986号通知…………4，17
平6．4．28民二2996号通達…………847
平8．8．16民二1450号回答…………421
平10．1．30民五180号通達…………35
平10．2．9民二255号回答…………357
平11．4．23民二872号回答…………736
平11．11．11民二・民五2420号通知
……………………………………35，37
平15．7．18民一2030号通達…………38
平17．3．28民一802号回答…………624
平17．8．2民一1741号回答…………904
平20．12．18民一3302号通達…………34
平22．7．21民一1770号通達…………62
平23．8．8民一1879号回答…………123
平23．9．15民一2181号回答…………841
平24．1．27民一262号回答……120，121
平24．6．25民一1550号通達……47，60
平25．1．7民一10号回答…………199
平25．3．6民一203号回答…………66
平25．3．18民一266号回答…………736

【判 例 索 引】

昭15. 1. 23大審判……47
昭31. 6. 18東京地調……654
昭32. 2. 20東京地判……739
昭32. 7. 31東京地判……484
昭32. 11. 28東京高判……739
昭35. 3. 22最三小判……14
昭37. 4. 27最二小判……55
昭39. 3. 25最大判……49
昭43. 8. 6東京家審……154
昭50. 1. 7那覇家コザ支審……143
昭50. 12. 24名古屋地判……144
昭55. 9. 19東京地判……352
昭56. 5. 26東京高決……57
昭60. 8. 5徳島家審……154, 714
昭61. 12. 17熊本家審……154, 691
昭62. 3. 26東京家審……154

平元. 1. 15福岡家審……352
平3. 5. 14横浜家審……654
平4. 11. 13東京家審……564
平7. 10. 11横浜家横須賀支審……843
平9. 10. 17最二小判……35
平27. 3. 10最三小判……52

地域別掲載国索引

※　国名は一般名称表示

北米

中南米

欧州

中東

アフリカ

全訂新版　渉外戸籍のための
各国法律と要件 I

1996年 8 月20日　初版発行
2002年 4 月25日　新版発行
2007年 8 月30日　全訂版発行
2015年11月27日　全訂新版発行
2021年 3 月 1 日　全訂新版第 2 刷発行

監　修　木　村　三　男

著　者　篠　崎　哲　夫
竹　澤　雅二郎
野　崎　昌　利

発行者　和　田　　裕

発行所　日本加除出版株式会社
本　社　郵便番号 171-8516
東京都豊島区南長崎３丁目16番６号
TEL (03)3953-5757（代表）
(03)3952-5759（編集）
FAX (03)3953-5772
URL www.kajo.co.jp
営業部　郵便番号 171-8516
東京都豊島区南長崎３丁目16番６号
TEL (03)3953-5642
FAX (03)3953-2061

組版 ㈱ 郁文 ／ 印刷・製本（POD） 京葉流通倉庫 ㈱

落丁本・乱丁本は本社でお取替えいたします。
★定価はカバー等に表示してあります。

ISBN978-4-8178-4270-1